José Álvarez Junco

Mater dolorosa

La idea de España en el siglo XIX

taurus historia

© José Álvarez Junco, 2001
© De esta edición: Grupo Santillana de Ediciones, S. A., 2001
   Torrelaguna, 60. 28043 Madrid
   Teléfono 91 744 90 60
   Telefax   91 744 92 24
   www.taurus.santillana.es

• Aguilar, Altea, Taurus, Alfaguara S. A.
Beazley 3860. 1437 Buenos Aires
• Aguilar, Altea, Taurus, Alfaguara S. A. de C. V.
Avda. Universidad, 767, Col. del Valle,
México, D.F. C. P. 03100
• Distribuidora y Editora Aguilar, Altea, Taurus, Alfaguara, S. A.
Calle 80, n.º 10-23
Teléfono: 635 12 00
Santafé de Bogotá, Colombia

Diseño de cubierta: Pep Carrió y Sonia Sánchez
Ilustración de cubierta: "España crucificada, torturada y saqueada...",
El Sancho Gobernador, Barcelona, 1 de enero de 1837.

ISBN: 84-306-0441-3
Dep. Legal: M-34.337-2001
Printed in Spain - Impreso en España

ÍNDICE

Para María Jesús Iglesias.
Esto y todo

Pocos problemas históricos o políticos han suscitado, en las últimas décadas, tantos y tan apasionados debates como el nacionalismo. Dejando de lado las discusiones políticas o periodísticas, la bibliografía académica reciente sobre la cuestión es abrumadora. Se ha estudiado la historia y la actualidad del fenómeno nacional, la relación entre nación y Estado, la legitimidad de los Estados-nación grandes y la viabilidad de los pequeños, la invención de identidades y tradiciones, tanto entre las más antiguas monarquías europeas como entre los Estados formados sobre territorios recientemente descolonizados... Y aunque nuestra comprensión del problema haya avanzado bastante, no hay todavía un acuerdo general sobre el significado de los términos y conceptos básicos, como nación y nacionalismo, y es obligado, por tanto, comenzar haciendo explícita la definición que uno considera adecuada.

En este libro, el término *nación* será utilizado para designar aquellos grupos humanos que creen compartir unas características culturales comunes —lengua, raza, historia, religión— y que, basándose en ellas, consideran legítimo poseer un poder político propio, sea un Estado plenamente independiente o un gobierno relativamente autónomo dentro de una estructura política más amplia. A poco que se reflexione, se caerá en la cuenta de que los factores incluidos en la definición que acabo de proponer caen dentro de dos categorías conceptuales totalmente diferentes: el último —la aspiración política— es un deseo o acto de voluntad, es decir, pertenece al orden de lo subjetivo; los rasgos culturales, en cambio, son datos fácticos u objetivos. Una objetividad que de ningún modo quiere decir que estén por encima de toda polémica, sino que son ajenos a la voluntad del sujeto: todos nacemos con cierto color de piel y ciertos rasgos físicos, insertos en una cultura determinada y, al poco tiempo, hablamos una lengua que es la única en la que nos sentiremos cómodos durante el resto de la vida; nada de ello ha sido escogido libremente. Pero los intentos de convertir estos criterios culturales en herramientas capaces de dividir de forma científica o inapelable a la humanidad en grupos raciales, lingüísticos o religiosos, por no hablar de las argumentaciones que se basan en la historia, han conducido inevitablemente al fracaso. De esta dificultad se deriva la necesidad de introducir el elemento subjetivo, como observó Ernest Renan hace ya más de un siglo. Él lo llamó el *plebiscito cotidiano,* la "decisión diaria de ser franceses"[1]. Y en verdad es esto lo que, en último extremo, define a las naciones. Ante las dificultades que presentan los rasgos culturales como criterios de diferenciación, acabamos aceptando que son naciones aquellos grupos humanos cuyos miembros se sienten, o quieren ser, nación.

Más difícil que precisar el significado de nación es hacerlo con *nacionalismo.* Sin ánimo de entrar en polémica ni de convertir estas páginas introductorias en un ensayo teórico, sino con el mero deseo de aclarar el sentido en que se utilizarán los vocablos en este libro, podrían distinguirse varios significados de entre los múltiples que se atribuyen a esta palabra. En primer lugar, llamamos nacionalismo al sentimiento que los individuos poseen de identificación con las comunidades en que han nacido, que en los casos extremos llega a tal grado de lealtad a esas patrias o naciones que sus miembros se declaran dispuestos incluso al sacrificio de su vida —léase matar a otros— si el ente colectivo lo requiriese. Se utiliza también, en segundo lugar, el término nacionalismo para referirse a la doctrina o principio político de acuerdo con el cual cada pueblo o nación tiene el derecho a ejercer el poder soberano sobre el territorio en que habita; lo que en la práctica significa que a cada identidad cultural debe corresponder un Estado u organización política independiente, y que éstos sólo son legítimos si se ajustan a las realidades étnicas previas. Por último, y por no alargar la lista, deberíamos llamar nacionalista a la visión de la realidad social e histórica en que se basa todo lo anterior, es decir, la creencia de que los seres humanos se encuentran agrupados en unos entes colectivos, estables en el tiempo y diferenciados entre sí tanto por sus rasgos culturales como por las características psicológicas y éticas —la manera de ser— de los individuos que los componen[2].

El meollo de la cuestión se halla, desde luego, en el segundo significado del término: el principio o doctrina de las nacionalidades. Es el que diferencia las naciones de las *etnias,* grupos marcados por rasgos culturales, pero que no albergan exigencias de poseer un Estado propio. Piénsese en la minoría negra o la hispana en Estados Unidos o la gitana en la España actual: comunidades bien delimitadas culturalmente, pero sin reivindicaciones independentistas o autonómicas. Hasta el menos avisado caerá en la cuenta de que la renuncia a un programa nacional por parte de estos grupos sólo se debe a que no poseen un territorio en el que estén agrupados y cuyo control político puedan exigir. Lo que significa que la *territorialidad* es el principal requisito —y el control del territorio el principal objetivo— de las naciones. De hecho, como observó hace tiempo Juan Linz, la reivindicación nacionalista evoluciona inevitablemente desde lo étnico hacia lo territorial. Se comienza por un "nosotros somos diferentes", porque hablamos otra lengua o tenemos este o aquel rasgo cultural que nos distingue de nuestro entorno; y se concluye con un "esta tierra es nuestra". Lo cual —añaden los nacionalistas más cívicos— no significa que se vaya a prohibir que vivan en él otras gentes o que se les vaya a discriminar de forma alguna; por el contrario, nadie sufrirá merma de sus derechos por sus características étnicas. O sea que, una vez triunfante la exigencia territorial del nacionalismo, la diferencia cultural —razón de ser de la reivindicación inicial— pasa a un segundo plano[3].

Los abundantes estudios recientes sobre el fenómeno nacional han impreso un giro radical a la manera en que enfocaban el problema las obras más respetadas hace sólo treinta o cuarenta años. Por entonces, cuando las autoridades sobre la materia eran Hans Kohn o Carlton Hayes, no se dudaba de que las naciones fueran realidades naturales, y lo único que se debatía eran sus elementos definitorios. Todo autor se veía obligado a hacer un repaso casi canónico por la raza, la lengua, la religión y el pasado histórico compartido, para acabar, en general, comprobando que ninguno de estos datos culturales servía como criterio objetivo, universalmente aplicable, capaz de dividir a la humanidad en entidades dotadas de rasgos homogéneos y claramente distinguibles de las vecinas. El repaso se coronaba, casi inevitablemente, con una referencia al elemento subjetivo, tal como lo explicó Renan. Ese misterioso *plebiscito cotidiano* podía interpretarse, en términos democráticos, como una remisión a la voluntad de los miembros del grupo, lo que conectaría el principio de la soberanía nacional con la soberanía popular y la voluntad general rousseaunianas; pero podía entenderse también, como hicieron los fascistas, como un "destino colectivo" que nada tenía de democrático. En algún punto intermedio debería recordarse aquí el "proyecto sugestivo de vida en común" del que habló Ortega y Gasset [4].

En un pequeño e inolvidable libro de 1960, el historiador y politólogo británico Elie Kedourie observó que un plebiscito permanente era no sólo una base excesivamente volátil para cimentar un edificio político, sino también una ficción, pues ningún Estado aceptaría que su autoridad fuese diariamente puesta en cuestión por sus ciudadanos. Los Estados, necesitados de la adhesión de la población, y no pudiendo permitir que se debatiese constantemente la identidad cultural en que apoyaban su legitimidad, realizaban un esfuerzo para orientar la voluntad de la población, para educarla, imprimiendo en los ciudadanos desde la más tierna infancia la identidad nacional. El problema nacional, concluía Kedourie, era una cuestión educativa, y el principal promotor de la educación política era el Estado; o las élites intelectuales —añadiría Anthony Smith— con aspiraciones políticas, rivales de las que controlaban el Estado y dotadas de capacidad de influir culturalmente sobre sectores importantes de la población [5].

Plantear el problema en estos términos significaba dar un vuelco completo a los enfoques heredados. En vez de aceptar las identidades nacionales como realidades naturales, comenzaron a verse como creaciones artificiales, movidas por intereses políticos. El sentimiento nacional, en lugar de creerse espontáneo o innato, pasó a considerarse adquirido o inculcado, fundamentalmente a través del proceso educativo, pero también por medio de ceremonias, monumentos o fiestas cívicas. Se cayó en la cuenta de que los Estados, tenidos hasta entonces por invenciones humanas que se apoyaban en fenómenos sociales y culturales previos, eran los promotores del proceso; lo político precedía a lo étnico, y no al contrario, como se había pensado siempre. Se comprendió también que las identidades nacionales eran cambiantes, en lugar de permanentes, y la creencia en formas colectivas de ser "caracteres nacionales" pasó a catalogarse entre los estereotipos o prejuicios sociales, muy cerca del racismo. La identidad nacional, se descubrió también, no era sino una más de las múltiples identidades colectivas que cada ser humano comparte con millones de sus semejantes (como la edad, el género, la religión, los gustos o afinidades culturales, las lealtades deportivas, etcétera.). Una identidad, eso sí, dotada de una fuerza incomparable a las demás, porque es la única que, en el mundo contemporáneo, sirve para dar legitimidad a la estructura política, la que permite a ésta exigir sumisión y lealtad a su autoridad y sus normas.

Todo este nuevo camino hacia la comprensión del problema se ha visto jalonado, en el último cuarto de siglo, por una serie de estudios cruciales. El sociólogo y antropólogo Ernest Gellner, por ejemplo, relacionó el nacionalismo con la industrialización y la modernización: la nación habría sido la identidad que había llenado el vacío dejado por las jerarquías de sangre, los marcos corporativos y las referencias religiosas, tan estables durante el Antiguo Régimen que se consideraban "naturales", pese a lo cual se derrumbaron ante el embate de la modernidad. El intercambio mercantil y la producción industrial en serie requerían, además, grandes espacios dotados de una cierta homogeneidad cultural; y los Estados respondieron haciendo suya —proclamando "oficial"— una cultura, difundida a partir de entonces o impuesta con los inmensos recursos del presupuesto público. Como forma de reforzar la legitimidad de la estructura de poder, los símbolos culturales de la nación adquirieron pronto un aura sagrada; la nación asumió la función de religión secular, como Carlton Hayes había intuido hacía tiempo[6].

Benedict Anderson, antropólogo y crítico literario, continuó reflexionando en esta última línea y vinculó el surgimiento de las identidades nacionales a fenómenos de orden cultural, muy anteriores a la revolución industrial, como la ruptura de la unidad religiosa a partir de la Reforma protestante y el surgimiento del mercado litera-rio. Historiadores como Eric Hobsbawm insistieron en los procesos de "invención de la tradición" a cargo de Estados y élites culturales. Y Eugen Weber estudió magistralmente el caso francés, mostrando cómo los "campesinos", sumidos en su *patois* y sus identidades loca-les, se habían convertido a finales del siglo XIX en "franceses", gra-cias a la acción del Estado por medio de la escuela pública, la red de comunicaciones o el servicio militar[7].

Estos enfoques, que son sólo algunos de los que mayor notorie-dad han alcanzado en este terreno, recibieron, en conjunto, el nom-bre de visión *modernista* o *instrumentalista* del fenómeno nacional, para diferenciarlos así de los enfoques *primordialistas,* que seguían aceptando como dato básico del proceso la existencia de rasgos ét-nicos originarios. El máximo radicalismo en la expresión de las con-secuencias últimas de la visión instrumentalista correspondió, qui-zás, a Eric Hobsbawm: si Benedict Anderson había llamado a las naciones *comunidades imaginadas,* él las calificó de *artefactos cultura-les inventados;* eran "utopías compensatorias" de las frustraciones de las clases populares, propuestas por élites que obtenían de ello be-neficios políticos. En la vieja línea de Marx y del racionalismo pro-gresista, Hobsbawm profetizaba que el nacionalismo sólo duraría hasta que a esas clases populares se les cayera la venda de los ojos. En conclusión, el historiador británico creía, a finales de los ochen-ta, que el fenómeno nacional tenía sus días contados. En el mundo globalizado, con sus intensos intercambios comunicativos y su mez-colanza cultural, la identidad nacional no podía ser ya "un vector importante en el desarrollo histórico"[8].

De esta predicción no hace aún quince años. En tan corto lapso de tiempo, el recrudecimiento de los enfrentamientos étnicos en los Balcanes y el florecimiento de nacionalismos de toda laya en el arrasado solar de la antigua Unión Soviética no han hecho sino arro-jar dudas sobre el optimismo racionalista del instrumentalismo. En los estudios más recientes se observa una nueva tendencia a recono-cer la fuerza de la identidad nacional. No es que se vuelvan a defender las naciones como realidades naturales; nadie, salvo los cruzados de la causa, niega ya que el sentimiento nacionalista sea histórico, crea-do culturalmente y, por tanto, manipulable. Pero se vuelve a tomar en consideración el hecho de que mucha gente cree en las naciones y se apasiona por ellas. Al ser humano le resulta difícil resistir la tentación de anclar su pobre y finita vida en una identidad que la trascienda. Como escribe Gregory Jusdanis, el nacionalismo permite a los individuos "olvidar su contingencia, olvidar que son parte del flujo de la historia, que su vida personal es sólo una entre muchas, y ciertamente no la más grandiosa, y que su cultura, la más intrínseca experiencia de sí mismos como seres sociales, no es natural sino inventada" [9]. Las naciones no se sostienen desde el punto de vista intelectual, pero son atractivas desde el existencial, como lo son las creencias mágicas o las religiones, mundo al que, en definitiva, pertenece el fenómeno nacional. Como la religión o la familia, la nación es un lazo íntimo, personal, sobre el que no se razona. De ahí que tengan tan escasa utilidad los nuevos estudios que pretendan analizar las doctrinas nacionalistas a la luz de la lógica, que nos expliquen una vez más cuán pobres son sus presupuestos teóricos, o que desenmascaren con datos de hecho las falsedades que acumulan su visión de la historia o sus pretendidas propuestas de recuperación lingüística. Sabemos que todo eso es así. Lo importante es entender por qué, a pesar de todo, tienen tanta fuerza, por qué hay tanta gente dispuesta a creer en esos mitos.

Frente al sentimiento nacional se alza, sin embargo, la arrolladora corriente de los cambios sociales y los principios de la política moderna: la libertad, los derechos individuales, las exigencias personales de realización vital plena. Ronald Beiner ha recordado recientemente un espléndido diálogo que escribió James Joyce en su *Retrato del artista adolescente*: Stephen Dedalus se encuentra con Kevin, su amigo de la infancia que está inmerso en el medio irlandés tradicional, y tiene que oír cómo éste le intenta convencer de que, pese a todo, él es "uno de los suyos"; de que, para un ser humano, la patria es "lo primero"; y de que, en definitiva, debe sumarse a la lucha por "nuestra libertad". Stephen le replica que él quiere vivir su vida, ser libre, y que el cielo de Irlanda está lleno de redes que le impiden volar: "nacionalidad, lengua, religión [...] yo intentaré zafarme de esas redes"[10].

Personalmente, me siento identificado con Stephen Dedalus y creo adecuado reconocerlo ahora, en la presentación de un libro sobre la identidad colectiva en la cual yo mismo fui educado. Aborrezco el tribalismo, y he hecho grandes esfuerzos por liberarme de las ataduras de mis orígenes y acceder a mundos más amplios. Hay otras muchas maneras de intentar vivir una vida más interesante, pero ésa ha sido la mía. Puede que fuera ésa la razón por la que me convencieron tanto los enfoques instrumentalistas sobre los nacionalismos, marco teórico en el que concebí este libro. Mas no por ello dejo de reconocer el atractivo que tiene la postura de Kevin. Pocas cosas hay más comprensibles que la identificación con el cuerpo, con el nombre, con la lengua, que poseemos —o que nos poseen— desde niños; pocas, más humanas que la necesidad de sentirse protegido por una comunidad, de tener raíces y creer que se comparte hasta una memoria histórica con otros semejantes. La inserción en una cultura proporciona a los niños dos sentimientos cruciales en la formación de la personalidad: la identidad y la autoestima; y muchos adultos siguen aferrándose a esas referencias colectivas, más que a sus méritos individuales, para sentirse alguien. Por mucho que yo repudie esta última actitud, tampoco voy a negar que me identifico con la cultura en la que nací y me criaron; que me gusta, por ejemplo, mi lengua, que procuro cuidarla y haría lo que pudiera por prolongar su vida si un día la viese en peligro. Con este libro y en este momento, intento entender, como tantos otros historiadores o analistas políticos de mi entorno, los problemas con que se enfrenta desde hace tiempo la identidad española, una cultura y un sentimiento de los que se sienten distanciados una parte —mayor o menor, según las estimaciones, pero innegablemente suficiente como para generar conflictos— de los ciudadanos del Estado español.

Curiosamente, en la oleada de estudios sobre el nacionalismo de estas últimas décadas, la identidad española era hasta hace poco una desoladora laguna y, en parte, sigue siéndolo hoy. Cualquier observador sensato de los que han repasado la inmensa literatura producida en los últimos treinta años en relación con estos temas ha expresado su asombro ante la tendencia a marginar el nacionalismo español en relación con los periféricos o alternativos al estatal. Se han escrito miles de artículos y libros sobre los nacionalismos vasco, catalán o gallego, mientras que se ha dejado de lado el nacionalismo español, como si fuera un fenómeno carente de interés. Hace ya diez años, Juan Linz señaló el error de creer que "el nacionalismo específicamente español no es digno de estudio y análisis"; el hecho de que no haya —continuaba— "un libro, ni siquiera unos pocos artículos, sobre el nacionalismo español en sus diversas manifestaciones, sus triunfos y fracasos en el curso del siglo XIX y su articulación intelectual", hace imposible comprender "las dificultades experimentadas por el Estado español y los grupos dirigentes [...] del siglo XX". Pese a importantes trabajos aparecidos en los últimos años, a cargo del propio Linz, de Andrés de Blas, Juan Pablo Fusi, Borja de Riquer o Xosé M. Núñez Seixas [11], hoy sigue sin existir una obra sobre España comparable a las de Eugen Weber sobre Francia, Georges Mosse sobre Alemania o Linda Colley sobre Inglaterra. Sorprende incluso el hecho de que estudios comparados, como el de Liah Greenfeld sobre la formación de las identidades nacionales en la era moderna, donde incluye largos capítulos sobre las tres citadas más otros dos sobre Rusia y Estados Unidos, dejan de lado el caso español. No sólo falta en ese influyente libro un capítulo sobre España, pese a centrarse en una época en que la monarquía española era una potencia europea y mundial, sino que ni siquiera incluye una entrada con tal nombre en su índice temático. La culpa, en buena parte, no es de la autora, sino de los historiadores españoles, que no le hemos ofrecido el material necesario para su estudio comparativo[12].

La primera explicación que puede ofrecerse para esta carencia es, desde luego, el sesgo ideológico, o abiertamente militante, de muchos de los estudios sobre nacionalismos ibéricos. No hablar de España, no utilizar ni siquiera la palabra, significa negar la existencia de una nación que responda a tal nombre y reconocer únicamente la de un Estado español, nombre que por sí solo denuncia el hecho como artificial y opresor. No deja de tener lógica, y sin duda logra el efecto buscado, que no es otro sino ofender a los españolistas; pero es también un tiro que podría salir por la culata, ya que cabe explicar la dedicación de tanto esfuerzo al estudio de los nacionalismos periféricos precisamente por su excepcionalidad, mientras que el español no requiere investigación porque es un hecho "natural". La concentración de los afanes investigadores en el catalanismo o el galleguismo podría, por el contrario, dar a entender que son éstas las "rarezas" que merecen ser estudiadas. Mucho más desmitificador sería centrar la atención en España, situar esta construcción político-cultural en la historia y, de esta manera, relativizarla.

Este libro parte, desde luego, de la presunción contraria: el hecho de que haya existido una estructura política en Europa que ha respondido, con leves variantes, al nombre de "España", cuyas fronteras se han mantenido básicamente estables a lo largo de los últimos quinientos años, es un fenómeno digno de estudio y aun extraordinario si se tiene en cuenta la enorme fluidez fronteriza del continente europeo durante ese periodo. Por muchos que hayan podido ser sus problemas en el siglo XX, la española ha sido la identidad política de mayor éxito de las surgidas en la península Ibérica durante, digamos, el último milenio, y por tanto es un fenómeno que merece el más cuidadoso estudio.

En cualquier caso, este libro no es tan ambicioso como para pretender llenar esa laguna. El mayor error que podría cometer un lector que lo tenga entre sus manos sería tomarlo como una obra enciclopédica, de referencia, donde se pueden buscar respuestas para cualquiera de los problemas relacionados con la formación de la identidad española y su adaptación al mundo de las naciones. Por el contrario, mi enfoque es conscientemente limitado: para empezar, limitado al siglo XIX, aunque dedique también páginas —por desgracia, no escasas— a la etapa anterior, a las que me ha llevado la búsqueda de antecedentes para los problemas. Dentro de sus límites cronológicos, la obra está además muy lejos de querer ser lo que en algún momento se llamó, tan pretenciosamente, historia total. Apenas hay en ella, por ejemplo, referencias a la historia económica, o socioeconómica, ni a la jurídica o institucional. Ni son terrenos de mi especialidad ni los considero, en principio, decisivos para este problema. El campo en que se mueve este libro es el de la historia cultural, o, si se quiere, político-cultural. El ser humano, como escribió Cassirer, "no vive solamente en un universo físico, sino en un universo simbólico. El lenguaje, el mito, el arte y la religión constituyen partes de este universo. Son los diversos hilos que tejen la red simbólica, la complicada urdimbre de la experiencia humana [...]. El ser humano no puede acceder a la realidad de una manera inmediata; no puede verla, digamos, cara a cara [...]. Se ha rodeado de tal manera por formas lingüísticas, imágenes artísticas, símbolos míticos o ritos religiosos, que no puede ver o conocer nada si no es a través de este medio artificial"[13]. Sobre ese mundo simbólico, en el que se mueve a sus anchas el fenómeno nacional, versa este libro.

Dentro de lo político-cultural, y pese al aspecto enciclopédico de la obra, tampoco pretende ésta ser un *vademecum* o *Who´s Who* de la cultura nacionalista española. De ningún modo ha sido mi intención cargar estas páginas con la máxima erudición y el más cuidadoso detallismo en relación con el tema tratado. Cubrir la cultura de todo un siglo es empresa imposible, no ya para este autor, sino también, probablemente, para mejores conocedores del país y la época. Una obra de ese calibre requeriría, en vez de un autor, un equipo y, desde luego, una editorial dispuesta a lanzar al mercado varios volúmenes en papel biblia. Aun entonces difícilmente sería un trabajo exhaustivo. Se evitarían, desde luego, con esa estrategia, muchos de los errores y omisiones que estoy seguro contiene esta obra individual. Pero no fue ése, en todo caso, el enfoque elegido. Lo que he querido ofrecer aquí ha sido una interpretación del problema. Los datos serán —estoy seguro— incompletos, y en más de una ocasión me temo que erróneos. No habrá un solo historiador especializado que no pueda añadir, precisar o rectificar algún extremo en el relato que aquí se presenta. En la primera parte de la obra, se recorren rápidamente los siglos medievales y modernos. Es seguro que se dejan de lado aspectos importantes y que hay juicios sintéticos sobre asuntos muy complicados, a los que algunos investigadores han dedicado sus vidas, pese a lo cual no se atreverían a pronunciarse de forma tan sumaria. En la segunda, se repasa, en menos de cien páginas, toda la cultura del siglo XIX: historia, literatura, pintura, música, arqueología, antropología... Habrá quien eche en falta, con razón, otros terrenos: el folclorismo, la arquitectura o la presentación de la imagen nacional en las exposiciones universales, por referirme a cosas que a mí mismo se me ocurren; dentro de los campos mencionados, casi todo lo que se dice será demasiado simple para un especialista en un personaje o momento concreto; un par de líneas dedicadas a Espronceda, un párrafo a

Larra, dos páginas sobre el romanticismo, ¿cómo van a satisfacer a historiadores de la literatura que han dedicado años sin cuento a estudiar estos fenómenos o autores? En la tercera parte, me enfrento con la inmensa cuestión de las creencias y la cultura religiosa en su relación con la españolidad; los historiadores de la religión y de la Iglesia se mesarán los cabellos ante mis atrevimientos. En la cuarta, doy un diagnóstico global sobre las funciones políticas del nacionalismo español en el XIX e incluso especulo sobre sus secuelas en el siglo XX. Cientos de personas trabajan, especialmente, sobre este último periodo y lo encontrarán, como mínimo, incompleto.

No es eso lo que me preocupa. Un crítico que señale la conveniencia de haber incluido tal o cual dato, que ha quedado ausente o que incluso rectifique la forma en que se ha consignado otro, me hará tomar buena nota de lo que diga, pero no consideraré descalificado por ello el libro. Lo que preguntaría es si esas rectificaciones cuestionan el argumento central del capítulo al que se refieren o de la obra en su conjunto. Que hubo más o menos títulos de teatro histórico de los aquí consignados, o que una de las obras mencionadas no era teatro, sino novela; que la pintura histórica no empezó su apogeo en 1856, sino dos años antes o después; que en las páginas dedicadas a la música he olvidado incluir a tal autor o tal estilo, ¿en qué medida modifica el argumento central que estoy ofreciendo? ¿Deja de ser verdad que la cultura se nacionalizó a lo largo del siglo XIX, que es lo que se intenta demostrar? Que no fuera Balmes sino algún otro pensador quien inició la fusión del españolismo con el catolicismo, ¿desmiente la tesis que propongo de que la derecha católica comenzó el siglo XIX repudiando la idea de nación y lo terminó en el nacional-catolicismo? Que, aparte del conde de Teba en el XVIII, hubo uno o unos cuantos nobles más que pretendieron hacer de su estamento el defensor de las libertades frente al despotismo monárquico, ¿invalida la hipótesis de que, en su conjunto, la aristocracia no ejerció en España las funciones parlamentarias y nacionalizadoras que caracterizaron, por ejemplo, a la inglesa?

Habría más advertencias o declinaciones de responsabilidad —*disclaimers*, si se me permite el útil anglicismo— que hacer sobre la obra. Hay que admitir, por ejemplo, desde el principio mismo que se trata de un trabajo escrito desde una perspectiva española, lo que en buena medida quiere decir madrileña. No significa eso que sea un libro sobre cultura política madrileña, y de espaldas al resto del país, sino sobre una cultura elaborada principalmente en Madrid, aunque a cargo de gallegos, valencianos, vascos y catalanes, y absorbida y sentida como propia por amplias áreas geográficas sometidas a la influencia de la capital. Pese a ello, estoy seguro de que el proceso se desarrolló de forma diferente en Barcelona, sobre todo, y también en Bilbao, Valencia, Coruña o Sevilla, por no hablar del mundo rural. Todo lo que digo necesitaría serias matizaciones si se quiere explicar cómo se vivió el problema en los distintos mundos culturales ibéricos. Espero servir de reto para que se emprendan trabajos en esas direcciones. Pero aquí se estudia la evolución del españolismo en su conjunto, desde su núcleo central, e incluir visiones colaterales hubiera hecho la obra, de nuevo, inabarcable. Inabarcable, y abiertamente imposible, sería también si se exigiera que el trabajo se basara en fuentes directas, como sin duda muchos historiadores profesionales esperarán. Se sentirán defraudados. Se trata de una interpretación global y sintética de un tema muy amplio, y pretender estudiarlo de forma minuciosa y a partir de fuentes de primera mano cada uno de sus temas es, simplemente, utópico. Por lo que he optado por renunciar al trabajo de archivo, salvo para aspectos o momentos excepcionales, carentes de estudios previos, y me he basado en las publicaciones existentes sobre los distintos aspectos que el libro toca en su recorrido.

En conjunto, la tesis que defiendo no es sencilla y no puede ser adelantada en estas páginas iniciales. El diagnóstico sobre la fuerza o la debilidad de la identidad española es un tema muy complejo. Habrá en su desarrollo meandros sin fin, con momentos afirmativos —llamémoslos optimistas, desde el punto de vista del españolismo— y momentos críticos o pesimistas. El mero reconocimiento de la permanencia de una organización política que ha respondido al nombre de España desde hace cinco siglos, como unas líneas más arriba, habrá hecho fruncir el ceño a más de uno, que puede que haya desdeñado ya este trabajo como españolista. A su vez, hubo problemas, carencias, obstáculos y operaciones de afirmación de esa identidad en el siglo XIX que no sólo fracasaron sino que rozaron, en ocasiones, lo ridículo. No he reprimido alguna observación irónica o burlesca, en relación con estos momentos, que resultarán ofensivas a oídos españolistas. Tampoco es mi intención. El nacionalismo, repito, me parece un sentimiento humano y respetable; pero también creo que debe relativizarse y que sería muy conveniente que los creyentes se distanciaran, desacralizaran un tanto estos temas e incluso les aplicaran cierta dosis de humor. La intención que me inspira, en todo caso, es entender el problema, más que agraviar a nadie; y si debo enunciar algún deseo político, el mío es arrojar una rama de olivo entre los contendientes de la forma que mejor sé hacerlo, que es apelando a su racionalidad. Dado que soy historiador y parto de la base de que las naciones y los nacionalismos son identidades y sentimientos construidos históricamente, y que este libro es precisamente una indagación sobre el proceso de construcción de España y lo español, los españolistas no deberían ofenderse si captan el mensaje de que no hay una España eterna; ni los antiespañolistas si leen que la española es una identidad muy antigua y que ha resistido muchos y muy fuertes embates a lo largo del tiempo. Ambas cosas son ciertas.

No soy, de todos modos, tan ingenuo como para suponer que los potenciales lectores de esta obra van a enfrentarse con ella cargados de buena voluntad y desprovistos de prejuicios. Me hago pocas ilusiones, en general, sobre el interés que la mayoría del público tiene por conocer la verdad sobre el pasado. Quienes recurren a la historia no suelen estar movidos por el mero espíritu científico, sino por el deseo de utilizar lo que están leyendo, de sacarle una rentabilidad inmediata: bien sea esgrimiendo el libro triunfalmente para demostrar a sus adversarios cuán errados se hallaban sobre la discusión en curso o bien denigrándolo con furia si defiende posiciones contrarias a sus tesis previas. El tema del nacionalismo español es, además, demasiado cercano; carecemos de "distancia epistemológica". Todos tenemos una posición de partida; y no una posición intelectual, sino política y pasional. En una obra como ésta, en que se encuentran tantas frases con cláusulas adversativas —tantos "sí, pero"—, será fácil sacar una del contexto y rasgarse las vestiduras, clamando: "¿pero tú oyes esto?, ¿quién puede seguir leyendo después de tamaña barbaridad?". Es posible que, si siguiera leyendo, en la frase siguiente encontrara una afirmación de sentido opuesto a la anterior. Sería mucho, sin embargo, esperar que lo hicieran. El tema es, para qué engañarse, envenenado; se trata de un avispero en el que me he metido, en cierto modo conscientemente, porque es un reto intelectual y por sentido del deber cívico, pero también sin querer y no sin aprensión. Porque éste es, sobre todo, un libro académico. Pero me temo que la mayoría de sus respuestas sean políticas, y el mundo de la política, según observó Aristóteles hace veinticinco siglos, tiene algo en común con el de la litigación judicial: que en sus argumentaciones no reina el *logos,* sino el *ethos* y el *pathos.* No se trata de conocer la verdad, sino de ganar la partida.

A la hora de reconocer públicamente mis deudas, me siento un tanto agobiado. Es tan larga la lista que casi podría decirse que este libro es colectivo. Me tranquiliza oír confesar a Jon Juaristi que "nadie es autor por entero de sus libros" [14]. No hay aforismo más aplicable a mi caso. Lo que presento, más que mío, es producto de debates mantenidos con otras muchas personas a lo largo de bastantes años. He tenido la inmensa suerte —algo de mérito habrá también en ello— de disfrutar de muchos y muy inteligentes amigos. Hemos establecido la costumbre de criticarnos mutuamente de manera franca y me he beneficiado enormemente de ello. Empecé por presentar una versión muy embrionaria de la obra en el Seminario de Historia de la Fundación Ortega y Gasset, donde provocó una sesión acalorada y no precisamente benévola. Hubo aquel día intervenciones especialmente críticas de Luis Arranz, Demetrio Castro o Javier Varela, y otras más mesuradas, pero no entusiastas, de Mercedes Cabrera, Miguel Martorell o Juan Pan-Montojo; a todos les doy las gracias muy sinceramente. Más tarde, han leído diversas partes de esta obra Paloma Aguilar, Edward Baker, Julián Casanova, Antonio Cazorla, Rafael Cruz, Marina Díaz Cristóbal, Josep María Fradera, Santos Juliá, Carmen López Alonso, Jorge Martínez Bárcena, Gloria Martínez Dorado, Manuel Pérez Ledesma, Fernando del Rey, Javier Ruiz Castillo, Eva Velasco... A ellos se debe casi todo lo que de interés pueda contener el libro. Mas de ningún modo les hago responsables de sus tesis globales, ni de sus puntos de vista más extremados. Aunque muchas de las ideas del libro no sean, estrictamente, mías en su origen, soy yo el que las ha ensamblado en un argumento conjunto, y muy bien podría ocurrir que quienes inicialmente las sugirieron no estuvieran de acuerdo con su presentación actual.

Entre los agradecimientos de otro género, no puedo dejar de mencionar al departamento de Historia de Tufts University, que en 1992 me hizo el honor de seleccionarme para ser el primer ocupante de la cátedra Príncipe de Asturias en Historia de España, lo cual me ha permitido disfrutar de las facilidades de la formidable red de bibliotecas del área de Boston, y en especial de la inagotable Widener Library, de Harvard; en ella he pasado algunos de los mejores ratos de mi vida. A Plácido Arango, el patrocinador de la cátedra, debo agradecerle su generosidad, su liberalismo y su profundo y sincero interés por los temas culturales. Gracias a él, he podido organizar reuniones en las que pude escuchar a algunos de los mejores historiadores y especialistas en España, como Carolyn Boyd, Juan Linz, Edward Malefakis, Stanley Payne o Adrian Shubert, y aprender de ellos. Dos proyectos de investigación subvencionados por el Ministerio de Educación proporcionaron también medios materiales para viajes o fotocopias: el primero, codirigido con Andrés de Blas, siempre entrañable y constructivo, e identificado como nadie con este tema; el segundo, con Rafael Cruz, el entusiasmo y la amistad personificados. Mención muy especial merece Gregorio de la Fuente, que no sólo me aconsejó sobre el contenido del texto, sino que me ayudó en parte de la recogida de material y, sobre todo, en el repaso de las notas y referencias bibliográficas; sin él, los errores serían mucho más numerosos.

Para terminar, me vienen a la mente tres personas que han sido desde hace tiempo mi principal apoyo y lazo de unión con la humanidad: mi madre, Elena Junco, siempre animosa y capaz de ver lo positivo; mi hermano Manolo, que por su ayuda con el texto y las ilustraciones debería haber ido incluido en la lista de mis lectores críticos, pero que es mucho más que eso; y mi hijo Quim, a quien este libro ha robado horas que debían haber sido suyas; lo he hecho para merecerle.

[1] E. Renan, *¿Qué es una nación?*, 1884; véase, p. ej., ed. Madrid, Instituto de Estudios Políticos, 1954.

[2] Sobre los diversos significados del término "nacionalismo", véase, p. ej., E. A. Tiryakian, "Nationalist Movements in Advanced Societies: Some Methodological Reflections", en Beramendi *et al.*, *Nationalism in Europe. Past and Present*, Santiago de Compostela, 1994.

[3] J. Linz, "From Primordialism to Nationalism", en E. A. Tiryakian y R. Rogowski, eds., *New Nationalisms of the Developed West: Toward Explanation*, Boston, Allen & Unwin, 1985, pp. 203-253.

[4] H. Kohn, *The Idea of Nationalism: a Study in Its Origins and Background*, N. York, Collier, 1944; C. Hayes, *Nationalism: a Religion*, N. York, Macmillan, 1960.

[5] E. Kedourie *Nationalism*, Londres, Hutchinson, 1960; A. Smith, *Nationalism in the Twentieth Century*, N. York University Press, 1979; *The Ethnic Origins of Nations*, N. York, Holmes and Meyer, 1983.

[6] E. Gellner, *Nations and Nationalism*, Cornell University Press, 1983. C. Hayes, *Nationalism: a Religion*, cit.

[7] B. Anderson, *Imagined Communities. Reflections on the Origin and Spread of Nationalism*, N. York, Verso, 1983; E. Weber, *Peasants into Frenchmen. The Modernization of Rural France*, Stanford University Press, 1976.

[8] E. Hobsbawm, *Nations and Nationalism since 1780*, Cambridge Univ. Press, 1990 (y E. Hobsbawm y T. Ranger, *The Invention of Tradition*, Cambridge University Press, 1983). "Inventado" era un adjetivo usado ya por Kedourie en la primera línea de su libro.

[9] G. Jusdanis, *Belated Modernity and Aesthetic Culture. Inventing National Literature*, University of Minnesota Press, 1990, p. 165.

[10] R. Beiner, ed., *Theorizing Nationalism*, S.U.N.Y. Press, 1999, p. 1-2. El diálogo procede de *The Portrait of the Artist as a Young Man*, cap. 5.

[11] Véase bibliografía al final de este libro. Cita de Linz, en "Los nacionalismos en España: una perspectiva comparada", 1991, *Historia y Fuente Oral*, 7 (1992), p. 130. Tanto J. Beramendi, en su "Bibliografía (1939-1983) sobre nacionalismo y cuestión nacional en la España contemporánea", *Estudios de Historia Social*, 28-29 (1984), pp. 491-515, o en "La historiografía de los nacionalismos en España", *Historia Contemporánea*, 7 (1992), pp. 135-154, como X. M. Núñez Seixas, *Historiographical Approaches to Nationalism in Spain*, Saarbrücken, Verlag Breintenbach, 1993, excelentes estados de la cuestión ambos, observan esta misma laguna.

[12] Aparte del hecho de que las pocas publicaciones existentes no se hallan en revistas o editoriales internacionales, es decir, que tampoco nos están al alcance de quienes, aun deseando incluir datos sobre la península Ibérica en sus análisis comparados, no leen el castellano ni menos aún otras lenguas peninsulares.

[13] E. Cassirer, *An Essay on Man*, Yale University Press, 1962, p. 23.

[14] J. Juaristi, *El bucle melancólico*, Madrid, Espasa Calpe, 1997, p. 34.

PRIMERA PARTE

LOS ORÍGENES DE LA IDENTIDAD MODERNA

Capítulo I

EL PATRIOTISMO ÉTNICO

Habitantes de Madrid: vuestro Ayuntamiento constitucional, al ver cercano el aniversario del día más glorioso para esta población y más memorable en los anales de la nación española, os dirige su voz para indicaros que ha llegado el momento de los más nobles y heroicos recuerdos, EL DÍA DOS DE MAYO. En él, apellidando independencia, hicísteis temblar el solio del guerrero más afortunado del siglo, y ofreciendo vuestras vidas en las aras de la patria, dísteis a conocer al universo que un pueblo decidido a ser libre desprecia las huestes numerosas de los tiranos[1].

El ayuntamiento progresista madrileño de 1837 no necesitaba precisar el año de aquel día tan memorable a que hacía referencia su proclama. Cualquiera de sus destinatarios sabía que el Dos de Mayo, por antonomasia, era el de 1808, jornada "gloriosa", según la adjetivación ritual, en que el pueblo de Madrid se había rebelado contra las tropas francesas que ocupaban el reino a raíz de un vergonzoso acuerdo entre Napoleón y el infame valido Godoy. Durante la tarde y la noche de aquella misma jornada, "luctuosa" ya a esas horas para el relato canónico, las tropas imperiales se habían hecho dueñas de la ciudad, aplastando la revuelta y ejecutando a mansalva a resistentes o simples viandantes sospechosos. La capital quedó sometida a sangre y fuego, pero su rebelión iba a ser detonante de la tenaz resistencia que en pocas semanas habría de extenderse al conjunto del reino y llevaría, tras seis años de encarnizada lucha, a la derrota del hasta entonces invencible emperador de los franceses y, con ella, a la "independencia de España". Como "Guerra de la Independencia", en efecto, quedaría bautizado aquel conflicto en los li-

31

bros de historia patria un cuarto de siglo después de haber ocurrido, y sobre él se cimentaría la mitología nacionalista dominante durante el siglo XIX y buena parte del XX. El Dos de Mayo español equivalía, pues, al Cuatro de Julio norteamericano, al Catorce de Julio francés o a cualquier otra de las fechas fundacionales de la nación. Era el comienzo de su libertad, la gran afirmación inicial de su existencia.

El conflicto bélico que se desarrolló en la península Ibérica entre 1808 y 1814 fue, como veremos, de gran complejidad. Pero no hay duda de que, no sólo al ser mitificado como gran gesta nacional, sino incluso durante el desarrollo de los acontecimientos, quienes dirigieron la lucha contra José Bonaparte se embarcaron en una retórica que lindó enseguida con lo nacional. Desde el primer momento se dijo que la rebelión se hacía en defensa de "lo nuestro", "lo español", la dignidad o libertad de la "patria", y quienes se oponían a Napoleón fueron llamados "patriotas". Aunque se tardara en inventar un nombre tan eficaz como "Guerra de la Independencia", se habló enseguida de "levantamiento" o "alzamiento" (a veces "nacional"), "guerra con Francia" o "contra el francés", "santa insurrección española", "nuestra sagrada lucha" y otras tantas expresiones que contienen referencias a una identidad colectiva sacralizada. Incluso figuró, en las enumeraciones de motivos que impulsaban la lucha, el término "independencia" junto a los de "libertad" o "dignidad de la patria". Puede que tal palabra no pasara de significar por entonces "insumisión", "entereza" o "firmeza de carácter"; estaba lejos, desde luego, de hacer referencia a la autodeterminación política de los grupos etno-culturales, como ha pasado a significar en la era de los nacionalismos[2]. Pero nadie puede negar a aquel lenguaje una orientación muy cercana, como mínimo, a lo nacional. Para explicar la resistencia de Zaragoza y Gerona se rescataron de los libros de historia los ejemplos de Sagunto y Numancia, lo que sirvió para conectar aquella guerra con un pasado remotísimo, caracterizado por constantes luchas de liberación sostenidas por "España" contra diversos invasores extranjeros. Se habló así de un "carácter español" persistente a través de los milenios, un carácter marcado por la obstinada afirmación de la propia identidad frente a invasores extranjeros. Recordemos, por último, que las respuestas de los *Catecismos Políticos* publicados durante aquella guerra a la pregunta

"¿qué sois?" o "¿cómo os llamáis?" coinciden con sorprendente unanimidad: "español"; mientras que unos años antes, en textos similares, se contestaba "leal vasallo del Rey de España". Todo el discurso giró en torno al ente nacional. Y, gracias a él, los dirigentes
antibonapartistas ganaron, por amplio margen, la batalla propagandística a quienes se pusieron al servicio de la nueva dinastía[3].

Fue en el Cádiz de las Cortes, según se ha observado tantas veces, donde los términos heredados de *reino* y *monarquía* fueron sustituidos por *nación*, *patria* y *pueblo*[4]. "Patria" y "amor a la patria" eran
vocablos que venían de la Antigüedad clásica, pero "patriotismo",
novedad del siglo XVIII que hacía referencia a la predisposición para
sacrificarse por la colectividad, recibió un impulso decisivo de los
constitucionalistas gaditanos. Los mencionados *Catecismos Políticos*
incluían toques sentimentales, de tono filial, al definir "*nuestra patria*" —no la patria, cualquier patria— como "la nación en donde
hemos venido al mundo", "*nuestra madre común* que al nacer nos recibió en su seno y que desde nuestra infancia procuró nuestro bien"[5].
La patria presentada como madre amorosa que nos acoge y protege, que trasciende nuestras vidas y da sentido a nuestra miserable
finitud, llevaba a la exigencia de estar dispuestos a derramar por
ella hasta la última gota de nuestra sangre. Y ése era justamente el
tipo de emoción requerido para mantener una situación como la
española de 1808-1814. Con una guerra en marcha, y una guerra
nada convencional, no organizada ni mantenida por el poder público, sino dependiente del apoyo popular, era preciso predisponer
a los individuos a arriesgar su vida y sus bienes en favor de la independencia y la libertad colectivas. Lo cual sólo podía exigirse en
nombre del patriotismo, esa nueva virtud que, según el poeta Quintana, era "una fuente eterna de heroísmo y prodigios políticos".

De ahí que en el Cádiz asediado por los ejércitos franceses se fun-
dara y pusiera de moda un café llamado *De los patriotas;* que se cele-
braran funciones teatrales de contenido patriótico, y que los críticos literarios aconsejaran orientar la producción escénica hacia la
enseñanza de la historia de España; que la prensa sugiriera terminar esas mismas representaciones cantando himnos patrióticos;
o que la primera huida de José Bonaparte de Madrid, en agosto de
1808, se festejara haciendo vestir a los ediles de la capital "con el an-

tiguo y majestuoso traje, que recordaba la gloria, tesón y valentía de nuestros magnánimos abuelos"[6]. Era todo un cambio de ambiente, sintetizado quizás de la forma más expresiva en las consignas o gritos de ánimo dominantes: frente a los "¡Viva Fernando VII!" o "¡Mueran los franceses!" que se oyeron en el Madrid insurrecto de mayo de 1808, en Cádiz, unos meses después, se había impuesto, directamente, el "¡Viva España!". Nada de ello le parecía suficiente, sin embargo, a *El Revisor Político*, tan exaltado patriota que seguía quejándose de que "en España aún no ha llegado el amor a la Patria al grado y consistencia necesario", si bien reconocía que "el odio nacional y otras muchas cosas han entrado ya en nuestra revolución"[7]. Se estaba en vísperas del romanticismo, y pronto se diría que por ese lugar o país al que se llamaba "patria" cualquier ser humano de impulsos elevados tenía que sentir unas "pasiones" de carga emocional, e incluso moral, superior a la de cualquier otra instancia valorativa.

Mucho han discutido los historiadores, y mucho habrán de discutir todavía, sobre las motivaciones y el significado último de esta guerra. Sin entrar a competir con especialistas en el periodo, y viéndolo sólo desde la perspectiva del proceso de nacionalización, dedicaremos algún espacio a estas cuestiones en el tercer capítulo y veremos cuán dudosa es su catalogación como un levantamiento popular unánime en favor de la independencia nacional. Lo que no es dudoso, en cambio, es que se produjo una violenta reacción en cadena contra las tropas francesas, que se extendió de manera imparable por todo el reino desde finales de mayo de 1808, en general a medida que llegaban las noticias de la matanza ocurrida en Madrid. Y que, en paralelo a la guerra convencional, se mantuvo de manera estable a lo largo de los seis años siguientes una movilización militar, apenas planeada, cuyo impacto sobre los observadores fue tal que incorporó el término "guerrilla" al vocabulario político universal. Una guerrilla que no habría sobrevivido sin el apoyo de buena parte de la población, dispuesta a arriesgar incluso la vida para dar alimentos, recursos económicos, información y refugio a las partidas rebeldes[8].

Esos cientos de miles de movilizados, y los millones que sostenían su acción, odiaban a muerte a los "franceses" y, frente a ellos, parecían aceptar definirse como "españoles". Los llamamientos a la rebelión lanzados por los grupos más capaces de articular sus convicciones se hicieron, además, en nombre de "España". Parece que podemos, por tanto, partir de la hipótesis de que en 1808 existía algún tipo de identidad colectiva que respondía al nombre de *española*, y que ésta venía de la Edad Moderna, es decir, del periodo anterior a la era de las naciones.

De esa hipótesis se deriva la pregunta fundamental que guía la primera parte de este libro: ¿qué significaba ser "español" para esas personas que pelearon, mataron y murieron invocando ese nombre, es decir, creyendo en una identidad que, a juzgar por su conducta, consideraban superior a sus vidas e intereses? A responderla, recordando los factores políticos y culturales que habían ido formando tal identidad en los siglos anteriores, dedicaremos este primer capítulo. Será preciso, para ello, remontarse a épocas remotas, aunque sólo sea a grandes pinceladas y sin afán de dictaminar sumariamente sobre problemas complejos, sino simplemente como antecedentes del tema que aquí interesa. En el segundo capítulo se plantearán algunos de los condicionantes que el siglo XIX heredó de aquel particular proceso de formación de la identidad durante la Edad Moderna. El tercero se centrará en los acontecimientos bélicos de 1808-1814, analizando su posterior mitificación como "Guerra de la Independencia", esto es, como lucha guiada por un sentimiento de emancipación nacional frente a un intento de dominación extranjera. Cerraremos ese capítulo, y con él la primera parte de este libro, con una conclusión sobre las dificultades de la empresa que tenían por delante aquellas élites liberales que pretendían utilizar, al servicio de su proyecto modernizador, la identidad española heredada, reforzada y reformulada durante la guerra napoleónica.

ANTECEDENTES REMOTOS: DE "HISPANIA" A "ESPAÑA"

Sólo un nacionalista desaforado se atrevería a sostener hoy que las identidades nacionales sean creaciones eternas, preordenadas en la mente divina desde la creación del universo. En el siglo XIX, e incluso en la primera mitad del XX, el momento de auge de los nacionalismos en Europa, mucha gente creía, en cambio, en este tipo de cosas. Las historias escritas en ese periodo no dudaban de que, desde el origen de los tiempos, había habido "españoles" en "España". Los primitivos habitantes de la Península reciben, en efecto, ese nombre por parte de la gran mayoría de los autores, desde Iriarte a finales del siglo XVIII ("hicieron resistencia los españoles" frente a los cartagineses) hasta Dalmau Carles a mediados del XX ("los españoles defendieron su independencia" frente a los romanos). A medio camino entre esas dos fechas, aquél era un tópico repetido por todos: para el muy leido Modesto Lafuente, "el ataque de los españoles a los fenicios [fue] la primera protesta de su independencia"; Carmelo Tárrega, autor de un *Compendio de Historia de España* en 1859, hablaba de las "tentativas de independencia de los españoles" frente a los romanos; un tercer historiador de esa misma época, Miguel Cervilla, distinguía, de forma más sutil, a los habitantes "originarios" de España (llegados de fuera, de todos modos; de la India, según él, los iberos) de las "extrañas gentes" que invadieron a continuación, como fenicios, griegos y cartagineses[9].

Para desilusión de quienes comulguen con este tipo de creencias, este libro parte de la presunción opuesta: ni la identidad española es eterna, ni su antigüedad se hunde en la noche de los tiempos. Pero tampoco es una invención del siglo XIX, como ha llegado a escribirse en épocas recientes. El nombre, para empezar, el griego "Iberia" o el latino "Hispania", proviene de la Antigüedad clásica, aunque su significado, desde luego, variara con el paso del tiempo. Ambos vocablos tenían contenido exclusivamente geográfico y se referían a la península Ibérica en su conjunto —incluyendo siempre, por tanto, al Portugal actual—. Una Península que, durante mucho tiempo, y precisamente por su alejamiento de las civilizaciones humanas emergentes, se vio desde el exterior como un territorio remoto, donde se hallaba el *Finis Terrae* o límite del mundo conocido. Como hito terminal y peligroso, fue típica tierra de aventuras, y en ella localizaba la leyenda varias de las hazañas de Hércules, de las que era testimonio el templo dedicado a este dios cuyas enormes columnas cerraban el Mediterráneo.

Hispania sólo entró en el escenario principal de la historia con el inicio de la segunda Guerra Púnica y la llegada de las legiones romanas a la Península. A partir de entonces, y en los dos últimos si-

ñola" no es sino una idealización. Para empezar, porque los límites territoriales del reino visigodo fueron distintos, no ya de los de la España contemporánea, sino incluso de los de Hispania, la península Ibérica: durante casi dos de los tres siglos de dominio godo, los suevos ocuparon Galicia y los bizantinos el sur y sureste peninsular, desde Sevilla hasta Cartagena; los propios visigodos tuvieron durante mucho tiempo su centro en el sur de Francia y llamaron a su monarquía *regnum Tolosanum*. En cuanto a la religión, la adopción del catolicismo como religión oficial ocurrió el 589, cuando también habían transcurrido casi dos tercios del periodo de presencia goda. Todo ello, por no mencionar la inestabilidad, las guerras civiles, los crímenes palaciegos y tantos otros problemas políticos que plagaron aquella etapa. Sin embargo, ya en el siglo VII, y más aún en los siguientes, pese a haber desaparecido la monarquía iniciada por Ataúlfo, comenzó su idealización. No hay que olvidar que nadie se había beneficiado del sistema de poder establecido en el último siglo godo como la Iglesia católica, cuyos Concilios de Toledo legislaban y hasta elegían a los sucesores al trono. Se entiende que los obispos o monjes que hacían de cronistas se esforzaran por crear una conciencia de identidad alrededor de aquella monarquía y su fe, presentando aquel reino católico como unido, floreciente y dominador de toda la Península. Pero un medievalista actual dotado de sentido histórico pondría muy en cuestión esta interpretación del mundo godo como plasmación inicial e idílica de la identidad española.

La catástrofe de Guadalete no sólo liquidaría la monarquía visigoda sino que sacaría a la luz muchos indicios reveladores sobre aquel sistema político: uno de ellos, la deslealtad de las élites hacia esa comunidad presentada por sus apologetas posteriores como la infancia feliz de la nacionalidad española, pues no dudaron en llamar a los vecinos para resolver una disputa interna, como habían hecho antes en repetidas ocasiones; otro, la sorprendente facilidad con que se derrumbó, en una sola batalla y ante un ejército no especialmente numeroso, un pueblo al que se suponía tanta excelencia guerrera; uno más, la escasa resistencia ofrecida, tras aquella batalla, por el resto del país, que abrió todas sus ciudades al invasor musulmán sin que se conozcan casos de resistencia hasta la autoin-

molación colectiva, lo que contrasta con la suposición de un "carácter nacional" eterno, marcado por una feroz oposición al dominio
extranjero; y hasta podría subrayarse, por último, la relativa escasez
de edificios, objetos artísticos o incluso residuos lingüísticos procedentes de la era visigoda, lo que parece cuestionar el peso y arraigo de aquella cultura en el territorio peninsular.

Lo que sí sobrevivió, pese a todo ello, refugiada en monasterios
y obispados, fue la memoria idealizada de una Hispania visigoda
unida bajo un solo monarca y fundida en una sola fe. Cuando los
núcleos de resistencia frente a los musulmanes alcanzasen suficiente estabilidad y fuerza para autoproclamarse reinos cristianos y pla-
near su expansión, clérigos y juristas les ofrecerían esa memoria
para cimentar su legitimidad. Los caudillos astures, como más tarde los navarros, aragoneses, catalanes y portugueses, se declararían
sucesores de los reyes godos porque entendían que ello les convertía en herederos de un poder ilegítimamente aniquilado por una
invasión foránea. En cuanto tuvieron capacidad para expresarlo,
su pretensión fue que los hechos —el dominio cristiano sobre el
conjunto de la Península— se ajustaran al derecho —el histórico de
los visigodos—. Así lo consignaron, por primera vez, las crónicas
de la era de Alfonso III, aunque, desde luego, estamos hablando
ya del último tercio del siglo IX, es decir, casi doscientos años después del desembarco de Tarik y Muza. Más tarde todavía, los poetas
añadirían el sentimiento nostálgico basado en la idea de la "pérdida
de España" en Guadalete, lo que reforzaría esta construcción desde
el punto de vista sentimental.

La llegada de los musulmanes fue decisiva para la construcción
de la imagen "española" desde otros puntos de vista. Con ella —o
más bien con su derrota ante Charles Martel en Poitiers, que forzó
su repliegue al sur de los Pirineos— la península Ibérica volvió a
convertirse en tierra de frontera y, por tanto, como en los tiempos
prerromanos, lugar exótico y fantástico. No es casual que fuera en
Espagne donde se situara la *Chanson de Roland*, el gran poema épico
de la alta Edad Media francesa, en el que, por cierto, se confunden
Zaragoza y Siracusa (tan lejos las dos, en tierras musulmanas ambas);
ni que sea todavía hoy en *Espagne* donde se localicen los *châteaux*
que, en lengua francesa, son epítome de lo fantasioso. En el curso

de los peregrinajes a Compostela surgieron muchos de los poemas épicos germanos y el nombre de Santiago aparece, igualmente, en las sagas nórdicas. La Hispania medieval volvía a ser para el imaginario europeo lugar remoto, de peligro y aventura. A ella se viajaba para pelear, para conseguir indulgencias extraordinarias, para estudiar el arte de la nigromancia. Era territorio de guerra poco menos que permanentemente abierta y, por tanto, de posibilidad de medro; pero era también tierra de confusión, por la mezcla, típicamente fronteriza, de razas y religiones; lugar peligroso pero también atractivo, porque, sorprendentemente, por aquel extremo occidental de Europa se accedía a las joyas o tejidos del Oriente, como se accedía a los luminosos textos griegos clásicos, traducidos al latín a través del árabe.

Elemento fundamental de la identidad hispana, e imán de atracción para el interés europeo, fue la tumba de Santiago. Hacia el siglo XII quedó establecida la leyenda de este apóstol como primer predicador del Evangelio en la Hispania romana, apoyado en un momento de desfallecimiento por la propia Virgen María, quien se le apareció sobre un pilar en Zaragoza. Más tarde, habría regresado a Jerusalén, donde, según consignan los *Hechos de los Apóstoles*, fue el primero de los discípulos directos de Cristo en morir, ejecutado en fecha tan temprana como el 44 d. C. Excepto este último dato, la leyenda heredada sobre Santiago carece de toda fundamentación histórica; y su vinculación con la península Ibérica, en especial, apenas tiene visos de verosimilitud: ni era fácil viajar en tan corto periodo de tiempo al otro extremo del Mediterráneo y desarrollar allí una tarea misionera eficaz ni, sobre todo, es comprensible cómo, habiendo muerto en Jerusalén, el cuerpo del apóstol se hallaría enterrado en Galicia. Antes del siglo IX, por otra parte, las historias eclesiásticas no habían vinculado a Santiago con Hispania, territorio cuya evangelización se atribuía a otros predicadores tempranos[13].

La leyenda surgió en ese siglo IX, durante el reinado de Alfonso II, en que tan necesitados se hallaban los monarcas astures de elementos milagrosos que apoyaran su empresa política y militar contra los musulmanes. Tardó mucho, sin embargo, en ser aceptada por el resto de la cristiandad, incluidos los círculos políticos o eclesiásticos hispanos. El verdadero lanzamiento del culto a Santiago sólo se produjo a finales del siglo XI, con Alfonso VI, momento crucial en que penetró el espíritu de cruzada en Hispania a la vez que se alteró, al fin, el equilibrio del poder militar en favor de los cristianos. A partir del año 1000, muerto Almanzor y en disolución el califato de Córdoba, tres poderosos monarcas sucesivos lograron expandir sus territorios y unificar el norte peninsular cristiano como ninguno de sus predecesores había podido hacer hasta entonces: Sancho el Mayor de Navarra, su hijo Fernando I de Castilla y León, y el hijo de éste, Alfonso VI de Castilla. Estos reyes conectaron, además, con la cristiandad del otro lado de los Pirineos, y en particular con la casa ducal borgoñona y sus protegidos, los monjes cluniacenses, empeñados en una pugna con Roma para reformar la cristiandad y terminar con la laxitud de la vida monástica y la sumisión de las jerarquías eclesiásticas al poder secular, y en especial al imperio. Los reformadores comprendieron la importancia de la sagrada reliquia que se veneraba en Galicia, excelente instrumento para lanzar la idea de cruzada en la península Ibérica a la vez que se rebajaban las pretensiones papales de ser guardianes de la tumba del único cuerpo completo de un discípulo directo de Cristo. Fue en París donde se construyó la iglesia de *Saint Jacques* y allí también se bautizó como *rue Saint Jacques* a la calle que, partiendo de esta iglesia, recorría la ciudad en dirección suroeste. Allí iniciaban la mayoría de los peregrinos su camino, un camino festoneado de monasterios cluniacenses que les daban acogida. Fue un papa francés, Calixto II, quien sancionó el *Liber Sancti Jacobi* o *Codex Calixtinus,* resumen de la vida y milagros del Santo que incluía una especie de itinerario o guía para los peregrinos, con consejos prácticos e incentivos espirituales. La ruta se llamó, por eso, *el camino francés;* y las ciudades por él atravesadas se llenaron de delicadas iglesias románicas, construidas por maestros de obras traídos por Cluny, así como de calles y barrios llamados *de los francos.* Las canciones de peregrinos que se conservan, cuando no están escritas en latín, lo están en el francés parisino o en occitano.

Bajo la influencia borgoñona y cluniacense, tanto el significado del Santo como el de la lucha contra los musulmanes cambiaron. De ser una empresa de recuperación de un territorio arrebatado

violentamente por los musulmanes a los visigodos, esta última pasó
a ser una lucha religiosa, una *cruzada*, según el término recién inventado por el papado, versión cristiana de la *yihad* islámica. El propio
Alfonso VI pidió, y consiguió, ayuda internacional contra los almorá-
vides. Y el Santiago que reapareció tras tantos siglos de oscuridad
no era ya el pacífico pescador galileo a quien nadie vio nunca mon-
tar a caballo ni manejar una espada, sino un belicoso jinete, martillo de sarracenos. La nueva fase de la lucha contra el islam requería
apoyos sobrenaturales y Santiago estaba dispuesto a prestarlos, desde el cielo, a aquella tierra que él había evangelizado y ahora veía
sufrir bajo dominio infiel. Entre las nubes, sobre un caballo blanco,
igual que el Apocalipsis anunciaba que Cristo descendería de los
cielos para la batalla final, Santiago aparecía en el fragor de las batallas y decidía su curso contra los musulmanes. Así como la idea de
cruzada fue la adaptación cristiana de la "guerra santa" musulmana, el Santiago medieval fue la réplica de Mahoma. Pero su transformación continuaría, y en sentido más interesante para nuestra
historia, cuando pasara a convertirse en encarnación de una identidad patria, más tarde nacional, y en especial del aspecto belicoso
de esa identidad. Porque Santiago no era sólo "matamoros", sino ma-
tador de moros por España —por Hispania, deberíamos decir, pues
seguía incluyendo a Portugal[14]—, por esa España que le consideraba su patrono o intercesor celestial. Los reyes de Castilla y León,
tempranos aspirantes a la primacía peninsular, se proclamaron
"alféreces de Santiago". A finales del siglo XII, se creó la Orden de
Santiago, versión hispana de la del Temple, dedicada como ésta a
administrar los enormes recursos que reyes y fieles destinaban a la
cruzada. Su nombre fue utilizado como grito de unión y ataque de
los españoles, y no sólo en la Edad Media, sino en la conquista
de América, como demostró Pizarro al gritar, en el momento decisivo ante Atahualpa, "¡Santiago y a ellos!". En América precisamente pervivió el apóstol en las muchas y muy importantes ciudades
fundadas con su nombre. Siglos más tarde, en esa nueva coyuntura
bélica de 1808-1814 en que nació el sentimiento nacional moderno, y en torno a la cual gira este capítulo, Santiago reaparecería una
vez más, invocado por el clero como garantía de triunfo frente a los
franceses, curiosamente los descendientes de aquellos que, tantos

siglos atrás, habían avalado la tumba del Apóstol y lanzado al mundo la ruta jacobea[15].

No terminan con éste los guiños irónicos de la historia. Serios filólogos han sostenido que fue al norte de los Pirineos, y en la época del lanzamiento del culto a Santiago, donde se inventó el adjetivo "español", usado para designar a los integrantes de esta entidad nacional a cuyos remotos orígenes estamos dedicando estas páginas. La evolución lógica de la palabra *hispani*, nombre latino de los habitantes de Hispania, al pasar a la lengua romance más extendida en la península Ibérica, hubiera dado lugar a "hispanos", "espanos", "espanienses", "espanidos", "españeses", "españones". Pero triunfó la terminación en "ol", típica de la familia provenzal de lenguas, muy rara en castellano. Aunque la polémica entre los especialistas ha sido intensa, y no pueda darse aún por zanjada, parece lógico creer que un gentilicio que se refería a un grupo humano tan grande y variado como el compuesto por los habitantes de todos los reinos de Hispania no era fácil que se le ocurriera a quienes estuvieran sobre el terreno, que no disponían de perspectiva ni de mapas globales. Se comprende, en cambio, que desde fuera, y en especial desde la actual Francia, tan implicada en la creación del Camino de Santiago, sintieran la necesidad de referirse de alguna manera a todos los cristianos del sur de los Pirineos: lo hicieron como *espagnols* o *espanyols*. Dentro de la Península, un monarca tan europeo como Alfonso X el Sabio, cuando ordenó escribir la *Crónica General*, nada menos que la primera *Estoria de Espanna* escrita en la futura lengua nacional, decidió traducir como "espannoles" todos los pasajes en que sus fuentes —Lucas de Tuy, Jiménez de Rada— decían "hispani". Se trataría, pues, de un proceso radicalmente opuesto a lo que suele llamarse creación popular de un término, pues éste no sólo fue originario del exterior sino que fue consagrado y extendido por los medios cultos del interior[16].

Si los nacionalistas leyeran algo más que su propia literatura, probablemente relativizarían mucho el carácter sacrosanto de sus ídolos y leyendas. Considerable ironía es que el mito de Santiago, personificación de España e instrumento de movilización antinapoleónica, debiera su lanzamiento inicial a una corte y unos monjes que hoy, con nuestra visión del mundo dividida en realidades nacionales, habría que llamar franceses. Tampoco lo es pequeña el que la comunidad humana a la que más tarde los europeos atribuirían un innato "espíritu de cruzada" fuera en la Edad Media un mundo de convivencia de culturas y que la idea de "guerra santa" se importara desde Europa. Pero raya en el sarcasmo que el término mismo que designa a los componentes de la nación tenga todos los visos de ser, en su origen, lo que un purista no podría por menos de considerar un *extranjerismo*.

UN PASADO MÁS CERCANO.
EL IMPERIO DE LOS HABSBURGO "ESPAÑOLES"

Parece indiscutible, por lo que llevamos dicho, que para la península Ibérica y sus habitantes se había ido construyendo durante la Antigüedad y la Edad Media una identidad diferenciada de la de sus vecinos, y que tal identidad se designaba precisamente con los términos "España" y "español". Hasta la era de los Reyes Católicos, sin embargo, la división de la Península en varios reinos independientes, de fuerza equilibrada y fronteras fluctuantes, hizo imposible que estos vocablos adquiriesen un significado político. Pero los Reyes Católicos, al comenzar la Edad Moderna, reunieron en sus cabezas la mayoría de las coronas peninsulares para formar una monarquía cuyas fronteras, además, coincidían casi a la perfección con las de la actual España, lo que constituye un caso de estabilidad realmente extraordinario en los cambiantes mapas europeos del último medio milenio. Basta esta constatación para considerar, en principio, que la identidad española —hay que insistir: no la identidad *nacional* española— posee una antigüedad y persistencia comparables a la francesa o inglesa, las más tempranas de Europa (tampoco nacionales todavía) [17]. Con un dato añadido: que, al igual que en estos otros dos casos, en los inicios fue la monarquía el eje vertebrador de la futura nación.

Fernando e Isabel no sólo unificaron los reinos sino que, casi a la vez, convirtieron a la nueva monarquía en gran potencia de la cristiandad. Raro fenómeno éste de la hegemonía "española" en Europa, ya que los reinos ibéricos no dominaban un territorio especialmente fértil ni poblado y, con la excepción de Aragón, no habían desempeñado más que un papel marginal en el escenario europeo durante los siglos medievales. La explicación de su repentino acceso al primer plano de la política continental hacia el año 1500 debe relacionarse con una serie de acontecimientos, en parte decididos por lo que su contemporáneo Maquiavelo llamaría la *virtù* de los reyes —su habilidad y decisión para expandir su poder— y en parte debidos a lo que el sagaz florentino calificaría como *fortuna*, o conjunción de acontecimientos casuales, no planeados.

Un primer hecho que nadie puede considerar producto de la casualidad, sino de la ambición, la audacia y la mente planificadora de sus dos protagonistas, fue el famoso enlace matrimonial entre los monarcas, o futuros monarcas, de Castilla y Aragón, base inicial del poderío de la nueva monarquía. Muerto en 1474 Enrique IV de Castilla, conocido con el expresivo mote de El Impotente, la sucesión al trono se disputaba entre dos mujeres: su hermana Isabel, apoyada por su primo don Fernando de Trastámara, príncipe heredero de Aragón; y Juana, hija del matrimonio real, según la ley, pero cuya paternidad física se atribuía a un cortesano amante de la reina llamado don Beltrán de la Cueva —por lo que los partidarios de Isabel la motejaban La Beltraneja—, cuyas pretensiones se veían favorecidas por el rey de Portugal. De las dos parejas, tanto la decisión como la habilidad política y militar correspondieron a Isabel, la hermana del fallecido rey de Castilla, y su pretendiente Fernando de Aragón. No sólo se casaron a toda prisa, falsificando una dispensa papal, pues eran primos, sino que, en la inevitable guerra que siguió, derrotaron a los ejércitos del partido portuguesista o pro-Beltraneja.

La agregación de territorios continuaría, como es bien sabido, con la guerra de Granada, que dio fin al último reino musulmán de la Península, y con el afianzamiento del poder aragonés en Sicilia y su expansión a Nápoles, gracias a una conjunción de la astucia diplomática de Fernando y el desarrollo de las técnicas militares por parte de sus generales. La infantería castellana, que inició sus actuaciones fuera de la Península en los años 1490, con la llegada del Gran Capitán a Nápoles, iba a convertirse en la maquinaria militar más temible de Europa a lo largo del siglo y medio siguiente. Muerta ya

Isabel, Fernando continuó aumentando sus reinos con la anexión de Navarra, justificada por un segundo matrimonio con Germana de Foix y acompañada de la habitual intervención armada. Quienes han presentado la política matrimonial de los Reyes Católicos como una operación planeada para alcanzar la "unidad nacional española" olvidan advertir que una de las cláusulas del compromiso matrimonial de Fernando con la princesa navarra le obligaba a legar sus reinos aragoneses a la eventual descendencia de la pareja, separando así de nuevo lo que tanto había costado unir. De hecho, tal segregación estuvo a punto de producirse, porque Germana dio a luz a un heredero, mas una oportuna intervención de la *fortuna* hizo que éste falleciera a las pocas horas de vida.

También a la fortuna iba a deberse, en parte al menos, la expansión territorial más importante de la nueva monarquía unificada. Por un lado, por el descubrimiento de unas inmensas tierras desconocidas para los europeos, gracias a la idea equivocada que sobre el tamaño del planeta tenía Cristóbal Colón, navegante genovés conocido en diversas cortes por ofrecer sus servicios para llegar a la India por el oeste. Los portugueses, expertos geógrafos, rechazaron su plan: no dudaban de que la tierra podía circunvalarse pero sostenían, con razón, que el camino más corto para llegar a la India seguía siendo bordear África por el sur. En Castilla, sin embargo, y pese a que la Universidad de Salamanca emitió un dictamen no menos adverso que el de los geógrafos lusos[18], la reina Isabel decidió financiar el viaje de Colón. Y éste, en efecto, encontró tierra, más o menos donde él esperaba, y murió convencido de que los hechos le habían dado la razón y había llegado a "las Indias". Poco tiempo después, un astuto florentino, Amerigo Vespucci, comprendería lo ocurrido: las carabelas castellanas se habían topado con un continente, desconocido para los europeos, que se erguía en medio de los océanos. Y, como lo habían dejado sin bautizar, le dio su nombre; en versión, eso sí, castellana y, como correspondía a un continente, en femenino: América. Si el famoso aventurero genovés no hubiera sido tan obcecado, el continente se llamaría ahora Colombia. A los efectos que aquí interesan, que son el salto al protagonismo de la monarquía hispánica, el hallazgo inesperado de aquellas tierras sin fin iba a proporcionar rentas formidables, fundamentalmente en forma de lingotes de plata, a la corona castellana durante los siglos siguientes, y ello ayudaría no poco al mantenimiento de su hegemonía europea.

Otro aspecto en el que la fortuna alteró los planes de los Reyes Católicos fue en los resultados de su política matrimonial. Una alteración que, para muchos, proporcionó a la casa real el esplendor imperial de que se vio rodeada en los reinados siguientes, pero que para otros fue el origen de las muchas desgracias colectivas que acabarían sobreviniendo. El hecho es que la fatalidad ayudó, como hemos dicho, a que se mantuvieran unidos los territorios acumulados de Fernando e Isabel al extinguirse, en su inicio mismo, la vida del hijo del rey aragonés con Germana de Foix. Pero también había fallecido, en plena juventud, el príncipe don Juan, único varón fruto de la célebre unión castellano-aragonesa y al que estaba destinado el conjunto de la herencia. Según ha escrito Roger Merriman, aquello fue una "terrible catástrofe" para los Reyes Católicos, ante la que "debieron sentir cosas inexpresables"[19]. Quedaban sus cuatro hermanas, cuyos enlaces habían sido planeados cuidadosamente por los Reyes, conocedores como nadie del valor de una buena boda. Con el objetivo de unir los reinos peninsulares en una sola corona, dos de ellas habían sido casadas con los vástagos de Juan de Portugal; con el de aislar a Francia, otras dos se habían desposado con los de Enrique VII Tudor de Inglaterra y los del emperador romano-germánico Maximiliano de Habsburgo, tradicionales enemigos de Francia ambos. Los dos objetivos se alcanzaron: nunca se vio Francia tan rodeada de enemigos y derrotada en sucesivas guerras como lo fue a lo largo del siglo siguiente; y la corona portuguesa acabó asentada en la cabeza de Felipe II, biznieto de Fernando e Isabel. Pero los sucesivos fallecimientos, y en especial el del príncipe heredero, llevaron a un resultado inesperado, que fue el cambio de dinastía: los Trastámara castellanos y aragoneses vieron cómo su herencia pasaba a los Habsburgo, titulares del sacro imperio romano-germánico, que rivalizaban con el rey de Francia por los territorios borgoñones.

Carlos V acumuló, pues, dominios múltiples procedentes de cuatro herencias: la imperial, la borgoñona, la aragonesa —que incluía Sicilia y Nápoles— y la castellana —con los territorios americanos recién descubiertos—. La defensa, cuando no la expansión, de tan fabuloso conjunto de territorios le obligó a entrar en una interminable serie de conflictos bélicos. Fue una situación que no se limitó al emperador ni al periodo de hegemonía que vivieron sus herederos inmediatos. Entre el Gran Capitán y la invasión napoleónica, es decir, durante los reinados de todos los Habsburgo y los cuatro primeros Borbones, la monarquía católica —título que desde la conquista de Granada correspondía al nuevo conglomerado de reinos— participó en *todos* los conflictos bélicos europeos de importancia. Si cualquier rey de la época se veía obligado a guerrear sin descanso contra los demás monarcas con objeto de sobrevivir o de ampliar sus dominios, mucho más constante e intenso fue el problema para quienes se creían destinados a ocupar las primeras plazas en el escenario europeo.

Este aspecto afecta directamente a nuestro tema, pues la función "nacionalizadora" de la monarquía se ejercía, sobre todo, por medio de las guerras en las que se hallaba constantemente enzarzada. No es que las guerras se hicieran por intereses nacionales; era el rey el que perdía o ganaba territorios; no había aún una "esencia nacional" que se jugara su prestigio en cada escaramuza, como ocurriría en los conflictos coloniales del XIX. Las tropas luchaban al servicio del rey, y si bien la élite de los ejércitos de Su Católica Majestad fueron, durante mucho tiempo, los tercios castellanos, éstos eran una minoría, anegados en medio de una profusión de soldados italianos, suizos o valones. No era un ejército nacional, ni tenían sentimientos nacionales o prenacionales: eran profesionales, "soldados", por encima de todo, que podían pasar, de la noche a la mañana, a servir a otro señor y recibir de él ese sueldo que caracterizaba a la profesión. Esta situación, sin embargo, fue cambiando, y sobre todo los efectos de las guerras sobre la población tuvieron necesariamente que ser de signo nacionalizador: la existencia de enemigos comunes, y el surgimiento de una imagen colectiva tanto propia —impuesta por el enemigo— como de lo "ajeno", tuvo que crear lazos de unión y coadyuvar al surgimiento de una identidad colectiva que pronto habría de llamarse nacional, como los especialistas en Edad Moderna han demostrado que ocurrió en otros casos europeos[20]. Cualquier observador de los fenómenos nacionales sabe bien, por otra parte, lo mucho que une un enemigo común. Hay que suponer, pues, que sobre los súbditos de aquella monarquía tuvo que dejar profunda huella el hecho de tener, no uno, sino muchos enemigos exteriores durante larguísimos periodos de tiempo —la mayoría de aquellos trescientos años— y de vivir permanentes y muy parecidas situaciones de tensión con los reinos vecinos, en contraste con las escasas guerras libradas entre reinos peninsulares (no más de dos, las de 1640 y 1700, si bien de una docena de años cada una).

Esa monarquía unificadora y guerrera exigió una extracción de recursos que afectó de manera inevitable a todos sus reinos, aunque sin duda más a Castilla, territorio que se convirtió en núcleo central de la monarquía y fuente principal de hombres y dinero, sobre todo desde el momento en que la derrota de los Comuneros dejó a sus instituciones representativas inermes ante las exigencias reales. Sobre los reinos periféricos, peor controlados políticamente, tales exigencias llevaron a tensiones que, como en la gran crisis de 1640, terminaron en intentos de secesión, en algún caso fallidos, como el catalán, y en otros exitosos, como el portugués. Pero no todo fueron tensiones. Los Reyes Católicos y los Habsburgo mayores pudieron jactarse ante sus súbditos de una serie, aparentemente interminable, de éxitos diplomáticos y militares. Ya en tiempos de los Reyes Católicos surgieron cantos mesiánicos y profecías escatológicas que expresaban el orgullo por los maravillosos sucesos que les había tocado vivir, tendiendo, de acuerdo con la visión providencialista de la historia vigente en el momento, a atribuirlos al favor divino. Daba la impresión de que se había producido un nuevo giro en la historia del mundo, de que había surgido un nuevo imperio, comparable al persa o al romano. Más aún: había llegado la monarquía universal, la culminación de la historia. Los apologetas de Fernando e Isabel profetizaron, como coronación de su feliz reinado, la conquista de Jerusalén, preludio de la venida definitiva de Cristo. Pues los imperios, observaron, se movían de Levante a Poniente, de acuerdo con el curso del sol: nacidos en Asiria y Persia, y encarnados sucesivamente en Grecia y Roma, culminaban ahora en España, un *Finis Terrae* que sería también el *Finis Historiae*[21]. Pedro de Cartagena, en su afán de ensalzar a la reina Isabel, explicaba que, de las letras de su nombre, "la I denota Imperio / la S señorear / toda la tierra y la mar". Y cuando llegaba a *Regina* disparaba las expectativas:

> Dios querrá, sin que se yerre,
> que rematéis vos la R
> en el nombre de Granada...
> No estaréis contenta bien
> hasta que en Jerusalén
> pinten las armas reales[22].

Aunque la protagonista de esta promesa escatológica era la monarquía, y no "los españoles", pueden hallarse también tempranos cantos a la grandeza del pueblo o nación. Hay que tener en cuenta que la primera intervención exterior de los Reyes Católicos fue en la Italia renacentista, donde fueron recibidos como una nueva invasión de los *bárbaros*, y que los monarcas y sus apologetas estaban especialmente interesados en demostrar que no sólo poseían superioridad militar sino que eran también los dirigentes de un país de alta cultura. De nada servía, a estos fines, el mito goticista, cuya utilidad había terminado con la desaparición del reino granadino: ser sucesores de los godos era bien poca cosa ante los descendientes del imperio romano. Tampoco el castellano, lengua muy difundida en la Península pero no fuera de ella, podía ser utilizado para cambiar la imagen del país en el resto de Europa. De ahí que los Reyes Católicos, al revés que Alfonso el Sabio, ordenaran a sus cronistas escribir en latín, e incluso que hicieran traducir al latín las historias existentes en lengua castellana. En ellas dominaba una obsesión por destacar la antigüedad milenaria de la monarquía española, superior —se insistía— a la de los romanos; para lo cual vinieron como anillo al dedo los *Comentarios* que en 1498 publicó el humanista Annio de Viterbo, en los que, sin duda para halagar a los nuevos dominadores, situaba los orígenes de la monarquía española seiscientos años antes de la fundación de Troya. Ésta es la línea que seguiría Lucio Marineo Sículo, otro humanista italiano importado por los Reyes con este fin; y, junto a él, el catalán Joan Margarit y los castellanos Rodrigo Sánchez de Arévalo o Antonio de Nebrija. Todos

ellos cantaron las hazañas de los guerreros que habían conquistado Granada y estaban triunfando en Italia como continuadores de
aquella raza de héroes que se había iniciado con Hércules y Túbal,
resistido luego a Roma y rebelado más tarde contra los musulmanes. A la vez, sin embargo, ese mismo Nebrija, "extraordinariamente
sensible al desdén que mostraban los eruditos italianos por las tradiciones culturales de España", publicaba la primera gramática castellana y en su prólogo establecía el famoso paralelismo entre la expansión del dominio político y la del idioma ("siempre la lengua
fue compañera del imperio"), un idioma cuya perfección y sonoridad consideraba fuente del orgullo de los súbditos; lo cual adelan-
taba en varios siglos la conexión entre poder estatal y cultura oficial, típica de los nacionalismos[23].

Con Carlos V, la identificación entre los éxitos de la monarquía
y "España" se hizo más difícil. No sólo era el rey inconfundiblemen-
te flamenco, sino que tenía en muy superior estima a la corona imperial que a las de Castilla, Aragón, Navarra y Granada. Su canciller,
el italiano Gattinara, se guiaba por el ideal dantista de la monarquía universal, compartido incluso por los consejeros y pensadores
hispanos que rodeaban al emperador, como Alfonso de Valdés o el
obispo Guevara. El propio Valdés explicaba así la misión imperial
al día siguiente de la batalla de Pavía: "Dios milagrosamente ha
dado esta victoria al Emperador [...] para que, como de muchos está
profetizado, debajo de este cristianísimo Príncipe todo el mundo
reciba nuestra santa fe católica y se cumplan las palabras de nuestro
Redentor: *Fiet unum ovile et unus pastor*"[24]. Imagen del pastor y el rebaño que repetiría Hernando de Acuña, soldado y poeta garcilasis-
ta, en un sonoro soneto dedicado a Carlos V que expresaba como
ningún otro el optimismo imperial universalista y mesiánico de su
corte, y cuyos dos cuartetos dicen:

> Ya se acerca, señor, o ya es llegada
> la edad gloriosa en que promete el cielo
> una grey y un pastor sólo en el suelo
> por suerte a vuestros tiempos reservada.
> Ya tan alto principio en tal jornada
> os muestra el fin de vuestro santo celo,

y anuncia al mundo para más consuelo
un monarca, un imperio y una espada [...][25].

Fue un poema muy del gusto de los vates falangistas, que lo interpretaron como una expresión del españolismo de la era imperial. Mas repárese que en él no se menciona a España, sino a un emperador que rige el orbe en nombre de Cristo. Una idea no sólo medieval, sino perfectamente ajena a la tradición hispánica, pues, frente a las pretensiones imperiales de supremacía, los letrados de las cortes peninsulares llevaban siglos insistiendo en que cada rey era emperador en su reino. En ello iban a ratificarse los escolásticos del XVI: Vitoria, Suárez, Molina, Vázquez de Menchaca y más que ninguno Domingo de Soto[26]. Guiado por su ambición ecuménica, Carlos V se apartaba, por tanto, de la tradición peninsular, incluida la vigente en su propio tiempo. Consecuente con esta idea de su misión, viajó constantemente por sus territorios europeos, sin pasar en la Península más de una tercera parte de su vida. Sus ministros y consejeros fueron, además de Gattinara, los dos Granvela, Adriano de Utrecht, Charles de Lannoy, Guillaume de Croy o el conde de Nassau; sus generales podían apellidarse Alba o Leyva, pero también Saboya, Pescara, Farnesio, Borbón u Orange; sus banqueros, una vez expulsados los judíos de España, no tenían más que nombres alemanes o italianos: Fugger, Welser, Schetz, Grimaldi, Marini, Centurione; y en sus ejércitos había tercios castellanos, pero también lansquenetes alemanes o mercenarios suizos. Es un imperio al que de ningún modo se puede llamar España, ni aun monarquía hispánica. Durante el reinado de Carlos V lo más adecuado sería llamarlo imperio de los Habsburgo; a partir de la generación siguiente, para distinguirlo de sus imperiales primos austríacos, monarquía de los Habsburgo *españoles*, siempre que por este término sigamos entendiendo hispánicos o ibéricos[27].

La progresiva identificación de la monarquía con España se vio forzada por el duro clima político de la Europa de la Contrarreforma, que obligó ya al propio emperador a terminar sus días refugiado en sus territorios peninsulares, que no había pisado en los trece años anteriores, pero se habían convertido en los más seguros de sus extensos dominios. Esta tendencia se acentuaría con su hijo, quien tras una juventud viajera pasó sus últimos cuarenta años sin salir de la Península; una Península cuyo dominio completó en 1580 con la incorporación de Portugal, con lo que la monarquía católica se definió cada vez más como hispánica o ibérica. De ahí que el mesianismo imperial universalista se fuera viendo progresivamente sustituido por una identificación con "España" como nación elegida[28].

Los intelectuales del momento tendieron, en efecto, a fundir las glorias de la monarquía Habsburgo con los episodios legendarios atribuidos desde hacía tanto tiempo a Hispania. Entre mediados del siglo XVI y mediados del XVII se desarrolló en la Península una etapa de gran creatividad cultural, sobre todo en terrenos literarios y pictóricos, que se conoce como el Siglo de Oro de la cultura española, y que ha sido y sigue siendo analizada por historiadores del arte y la literatura en miles de publicaciones. En el terreno de la pintura, Velázquez, Alonso Cano, Sánchez Coello o Zurbarán son sólo algunos de los grandes nombres de la época y en sus lienzos reflejaron, entre otros temas, el esplendor de la casa real y las glorias bélicas de "España". Pero fue, sobre todo, un espléndido momento literario, con Calderón, Lope o Tirso, cuyas obras teatrales difundieron entre público analfabeto el orgullo de lo "español" y su identificación con un orden social jerarquizado y tutelado por el rey, que creían natural y consagrado por Dios. Según concluye un reputado especialista en la Edad Moderna, Ricardo García Cárcel, durante el siglo XVI la palabra "España", "hasta entonces de uso casi exclusivamente geográfico, se va cargando de connotaciones políticas", y el término, con un valor sobre todo histórico, fue "usado preferentemente por los poetas [...]; desde Ercilla hasta Herrera, la poesía épica exalta apasionadamente las gestas imperiales de los españoles y elabora un singular narcisismo españolista"[29].

Todo el teatro y la poesía del llamado Siglo de Oro están salpicados, en efecto, de referencias a las glorias de la monarquía, que a la vez se presentan como "españolas", mezclando entre ellas a Pavía, San Quintín, Lepanto o Breda con Viriato, Numancia o El Cid. Figura especialmente destacada en esta labor fue sin duda Lope de Vega, por lo directo de sus expresiones y su indiscutible impacto popular. Lope invoca repetidamente a España en su poesía, y en sus obras teatrales sitúa con frecuencia la acción en Flandes, o hace aparecer a don Juan de Austria, o al propio Felipe II con el mundo a sus pies, cuando no directamente a un personaje que se llama "España". En la *Jerusalén conquistada* intentó escribir la gran epopeya de la nación, que era a la vez la de la monarquía:

> también donde el Jordán los campos baña
> pasó el castillo y el león de España.

No faltan en ella referencias a la "pérdida de España" en Guadalete (tema al que también fray Luis de León había dedicado su "Profecía del Tajo"), ni expresiones de un orgullo "español" rayano en insoportable jactancia:

> Teme a español, que todas las naciones
> hablan de sí, y al español prefieren [...]
> Todas grandezas del español refieren;
> español vence en todas ocasiones [...]
> El español no envidia, y de mil modos
> es envidiado el español por todos[30].

Con menor fanfarronería, también Cervantes, en *El cerco de Numancia*, esbozó un estereotipo colectivo "español" a partir de los numantinos. Uno de sus rasgos es la religiosidad, que se remonta a los godos ("católicos serán llamados todos / sucesión digna de los fuertes godos"); pero el más destacado es el valor:

> indicio ha dado esta no vista hazaña
> del valor que en los siglos venideros
> tendrán los hijos de la fuerte España,
> hijos de tales padres herederos [...]
> ¡Qué envidia, qué temor, España armada,
> te tendrán mil naciones extranjeras![31].

No era ya el clima ecuménico de Carlos V. Cervantes hablaba de un poderoso imperio, sí, cuya existencia se debía —quién podía dudarlo— al "bien universal", pero que funcionaba en un contexto de competición con otras "mil naciones extranjeras". La monarquía de los Habsburgo se iba definiendo como monarquía limitada; el adjetivo que la distinguía era, eso sí, el de *española* o *hispánica*.

Mas si el ecumenismo cedía, no así el providencialismo y la conciencia de pueblo elegido. Del gran momento de poder imperial fueron las obras políticas de Ginés de Sepúlveda o Vitoria, que racionalizaron la expansión imperial por América; las de Alfonso de Valdés o Guevara, que formularon los ideales imperiales o justificaron como castigo divino el *sacco di Roma*; más tarde, cuando los problemas comenzaron a acumularse, las de Gracián, Saavedra Fajardo o Quevedo, que dieron argumentos a los reyes frente a sus rivales europeos. Todavía en la primera mitad del XVII, cuando el edificio imperial comenzaba a amenazar derrumbamiento, los ideólogos de los Habsburgo menores —entre los que iba imponiendo de forma casi exclusiva el clero católico— continuaban expresando su fe en el carácter mesiánico de ese pueblo español que era a la vez la monarquía católica. En 1612, el dominico Juan de la Puente interpretaba las profecías de Isaías sobre el monte Sión como referidas a Toledo; siete años más tarde, Juan de Salazar, benedictino, insistía en la identificación del pueblo español con el elegido del Señor; otro benedictino, Benito de Peñalosa, publicaba en 1629 su *Libro de las cinco excelencias del español*, en el que hay un capítulo entero titulado "Cómo los españoles dilatan la fe católica, oficio y prerrogativa que tenía el pueblo de Dios escogido". Y el también clérigo Juan Caramuel escribía en 1636 una *Declaración mística de las armas de España*, de similar tenor[32].

Junto a las obras polémicas o apologéticas, todo un género literario nuevo iba surgiendo bajo el rótulo de "historia de España". Ya con Carlos V, a la vez que subsistían los tradicionales cronistas dedicados a exaltar los hechos memorables del monarca[33], aparecieron historiadores que no lo eran del rey sino del reino, de "Castilla", con frecuencia identificada con "España". El primero fue Florián de Ocampo, que no puede decirse que dejara el puesto en alto lugar. Su *Crónica General de España*, aparte de no sobrepasar la era romana, se limitó a repetir las fábulas inventadas por Annio de Viterbo: con Ocampo, ha escrito Robert Tate, "la historia mitológica de España [...] alcanzó su momento culminante", creando un pasado acomodado "al ego hinchado del presente": "Cada protagonista de la Antigüedad toma la aureola de un dios. Túbal viene a ser una especie de Júpiter que distribuye los secretos y las ciencias del universo a los españoles [...]. Los dioses egipcios hacen visitas a la Península...". Pero a la vez que Ocampo estaban escribiendo Pedro de Medina, Lorenzo Padilla o Pedro de Alcocer libros que titulaban, con variantes, historias o crónicas generales de España. Como se titularían, ya en época de Felipe II, los de Esteban de Garibay o Ambrosio de Morales, que sucedieron a Ocampo como cronistas oficiales[34]. Estas historias no sólo alcanzaron mayor difusión que las crónicas medievales por estar impresas, sino que tenían un contenido sustancialmente distinto al de la mera crónica regia para cantar la antigüedad y las hazañas de la nación.

Ninguno de aquellos autores rivalizaría en importancia con el jesuita Juan de Mariana, que en 1592 inició la publicación de su *Historia de Rebus Hispaniae*, traducida al castellano a partir de 1601 como *Historia general de España*. Mariana era un intelectual de considerable seriedad y se propuso hacer una obra más rigurosa que la de sus antecesores, abandonando las invenciones del estilo de Annio de Viterbo[35]. Lo que de ningún modo significaba que su intención fuera aséptica. La misma dedicatoria exhibía una identificación personal con las glorias patrias, no exenta de un cierto tono reivindicativo: "me convidó a tomar la pluma el deseo que conocí los años en que peregriné fuera de España, en las naciones estrañas, de entender las cosas de la nuestra: los principios y medios por donde se encaminó a la grandeza que hoy tiene". La historia es, para él, un semillero de orgullo colectivo; orgullo de "linaje", término que usa más que raza, pueblo o nación. E historia de un linaje es, en efecto, lo que hace: una genealogía de hombres ilustres, una crónica de hechos de armas gloriosos de los antepasados familiares, que prueba la alta calidad de la sangre de sus descendientes actuales. De ahí que, aunque se resista a aceptar la verosimilitud de algunas fábulas mitológicas sobre la antigua Iberia, acabe incluyendo muchas otras, porque, según se disculpa, "concedido es a todos y por todos consagrar los orígenes y principios de su gente, y hacellos muy más ilustres de lo que son, mezclando cosas falsas con las verdaderas"; y "si a alguna gente se puede permitir esta libertad, la española por su nobleza puede tanto como otras usar dello por la grandeza y antigüedad de sus cosas". Así pues, repitiendo a san Isidoro, Mariana consignó que Túbal, hijo de Jafet, había sido el "primer hombre que vino a España", el fundador de "la gente española y su valeroso imperio"; y tras él hace desfilar por la Península a Osiris, Jasón, Hércules o Ulises[36]. Era la manera de convertir al español en uno de los "linajes", "gentes" o pueblos originarios del mundo, sin mayor antigüedad posible. Más que el romano, incluso, por el que tanta reverencia —y rivalidad— sentían Mariana y todos los intelectuales educados en Italia pero comprometidos, a la vez, en esta tarea de construcción del sentimiento patriótico.

La obra de Mariana representa, por tanto, un importante paso adelante en la construcción de la identidad de lo que él mismo llama la "nación". Sus protagonistas siguen siendo, sin embargo, los monarcas. Es cierto que el eje que articula la sucesión real es "España", pero éste es un término equívoco, que a veces no pasa de ser una mera referencia geográfica, aunque en otras claramente posea un contenido racial o grupal en relación con el cual Mariana expresa un orgullo innegable. Las razones para este orgullo son, además, complicadas: en su descripción del carácter colectivo de los españoles, no puede evitar destacar sus proezas bélicas, y en ello se detecta un punto de disgusto en el autor. Aunque considere a Numancia "gloria y honra de España" (por haber llegado a ser "temblor y espanto del pueblo romano"), describe a los primitivos habitantes del país como "más fieras que hombres", sin duda fieles y excelentes guerreros, pero "aborrecedores del estudio de las ciencias"; poco orgullo late en esas líneas. Tampoco hay que olvidar que Mariana escribió su obra en latín y que, sólo contra su propósito inicial ("muy fuera de lo que al principio pensé"), la tradujo al castellano ("latín corrupto"), todo lo cual le aleja del orgullo castellanista de un Nebrija[37].

Aquella precoz *Historia general de España* de Juan de Mariana sería un jalón decisivo en la construcción de la identidad que es objeto de este libro. Reeditada múltiples veces a lo largo de los siglos siguientes, y complementada con los correspondientes apéndices, la obra de Mariana se convertiría en la referencia fundamental para la historia patria durante doscientos cincuenta años. Pocos libros pueden aspirar a tanto.

Cuestiones de términos

En las páginas precedentes hemos recorrido a grandes rasgos el proceso de formación de una identidad colectiva antes de la era contemporánea, sobre cuya existencia, a juzgar por los múltiples testimonios existentes —al menos entre las élites cultivadas—, no cabe albergar dudas. ¿Cuál sería el nombre adecuado para describir esta identidad y las expresiones y sentimientos de orgullo generados alrededor de ella? Cuando Cervantes habla de la envidia que tendrán a España "mil naciones extranjeras" o cuando el padre Mariana dice que peregrinar por "naciones extrañas" le ha movido el deseo de conocer "las cosas de la nuestra", ¿en qué sentido usan la palabra "nación"? ¿Estamos, acaso, hablando de nacionalismo?

La respuesta debe ser, en principio, negativa. *Natio* era un término usado en el latín clásico para designar a las comunidades extranjeras, habitualmente de comerciantes, establecidas en los barrios marginales de la Roma imperial. El mismo vocablo se aplicó a los diversos grupos lingüísticos en las pocas concentraciones medievales de ámbito europeo, como las grandes universidades o los concilios eclesiásticos. Por "nación" se entendía, por tanto, un conjunto humano que se caracterizaba por haber *nacido* en el mismo territorio, lo cual le hacía hablar una misma lengua. Para llegar desde la nación así entendida al nacionalismo habría que cubrir muchas etapas. En primer lugar, sería preciso atribuir a esos pueblos o naciones rasgos psicológicos comunes (éstos son astutos y aquéllos egoístas; unos aman la música y otros la guerra), cosa que ocurrió, aproximadamente, a lo largo del siglo XVI; muchos de estos rasgos psicológicos envolvían ya valoraciones éticas, con lo que las naciones pasaron a ser colectividades morales ideales. Habría que convertir, a continuación, a esos pueblos en "voz de Dios", como hizo el protestantismo, y presentarlos como enfrentados con el monarca, hasta entonces encarnación terrenal de la autoridad divina, en competencia únicamente con el papado; y esto ocurrió durante la revolución inglesa del XVII[38]. Más tarde, este proceso habría de ser elaborado intelectualmente, como hicieron Hobbes o Locke, creadores de la teoría del "contrato social", que culminó en Jean-Jacques Rousseau, defensor de la existencia de un "yo común", dotado de una "voluntad general", diferente a la suma de las voluntades individuales que componen una sociedad. El convencimiento de que este ente colectivo era el único sujeto legítimo de la soberanía, en lugar de los monarcas, fue obra del ambiente intelectual ilustrado que preparó las revoluciones de Estados Unidos en 1776 y Francia en 1789. Sólo una vez convertido el conjunto en sujeto de derechos políticos se llegaría al principio de las nacionalidades, o exigencia de adecuación de cada unidad estatal a esas unidades étnicas previamente definidas. Esta necesidad no se sintió hasta el siglo XIX y no se intentó aplicar de manera sistemática hasta después de la I Guerra Mundial. Sólo en estas últimas fases, cuando se estableció una conexión de carácter lógico o necesario entre un pueblo o etnia y su dominio sobre un territorio, puede, en puridad, hablarse de nacionalismo, una doctrina cuyo núcleo fundamental consiste en hacer de la nación el depositario del poder político supremo. Fue entonces también cuando los Estados, para asegurar su legitimidad, adoptaron como oficial y favorecieron de mil maneras una cultura, que consideraban identificaba con aquel pueblo o etnia de quien se creían representantes.

Pero si el nacionalismo es posterior a la época que estamos tratando, también hay que comprender que la nación, como cualquier otra identidad movilizadora viable, no se puede inventar o construir *ex nihilo*. No hay duda de que el término Hispania es el origen de "España", vocablo que designa nada menos que la entidad cultural y política cuya evolución en el siglo XIX es el tema de este libro. Ni tampoco de que el latín, la lengua que se impuso en la Península como uno de los efectos más evidentes de la romanización, se convertiría con el paso de los siglos en el castellano o "español", una de las bases culturales de la identidad nacional que aquí se estudia. Es decir: en el mundo premoderno no hay nacionalismo, pero sí identidades colectivas cuyos componentes culturales —sean geográficos, religiosos, lingüísticos, estamentales, de linaje o de "memoria histórica"— habrían de ser utilizados posteriormente por los nacionalistas como ingredientes de su propuesta política. De ahí que este capítulo no haya versado sobre el nacionalismo español y, sin embargo, haya sido necesario para explicar el magma de identidades colectivas previas a la propiamente nacional, a partir de las cuales se construirá una identidad "española", condición *sine qua non* para el desarrollo del nacionalismo político.

Pero el hecho de que aquellas identidades fueran antecedente del nacionalismo no parece que nos autorice para aplicarles la expresión "pre" o "protonacionalismo", como hacen muchos historiadores y científicos políticos. Estos fenómenos culminaron, sí, en el nacionalismo de los siglos XIX y XX; pero podrían no haberlo hecho. Una semilla no necesariamente se convierte en árbol; un niño no siempre llega a desarrollarse como adulto. Definirlos como *preárbol* o *prehombre* no sólo es inadecuado, porque supone predeterminar un proceso que no siempre sigue su curso esperado, sino que implica una carencia conceptual: hablar de "pre", como de "pos", es referirse a una ausencia, definir algo por lo que todavía no es o por lo que ya ha dejado de ser. La utilización de este tipo de prefijos supone una visión aristotélica de la realidad, una definición de los seres a partir de su supuesto fin. Un lenguaje preciso debe aspirar a dar un nombre a cada fenómeno en su momento, sin remitirlo a su evolución prevista.

En la época se hablaba de "amor a la patria", término de procedencia latina. A lo largo de la Edad Moderna, la idea de "patria" se fue refiriendo cada vez menos a la patria chica y más a la unidad política global de la que se formaba parte. En el siglo XVIII surgió, incluso, la palabra "patriotismo" y ésta podría, por tanto, ser una palabra aceptable para designar aquel tipo de sentimientos. Por otra parte, las expresiones de lealtad dinástica, al monarca y la casa real, iban fundiéndose gradualmente con la lealtad al grupo, y el grupo se definía en términos culturales o étnicos, aunque en aquel entonces estos términos se aproximan mucho a los de clan, gens o linaje, porque las identidades colectivas se revestían de los sentimientos y las formas hasta entonces propios de los linajes o familias aristocráticos. Con lo cual no es tampoco incorrecto hablar de un creciente "patriotismo étnico", un orgullo referido a la etnia o el grupo cultural. Es un sentimiento patriótico y además étnico, porque se relaciona con la gens, linaje o "nación", pero no es nacionalista, porque faltan dos conexiones cruciales: la primera, entre una cultura oficial y el poder estatal; y la segunda, entre la legitimidad de este último y su sanción por la personalidad colectiva o popular[39].

Esta adhesión a un grupo humano que se cree dotado de identidad cultural propia y se va empezando a confundir con la estructura política de la monarquía, es lo que creemos que puede entenderse con mayor exactitud si recibe el nombre de "patriotismo étnico" que si se le llama "nacionalismo" o "prenacionalismo". Y es el fenómeno cuyo desarrollo hemos seguido en este capítulo, desde el *Laus Hispaniae* isidoriano hasta la historia de la "nación", del jesuita Mariana. El rasgo común a todas estas expresiones era el ensalzamiento de las hazañas de "los españoles" en términos semejantes a los de las grandes casas nobiliarias: por su antigüedad, por las gestas bélicas de sus antepasados, por la feracidad y abundancia de sus tierras y por la devoción religiosa de sus habitantes, demostrada por las riquezas que dedicaban al culto o por las reliquias milagrosas —muestras de predilección divina—que atesoraban. El modelo, en definitiva, lo había dejado establecido Isidoro, obispo de Sevilla, en aquel elogio al pueblo godo que, tras un duro peregrinaje jalonado por gestas guerreras, había conquistado los favores de la hermosa Hispania.

CAPÍTULO II

LOS CONDICIONAMIENTOS DE LA HERENCIA
RECIBIDA

Al igual que ocurrió en Francia o Inglaterra, los dos ejemplos más clásicos de nacionalismo estatal en Europa, el proceso de formación de una identidad "española" giró alrededor de la monarquía. Fueron los reyes quienes, a partir de finales del siglo XV, se impusieron sobre el fraccionamiento feudal y crearon un espacio político de grandes dimensiones, con lo que añadieron una dimensión política al inicial significado geográfico y cultural de la palabra "España". A partir de entonces, millones de súbditos que obedecían distintas leyes y poseían diversas lenguas —esto es, pertenecían a distintos reinos y a distintas *nationes*; dos rasgos que, por cierto, tampoco se correspondían directamente— tuvieron un punto de referencia común: la sumisión a un mismo responsable político último. Esta nueva unidad política se convirtió, además, en potencia hegemónica, o actor principal del escenario europeo entre esa fecha y mediados del siglo XVII —y en el americano durante siglo y medio más, justamente hasta la guerra napoleónica—, lo que dio lugar a multitud de expresiones de identificación, lealtad y orgullo alrededor de lo "español", partiendo siempre de una historia apologética de las hazañas colectivas que llegó a conciencia de abierta superioridad sobre los demás e incluso de "pueblo elegido" por la divinidad.

España aparece, así, como una de la identidades más tempranas de Europa, de antigüedad similar a la de Francia o Inglaterra, con expresiones de patriotismo étnico perfectamente comparables a las existentes alrededor de estas otras dos monarquías y, en principio, por tanto, tan capaz como ellas de convertirse en una nación moderna. No obstante, ya en esta fase embrionaria se pueden detectar varios rasgos que condicionaban y complicaban el desarrollo del proceso. A ellos dedicaremos este segundo capítulo del libro. Pero conviene advertir desde el comienzo que tales problemas o rasgos conflictivos no eran sustancialmente diferentes a los que se planteaban ante cualquiera de los otros procesos de formación de las identidades de la Edad Moderna —que más tarde serían nacionales—, incluidos los de mayor éxito, como los dos casos citados.

¿NACIÓN O SÓLO MONARQUÍA?

Lo primero que llama la atención en estas tempranas expresiones de identificación y orgullo en relación con España es la oscilación que se detecta entre la mera glorificación del monarca o de la dinastía y el que hemos llamado patriotismo étnico o ensalzamiento de la identidad colectiva, sobre el que se basaría el futuro nacionalismo. Pocas cosas hay tan difíciles como establecer con alguna precisión el lugar que ocupa el trono en este proceso de creación de una identidad nacional; o, dicho de otra manera, establecer la relación entre aquella monarquía que se iba definiendo cada vez más como "española" y ese sujeto colectivo que respondía a la misma denominación. En términos generales, hay una evolución desde lo dinástico, dominante en los primeros momentos, hacia lo étnico, fase final del proceso.

La disyuntiva monarquía-nación no parece plantearse, en principio, para los literatos del Siglo de Oro, que funden en sus cantos, sin aparentes problemas, a España y a su rey. Lope de Vega, en *El cerco de Santa Fe,* hace decir a la "Fama":

> ¡Oh, España amiga! ¡Oh, España belicosa!
> ¿Quieres de mi pendón alguna cosa?
> Que tengo aquí tres raros españoles:
> a Bernardo el Carpio, al Cid famoso
> [...] y al gran Pelayo, norte luminoso;

a los que prevé sumar pronto a "Isabel y Fernando, luz del mundo" y a "un Carlos V, un gran Filipo"[40]. Los reyes modernos, Trastámara o Habsburgo, se añadían a la lista de héroes legendarios "españoles" sin ruptura alguna.

De modo semejante, Cervantes, al final de su *Cerco de Numancia*, hace que el propio río Duero se levante, junto a las ruinas de la desolada ciudad, y consuele a la "sola y desdichada España", profetizándole la llegada futura de un momento cenital, bajo un monarca, "segundo Philipo sin segundo", que habría de reunir bajo su cetro incluso a Portugal:

> Debajo de este imperio tan dichoso
> serán a una corona reducidos,
> por bien universal y a tu reposo,
> tus reinos, hasta entonces divididos.
> El girón lusitano, tan famoso,
> que un tiempo se cortó de los vestidos
> de la ilustre Castilla, ha de asirse
> de nuevo, y a su antiguo ser venirse[41].

Las glorias de Felipe II resarcían, así, al ente "España" de la humillación que había sufrido ante Roma mil setecientos años antes.

Mas no podemos asegurar que ésta fuera también la forma de pensar de los monarcas, o de sus ministros y consejeros. ¿Aceptaban éstos con igual entusiasmo esos cantos a las hazañas de "España", entendida como colectividad, como nación o pueblo cuya historia era distinta y anterior a la de la casa real? Las mentes de los soberanos parecían estar, más que preocupadas, obsesionadas con la defensa de sus derechos dinásticos. Los principales enemigos de tales derechos eran, desde luego, los reyes vecinos, pero las viejas querellas con las familias aristocráticas o las corporaciones privilegiadas del interior seguían sin apagarse. Si los historiadores o libelistas exaltaban la personalidad de esos reinos sobre los que el monarca ejercía su poder, a sus oídos podía sonar a afirmación de prerrogativas o intereses que no necesariamente coincidían con los suyos; en los derechos de los reinos se habían apoyado los Comuneros alzados contra Carlos V y en su nombre destronaron y decapitaron a un Estuardo los parlamentarios ingleses en el siglo siguiente. De ahí la explicable ambigüedad de la corte ante el proceso de construcción etno-patriótica, que de ningún modo fue planeado ni dirigido por ella —ni por nadie— aunque fuera tan útil para sus objetivos, que en definitiva no eran sino la expansión y el dominio sobre otras monarquías vecinas. Por otra parte, la política exterior de los Habsburgo muestra bien cómo la preservación de la herencia familiar pasaba por encima de los intereses de los reinos: la defensa a ultranza de los territorios flamencos se hizo a costa de una política devastadora para Castilla, sin que se les plantearan dudas sobre su derecho a malgastar una parte de su "patrimonio" en defensa de otra que consideraban irrenunciable.

Era, sin embargo, el momento en que esta visión tan estrecha del interés dinástico comenzaba a cambiar. Lo beneficioso para la corona iba fundiéndose con lo que convenía al Estado. Ante todo, y sobre todo, porque las guerras de la Edad Moderna eran mucho más frecuentes, largas y costosas que las medievales. Los últimos Habsburgo, y más aún los primeros Borbones, llegaron a movilizar para sus ejércitos varios centenares de miles de hombres, cifra diez veces superior a los que tuvieron bajo su mando Reyes Católicos o incluso el primer Carlos V. Sin una sociedad y una economía fuertes, capaces de proporcionar rentas al erario público, y sin unos súbditos dispuestos a ceder recursos para el servicio del rey —o, al menos, a no oponerse activamente a ello—, no había trono capaz de sobrevivir, ni mucho menos de someter a sus enemigos. Desde este punto de vista, el patriotismo étnico emergente tenía que ser bien recibido en palacio, pues predisponía en favor de tal actitud proestatal. Por otra parte, en el caso español la monarquía no tenía motivos para percibir peligro alguno en estas exaltaciones del orgullo colectivo, que tan insistentemente se identificaban con la institución real —y con la religión católica, como veremos en el capítulo sexto—. A cambio del apoyo social a sus empresas, el rey podía, pues, dar la bienvenida a este tipo de homenajes. No iba a consentir, desde luego, dudas sobre el hecho de que la primacía de la gloria les correspondía a él y a su familia. Pero, en definitiva, podía aceptar que también la etnia —los españoles— era de superior calidad al resto del género humano, sobre todo teniendo en cuenta que la etnia se seguía entendiendo en los siglos XVI a XVIII en términos muy semejantes al de estirpe o linaje, tan propios de la sociedad aristocrática, y que la familia real era la cabeza dirigente y expresión más elevada de aquel linaje.

Alguna luz sobre esta cuestión puede extraerse del análisis de los títulos y símbolos regios con que los Habsburgo rodearon sus personas y residencias. Carlos V se tituló *Augustus Imperator Caesar* con mucha mayor frecuencia que *Hispaniarum Rex*, y exhibió, alrededor de su figura, el águila bicéfala, la corona de laurel o el toisón de oro con preferencia a los escudos de los reinos peninsulares. En cuanto a la sede central de la monarquía, no es fácil analizar sus símbolos, pues nunca hubo una estable, y el emperador resolvió el problema de su autoglorificación llevando dos grandes series de tapices flamencos sobre sus triunfos —Pavía, Túnez— que se desplegaban en sus sucesivas residencias temporales. Felipe II, aunque menos errante que su padre y más claramente identificado con el trono español, mantuvo en sus palacios el mismo modelo decorativo, es decir, representaciones de batallas victoriosas, tanto del emperador como suyas propias, entre ellos dos soberbios lienzos de Tiziano: el *Carlos V en Mühlberg* y la *Alegoría de la victoria de Lepanto*. Junto a las batallas, en El Pardo, Aranjuez o el alcázar de Madrid se podían ver las clásicas referencias mitológicas, retratos de la familia real y otra serie de obras que reproducían alegóricamente las virtudes del príncipe —las tradicionales de fortaleza o templanza junto a las católicas fe, esperanza y caridad—[42]. La gran creación de Felipe II fue El Escorial —monasterio y panteón, pero también corte y símbolo supremo de la monarquía— y lo que ordenó situar en su patio central fueron las estatuas de los reyes bíblicos, con Salomón y David en el centro, expresando así la imagen que el Habsburgo tenía de sí mismo como continuador de los constructores y protectores del templo divino por excelencia. Por mucho que se considerara rey de España —título que, sin embargo, no usará formalmente ningún monarca hasta mucho más tarde—, Felipe II se veía a sí mismo inscrito en la línea bíblica, es decir, en términos universales, soslayando toda referencia a España, a sus héroes míticos, a quienes resistieron a Roma, o incluso a aquellos godos cuya idealización había justificado la lucha antimusulmana.

Medio siglo después, el nieto del Rey Prudente, cuarto ya de los Felipes de Habsburgo, emprendió la construcción del palacio del Buen Retiro, en la parte oriental de Madrid, y en su decoración, planeada cuidadosamente por Olivares y estudiada con no menor esmero por Jonathan Brown y John Elliott, puede observarse que la construcción de la "historia de España" del siglo anterior, y en especial la obra de Mariana, habían dejado alguna huella. La exaltación de las glorias de la dinastía, sus victorias bélicas o las virtudes de los príncipes seguían, por supuesto, siendo los temas centrales del despliegue. Así lo demuestra la colocación en lugar preeminente de las estatuas en bronce que los Leoni habían hecho de Carlos V y Felipe II, actualmente en el Prado, y la ecuestre del monarca reinante, hoy en la plaza de Oriente, que se sumaba a la de Felipe III instalada ahora en la plaza Mayor de Madrid. En el llamado "salón de Reinos", lugar de máximo significado simbólico, donde eran recibidos los embajadores y se celebraban los actos solemnes, se optó de nuevo por instalar grandes cuadros conmemorativos de acciones bélicas recientes, todas victorias sobre los herejes —entre ellas, la maravillosa *Rendición de Breda,* de Velázquez—, junto con retratos de la familia real. Pero a esta serie se añadió, sobre las puertas de la sala, otra de tamaño menor, encargada a Zurbarán, sobre las hazañas de Hércules. ¿Por qué Hércules, de entre todas las figuras de la mitología clásica, si no porque Mariana y otros le habían incluido entre los reyes "de España", e incluso le consideraban el fundador de la monarquía "española"? Hércules, además, complementaba a las estatuas de los emperadores romanos llamados "españoles" —por haber nacido en la Baetica— que se hallaban en el "jardín de los emperadores" del alcázar situado sobre el Manzanares; a uno de ellos le había dedicado unos versos de sentido inequívoco Rodrigo Caro, en su famosa *Canción a las ruinas de Itálica:*

> Aquí nació aquel rayo de la guerra,
> gran padre de la patria, honor de España,
> pío, felice, triunfador Trajano,
> ante quien muda se postró la tierra [...][43].

Aunque la prioridad seguía, por tanto, correspondiendo al culto a la dinastía, comenzaba a atisbarse otro tipo de culto, también a la realeza pero entendida como expresión de un pueblo. Lo que se cantaba en Hércules o Trajano eran las hazañas de una serie de reyes-héroes, sin otra conexión con la monarquía reinante que su cualidad de caudillos y representantes de una estirpe o raza cargada de glorias bélicas. Éste fue el significado que los coetáneos percibieron. El embajador del gran duque de Toscana en Madrid explicaba que el hecho de que entre las batallas representadas en el "salón de Reinos" no figurara la de Nördlingen, mucho más importante que algunas de las incluidas, se debía a que "no se logró con las solas armas de acá, sino también con las del Emperador"[44]. Se trataba, pues, de cantar las glorias de "los españoles". Pero fueron precisamente los Medici, grandes duques de Toscana, quienes regalaron a Felipe III y Felipe IV las dos hermosas estatuas ecuestres que hoy se exhiben en las madrileñas plazas Mayor y de Oriente y que constituían, al extinguirse la dinastía austriaca, los dos únicos monumentos políticos existentes en la capital del reino; lo que es un indicio de sentido contrario: que lo primordial seguía siendo la exaltación de los monarcas.

En su afán por reforzar el poder monárquico, los Borbones trajeron en el siglo XVII una renovación de los símbolos destinados a representar al Estado, entidad que comenzaba a tener que plasmarse en objetos visibles para facilitar así su identificación y la adhesión sentimental de los súbditos. Eso es lo que se hizo, como es bien sabido, durante el reinado de Carlos III, cuando se estableció un nuevo diseño para la bandera de la marina de guerra, que se compondría en lo sucesivo de tres franjas horizontales, rojas la superior e inferior y amarilla, de doble anchura, la central. Era la futura "bandera nacional", expresión literal que se usaba en el decreto carolino de 1785, y por expreso deseo del monarca no se incluyeron en ella referencias al color de la casa real, el blanco borbónico, ni a la flor de lis. Durante ese mismo reinado se adoptó también la *Marcha de Granaderos* para las honras reales, composición musical que mucho tiempo después, y tras complicados avatares, se convertiría en himno nacional. Cuando tratemos de la creación de los símbolos patrios en el siglo XIX volveremos sobre estas cuestiones. Por el

momento, dejemos consignado que, en las representaciones simbólicas del siglo XVIII, la nación parece seguir ganando espacio; que,
en su esfuerzo por legitimar y engrandecer a la monarquía, se iba
construyendo la nación. Pero que, a la vez, continuaban las ambigüedades y retrocesos en este proceso. Los cantos a la identidad colectiva seguían fundidos con los dedicados a las glorias de la dinastía. Los dos primeros Borbones crearon, como veremos enseguida,
academias oficiales en las que había de fomentarse una cultura que
iba a ser la "nacional" u oficial del Estado; pero tales instituciones
no se llamaron "nacionales", sino "reales", adjetivo que sólo podía
significar que tal cultura no se consideraba exactamente vinculada
al Estado, ni mucho menos a la nación, sino patrocinada por el rey
a título de mecenas individual[45].

En cuanto al desarrollo y embellecimiento de Madrid, típicamente asociado al reinado de Carlos III, ¿se debió a que era la capital del
Estado-nación o más bien a que se trataba de la corte, la residencia
del monarca? Lo que "el mejor alcalde de Madrid" hizo colocar en
el nuevo paseo del Prado fueron estatuas de Neptuno o Cibeles,
dioses mitológicos similares a los que su bisabuelo Luis XIV había
instalado en Versalles, y desprovistos, por tanto, de referencia alguna a las glorias de la nación. Glorias a las que tampoco aludían los
grupos escultóricos de temas mitológicos o alegóricos instalados
en los jardines y fuentes de los palacios de Aranjuez y La Granja,
construidos o ampliados por los Borbones en línea que no presentaba ruptura sustancial con la decoración elegida por Felipe II para
los jardines de los palacios de El Pardo o El Bosque[46]. Sobre toda la
simbología del Antiguo Régimen, incluso sobre los avances más claros en la afirmación de una identidad de signo prenacional, pesa
siempre, en definitiva, la misma duda: ¿este reforzamiento del Estado o este apoyo a una cultura o unos símbolos ligados a él, se debe a
que son representaciones de la nación o se trata más bien de exaltar el poder y la gloria de la corona? Todo, hasta la acción estatal en
favor de la modernización de la sociedad o de la economía, puede
entenderse como un esfuerzo por incrementar los recursos del monarca para sus conflictos dinásticos. Incluso el favorecimiento del
castellano como lengua franca de la monarquía puede considerarse
una mera medida pragmática, inspirada por el deseo de incremen-

tar la eficacia de la administración y el control de los súbditos; esto último era lo que deseaba Olivares, como veremos enseguida, pero estaba lejos de llegar a la identificación del Estado con una etnia o cultura. En cuanto a los símbolos, hay que recordar que hasta el futuro himno nacional fue, durante mucho tiempo, sólo *Marcha de Granaderos* o *Marcha Real,* y que el propio Carlos III que firmó el decreto creador de la bandera "nacional" había declarado en 1760 patrona de España a la Inmaculada Concepción, deidad o misterio difícilmente nacionalizable[47].

Otros indicios de la fase en que se hallaba el proceso pueden deducirse del nuevo palacio real que la dinastía borbónica se vio obligada a construir en la plaza de Oriente, tras incendiarse de manera irreparable el viejo alcázar de Madrid, tan ligado a la memoria de los Habsburgo. En principio, en los años 1740, Felipe V pensó en adoptar el programa decorativo del escultor Oliveri, en el que se exaltaban de manera barroca las virtudes de la familia real con añadidos de personajes de la historia sagrada (las mujeres fuertes de la Biblia) y de la Antigüedad clásica (héroes mitológicos, generales romanos), junto con alegorías de las cuatro partes del mundo. De haber sido ésta la decoración definitiva, poco de innovador habría tenido, en términos de identidad etno-patriótica. Pero más tarde se pidieron informes al confesor real, padre Fèvre, y al benedictino padre Sarmiento. El primero propuso una serie de escenas alegóricas con los principales acontecimientos del reinado más una representación de los reinos de la corona; hasta ahí, tampoco había elementos indicativos de sensibilidad nacional, salvo en el hecho de que entre los reinos solamente se incluían los peninsulares; pero la propuesta añadía, además, una colección de estatuas de grandes personajes de la historia de España que incluía a Escipión, Aníbal, Pompeyo, Trajano, Teodosio, El Cid, Gonzalo de Córdoba, Cisneros, Colón, Cortés y Alejandro Farnesio; curiosa lista de héroes "españoles", la mayoría de los cuales —seis sobre once— un nacionalista italiano no dudaría en reclamar como propios. El padre Sarmiento, por su parte, propuso medio centenar de tapices con batallas del propio Felipe V, junto con otros sobre su nacimiento y el de sus dos hijos reyes, pero a todo ello añadió temas clásicamente "españoles", como los sitios de Sagunto y Numancia, las batallas de Covadonga y Clavijo, el tercer concilio de Toledo o las conquistas de Granada y México. Cierto que buena parte de estos temas venían de los antiguos cronistas y hasta podría decirse que interesaban tanto a la legitimidad de la corona como a la construcción nacional. Pero a la vez es digno de observarse cómo se iba insistiendo en los rasgos de la caracterización colectiva ya elaborados en la etapa anterior, como el amor a la independencia (Sagunto, Numancia), el cristianismo innato de la nación española (concilios de Toledo, santos españoles), el predominio de Castilla sobre los demás reinos peninsulares o la larga lucha contra los musulmanes durante la Edad Media[48].

Continuaban, pues, destacando, en estos proyectos decorativos el cristianismo y la monarquía como ejes básicos en la definición de la identidad colectiva. Pero no hay duda de que la historia nacional ganaba fuerza en cada nuevo proyecto, en detrimento de la mitología greco-romana y de las tradicionales alegorías de virtudes genéricas, que se atribuían ritualmente a cada persona o familia reinante. Especial importancia parece haber tenido en esta evolución el citado padre Sarmiento, confesor del nuevo rey, Fernando VI, y persona que entendía bien las funciones pedagógicas de las pinturas, a las que llamaba "libros patentes a todos". Decisiones de significado indiscutible en este sentido fueron, por ejemplo, la de enterrar en las paredes de la capilla real libros y objetos referidos a historia de España (no a la dinastía) o la de poner las inscripciones del palacio en "castellano corriente" y no en latín. Las normas generales también fueron claras: "en cuanto pudiere ser", los adornos habrían de arreglarse "a representar personas, cosas y acciones de la nación española"; y, respecto a las imágenes, sólo habrían de colocarse las "adaptables al palacio de un monarca español, y no a cualquier otro palacio"[49].

En resumen, a lo largo de los primeros Borbones se detecta una tendencia creciente a la presentación del poder en términos de linaje o cultura colectiva, lo que no hace sino desarrollar el patriotismo étnico iniciado bajo los Habsburgo. No obstante, la oscilación entre este culto y el de la dinastía no dejó de estar presente. Un avance neto hacia la construcción de la etnia o nación, en sentido moderno del término, requeriría la pura y simple exaltación de las glorias de un pueblo, el español, representado por Viriato, El Cid u otros personajes, bélicos o pacíficos. Aspecto que, desde luego, es cada vez más difícil de distinguir de la mera autoglorificación dinástica, porque el rey o la familia real tienden a figurar cada vez más como los primeros y más destacados miembros de ese pueblo. Así lo entendían, sin duda, muchos de los intelectuales que estaban colaborando con los gobiernos ilustrados y potenciando la conciencia prenacional. Más dudoso es, sin embargo, que ésa fuera la manera de concebirlo por la familia real y su entorno y, sobre todo, que lo fuera por la opinión popular, muy dominada todavía por la reverencia hacia el monarca y la sumisión al mismo, como suprema encarnación de la autoridad pública.

La conclusión de este sumario recorrido es que desde mucho antes de 1808 se había ido formando una identidad española, embrión de esa nación que iba a despegar el vuelo a partir de entonces. Para las élites cultas, tal identidad se vinculaba a las hazañas, más o menos acicaladas por los historiadores, de la entidad colectiva llamada "España", entre las que destacaban los grandes logros políticos, pero también culturales, del llamado Siglo de Oro. En medios populares, en cambio, es probable que la lealtad girara en torno a la comunidad local y, en términos políticos globales, en relación casi exclusivamente con la monarquía, y en especial con los éxitos y fracasos de los ejércitos reales. Dejando, insistimos, la religión para más adelante, la monarquía pareció seguir siendo el polo de atracción fundamental durante la movilización antifrancesa de 1808. Los documentos que tradujeron a palabras los sentimientos dominantes durante aquella rebelión mantenían, desde luego, la dualidad rey-nación, pero las invocaciones al primero se repiten con mucha más frecuencia que las referidas a la segunda. Si hemos de creer lo que dicen los textos, los movilizados se sentían, sin duda, "españoles", pero lo que idolatraban de verdad no era esa idea abstracta sino una persona concreta, Fernando, figura sacrosanta, inmune a toda crítica; se seguía así, en definitiva, la tradición secular de invocar al rey como personificación de la colectividad, especialmente en circunstancias bélicas. Ni siquiera la ausencia del monarca durante la guerra disminuyó su prestigio, como observó Gabriel Lovett, porque "el gobierno de resistencia nacional siempre se refirió a él con la mayor devoción y todos los decretos se proclamaron en su nombre", y "el pueblo no tenía ninguna razón para perder su fe en quien creían era el símbolo de su salvación"[50].

Suele repetirse, aunque sin atribuir especial significado a la anécdota, que la Constitución de Cádiz recibió el mote popular y cariñoso de *La Pepa*, por haberse promulgado el 19 de Marzo de 1812. Pérez Galdós, con fina sensibilidad, tituló igualmente el *Episodio nacional* con que inició el relato de la Guerra de la Independencia *Del Diecinueve de Marzo al Dos de Mayo*. Estas dos fechas fueron también objeto de un proyecto de monumento, propuesto a las Cortes de la primavera de 1814, época triunfal en que se debatía ya sobre honras y conmemoraciones; el presidente de las Cortes subrayó entonces que "entre los días más gloriosos que debe contar una nación es el primero aquel en que da su primer paso a la libertad e independencia. Tal es para nosotros el día 19 de Marzo, día glorioso, grande y memorable, en que el león de España despierta y con sus garras rompe los grillos"[51]. Tanta coincidencia en torno al día de san José no se debe a que las instituciones o la sociedad española de la época sintieran una particular devoción hacia el buen carpintero que ha pasado a la historia como padre nominal de Cristo, sino a que el 19 de Marzo había sido la fecha del motín de Aranjuez, que hizo caer a Godoy y obligó a Carlos IV a abdicar en su hijo, el príncipe Fernando. Es decir: el acceso de este último al trono fue durante algún tiempo motivo de celebración de importancia similar al levantamiento madrileño que acabaría siendo fiesta nacional.

Que el magnetismo del *el Deseado* Fernando era inmenso y que quienes tomaban las armas contra los franceses lo hacían por el monarca más que por la nación, es algo que los diputados liberales no parecieron comprender suficientemente. Fue un error que habrían de pagar muy caro, y muy pronto. Algo semejante les iba a ocurrir a sus sucesores, los liberales de los años treinta, que tantas dificultades habrían de sufrir para doblegar a los seguidores de *Carlos V*, entre otras razones porque no podían contraponerle una figura propia de fuerza comparable. Y es que la personalización de la política alrededor de un caudillo bélico, varón —por supuesto— y de sangre real, siguió presente en los principales conflictos políticos durante buena parte del siglo XIX[52].

¿Reino unido o confederación invertebrada?

Hay un segundo problema relacionado con el proceso de construcción de una identidad de significado prenacional a lo largo de la Edad Moderna española, que nadie deja de mencionar, especialmente en análisis o revisiones recientes de la historia española. Se trata del hecho de que la monarquía hispánica no era un Estado unido, sino una abigarrada reunión de reinos y señoríos, con súbditos que hablaban lenguas variadas, estaban sometidos a sustanciales diferencias en terrenos legales y tributarios e incluso tenían que pagar aduanas cuando se trasladaban entre sus diferentes territorios. La aparición de un sentimiento de cohesión entre los individuos que convivían bajo aquella autoridad suprema se habría visto, pues, lastrada —o incluso imposibilitada— por la persistencia de identidades relacionadas con los antiguos reinos medievales o unidades más pequeñas todavía —comarcas, valles, municipios—, basadas en la lealtad a instituciones y costumbres locales, probablemente sentidas como más propias y auténticas que cualquier unidad territorial amplia.

Es indiscutible que aquella monarquía a la que tan íntimamente se vinculaba esta creación cultural de "España" tenía un carácter extremadamente descentralizado. Para empezar, en efecto, los Habsburgo nunca encabezaron un "reino" en España, sino una "monarquía", esto es, una unión dinástica, una mera agregación de coronas. Tal proceso de agregación había sido largo y complicado, basado normalmente en uniones matrimoniales o herencias, con frecuencia combinadas con alguna operación de conquista militar, pero siempre pactando un respeto, al menos parcial, a las leyes y tributos tradicionales del territorio que se incorporaba al conjunto, así como el mantenimiento de sus instituciones representativas internas, que en general eran cortes o cámaras formadas por los miembros de las grandes familias y algunos prelados y representantes de corporaciones privilegiadas. En este terreno, sin embargo, la monarquía hispánica no era la excepción, sino la regla de la Edad Moderna europea. Es decir, que la España de los Habsburgo apenas pre-

75

senta peculiaridad alguna en relación con los demás entes políticos del Antiguo Régimen, pues en definitiva todos ellos participaban de este tipo de organización descentralizada y llena de excepciones y privilegios, ya que el método de acumulación de territorios había sido similar. Pero no es menos cierto que a quien más se asemejaba el complejísimo sistema de los Habsburgo españoles era al sacro imperio de sus primos austríacos, más tarde convertido en imperio austro-húngaro; y que aquélla fue una de las grandes unidades políticas del Antiguo Régimen que, incapaces de transmutarse en Estado-nación, acabaron estallando en mil pedazos en la era contemporánea[53].

Mas la monarquía hispánica también poseía algunas peculiaridades que la dotaban de cierta homogeneidad. Había, para empezar, instituciones comunes a todos los reinos, como la Inquisición, de probada capacidad para moldear hábitos y creencias colectivos, que no tenía paralelo con nada existente, no ya en el imperio austríaco, sino en las propias monarquías francesa o inglesa. Se asentaba también aquel conglomerado de poder sobre una base o sede central, que era el reino de Castilla, el más poblado, rico y belicoso del conjunto al comenzar el proceso, aunque al término del mismo se hallara en ruinas. Y las contribuciones castellanas se vieron complementadas muy pronto con las riquezas de las minas y el comercio americanos, que dotaron al gobierno central de aquella monarquía de mayores recursos —y mayor independencia respecto de las instituciones representativas del reino— que los poseídos por otras potencias rivales. Con todo, sigue siendo cierto que los más altos responsables de la monarquía Habsburgo no podían —muchos de ellos, ni querían— legislar ni imponer instituciones homogéneas para el conjunto de sus reinos.

El conde-duque de Olivares, obsesionado por la pugna que la monarquía sostenía con sus rivales por el poder europeo, comprendió que ésta era una de las debilidades de aquel imperio. Y en su famosa "Instrucción" enviada al joven Felipe IV argumentó con insuperable claridad en favor de la centralización y homogeneización del sistema: "Tenga V. M. —decía en aquel texto— por el negocio más importante de su Monarquía el hacerse rey de España; quiero decir, Señor, que no se contente V. M. con ser Rey de Portugal, de Aragón, de Valencia, conde de Barcelona, sino que trabaje con consejo mudado y secreto, por reducir estos reinos de que se compone España al estilo y leyes de Castilla, sin ninguna diferencia, que si V. M. lo alcanza, será el Príncipe más poderoso de la tierra". Esta idea de Olivares acabaría plasmando, unos años más tarde, en la "Unión de Armas", plan que exigía una mayor contribución de hombres y recursos por parte de los reinos no castellanos a aquella agónica guerra, al final llamada "de los Treinta Años", en que la monarquía se hallaba empeñada. Como se sabe, tal plan no pudo llevarse a buen término. Las resistencias portuguesa y catalana acabaron en sendas guerras en 1640, a raíz de las cuales no sólo fueron enterrados los planes del conde-duque, y el conde-duque mismo, sino que se produjo la independencia de Portugal. Su rival Richelieu, que se enfrentó con tensiones similares a las de Olivares —verdaderas guerras civiles, en algún caso—, al exigir de los cuerpos o territorios privilegiados recursos excepcionales para aquel mismo esfuerzo bélico, fue capaz de controlar, al final, los recursos internos con más éxito que el valido de Felipe IV. Y Francia, en palabras de Domínguez Ortiz, "avanzó más deprisa que España hacia la estructuración moderna del Estado"; no hay duda de que ello fue así, si por "moderna" entendemos una estructura más centralizada y homogénea[54].

Los continuadores de Olivares ni siquiera hicieron suyo el proyecto centralizador, y cuando Barcelona sucumbió ante las tropas reales en 1653 no se recortaron sustancialmente los fueros ni se pensó en poner límites al uso de la lengua catalana. En realidad, en este segundo aspecto —la homogeneización cultural—, los esfuerzos oficiales por imponer la lengua de la corte en los territorios no castellano-parlantes fueron prácticamente inexistentes antes de 1700. El único terreno cultural que realmente preocupaba a los gobernantes de los siglos XVI y XVII era la religión, no la lengua.

Pero si ni monarcas ni ministros tuvieron conciencia de la importancia política de la lengua en los primeros siglos de la Edad Moderna, hay indicios de que no ocurría lo mismo entre los intelectuales, que comprendieron mejor por dónde iba el futuro anclaje nacional de la legitimidad política. No había terminado aún el siglo XV cuando Antonio de Nebrija, para vencer las prevenciones de la reina Isabel ante la dudosa utilidad de su gramática castellana, escribió en el prólogo su célebre frase: "siempre la lengua fue compañera del imperio". Ese mismo espíritu animaba también las "defensas" de la lengua castellana de Aldrete o Covarrubias en el siglo XVII, o las orgullosas expresiones de identificación del valenciano Mayans y el catalán Capmany en el XVIII con lo que no dudaban en calificar de rica "literatura" —cultura escrita, en general— y sonoro lenguaje castellano. Esta lengua, por otra parte, fue adquiriendo preeminencia entre 1500 y 1700 tanto sobre el latín como sobre las demás habladas en la Península —una de las cuales, la variante occitana aragonesa, desapareció casi por completo durante la Edad Moderna—, especialmente a partir del momento en que la corte se afirmó de manera permanente en Castilla; y se convirtió en el idioma de las instancias burocráticas superiores. Aunque carezcamos de cifras fiables sobre este particular, podría aventurarse que en la época en que Felipe V se propuso homogeneizar lingüísticamente sus reinos, es decir, desgajados ya Portugal y los territorios italianos y flamencos de la corona de España, unos dos tercios de los habitantes de la monarquía hablaban castellano; esta lengua, por otra parte, tras las grandes creaciones literarias del Siglo de Oro, era aceptada también por las élites políticas y culturales del resto como forma de expresión culta común a todos, y se había extendido también, por último, como idioma exclusivo de los colonizadores americanos. En la monarquía española dominaba, pues, una lengua, al menos en tanto grado como en la inglesa o la francesa; una lengua, probablemente, de mayor homogeneidad que las dos recién mencionadas, pues diferencias regionales, sobre todo, en la primera, y de clase social, más bien, en la segunda, llevaban a abismos de incomprensión entre las élites políticas o sociales y el campesinado[55].

No hay que exagerar, por tanto, la fragmentación cultural de la monarquía española. Tal fragmentación, por otra parte, comenzó a verse como un problema político en cuanto se instaló la nueva dinastía borbónica, y los gobernantes empezaron a tomar medidas para combatirla. El nombre de monarquía española se impuso por entonces sobre el de hispánica, e incluso se empezó a hablar del *reino* de España (aunque esta última denominación no llegara a adoptarse de forma oficial hasta, significativa y curiosamente, José Bonaparte). La nueva mentalidad centralizadora llevó, como es bien sabido, a la eliminación de los fueros del reino de Aragón, con los célebres decretos de Nueva Planta. Mas no era sólo una nueva manera de organizar el aparato administrativo, sino también una nueva concepción de la cultura, basada en la homogeneidad. Los decretos de Felipe V incluyeron medidas encaminadas a imponer el castellano como idioma exclusivo de uso oficial, y se decidió el traslado de la Universidad de Barcelona a Cervera, donde las clases se impartían obligatoriamente en castellano.

A las prohibiciones y sanciones contra el uso de idiomas locales se añadieron otras, de carácter incentivador, en favor de la lengua castellana y de toda una cultura que comenzó a ser considerada —aunque tampoco recibiese aún este nombre— la *oficial* del Estado. La principal de ellas fue la fundación de las Reales Academias, instituciones "reales", no porque fueran fundadas directamente por el monarca, pues en su origen fueron tertulias privadas, pero sí porque la corona aceptó patrocinarlas. Sus objetivos, en cualquier caso, excedían con mucho la mera exaltación de las glorias dinásticas. La primera de aquellas instituciones fue fundada en 1713 y se llamaba nada menos que Real Academia Española, título que fundía en sus dos adjetivos los dos polos —el dinástico y el étnico— en que se apoyaba la legitimidad en el momento. Su lema "limpia, fija y da esplendor", expresaba el propósito de depurar y conservar la forma de expresión oficial de la monarquía, parte crucial del canon cultural que había de ser asumido como propio por el conjunto de los súbditos del Estado-nación que se delineaba. La lengua nacional quería afirmar su autonomía y cortar definitivamente su cordón umbilical con el latín. Al igual que el Derecho patrio quería independizarse del romano, para lo cual Felipe V creó cátedras de Derecho español, explicando que "es por éste, y no por el romano, por el que los jueces futuros deben instruir y decidir los procesos legales"[56].

Otra afirmación de independencia se produjo en el terreno de la Historia, campo cultural siempre crucial para los nacionalismos. También aquí se sentía la necesidad de delimitar "lo español" de entre el magma de acontecimientos trasmitido por las crónicas y convertir al sujeto nacional en protagonista del pasado. Y ésta fue la tarea asignada a la Real Academia de la Historia, fundada en 1738, también bajo el primer monarca borbónico. Fue una institución de indiscutible modernidad, inspirada por las nuevas perspectivas his-

toriográficas nacidas de la revolución intelectual del siglo precedente, y realizó una tarea muy meritoria de depuración de los elementos mitológicos todavía vivos en Mariana y los demás historiadores del XVI y XVII. Pero no todas sus preocupaciones eran científicas.
Podía no llamarse Academia Nacional, ni mencionar a España en su
nombre, ni producir documento alguno en que se aludiera a un
modo de ser colectivo y permanente; pero todas sus actividades partían de la presunción de que la nación era el sujeto esencial de la
historia; y sus mismos estatutos fundacionales declararon que el
objetivo de la institución era escribir un "diccionario histórico-crítico universal de España", limpiando la historia "de *nuestra* España
de las fábulas que la deslucen". Sus miembros, sin duda los mejores
historiadores del XVIII, se atrevieron incluso a organizar el tiempo histórico de forma nueva, estableciendo nada menos que una
cronología propia, o "era hispánica", iniciada a partir de la pacifica-
ción de la Península por Augusto, unos cuarenta años antes de Cristo. De esa manera, "España" se situaba dentro de un marco temporal específico propio y profano, que sustituía al marco sagrado y
universal, hasta entonces vigente, que a partir de los datos bíblicos
establecía la antigüedad del mundo en seis mil años[57].

Con el objetivo de establecer el canon histórico nacional, la Real
Academia de la Historia patrocinó trabajos sobre la época goda o
los orígenes de la lengua castellana; lo cual reforzaba el castellanis-
mo y la mitología goticista como bases de la identidad española nacida en los siglos medievales. Elaboró también dictámenes de importancia simbólica, como el dirigido a establecer "cuál de los reyes
godos fue y debe contarse primero de los de su nación en España",
que iba a servir nada menos que para decidir las estatuas que habrían de colocarse en las cornisas del nuevo palacio real. Podría
creerse que coronar el edificio con las estatuas de "todos los reyes
españoles", tal como se había previsto en principio, sólo suponía
un problema técnico o económico; pero implicaba decisiones conceptuales: había que definir qué era un "rey español", es decir, delimitar lo "español" en el tiempo y en el espacio, y eso era exactamente
lo que se estaba proponiendo la Real Academia. En prueba del nuevo espíritu crítico ante la documentación histórica, Túbal, Hércules o Argantonio fueron eliminados, como lo fueron, por razones

diferentes —cortar el cordón umbilical con Italia—, los emperadores romanos nacidos en la Baetica. Don Pelayo fue incluido, desde luego, pero no como el primero. El primer monarca "español", según decisión de la docta institución, habría sido Ataúlfo, del que Pelayo no sería sino continuador. Los primeros reyes "españoles" eran, pues, los godos y a continuación los de Asturias, sus sucesores; no se discutía la legitimidad, recibida también de los godos, de los navarros o aragoneses, aunque no fueran exactamente "reyes de España", pero de ningún modo se incluía a los musulmanes, "invasores extranjeros". Y así fue como Ataúlfo —representado a partir de la libérrima imaginación del artista— tiene hoy una estatua que inicia el conjunto de monarcas españoles homenajeados en la plaza de Oriente de Madrid.

Hablando de artistas, también en el terreno artístico se creó en 1752 la Real Academia de San Fernando, no menos guiada por el propósito, explícito desde su fundación, de fomentar un arte orientado hacia el fortalecimiento del patriotismo. El medio para ello fue convocar concursos de pintura y escultura en los cuales los temas históricos "españoles" desplazaran de manera radical a los tradicionales alegóricos y mitológicos e incluso, aunque con más reservas, a los religiosos. De lo que se trataba, pues, no era de favorecer las artes en general, sino de consagrar una iconografía nacional, de confiar a los artistas, como escribió un cronista de la época, "la alta misión de reproducir las glorias de la patria, representándolas fielmente en el mármol y en el lienzo". Estas composiciones —seguía el cronista— conciliaban "las inspiraciones del patriotismo con las circunstancias exigidas por el Arte", aunando así "a la educación del artista la del ciudadano" y manteniendo viva "la afición a la pintura y la escultura a la vez que la memoria de las acciones más heroicas de nuestros padres". Los temas históricos fueron sacados en general de la historia de Mariana, y dentro de ellos dominaron, una vez más, los visigodos, la Edad Media y los Reyes Católicos. La legitimación del cuerpo social y de la unidad política seguía basándose en la lucha antimusulmana, interpretada como recuperación de la monarquía goda, y se mantenía presente la confusión entre la identidad política y la religiosa, demostrada por el preeminente lugar que ocupaban temas como los mártires cristianos "españoles", los

Concilios de Toledo o figuras como Recaredo o Fernando III, gran benefactor de la Iglesia uno y santo a la vez que rey el otro[58].

El siglo XVIII fue, en resumen, una época en la que se dieron importantes pasos en el proceso de homogeneización cultural, paralelos a los que fomentaron la homogeneización y centralización administrativas, que suele concentrar la atención de los historiadores. En conjunto, el giro respecto de épocas anteriores no puede ser más marcado. Hasta entonces, la Iglesia, las familias nobles o los propios monarcas —como señores poderosos y no como cabeza del Estado— patrocinaban unas creaciones culturales tendentes a cantar sus propias glorias y a reivindicar sus derechos[59]. La cultura homogénea y oficial potenciada ahora por las reales academias y otras instituciones ilustradas quería ser la representación de la entidad colectiva, de "España", esa nación cuya realidad justificaba la existencia del Estado. Un síntoma indiscutible de la nueva era que se anunciaba.

Las élites ilustradas colaboraron, en general, con entusiasmo en aquel proceso de homogeneización cultural; y cuando la guerra napoleónica puso inopinadamente en sus manos los destinos del país, no consideraron necesario rectificar su curso sino, simplemente, acelerar su marcha y expandir la cultura oficial entre capas más amplias. No muy diferente fue, en definitiva, lo que ocurrió en el terreno de la homogeneización jurídica y territorial, aunque en éste los esfuerzos de la monarquía ilustrada parecieron francamente insuficientes a los diputados gaditanos que debatieron la reforma de las estructuras políticas y sociales del país. La mayoría de los constitucionalistas vieron en la fragmentación del reino una de las más escandalosas insuficiencias o malformaciones heredadas del Antiguo Régimen, quizás la que más urgía remediar. Y se lanzaron decididamente a desarrollar la obra que Felipe V había emprendido, en su opinión, con tan excesiva cautela. Se confirma así en el caso español la continuidad entre Ilustración y Revolución, que Tocqueville vio en el francés.

Ya antes de iniciarse la reunión de las Cortes, una de las instrucciones de la Junta Central, escrita por Jovellanos, decía que "como ninguna constitución política puede ser buena si le faltare unidad, y nada hay más contrario a esta unidad que las varias constituciones municipales y privilegiadas de algunos pueblos y provincias [...] la Junta de Legislación investigará y propondrá los medios de mejorar esta parte de nuestra legislación, buscando la más perfecta uniformidad". No sólo unidad, pues, sino la más perfecta uniformidad. Lo mismo pensaba Quintana, para quien las Cortes debían elaborar una constitución que hiciera "de todas las provincias que componen esta vasta Monarquía una Nación verdaderamente una [...] En ella deben cesar a los ojos de la ley las distinciones de Valencianos, Aragoneses, Castellanos, Vizcaínos: todos deben ser Españoles". Y en nada difería el abogado alavés Egaña, tras la redacción de la Constitución: antes de ésta, decía, "no había entre nosotros una verdadera asociación política", pues "la Nación estaba enteramente separada, desunida y dividida. Cada Provincia tenía sus leyes y fueros particulares, su gobierno y administración peculiar"; con la carta constitucional, en cambio,

todo ha mudado. Ya no subsisten los fueros y leyes particulares de las provincias: para toda es uno mismo el gobierno y uniforme la administración [...] Todos están sujetos a la misma ley y todos llevan igualmente las cargas del Estado. Todos pertenecemos a una familia y componemos una sola sociedad. La máquina del Estado rueda ya sobre ejes propios para la buena y legítima dirección del movimiento político. Los Españoles, constituidos imperfectamente en el Antiguo Régimen [...] formamos ya un verdadero cuerpo político y somos realmente una Nación independiente, libre y soberana[60].

La necesidad de adaptar la nación a un modelo unido y homogéneo parecía una gedeonada a muchos de los diputados liberales, pues el concepto mismo de voluntad nacional lleva implícito el atributo esencial de la unidad. La solidez y exclusividad del sujeto requería, ante todo, diluir herencias históricas fragmentadoras, como eran los reinos y corporaciones privilegiadas, con sus instituciones y leyes particulares —y con sus lenguas y culturas, aunque en absoluto vinculadas a ellas—. Por mucho que los constitucionales gaditanos disfrazaran sus proyectos como un retorno a las leyes y libertades medievales, no ocultaban su intención de barrer la vieja legislación específica de los reinos y hacer una nueva división, homogénea, del territorio[61]. La nación era un "cuerpo moral", según lo llamó Juan Nicasio Gallego, es decir, un bloque único, compacto, a prueba de fracturas y divisiones internas. Que "el reino debe ser uno e indisoluble" era, según Martínez Marina, la "ley fundamental de la monarquía española". Y Agustín de Foronda pedía que la Constitución declarara expresamente la abolición de "todos los privilegios de provincias, ciudades, pues todas son españolas y así no debe ninguna tener ventajas que no logre la otra"; más radical que nadie, Foronda confesaba que él, si pudiera, "dividiría la España en dieciocho secciones cuadradas que se nombraran *número uno, número dos,* etcétera. Quitaría los nombres de Vizcaya, Andalucía, etcétera, como origen de disputas crueles, pueriles y funestas, pues los españoles deben ser todos unos"[62].

Hubiera cabido una posibilidad alternativa, que era seguir el camino marcado por Suiza o Estados Unidos, es decir, avanzar hacia la construcción de una unidad política por medio de un proceso federalizador que partiera del reconocimiento de la legitimidad y diversidad de los reinos o cuerpos preexistentes. El conde de Toreno captó a la perfección esta posibilidad, aunque la rechazó por disgregadora: "Lo dilatado de la nación la impele bajo un sistema liberal al federalismo; y si no lo evitamos se vendría a formar, sobre todo con las provincias de ultramar, una federación como la de Estados Unidos, que insensiblemente pasaría a imitar la más independiente de los antiguos cantones suizos, y acabaría por constituir estados separados". En favor de una solución federal jugaba, sin embargo, el temor a un despotismo centralista como el que acababa de vivir Francia bajo los jacobinos. Así lo advirtieron diversos diputados, especialmente los procedentes del reino de Aragón. Pero a la mayoría de los reformadores les atraía más el cartesianismo napoleónico que el organicismo anglosajón: la eliminación de desigualdades requería, según ellos, la homogeneización administrativa; dicho de otra manera, el establecimiento de la igualdad legal exigía la eliminación de la diversidad de situaciones. Sobre este punto, los legisladores gaditanos mostraron un acuerdo bastante generalizado, contra el que sólo levantaron objeciones, más bien tímidas, algunos de los representantes de los tradicionales territorios forales[63].

A quienes se oponían a las reformas de los límites territoriales les replicó con contundencia Muñoz Torrero que estaban hablando como si la nación española no fuese una, sino que tuviera reinos y Estados diferentes. Es menester que nos hagamos cargo que todas estas divisiones de provincias deben desaparecer, y que en la constitución actual deben refundirse todas las leyes fundamentales de las demás provincias de la monarquía [...]. La comisión se ha propuesto igualarlas todas [...] para que juntos formen una sola familia con las mismas leyes y gobierno [...]. Yo quiero que nos acordemos que formamos una sola nación y no un agregado de naciones[64]. Es difícil pedir mayor claridad para el proyecto de reorganización del Estado que esbozaban los liberales gaditanos. Querían construir un Estado unido, y su legitimación era la existencia de una única nación.

Pese a las mencionadas objeciones al proyecto homogeneizador, no se puede olvidar el apoyo básico de catalanes, aragoneses o navarros a la obra gaditana y a la construcción de la mitología de la llamada "Guerra de la Independencia". Los intentos de Napoleón de fomentar el catalanismo y el vasquismo como forma de socavar la unidad de quienes se oponían a su dominio fracasaron, al revés de lo que ocurrió con maniobras semejantes con las que consiguió enfrentar a los habitantes de Württemberg con los de Suabia, o a los boloñeses contra los romanos. En el caso español, por el contrario, Zaragoza, Gerona, Tarragona, los Bruchs, Espoz y Mina o Palafox pasaron a ser nombres imborrables de la "epopeya"; y un catalán tan significativo como Antonio de Capmany, gran especialista en los archivos de la corona de Aragón, fue el redactor de algunos de los más sonados discursos antifranceses, como veremos. Incluso en el terreno de los símbolos, "Juan Español" vistió de baturrico, con la cabeza cubierta por un pañuelo, a veces especie de barretina, y la jota se convirtió en la representación del folclore nacional. La letra de una de ellas es muy célebre:

> La Virgen del Pilar dice
> que no quiere ser francesa;
> que quiere ser capitana
> de la tropa aragonesa.

La identidad que la jota oponía a la francesa no era la española, sino la aragonesa. Algo semejante a lo que ocurre con la gran heroína de la guerra, que se llama Agustina Zaragoza, o de Aragón, y no Agustina de España. Pero Aragón y España no eran, en absoluto, términos enfrentados, sino que la afirmación de lo aragonés era, en 1808-1814, una de las maneras de proclamarse español[65]. A juzgar por el comportamiento de 1808-1814, no parece que el enfrentamiento de los reinos de Aragón con Felipe V hubiera dejado secuelas.

El clima creado durante aquella guerra perviviría a lo largo de la mayor parte del siglo XIX. Fue un caso de autosugestión colectiva, como en definitiva son los fenómenos nacionales: todos entendieron que el levantamiento masivo contra los franceses demostraba la existencia de una nación española sólida y unida. Y sobre ella se basaron los proyectos de reorganización de la vida cultural y de la estructura política. Lo cual significaba potenciar una cultura, la "nacional", por encima de los "dialectos" y variedades "regionales". Significaba también acabar con privilegios y desigualdades legales entre los ciudadanos, porque, en definitiva, "todos somos españoles". Y significaba, por último, dividir el territorio de la forma más homogénea posible para que quedasen sepultadas las diferencias entre los viejos reinos y unidades feudales —"privilegios", en definitiva; *privatae lege*, leyes particulares o privadas—. Tal sería el intento durante todo el siglo XIX. Un intento, en parte al menos, fallido, como veremos en nuestros últimos capítulos. Pero más por debilidad del propio Estado que por la existencia de fuerzas que cuestionaran la unidad de la nación o que propusieran la disgregación o fragmentación del Estado.

LAS POSIBLES ALTERNATIVAS.
DIGRESIÓN SOBRE LA NOBLEZA (LEVANTISCA)

Volvamos una vez más, brevemente, al Antiguo Régimen. Quedamos en que los reyes, sus ministros y su burocracia central apenas habían intentado, durante los doscientos años de los Habsburgo, imponer una administración y una cultura homogéneas que facilitaran la formación de una identidad colectiva; y que los esfuerzos borbónicos en estos terrenos parecían muy insuficientes al hipersensible nacionalismo estatal de los liberales gaditanos. ¿Cabría pensar, entonces, en la posibilidad de otros constructores alternativos de tal identidad durante el Antiguo Régimen? ¿Podrían haberlo sido "el reino", "los reinos" o los representantes de los estamentos? Dicho de otra manera, ¿esos cuerpos, reinos o élites que se enfrentaron a Carlos V en la guerra de los Comuneros de Castilla, o que defendieron los privilegios aragoneses frente a Felipe II, los catalanes frente a Olivares, o los nobiliarios contra la centralización borbónica, se concibieron acaso a sí mismos como portavoces del "reino", desempeñando así en el caso español un papel similar al de los representantes parlamentarios, por ejemplo, en Inglaterra?

La respuesta es negativa, y éste fue, sin duda, otro de los problemas con que inició su andadura el nacionalismo español. Como escriben De Blas y Laborda, apoyándose en Fernández Albaladejo y Teófilo Ruiz, "en Castilla no existió en la Edad Moderna la constitución dual definida por Otto Hintze entre el *Rex* y el *Regnum*. La supremacía regia no encontró el contrapeso, como en otros países, en un órgano estamental representativo"[66]. Había, sí, tradiciones parlamentarias en las diversas monarquías peninsulares que, si no tenían fuerza comparable a la inglesa, de ningún modo eran despreciables. De su capacidad para enfrentarse con el poder real dio idea la dura guerra sostenida por las ciudades castellanas frente a Carlos de Gante en 1520-1521. El adverso resultado de aquel conflicto puede interpretarse como la prueba de que su fuerza era menor de lo que pensaban, aunque podría también contra-argüirse que se lanzaron a una toma del poder prematura debido, precisamente, a su excepcional confianza en sí mismos. Cualquiera que sea la interpretación de aquellos hechos, lo cierto es que a partir de ellos la situación evolucionó de forma exactamente inversa a la inglesa del siglo siguiente: en vez de reforzarse el parlamentarismo gracias a sucesivas victorias sobre el monarca, la derrota de la rebelión comunera reforzó el absolutismo regio. Y en pocos años se hundieron o difuminaron en Castilla las instituciones representativas de los cuerpos sociales, del reino frente al rey. Las cortes castellanas no sólo vieron reducirse drásticamente sus poderes bajo Carlos V sino que a partir de 1538 desaparecieron de ellas los representantes de la nobleza y el clero[67].

Durante más tiempo mantuvieron sus prerrogativas las instituciones representativas de los reinos en Aragón, Cataluña y Valencia, aunque recortadas también, en los dos primeros casos, tras los sucesos de Antonio Pérez y Lanuza y la revuelta *dels Segadors*, y sometida Valencia tras las Germanías y la expulsión de los moriscos. Pero lo importante, en relación con los reinos aragoneses, es que no se sentían el centro de la monarquía ni asumieron el papel de vertebradores de la identidad global —como, sin necesidad de ser el centro geográfico, hicieron más tarde Prusia en el caso alemán o el Piamonte en el italiano—. Se limitaron a erigirse en núcleos de resistencia de sus privilegios frente a la integración centralizadora y con ello sólo consiguieron retrasar su sometimiento al absolutismo monárquico, que al final se produjo con la Guerra de Sucesión. Se extinguió entonces, al iniciarse el siglo XVIII, la vida de aquellas instituciones. Mas no puede decirse que acabara con ello la posibilidad de una afirmación de los derechos de los súbditos del rey católico en términos colegiados y representativos, porque no era eso lo que habían defendido aquellas instituciones, sino libertades o privilegios de zonas o fragmentos del Estado. Y lo que los Borbones convirtieron en imposible fue la defensa de la fragmentación, salvo en las Provincias Vascongadas y Navarra, cuyos privilegios fueron respetados, y que, de momento, se contentaron con sobrevivir en los márgenes del sistema.

Otra ausencia que debe destacarse en este repaso de los protagonistas del proceso de construcción político-cultural de lo "español" es la de la nobleza. En una de sus obras más celebradas, Ortega y Gasset sostuvo que la principal "anormalidad" de la historia española había sido la "ausencia de los mejores", la falta de "minorías egregias", según él "secreto de los males" de España, obstáculo que habría impedido que fuera "una nación suficientemente normal"[68]. No parece defendible hoy tan ambiciosa interpretación global de la historia de España, con los escasos datos que el ilustre ensayista aportaba, ni mucho menos que pudiera expresarse en esos términos. Pero sí puede observarse, como singularidad dentro del contexto europeo, algo que no deja de ir en esa línea: que la nobleza no sólo estuvo lejos de ser la portadora del proyecto nacional, sino que, sorprendentemente, desempeñó un papel igualmente irrelevante en la construcción del Estado. En contraste, desde luego, con el caso inglés, donde la aristocracia actuó en nombre de la nación corporativamente, a través de las cámaras parlamentarias; con el francés, donde mantuvo una pugna, aunque fuera de forma aislada y esporádica, con la monarquía durante toda la Edad Moderna y algunos de sus miembros llegaron hasta a proclividades revolucionarias al final del proceso; con el ruso o prusiano, donde los nobles asumieron el papel de altos responsables del ejército y de agentes transmisores de la autoridad real en sus territorios; o incluso con el portugués o húngaro, donde se erigieron en portadores de la identidad "propia", opuesta a la dominación por parte de un poder imperial al que supieron presentar como "extranjero"[69]. En muchos de los ejemplos citados, la nobleza actuó en nombre del reino frente a las pretensiones absolutistas del rey; en otros, colaboró con el Estado consagrando a sus hijos al servicio del ejército o de la marina real y representado a la autoridad estatal en sus dominios; en alguno de ellos fue ambas cosas a la vez. La cuestión requeriría, sin duda, estudios más detallados, y conocimientos más especializados por parte de quien firma este libro, mas no da la impresión de que la nobleza española cumpliera ninguna de estas funciones.

En comparación con otras aristocracias, la española estuvo mucho más "domesticada", por usar el adjetivo con que la describe Antonio Domínguez Ortiz, el gran especialista de la Edad Moderna. Carente, a la vez, de instituciones estamentales de tipo corporativo, como la inglesa —y privada, por tanto, de sus funciones medievales de *auxilium* y *consilium*—, y sufriendo un creciente recorte de sus poderes políticos a medida que aumentaban los del monarca, lo único que intentó hacer en los momentos en que alcanzó cierta influencia, como ocurrió en la segunda mitad del XVII, fue "refeudalizar" el poder, en expresión de Maravall, o aspirar, directamente, a fragmentar el Estado, como en las célebres conspiraciones de Híjar y Medinasidonia en tiempos de Carlos II[70]. Enraizada en su poder local, sólo luchó por mantener o expandir sus jurisdicciones particulares. Ante las reformas borbónicas del XVIII, la aristocracia se opuso tenazmente a la "recuperación" de regalías emprendida por la monarquía. Sólo a finales de ese siglo, cuando en el horizonte se vislumbraba ya la revolución liberal, algún sector nobiliario, como el conde de Teba en su manifiesto de 1794, intentó presentar al estamento como el preservador de la libertad frente al absolutismo. Pero al llegar la oportunidad de convertir el sistema en constitucional, tres lustros más tarde, no fueron los nobles, al menos como grupo, quienes dirigieron la tarea[71].

También fracasaron en España los intentos, dirigidos en ciertos momentos por la propia monarquía, de convertir a los vástagos de las grandes familias en altos funcionarios o mandos militares, en línea semejante a los ejemplos ruso o prusiano. Así lo proyectó el propio Olivares, que patrocinó, con poco éxito, la fundación de academias para los hijos de la nobleza orientadas en esta dirección. Incluso las funciones militares que la aristocracia conservó durante los siglos XVI y XVII fueron perdiendo importancia, para casi desaparecer en el siglo XVIII, con la profesionalización de la marina primero y del ejército después. En resumen, y como observaba con sorpresa en 1683 el embajador veneciano Cornaro, "todo el poder reside en los grandes" —y no se refería sólo al poder social, sino también al político, en ese momento—, mas éstos "no se cuidan de la causa pública ni de los intereses de la corona". Un siglo más tarde, el perspicaz viajero británico J. Townsend expresaba también su extrañeza ante el hecho de que, en contraste con Inglaterra, donde "los ministros más capaces resultan ser individuos que pertenecen a la nobleza principal", en España, entre "los cargos más importantes" no se hallaba "un solo hombre de elevada cuna"[72]. Ratificaba así el desinterés por lo estatal de que el embajador Cornaro había dejado constancia cien años antes. Un genealogista, exaltador de las glorias nobiliarias, como Fernández de Bethencourt, reconocía a comienzos del siglo XX que "la alta nobleza española, como ninguna otra de Europa [...] volvió las espaldas al ejército [...] volvió las espaldas a la política [...] ha vuelto las espaldas a la toga [...] volvió las espaldas a las grandes especulaciones mercantiles"[73].

Cualesquiera que fueran los hechos, lo indiscutible es que la nobleza tenía una pésima reputación política. Tanto en las crónicas de reinados como en las historias generales de España su papel se veía sistemáticamente desacreditado, desde el punto de vista de la construcción de la identidad colectiva, asociado a estereotipos tales como "aristocracia levantisca", "anarquía nobiliaria", "facciones señoriales", "debilidad del monarca ante las altiveces de los grandes", etcétera. El actor "nobleza" va ligado, casi automáticamente, con episodios de "disturbios", "alteraciones", "guerra civil", y con los impulsos egoístas y mezquinos que conducen a tales pugnas fratricidas. Justamente lo contrario que la monarquía, representante de la autoridad, el orden, la paz interna, la unidad del grupo (de la nación, se dirá luego). Si algo se reprocha a los reyes es, precisamente, el repetido "error" (no malintencionado) de repartir los reinos entre sus herederos, causa inevitable de nuevas querellas. El historiador de mediados del XIX Antonio Cavanilles, por ejemplo, desgrana en su capítulo sobre los Reyes Católicos los consabidos elogios a sus diversas empresas y concluye lapidariamente: "cesó la feudalidad; los magnates doblegaron la cerviz; imperó la ley". La ley, rasgo fundamental del Estado moderno, viene asociada con la unidad monárquica; la "feudalidad", en cambio, es el desorden. Mucho tiempo antes, el jesuita Mariana había consagrado este mismo esquema. Y no deja de ser sintomático de la actitud nobiliaria ante el proyecto de construcción nacional que aquella historia de Mariana suscitara la más airada reacción por parte de los duques de Frías, condestables de Castilla y León, que encargaron una réplica a su secretario, el padre Mantuano. Éste cumplió su función escudriñando los volúmenes del jesuita con lupa crítica y acumulando errores, guiado siempre por una idea central: que no consignaba adecuadamente las glorias de las casas nobles, y en especial las de sus patronos. La alta nobleza castellana ponía así unas chinitas en el camino de la primera gran *Historia General de España*, la máxima expresión de la historiografía etno-patriótica o prenacional; lo que no evitaría, desde luego, su inmenso éxito y su perduración como obra de referencia durante dos siglos y medio[74].

La nobleza llegó, pues, al siglo XIX cargada con una imagen negativa. Una imagen que ni la Guerra napoleónica ni las alteraciones políticas posteriores hicieron mucho por rectificar. Apenas hubo nobles que encabezaran acciones bélicas en 1808-1814 y no menos deslucida fue la contribución del estamento a la labor legislativa realizada en Cádiz. Durante el resto del XIX, si algo de tipo general puede decirse sobre la nobleza es que, desaparecidos sus privilegios legales, la no titulada se esfumó de la escena; de la titulada, la más alta tendió a renunciar a sus antiguas forma de vida y a integrarse en los centros urbanos como clase alta; y la pequeña nobleza local, en la medida en que sobrevivió, se resistió, desde sus reductos de poder, a la modernización del Estado y la nacionalización de la política, bien apoyando la causa carlista o bien emboscándose en el caciquismo[75].

Un último dato, contradictorio con todo lo anterior, debe consignarse en relación con la nobleza y los orígenes de la vida política española contemporánea: el curioso contraste entre esta pobre imagen de la aristocracia como grupo social y agente histórico y la sobreabundancia de retórica nobiliaria en el discurso político. El papel negativo que se adscribe a los nobles en la vida colectiva no es óbice para la profunda interiorización de actitudes nobiliarias. Durante el conflicto con Napoleón, las expresiones más repetidas de repulsa hacia la agresión francesa la tildan de falta de limpieza y honorabilidad, en la línea más tradicional de la ética social nobiliaria: frente a la villanía francesa, frente a su ataque a traición, la actuación española destaca por su nobleza o hidalguía; por su heroísmo o bravura, frente a la cobardía, el engaño, la perfidia del enemigo[76]. Fray Simón López, en su *Despertador cristiano-político*, dice que las "armas de Napoleón y del imperio francés" no son "el valor y la fuerza, sino el dolo, la astucia y la cábala, la intriga y la perfidia"; Antonio de Capmany, cuando se refiere a los franceses, les atribuye, como poco, "perversión" y "monstruosidad"; la historia dirigida por Francisco Xavier Cabanes se refiere también a "la perfidia más horrible" y el "horrendo atentado" de los franceses. En cambio, "lo que correspondía a la nación", dice el marqués de las Amarillas, "todo se hizo noblemente". Para Díaz de Baeza, la rebelión se emprendió "a impulsos del honor y de la fidelidad" y fue una "guerra gloriosa, que dio a la España un nombre inmortal". También el conde de Toreno califica la decisión asturiana de sumarse a la rebelión de resolución "noble, fundada en el deseo de conservar el honor". Fray Manuel Martínez, predicador vallisoletano de 1812, se refería a la "Nación grande [...] arrebatada de aquel noble impulso de honor, de virtud y patriotismo". Otro fraile historiador, el padre Salmón, que en pleno fragor de los combates publicó un tempranísimo relato sobre los mismos, explicó que en el parque de artillería de Monteleón los franceses actuaron con "crueldad inaudita", porque, "a cubierto de una voz tan dulce y lisonjera como *paz*" entraron "sin oposición de los citados oficiales de esta arma Velarde y Daoiz; y acercándose a ellos en ademán de abrazarlos, les asesina[ro]n inhumanamente con sus alfanges". Quizás sea éste el momento de recordar que el lugar en que se erigió el monumento a los muertos del Dos de Mayo, en el lateral del madrileño paseo del Prado, se llamó "Campo de la Lealtad". Más tarde se diría que Daoiz y Velarde habían sacrificado sus vidas por la patria, que eran héroes de la "independencia nacional"; pero en el día se elogió su "lealtad", valor supremo de un caballero[77].

Mucho podría discutirse sobre estos rasgos caballerescos del comportamiento español en la guerra antinapoleónica. No ya los ataques por sorpresa, ni las celadas "a traición" o matanzas de prisioneros indefensos, tan típico todo de la guerra de guerrillas. Es que las tropas napoleónicas habían penetrado en el país con un fin, ciertamente, taimado, pero en connivencia con el gobierno español, que consentía y participaba plenamente en la operación: conquistar Portugal y asestar así un golpe al común enemigo inglés. La versión nacionalista, sin embargo, no consentía máculas sobre el buen nombre del país, y repitió una interpretación del conflicto que podría remontarse al Quevedo de comienzos del siglo XVII: "España" había actuado de forma noble, valerosa, ingenua y sin mira interesada de ninguna clase, mientras que había sido agredida de una manera que, para decirlo brevemente, "carecía de nobleza".

Una cosa era, por tanto, la retórica nobiliaria, aceptada e interiorizada por todos, y otra la opinión sobre la nobleza como grupo social, en general muy negativa. Tanto es así que las Cortes de Cádiz decidieron, simplemente, eliminarla como actor político. Los privilegios nobiliarios, asociados con la desigualdad y las querellas internas, tenían que ser suprimidos para construir la nación. Al iniciarse la discusión sobre los señoríos jurisdiccionales, el diputado soriano García Herreros pidió que se aprobara un decreto "que restituya a la nación el goce de sus naturales, inherentes e imprescriptibles derechos". La mayoría de los diputados apoyaron esta idea, movidos, según explica Pérez Ledesma, por "el deseo de constituir un nuevo cuerpo político de ciudadanos iguales en sus derechos". Y la orden de demolición de todos los símbolos públicos de vasallaje se basaba en el argumento de que "los pueblos de la nación española no reconocen ni reconocerán jamás otro señorío que el de la nación misma"[78]. La aristocracia no sólo aparecía descrita en la saga nacional como un factor perturbador en el difícil camino hacia la unidad, sino que, en el momento glorioso en que la nación surgía por fin a la vida, los representantes en Cortes, gestores de aquel parto, veían en los símbolos y poderes nobiliarios justamente lo opuesto a la nueva identidad colectiva.

La obsesión por la unidad de la nación no se proyectaba sólo contra la nobleza ni contra los localismos o regionalismos disgregadores, como podría creerse hoy, sino que se refería también contra las divisiones políticas en general. Una observación de *El Redactor General* en el verano de 1812 anunciaba ya esta preocupación:

> En medio del regocijo que nos enajena, no podemos perder de vista un objeto que juzgamos del mayor interés para llevar a cabo la gran obra de nuestra independencia. Tal es la unión, la indisoluble unión que debemos tener para coger el fruto de nuestros sacrificios. Desaparezcan entre nosotros las querellas, las pretensiones parciales, y caminemos al gran fin de salvar la Patria y establecer en todas sus partes la sabia Constitución.

Muy poco después, cuando el parlamentarismo liberal se pusiera en práctica, tanto los dirigentes políticos como los partidos y el sistema parlamentario en sí sufrirían un constante desprestigio precisamente porque la opinión percibiría que, contra lo prometido, creaban discordia, fomentaban el enfrentamiento entre intereses particulares en vez de reforzar el general. A mediados de siglo, el *Diccionario de los Políticos* de Rico y Amat reflejaría el sentimiento común al decir que el patriotismo es "de lo que más se habla en política y lo que se siente menos"[79]. Los partidos, los políticos, la democracia, carecían de "patriotismo", precisamente porque peleaban entre sí. De algún modo, se proyecta sobre "los políticos" en el siglo XIX la desconfianza que en épocas anteriores se tuvo respecto de la nobleza "levantisca".

A la pérdida de las tradiciones sobre instituciones representativas, desaparecidas desde hacía demasiado tiempo, se sumó, pues, un desprestigio de la política parlamentaria, que en vez de ser vista como un foro donde se enfrentan de manera relativamente inocua los diversos intereses y puntos de vista existentes en la sociedad, se consideró el campo que fomentaba las pugnas egoístas entre inmorales ambiciones de partido. La existencia de debate, las posiciones enfrentadas, son vistas en términos negativos, mientras que la gestión eficaz sigue asimilada a la monarquía, que une al país, por excelencia la de los Reyes Católicos. Podría sostenerse que éste acabaría por ser uno de los problemas de la cultura política española contemporánea, basada, más que en el respeto a libertades y derechos individuales y en el desarrollo de instituciones donde se debatan y solventen los choques de intereses, en mitos de unidad, armonía y redención colectiva.

OTRAS CARGAS Y GRAVÁMENES DE LA CULTURA HEREDADA

Había otros factores que condicionaban y limitaban el desarrollo de una identidad "española" durante el Antiguo Régimen. Uno de ellos, el elitismo, o escasa difusión popular, de estas imágenes que estaban transformando la representación del ente colectivo. Basta reflexionar un instante sobre el ínfimo porcentaje de los vasallos de Felipe III o Felipe IV que pudo visitar Madrid y entrar en los jardines de los palacios reales para ver las estatuas ecuestres de los monarcas, o en el más reducido aún que tendría acceso al salón de Reinos para contemplar la *Rendición de Breda,* y nos haremos idea de la escasa difusión de las obras que en el capítulo anterior, al referirnos a la era de los Habsburgo, hemos considerado representativas de la identidad política emergente. Aunque sólo sea por esta razón, aquellas tempranas expresiones de patriotismo étnico tienen un carácter sustancialmente diferente de lo que serían los multitudinarios nacionalismos del siglo XIX, apoyados en la prensa de gran tirada —por no mencionar los fervores fascistas del primer tercio del XX, difundidos por la radio—. Su escaso alcance era un inconveniente de tal categoría que caben dudas sobre la aplicación del término "colectiva" a esta identidad o "comunidad imaginada" anterior a 1800, que no puede llamarse popular. Mas debe anotarse a continuación que aquel rasgo era propio de la época, y por tanto común a la situación española y a la de cualquier otra sociedad europea del momento[80].

Es obvio que las elaboraciones iniciales sobre la imagen colectiva "española", como las de otras *nationes* medievales, emanaron de círculos muy reducidos: cancillerías regias, obispados o monasterios donde se producían, copiaban e interpolaban manuscritos, o cortes adonde llegaban testimonios de algún alto personaje que había sido embajador ante los reyes peninsulares o que, habiendo peregrinado a Santiago, dejó memoria de su viaje. Los sectores populares de la población, dentro de lo limitado de nuestros conocimientos sobre sus formas de autoidentificación, no parece que se adscribieran a identidades políticas. Aparte de los nombres o apodos familiares y de referencias al oficio (herrero, cantero, sastre) y al estamento (hidalgo, caballero), los nombres incluían a veces localizaciones territoriales, pero éstas, dada la dificultad de las comunicaciones y la fragmentación de los espacios culturales, no pasaban de mencionar la aldea, villa, comarca o valle (alcarreño, pasiego). Incluir en el nombre la pertenencia a alguno de los reinos (aragonés, navarro) sólo era propio de los más viajados y en especial de quienes residían en lugares lejanos a los de su nacimiento. Algo semejante ocurriría con el término prenacional que aquí más interesa, "español", o "hispano". No fueron muchos los que lo usaron durante la Edad Media; y el más importante de ellos, aquel sacerdote que antes de subir al solio pontificio fue conocido como Pedro Hispano, no era "español", tal como se entiende este término hoy día, sino portugués, pues había nacido en Lisboa, como ya se ha señalado. Lo que parece probar su significado geográfico, y no político.

Al introducirse la imprenta, las identidades culturales fueron expandiéndose hacia esferas más amplias, como observó Benedict Anderson. Es un tema sobre el que será obligado volver en las páginas dedicadas a la religión, porque los debates políticos de la Edad Moderna temprana se vieron inevitablemente expresados en términos teológicos; en España, según veremos entonces, pese al recelo eclesiástico ante las discusiones populares en torno a temas dogmáticos, también se transmitió la identidad política en buena medida por medio de ceremonias y símbolos religiosos: misas, procesiones o autos de fe inquisitoriales. Otro impacto, muy distinto, de la política en las vidas populares tuvo que ver con las guerras, grandes creadoras de identidad contra un enemigo común; aunque no hay que olvidar que, hasta la segunda mitad del XVII, las contiendas se libraron en campos de batalla lejanos a la Península. Una vía de contacto más entre las identidades emanadas de los centros intelectuales y los medios populares fueron, sin duda, las representaciones teatrales, muchas de ellas, como los autos sacramentales, cargadas de contenido ideológico. Y hay que recordar, por último, que, de acuerdo con los estudios de Richard Kagan, la sociedad española disfrutó durante el siglo XVI y las primeras décadas del XVII de un porcentaje de población universitaria muy alto, en relación con la media europea. Hacia finales del siglo XVI asistían a las universidades peninsulares, según este autor, unos veinte mil estudiantes; y entre ellos tuvo que difundirse la *Historia General de España* de Mariana, como conocieron sin duda las creaciones literarias del Siglo de Oro. De esa cantera salieron los funcionarios de los diversos consejos, oficinas y tribunales del reino, los cargos eclesiásticos, los educadores de los vástagos de la nobleza y los abogados o médicos cuyas ideas y conducta no pudieron dejar de influir en el resto de la población[81].

Pero la situación cambió en los dos últimos tercios del XVII y a lo largo de todo el XVIII. De los factores nacionalizadores mencionados, el único que permaneció constante fueron las guerras. La producción teatral, como la artística en general, disminuyó drásticamente; en cuanto a las universidades, el propio Kagan constata cómo a partir de 1630 decayeron, llegando a desaparecer muchas de ellas; y, desde el punto de vista científico, el desfase de España respecto de la Europa revolucionada por el racionalismo cartesiano o la física de Newton fue muy pronto abismal. En los terrenos que aquí más interesan, como la historiografía, baste recordar que la pionera obra de Juan de Mariana no encontró sustituto de similar atractivo hasta la de Modesto Lafuente. Todo el que se interesaba, entre 1600 y 1850, por el campo que el jesuita había consagrado como "historia de España", tenía que conformarse con aquellos volúmenes escritos en tiempos de Felipe II, a los que se iba añadiendo apéndice tras apéndice a medida que se sucedían los reinados.

A esta decadencia intelectual le correspondía una pérdida de poder político y una marginación respecto de la Europa triunfadora de la era contemporánea. Lo cual nos lleva a un problema que, a diferencia del elitismo y de todo lo dicho hasta el momento, no era habitual en las demás monarquías europeas que evolucionaban hacia el Estado-nación, sino que era específico del caso español. Hay que recordar que el periodo de formación más traumático e intenso de la identidad etno-patriótica española, que lógicamente dejó la huella más profunda sobre el resultado global del proceso, coincidió con la supremacía de los Habsburgo españoles y el momento álgido de su pugna contra la Europa protestante, anglosajona y nórdica; y que fue en esta última donde acabarían por desarrollarse el capitalismo, el parlamentarismo, la tolerancia para los disidentes y la revolución científica del siglo XVII, a su vez base de los descubrimientos tecnológicos y la revolución industrial de finales del XVIII. En aquellas sociedades, la monarquía "española" tenía una pésima imagen, asociada con el absolutismo monárquico, el catolicismo intolerante de Trento y la Inquisición; más adelante, cuando debatamos los problemas relacionados con la identidad religiosa, tocaremos ese tema, y no es éste, en todo caso, el lugar para discutir sobre la justicia de tal imagen; la aversión, por lo demás, era mutua y, desde el punto de vista del reforzamiento de las identidades nacionales, este tipo de enfrentamientos no son necesariamente contraproducentes, sino todo lo contrario. Lo grave fue que, a partir del siglo XVII, tanto la forma de organización política y social como el mundo mental representado por la monarquía católica no hicieron sino sufrir derrota tras derrota. Lo cual añadió a la antigua xenofobia, y en particular al odio contra el boyante mundo nordeuropeo, una sensación de incomprensión, de fracaso, de aislamiento, de resentimiento[82], es decir, de ser injustamente menospreciados y agredidos por los demás, y en especial por las potencias de mayor éxito. Pasada la relativamente breve fase de los Reyes Católicos y los dos Habsburgo "mayores", en la autopercepción colectiva de los "españoles" dominó un aire acomplejado y autoconmiserativo, basado no sólo en la conciencia de decadencia sino en la perplejidad que producía esa misma decadencia, para la que no se hallaban más causas que la malevolencia de poderes satánicos.

La pérdida de poder de la monarquía católica fue algo percibido por todos los analistas políticos a partir, como muy tarde, de 1630. Desde medio siglo antes se hablaba ya de la declinación, del agotamiento de los recursos, de la imposibilidad de mantener la hegemonía. Pero no se sabía explicar tan sorprendente giro de los acontecimientos. ¿Cómo entender que, siendo la monarquía hispánica fiel ejecutora de los designios de un Dios todopoderoso, le fueran las guerras tan poco favorables? Podía deberse, simplemente, a la corrupción inevitable de las cosas humanas, que había que aceptar con resignación fatalista, como hizo Quevedo en su típica vena estoica. O a que se hubiera introducido la "molicie", término que los historiadores atribuían clásicamente al imperio romano decadente —y, en la historia de España, a los últimos reinados de los godos—, lo que en el caso hispánico se conectaba con el imperio y las riquezas americanas; éstas habrían corrompido la moral y alejado a los españoles de sus antiguas virtudes: como escribe el propio Quevedo, con su insuperable prosa, "pobres, conquistamos riquezas ajenas; ricos, las mismas riquezas nos conquistan. ¿A qué vicio no ha abierto la puerta con llave de oro la avaricia?". Cabía, por último, la posibilidad de que fuera una maniobra de los poderes demoníacos. Luzbel habría hecho su tarea de zapa, quién sabe si por medio de influencias extranjeras, que habrían enseñado a los españoles vicios ajenos a su manera natural de ser ("¿supieran en España que ley había para el que lascivo ofendía las leyes de la naturaleza si Italia no se lo hubiera enseñado? ¿Hubiera el brindis repetido aumentado el gasto a las mesas castellanas si los tudescos no lo hubieran traido?"); o bien adoptando la más vieja de sus encarnaciones, es decir, la femenina: habrían sido las mujeres, con su necesidad de galas y joyas, las inductoras de la importación de productos de lujo, con lo que —especula, de nuevo, Quevedo— se malgasta el dinero, "que es el nervio y substancia del reino"[83].

Tanta cita de Quevedo no es casual, porque en su obra juvenil *España defendida, y los tiempos de ahora. De las calumnias de los noveleros y sediciosos* expresó, quizás como nadie, esta actitud, lindante con lo paranoico, ante los problemas de la monarquía hispánica y la incomprensión con que se topaba en el exterior. El lema mismo con que abría sus páginas, tomado del profeta Jeremías, era muy elocuente: "Abrieron sobre nosotros sus bocas todos nuestros enemigos". Como lo era la dedicatoria al rey Felipe III, donde el poeta se declaraba "cansado de ver el sufrimiento de España con que ha dejado pasar sin castigo tantas calumnias de extranjeros". A lo que se añadía un reconocimiento de que a los españoles se les aborrecía por doquier; una animadversión, según él, totalmente injustificada: "¡Oh desdichada España! Revuelto he mil veces en la memoria tus antigüedades y anales, y no he hallado por qué causa seas digna de tan porfiada persecución". Difícilmente podía encontrarlo, porque, para él, España carecía de defectos. Extremando el *laus Hispaniae* isidoriano, la creía tierra prodigiosamente dotada por la naturaleza y habitada por un pueblo de excepcional religiosidad, valor guerrero y lealtad hacia sus gobernantes; su antigüedad era insuperable; su lengua, sólo accidentalmente relacionada con el latín, se vinculaba al hebreo bíblico; en cuanto a hazañas guerreras, los españoles habían emulado a Alejandro Magno. Era, en definitiva, el pueblo elegido de Dios. En vez de reconocer esa superioridad, sus rivales, movidos por la envidia, odiaban a España con una saña que se había convertido, en tiempos recientes, en agresión universal contra ella. Digo bien "universal", pues enemigos, para Quevedo, eran todos: Francia, Italia, Holanda, Dinamarca, Flandes, Noruega, Alemania, Grecia, los turcos... "¿Quien no nos llama bárbaros? ¿Quien no dice que somos locos, ignorantes y soberbios?". España, en cambio, mártir mesiánica, a la par que nación caballerosa, sufría con paciencia los insultos e incluso perdonaba a sus autores. Eso decía Quevedo, pese a lo cual daba rienda suelta a su lengua y llamaba "insolentes, calumniadores y desvergonzados" a los enemigos de la patria[84].

La perplejidad ante la hostilidad internacional se relacionaba con la incapacidad para analizar las causas de la decadencia: al igual que, creyéndose campeona de la causa divina, "España" no podía reconocer errores o problemas internos, tampoco podía encontrar explicación para la mala imagen exterior, salvo la envidia, pasión mezquina por excelencia, o una intervención satánica directa. Lo que, en definitiva, llevaba a los ideólogos de los Habsburgo a la reafirmación en la tozudez de la Contrarreforma. Salvo andanadas personales contra el conde-duque, o contra alguno de los sucesivos validos, los intelectuales, incluso del momento de la decadencia, no pusieron en cuestión las líneas maestras del edificio político y de la estrategia fundamental de la monarquía. Los tiempos en que Las Casas se atrevía a censurar la conquista americana habían pasado, y tampoco había lugar ya para cuestiones como las de Vitoria sobre la legitimidad de la expansión imperial; incluso se acallaban las propuestas de limitación constitucional del poder real, al estilo de Mariana. Llegado el momento de prueba de la monarquía, toda crítica era traición.

Es digna de contraste la pobreza de estos argumentos de los apologetas y publicistas de la monarquía hispánica con los de sus antagonistas, que estaban aprendiendo a utilizar la propaganda política y denunciaban, exagerándola convenientemente para aumentar su impacto, la crueldad de los tercios españoles, la amenaza que su llegada representaba para la libertad de conciencia, para las vidas de sus enemigos, para sus privilegios e instituciones tradicionales, para sus bienes y riquezas. Apelaban, así, al sentido del orden, de la propiedad, de la libertad; valores modernos, comprensibles y aceptables para su público, patriciado y clases medias de los burgos flamencos, ingleses o italianos. Los ideólogos de los Habsburgo, en cambio, seguían basando la gloria de sus monarcas y la legitimidad de su dominio en valores bélicos o religiosos. En un momento en que los ejércitos de la monarquía católica se hallaban activos en múltiples frentes del escenario europeo, no sólo no se consideraban agresores sino que exhibían con orgullo sus hazañas: eran guerreros invencibles, estaban conquistando un lugar imperecedero en la historia humana; tan embebidos se hallaban en la lógica bélica que ni siquiera reprochaban demasiado a los ingleses, por ejemplo, sus saqueos de La Coruña o de Cádiz, ataques, en definitiva, limpios, legítimos, propios de caballeros. Por el contrario, creían intolerable la agresión intelectual, la propaganda, las "calumnias" contra España; esas tácticas eran "innobles", "maquiavélicas", "insultantes" para los principios y el buen nombre del adversario. El propio Quevedo, un escritor de tan inmenso ingenio y tanta pasión dialéctica que podría haber sido un gran polemista moderno, renunció a ello, porque desconfiaba de las tareas intelectuales tanto como confiaba en las acciones bélicas: los imperios los construyen los capitanes y los deshacen los bachilleres, dice; "mientras tuvo Roma a quien temer y enemigos, ¡qué diferentes costumbres tuvo! [...]. ¡Qué pechos tan valerosos ostentó al mundo! Mas luego que honraron sus deseos perezosos al ocio bestial con nombre de Paz santa, ¡qué vicio no se apoderó de ella!". Despreciando las nuevas armas que se usaban en política, sus escritos fueron meros desahogos de su angustia personal; y esta angustia coincidía, como vio Raimundo Lida, con "la España cerrada, que sólo q[uería] entenderse consigo misma y con Dios"[85].

Lo que esta respuesta revelaba, según observó en una ocasión con finura Francisco Ayala, era la inferioridad de la dialéctica española en aquel debate. Pese a que la monarquía hispánica estuviese aplicando la razón de Estado, como cualquiera de las potencias del momento, sus apologetas se empeñaban en defender un "antimaquiavelismo" que contradecía abiertamente las necesidades y la práctica de la época. En último extremo, hay que reconocerle alguna parte de razón a la Leyenda Negra: al aferrarse a un estadio cultural anterior, en el que los valores bélicos y la defensa de la religión seguían considerándose los únicos raseros de la legitimidad política, los españoles eran incapaces de entender tanto sus propios fracasos como su mala imagen internacional. De ahí la perplejidad, la ira, los lamentos y el desánimo típicos de los ideólogos de la monarquía hispánica en el momento de la confrontación y el declive[86].

Los problemas derivados de este proceso de construcción de una identidad "española" se revelaron a plena luz cuando, en el siglo XVIII, llegó la nueva dinastía borbónica y se embarcó en una serie de proyectos reformadores, inevitables para enderezar el curso declinante que la monarquía llevaba bajo sus anteriores titulares. El programa adoptado pareció, en principio, poco problemático: se trataba de imitar el modelo francés, de tan deslumbrador éxito bajo Luis XIV. Lo cual significaba reconstruir la armada, centralizar la administración, mejorar las carreteras, hacer canales, establecer fábricas reales para evitar que el reino se vaciase de metales preciosos o apoyar la tarea de divulgación del nuevo pensamiento científico que realizaba, por ejemplo, un Feijóo. Como los cambios eran voluntad del rey, y éste no sólo era señor absoluto sino que acababa de ganar su trono en una guerra, no era fácil cuestionar su legitimidad ni insinuar que pudiera entrar en contradicción con la identidad "española" que se había ido forjando a lo largo de los siglos anteriores. Lo bueno para la monarquía era bueno para España. Y lo que había fortalecido a la francesa no podía por menos de beneficiar a la española. Al disfrutar, por otro lado, el nuevo plan de gobierno del apoyo de las élites modernizadoras, apenas se oyeron voces discrepantes.

Pero, a la vez que emprendían estas reformas, los gobernantes introdujeron cambios en el discurso legitimador. Hasta entonces, el poder se había fundamentado en lo que podríamos llamar una mezcla de los tipos "tradicional" y "carismático" establecidos por Max Weber, que Justo Beramendi se ha atrevido a matizar, distinguiendo entre la legitimidad tradicional (el rey había heredado el poder, que venía de padre a hijo desde hacía siglos), la volitivo-trascendente o carismática (fundada en un factor externo y superior a la sociedad misma, cual era la voluntad divina) y la basada en el derecho de conquista (es decir, relacionada con los éxitos bélicos de la monarquía). Con los Borbones, sin abandonar estas justificaciones clásicas, se pretendió añadir una más, que caería dentro de la órbita de lo que Weber llama "legal-racional": el rey, además de ser un gran guerrero, haber heredado su trono y defender la verdadera fe, pretendía ahora ser *útil* a la sociedad, ser el instrumento impulsor de medidas que elevarían los niveles de seguridad y bienestar de sus súbditos; dicho en términos de la época, pretendía actuar a favor de la *felicidad pública*[87].

Los ideólogos de la nueva dinastía creyeron compatibles sus nuevos planteamientos con el mantenimiento de las tradiciones heredadas. Santo y bueno que el trono fuera el instrumento para el progreso de la sociedad y la felicidad de sus súbditos; mas no por eso iba a dejar de apoyar sus derechos en la legitimidad de la línea hereditaria o en la sanción recibida de los representantes de la verdadera fe. Nadie pareció ver que la nueva justificación del poder en nombre del progreso y la modernidad podía entrar en conflicto con las viejas ideas, ni mucho menos que afectara al proceso de construcción de la identidad iniciado en el periodo anterior y cuya pista estamos intentando seguir en este libro. No obstante, esto es justamente lo que iba a ocurrir.

Sabemos ya que detrás de las reformas del XVIII, aparte del deseo de reforzar el poder real, había motivos que podemos llamar "patrióticos", pues el reforzamiento de la monarquía iba unido a la recuperación del prestigio de la colectividad, a la demostración ante el mundo de lo injusto de su desprecio hacia la nación. No en vano se llamaron los ilustrados "amigos del país". Por mucho que la historiografía conservadora se haya obstinado por presentarlo como "antinacional", aquél fue el siglo del patriotismo, como observaron Maravall o François López, cuando el viejo amor a la patria se convirtió en el impulso que llevaba a los individuos a sacrificar sus intereses privados por el bien colectivo[88]. El "patriota" era más que el que se sentía parte de una "nación" o grupo lingüístico, como éste era, a su vez, mucho más que el mero vasallo de un mismo príncipe: el patriota no era sólo fiel al rey, ni se limitaba a sentir orgullo por pertenecer a una comunidad imaginada, sino que consideraba su deber ser útil, benéfico, a ese grupo humano que aceptaba como propio. Los mejores prohombres de la élite ilustrada, como Jovellanos, Meléndez Valdés o Moratín —pese a que estos últimos acabaran siendo afrancesados—, insistieron en su vinculación con "el nombre santo del patriotismo". Campomanes decía escribir para cumplir sus obligaciones de magistrado y patriota. Y Cadalso definía el patriotismo como "el noble entusiasmo [...] que ha guardado los Estados, detenido las invasiones, asegurado las vidas y producido aquellos hombres que son el verdadero honor del género humano". Es difícil pensar en una etapa en que las élites literarias, e intelectuales en general, hayan dedicado tanta atención a la resolución de los problemas de su patria, y colaborado tanto con el Estado. Esos mismos intelectuales, ciertamente, miraban a Europa, y en particular a Francia, pero era en busca de normas y soluciones para los males de *su* país[89].

Gobernantes e intelectuales ilustrados se esforzaron también, como sabemos, por construir una cultura nacional, algo que de ningún modo había existido en tiempos de la dinastía anterior: fundaron reales academias; relanzaron la historia de España; escribieron obras teatrales sobre Viriato, Pelayo, El Cid o Guzmán el Bueno; crearon la bandera o el himno que acabarían siendo nacionales, etcétera. Podemos creer que era todo esto, y no la mera lealtad dinástica, lo que atraía a las élites ilustradas. De ahí que nadie se negara a entrar en las Reales Academias ni dejara de apoyar a las Sociedades de Amigos del País. Incluso se logró implicar en estas instituciones a una parte significativa del alto clero y de la aristocracia, que patrocinó también, aunque en menor grado que la francesa o inglesa, salones y tertulias científicas. La élite reformadora parecía, pues, un bloque sólido, sin fisuras ni "contradicciones". A todos les preocupaba por igual la ignorancia del bajo clero o los prejuicios contra los trabajos útiles, donde creían radicadas las causas del estancamiento patrio. En la España ilustrada, pues, en especial a finales del reinado de Carlos III, se daban circunstancias mucho más favorables que las francesas, por ejemplo, para una evolución pacífica y armoniosa hacia la modernización. No se había producido aquel distanciamiento entre gobiernos y élites culturales que Crane Brinton llamó la "pérdida de la lealtad de los intelectuales" y que estableció como uno de los prerrequisitos indispensables para las revoluciones[90]. En 1788, año en que murió aquel rey, nada anunciaba en España sacudidas revolucionarias como la que estaba a punto de iniciarse en Francia. El proceso de creación de la identidad pre-nacional, por su parte, seguía su curso, sin incompatibilidad aparente con el proyecto modernizador de la sociedad y el Estado emprendido por los gobernantes borbónicos y apoyado por los intelectuales ilustrados.

Dos problemas, no obstante, amenazaban aquella bonanza. El primero, que los objetivos reformistas dañaban privilegios e intereses de grupos tradicionalmente poderosos. Una temprana desamortización, por ejemplo, de alcance nada despreciable, y estudiada por Richard Herr, se llevó a cabo por Godoy, en pleno Antiguo Régimen; y los derechos de la Mesta o los señoríos jurisdiccionales, entre otras tantas situaciones heredadas del pasado, eran blanco permanente de las críticas ilustradas. No es de extrañar que surgieran recelos y resistencias, encabezados, según parece, por el bajo clero y parte de la nobleza. Poco acostumbrados todavía a usar los esquemas nacionales, los conservadores se limitaron, al principio, a desempolvar el instrumental bélico de la Contrarreforma y acusaron a sus enemigos de herejía —regalismo o, más bien, jansenismo, la desviación doctrinal de moda en la época—, con lo que cosecharon algunos éxitos, como las defenestraciones de Macanaz u Olavide. En cuanto a Godoy, se le acusó de arribismo y de inmoralidad, haciendo referencia a su falta de *pedigree* nobiliario y a sus íntimas relaciones con la pareja real; de esto último, al menos, habían sabido protegerse el puritano Carlos III y sus respetados ministros[91].

Pero los enemigos de las reformas acabaron comprendiendo que no bastaba con lanzar sospechas sobre la ortodoxia religiosa o la moral privada de los reformistas, en los descreídos tiempos que corrían. Y captaron el conflicto existente entre la modernización propuesta por el grupo ilustrado y la tradición nacional. Porque —y aquí intervenía el segundo problema— los proyectos reformistas parecían dar la razón a los inventores de la Leyenda Negra sobre España en los siglos anteriores. Era una imagen negativa sobre el país que, lejos de haber muerto, pervivía y seguía enriqueciéndose con nuevos matices en el XVIII. A medida que la batalla política contra el absolutismo y la intolerancia se encrespaba en Europa, los estereotipos nacionales se usaban cada vez con mayor frecuencia. Por un lado, poseían enorme sencillez mental: "los españoles son unos fanáticos" no es una idea compleja. Por otro, eran fáciles de aceptar, dado el desconocimiento y la prevención contra todo lo foráneo. Al dirigir, además, en apariencia, las críticas contra países extranjeros, burlaban con comodidad la censura. Por último, y sobre todo, tras la pérdida de poder experimentada por la monarquía católica, cargar toda la intransigencia religiosa y todo el absolutismo sobre "España" tenía una ventaja añadida: demostraba de manera palpable que la intolerancia, la crueldad o el desprecio al trabajo productivo llevaban a la decadencia. La política seguida por los Habsburgo españoles probaba la relación causal entre religiosidad intransigente, absolutismo monárquico y valores aristocráticos, por una parte, y atraso, empobrecimiento, pérdida de la hegemonía, incapacidad de subirse al tren del progreso, por otra. Como ha escrito François López, lo que hicieron los autores del siglo XVIII, a diferencia de los del XVI o XVII, fue "establecer una sistemática relación entre la miseria, la pereza, la incultura, la soberbia [...] con una forma peculiar de concebir y defender el catolicismo". A los *philosophes* les bastaba con escribir la palabra "España" para evocar, sin necesidad de mayores explicaciones, lo erróneo, lo autodestructivo del oscurantismo monárquico-clerical, de la falta de libertad, de la cerrazón ante la ciencia moderna y el libre pensamiento. No hubo país en que la minoría ilustrada no utilizara el ejemplo español para el debate interno, advirtiendo con él, indirectamente, a sus reyes que, si no querían decaer como la monarquía española, debían evitar esos errores.

El siglo XVIII fue, además, el de los libros de viajes, puestos de moda en Europa a partir de la costumbre del *grand tour*, al que las buenas familias enviaban a sus hijos antes de casarse como parte de su educación mundana. Aunque fuera Italia el destino preferido, algunos viajeros ingleses y franceses visitaron también España y más de uno dejó el relato de sus impresiones, que no hacían sino confirmar los prejuicios y estereotipos con que había emprendido su expedición. Todos se horrorizaban ante las malas carreteras, las posadas infectas, los mendigos en las calles, la superstición y el fanatismo de las fiestas religiosas, el salvajismo de las corridas de toros, el bajo nivel cultural de las tertulias, donde sólo se practicaba el juego, y la especial ignorancia entre las mujeres, incluidas las damas de la más alta sociedad, incapaces de sostener una conversación culta. Era, en suma, el país de la indolencia, producto del clima caluroso, sin duda, pero también de los valores nobiliarios y el desprecio a los trabajos útiles; el país de la incultura, la superstición y la intolerancia católicas —causas, en definitiva, de todo lo demás—; y el país de la crueldad, tan patente en el espectáculo taurino, tan semejante a los circos romanos descritos en *Quo vadis?* —la novela de moda— y tan coherente con aquella "forma de ser" que habían hecho tristemente célebre los despiadados conquistadores de América[92].

Siendo, además, una potencia que había dejado de inspirar temor, fue fácil añadir a esta imagen tan negativa rasgos ridículos. El ambiente español había sido ya un ingrediente literario utilizado en la Europa nórdica por la novela gótica, que para provocar el máximo espanto sólo necesitaba recordar un calabozo inquisitorial. Pero el propio Shakespeare había dibujado ya con trazos ridículos un personaje español, el don Adriano de Armado de *Trabajos de Amor Perdidos*. Éste iba a ser el prototipo que haría furor en la Europa del XVIII: los españoles, autores de su propia desgracia y a la vez engolados y obsesionados por su prosapia nobiliaria, eran por definición absurdos y risibles. Beaumarchais ideó el marqués cornudo del *Barbero de Sevilla*, trasladado a la ópera por Mozart, ambos con enorme éxito de público y crítica. Los italianos, en especial, aprovecharon para vengarse de los dos siglos de presencia militar y dominio político hispano y crearon el Capitán Spavento o *Matamoros*. "Fu anche il tempo in cui le cose di Spagna assunsero un aspetto vieto, gonfio, caricato, quasi ridicolo", observó Benedetto Croce. Surgió entonces la palabra *spagnolata*, "españolada", para referirse al mal gusto, la jactancia, la ridiculez ceremoniosa[93]. Ni siquiera Casanova, tan capaz de encontrar placeres y aventuras amorosas en el último rincón del planeta, vio en España más que prisiones inquisitoriales y modales ridículos y reprimidos.

Nadie vio el estereotipo español en términos tan ridículos, ni lo utilizó con tanta eficacia, como Montesquieu, el más difundido de los autores políticos de la época. De los caracteres nacionales, en los que Montesquieu creía firmemente, ninguno le parecía tan negativo como el español. Incluso la honradez y fidelidad que le reconocía, al mezclarse con el orgullo, padre de la indolencia y la solemnidad, daba como producto el abandono y la destrucción[94]. En la descripción de su supuesto viaje por España y Portugal dominaban los rasgos risibles: los pueblos ibéricos eran "flemáticos y graves", cargados de una altivez que fundaban en cosas tan banales como poseer "una espada grande", saber "rascar una disonante vihuela" o ser "cristianos viejos", es decir, no descender "de aquellos a quienes ha persuadido la Inquisición en los últimos siglos a que abracen la religión cristiana". Los dueños de tales cualidades o instrumentos no trabajaban, "interesándose su pundonor en el sosiego de sus miembros" y demostrando su nobleza "repantingándose en una silla": era un país donde "quien está sentado diez horas al día consigue doble aprecio que quien no lo está más que cinco". De ahí el consumo ostentoso que había llevado a la ruina a la España imperial, donde riquezas ficticias, como el oro y la plata, habían sido más valoradas que las riquezas reales, como el trigo, el vino o las telas. Así, el "vicio interior del sistema" había hecho imposible que España sacara provecho de los recursos extraídos de las Indias; "dicen que el sol sale y se pone en sus dominios —concluía—, pero hay que decir también que, a lo largo de su curso, sólo encuentra campos arrasados y parajes desiertos"[95].

Lo grave de la versión de Montesquieu era que, al criticar unas determinadas políticas, no culpaba a la monarquía u otras institu-

ciones hispánicas sino a la "forma de ser" de toda la nación. Criticaba, por ejemplo, las crueldades cometidas en la conquista americana, para lo que utilizaba los viejos datos aportados por Las Casas y
transmitidos por la propaganda protestante. Al autor francés le interesaba menos, en realidad, el destino de los indígenas americanos que el papel político de la religión en Europa. Creía la religión
útil para la vida social, especialmente como moderadora de los poderes absolutos; pero en el caso español, al entender el catolicismo
en términos de fanatismo e Inquisición, había generado crueldad,
como la de "los destructores de América", "bandidos [...] muy devotos", que aprovecharon su religión para "reducir a la esclavitud
a los que no la profesa[ba]n". Los "españoles", explicaba Montesquieu, habían "decidido" exterminar a la población indígena de
América, ante la imposibilidad de dominarla por la fuerza, "y nunca se ha llevado a efecto con tanta precisión un proyecto tan horroroso; un pueblo tan numeroso como todos los de Europa juntos desapareció de la tierra con la llegada de estos bárbaros" que parece
que quisieron demostrar al mundo "hasta dónde podía llegar la
crueldad humana". Otra consecuencia del fanatismo inquisitorial
había sido el desprecio hacia la cultura, que había generado entre
los españoles un auténtico vacío intelectual, suplido por temores
mágicos: "véase una de sus bibliotecas: novelas a un lado y escolásticos a otro", un conjunto que parece reunido por "un secreto enemigo de la razón humana"; "el único buen libro que tienen es el
que ha hecho ver lo ridículos que eran todos los demás", decía, refiriéndose a *El Quijote*. Los españoles, en resumen, autores de tan inmensos descubrimientos en el Nuevo Mundo, ni siquiera tienen un
mapa de su propio país; "en sus ríos hay puertos que todavía no están descubiertos y en sus montañas pueblos que no conocen"[96].

Al equiparar "España" con el más supino desprecio hacia el saber moderno, Montesquieu sólo pretendía hacer de ella un fenómeno ejemplarizante y explicar a los gobernantes europeos que
una sociedad dominada por los prejuicios aristocráticos, la intolerancia clerical y un poder monárquico ilimitado llevaba necesariamente al anquilosamiento y la decadencia. Pero, en el curso de su
lección, dejaba marcada la identidad "española" con rasgos negativos casi indelebles. Tras él, la Leyenda Negra estaba completa. Y los

rasgos atribuidos por su prestigiosa pluma, no a un sistema político, sino a "los españoles" como conjunto humano, pasaron a ser dogma de fe para la mayoría de los autores del siglo.

Los ilustrados españoles, por muy de acuerdo que estuvieran sobre el diagnóstico de los mejores pensadores del momento acerca de la decadencia de las naciones, tuvieron que ponerse a la defensiva ante tales planteamientos. Según escribe García Cárcel, en el siglo XVIII "flotó permanentemente la necesidad de escribir la historia de España que rechazara las opiniones negativas de los extranjeros". Y no fue sólo la historia. Toda la literatura política está dominada por la clara conciencia de que era necesario esforzarse para deshacer el desconocimiento y los prejuicios que los extranjeros tenían sobre España. Ya en 1714, un escrito anónimo se quejaba de la "innata adversión, heredada antipatía o mortal ojeriza con que siempre han mirado a España todos los extranjeros" y apelaba a la necesidad de escribir nuestra historia desde un renovado espíritu nacional[97]. Feijóo, intelectual nada acomplejado, tuvo que dedicar parte de su obra a reivindicar la cultura española frente al desprecio de los extranjeros, esforzándose por hacer ver que se trataba de un país cuyas glorias no eran sólo militares, sino también culturales. Pero no todos resolvieron el problema con tanta soltura. En muchos ilustrados se detecta una escisión interna, una ambivalencia ante la tradición heredada, unas dudas sobre la propia identidad, un desgarramiento que sería más tarde típico de los reformadores políticos del XIX y el XX. Ya en tiempos de Felipe V, su ministro José del Campillo escribió *Lo que hay de más y lo que hay de menos en España para que sea lo que debe ser y no lo que es*, obra recorrida por angustias y paradojas unamunianas: "voy a escribir de España, contra España y para España", declaraba Campillo; para España porque quería enderezar el curso decadente de la monarquía, pero a la vez "contra España" porque identificaba a la nación con ciertos aspectos de la forma de ser tradicional a los que va a ser preciso reformar. El ideario modernizador o progresista, aunque estuviera puesto al servicio del reforzamiento de la monarquía "española", entraba en conflicto directo con la mitología nacional tal como se había ido construyendo durante los Habsburgo bajo ese mismo nombre de "España"[98].

y Maravall lo creía un ejemplo de la angustiosa relación personal
con los problemas nacionales, tan propia de la época.

Una anécdota, que hoy puede parecer ridícula, sacó a la luz
como ninguna otra esta escisión interna de los ilustrados: el célebre artículo de Masson de Morvilliers sobre España en la *Enciclopédie Méthodique* editada por el parisino Joseph Panckoucke a partir
de 1782. Era ésta una obra de contenido similar a la célebre de Dide-
rot y D'Alembert, aunque con menor carga ideológica y polémica, con lo que se ajustaba a la perfección a las necesidades del ilustrado gobierno de la España de Carlos III, deseoso de expandir las
luces sin cuestionar el absolutismo paternal del monarca. De ahí
que se allanaran todas las trabas para que entrara en el país y que,
tras suscribirse unos cuantos centenares de personas, comenzaran
a llegar los volúmenes. Pero cuando, en el verano de 1783, se recibió el de *Géographie Moderne,* donde se hallaba el artículo "Espagne", firmado por un tal Nicholas Masson de Morvilliers, surgió el
escándalo. El artículo se iniciaba con desmesurados elogios a España, en los que se delataba ya la banalidad del autor: "¿Qué pueblo
habita en un país más hermoso, tiene una lengua más rica, tiene
minas tan preciosas, posesiones tan vastas? ¿Qué nación fue pro-
vista de tantas cualidades morales y físicas [...]?". Tanto halago no
tenía sino el objetivo retórico de contrastar estas favorables condiciones naturales con la lamentable situación real del país. Esta "co-
losal nación" se había convertido en "un pueblo de pigmeos [...].
Parece que la naturaleza sólo hubiese esbozado este hijo querido y
mimado. El orgulloso, el noble español se avergüenza de instruir-
se, de viajar, de tener algo que ver con otros pueblos". Podría creerse,
en principio, que tal transformación se debía a causas políticas ("una
administración blanda y aletargada"; "sus curas, sus frailes..."), pero
la explicación última se remitía en el carácter colectivo, descrito según las líneas establecidas por Montesquieu: los españoles, "sobrios,
serios [...], fieles, buenos soldados", eran también "indolentes", estaban dominados por una "vergonzosa apatía" que Masson, para
completar la serie de lugares comunes, atribuía al "clima caluroso".
La síntesis, y frase más célebre, del artículo era su valoración global-
mente negativa de la contribución de la cultura española al progreso de la humanidad: en los últimos siglos, todos los pueblos, hasta

Rusia y Polonia, estaban compitiendo "en una generosa emulación por el progreso de las ciencias y de las artes"; pero España, "¿qué se debe a España? Desde hace dos siglos, desde hace cuatro, desde hace diez, ¿qué ha hecho por Europa? España se asemeja hoy a esas colonias débiles y desdichadas que tienen necesidad permanente de un brazo protector de la metrópolis [...] En España no existen ni matemáticos, ni físicos, ni astrónomos, ni naturalistas. Sin el auxilio de otras naciones no tienen nada de lo que se precisaría para hacer una silla"[102].

Depuis deux siècles, depuis quatre, depuis dix, que doît-on à l'Espagne? Esa línea sonó entonces y ha seguido retumbando luego como un martillazo en la sien de la intelectualidad española. Menéndez Pelayo la desempolvaría un siglo después y ha vuelto a ser recordada cada vez que se ha repasado la lista de agravios con Francia y con el mundo. En 1783, fue uno de los pistoletazos de salida del sentimiento nacional español moderno. Pronto aparecieron reivindicaciones de las aportaciones españolas a la cultura europea, firmadas una por Antonio Cavanilles, botánico valenciano que trabajaba en París, y otra por Carlo Denina, abate italiano residente en la corte de Federico II de Prusia[103]. El gobierno de Carlos III dirigió una protesta oficial ante el francés y exigió que se tomaran medidas contra los responsables de la injuria. La Real Academia Española convocó un concurso de réplica, con un premio para la mejor "apología o defensa de la nación, ciñéndose solamente a sus progresos en las artes y ciencias", a la que se ofrecía ser publicada por la imprenta real y añadida como apéndice al volumen siguiente de la *Encyclopédie*. El ganador del galardón fue Juan Pablo Forner, y el título de su obra *Oración apologética por la España y su mérito literario*[104].

Forner era un abogado y literato extremeño, cercano por entonces a los treinta años, que creía, como Herder, en las naciones como sujetos de la historia; para él, según escribe Maravall, "el amor de la patria era el carácter fundamental del hombre civil", de donde surgen los impulsos morales y los valores cívicos, como el deber de trabajar o la tendencia a "promover la felicidad pública". Todo ello, en apariencia, muy propio de la era ilustrada. Maravall insiste en que Forner, a diferencia de Quevedo o Mariana, concebía a España como una nación en el sentido plenamente moderno del término, es decir, como un territorio y un pueblo caracterizado por un conjunto de valores colectivo y una voluntad política. Sin embargo, en su obsesión por defenderla, presentaba su identidad en términos muy tradicionales, enfrentados con las actitudes dominantes en el XVIII ilustrado: negaba que la "gloria científica de una nación" debiera medirse "por sus adelantamientos en las cosas superfluas o perjudiciales", que según él era lo que caracterizaba a su tiempo, "siglo de los oráculos", de escritorzuelos atrevidos, época que "dándose a sí misma el magnífico título de filosófica, apenas conoce la rectitud de los modos de pensar y juzgar". Frente a esta cultura "de sistemas vanos", de "sofismas y opiniones inaveriguables", se pronunciaba en favor de una verdadera filosofía, que, a la vez que ilustrada, sirviera de base a una moral pública. En esto basaba su enumeración de las "glorias" de España, que "no ha tenido Cartesios ni Newtones", pero ha tenido "justísimos legisladores y excelentes filósofos prácticos", que no han creado "mundos imaginarios", pero sí "mundos reales y efectivos"[105].

Tal tipo de defensa no hizo sino agravar el problema. Porque suscitó una airada respuesta, firmada por Luis Cañuelo, editor del periódico *El Censor*, que decidió intervenir para aclarar que una cosa era patriotismo y otra atacar a la cultura moderna. Le parecía muy bien el patriotismo, decía, siempre que no se dedicara a blasonar de méritos que el país no poseía, como hacía Forner, porque en ese caso podía ser un sentimiento mezquino y mal entendido; las contribuciones de España a las ciencias y las artes, había que reconocerlo, no merecían un juicio muy "ventajoso"; el verdadero patriotismo debía orientarse hacia la denuncia de estas miserias y defectos de la nación, como única manera de remediarlos. Forner, en cambio, al apasionarse tanto en defensa de la cultura española, se estaba alineando en favor de los intereses de aquellos individuos y corporaciones que obstaculizaban, precisamente, el adelantamiento de las ciencias en España. Cañuelo elevaba de esta manera el debate y, aunque seguía queriendo defender a "España", le parecía más importante señalar cuáles eran los prejuicios que, dentro del país, impedían su progreso —el primero de ellos, la preocupación religiosa, que había desviado la atención de la mejora de las condiciones de vida—, y cómo esos prejuicios e intereses particulares usaban la sensibilidad nacional ofendida como argucia para rechazar toda reforma. Ante una réplica de Forner, dedicada a exculpar a la religión de cualquier responsabilidad en la decadencia española, Cañuelo mostró su desánimo y cerró la polémica, expresando su "congoja" al no poder hacerse entender por "aquellos bárbaros"[106].

La importancia del *affaire Masson* tiene poco que ver con el contenido del artículo de la *Encyclopédie*. Su autor era un intelectual de poca monta, incapaz de decir algo que no fuera socialmente aceptable, y de nada hubiera servido que el gobierno español hubiera logrado su propósito de encarcelarle o multarle por su procacidad. Lo grave, lo verdaderamente ofensivo, era precisamente eso: que, salvo el estilo hueco y ampuloso, no había nada personal en sus líneas; que se había limitado a recitar la letanía que cualquier ilustrado europeo sabía de memoria sobre "España", paradigma de una identidad cultural y política incompatible con el progreso. Ése era el abismo que estaban intentando salvar los gobiernos reformistas borbónicos y la disociación que intentaban ocultar los intelectuales favorables a ellos. Porque ellos también veneraban a Locke, Montesquieu y Voltaire, de quienes habían aprendido que la razón era el motor del progreso humano, pero no podían tolerar que tal creencia, y tales ídolos, humillaran esa identidad político-cultural que era la *suya*.

Esta incompatibilidad del programa ilustrado con la identidad heredada fue, justamente, el flanco débil que captaron los medios conservadores. Cambiando, pues, de táctica, decidieron denunciar, no ya las creencias heréticas, sino el "afrancesamiento" de los ministros e intelectuales reformistas, su dependencia respecto de los modelos extranjeros. La xenofobia cultivada en el periodo anterior fue un perfecto caldo de cultivo para que se extendiera la especie de que un grupo de señoritos, por puro afán pedante de estar *à la mode*, estaban agrediendo a instituciones y actitudes consustanciales a la forma de ser nacional. Los modernizadores eran "extranjerizantes, antiespañoles, afrancesados". La francofobia se expresó, a lo largo del siglo, de muchas maneras: desde la aparición de vocablos despectivos, como *petimetre*, hasta reacciones intelectuales más elaboradas o amplias movilizaciones populares en que se aprovechan sentimientos xenófobos para oponerse a reformas ilustradas, como el motín de Esquilache o la movilización contra Godoy, esta última apenas dos meses antes del levantamiento antinapoleónico.

Con la guerra de 1808, la etiqueta de afrancesados sirvió como un poderoso ariete que destrozó el prestigio de los colaboradores de José Bonaparte. Los liberales "patriotas", en cambio, creyendo que los combatientes sintonizaban con sus planteamientos reformistas, redactaron una constitución que establecía una división de poderes rígida, con serios límites a la voluntad real y estrictas garantías de los derechos individuales. Gran contradicción: en ese mismo país que Montesquieu presentaba, no mucho antes, como el ejemplo más lacerante de los efectos del absolutismo y la intolerancia, se pretendía implantar la constitución más avanzada de Europa. La realidad se encargó muy pronto de hacer ver a los liberales cuánta razón tenía el ilustrado francés. Aquel texto era de muy difícil aplicación en España.

Y así como los mariscales de Napoleón comprobaron con desesperación cuánta era la eficacia movilizadora de las tradiciones e identidades culturales construidas durante el Antiguo Régimen, las élites liberales —que tantos aspectos de la visión racionalista del mundo compartían con los "afrancesados" y los mariscales de Napoleón— volvieron a chocar con el mismo obstáculo en las décadas siguientes. Por mucho que invocaran a "España" en sus proclamas, y por mucho calor y sinceridad que pusieran en ello, hubieran sido precisas habilidades de malabarista para utilizar en sentido progresivo unos mitos identificatorios nacidos al calor de la Contrarreforma. Ni los constitucionalistas gaditanos tenían tales habilidades ni tampoco juzgaban, en realidad, imprescindible ganarse la voluntad popular en favor de su proyecto político y cultural. De nada sirvió, pues, su patriotismo. Los sectores conservadores levantaron fácilmente recelos contra ellos como "extranjerizantes" o "antipatriotas", tal como habían hecho frente a los reformistas ilustrados y frente a los colaboradores de *Pepe Botella*. Y su caracterización como extranjerizantes, o enemigos de las tradiciones nacionales, aparte de herejes o ateos, demostró entonces toda su eficacia. Fernando VII regresó, anuló todas las disposiciones de las Cortes gaditanas y encarceló o envió al exilio a sus autores. Y las muchedumbres saquearon sus casas, arrastraron por las calles sus cadáveres y vitorearon con entusiasmo al recuperado monarca.

La imagen de dudosamente españolas perseguiría a las élites modernizadoras hasta bien entrado el siglo XX. Y éste fue un problema del proceso nacionalizador en el que, al revés que en la mayoría de los señalados hasta ahora, no coincide con los principales modelos europeos. Era específico de los países periféricos, en los que el proyecto modernizador se adoptaba de forma mimética, siguiendo modelos exógenos, y por eso podía ser presentado por los conservadores como "traición hacia la identidad heredada". Fue típico el caso ruso, en que los debates sobre la modernización se disfrazaron de debates sobre la identidad nacional y dieron lugar a interminables discusiones entre occidentalistas y eslavófilos. En España, aunque más tarde, también se plantearía la disyuntiva entre europeístas y casticistas.

CAPÍTULO III

LA "GUERRA DE LA INDEPENDENCIA",
UN PROMETEDOR COMIENZO

LA INVENCIÓN DE LA "GUERRA DE LA INDEPENDENCIA"

Es muy dudoso que el conflicto desatado en la península Ibérica entre 1808 y 1814 se ajustara realmente a la categoría de "guerra de independencia", según quedó consagrado más tarde por la versión nacionalista. Si por guerra de independencia entendemos un intento de secesión de los habitantes de un territorio integrados contra su voluntad en un conglomerado imperial, habrá que reconocer que Napoleón no pretendía convertir a la monarquía española en provincia de un imperio radicado en París, sino cambiar la dinastía reinante; algo, por cierto, ni extraordinario ni repugnante para la tradición peninsular, ya que había ocurrido cien años antes, cuando los Borbones sustituyeron a los Habsburgo, con resultados considerados en general positivos y sin originar una situación de subordinación formal respecto de Francia. Es cierto que, en el curso de la guerra, Napoleón planeó anexionar las provincias situadas al norte del Ebro, compensando a la monarquía española con Portugal. Pero aquél fue un proyecto pasajero, al que se opuso el propio gobierno de su hermano José, y en todo caso ocurrió más tarde, y por tanto no pudo formar parte de las motivaciones de los insurrectos de 1808. Por insistencia de los enviados españoles, que consideraron este punto innegociable, el tratado de Fontainebleau había establecido explícitamente el respeto a la integridad del territorio español —incluidas las colonias americanas—, con los mismos límites que poseía anteriormente y desvinculado de cualquier otra monarquía exterior. También el decreto por el que el emperador nombraba a José Bonaparte para el trono español le garantizaba, en su primera cláusula, la independencia e integridad de sus Estados; y así lo ratificó igualmente el Estatuto de Bayona[107].

Presentar, por tanto, la larga y sangrienta confrontación de 1808 a 1814 como una "guerra de independencia", o enfrentamiento con "los franceses" por una "liberación española", es una de esas simplificaciones de la realidad tan típicas de la visión nacionalista del mundo, o de cualquier otra visión doctrinaria en definitiva, siempre dadas a explicar conflictos complejos en términos dicotómicos y maniqueos, gracias a lo cual consiguen atraer y movilizar políticamente. Por el contrario, las interpretaciones históricas más recientes y fiables tienden a atribuir aquellos acontecimientos a un conjunto muy complicado de causas; a la confluencia, en último extremo, de una serie de conflictos menores coincidentes en el tiempo y alimentados entre sí.

Es innegable que aquélla fue, en primer lugar, una guerra internacional, reñida entre Francia e Inglaterra, las dos grandes potencias europeas y mundiales del momento. En definitiva, exceptuando Bailén, todas las batallas dignas de este nombre libradas en la península Ibérica entre 1808 y 1814 consistieron en enfrentamientos entre un ejército imperial que, aunque tuviese jinetes polacos o mamelucos egipcios, era fundamentalmente francés y con mandos siempre franceses, y otro anglo-hispano-portugués, cuyo general en jefe fue el inglés Wellington. Este elemento internacional formaba parte de los planes de Godoy, aunque las alianzas por él previstas, típicas de los cien años anteriores (España y Francia contra Inglaterra y Portugal), se vieran alteradas, inesperadamente, por la rebelión popular de 1808, tras la cual los españoles, en su gran mayoría, pasaron a formar parte del frente anglo-portugués. Por este lado, por tanto, la lucha no tuvo nada que ver con un intento de liberación o independencia nacional.

Múltiples elementos permiten también clasificar aquella guerra como civil, término que usó Jovellanos, entre otros, para describirla. Aunque, de nuevo, el nacionalismo negaría tajantemente la escisión interna de la sociedad española en 1808, lo cierto es que en aquel momento la lealtad de sus élites se dividió profundamente.

Podría discutirse, y volveremos sobre ello, si la causa de esta escisión era únicamente la discrepancia sobre la dinastía o si había dos proyectos políticos enfrentados[108]. En contra de esta última interpretación habla el dato de que en los frentes opuestos se hallaban almas gemelas, como Meléndez Valdés y Jovellanos o Cabarrús y Floridablanca. Hasta detalles anecdóticos, como el origen francés de las dos dinastías pretendientes o el pleito interno de la propia familia real borbónica, no hacen sino subrayar los aspectos fratricidas de la guerra[109]. Pese a todo, no es menos cierto que estas divisiones afectaban casi en exclusiva a los grupos dirigentes. A nivel popular, la toma de posición contra los franceses fue general e indudable desde el primer momento. Incluso entre las élites, la división se fue diluyendo a medida que se aproximó el final del conflicto y, apenas expulsados José Bonaparte y sus partidarios, la que pronto empezaría a llamarse "Guerra de la Independencia" se convirtió en referencia positiva indiscutida y signo de identidad para cualquiera que se considerara español. Las familias de los afrancesados borraron la memoria de la actuación de sus antepasados en cuanto fue posible.

Un ingrediente que puede entenderse como una forma de afirmación nacional fue la dosis de xenofobia, específicamente antifrancesa, que indiscutiblemente existió en la reacción popular. Según escribió Canga Argüelles, los españoles exhibieron en el curso de la guerra "más odio personal a los franceses que entusiasmo por la causa"[110]; y los testimonios que poseemos sobre la crucial jornada del Dos de Mayo coinciden en señalar que abundaron aquel día los gritos de "¡mueran los franceses!" mientras que apenas se oyó algún "¡viva España!". La agresividad contra los franceses dio lugar a insultos difíciles de superar. Antonio de Capmany, un escritor relativamente refinado para el momento, escribió que "el francés es animal indefinible. Predica virtud y no la tiene; humanidad y no la conoce; quiere la paz, y busca la guerra", etcétera[111]. Tampoco hay que exagerar el significado negativo de este factor, al analizar la guerra como nacional, pues los procesos de construcción de identidades colectivas consisten, en definitiva, en marcar fronteras y exclusiones. Pero hay que insistir en que no se trataba tanto de una exaltación de "lo propio", todavía mal definido, como de un odio a lo foráneo, y en especial a lo francés.

El origen de esta francofobia podría remontarse a las interminables guerras de los siglos XVI y XVII entre las dos grandes monarquías del mundo católico, los Habsburgo y los Valois/Borbones; pero se había acentuado —y era el factor significativo en el momento— en el siglo XVIII, cuando, pese a haberse afincado en el trono español una rama borbónica y convertirse así en aliadas las dos monarquías, la influencia francesa sobre las élites políticas y culturales españolas generó un nuevo tipo de animadversión, especialmente entre los sectores más tradicionales, enemigos de las reformas emprendidas por los ministros de la nueva dinastía[112]. Según hemos visto, los reformistas ilustrados podían muy bien ser descritos como patrióticos, no sólo por los esfuerzos que estaban haciendo por potenciar una cultura oficial que muy bien puede describirse como prenacional, sino porque, al seguir el modelo administrativo y cultural francés, lo que pretendían era fortalecer la organización política de la monarquía hispánica y levantar el decaído prestigio del país. Pero su programa político, además de atacar muchas instituciones tradicionales, como la diversidad legal de los antiguos reinos, requería el desarraigo de muchos valores y rasgos culturales heredados, tales como la influencia del clero o el deshonor asociado a los trabajos manuales; y la reacción de los medios conservadores atribuyó las reformas al "afrancesamiento" de la corte y los gobernantes, frente a lo cual opuso la defensa de lo que se consideraron tradiciones "propias". Algo tuvo que ver con aquello la moda del "majismo", que dominó en ciertos medios aristocráticos a finales del XVIII, según reflejó, por ejemplo, Goya en sus "cartones para tapices". Por tanto, pese a que la lógica política del momento parecía orientar el odio de los súbditos de la monarquía hispánica contra los ingleses —anticatólicos, seculares enemigos bélicos y competidores por el mercado americano—, la aversión a lo francés arraigó con éxito en los medios populares, que comenzaron a detestar a la monarquía católica vecina y aliada casi tanto como a la pérfida Albión o al eterno enemigo musulmán. El Dos de Mayo fue, pues, entre otras cosas, una movilización francófoba, y retendría este aspecto a lo largo de todo el siglo XIX, como probaban año tras año las agresiones a los "gabachos" residentes en España que osaban asomarse a la calle el día de esta celebración.

Otro de los sentimientos que movieron de manera decisiva a muchos de los combatientes de 1808 fue un planteamiento maniqueo y personalista de los problemas políticos del momento. La forma en que se entendió, a nivel popular, el pleito entre Carlos IV, la reina María Luisa, su hijo Fernando y el valido Godoy, consistió en convertir a este último, el Príncipe de la Paz, el hombre que había dirigido los destinos del país con un poder omnímodo durante los últimos tres lustros, en la encarnación del Mal Valido, figura consagrada por las crónicas históricas como el ambicioso cortesano que había embaucado la voluntad real y causado calamidades sin cuento para el reino. Sea cual fuere la valoración de la actuación política de Godoy, y aunque esté fuera de duda que los últimos años de su mandato habían visto acumularse desde epidemias y hambrunas hasta derrotas bélicas, culminadas con el desastre de Trafalgar, es también cierto que su impopularidad se debía más a juicios morales que a razones políticas, ya que todo el mundo le creía amante de la reina y burlador del rey. El atractivo del futuro Fernando VII, a su vez, tenía menos que ver con sus propósitos de gobierno, desconocidos para todos, que con su imagen de príncipe inocente, infeliz víctima de un padre débil y una madre desalmada[113].

Este planteamiento moral tradicional puede vincularse con otro aspecto de inevitable mención en este repaso de las motivaciones entremezcladas en la sublevación de 1808: su carácter de cruzada contra el ateísmo ilustrado-jacobino moderno; es decir, su componente contrarrevolucionario. Retomando los argumentos utilizados en la guerra de 1793-1795, a la que nos referiremos en más ocasiones en estas páginas, el popular *Despertador Cristiano-Político*, del presbítero Simón López, explicaba que las tropas napoleónicas eran meros instrumentos de la revolución, producto de la "coaligación de los impíos, incrédulos, deístas, ateístas, herejes, apóstatas de la Francia y de la Europa toda" que pretendían realizar "su gran proyecto, trazado muchos años antes, de arruinar el Trono y el Altar". Que este tipo de preocupaciones fueran las dominantes en las cabezas de los sublevados, es algo que ha sido discutido con frecuencia, a lo largo de los casi dos siglos transcurridos, y en general ha sido rechazado por los historiadores liberales, que desde el principio asociaron la sublevación patriótica contra los franceses con un deseo de reforma de las instituciones del país, es decir, con una implícita protesta antiabsolutista. Pero resulta difícil negar el predominio de llamamientos en defensa de la religión heredada frente a los revolucionarios ateos, especialmente por parte del bajo clero, a quien los franceses y sus colaboradores denunciaron desde el primer momento como principal agente inductor de la insurrección. Algún elemento personalista había también en este planteamiento, pues la propaganda presentaba a Napoleón como el moderno anticristo, encarnación de los males modernos y en especial de la revolución, adornado con los rasgos que durante siglos se habían utilizado para describir a Lutero. Aunque éste sea un tema complicado, sobre el que habrá que volver repetidas veces en este libro, actitudes populares posteriores, como la entusiástica acogida popular a Fernando VII tras haber anulado la obra de las Cortes de Cádiz, obligan a reconocer que buena parte de los movilizados contra José Bonaparte defendían cualquier cosa menos reformas ilustradas o liberales[114].

Una vertiente más, aparentemente contradictoria con la recién mencionada, podría detectarse en el levantamiento popular de 1808: su carga de protesta social, expresada de acuerdo con un repertorio de comportamientos muy típico del Antiguo Régimen. Como ha escrito recientemente un historiador catalán,

> la lluita contra el francès canalitzava políticament un conjunt d'energies generades per la sensació de crisi general [...]; el malestar social existent esdevingué queixa i acció política contra les autoritats absolutistes —que havien fet possible aquella situació— des del moment en que la presència de l'invasor va blasmar-ne el comportament.

Esta actitud de protesta que emergió al desmoronarse los mecanismos de poder tradicional se reveló, según este autor, en las resistencias a pagar los derechos señoriales, las exigencias de que "los ricos" costearan la guerra o incluso en propuestas literales de "poner fin al gobierno de los ricos". En esta línea podrían mencionarse igualmente los motines antifiscales o contra la carestía a que dio lugar la sublevación frente a las autoridades que apoyaban al "rey intruso" o los ataques a bienes y mansiones de aristócratas y familias acomodadas a quienes se consideró afrancesados o godoístas[115].

Un último aspecto que cuestiona el carácter nacional del levantamiento antinapoleónico, es "el predominio del patriotismo local sobre la unidad nacional", en palabras recientes de John Tone; un particularismo que dotó precisamente de especial fuerza a la resistencia contra los franceses. Aparte de agravios específicos contra un ejército de ocupación que fue vivido como intolerablemente insolente y rapaz, las fidelidades locales y los obstáculos que tradicionalmente se habían opuesto al control del gobierno central sobre las instituciones provinciales y comarcales demostraron ser instrumentos de oposición excepcionalmente correosos una vez que el gobierno quedó en manos de los mariscales napoleónicos. La tesis de Tone parece razonable: dado lo que sabemos y podemos intuir sobre la sociedad del Antiguo Régimen, parece lógico pensar que los individuos insertos en aquellas redes de patronazgo y poder comunitario se moverían a incitación de sus notables locales, que invocarían identidades de muy reducido ámbito. Las juntas que emergieron en la segunda mitad de 1808 no hicieron sino anunciar, por tanto, posteriores movimientos de rebelión que se repetirían a lo largo del siglo. Es verdad que tales juntas acabarían confluyendo en una "central" y en unas Cortes que afirmarían de manera poco dudosa la unidad esencial de la "nación española", pero no puede dejar de reconocerse la gran dispersión de los centros de poder en los momentos iniciales del conflicto[116]. Más que de "nacionalismo", o de sentimiento de identidad española, habría que hablar, pues, de vinculación comunitaria o de patriotismo local.

Un conflicto de tanta complejidad, naturalmente, no fue fácil de bautizar. Ponerle un nombre significaba darle una interpretación política y sobre tal cosa fue imposible llegar a un acuerdo sin un largo y conflictivo proceso de invención. Al comienzo, por supuesto, quienes se refirieron a los hechos bélicos se limitaron a consignar su localización cronológica o geográfica ("la presente guerra", "los sucesos de estos últimos meses", "la guerra de España"). Las mentes más tradicionales y menos imaginativas recurrieron, enseguida, a referencias de tipo religioso ("la santa insurrección española", "nuestra sagrada lucha", etcétera) o nobiliario ("nuestra gloriosa sublevación", "la heroica guerra contra Napoleón"). Las primeras interpretaciones abiertamente ideologizadas de los hechos apelaron a imágenes apocalípticas que provenían del milenarismo medieval y presentaron a España como "el pueblo de Dios" y a Napoleón como la Bestia anunciada por san Juan para el fin de los tiempos[117]. Otra opción de raigambre igualmente tradicional fue llamar al conflicto la "Guerra de la Usurpación", subrayando así la ilegitimidad de los derechos de José I a ocupar el trono. De haber ocurrido los hechos cincuenta o cien años antes, cabe especular que este último habría sido el nombre finalmente consagrado. Pero soplaban vientos nuevos. Así lo entendieron las mentes más modernas, quienes utilizaron el recién inventado término de "revolución" con éxito más duradero que cualquiera de los ideados anteriormente: ya en 1809 vio la luz una *Colección de documentos para la historia de la revolución en España*; en 1810, Álvaro Flórez Estrada publicó su *Introducción para la historia de la revolución de España*, y Tapia y Núñez de Rendón sus *Apuntes sobre los hechos principales de la revolución de Sevilla en 1808;* al año siguiente apareció una nueva *Colección de documentos para la historia política de nuestra revolución*, así como una *Memoria histórica sobre la revolución de Valencia*, por fray Juan Rico; en 1812 el padre Salmón inicia su *Resumen histórico de la revolución en España*, que acabaría alcanzando los seis volúmenes. Obras de mayor importancia aparecerían al terminar la guerra, como la de José Clemente Carnicero, *Historia razonada de los principales sucesos de la gloriosa revolución de España*, en cuatro volúmenes, o *La revolución actual de España* de Martínez de la Rosa[118].

El vocablo "revolución" siguió manteniéndose incluso después del retorno de Fernando VII, aunque, dado lo poco que gustaba la metáfora revolucionaria en un momento absolutista, la variedad terminológica se acentuó: la "guerra de España contra Napoleón", la "dominación del gobierno intruso", la "guerra defensiva contra la invasión del tirano", la "última guerra entre España y Francia", la "lucha contra la dominación francesa", aparecen, por tanto, entremezcladas con la "revolución", que sigue siendo predominante; es significativo que la primera historia oficial del conflicto bélico reciente, la que dirigió el coronel Cabanes en 1818, llevase como título *Historia de la Guerra de España contra Napoleón Bonaparte*.

Pero dos fenómenos iban a modificar la situación en los primeros años veinte. El primero fue la revolución —verdadera e indiscutible

126

revolución— que sacudió a España durante el periodo 1820-1823, y que inauguró un periodo de inestabilidad casi constante en el medio siglo siguiente. El término "revolución" se convirtió entonces en inservible para referirse al conflicto de 1808-1814; se siguió usando, pero para designar todo el proceso (1808-1823) o en plural: "las revoluciones" de España (1808-1814 y 1820-1823). El segundo factor fue la rebelión de las colonias americanas, iniciada en 1810 pero agravada y convertida en irreversible diez años más tarde. Los nuevos países independientes, en general, tampoco se refirieron a aquellos acontecimientos como "guerras de independencia" hasta más tarde, y utilizaron, al igual que los españoles, el vocablo "revolución", aunque combinado con expresiones más creativas, como "emancipación" o "libertadores". Visto desde Europa, sin embargo, había pocas dudas de que se trataba de la "independencia" americana[119].

Fue justamente en la fase final del proceso americano de independencia cuando los españoles comenzaron a aplicar el mismo término a los acontecimientos de 1808-1814. Ya en las discusiones políticas de 1821-1822 hizo su entrada la expresión "guerra de la Independencia"; y en 1824-1825 utilizaban la misma denominación Quintana en carta a lord Holland y el ex guerrillero Mina en un primer esbozo de sus futuras memorias, publicado en Londres. Cinco años más tarde, sin embargo, y también desde Inglaterra, en las observaciones críticas que Canga Argüelles escribió sobre la *History of the War in the Peninsula* de Napier, ni una sola vez se usa el término "Guerra de la Independencia"[120]. A juzgar por mis datos, sólo en 1833 aparecen dos libros que usan al fin la expresión en el título: *La Guerra de la Independencia, o sea, triunfos de la heroica España contra Francia en Cataluña*, de Cecilio López; y la *Historia política y militar de la Guerra de la Independencia de España contra Napoleón Bonaparte, de 1808 a 1814*, de José Muñoz Maldonado. Aparte de la longitud de los títulos, necesaria para hacer comprensible su significado, un síntoma de la escasa implantación del nuevo término en aquel momento es que la primera frase del libro de Muñoz Maldonado expresaba que el objetivo del autor era debatir "la gloriosa revolución de España de 1808 a 1814".

Al uso de la nueva denominación se resistieron los propios protagonistas del conflicto, que por aquel entonces estaban en trance de escribir memorias o relatos históricos con fuerte contenido autobiográfico. El ejemplo más importante fue la merecidamente célebre obra del conde de Toreno, publicada en 1835 y convertida enseguida en la historia más autorizada sobre el acontecimiento, cuyo título es *Historia del levantamiento, guerra y revolución de España*[121]. La crítica a este libro publicada por Alcalá Galiano, protagonista e historiador también del periodo, muestra hasta qué punto dominaba la imprecisión en cuanto a los nombres de aquella guerra: abre el artículo con un "al cabo ha aparecido un historiador español que recuerde a la posteridad las glorias de su patria durante la Guerra de la Independencia"; pero no vuelve a usar esta expresión sino que se refiere a "la revolución española de 1808", "la guerra de la Península", "la guerra y revolución de España", el "alzamiento y defensa (de España)", cuando no los tres sustantivos del título de Toreno. En sus propios relatos, sin embargo, Alcalá Galiano tiende a mantener la denominación tradicional. Por ejemplo, en su *Índole de la revolución de España en 1808*, publicada en la *Revista de Madrid* en 1839, donde rechaza explícitamente que "cotejados los sucesos de Francia [...] con los de España durante el periodo llamado de la Guerra de la Independencia" sean "los segundos chicos y poco dignos del título de revolución"[122].

La oscilación se iba a mantener todavía hasta, aproximadamente, mediados de la década siguiente. E. de Tapia en 1840, E. de Kosca Vayo en 1842, J. Díaz de Baeza el año siguiente y A. Ramírez Arcas tres más tarde, se muestran aún reticentes a aceptar, sin más, el nuevo nombre[123]. Pero en la segunda mitad de los años cuarenta es ya claro que el término se ha impuesto. En 1844 aparece por fin la historia de Miguel Agustín Príncipe, *La Guerra de la Independencia*, versión canónica hasta que en 1868 Gómez Arteche comience la publicación de su *Historia de la Guerra de la Independencia*. En 1860 ve la luz el tomo XXIII de la *Historia General de España*, de Modesto Lafuente, cuya parte III, libro X, se titula "La Guerra de la Independencia de España", lo cual supone la consagración definitiva de la expresión. Particularmente curiosa es la evolución de Alcalá Galiano, en cuyas tardías *Memorias* abundan ya las referencias a la "Guerra de la Independencia", como término indiscutible. La diferencia con sus propios textos, y en particular con el de 1839, es significativa[124].

Al comenzar la segunda mitad del siglo XIX, por tanto, la guerra de 1808-1814 había sido definitivamente bautizada[125]. El triunfo de una expresión creada en los años veinte y treinta —entre una y dos décadas después de producidos los hechos— puede decirse que fue fulgurante en los cuarenta y cincuenta. "España", el pueblo español, se había enfrentado unánimemente contra "los franceses", o contra Napoleón, en una "guerra de independencia", y había salido triunfante. Con ello se demostraba, una vez más, la profunda adhesión de los españoles a su identidad, un rasgo de carácter que habían demostrado múltiples veces a lo largo de la historia frente a las sucesivas oleadas invasoras de la Península. El sentimiento de españolidad, innegable en el pasado, quedaba ratificado en el presente. Era difícil pedir un comienzo mejor al proceso de nacionalización contemporáneo.

"Españoles, ya tenéis patria"

La primera conclusión de este largo análisis tiene escasa originalidad: que 1808 marca el momento de ruptura, la fecha en que terminó la llamada Edad Moderna en historia de España —y el Antiguo Régimen, en realidad, con ella— y comenzó otra época, la que el mundo académico latino denomina "contemporánea". Si esto se ha dicho siempre, y se puede seguir diciendo en relación con muy diversos procesos, también podría defenderse respecto de la construcción de la identidad nacional, porque a partir de aquel momento pudo empezar a hablarse de nacionalismo en el sentido contemporáneo del término.

El patriotismo étnico pasó, pues, a ser plenamente nacional, al menos entre las élites, justamente en el curso de la guerra antinapoleónica; y ello —ésta sería la segunda conclusión de estas páginas— fue obra indiscutible de los liberales. Porque las revueltas que estallaron contra las tropas imperiales fueron, al principio, desorganizadas y en torno a múltiples focos dispersos. Hundido el Estado, se hizo preciso reorganizarlo de forma improvisada, a partir de una serie de juntas locales, que más tarde se coordinaron en un organismo central, el cual a su vez convocó unas Cortes, institución que no se había reunido —salvo con funciones protocolarias— desde hacía siglos. Las élites modernizadoras aprovecharon aquella ocasión para intentar imponer un programa de cambios sociales y políticos. Y la manera de defender la competencia de aquel organismo para tal función reformadora consistió en lanzar la idea revolucionaria de nación, titular de la soberanía en el momento en que faltaba el monarca.

El mito nacional, ofrecido por quienes estaban más en contacto con las novedades del vocabulario político, fue aceptado por los demás como el ancla de salvación en aquellas difíciles circunstancias. Era la palanca movilizadora más eficaz del momento, el imán de mayor potencia para desviar egoísmos y convencer a los particulares de la necesidad de sacrificar sus bienes e incluso su vida en pro del interés colectivo. Gracias a ese planteamiento nacional se deslegitimó al ejército napoleónico, como extranjero y tiránico, y se desprestigió a los colaboradores de José Bonaparte de un plumazo, como afrancesados, es decir, no españoles. ¿Podía decirse algo peor de ellos? ¿Alguien podía confiar en seres tan desnaturalizados? Quienes sólo pensaban en ganar la guerra, y no en hacer reformas políticas, tuvieron suficiente con eso y prefirieron no hablar más de la nación, en definitiva una idea revolucionaria —francesa, para colmo—, sino referirse a las tradiciones, la fe heredada o la fidelidad al monarca. Pero había otros, herederos de los reformistas ilustrados, aunque muy radicalizados tras el impacto de los acontecimientos revolucionarios franceses, que querían obtener más beneficios de aquel mito, pues proyectaban construir sobre él todo un edificio político nuevo. No es un azar que la soberanía nacional se convirtiera en el caballo de batalla durante las primeras —y decisivas— sesiones del debate constitucional. Era preciso inventar un mito político creíble y de suficiente potencia como para rivalizar con el sacralizado monarca. Y, así como en la Inglaterra del XVII o la América del XVIII se había inventado el "pueblo", *the people,* voz de Dios y fuerza social invencible[126], en España, siguiendo a Francia, se inventó la nación. Era el artilugio que permitía liquidar la legitimidad regia y, con ella, todos los privilegios heredados.

Es admirable la habilidad y la rapidez con que los constitucionalistas gaditanos salvaron la distancia que separaba la justificación de la guerra contra Napoleón de la afirmación de la soberanía nacional. El escalón inicial de su argumentación fue meramente defensivo y, en definitiva, se le ocurría al más torpe: la abdicación de los Borbones en Napoleón, y en especial la del *el Deseado* Fernando, por muy avalada que viniese por documentos y cesiones formalmente impecables, era inadmisible por su carácter no voluntario, ya que los "soberanos" se hallaban en Francia, prisioneros del emperador, quien habría extraído sus firmas por la fuerza. Pero venía a continuación un segundo peldaño dialéctico que mostraba ya mayor imaginación: incluso si se pudiera demostrar que las renuncias de Bayona se habían producido de manera voluntaria y libre, el dominio de los Bonaparte seguía siendo usurpador, pues *habría requerido el consentimiento de la nación*. De acuerdo con la teoría medieval del pacto, desenterrada oportunamente, las abdicaciones y cesiones de Bayona eran nulas, al no haber sido ratificadas por las Cortes. Así lo expresaron los propios diputados gaditanos, que empezaron por hacer "una protesta solemne contra las usurpaciones de Napoleón, declarando [...] que [...] era nula la renuncia hecha en Bayona, no sólo por la violencia que intervino en aquel acto, sino *principalmente* por la falta de consentimiento de la nación". También el cabildo de México, al negarse a reconocer a José Bonaparte, argumentó que la "funesta abdicación" de Fernando no sólo había sido "involuntaria, forzada", sino que era "de ningún efecto contra los respetabilísimos derechos de la Nación", a la cual "despoja de la regalía más preciosa que la asiste"; "*ninguno puede nombrarle Soberano* —concluía— sin su consentimiento *y el universal de todos sus pueblos*"[127]. A partir de ese momento, la argumentación avanzaba implacablemente hasta unas conclusiones revolucionarias. Una frase de Martínez Marina sintetizaba el tercer paso en su escalada: "faltando el monarca, no por eso falta ni deja de existir la nación, en la cual permanece como en su centro la autoridad soberana". Es decir, que la nación tenía el derecho a defenderse y a gobernarse por sí misma, aun sin su monarca, porque en ella residía la soberanía. Y la secuencia se completaba con un cuarto enunciado, mero desarrollo del anterior, que formuló Quintana: "Los reyes son para el pueblo, y no el pueblo para los reyes. La gente española conquistó su libertad con su sangre; ella misma se dio reyes que la gobernasen en paz y justicia". En otras palabras: el monarca estaba al servicio de la nación y no al revés; la nación era superior al rey[128].

Tal fue el proceso mental que llevó a los diputados gaditanos a aprobar los célebres artículos segundo y tercero de la Constitución: "la nación española es libre e independiente y no es ni puede ser patrimonio de ninguna familia ni persona"; y "la soberanía reside esencialmente en la nación y por lo mismo pertenece a ésta exclusivamente el derecho de establecer sus leyes fundamentales". La fórmula no rompía con la tradición de una manera radical, pues un principio establecido por la escolástica medieval, y desarrollado por la española del XVI, hacía del pueblo el detentador originario de la soberanía, aunque la hubiera delegado de forma irrevocable en el monarca. De ahí que los diputados absolutistas mostraran su disposición a aceptar el artículo tercero, siempre que se sustituyera el adverbio "esencialmente" por el de "originariamente" o "radicalmente". Pero los liberales, decididos a aprovechar la ocasión para consagrar el derecho de las fuerzas sociales a participar en el poder, insistieron en que la soberanía residía en el pueblo de forma "esencial", o irrenunciable, y no sólo "originaria"[129].

El planteamiento liberal de la guerra consistió, por tanto, en convertir lo que en principio era un repudio del "tirano" Bonaparte en una toma de posición contra la "tiranía" como principio[130], es decir, contra cualquier persona —extranjera o española— que pretendiera tomar decisiones políticas sin tener en cuenta la voluntad de "la nación". La expresión "fin del despotismo", que se había utilizado, quizás con ligereza, en las semanas anteriores al célebre Dos de Mayo —tras la caída de Godoy—, empezaba a adquirir ahora un significado muy radical. Para quienes creían en el mito histórico de las libertades medievales y su aplastamiento por los Habsburgo, se presentaba la ocasión para enderezar el curso de la historia de España y recuperar las libertades perdidas siglos atrás ante el absolutismo monárquico. Manuel José Quintana dijo que había llegado el momento de la "restauración de las virtudes colectivas"; y Argüelles fue más gráfico aún: "La batalla de Bailén redimió a los españoles de la de Villalar". En el mismo sentido podían interpretarse las referencias al año 1808 como el de la "regeneración de España".

La rebelión contra los franceses era una lucha por la "libertad", y de ahí que Quintana, de nuevo, criticase a quienes, dominados por el "egoísmo político", "se estremecen al nombre de reformas del reino" y quieren limitarse a "arroj[ar] a los franceses, como si sólo fueran los franceses los que nos abruman"; las reformas eran necesarias precisamente para asegurarse de que "después de arrojarlos", veamos "establecidos nuestros derechos". También Martínez de la Rosa, en verso, decía que el pueblo no se levantó contra Napoleón para defender "los injustos fueros / de un avaro señor, ni los palacios / de un déspota orgulloso", sino para hacer honor al "terrible el sacro voto / de alzarnos libres o morir con gloria". Y en el *Sitio de Zaragoza* fundía igualmente la defensa de la libertad y de la identidad patria:

> ¿Paz, paz con los tiranos? Guerra eterna,
> guerra a la usurpación; muramos todos
> sin libertad, sin patria arrodillados.
> Así gritó la muchedumbre: ¡guerra, guerra!

Un juvenil duque de Rivas retomó igualmente el tema en *El sueño de un proscrito*, poema en el que la nostalgia se combinaba con la ira por ver a la patria regida por un tirano:

> ¡Patria! No existe / donde sólo hay opresos y opresores.

Idea que repite en su *Oda:*

> Y cuando no tenemos Patria, / ¿sus himnos entonar podremos?[131].

La imposibilidad de sentirse ciudadano de una república que no tuviese instituciones libres era un tema académico muy antiguo, desarrollado en Roma por Cicerón[132]. Y los liberales españoles, bien formados en la tradición greco-latina, recurrieron a esta clásica identificación entre patriotismo y defensa de la libertad, haciendo de ella un arma retórica mucho más poderosa que las exhortaciones ilustradas al amor, al progreso o la filantropía. Quintana, una vez más, explicó que los antiguos "llamaban Patria al Estado o sociedad al que pertenecían, y cuyas leyes les aseguraban la libertad y el

bienestar", mientras que donde "las voluntades estaban esclaviza-
das al arbitrio de uno solo" y "no había leyes dirigidas al interés de
todos", podía haber "un país, una gente, un ayuntamiento de hombres; pero no había Patria"[133]. La conexión del sentimiento de
identificación con la colectividad y la libertad política fue establecida asimismo por Flórez Estrada cuando dijo que, al convocarse las
Cortes, "los españoles se hallan sin constitución, y, de consiguiente,
sin libertad y sin patria". Y el periódico *La Abeja Española* observaba
en 1813 que la guerra estaba inspirada por el "patriotismo", por "el
grande influxo del amor a la patria", pero que ese mismo patriotismo requería "al término de nuestra independencia, asegurar para
siempre nuestra libertad", pues España se hallaba ante "la feliz ocasión para echar por tierra los monumentos de execración y oprobio, que [...] hacen desdichados los imperios". Pero no era sólo un
retorno a Cicerón y la Roma clásica, sino también a Robespierre y la
Francia jacobina. Porque si "patriotismo" y "patriota" habían servido
a los ilustrados para referirse a la predisposición favorable al sacrificio
por la comunidad, en la Francia de 1792-1793 se había llamado *pa-
triotes* a los defensores de la situación revolucionaria frente a los *aris-
tocrates* o *légitimistes*. En España, quince años después, se le añadía el
matiz de que eran "patriotas" quienes luchaban contra los franceses;
lo que significaba, también, sacrificarse por la colectividad y luchar
por la libertad. En ese sentido lo utilizó Argüelles en su célebre "Españoles, ya tenéis patria" al presentar la Constitución gaditana[134].

ÉLITES Y PUEBLO

El mayor problema que plantea la guerra de 1808-1814 a un historiador actual consiste en distinguir entre lo que decían los constitucionalistas en Cádiz y lo que pensaban los combatientes en el resto
del país. Hemos visto y demostrado sobradamente el nacionalismo de los primeros y hemos hecho referencia a sus antecedentes
en la identidad y los sentimientos patrióticos formados en la Edad
Moderna. Pero sabemos también que todo aquel proceso cultural
había sido cosa de élites políticas e intelectuales, con muy reducido
alcance o impacto popular.

No hay motivos para pensar que antes de la sublevación de 1808 los sentimientos de patriotismo étnico, por no hablar ya de las nuevas ideas nacionalistas, hubieran rebasado los selectos círculos políticos y literarios cercanos a la corte y se hubieran difundido entre la gran mayoría de la población. No era sólo un problema de que ésta estuviera aislada por el ruralismo y el analfabetismo. Es que las propias élites impulsoras de aquella nueva forma de identificación mostraban escaso interés por expandir tales ideas y sentimientos en los medios populares. En ninguno de los debates o conflictos políticos anteriores a mediados del XVIII, como las Comunidades, la Guerra de los Catalanes o la de Sucesión, se hizo un esfuerzo —por ninguna de las partes— por involucrar al pueblo, ni mucho menos por apelar a él a partir del patriotismo étnico, por constituirle en sujeto nacional a través del discurso. Como observó Max Weber en su monumental *Economía y sociedad,* y recuerda Juan Linz, los humanistas del Renacimiento se sentían muy a disgusto ante el lenguaje popular de los predicadores luteranos y ésa parece haber sido una de las razones que explican su tibia actitud ante ellos, pese a que pudieran estar de acuerdo con muchas de sus posiciones teológicas o con sus críticas al clero romano[135]. Algo semejante podría decirse de las élites intelectuales españolas durante toda la Edad Moderna. Detestaban al pueblo, lo consideraban ignorante y digno sólo de recibir lecciones u órdenes. Pretender movilizar a la opinión, y no digamos ya a la "plebe", para decidir un debate en determinado sentido, era el último de los recursos, el de peor gusto. El pueblo, por definición, no entendía de esas cosas; y mejor sería que no pretendiera entender. Lo más cercano a un debate político como los generados por las guerras de religión francesas o la revolución inglesa fueron, en España, las discusiones de los arbitristas sobre las causas de la decadencia de la monarquía; y la mayor parte de sus escritos fueron meros "memoriales" dirigidos en privado al rey o a sus ministros, que ni siquiera aspiraron a imprimirse. Hasta llegar a la Guerra de la Convención —o, si se quiere, al Motín de Esquilache—, no hay proclamas, hojas o folletos que apelen a un público al que llamen, implícita o explícitamente, "¡españoles!". Si, a juzgar por la imagen consagrada del pasado colectivo, los cronistas mostraban desconfianza respecto del egoísmo y faccionalismo de la nobleza, del pueblo sólo esperaban respuestas apasionadas e irracionales, casi bestiales. Un dato más que reforzaba la confianza en la monarquía como único actor que representaba el orden, el equilibrio y la búsqueda del bien común.

Es cierto que los ilustrados trajeron consigo un cierto cambio de actitud y consideraron al pueblo beneficiario último de sus proyectos políticos; mas nunca creyeron que pudiera contribuir a la prosperidad social y al fortalecimiento de la monarquía sino tras una larga e intensa tarea educativa previa. La ignorancia, para los reformistas ilustrados, equivalía a error en la apreciación de los propios intereses, de donde se derivaban tanto los vicios como los crímenes —tan típicos del pueblo ambos—. "Los delitos nacen del error", escribió Cabarrús; y Jovellanos, el más preocupado por esta cuestión, dejó sentado que "donde no hay instrucción, todo falta; donde la hay, todo abunda". Fue este último autor quien pergeñó el primer gran plan de educación estatal para el país, en su *Memoria sobre la Instrucción Pública,* y su amigo Meléndez Valdés pensaba en la posible creación de un ministerio de instrucción pública. Pero de ahí a dar voz al pueblo en los asuntos públicos había un abismo. Cuando los ministros de Carlos III arrebataron de manos de los jesuitas la educación superior, mantuvieron la idea de que ésta debería dirigirse a la nobleza o a las clases acomodadas. Para el pueblo trabajador, en cambio, reservaron escuelas o centros donde pudiera ser educado de manera "útil", es decir, donde pudiera recibir un entrenamiento técnico, aplicado, que mejorara su cualificación laboral. Era una idea que había lanzado ya Macanaz, bajo Felipe V, y que llevaron a la práctica las Sociedades de Amigos del País, en tiempos de Carlos III. La educación política y moral centrada en los nuevos valores sociales de la tolerancia, la virtud cívica y el conocimiento de los propios intereses, se reservaba para las clases acomodadas. Dentro de este último lote iba el orgullo nacional, basado en el conocimiento de la propia historia y la valoración de la cultura letrada[136].

Esta actitud de las élites intelectuales ante el pueblo sufrió un giro de ciento ochenta grados con la guerra iniciada en 1808. Quizás nadie lo expresara como Antonio de Capmany, que en su *Centinela contra franceses* alertó contra la corrupción de la vida moral española por efecto del afrancesamiento de las costumbres y pidió que se defendieran los valores populares tradicionales, las fiestas (incluidas las taurinas, que daban especial "fiereza" al carácter), las formas de vestir y sobre todo el lenguaje, pues sólo así se preservaría al país de la impiedad y el "afeminamiento" propios de la modernidad ilustrada y revolucionaria. Capmany, en línea plenamente prerromántica, situaba la esencia nacional en el instinto popular, frente a las élites corrompidas por la civilización y el cosmopolitismo. Ya en una obra anterior, su *Teatro histórico-crítico de la elocuencia española*, había expresado su convicción de que el "pueblo" no era la parte más baja o vil de la nación, sino su verdadera fuerza, tanto física como moral: "la ciencia de una nación se podrá hallar en los escritores, en los profesores, en los que la gobiernan y rigen; pero el carácter original de su talento se ha de buscar en el pueblo, porque sólo en él la razón y las costumbres son constantes, uniformes y comunes"; el pueblo era el creador del lenguaje, pero tenía algo más: tenía *numen*, es decir, aquel soplo divino que determina el carácter y las costumbres nacionales. En 1808, en su *Centinela*, repetía que "el pueblo es la nación, pues de su masa sale todo" y que él expresaba el "espíritu nacional" de un modo espontáneo e instintivo mucho mejor que las élites corrompidas por la cultura. Ése era el dato crucial en la guerra en curso: que el pueblo, preservado del "contagio" cosmopolita gracias a la "falta de lectura", había "salvado" al país; y al oponer tan tenaz resistencia frente a Napoleón, España demostraba que era una "nación", no como Austria o Alemania, donde "había ejército y no había nación", razón por lo que habían sido tan fácilmente derrotados. Con gran sagacidad, Capmany concluía que la guerra que se libraba en España era de un género nuevo: "es guerra casera, es guerra de nación [...] antes que ser de soldados"[137].

Entre Jovellanos y Capmany, como observó Miguel Artola, había un "antagonismo doctrinal" básico. El primero reflejaba el espíritu ilustrado al escribir a lord Holland en 1810 que el pueblo "miserable", "compuesto de jornaleros", se sentía, ante la guerra, "indiferente y sin espíritu de patria"; el ser humano, para el prócer asturiano, sólo podía tener sentimientos patrióticos y elevarse a la ciudadanía por medio de la propiedad y la cultura. Antonio de

Capmany, en cambio, representando ya la nueva visión romántica, reverenciaba al pueblo precisamente por su incultura, que le
hacía dejarse llevar por su corazón: "ni los libros, ni los políticos, ni
los filósofos, os enseñaron la senda de la gloria. Vuestro corazón
os habló y os sacó del arado y de los talleres para el campo de Mar-
te"; frente a los filósofos, que "no tienen patria", han defendido a
la nación "el labrador, el granjero, el pastor, el rústico obrero",
apegados a la torre de su iglesia; "bien podemos decir por la experiencia que los hombres tienen más cariño a su tierra a medida que
son más incultos o ignorantes". La ignorancia, fuente de vicios para
un ilustrado, se había convertido, como por ensalmo, en una virtud política[138].

Capmany, en el momento inicial del levantamiento contra los
franceses, era la excepción entre las élites cultas. Los ilustrados co-
herentes, como Llorente, Moratín, Meléndez Valdés o Cabarrús,
que habían aprendido a no contar con el pueblo, se pusieron a disposición de José I; continuaban de esa manera la tradición elitista y
pedagógica del XVIII. Incluso aquellos próceres que se opusieron al
francés experimentaron, al principio, un cierto disgusto ante el levantamiento popular. Toreno y otros "patriotas" intentaron aplacar
a revoltosos en la jornada del Dos de Mayo, "día de amarga recor-
dación, de luto y desconsuelo", y Goya, en su *Dos de Mayo*, no deja
de reflejar rasgos de barbarie y locura entre los españoles que acu-
chillaban a lanceros imperiales. La propia Inquisición —órgano estatal, no hay que olvidarlo, cuyos altos cargos estaban nombrados
por el gobierno— condenó el levantamiento, en sus orígenes. Esta
imagen iba a cambiar enseguida. A los pocos meses de iniciada la
guerra, era ya común la idea de que el pueblo había redimido al
país en un momento crítico en que las élites "corrompidas, antipa-
trióticas", lo habían abandonado y vendido. Quien más, quien menos, todos empezaron a dar la razón a Capmany: la verdadera fuerza
moral de la nación residía en el pueblo; sólo él era eterno, dotado
de un instinto político siempre acertado y, en ocasiones extremas,
era él, y no las instituciones, el que salvaba a la patria. Y lo era porque en él dominaban los sentimientos sobre la razón, sobre la cultura. El afrancesado Reinoso observaba que el actor principal de
aquella guerra estaba siendo "el pueblo menos instruido", cuya ac-

tuación nacía "más bien de un sentimiento que de un cálculo"; y el futuro emigrado Blanco White explicaba que el pueblo, si no "discurre con claridad, en cambio sí siente, y muy bien"; por eso, cuando éste hizo la guerra "espontáneamente" todo fue bien y "los franceses sufrieron duros reveses"; las guerrillas funcionaban "porque no tenían el ejército de covachuelistas que les mandaran"; "la parte pobre de la nación española es la parte sana", concluye en otra ocasión, y "entre la gente de galones está la roña". Lo cual encajaba perfectamente con el naciente romanticismo y con la idea de *Volksgeist*, pero rompía con toda la tradición elitista y pedagógica del reformismo español del Antiguo Régimen[139].

El cambio de la imagen popular es patente en muchas de las expresiones que emanan desde la sitiada Cádiz. "¡Pueblo grande y generoso!", exclama Quintana desde su *Semanario Patriótico*. Fernández Sardinó, en *El Robespierre Español*, insistió en el protagonismo exclusivo de la plebe en el levantamiento: "Sola la plebe levantó el furioso grito de libertad [...]. Sola la plebe, ese gente a quien los grandes en su fanático orgullo llaman baja [...] aterró al tirano [...]. Sola la plebe destrozó impávida las cadenas el Dos de Mayo; los magnates, despavoridos, reputaban por empresa temeraria resistir al bárbaro opresor [...]. Sola la plebe, arrebatada por un santo furor, arrancó victorias a los enemigos en la primera campaña; atónitos, los grandes apenas se resolvían a creer lo que estaban viendo". En otro número de ese mismo periódico publicó este autor un "Elogio de la plebe española", en que llama al pueblo magnánimo, sublime, benigno, honrado, incorruptible, generoso, sencillo, valiente, "semejante a un torrente inmenso" cuando estalla, pero ahora ya con su "natural dulzura" recobrada... Bartolomé J. Gallardo, por último, en su *Diccionario crítico-burlesco*, distinguió dos acepciones de la voz *pueblo*: en el sentido "más alto y sublime" es "sinónimo de nación"; en el "más humilde", "pero nunca ruin —aclara—, que en España no hay pueblo bajo", por pueblo "se entiende el común de ciudadanos que, sin gozar de particulares distinciones, rentas ni empleos, vive de sus oficios"; y éste fue el pueblo que, el Dos de Mayo, desarmado y abandonado por el gobierno, dio el grito por la independencia española; "¡gloria eterna al pueblo de Madrid y a todos los pueblos de España!"[140].

El giro populista de los liberales a partir de la Guerra de la Independencia representó una variación tan radical respecto del mundo mental anterior que toda persona educada en éste tuvo que creer que el nuevo discurso era simple dislate. ¿Cómo iba a ser el ignorante pueblo la fuente de la inspiración política y cultural? ¿Qué es lo que se iba a poder aprender del pueblo, de un pueblo no sometido a un proceso de educación previo? Con razón dijo más de uno que aquello eran "locuras rousseaunianas" —locuras románticas, se diría pronto—. Una locura, una verdad indemostrable, que difícilmente hubiera tomado en serio un ilustrado y que ahora, sin embargo, todo el mundo empezó a creer firmemente, fue que la "nación" era invencible. Como explicaba el historiador padre Salmón, el alzamiento popular de 1808 había demostrado que "la España es inconquistable: sin poder, sin ejércitos, armas ni dinero, es superior a las mayores fuerzas de Napoleón [...]. Si en tal estado, y con sólo las armas de su valor, constancia y patriotismo han sabido estos hombres humillar al enemigo [...] ¿qué no se puede esperar en lo sucesivo cuando se familiaricen con el estruendo del cañón [...]? Llevarán en triunfo por todos los pueblos del mundo la destrucción y ruina total del despotismo y la tiranía cual no han conocido jamás los siglos. Éste debe ser forzosamente el resultado de una nación valiente y esforzada que detesta la vileza y la esclavitud. No lo dudéis, españoles, que no ha de ser por fin otra vuestra suerte. Padeceréis, sufriréis, pero venceréis"[141].

No fue fácil, desde luego, cambiar de manera tan completa la manera de pensar de las élites en relación con el pueblo. Juan Francisco Fuentes, que ha dedicado bastantes páginas a este tema, detecta un "doble lenguaje del liberalismo" en relación con el pueblo, una oscilación de las élites entre la "exaltación y execración" de las clases bajas, entre el "populismo" y el "egotismo". Recuerda este autor cómo incluso un pensador tan radical como León de Arroyal se mostró muy despectivo hacia el "vulgo bestial", mencionando como prueba su afición a la fiestas de toros; o cómo el propio José de Marchena, entusiasta difusor de los ideales revolucionarios, al referirse a España era prudente, porque no creía al pueblo preparado para el progreso. Iniciada ya la guerra napoleónica, Flórez Estrada seguía mostrando su desconfianza ante ese pueblo que, reconocía, había hecho caer a Godoy, pero no había pensado en exigir medidas para que no se reprodujese la situación; y es que los pueblos, concluía, "siempre han sido y serán víctimas de su ignorancia, única causa de todos sus males"[142].

Pero los liberales no tuvieron más remedio que aceptar y difundir el mito del pueblo como luchador heroico por la libertad nacional, porque de él se derivaba la consecuencia política que les convenía: su derecho a participar en la toma de decisiones que afectaran a la colectividad. "La decisiva participación del pueblo en la insurrección contra los franceses en 1808 le otorgó un prestigio y un poder inimaginable hasta aquella fecha", escribe Juan Francisco Fuentes. "Pueblo tan magnánimo y generoso no debe ya ser gobernado sino por verdaderas leyes", dice la Junta Central justificando la convocatoria de las Cortes; y, como ha puntualizado el propio Fuentes, el adverbio *ya* expresaba el cambio de opinión que había experimentado la minoría ilustrada sobre la capacidad política del pueblo. Por ese camino parece que iban también los *Catecismos políticos* que proliferaron durante aquella guerra, dirigidos a los niños y a los habitantes del mundo rural. Algún radical, como Fernández Sardinó, intentó también extremar esta conclusión y contraponer el "pueblo magnánimo" con los aristócratas "traidores a la patria", contra los que debían tomarse medidas de castigo[143].

Sin duda por la misma razón, los absolutistas mostraban un entusiasmo casi exactamente opuesto al de los liberales ante la intervención popular. En cierto modo, era una falta de visión política, porque la idea del "pueblo" podría haberse vinculado a los valores del Antiguo Régimen, como hizo el propio Capmany o haría más tarde Cecilia Böhl de Faber, quienes al elogiar lo "popular" entenderían por este término la religiosidad tradicional, el respeto a las jerarquías heredadas y la xenofobia antifrancesa y antirrevolucionaria, es decir, antimoderna. Pero los conservadores tendieron a mantener, en los años de la guerra contra Napoleón, los viejos temores al pueblo. Fray Simón López, en su *Despertador Cristiano-Político*, decía que los filósofos, que intentaron introducir en España las ideas triunfantes en Francia, encontraron "insuperables obstáculos en el Clero, Monarcas y Nobleza"; España se salvó "gracias a la providencia amorosa de nuestro Dios, gracias a la unidad de la santa

Religión Católica [...] gracias a la santa Inquisición"[144]. En ninguna de las dos frases mencionaba al pueblo. Y cuando Fernando VII regresara y los absolutistas pudieran expresar, por fin, abiertamente sus creencias políticas, dejarían claro, en el *Manifiesto de los persas*, el papel que reservaban al pueblo: que fuera mantenido en la "oscuridad" para evitar la "anarquía".

Que la guerra de 1808-1814 tuviera un carácter tan popular y tan espontáneo, y sobre todo que estuviera tan inspirada por sentimientos patrióticos, es algo sobre lo que los historiadores actuales no sienten tanta seguridad como los del XIX. En su sugerente estudio sobre esta guerra, John Tone ha arrojado serias dudas sobre la versión tradicional. García de Cortázar y González Vesga dicen que la insurrección "popular" estuvo, en realidad, animada por la Iglesia y la nobleza y que la actuación de los diputados en aquellas Cortes recordó mucho las providencias tomadas por los gobiernos ilustrados: "como en el XVIII, la reforma pretendía abrirse paso desde arriba, sin esperar el concurso de la gran población ignorante". Para Pérez Ledesma "no fue el pueblo llano quien protagonizó, más allá de los primeros meses, el movimiento revolucionario"; y este autor observa que todas las ciudades eligieron para las juntas a los notables locales, al igual que enviaron a las Cortes a funcionarios, intelectuales, clérigos e incluso nobles, y no a menestrales ni a los insurrectos de la primera hora. Quizás sea éste el momento de recordar también que en 1823, sólo quince años después del gran levantamiento contra Napoleón y sólo nueve después de terminada aquella guerra en victoria, se produjo una nueva invasión francesa y no hubo reacción popular significativa. La razón es obvia: las redes que movilizaron al pueblo en 1808 no quisieron volver a hacerlo en 1823. Lo cual arroja muchas dudas tanto sobre la espontaneidad del levantamiento como sobre su motivación estrictamente patriótica[145].

Lo que realmente ocurriera, sin embargo, en definitiva no importa. Lo importante es lo que la gente creyó que había ocurrido. Y la "Guerra de la Independencia" quedó marcada de forma indeleble con rasgos populistas. Unas décadas más tarde, Espronceda se emocionaba al recordarla:

¡Oh! ¡Es el pueblo! ¡Es el pueblo! Cual las olas
Del hondo mar alborotado brama.
Las esplendentes glorias españolas,
Su antigua prez, su independencia aclama.

Y Pérez Galdós, más tarde todavía, abriría su gran saga nacional con esta guerra, protagonizada por el pueblo, muy en la línea de lo que haría Tolstoi en Rusia[146].

A lo largo de todo el XIX, el mito populista resurgiría en cada momento clave. En vísperas de la revolución de 1868, por ejemplo, Fernando Garrido, animando sin duda a la intervención popular en el cambio político que se aproximaba, contrastaba "la grandeza y el heroísmo" del pueblo en 1808 con "la bajeza de sus mandarines", que "tenían en sus manos ejércitos, escuadras y tesoros", y tuvieron que dejar la defensa de la patria al "pueblo desarmado, ignorante, acostumbrado a obedecer ciegamente durante siglos". Todo el siglo, tras haber escrito tanto sobre aquella heroica "defensa de la libertad española" frente a Napoleón a cargo de las clases populares, los liberales siguieron esperando que el pueblo protagonizase el acto decisivo de redención o regeneración política del país. Por mucho que se acumularan los desencantos y las frustraciones, por mucho que la muchedumbre aclamara a Fernando VII y luego apoyara a don Carlos, el mito se mantendría, al menos a nivel retórico: el pueblo es liberal y, sobre todo, es patriota; en él reside la verdadera fuerza moral de la nación; en ocasiones extremas, es él, y no las instituciones, quien salva a la patria; lo demostró en 1808 y lo volverá a demostrar cuando sea necesario.

Aquella confianza en el pueblo por parte de las élites liberales puede que no pasara de ser sino un grandioso malentendido, origen de muchas de las decepciones que vinieron luego. Porque, en definitiva, el proceso de nacionalización desarrollado en España durante aquel siglo no fue radicalmente distinto a la construcción de la identidad durante el Antiguo Régimen. En ambos casos se trató de construcciones culturales y lealtades en torno a ellas elaboradas e interiorizadas por las élites, con escasa difusión entre las capas populares. El aislamiento entre unas y otras no dejó de existir a lo largo del XIX. Lo nuevo, a partir de la guerra antinapoleónica, fue un giro retórico: la veneración nominal hacia el pueblo como último baluarte de las libertades y los sentimientos patrios. De ahí la depresión generalizada entre las clases medias cultas en 1898, cuando llegaron las noticias de los hundimientos de las escuadras y comprobaron que el pueblo seguía yendo a los toros, como si nada hubiera ocurrido. Y todavía entonces, cuando todo parecía hundirse, Azorín, Baroja, Marquina y otros intelectuales se sumaron a un homenaje *Al pueblo,* por sus sacrificios durante la guerra cubana[147].

LA NACIÓN, EN MARCHA

Concluyamos. La sublevación de 1808 inició la historia del nacionalismo español contemporáneo, y lo hizo, en apariencia, con excelente pie. El pueblo español se había rebelado con éxito contra el más poderoso ejército extranjero que había intentado sojuzgarle, con lo que había demostrado, como en milenios anteriores frente a romanos y musulmanes, su apego a la independencia, su arraigada identidad. La canonización del conflicto de 1808-1814 como Guerra de la Independencia, acabó dando lugar a un mito nacional casi perfecto, porque, tras ser una creación liberal, acabó sobrevolando por encima de los partidismos políticos. Los liberales siguieron basando en aquella actuación del pueblo su pretensión de construir un edificio político a partir del dogma de la soberanía nacional; pero los conservadores no dudaban en presentar la heroica pugna de 1808 como prueba de la fidelidad del pueblo español a la tradición heredada[148]. Para colmo, en aquella guerra se habían distinguido catalanes y aragoneses. Zaragoza, Gerona o los Bruchs se incorporaron a la leyenda como las gestas cruciales que demostraban el "españolismo" de todas las "regiones".

Terminada victoriosamente aquella contienda, se convertiría a lo largo del siglo en el fundamento más sólido del orgullo colectivo y en piedra angular de la mitología con la que se aureolaba el Estado nacional en formación. Por muchos que fueran los golpes recibidos por la autoimagen de los españoles en el difícil siglo XIX, el recuerdo de la Guerra de la Independencia serviría para mantener un mínimo nivel de dignidad colectiva. No por casualidad se convirtió el Dos de Mayo en fiesta nacional y se erigieron monumentos a los mártires de aquella sublevación, primer y principal símbolo público de significado político en el siglo, frente a las estatuas de los reyes, único legado de la era anterior[149]. A partir de 1873 el popular novelista Benito Pérez Galdós publicaría sus *Episodios nacionales*, la gran saga colectiva; y no los iniciaría con la conquista de Granada, ni con el viaje de Colón o las campañas de Carlos V, sino que dedicaría su primera serie a la guerra de 1808 a 1814. Novela e historia coincidían en que la España contemporánea había comenzado su recorrido con aquella tragedia. En la época en que Galdós publicaba el primero de sus *Episodios*, el republicano Fernando Garrido también escribía que el alzamiento del pueblo español contra los franceses había sido "el acontecimiento político más importante de la historia de nuestra patria"[150].

Aquella versión de los hechos mantenía aún su vigencia al comenzar el siglo XX. La *Enciclopedia Espasa*, la gran obra editorial que pretendía recoger el saber universal desde una óptica española, dedicaría cinco densas páginas de dos columnas a describir lo que denomina "la admirable epopeya de los españoles luchando contra las tropas del capitán más grande que han visto los siglos"[151]. Y en 1908 toda España celebraría con gran pompa el centenario de la Guerra de la Independencia, en buena medida una compensación del humillante trauma de 1898. Se erigieron monumentos, se celebraron congresos, se escribieron zarzuelas e incluso se estrenó una ópera, titulada *Zaragoza*, de cuyo libreto fue autor Pérez Galdós; cada ciudad o sector social se esforzó por recordar y enaltecer su contribución a la gran hazaña nacional.

El mito volvería a demostrar su vitalidad por última vez en 1936, al producirse la gran confrontación armada entre unas posiciones políticas polarizadas en dos bandos. Nacionales y republicanos recurrieron por igual a la retórica reivindicativa y dolida de la "agresión extranjera". No era una guerra civil, coincidían ambos, sino una nueva guerra nacional, una lucha más por la supervivencia, por ser fieles a nosotros mismos. España, atacada en su día por los cartagineses, romanos y musulmanes, y en tiempos recientes por Napoleón, se defendía ahora —según la versión— contra Hitler y Mussolini o contra la conjura judeo-masónica orquestada por Moscú.

Comunistas y anarquistas, por una vez, estaban también de acuerdo: para *Solidaridad Obrera*, con el "fascismo imperialista" volvía a repetirse la historia de "la lucha épica por la independencia nacional", como cuando "las tropas francesas llegaron a creerse dueñas de la Península" y fueron derrotadas gracias a "la fe suprema que el pueblo ibérico sabe poner en la defensa de sus libertades". Versión que confirmaba *Mundo Obrero*: "el genio heroico de Daoiz y Velarde, del teniente Ruiz, de Malasaña encarna en los soldados de las trincheras madrileñas. Castaños, el Empecinado, los defensores de Zaragoza y Gerona anteceden históricamente a nuestros jefes militares de hoy. Es la misma causa, puesta en valoración de honor por el mismo pueblo". Franco, por su parte, no iba a rendir menos culto a aquella versión del pasado y en un discurso de 1941 recordaba que "no es la primera vez en nuestra historia que nuestra juventud trueca los libros por las armas, pues en momento similar [...], cuando nuestra otra Guerra de la Independencia..."[152].

Con una afirmación de la propia identidad tan potente, daba la impresión de que, desde el punto de vista de la construcción nacional, el siglo XIX había comenzado en España con buen pie. Cualesquiera que hubieran sido los verdaderos motivos que habían impulsado aquel conflicto, el hecho de que se recordase como una guerra de liberación contra el intento de dominación extranjero parecía dejar patente la existencia de la nación. Aquella hazaña se atribuía, además, al pueblo, portador de la identidad nacional, que la había defendido con uñas y dientes tras haberla dejado tirada en medio del arroyo las élites corrompidas por el cosmopolitismo. Y ese pueblo, para colmo, había demostrado ser capaz de derrotar al hasta entonces invencible Napoleón, al frente del mayor ejército del mundo... ¿Qué mejor demostración de la existencia de un arraigado y unánime sentimiento de españolidad entre los españoles? ¿Qué mejor prueba de que la invencibilidad de Numancia y Sagunto se mantenía a lo largo de los milenios?

Mas el propio éxito de la mitificación de aquella guerra se convirtió, aunque parezca paradójico, en un problema. Ante todo porque el relato sobre la lucha antinapoleónica acabó teniendo vida propia, generando orgullo por sí mismo, vinculado a la unidad o la independencia de la patria pero no a un proyecto constitucionalista o modernizador. Si la historia proclamaba que el rasgo más peculiar e impulso más profundo de "los españoles" era su obstinado deseo de superar su fragmentación, unirse y sacudirse cualquier dependencia del extranjero, y todos esos fines estaban conseguidos, no había más que proponerse. Como mucho, era preciso estar en guardia ante posibles agresiones futuras; aunque difícilmente iba nadie a intentarlo de nuevo, tras haber quedado patente tantas veces que "los españoles" hacían morder el polvo a los mayores ejércitos del mundo. La revolución liberal, por otra parte, a medida que avanzó el siglo, se fue topando con dificultades cada vez mayores y en definitiva acabó poco menos que empantanada; con lo que todos los ojos se volvieron instintivamente hacia aquel otro supremo objetivo nacional que ya estaba en las vitrinas: la independencia. El resultado de aquella guerra fue, así, un mito autocomplaciente, centrado en un logro ya conseguido, adornado con referencias rutinarias a unas glorias remotísimas, como Numancia, Covadonga y otras gestas que, en definitiva, confirmaban la obsesión nacional con la independencia[153]. Y el mito nacional se desvinculó de los cambios modernizadores, salvo entre élites liberales irreductibles, pero minoritarias y aisladas.

El éxito de aquella mitificación pudo convertirse en un problema también en un segundo sentido: porque, tras aquella proeza colectiva, parecía tan evidente la existencia de una identidad española que no se hicieron esfuerzos serios por educar a las masas en un sentido nacional. Y es que una de tantas contradicciones del nacionalismo consiste en que los nacionalistas consideran realidades, entes naturales, a las naciones, pero a la vez saben que debe hacerse un esfuerzo para cultivarlas o formarlas. Naturalmente, ellos dirían despertarlas, dando a entender así que existen, pero adormecidas, como el héroe redentor de los mitos y cuentos infantiles. En ocasiones, sin embargo, se les deslizan términos reveladores; recuérdese, aunque sea dar un salto en el tiempo, que el franquismo implantó una serie de cursos obligatorios, a varios niveles educativos, titulados "Formación del espíritu nacional". Si las naciones fueran, como los nacionalistas creen, las realidades básicas en que se asientan la historia y las sociedades humanas, el sentimiento patrio surgiría de forma natural y no habría por qué inculcárselo a los individuos desde fuera. El patriotero Antonio de Capmany proclamaba con orgullo que los españoles eran una nación, a diferencia de los italianos o alemanes, incapaces de enfrentarse a Napoleón porque "no son naciones, aunque hablen un mismo idioma", y de ahí que "el grito general "¡Alemanes! ¡Italianos!" no inflama el espíritu de ningún individuo, porque ninguno de ellos pertenece a un todo"; a la vez, y sin comprender que se contradecía, exhortaba a los poetas a que se esforzaran en cantar las proezas de los héroes españoles, para que sus obras se recitasen y bailasen en las fiestas populares, con la intención de educar a la gente en ese espíritu patriótico que antes había dado por supuesto[154]. Aunque adelantemos acontecimientos, acaso sea el momento de apuntar que éste pudo ser uno de los problemas del débil sentimiento nacional español en el siglo XIX: que no se reparó suficientemente en la segunda parte de este pensamiento de Capmany; que no se hicieron esfuerzos por cultivar el sentimiento nacional, quizás porque todos, o la inmensa mayoría, de los dirigentes daban por supuesto que la nación española existía. Confiar en la realidad de la nación es, aunque parezca contradictorio, seguramente perjudicial para la causa nacional.

Pero en aquel momento nadie podía prever esos obstáculos futuros. Las apariencias apuntaban en una dirección muy positiva, desde el punto de vista del proceso de construcción de la identidad nacional. El sentimiento de identidad española que se había ido forjando en los siglos precedentes parecía haber vencido sus limitaciones y haber eclosionado en forma de nacionalismo moderno. Había superado, por fin, el exclusivismo de los círculos elitistas, y se había extendido entre los medios populares. Los político-culturales, por otra parte, siempre monopolizadores del lenguaje, reunidos y aislados en Cádiz, usaban, durante la propia guerra, gran profusión de retórica nacionalista. Con ella, reforzaban la idea de que la nación era el sujeto de la soberanía política, otro avance crucial hacia el nacionalismo moderno. Según ellas, aquel artificio jurídico coincidía con la aparición en el escenario histórico del "pueblo", convertido en actor principal e inspirado por un único sentimiento: la defensa de la identidad nacional. Dejaban de lado, así, la intervención inglesa en la guerra —como los ingleses olvidaban, en sus historias de la *Peninsular War,* la colaboración española— y daban por supuesta una sintonía entre el nacionalismo de las élites y los sentimientos de los combatientes dispersos por el país, a quienes hoy, en cambio, tendemos a creer más vinculados a lazos comunitarios y problemas locales. Toda la complejidad de aquel conflicto, cuarenta años después, se había olvidado y el acuerdo era general: "España", el pueblo español, había protagonizado una "guerra de independencia" o de liberación nacional frente a Napoleón.

NOTAS

A LA PRIMERA PARTE

[1] Proclama del Ayuntamiento constitucional de Madrid, 1-V-1837 (p. ej., en *El Eco del Comercio*, 1-V-1837, p. 4).

[2] Véase, p. ej., A. Flórez Estrada, *Introducción para la historia de la revolución de España*, Londres, 1810 (cit. por ed. B.A.E., t. CXII-CXIII, Madrid, 1958): "Los españoles (...) no podían ver su religión insultada, sus instituciones despreciadas (...) y su independencia nacional hollada, hasta el punto de darles sin su consulta gobierno, reyes y monarca" (CXII, p. 260); o *El Procurador General de la Nación y del Rey*, núm. 108, 1814, p. 997: "[...] la gloriosa lucha que ha sostenido España por su Religión, su Rey y su independencia".

[3] V. Gebhardt, *Historia general de España y de sus Indias*, 7 vols., Barcelona, 1860-73, vol. 6, p. 468: Asturias, "renovando los gloriosos timbres de la sangre goda", se levantó en defensa de la patria. También B. J. Gallardo, *Alocución patriótica en la solemne función con que los ciudadanos del comercio de Londres celebraron el restablecimiento de la Constitución y la libertad de la patria*, Londres, A. Taylor, 1820, p. 22, recordaba la actuación de los Borbones en 1808 a la de don Rodrigo en 711, cuando "dejó a España un yugo de ochocientos años". Sobre la persistencia del carácter, véase, p. ej., el llamamiento a los gallegos, por Pardo de Andrade, en diciembre de 1811: "Numancia y Sagunto han renacido en las ruinas de Zaragoza y Gerona" (cit. por G. Lovett, *Napoleon and the Birth of Modern Spain*, 2 vols., Nueva York U. P., 1965, vol. I, p. 402). Cfr. la décima de Valencia que según el marqués de Ayerbe fue la primera noticia que llegó al entorno de Fernando VII en Valençay sobre el "alzamiento nacional": "La valenciana quiere arrogancia / tiene siempre por gran punto

151

/ no olvidarse de Sagunto / y acordarse de Numancia / Franceses, idos a Francia / dejadnos con nuestra ley / que en tocando a Dios y al rey / a nuestra patria y hogares / todos somos militares / y formamos una grey" (*Memorias en tiempos de Fernando VII*, B. A. E., vol. XCVII, 1957, p. 232). Referencias a Numancia y Sagunto también en B. J. Gallardo, *ibíd.*, p. 10; y en J. Canga Argüelles, *Observaciones al tomo II de la Historia de la Guerra de España, que escribió en inglés el Teniente Coronel Napier*, Londres, 1830, p. 29. En cuanto a los catecismos, véase *Catecismo Católico-Político* (anónimo) y *Catecismo civil de España*, mandado imprimir en Sevilla por la Junta Suprema, ambos de 1808 y reproducidos en *Catecismos políticos españoles*, Madrid, 1989, pp. 17 y 23. Cfr. con la *Cartilla...*, de 1796, en la que a la pregunta "¿Quién sois vos?" se responde "Soy un leal vasallo del Rey de España" (reprod. por J. Muñoz Pérez, "Los catecismos políticos: de la Ilustración al primer liberalismo español, 1808-1822", *Gades*, núm. 16, 1987, p. 202).

[4] Términos no idénticos, desde luego, pues *nación* se usa, sobre todo, en los documentos y discursos oficiales (como en ese *Discurso preliminar* de la comisión constitucional de 1811 en el que no cesa de aparecer la palabra), mientras que *patria* tiene un sentido más movilizador, emocional, y abunda por tanto en proclamas militares y en la retórica parlamentaria, y *pueblo*, por último, es la voz preferida por el liberalismo radical (hasta el extremo de que, como dice F.-X. Guerra, en los panfletos más jacobinos suplanta casi por completo a "la nación y sus ambigüedades", véase *Modernidad e Independencias*, Madrid, 1992, p. 335).

[5] *Catecismo Católico-Político...*, 1808 (en *Catecismos políticos españoles...*, p. 38); subrayado nuestro. Sobre "patria" y "patriotismo", véase M. C. Seoane, *El primer lenguaje constitucional español*, Madrid, 1968, pp. 78-80; o M. P. Battaner Arias, *Vocabulario Político-Social en España (1868-1873)*, Madrid, 1977.

[6] La cita de Quintana en "Reflexiones sobre el patriotismo", *Semanario Patriótico*, núm. 3, 15-IX-1808 (cfr. F.-X. Guerra, *Modernidad e Independencias...*, p. 242). R. Solís, *El Cádiz de las Cortes*, Madrid, 1969, pp. 345-346 y 349-350 (Café de los Patriotas, en p. 136); y *Semanario Patriótico*, núm. 5, 29-IX-1808 (cit. por F.-X. Guerra, *ibíd.*, p. 328).

[7] R. Solís, *El Cádiz de las Cortes...*, p. 80: "Fue en Cádiz, cabalmente en los momentos de la Guerra de la Independencia, cuando surgió el sentimiento de la nacionalidad, de la patria [...]. En el Cádiz de las Cortes se

oyen los primeros gritos de "¡Viva España!" [...]. En Cádiz nace la nacionalidad española [...]". Los absolutistas seguían, obviamente, prefiriendo el "¡Viva el rey!".

[8] Para la guerrilla, explicación clásica en M. Artola, *La España de Fernando VII*, vol. XXXII de la *Historia de España Menéndez Pidal*, Madrid, 1992.

[9] J. Dalmau Carles, *Enciclopedia de grado medio*, Gerona y Madrid, 1954, p. 325. Sobre los historiadores cit., véase *infra* cap. IV.

[10] Los límites de las provincias romanas —Lusitania, Tarraconense, Gallaecia, Cartaginense, Baetica— tampoco coinciden, ni de lejos, con creaciones posteriores como Portugal, Cataluña, Galicia, Castilla o Andalucía, ni hay constancia de que sus habitantes tuvieran conciencia de una identidad provincial particular. Contra esta opinión, las del fundador de la arqueología catalana, Bosch Gimpera, que en este punto se deja llevar por un entusiasmo nacionalista impropio de un científico (véase M. Díaz-Andreu, "El pasado en el presente: la búsqueda de las raíces en los nacionalismo culturales. El caso español", en J. Beramendi, R. Maíz y X. M. Núñez Seixas, *Nationalism in Europe, Past and Present*, Universidad de Santiago de Compostela, 1994, t. I, pp.199-218).

[11] Véase, p. ej., en la ed. crítica de *Las Historias de los Godos, Vándalos y Suevos* de san Isidoro de Sevilla, a cargo de C. Rodríguez Alonso, León, Centro de Estudios e Investigación San Isidoro, 1975; o A. Castro, *La realidad histórica de España*, México, Porrúa, 1966, p. 82. La traducción que ofrecemos es una versión intermedia de ambas, relativamente libre. Isidoro se inspiró en fuentes anteriores, como la *Laus Serenae* de Claudianus o el elogio virgiliano de Italia; véase, p. ej., J. Madoz, *Razón y Fe*, 116 (1939), pp. 247 y ss.; R. Menéndez Pidal, introducción a *España visigoda*, vol. III, *Historia de España Menéndez Pidal*, pp. XXXIV-XXXV; o J. L. Romero, "San Isidoro de Sevilla. Su pensamiento histórico-político y sus relaciones con la España visigoda", *Cuadernos de Historia de España*, 8 (1947), pp. 5-71.

[12] Véase R. Valls Montes, *La interpretación de la historia de España y sus orígenes ideológicos en el bachillerato franquista (1938-1953)*, Valencia, 1984.

[13] La tradición más extendida atribuía la evangelización de la Península a siete obispos enviados por los apóstoles desde Roma, cuyo famoso primer éxito habría tenido lugar en Acci, actual Guadix. Allí se presentaron en el momento en que se celebraba una fiesta pagana y, expulsa-

dos y acosados por los iracundos celebrantes, huyeron de la ciudad por un puente que se hundió a continuación al paso de sus perseguidores. Tras esta señal divina, se habría producido una conversión masiva en la zona, a partir de la cual los siete enviados se dispersaron y fundaron iglesias en toda la Península.

[14] Santiago defiende a España, por ejemplo, en Coimbra, y Pedro Hispano, que llegó a Papa bajo el nombre de Juan XXI, no era "español", en el sentido actual del término, sino portugués como veremos en el capítulo siguiente.

[15] Bartolomé Bennassar, *Saint-Jacques de Compostelle*, París, Julliard; J. Herrero, *Los orígenes del pensamiento reaccionario español*, Madrid, 1971, pp. 227-228, sobre Santiago de Compostela como "uno de los focos de exaltación católica y nacional" durante la Guerra de la Independencia.

[16] Sin pretender entrar en una discusión filológica de gran complejidad y especialización, aceptamos aquí las tesis de P. Aebischer (*Estudios de toponimia y lexicografía románicas*, 1948), repetidas por A. Castro en su *Sobre el nombre y el quién de los españoles*, Madrid, 1973. R. Lapesa, en su introducción a esta última obra, también escribe que el vocablo penetró en España "con la fuerte inmigración de francos en el siglo XII". Otras aportaciones de J. A. Maravall o de M. Coll i Alentorn al tema no parecen modificar sino parcialmente esta tesis. Lamentablemente, J. Corominas evitó incluir el término "español", como hizo con "catalán", en su *Gran Diccionario Etimológico de la Lengua Castellana*.

[17] Según observó Ortega, "toda unidad lingüística que abarca un territorio de alguna extensión es, casi seguramente, precipitado de alguna unificación política precedente. El Estado ha sido siempre el gran truchimán", cit. por A. de Blas, *Sobre el nacionalismo español*, Madrid, 1989, p. 64. Sobre la relación Estado-nación en el caso español, y sobre la estabilidad de las fronteras españolas, que figuran entre las más antiguas de Europa, ha insistido J. J. Linz, p. ej. en "Early State-building and Late Peripheral Nationalisms Against the State: the Case of Spain", en S. N. Eisenstadt y S. Rokkan, *Building States and Nations*, Londres, 1973, pp. 32-109.

[18] Se desconoce el contenido del dictamen de Salamanca y no es clara la razón por la que opinaron en contra, pero parece seguro que de ningún modo fue porque creyeran que la tierra era plana, como se ha escrito en ocasiones para denigrar a la universidad y defender a

Colón. Véase F. Fernández Armesto, *Columbus*, Oxford U.P., 1992, pp. 53-54; o W. y C. Phillips, *The Worlds of Christopher Columbus*, Cambridge U.P., 1992, pp. 121-122 (según los cálculos de Colón, Japón estaba a 2.400 millas náuticas de España, menos de la cuarta parte de la distancia real; *ibíd.*, p. 110). Sobre Vespucci, L. de Matos, *L'expansion portugaise dans la littérature latine de la Renaissance*, Lisboa, Gulbenkian, 1991, pp. 277-318.

[19] R. B. Merriman, *The Rise of the Spanish Empire, in the Old World and the New*, Nueva York, 1962, vol. II, pp. 320-21. Sobre la política matrimonial de los Reyes Católicos, dentro de la inmensa bibliografía existente, una buena síntesis en J. H. Elliott, *Imperial Spain, 1469-1716*, Londres, 1970, caps. 1-3; matrimonio con G. de Foix, p. 138.

[20] Para el caso inglés, L. Colley, *Britons. Forging the Nation 1707-1837*, Yale U.P., 1992. En general, sobre la relación entre las monarquías europeas, sus exigencias bélicas y la formación de los Estados modernos y las identidades nacionales, véase Ch. Tilly, ed., *The Formation of National States in Western Europe*, Princeton U.P., 1975, especialmente introducción, cap. 9 (del propio Tilly) y pp. 84-163 (S. Finer, "State and Nation-Building in Europe: The Role of the Military") y pp. 562-600 (Stein Rokkan, "Dimensions of State Formation and Nation-Building: A Possible Paradigm for Research on Variations within Europe").

[21] Véase J. Cepeda Adán, "El providencialismo en los cronistas de los Reyes Católicos", en *Arbor*, 59 (1950), reed. por F. Pérez Embid en *Historia de España. Estudios publicados en la revista "Arbor"*, Madrid, 1953, pp. 185-194. Sobre Nebrija, que repite la idea del desplazamiento de los imperios hacia Occidente, véase E. Asensio, "La lengua compañera del imperio", *Revista de Filología Española*, 43 (3-4), 1960, pp. 398-413. Lo mismo hará J. de Barros en relación con Portugal. D. Catalán, en su introducción a *Los españoles en la historia*, de Menéndez Pidal, Madrid, 1991, p. 52, observa que estos escritores formaban parte, en general, de la primera generación de conversos, con escasa simpatía hacia la Antigüedad greco-romana e incorporadores de un providencialismo mesiánico ajeno a la tradición peninsular. Todavía un siglo después, J. de Salazar repetirá la idea: "Comenzando la monarquía universal en el Oriente (...) vino a parar en el Occidente a manos de los españoles (...) perteneciéndoles habitar el *finis terrae...*" (cit. por R. del Arco y Garay, *Idea de imperio en la política y la literatura españolas*, Madrid, 1944, p. 19).

[22] Cit. por O. H. Green, *Spain and the Western Tradition. The Castillian Mind in Literature, from El Cid to Calderón*, 4 vols., University of Wisconsin Press, 1963-66, vol. I, p. 97. Cfr. P. Marcuello ("Hállase por profecía / de antiguos libros sacada, / que Fernando se diría / aquel que conquistaría / Jerusalén y Granada"), o A. Hernández ("Desque las Españas han sido perdidas / jamás fueron Reyes que os sean iguales, / ni tal lealtad con sus naturales / y aquestas son cosas del Alto tejidas"), cit. ambos por R. del Arco y Garay, *La idea de imperio...*, pp. 111-112. Nebrija también considera a Fernando e Isabel "orbis moderatores" (R. B. Tate, *Ensayos sobre la historiografía peninsular del siglo XV*, Madrid, 1970, p. 210).

[23] R. B. Tate, *Ensayos sobre la historiografía...*, p. 185; Fernando el Católico, al ordenar escribir en latín, "esperaba disipar de esta manera la leyenda de una España bárbara" (p. 209; cfr. pp. 27 y 194); sobre Annio de Viterbo, pp. 25-27; para Sánchez de Arévalo y Nebrija, pp. 22 y 191 (en pp. 25-26, Tate observa que la misma reorientación historiográfica, destinada a demostrar una antigüedad del reino superior a la Roma imperial, y a cargo también de humanistas italianos, estaban realizando las monarquías francesa e inglesa). Sobre Annio de Viterbo, el *falso Beroso*, véase también J. Caro Baroja, *Las falsificaciones de la historia (en relación con la de España)*, Barcelona, 1992, pp. 114-120. Más amplio sobre Nebrija, E. Asensio, "La lengua compañera...". La comparación con Italia es constante: véanse citas de J. del Encina, C. de Castillejo, V. Espinel, J. de Valdés o A. Laguna en O. H. Green, *Spain and the Western Tradition...*, I, pp. 250, 257 y 264.

[24] Valdés, *Diálogo de Mercurio y Carón* (similar en el *Libro Áureo de Marco Aurelio*, de A. de Guevara). Sobre la utopía del buen pastor, véase J. A. Maravall, *Carlos V y el pensamiento político del Renacimiento*, Madrid, 1960, sobre todo pp. 183-226, y *Utopía y reformismo en la España de los Austrias*, Madrid, Siglo XXI, 1982, pp. 346-354; o R. Menéndez Pidal, *Idea imperial de Carlos V*, Madrid, Espasa-Calpe, 5ª ed., 1963. La imagen del rebaño humano universal conducido por un solo pastor —que se halla también en el soneto de Acuña citado a continuación— se repetirá con Felipe II: "Ha seis mil años casi que camina / el mundo con el tiempo a consagrarte / la grey diversa reducida en una..."; o "verá cumplido el fiel su fiel deseo, / viendo tener a cuanto mire Apolo / sólo un pastor en un aprisco solo" (F. de Aldana y C. de Virués, cit. ambos por R. del Arco y Garay, *La idea de imperio...*, pp. 221 y 223). Todavía en 1621, el conde de Villame-

diana dirigirá un famoso soneto a la subida al trono de Felipe IV en el que profetiza: "... uno el redil, una la ley perfecta, / habrá un solo pastor y un solo imperio" (cit. por O. H. Green, *Spain and the Western Tradition...*, t. IV, p. 5).

[25] H. de Acuña, vallisoletano (c.1519-1580), peleó en San Quintín. La expresión más rotunda de la llamada "poesía imperial" fue, de todos modos, F. de Herrera (1534-1597); véase, p. ej., su oda a la victoria de Lepanto, en la que se refiere al "claro español, y belicoso", o al león de España, comparándolo con Babilonia, Egipto o Grecia. C. Blanco Aguinaga, I. Zavala y J. Rodríguez Puértolas, en su *Historia social de la Literatura Española*, 3 vols., Madrid, 1978, vol. I, p. 265, caracterizan este tipo de poesía por la "declamación, ampulosidad, hiperbolismo e imperialismo".

[26] Véase J. A. Maravall, *El concepto de España en la Edad Media*, Madrid, 1954; o R. del Arco y Garay, *La idea de imperio...*, pp. 133-144 (frente a ellos, Diego Hurtado de Mendoza explica al papa que "siendo ministro de un emperador, su casa era dondequiera que pusiese los pies", p. 180).

[27] Frente a las distorsiones de la historiografía nacionalista posterior (que presentará como victoria "española" frente a "Francia", por ejemplo, la batalla de Pavía, donde la mayoría de las tropas imperiales eran lansquenetes alemanes), obsérvese que un testigo de la época, como Gutierre de Cetina, en su epístola a Hurtado de Mendoza, habla de la fama que la "honrosa empresa" de Güeldres va a proporcionar a España, no por ser del ejército de Carlos V, sino porque ha estado dirigida por "caballeros (...) de España", como el duque de Alba (cit. por R. del Arco y Garay, *La idea de imperio...*, p. 175). Sobre los banqueros, la obra de referencia obligada es el *Carlos V y sus banqueros*, de R. Carande; cfr. F. Ruiz, *El siglo de los genoveses en España, 1527-1627*. El resto de los nombres, p. ej., en K. Brandi, *The Emperor Charles V*, Londres, J. Cape, 1965; o P. Chaunu, *La España de Carlos V*, Barcelona, Península, 1976. Sobre el carácter no español del imperio del XVI, véase B. Bennassar, *Historia de los españoles*, Barcelona, 1989, vol. I, pp. 372-379 (quien también da datos sobre generales y banqueros italianos o flamencos de Felipe II, y concluye: "parece, pues, legítimo afirmar que la España del apogeo... fue dirigida por una verdadera 'Internacional', tanto si se trata de los monarcas y sus consejeros como de los jefes militares o financieros").

[28] Obsérvese la diferencia entre el joven Carlos V, que ante la petición de las Cortes castellanas de 1523 de no nombrar para su casa sino "personas naturales de estos reinos" replica fríamente que piensa servirse de "todas las naciones de sus reinos y señoríos" que componían su corona (naciones = grupos que proceden de diversos lugares de nacimiento), y Felipe II, que en 1559 declara ante las Cortes de Toledo "el amor que tuve siempre a estos reinos cabeza de mi Monarquía [...]. A todos los prefiere mi amor y estimación, etcétera". De los últimos años de Carlos V es el soneto del joven F. de Herrera en que se lee: "... es la tierra pequeña a vuestra gloria / dando el imperio a España..." (estas citas en R. del Arco y Garay, *La idea de imperio...*, pp. 145, 231 y 178). De todos modos, todavía al final de su vida, cuando el propio emperador escribe una especie de "memorias" o relación de sus viajes y batallas, lo hace en francés (véase *Carlos V. Memorias*, ed. crít. y trad. por M. Fernández Alvarez, Madrid, Eds. Cultura Hispánica, 1960; el único texto conocido está en portugués, aunque en él se dice literalmente que es trad. del francés; el editor discute, sin embargo, en pp. 27-29 la posibilidad de que la versión original fuera en castellano).

[29] "El concepte d'Espanya als segles XVI i XVII", *L'Avenç*, 100 (1987), pp. 38-40. Cfr. J.-P. Pelorson, en M. Tuñón de Lara, dir., *Historia de España*, vol. V, *La frustración de un imperio, 1476-1714*, Barcelona, Labor, 1982, p. 302 ("durante mucho tiempo el concepto de España, en alguna medida, se ha adelantado a su propia realidad"). Sobre estos temas, J. A. Maravall, *Teatro y literatura en la sociedad barroca*, Madrid, Seminarios y Ediciones, 1972; y *La cultura del Barroco*, Barcelona, Ariel, 1975.

[30] R. del Arco y Garay, *La idea de imperio...*, pp. 300 y 310. Elliott explica también la versión de la historia que tenía Lope, como modelo para entender la que probablemente sería del conde-duque, según la cual España (Castilla, para ser exactos) había vivido tres periodos: el medieval y heroico, en que se forjó su unidad y su carácter; la decadencia de los siglos XIV y XV, en los que la nobleza levantisca desafió al poder real y sumió al país en la anarquía; y la recuperación de la autoridad monárquica iniciada por los Reyes Católicos y culminada en Felipe II; todo ello impregnado de marcado carácter religioso (véase J. H. Elliott, *El conde-duque de Olivares*, Barcelona, Crítica, 1990).

[31] *El cerco de Numancia*, 1584 (cuatro años después de la anexión de Portugal). Véase, p. ej., en ed. de R. Marrast, Madrid y Salamanca, Ana-

ya, 1961, p. 44. R. del Arco, que no cita *El cerco de Numancia*, da sin embargo en *La idea de imperio...*, pp. 286-299, otros varios ejemplos de poemas cervantinos con referencias patrióticas: en general, domina en ellos la idea de la madre España ("hijos, mirad que es vuestra madre España", "¡oh, España, madre nuestra!"), una madre en ocasiones doliente ("la afligida España") aunque en general gloriosa ("famosa España", "invicta España", "madre de los valientes de la guerra"...).

[32] De la Puente, en A. Milhou, "La cultura cristiana frente al judaísmo y al islam: identidad hispánica y rechazo del otro (1449-1727)", ponencia presentada al seminario *Monarquía católica y sociedad hispánica*, Fundación Duques de Soria, 1994, pp. 33-34; Salazar, en F. Castillo Cáceres, "El providencialismo y el arte de la guerra en el Siglo de Oro: la 'política española' de fray Juan de Salazar", *Revista de Historia Militar*, XXXVII, 75 (1993), pp. 135-156; Peñalosa, en M. Herrero-García, *Ideas de los españoles del siglo XVII*, Madrid, 1928, pp. 16-17; Caramuel, en R. García Cárcel, "El concepte d'Espanya...", p. 46 (en p. 47, menciona otra serie de autores que mantienen "un criteri imperialista, reputacionista, defensor del messianisme espanyol" durante el reinado de Felipe IV, en contraste con la postura de repliegue pacifista que se había observado en tiempos de su padre).

[33] Como las obras de A. de Guevara, G. de Sepúlveda, P. de Mexia, L. Ávila Zúñiga, A. de la Cruz... Entre los historiadores de Aragón, mencionados a continuación y cuyo estudio no corresponde a este libro, destaca desde luego J. de Zurita. Sobre la relación entre las obras históricas y las puramente literarias, R. García Cárcel observa, con razón, en su "El concepte d'Espanya...", p. 40, que "el mot Espanya, usat preferentment pels poetes [...] ser considerat molt aviat com un valor d'ús històric. Amb aquesta idea es van escriure les cròniques o històries d'Espanya...".

[34] R. B. Tate, *Ensayos sobre la historiografía...*, pp. 29-30 (cfr. G. Cirot, *Études sur l'historiographie espagnole. Les histoires générales d'Espagne entre Alphonse X et Philippe II*, Burdeos, Feret & Fils, 1904; sobre Ocampo, el cap. 1º de la III parte, pp. 97 y ss.). L. Padilla, *De las antigüedades de España* (1538); Pere Antoni Beuter, *Crónica general de toda España y especialmente del reino de Valencia* (1546, ed. cast.); P. M. Carbonell, *Chroniques d'Espanya fins ací no divulgadas...* (1547); P. de Medina, *Libro de grandezas y cosas memorables de España* (1548); F. Tarafa, *De origine ac rebus sestis regum*

Hispaniae (1553); P. de Alcocer, *Historia, o descripción de la Imperial ciudad de Toledo... Adonde se tocan... cosas notables de la Historia general de España* (1554); E. de Garibay, *Compendio historial de las crónicas y universal historia de todos los reynos de España* (1571); A. de Morales, *Crónica General de España* (1586), etcétera.

[35] "En todo el discurso se tuvo gran cuenta con la verdad, que es la primera ley de la historia"; "yo estoy determinado de mirar más aína lo que es justo que se ponga por escrito, y lo que va conforme a las leyes de la historia, que lo que haya de agradar a nuestra gente" *(Historia general de España*, prólogo y cap. X). De la obra de Mariana hay infinidad de ediciones; de fácil acceso y referencia es la de la B.A.E., vols. XXX y XXXI. Sobre Mariana, véase R. García Cárcel, *La Leyenda Negra. Historia y opinión*, Madrid, 1992, pp. 39-40; G. Cirot, *Études sur l'historiographie espagnole. Mariana, historien*, Burdeos, 1905. Para otros historiadores de esta época, véase G. Cirot, *Études sur l'historiographie espagnole. Les histoires générales...*; J. Cepeda Adán ("La Historiografía"; pp. 547-552), J. M. Jover y M. V. López-Cordón ("La imagen de Europa y el pensamiento político-internacional"), *Historia de España Menéndez Pidal*, vol. XXVI, *El Siglo del Quijote*, I, Madrid, 1986.

[36] Prólogo y lib. I, cap. 1. "No me atreveré a reprobar lo que graves autores testificaron y dijeron", dice también al final del lib. I, cap. 7. Captó la intención de Mariana, J. Godoy Alcántara, quien escribió que "transigió con las ideas recibidas, y de esta transacción resultó la historia más nacional que tenga ninguna literatura [...], verdadera, no en el sentido de exacta, sino en el de reproducción fiel de los sentimientos, las pasiones, las creencias [...] que marcan [...] la individualidad de nuestra nación" (cit. por J. Cepeda Adán, "La Historiografía...", p. 725).

[37] Antiguos españoles, en lib. I, cap. 6. Numancia, en III, 1, 6 y 10; cfr. discurso de numantino: "¿No veis que quieren subyugar a toda España y llevarse sus tesoros?". Sagunto, en II, 9: "aquella nobilísima ciudad", etcétera, pero no habla de heroísmo "español". En cuanto a Viriato, "de nación lusitano", fue "el liberador se puede decir casi de España" (III, 3-5). La inclusión de Viriato como lusitano y español no es, obviamente, contradictoria, especialmente en el momento en que Portugal ha sido anexionada por Felipe II. Sentido geográfico del término "España", p. ej., en el prólogo: "El principio de esta historia se toma desde la población de España", "los años que peregriné fuera de España", "todas la

partes de España". Pero también es un poder político, o un pueblo unido a ese poder ("la grandeza de España conservará esta obra"). "Latín corrupto", en lib. I, cap. 5 (lo mismo, por cierto, que pensaba Marineo Sículo un siglo antes, lo que hacía reaccionar a Nebrija; R. B. Tate, *Ensayos sobre la historiografía...*, p. 195). Anota también ahí Mariana que Portugal, Valencia y Cataluña conservan sus lenguas propias, todas ellas variantes del latín; "sólo los vizcaínos conservan hasta hoy su lenguaje grosero y bárbaro", que pudo ser el de los primeros españoles.

[38] Véase G. Zernatto, "Nation: The History of a Word", *The Review of Politics*, 6,3 (1944), pp. 351-366. Sobre la atribución de rasgos psicológicos colectivos y sobre el papel de la religión en la formación de las comunidades imaginadas, véase *infra*, cap. VI. En lengua castellana, Corominas registra el uso de "nación" en la primera mitad del siglo XVI, en Sánchez de Badajoz y otros. La R.A.E., en su *Diccionario de autoridades*, del XVIII, consigna todavía el significado de "nación" como "extranjero": "es muy rubio, debe de ser nación". Y Fernán Caballero lo usa a mediados del XIX con ese mismo sentido: "Tenía don Martín por toda innovación y por todo lo extranjero la misma clase de repulsa con tedio y coraje que conservaba desde la Guerra de la Independencia por todo lo francés. En diciendo la estúpida expresión lugareña *es nación* tenían las cosas y los sujetos la marca de reprobación de Caín sobre sí. Se estremecía al oír la voz *nación* y torcía materialmente la boca a las familias de los grandes, enlazadas con princesas alemanas: al fin *nación*, decía. A lo que solía contestarle una complaciente comadre: nosotros los españoles podremos tener nuestras faltas, compadres; pero al menos, gracias a Dios, no somos *nación*" (*Clemencia*, Madrid, C. González, 1852, vol. I, p. 165).

[39] La conexión entre la "nación" y la soberanía, inexistente en su *Historia*, podría considerarse sin embargo esbozada, en los términos de la escolástica clásica (interpretando "pueblo" o "reino" como "nación"), en su *De Rege et Regis Institutionis*.

[40] R. del Arco y Garay, *La idea de imperio...*, pp. 299-300.

[41] *El cerco de Numancia*, en ed. de R. Marrast, ant. cit., pp. 47-49 y 109.

[42] J. Brown y J. H. Elliott, *A Palace for a King*, Yale U.P., 1980, pp. 147-152. Las virtudes del príncipe es lo que se exaltaba fundamentalmente en los funerales regios; véase, sobre todo, J. Varela, *La muerte del rey. El ceremonial funerario de la monarquía española (1500-1885)*, Madrid, Turner, 1990.

[43] J. Brown y J. H. Elliott, *A Palace...*, pp. 109 y ss. (estatuas) y 123 y ss. (pinturas). Estos autores, sin embargo, consideran, en pp. 157-158, que Hércules fue incluido más como símbolo de la virtud y la fuerza, y citan diversos ejemplos de salas italianas decoradas con motivos del dios-héroe griego; pero Hércules, como ellos mismo dicen, era considerado también el antecesor de esas dinastías. De la serie del salón de Reinos son también *La defensa de Cádiz contra los ingleses*, de Zurbarán, y *La recuperación de la Bahía de San Salvador*, de Maíno, todas ellas actualmente en el Prado. Emperadores, los llamados españoles, por haber nacido en la Baetica; aunque, como observa T. Pérez Vejo, en concienzuda investigación doctoral *(Pintura de historia e identidad nacional en España*, Universidad Complutense, 1996), en los círculos del conde-duque se consideraba a los reyes españoles herederos del imperio romano. Según Pérez Vejo, en otro proyecto paralelo se optó por incluir los diversos reinos o territorios que daban esplendor a la corona, con dos iconotecas reales dedicadas a la corona astur-castellano-leonesa y la portuguesa, que alcanzaron el honor supremo de ser colocadas en el alcázar, y en el Retiro otras tres: la visigótica, la aragonesa, y el ducado de Milán.

[44] Cit. por E. Tormo, "Velázquez, el Salón de Reinos del Buen Retiro", *Boletín de la Sociedad Española de Excursiones...*, 1911-12. Cfr. la *Silva Topográfica* del poeta portugués M. de Gallegos: "En esta, y en aquella / pared colateral vistosos penden / de animado matiz en copia bella, / doce cuadros insignes, donde aprenden / los humanos sentidos quanta gloria, / y quanta horrible y célebre victoria / la Hispana gallardía / gozó en el campo, donde muere el día, / y en los páramos fríos, donde el Norte / arma rebelde, y bárbara cohorte" (ambos cit. por T. Pérez Vejo, *Pintura de historia e identidad nacional en España*, 1996, p. 259). El soneto "Al Salón del Buen Retiro", recogido por Covarrubias, y también reproducido por J. Brown y J. H. Elliott (*A Palace...*, p. 141), habla igualmente del "mayor capitán", del "monarca mayor", pero termina con una referencia ambigua al león que simboliza a la vez el rey y España: "a este, pues, del León de dos Españas / ya festivo teatro a sus victorias; / infamando su sangre las campañas / vendrá el rebelde a tributar dos glorias, / una a la espada, para las hazañas, / al pincel otra, para las memorias".

[45] Como sería, por ejemplo, la Biblioteca Nacional, del siglo siguiente, nombre ya plenamente nacionalista que sustituyó de manera "lógica y natural", sin discusión al respecto, a la denominación de Real Librería

o Biblioteca Real, nombres con los que se conoció en el XVIII la institución creada en 1711 (véase J. Fernández Sánchez, *Historia de la Bibliografía en España*, Madrid, Compañía Literaria, 1994, pp. 96-108). Sobre símbolos, véase *infra*, cap. XI, apart. segundo.

[46] J. Brown y J. H. Elliott, *A Palace...*, pp. 31, 38-41 y 48. Nada de ello se distingue radicalmente del modelo de las fuentes imperiales del siglo XV; véase V. Juaristi *Las fuentes de España*, Madrid, Espasa Calpe, 1944, sobre todo cap. IV.

[47] Lo que resta protagonismo al belicoso Santiago, ya disminuido en el siglo XVII por santa Teresa; véase T. D. Kendrick, *Saint James in Spain*, Londres, Methuen, 1960. La ofensiva contra Santiago tenía, según analiza detalladamente este autor, una finalidad práctica esencial, pues se trataba de negar al arzobispado compostelano el llamado "voto de Santiago", derecho a cobrar un tributo anual en vino y cereales pagado por todos los territorios recuperados de los musulmanes; este derecho habría sido concedido, según la tradición compostelana, por Ramiro I, en el siglo IX, aunque no figura en las crónicas hasta el siglo XIII, con Lucas de Tuy. Obviamente, otros centros eclesiásticos peninsulares, encabezados por Toledo, siempre en rivalidad con Santiago por la primacía, disputaban la autenticidad de este "voto". De ahí el lanzamiento de santa Teresa como patrona de España en el siglo XVII, y el culto a la Inmaculada Concepción en el XVIII, que oscurecieron la primacía de Santiago.

[48] El mito goticista, por ejemplo, abarca hasta un 15 por ciento de los temas propuestos. Sobre la lucha contra los musulmanes versan más de una cuarta parte de los tapices, aunque sigue sin inventarse el término "Reconquista".

[49] T. Pérez Vejo, *Pintura de historia...*, p. 296.

[50] G. Lovett, *Napoleon...*, vol. 2, pp. 834-835.

[51] Propuesta, por parte del diputado Echeverría, en *D.S.C.*, 19-III-1814, pp. 146-147.

[52] Sobre la contraposición de los términos "nacional" y "real" véase las importantes páginas 64-67 de M. C. Seoane, *El primer lenguaje constitucional español (las Cortes de Cádiz)*, Madrid, 1968; cfr. M. P. Battaner *Vocabulario político-social en España (1868-1873)*, Madrid, 1977, pp. 63-64 y 214-215. R. Barcia, en su *Diccionario de la lengua castellana*, Madrid, 1860, contrapone tajantemente ambos términos como "lo perteneciente a la nación" y "lo perteneciente al rey".

[53] Véase J. M. Jover, "Sobre los conceptos de monarquía y nación en el pensamiento político español del siglo XVII", *Cuadernos de Historia de España*, XIII, 1950, pp. 101-150; cfr. J. Brown y J. H. Elliott, *A Palace...*, p. 9: "known to later generations as the Spanish Empire, but to contemporaries as the *monarquía*, the Spanish Monarchy". La falta de excepcionalidad del caso español se subraya por muchos autores: p. ej., J. J. Linz, "Early State-building..."; M. Artola, *La Monarquía de España*, Madrid, 1999; A. de Blas y J. J. Laborda, "La construcción del Estado en España", en F. Hernández y F. Mercadé (comp.), *Estructuras sociales y cuestión nacional en España*, Barcelona, Ariel, 1986, p. 467.

[54] A. Domínguez Ortiz, *La sociedad española en el siglo XVII*, 2 vols., Madrid, 1963, vol. I, p. 217. Cfr. J. Eliott, *Richelieu y Olivares*, Barcelona, Crítica, 1984

[55] Véase D. Laitin, C. Solé y S. Kalyvas, "Language and the Construction of States: The Case of Catalonia in Spain", *Politics and Society*, 22 (1), 1994, pp. 5-29, quienes constatan el creciente predominio del castellano durante el XVII (sobre el catalán, pero también sobre el latín, francés e italiano, con quienes compartía el espacio) a partir del estudio del número de libros jurídicos y teológicos publicados; según ese mismo estudio, a comienzos del XVIII, coincidiendo con las prohibiciones de Felipe V, el catalán comenzó a recuperar terreno. Recelos de los reinos aragoneses sobre la creciente castellanización de la monarquía, en R. García Cárcel, "El concepte d'Espanya...", p. 49.

[56] R. Kagan, *Students and Society in Early Modern Spain*, Baltimore, 1974, p. 226. Traducción mía.

[57] Véase *Catálogo de las obras publicadas por la Real Academia de la Historia*, Madrid, Tip. Fortanet, 1901, pp. 3-4; sobre los godos, obras de I. de Luzán, M. de Ulloa, M. de la Huerta; cronología, por L. Diéguez y P. Rodríguez Campomanes; sobre la lengua castellana y el privilegio de Santiago, ya en el giro del siglo XIX, Martínez Marina y J. A. del Camino, respectivamente. Sobre la R. A. H., véase E. Velasco Moreno, *La Real Academia de la Historia en el siglo XVIII. Una Institución de sociabilidad*, Madrid, CEPC y BOE, 2000, especialmente cap. 2 sobre el origen de estas instituciones (la cursiva en la cita es mía).

[58] No se puede dejar de anotar, sin embargo, el creciente protagonismo en estos concursos de la figura de El Cid, indiscutible elemento "nacional-populista", postergado hasta el momento, como sabemos, ante la fuerza del apóstol *matamoros*. Todo esto, tomado de la tesis doctoral de

T. Pérez Vejo, *Pintura de historia...*, de donde también procede, p. 308, la cita del crítico Caveda *(Memorias para la Historia de la Real Academia de San Fernando)*. Según Pérez Vejo, los temas históricos nacionales llegaron a ser hasta casi el 90 por ciento del total, y dentro de lo histórico español la Edad Media ocupaba el 37 por ciento (40 por ciento, si se incluye a los Reyes Católicos), la historia antigua el 35 por ciento y los visigodos el 10 por ciento (tanto como los Habsburgo).

[59] Sobre el mecenazgo artístico de los reyes, véase E. Baker, *La biblioteca de Don Quijote*, Madrid, Marcial Pons, 1997, p. 51.

[60] Jovellanos, cit. por M. Artola, *Los orígenes de la España contemporánea*, 2 vols., Madrid, 1959, vol. I, pp. 267-268. Quintana, en *Semanario Patriótico*, Madrid, IV, 22-IX-1808, cit. por F.-X. Guerra, *Modernidad e Independencias...*, p. 233; cfr. p. 329 *(Semanario Patriótico*, 29-IX-1808): "en este augusto día se juraron también los Españoles eterna y estrecha unión, mirándose de aquí en adelante como un pueblo de hermanos a quien un solo y mismo interés dirige; en este augusto día desaparecieron para siempre las diversas denominaciones de Reinos y de Provincias, y sólo quedó España". Egaña cit. por J. Fernández Sebastián, "España, monarquía y nación. Cuatro concepciones de la comunidad política española entre el Antiguo Régimen y la Revolución liberal", *Studia histórica. Historia Contemporánea*, vol. 12, 1994, pp. 59-60.

[61] F.-X. Guerra, *Modernidad e Independencias...*, p. 344. Cfr. con la guerra de la Convención, en la que ya comienzan a hacerse llamamientos a la unidad de todos los reinos, pero se sigue usando *monarquía*, en lugar de *nación*: "Asturianos y Catalanes, Manchegos y Aragoneses son todos porción de la misma monarquía y deben conspirar acordes a su felicidad y a la ruina del enemigo común" (cit. por J.-R. Aymes, *La Guerra de España contra la Revolución Francesa (1793-1795)*, Alicante, 1991, p. 421).

[62] Cit. por J. A. Maravall, "El mito de la 'tradición' en el constitucionalismo español", *Cuadernos Hispanoamericanos*, 329-330, 1977, p. 556. La anterior cita de Gallego, en A. Morales Moya, "El Estado de la Ilustración", en *Historia de España Menéndez Pidal*, vol. XXX, *Las bases políticas, económicas y sociales de un régimen en transformación (1759-1834)*, Madrid, 1998, p. 192. La de Martínez Marina procede de J. I. Lacasta, *Hegel en España*, Madrid, C.E.C., 1984, p. 281; pero no era típico sólo de los que combatían contra los franceses, sino signo de los tiempos, como prueba el hecho de que el gobierno de José Bonaparte estaba haciendo lo pro-

pio (G. Dufour, "Le centralisme des *afrancesados*", en AA.VV., *Nationalisme et littérature en Espagne et Amérique Latine au XIXe siècle*, Presses Université de Lille, 1982, pp. 11-23).

[63] Sobre este tema, en general, J. M. Portillo Valdés, "Nación política y territorio económico. El primer modelo provincial español (1812)", *Historia Contemporánea*, 12, 1995, pp. 247-277; Toreno, cit. en p. 271; temores al peligro jacobino, en pp. 264-66; recelos ante la homogeneización, en pp. 264 y 267-268 (o A. Gallego Anabitarte, "España, 1812: Cádiz, Estado unitario, en perspectiva histórica", *Ayer*, 1, 1991, pp. 140-143).

[64] Cit. por A. Gallego Anabitarte, "España, 1812...", pp. 141-142; y J. M. Portillo Valdés, "Nación política y territorio...", pp. 266-267.

[65] J. Tone, *The Fatal Knot. The Guerrilla War in Navarre and the Defeat of Napoleon in Spain*, University of North Carolina Press, 1994, p. 153; también cita ahí el *Semanario Patriótico*, 27-X-1808, en que se dice que "si las naciones que Francia ha asaltado en su delirio hubiesen sido verdaderas naciones hubieran contenido fácilmente a Francia", como los españoles han "devorado" el gobierno depravado que Napoleón instaló en España. También A. de Capmany, en su *Centinela contra Franceses* (ed. de F. Etienvre, London, 1988), dice que los españoles resisten con tanta fuerza a Napoleón precisamente porque son una nación, cosa que no son los alemanes o italianos. Para Cataluña, véase M. Risques, A. Duarte, B. de Riquer y J. M. Roig, *Història de la Catalunya Contemporània*, Barcelona, Pòrtic, 1999, pp. 35-37.

[66] A. de Blas y J. J. Laborda, "La construcción del Estado...", p. 483.

[67] J. A. Maravall, "Las Comunidades de Castilla. Una primera revolución moderna", Madrid, *Revista de Occidente*, 1963; J. Perez, *La révolution des "Comunidades" de Castille (1520-1521)*, Burdeos, Institut d'Études Ibériques, 1970 (trad. esp., Madrid, Siglo XXI, 1977); J. I. Gutiérrez Nieto, *Las Comunidades como movimiento antiseñorial*, Barcelona, Ariel, 1973. Sobre su papel dentro de la evolución general de la historia de España, véase F. García de Cortázar y J. M. González Vesga, *Breve Historia de España*, Madrid, Alianza, 1994, p. 33.

[68] *España invertebrada*, cap. 6.

[69] Véase L. Greenfeld, *Nationalism. Five Roads to Modernity*, Harvard U. P., 1992, *passim*. Sobre el papel político de la nobleza en los procesos de modernización, en general, véase la obra de Barrington Moore *Social Origins of Dictatorship and Democracy*, Nueva York, Beacon, 1966.

[70] "Refeudalización" en J. A. Maravall, *Estado moderno y mentalidad social (siglos XV a XVII)*, 2 vols., Madrid, 1972, vol. II, pp. 450-451: "retroceso administrativo" en la España barroca; "frente a una minoría nueva que trata de asumir la dirección del país (...) se vuelve a imponer una clase privilegiada, señorial"; la potestad pública se volvió a teñir de "un carácter patrimonial", etcétera. A. Domínguez Ortiz, *La sociedad española en el siglo XVII...*, vol. I, p. 217: en Francia "el poder central tuvo que afrontar el embate de la nobleza feudal hasta muy avanzado el siglo XVII, mientras que en España, desde fecha muy anterior, aparecía completamente domesticada".

[71] Véase manifiesto del duque de Medinaceli, en 1707, contra la "Junta de Reincorporación" creada el año anterior, en A. Morales Moya, "El Estado de la Ilustración...", p. 85. A. Domínguez Ortiz, por su parte, habla de "la frialdad (...) y la defección abierta de una gran parte de la alta nobleza" hacia Felipe V (*La sociedad española en el siglo XVIII*, Madrid, C.S.I.C., 1956, p. 81). Del conde de Teba, *Discurso sobre la autoridad de los ricos hombres sobre el rey*, cit. también por Morales Moya (*ibíd.*, pp. 120 y 397; y publ. por G. Demerson en *Hispania*, núm. 117, 1971, pp. 148-152), escrito donde se pretendía que la monarquía se había convertido en absoluta desde los Reyes Católicos porque había apartado del gobierno a los nobles, su único contrapeso posible, y los Borbones les habían dedicado a "ridículas pequeñeces" con objeto de mantenerles alejados de los negocios importantes del país.

[72] Townsend, "Viaje a España hecho en los años 1786 y 1787", en J. García Mercadal, *Viajes de extranjeros por España y Portugal*, 3 vols., Madrid, 1962, vol. III, p. 1519. Sobre su posible conversión en altos funcionarios, véase A. Morales Moya, "El Estado de la Ilustración...", p. 107. Pérdida de importancia del papel militar en J. A. Maravall, "Élite y poder político en el siglo XVII", *Annuario dell'Istituto Storico Italiano per l'età moderna e contemporanea*, vol. XXIX-XXX, 1979, p. 41, donde cita obras de Domínguez Ortiz en relación con el caso castellano y de Elliott sobre el catalán, en el mismo sentido; se trata, según Maravall, "de un proceso a lo largo de tres siglos, irreversible desde el XVII". Cornaro cit. por A. Domínguez Ortiz, *La sociedad española en el siglo XVII...*, vol. I, p. 219n; Maravall, *ibíd.*, p. 40, cita unas líneas muy anteriores, de H. del Pulgar, en que también atribuye a los nobles el "error común" de anteponer "el servicio de sus señores inferiores a la obediencia que son obligados a los reyes, sus soberanos señores".

⁷³ Cit. por A. Morales Moya, "Nobleza y sociedad liberal", en C. Iglesias, *Nobleza y sociedad en la España moderna*, Oviedo, Eds. Nobel, 1996, vol. I, p. 331. Véase, en este artículo, bibliografía adicional sobre este tema. Cfr. asimismo A. M. Moral Roncal, "La nobleza española ante la primera Guerra Carlista", *Ayer*, 40 (2000); J. M. Cuenca Toribio, "Nobleza y poder ejecutivo en la España Contemporánea", *Historia Contemporánea*, 18 (1998); y J. R. Aznar, "La noblesa espanyola en el segle XIX: un estat de la qüestió", *L'Avenç*, 172 (1993), pp. 16-20. Los estudios existentes tienden a ser locales o sobre periodos específicos (A. Bahamonde, P. Ruiz Torres, D. Ruiz, G. Gortázar, J. Becarud, A. García Baquero, F. Sánchez Marroyo...), pero carecemos de una obra de conjunto sobre el tema.

⁷⁴ A. Cavanilles, *Compendio de Historia de España*, 5 vols., Madrid, 1860, vol. IV, p. 273. Padre Mantuano, *Advertencias a la Historia de Juan de Mariana*, Milán, 1611; tras señalar múltiples críticas a datos menores, en p. 205, por fin, llega el hecho que motiva la obra, y es la observación de Mariana de que "no hay testimonio alguno o instrumento bastante" sobre las concesiones regias a los Fernández de Velasco.

⁷⁵ Véase J. Pro, "Las élites de la España liberal: clases y redes en la definición del espacio social (1808-1931)", *Historia Social*, 21 (1995), pp. 47-69. Este mismo autor ha insistido en otros lugares en que, durante la Edad Moderna, debería distinguirse entre "aristocracia" titulada y "nobleza", grupo social mucho más amplio dotado de privilegios y exenciones. Dada la generalidad con que tratamos aquí el problema, hemos utilizado los términos indistintamente.

⁷⁶ Proclama Junta Sevilla a los españoles (2-VI-1808), en *Colección de bandos, proclamas y decretos de la Junta Suprema de Sevilla y otros papeles curiosos*, Cádiz, Impr. M. S. de Quintana, 1808, pp. 17 y 22. Cfr. el excelente estudio de J.-F. Botrel, "Nationalisme et consolation dans la littérature populaire espagnole des années 1898", en C. Dumas, ed., *Nationalisme et littérature en Espagne et Amérique Latine au XIXᵉ siècle*, Presses Université de Lille, 1982, p. 69; cfr. sentido del honor también en *Catecismos políticos españoles...*, pp. 17-19 (atributos de Napoleón, Godoy y Murat, la intriga, la soberbia, el despotismo, la infamia, la crueldad, la traición, la lascivia... Salvación de los españoles por "la unión, la constancia y las armas"). En las canciones populares, también aparece Napoleón conectado con "infame traición, vergüenza y confusión"; en cambio, españoles, "patriotas

guerreros, blandid los aceros"; "no haces, España, no la guerra / a un pueblo culto o gran nación, / sino a unos vándalos inicuos / que no conocen religión" (*La música y la Guerra de la Independencia*, Auditorio Nacional, Comunidad de Madrid, 1995. pp. 45-59).

[77] *Despertador...*, Valencia, 1809 (cit. por ed. de México, 1809), p. 15; Capmany, cit. por J. Herrero, *Los orígenes del pensamiento reaccionario...*, pp. 239-40; F. X. Cabanes, *Historia de la Guerra de España contra Napoleón Bonaparte*, Madrid, 1818, p. X; marqués de las Amarillas, *Recuerdos (1778-1837)*, reed. en Pamplona, Universidad de Navarra, 1978, p. 284; J. Díaz de Baeza, *Historia de la Guerra de España contra el Emperador Napoleón*, Madrid, 1843, pp. 38 y 395; conde de Toreno, *Historia del levantamiento, guerra y revolución de España*, Madrid, 1835, lib. 2 (ed. B.A.E., vol. LXIV, 1953, p. 43); sermón de fray M. Martínez reproducido por R. Serrano García, *La revolución liberal en Valladolid (1808-1874)*, Grupo Priciano y Caja España, 1993, p. 45; P. Salmón, *Resumen histórico de la Revolución de España*, Cádiz, 1812, p. 73. Sobre la escasa "nobleza" de las acciones bélicas de 1808-1814, de que se habla inmediatamente, basta recordar los "Desastres" de Goya.

[78] M. Pérez Ledesma, "Las Cortes de Cádiz y la sociedad española", *Ayer*, 1 (1991), p. 195 (en p. 192, García Herreros).

[79] Cit. por M. P. Battaner Arias, *Vocabulario Político-Social...*, p. 546. *El Redactor General*, 26-VIII-1812.

[80] P. Hazard, *Pensamiento europeo del siglo XVIII*, Madrid, Guadarrama, 1958, pp. 253-254, cit. por J. Muñoz Pérez, "Los catecismos políticos...", p. 196.

[81] R. Kagan, *Students and Society...* Las cifras de Kagan dan un fenómeno de sorprendente amplitud, aproximadamente un 3,7 por ciento de universitarios entre los jóvenes de 15 a 24 años (a lo que habría que añadir la enseñanza de los jesuitas), alrededor de 1580, momento cumbre del proceso; la proporción más alta de Europa. Ver J. J. Linz, "Intellectual Roles in Sixteenth and Seventeenth-Century Spain", *Daedalus*, 101 (3), 1972, pp. 59-108; el porcentaje es cálculo de Linz, y la cita es también suya, pp. 74-75; es igualmente este autor el que observa que un 60 por ciento de los 321 incluidos en la *Bibliotheca Hispana Nova* de N. Antonio fueron a la universidad. De Anderson, *Imagined Communities*, cit.; véase, sobre este tema, *infra*, cap. VI.

[82] L. Greenfeld, *Nationalism...*, pp. 15-17.

[83] F. Quevedo, *España defendida, y los tiempos de ahora. De las calumnias de los noveleros y sediciosos*, 1609, en *Obras completas*, Madrid, Aguilar, 1941,

pp. 325-359 (citas en pp. 325-328 y 355-358). Quevedo critica específicamente la tregua de los doce años en la guerra holandesa, que acaba de ser pactada. Pero añade: "aunque a mi opinión España nunca goza de paz, sólo descansa, como ahora, del peso de las armas, para tornar a ellas con mayor fuerza y nuevo aliento".

[84] Quevedo proclama su amor a la patria ("hijo de España escribo sus glorias"), pero su vindicación del honor colectivo está cargada de bravuconería: "bien sé a cuantos contradigo, y reconozco los que se han de armar contra mí; mas no fuera yo español si no buscara peligros". Frente al reproche de Mercator de que no ha habido genios en el país, Quevedo establece una larga lista de autores y científicos, en todos los campos, equiparando a fray Luis de Granada con Demóstenes y Cicerón, o a Garcilaso y Boscán con Horacio. Cree a los españoles, además, serios, fieles a Aristóteles, sin esos "espantosos volúmenes de tesoros críticos", que solo demuestran curiosidad malsana, ánimo de innovación y pedantería. Exaltación del valor español, también en Mártir Rizo y otros (véase R. García Cárcel, *La Leyenda Negra...*, pp. 106-110). Sobre la envidia, recuérdese que es para Quevedo el más grave de los pecados en sus *Cuatro pestes del mundo*. Sobre pueblo elegido, véase R. Lida, "La 'España Defendida' y la síntesis pagano-cristiana", en *Letras Hispánicas. Estudios. Esquemas*, México, F. C. E., 1958, pp 142-156; y "Quevedo y su España antigua", *Romance Philology*, XVII (2), 1963, pp. 253-271. B. Schmidt, en *El problema español, de Quevedo a Manuel Azaña*, Madrid, Edicusa, 1976, pp. 29-70, considera esta obra precursora de la literatura sobre el "problema español".

[85] R. Lida, "La 'España Defendida'...", p. 148, y "Quevedo y su España...", p. 271 (versatilidad de su dialéctica).

[86] F. Ayala, *La Imagen de España*, Madrid, 1986, pp. 79-84, y *Razón del mundo*, Xalapa, México, Universidad Veracruzana, 1962, pp. 98-101. Sobre Maquiavelo y maquiavelismo en España, véase J. A. Maravall, *Estudios de historia del pensamiento español. Siglo XVII*, Madrid, 1975, en especial "Maquiavelo y maquiavelismo en España" y "La cuestión del maquiavelismo y el significado de la voz estadista", pp. 39-76 y 107-124.

[87] J. Beramendi, "Historia y conciencia nacional", *Ayer*, 30 (1998), pp. 128-129; cfr del mismo autor, "Ethnos versus Polis? On Method and Nationalism", en J. Beramendi, R. Maíz y X. M. Núñez Seixas, *Nationalism in Europe, Past and Present*, Universidad de Santiago de Com-

postela, 1994, t. I, pp. 69-110, e "Identidad nacional e identidad regional en España entre la Guerra del Francés y la Guerra Civil", en AA.VV., *Los 98 ibéricos y el mar*, Lisboa, 1998, t. III, pp. 187-215. J. A. Maravall, "La idea de felicidad en el programa de la Ilustración", en *Estudios de Historia del pensamiento español (siglo XVIII)*, Madrid, Mondadori, 1991, pp. 162-189.

[88] Términos como *patria*, *patriota* o *patriotismo* están en auge, sobre todo en la segunda mitad del siglo, como han constatado F. Lopez, *Juan Pablo Forner et la crise de la conscience espagnole au XVIIIᵉ siècle*, Université de Bordeaux, 1976; o J. A. Maravall, *Estudios de Historia del pensamiento español (siglo XVIII)...*, pp. 32-33, 36-37, 49, etcétera. En la creación de la conciencia nacional, como ha escrito J. Fernández Sebastián, participaron y creyeron plenamente no sólo un andaluz-vizcaíno como Cadalso o jesuitas catalanes expulsos como Masdeu o Lampillas, sino vizcaínos puros como Zamácola, catalanes en Madrid como Capmany, extremeños como Meléndez Valdés, madrileños como Quintana, extremeño-valencianos como Forner... (véase J. Fernández Sebastián, "España, monarquía y nación...", p. 50).

[89] Véase J. A. Maravall, "Sobre el sentimiento de nación en el siglo XVIII: la obra de Forner", *La Torre*, XV, 57 (1967), pp. 36-37, y "De la Ilustración al Romanticismo: el pensamiento político de Cadalso", en AA.VV., *Mélanges à la mémoire de Jean Sarrailh*, París, 1966, pp. 81-96; J. de Cadalso, *Cartas marruecas*, Madrid, 1984, p. 256; y J. Fernández Sebastián, "España, monarquía y nación..."

[90] Crane Brinton, *The Anatomy of Revolutions*, Nueva York, 1938, en especial cap. 2, apartado 3. Sobre esta situación prometedora, véase J. Marías, *La España posible en tiempos de Carlos III*, Madrid, 1963.

[91] A. Mestre, *Despotismo e Ilustración en España*, Barcelona, Ariel, 1976. R. Herr, *The Eighteenth-Century Revolution in Spain*, Princeton U. P., 1969.

[92] Viajeros hay, como E. Clarke, que expresan, ingenuamente, su felicidad por haber "nacido británico, por vivir en un país con libertad para sentir y actuar, libertad de conciencia, seguridad en la propiedad, buen clima [...]. Aquí no hay Bastilla ni Inquisición que pueda aplastar cualquier síntoma de libertad de espíritu en lo político o lo religioso...". Otros, como John Armstrong, no pueden comprender la fidelidad de los menorquines a sus viejas leyes, teniendo la posibilidad de entrar a

disfrutar de las libertades inglesas. Corridas de toros, crueldad que recuerda a la antigua Roma, en Clarke. Malas carreteras, posadas, etcétera, en Hervey. Todas estas citas y testimonios, y otros muchos, en Mario F. Bacigalupo, "English Travel Accounts of Spain, 1750-1787", *Dieciocho*, I, 2 (1978), pp. 116-126. También hubo viajeros franceses, ya desde el siglo XVII, como B. Joly (1605), el Mariscal de Bassompierre (1621), L. Coulon (1644), F. Bertaut (1659), A. de Brunel (1666), A. Jouvin de Rochefort (1672) o la famosa Madame d'Aulnoy (1679); en el XVIII G. Manier (1726), E. de Silhouette (1729), J.-F. Peyron (1772-73), el Marqués de Langle (1784), De Bourgoing (1775-1795)...; véase, sobre ellos, B. Vincent, "España vista por los viajeros franceses", y F. Lopez, "La Leyenda Negra en el siglo XVIII", ambos en "La Leyenda Negra", núm. extra de *Historia16*, 193 (1992), pp. 103-112.

[93] B. Croce, *La Spagna nella vita italiana durante la Rinascenza*, Bari, Laterza, 1949, p. 269. Sobre novela gótica, véase P. Powell, *Tree of Hate. Propaganda and Prejudices Affecting U.S. relations with the Hispanic World*, Nueva York, Basic Books, 1971, pp. 109-110.

[94] Muy diferente al orgullo era la vanidad, que Montesquieu creía típica de los franceses y que les inducía al consumo lujoso y a seguir la moda, incentivo para trabajar y fuente de progreso económico; véase *Del espíritu de las leyes*, lib. XIX, cap. X; y *Cartas persas*, carta XXIV. Sobre Montesquieu, véase L. Díez del Corral, *La monarquía de España en Montesquieu*, Madrid, Real Academia de la Historia, 1973; y C. Iglesias, *El pensamiento de Montesquieu. Política y ciencia natural*, Madrid, Alianza, 1984, especialmente pp. 304-318 y 370-375.

[95] *Reflexiones sobre la monarquía universal*, cap. XVI y *Cartas persas*, LXXVIII; cfr. carta CXVII: "En los países católicos no sólo está abandonada la agricultura, sino que también se causa perjuicios a la industria, porque la educación se basa en el aprendizaje de cinco o seis palabras de una lengua muerta. Así que uno que se ha granjeado este peculio se puede echar a dormir, o hallar una vida sosegada en un claustro, que en el mundo le hubiera costado mil sudores y afanes...".

[96] *Cartas persas*, XXIX ("En España y Portugal hay unos derviches que no se andan con bromas y queman a un hombre como si fuera hojarasca. Si uno cae en sus garras, tiene suerte si ha estado rezando con una sarta de cuentas de madera, si ha llevado siempre encima dos trapos atados con cintas y si ha estado alguna vez en una provincia que llaman Ga-

licia. Si no, el pobre diablo lo pasará mal"), CXXI y LXXVIII; y *Del espíri-tu de las leyes*, lib. XV, cap. III (utilidad de la religión, en II, IV).

[97] R. García Cárcel, "La manipulación de la memoria histórica en el nacionalismo español", *Manuscrits*, 12, 1994, p. 180.

[98] Ver Feijóo, "Glorias de España", en *Teatro Crítico Universal*, B.A.E, LVI, pp. 194-230. J. del Campillo, *Lo que hay de más y lo que hay de menos (...) en España para que sea lo que debe ser y no lo que es*, 1742 (reed. en Madrid, Facultad de Filosofía y Letras, 1969); cfr. G. Anes, "España como nación en el Siglo de las Luces", en R.A.H., *España como nación*, Madrid, 2000, pp. 193-194. Otro ejemplo de la emergencia de la "conciencia desgraciada" puede ser el soneto anónimo que publicó *El Correo de Madrid*, 22-III-1788, en plena euforia ilustrada, titulado "Para indicar un poeta la infelicidad de cierto país, prorrumpió en el siguiente soneto" ("Reino infeliz, país desventurado, / horrible muladar, rincón del mundo...."), reprod. por J. L. Cano, *El tema de España en la poesía española contemporánea*, Madrid, 1964, pp. 16-17.

[99] Sobre jesuitas en Italia, véase M. Batllori, *La cultura hispano-italiana de los jesuitas expulsos*, Madrid, Gredos, 1966. El *Saggio Storico-Apologetico della Letteratura Spagnola*, de Lampillas, se publicó, en 1778-81. Los *Origine, progresso e stato attuale d'ogni letteratura*, de J. Andrés, en 1782-99. Masdeu publicó su *Discorso storico filosofico sul clima di Spagna, sul genio ed ingegno degli Spagnuoli per l'industria e per la letteratura, e sul loro carattere politico e morale*, en 1781-87. De J. Sempere y Guarinos, *Ensayo de una Biblioteca española de los mejores escritores del reinado de Carlos III*, Madrid, Impr. Real, 1785-89, 6 vols. en 3 t. Sobre el conde de Aranda, véase J. A. Ferrer Benimeli, *El conde de Aranda y su defensa de España. Refutación del "Viaje de Fígaro a España"*, Zaragoza, Universidad de Zaragoza, 1972 (reed. del publicado en Londres, 1785).

[100] Para Cadalso, desde luego, cada nación tiene su carácter particular "un mixto de vicios y virtudes", según expresión que toma literalmente de Montesquieu.

[101] B. Schmidt, *El problema español...*, pp. 71-96. J. A. Maravall, *Estudios de Historia del pensamiento español (siglo XVIII)...*, p. 29.

[102] "Espagne", sección de "Geographie Moderne", t. I, pp 554-568 de la *Encyclopédie Méthodique*, París, 1782. Reproducido en español, p. ej., en E. y E. García Camarero, *La polémica de la ciencia española*, Madrid, Alianza, 1970, pp. 47-53.

[103] Cavanilles (1745-1804) pertenecía al grupo ilustrado valenciano formado alrededor de Mayans; escribió unas monumentales *Observaciones sobre la historia natural, geografía, agricultura, población y frutos del reino de Valencia*, y murió como director del Real Jardín Botánico de Madrid. El artículo de Masson era, según Cavanilles, "un modelo de la ignorancia más culpable y de la presunción más audaz [...] decidme un arte, un solo arte, una sola ciencia, en la cual no tengamos los maestros en tierras extranjeras" *(Observations de M. l'Abbé Cavanilles sur l'article "Espagne" de la Nouvelle Encyclopédie*, París, Jombert, 1784. Fragmentos cit. en E. y E. García Camarero, *La polémica de la ciencia...*, pp. 54-57). De C. Denina, *Discurso leído en la Academia de Berlín, el 26 de enero de 1786..., por el señor abate Denina*, Madrid, Impr. Real, 1786, reprod. en extracto en E. y E. García Camarero, *ibíd.*, pp. 58-71.

[104] J. Sempere y Guarinos, *Ensayo de una Biblioteca...* La *Oración apologética por la España y su mérito literario* es de 1786 (Madrid, Impr. Real). R. Herr, *The Eighteenth-Century Revolution...*, pp. 220-230. El concurso de la Real Academia se publicó el 30-XI-1784, texto en G. Carnero, coord., *Historia de la literatura española. Siglo XVIII*, Madrid, 1995, vol. II, p. 604-605.

[105] Cit. por J. A. Maravall, "Sobre el sentimiento de nación...", pp. 42 y 50-53. "En la sociedad civil no es fácil vivir con felicidad si no es feliz en sí el conjunto de la nación toda", añade Forner.

[106] Cañuelo, el (anónimo) editor del radical *El Censor* desde 1781, acabaría siendo juzgado por la Inquisición en 1788, que le prohibiría escribir sobre temas relacionados con la Iglesia. Su polémica con Forner, en *El Censor*, 1786, disc. CXIII ("Contra nuestros apologistas"), replicado a su vez por Forner y contrarreplicado en el CLXV. A Forner respondió también L. de Arroyal, autor de *Pan y Toros*, (véase F. Lopez, "Leon de Arroyal, auteur des *Cartas político-económicas al conde de Lerena*", *Bulletin Hispanique*, 69, 1969, pp. 26-55). Por A. Mestre, *Despotismo e Ilustración...*, p. 134. Cañuelo denuncia con dureza el fin de los estudios, los deseos y las acciones científicas. Todo se concentra en la felicidad perdurable de la otra vida y se considera bueno todo aquello que nos hace pobres. "Pregunta Mr. Masson ¿qué es lo que se debe a España? Nadie como nosotros ha contribuido a los grandes progresos de nuestra teología, de nuestra moral, de nuestra jurisprudencia civil y canónica y de nuestra política; lo segundo que nadie como nosotros ha

contribuido indirectamente a los progresos que las otras ciencias y artes han hecho en las demás naciones enriqueciéndolas a ellas. Hemos hecho su riqueza a costa de nuestra pobreza, hemos hecho su poder a costa de nuestra debilidad, hemos hecho su gloria a costa de nuestra ignominia". En cuanto a Forner, todavía no identifica claramente a España con el catolicismo.

[107] En ello insiste el folleto anónimo, obviamente de un "afrancesado", *Quiénes sean los verdaderos patriotas de España*, s. l., s. d. (1812, probablemente), pp. 4-5: no hay "español alguno tan vil y tan desnaturalizado que se haya vendido al Emperador Napoleón para hacer a su patria esclava de la Francia"; los dos partidos contendientes quieren "preservar la integridad y la independencia de España, que es en lo que se ha hecho consistir en todos tiempos la libertad y el honor de las naciones". Sobre esta guerra, M. Artola, *La España de Fernando VII...*; y G. Lovett, *Napoleón...*

[108] Jovellanos, en carta a Mazarredo, cit. por F. Etienvre, en su introducción al *Centinela contra franceses*, de A. de Capmany, Londres, 1988, p. 53 (incluye otras apariciones de la expresión, y la idea, de "guerra civil"); cfr. A. Nieto, *Los primeros pasos del Estado constitucional*, Barcelona, 1996, p. 23: "lo esencial es que, quiérase o no, *se trataba de una guerra civil (dentro de otra internacional)*" (subr. en orig.). Proyectos enfrentados como parecía haber ocurrido en 1700, cuando una concepción más tradicional, confederal, de la monarquía, había sido apoyada por los reinos aragoneses; y otra que se adivinaba centralizadora había atraído a los castellanos.

[109] Como subrayaron los partidarios de José Bonaparte en todo momento. Véase, p. ej., el cit. *Quiénes sean...*, p. 1: "Al principio de nuestra revolución tan patriotas eran los que fueron a Bayona como los que ahora están en Cádiz: unos y otros anhelaban por salvar la España, amenazada de una total disolución, aunque abrazaron distintos rumbos para llegar al mismo término"; en pp. 9-10, tras recordar la triste situación de España tras los años de privanza de Godoy y que los propios Borbones, "por debilidad o por otros motivos menos generosos", se aprestaban a desmembrar la monarquía mientras que José Bonaparte "garantizaba la integridad e independencia de España", el autor se pregunta: "¿podrá decirse que tuvieron más amor a la patria los que hubiese preferido los reyes Borbones a toda ella?".

[110] J. Canga Argüelles, *Observaciones...*, p. 35. J.-R. Aymes, *La Guerra de España...*, pp. 437-447, ya había observado el predominio de lo que él denomina "galofobia" en la guerra de la Convención; véase, especialmente, pp. 439-440: "la expresión dominante de la galofobia [...] relegó a un segundo plano —con sorpresa para nosotros— la expresión del apego o fidelidad al rey de España..."; incluso a los sacerdotes franceses exiliados por la Revolución se les recibe como una "peste" (p. 447). Francofobia que observa también J. F. Fuentes, en "Concepto de pueblo en el primer liberalismo español", *Trienio. Ilustración y Liberalismo*, 12 (1988), pp. 182-183. Similares observaciones, referidas a Valencia, en E. Salvador Esteban, "La Guerra de la Convención en un periódico español contemporáneo", *Cuadernos de Investigación Histórica*, 3, 1979, pp. 332-336.

[111] F. Etienvre, introducción a Capmany, *Centinela contra franceses...*, pp. 118-119 y 125. Testimonios sobre gritos del momento en Toreno o R. Solís. Como documento muy representativo, léanse las dos enumeraciones de los gritos dados entonces en S. López, *Despertador...*, p. 18: "viva la religión, viva la Iglesia, viva la Virgen, viva Dios, viva Fernando VII, muera Napoleón, mueran los franceses", "viva Fernando VII, viva la Religión, viva la Iglesia Católica, y muera Napoleón impío"; en ningún momento "viva España".

[112] Véase la agresiva "Descripción del francés" en S. Álvarez Gamero, "Libelos del tiempo de Napoleón", *Revue Hispanique*, XLV, 107 (1919), pp. 314-322. Obsérvese también el curioso adjetivo con que se denominó a los partidarios de José Bonaparte: "afrancesados", esto es, imitadores de las ideas, costumbres o modas francesas (véase *Diccionario Histórico de la Lengua Española*, R.A.E., 1972).

[113] Véase el iluminador artículo de R. Herr "Good, Evil, and Spain's Rising against Napoleon", en R. Herr y H. T. Parker, eds., *Ideas in History*, Duke University Press, 1965, pp. 157-181. A las muchas invectivas contra Godoy allí citadas podían añadirse las incluidas por F. Etienvre, introducción a Capmany, *Centinela contra franceses...*, p. 37, o J. Herrero, *Los orígenes del pensamiento reaccionario...*, pp. 241-245 ("malvado", "rufián brutal", "disoluto garzón", "traidor y archipirata", "el más ingrato y brutal de todos los mortales", "oprobio del género humano", etcétera). Los peligros derivados del gobierno por validos dominan, p. ej., en la *Política de Dios* de Quevedo. Por contraste, véase la "buena fe, sencillez e inocencia" de Fernando, p. ej. en la *Queja o reclamación de los españoles a todos los*

franceses de honor y rectitud, por J. N. A., J. R. L., P. D. C., México, 1808, p. 24. Contra Godoy también véase *La música y la Guerra...*, p. 52: "L'any mil vuit cents y vuit / Catalunya amb gran descuit / a entregat las fortalesas / pels enredos de Godoy / na vingut un gran conboy / de las tropas francesas".

[114] *Despertador...*, pp. 2 y 9; resumen en p. 29: "los filósofos francmasones hicieron la revolución francesa y se proponen extenderla a todo el mundo"; de ahí la invasión de España y la obligación de los españoles de resistirse. Múltiples datos sobre este tema en J. Herrero, *Los orígenes del pensamiento reaccionario...*, pp. 226-241 y 245-256. Reciente, y muy equilibrada, discusión sobre este tema en J. Tone, *The Fatal Knot...*, pp. 54-55.

[115] Manel Risques, en M. Risques, A. Duarte, B. de Riquer y J. M. Roig, *Història de la Catalunya...*, p. 37. Sobre este tema, véase M. Pérez Ledesma, "Las Cortes de Cádiz...", pp. 170-171.

[116] J. Tone, *The Fatal Knot...*, pp. 55-56. Para este tema, véase también el cuadro que se incluye *infra*, cap. VII, apart. primero, que intenta sintetizar los motivos del enfrentamiento de 1808-1814, en relación con las intervenciones francesas de 1794-1795 y de 1823.

[117] Véase p. ej., S. López, *Despertador...*; o *La bestia de siete cabezas y diez cuernos o Napoleón emperador de los Franceses*, por "Un Presbítero Andaluz", reimpr. en Mallorca 1809; "la España es el Pueblo de Dios y el Señor es el Dios de España [...]. Nosotros hemos ocupado en la Ley del Evangelio el lugar de preferencia que perdió el pueblo de Israel por su obstinada ceguedad" (*Exhortación del Obispo de Puebla a sus diocesanos*, México 1808, p. 16). Como observa Guerra, el planteamiento apocalíptico había sido explotado en la Guerra de la Convención por fray Diego de Cádiz. Proclamas como la de Alicante que llama a Napoleón "anticristo del género humano", la de Orense que describe París como la Babilonia que anuncia su ruina cercana, o la de Valencia en que se describe al Señor con espada de fuego al frente de sus tropas, F.-X. Guerra, *Modernidad e independencias...*, pp. 167-168.

[118] Véase J. Álvarez Junco, "La invención de la Guerra de la Independencia", *Studia Historica. Historia Contemporánea*, vol. 12, 1994, pp. 75-99. En ninguno de los centenares de títulos que conozco anteriores a 1814 aparece la expresión "Guerra de la Independencia". Desde fuera de España, aunque lógicamente predominaba la referencia geográfica, se encuentra también la expresión "revolución", como en las *Memorias para la historia de la Revolución Española*, publicadas en París por J. A. Llorente,

en la *Mémoire historique sur la révolution d'Espagne,* de Dominique de Pradt, Arzobispo de Malinas, o en la obra de un G. Elliot de la que sólo he podido consultar la traducción italiana: *Storia della Rivoluzione de Spagna, tradotte dall'inglese.*

[119] Ya en 1814 Llorente se refería a la "declaración de independencia de los habitantes de las provincias americanas" (*Memorias para la historia...*, p. 168). Cfr., entre otros muchos testimonios, monseñor de Pradt, *Examen del plan presentado a las Cortes para el reconocimiento de la independencia de la América española,* Burdeos, P. Beaume, 1822. O la abierta referencia a "la independencia de la América española" por M. de Sicilia en 1827, cit. por C. Seco; "Tres actitudes españolas ante la independencia de América", *Boletín Americanista,* 1 (1), 1959, p. 49. Sobre la relación de la idea de la independencia y el proceso de separación de las antiguas colonias americanas, obsérvese que la R.A.E. consideró hasta muy tarde incorrecto el uso del verbo "independizar", surgido en América (J. Corominas y J. A. Pascual, *Diccionario crítico-etimológico,* Madrid, Gredos, 1980).

[120] Para 1821-1822, *D.S.C.,* 11-III-1822 (p. 302) o 19-III-1822 (p. 418); o *Minerva Española,* núm. 13, 1-V-1821, p. 206. Datos proporcionados por G. de la Fuente Monge, a quien se los agradezco desde aquí. M. J. Quintana, *Obras Completas,* B. A. E., vol. XIX, 1946, p. 585 (la indisciplina en el ejército español se debe a "la manera con que se hizo la Guerra de la Independencia"). *Breve extracto de la vida del General Mina,* Londres, Taylor y Hassey, 1825, p. 8 ("Mis principios y campaña de la independencia"). J. Canga Argüelles, *Observaciones...:* en cap. II se refiere a "la insurrección española del año 1808" y en cap. XVI a "la guerra de los seis años".

[121] Toreno había publicado, ya en 1820, una *Noticia... de la insurrección de 1808,* donde no usa el término revolución ni, por supuesto, "Guerra de la Independencia". En su *Historia del levantamiento... de 1835* se deslizan en ocasiones expresiones como "movidos sus habitantes [por el] sentimiento de la honra e independencia nacional" (p. 63), en sentido muy semejante a como se utilizaba la expresión en los mismos años de la contienda.

[122] A. Alcalá Galiano, *Obras Escogidas,* B.A.E., vols. LXXXIII y LXXIV, 1955; LXXXIV, pp. 447, 454 y 457.

[123] E. de Tapia, pese a no etiquetar la guerra como "de la independencia", usa este último termino con profusión: "el movimiento de un

pueblo que se alza heroicamente para defender su independencia", "el vehemente amor a la patria [y la] defensa de su independencia, de su religión y de sus leyes", "esta guerra eminentemente nacional" *(Apuntes sobre los hechos principales de la Revolución de Sevilla en 1808*, 1810, pp. 202-205). Kosca Vayo, Díaz de Baeza o Ramírez Arcas son aún más anticuados en su terminología, y rechazan en general la palabra, e incluso la idea, de "independencia": "esta guerra memorable de seis años, emprendida a impulsos del honor y de la fidelidad" (J. Díaz de Baeza, *Historia de la Guerra...*, p. 395); ello no significa, sin embargo, que la idea de una invasión extranjera, y la invocación de don Pelayo y la reacción contra los agarenos, no sea constante. Sin embargo, F. Galli, en sus *Memorias sobre la Guerra de Cataluña 1822-1823* (Barcelona, 1835), usa con naturalidad la expresión "Guerra de la Independencia" (pp. 21, 22, 23 y 175). Igualmente, E. Marliani, en su *Historia política de la España moderna* (Barcelona, 1840), se refiere a la "Guerra de la Independencia" en p. 12.

[124] En cambio, en el apéndice de E. Chao a la *Historia General de España* del padre Mariana, publicado en 1851, titulaba esa parte (t. III, cap. IX y ss.) "Reinado de Fernando VII" y "Gobierno Nacional" (pero en índice temático aparece "Guerra de la Independencia", lo que prueba la coexistencia de nombres en el momento). *Memorias* de Alcalá Galiano, escritas en los primeros años sesenta, aunque publicadas por su hijo más tarde; véase *Obras Escogidas...*, B.A.E., vols. LXXXIII y LXXXIV; de este último, pp. 8, 15, 16, 21, 92, 121, 175.... En su apéndice a la *Historia de España* de Dunham, que él mismo tradujo en 1844-1846, también titula ya Alcalá Galiano el cap. 3º del t. VI "Principio de la Guerra de la Independencia".

[125] Incluso en el exterior se reconoce tal cambio. Véase *A Catechism of the History of Spain and Portugal*, por "a Lady", Londres, 1849, p. 77: "... that noble struggle for independence known as the Peninsular War..."; y L. A. Fée, *Souvenirs de la Guerre... dite de l'Indépendance*, 1842.

[126] E. S. Morgan, *Inventing the People. The Rise of Popular Sovereignty in England and America*, Nueva York, 1988.

[127] Cit. por F.-X. Guerra, *Modernidad e Independencias...*, p. 323; (la cursiva es mía).

[128] *Semanario Patriótico*, núm. 4, 22-IX-1808.

[129] *Catecismo católico-político...*, Madrid, 1808: "¿En quién reside la autoridad de imponer leyes? En la universalidad de los ciudadanos, o lo

que es lo mismo, en la nación" (en *Catecismos políticos españoles...*, p. 33).
M. C. Seoane, *El primer lenguaje constitucional...*, p. 55.

[130] F.-X. Guerra, "La nation en Amérique espagnole", en AA.VV., *La Nation*, París, Gallimard, 1993, p. 101.

[131] F.-X. Guerra, *Modernidad e Independencias...*, pp. 164 (regeneración, en *Proclama a los españoles...*), 237 (Martínez de la Rosa, "Del egoísmo político", *Semanario Patriótico*, núm. 16, 11-V-1809) y 248 (Quintana); Argüelles, cit. por A. Gil Novales, en J. Antón, y M. Caminal, *Pensamiento político en España*, 1992, p. 86; cfr. E. Marliani, *Historia política...*, p. 12: "tras tantos dominadores como han ido desangrando la Península, sobresale todavía el tipo nacional", como han demostrado Zaragoza y Gerona recientemente; J. R. Angulo, *Nociones generales de la historia de España*, Madrid, R. de la Sota, 1844, pp. 288 y ss: la Guerra de la Independencia fue el inicio de la "redención de España". En su poema "¡Guerra!", Rivas incita también al pueblo a que se levante contra la tiranía; pero el Rivas conservador de 1841 ya exhorta a lo contrario: "Descansa, ¡oh, guardia! En paz; la tiranía / cayó vencida en inmortal refriega".

[132] M. Virolli, *Por amor a la Patria*, Madrid, Acento, 1977.

[133] *Semanario Patriótico*, núm. 3, 15-IX-1808, p. 47, cit. por A. Dérozier, *Quintana y el nacimiento del liberalismo en España*, Madrid, 1978, p. 259; y también por F.-X. Guerra, *Modernidad e Independencias...*, pp. 241-242. Años después, los liberales seguirían insistiendo en este punto: en 1820, celebrando desde su exilio londinense el restablecimiento de la Constitución, B. J. Gallardo escribiría que el pueblo español presenta el "carácter más indomable" de Europa, como demostró en su heroica y tenaz resistencia a Roma o en su reciente "constante y briosa" guerra contra "el agresor de las libertades de los pueblos de Europa"; una nación así, "¿no tendría expediente para romper la podrida coyunda del yugo doméstico?" (*Alocución patriótica...*, pp. 9-10). Al finalizar el Trienio Liberal, el diputado liberal Munárriz exaltaba el Dos de Mayo como el día en que "tantos ilustres españoles lanzaron en Madrid el grito de la independencia [...] ¡Pero para qué, señores! Para ver hollados en pocos días el heroísmo, la Constitución, la libertad y la independencia: digo la independencia, porque no puede haberla donde reina el despotismo" (*DSC*, 3-V-1823). Muchos años después, Galdós comprendió la importancia de este punto y reprodujo, en el capítulo primero del *"episodio nacional" La batalla de los Arapiles*, un texto de Estala publicado en *El Im-*

parcial que rezaba así: "los que nacen en un país de esclavitud no tienen patria sino en el sentido en que la tienen los rebaños destinados para nuestro consumo".

[134] B. J. Gallardo, *Alocución patriótica...*, p. 6, conecta igualmente estas dos ideas: aquí sois todos liberales, "ilustres Patriotas perseguidos por la justa causa" (mayúscula en el original). Lo mismo, que Flórez Estrada, dijo el orador sagrado que habló en Valladolid, en 1812, con ocasión de jurarse la Constitución de la monarquía: "¿Habéislo oído, Españoles? Libres, sí, libres seréis bajo la salvaguardia de esa gran carta de vuestros derechos y de vuestras obligaciones. Ya tenéis una patria, sois ciudadanos y ciudadanos españoles, y de hoy más combatiréis por vuestros hogares, por vuestro Rey, por vuestras Cortes, por vuestra Constitución y... por vuestra Religión" (sermón de fray Manuel Martínez, reprod. por R. Serrano García, *La revolución liberal en Valladolid...*, p. 48). *La Abeja Española*, 2-V-1813, pp. 14-17.

[135] Con lo que tampoco fueron embriones de los futuros nacionalismos alternativos al español. Tampoco intentaron ganarse con masivas campañas movilizadoras a sus respectivos "pueblos", que frecuentemente apoyaron la causa real frente a sus oligarquías privilegiadas. Sobre dichos conflictos, véase J. H. Elliott, *La revuelta de los catalanes*, Madrid, Siglo XXI, 1972; H. Kamen, *La Guerra de Sucesión en España, 1700-1715*, Barcelona, Grijalbo, 1974; M. T. Pérez Picazo, *La publicística española en la Guerra de Sucesión*, Madrid, CSIC, 1966; y sobre el de las Comunidades, las obras conocidas de Maravall, Pérez y Gutiérrez Nieto. Weber, cit. por J. J. Linz, "Intellectual Roles...", p. 88.

[136] J. Muñoz Pérez, "Los catecismos políticos...", p. 194; menciona este autor la idea del "Estado educador", que también fue típica de Azaña, como destacó M. Aragón en su estudio preliminar a *La velada de Benicarló*, Madrid, Castalia, 1974.

[137] *Teatro histórico-crítico de la elocuencia española*, Madrid, 1786-94, 5 vols., "Discurso preliminar", p. C (cfr. p. CI: "los cortesanos, los literatos de todos los países son muy parecidos, porque todos aprenden en un mismo libro [...] No sucede lo mismo con el pueblo"). Debo este dato a E. Baker, autor de un artículo sobre el tema, de próxima publicación en núm. monográfico de la revista *Hispania* sobre "Los nacionalismos en la España del siglo XIX". *Centinela contra franceses...*, pp. 45, 87, 91, 104 y 133; citas también en J. Herrero, *Los orígenes del pensamiento reacciona-*

rio..., pp. 223-225. Este último autor escribe que "probablemente ningún documento nos da una más clara definición del nuevo nacionalismo que se extiende por toda Europa bajo el influjo romántico" que el *Centinela* de Capmany.

[138] Cit. ambos por M. Artola, *Los orígenes de la España...*, vol. I, p. 330. Sobre Capmany, su *Centinela* y su *Filosofía de la elocuencia*, cfr. J. M. Portillo, "Nación política y territorio económico. El primer modelo provincial español (1812)", *Historia Contemporánea*, 12 (1995), pp. 256-58.

[139] Cfr. J. F. Fuentes, "Concepto de pueblo... p. 203: *pueblo* pasó a ser la forma común de denominar a la España que combatía, "palabra maldita en la España josefina"; aquella guerra "alteró profundamente el concepto que de él [del pueblo] tenía la facción más avanzada de la burguesía..." Reinoso, cit. por J.-R. Aymes, *La Guerra de la Independencia en España (1808-1814)*, Madrid, Siglo XXI, 1975, p. 19; Blanco White cit. por P. Trinidad, en J. Antón y M. Caminal (comps.), *Pensamiento político en la España contemporánea (1800-1850)*, Barcelona, 1992, p. 64.

[140] *Semanario Patriótico*, 15-IX-1808, cit. por F.-X. Guerra, *Modernidad e Independencias...*, p. 241. *El Robespierre Español. Amigo de las Leyes*, núms. VI y XXVII, Cádiz, 1811; cit. por J. F. Fuentes, "Concepto de pueblo...", p. 199. B. J. Gallardo, *Diccionario Crítico-Burlesco. Diccionario razonado manual para inteligencia de ciertos escritores que por equivocación han nacido en España*, Madrid,1820, pp. 138-140.

[141] P. Salmón, *Resumen histórico...*, vol. 1, pp. 277-278.

[142] J. F. Fuentes, "La invención del pueblo. El mito del pueblo en el siglo XIX español", *Claves de Razón Práctica*, 103 (1999), pp. 60-64, y "Pueblo y élites en la España contemporánea, 1808-1839 (reflexiones sobre un desencuentro)", *Historia Contemporánea*, 8 (1992), p. 24. Morel Fatio, "Marchena et la propagande révolutionnaire en Espagne entre 1792 et 1793", *Revue Historique*, 1890, III, p. 80; cit. por J. F. Fuentes, "Concepto de pueblo...", p. 182. A. Flórez Estrada, *Introducción para la historia...*, t. CXIII, p. 240.

[143] *El Robespierre Español*, núm. 6, 23-V-1811. Lo anterior en J. F. Fuentes, "La invención del pueblo...", p. 60; y J. Muñoz Pérez, "Los catecismos políticos...", pp. 194, 196 y 208-209.

[144] *Despertador...*, pp. 10 y 17.

[145] J. Tone, *The Fatal Knot... passim*; F. García de Cortázar y J. M. González Vesga, *Breve Historia de España...*, pp. 42 y 431; M. Pérez Ledesma, "Las Cortes de Cádiz...", pp. 171-172; J. Álvarez Junco, "El nacionalismo español

como mito movilizador. Cuatro guerras", en R. Cruz y M. Pérez Ledesma, *Cultura y Movilización en la España contemporánea*, Madrid, Alianza, 1997, pp. 42-43. Cfr. *infra*, cap. VII, apart. primero, cuadro comparativo entre las tres invasiones francesas de 1794-1823, que arroja luz sobre este problema.

[146] J. M. Jover, "La Guerra de la Independencia española en el marco de las guerras europeas de liberación (1808-1814)", en *La Guerra de la Independencia y los sitios de Zaragoza*, Universidad y Ayuntamiento de Zaragoza, 1958, pp. 39-65. Sobre Galdós, véase infra, cap. XII, apart. primero. Cita previa de Espronceda, del poema "Al Dos de Mayo", en *Obras Poéticas*, I, Espasa-Calpe, p. 145.

[147] F. Garrido, *La España contemporánea...*, vol. I, p. 109; J. F. Fuentes, "Pueblo y élites...", pp. 25-26.

[148] J. L. López Aranguren, *Moral y Sociedad*, Madrid, Edicusa, 1965, pp. 50-51.

[149] Aprobación de propuesta de solemnizar esta fecha ya en las Cortes del 1 y el 2 de Mayo de 1811 (*D.S.C.*,1810-1813, pp. 977 y 994-995). Sin embargo, en enero de 1812 se recordaba que ni siquiera se había cumplido su inserción en los almanaques (*ibíd.*, pp. 2696-2697). Nueva discusión y decreto en 1812 (*ibíd.*, p. 3110), 1813 (p. 5152) y 1814 (*D.S.C.*, 1814, pp. 163, 174, 241-243, 282, 297 y 317); ref. a este último debate en *El Procurador General de la Nación y del Rey*, núms. 106 y 107 (desacuerdo sobre si es día de luto o de regocijo; carácter todavía muy religioso de la celebración). Las referencias nacionalistas basadas en el Dos de Mayo se sucederán a lo largo del siglo XIX, sobre todo en los periodos liberales: véase, p. ej., *Abeja Española*, 2-V-1820 ("la nación más heroica de la tierra", etcétera), o *La Iberia*, 2-V-1870 y 2-V-1871 ("la patria de los Pelayos", "el país de los Viriatos, la tierra de Sagunto, de Numancia y de Covadonga"). Por otra parte, el primer decreto sobre el monumento es de 16-IV-1812. Véase posterior debate en las Cortes de marzo de 1814 (*D.S.C.*, p. 146); de nuevo, el 14-III-1822 se reconoce que no se ha erigido tal monumento y se vuelve a decretar se lleve a efecto "cuanto antes lo permitan las urgencias de la nación" (*ibíd*, p. 356). Este último año, el propio 2 de mayo, presenta Canga Argüelles la propuesta de erigir un Panteón Nacional (*íd.*, pp. 1246-1247).

[150] Ver G. Triviños, *Benito Pérez Galdós en la jaula de la epopeya. Héroes y monstruos en la primera serie de los Episodios Nacionales*, Barcelona,1987. F. Garrido, *La España contemporánea*, 2 vols., Barcelona, 1865-67, vol. I,

pp. 109 y 113. En el mismo sentido se pronuncia un autor como V. Gebhardt, situado ideológicamente en las antípodas de Garrido (y a quien no gusta el término "Guerra de la Independencia") en su *Historia general de España...*, vol. VI, p. 465, escribe: "de aquel momento data nuestra moderna gloria". Cfr. V. Ruiz Aguilera, *El Libro de la Patria*, Madrid, Impr. G. Alhambra,1869: el Dos de Mayo sigue fundando la lucha por la libertad.

[151] "España" en *Enciclopedia Espasa*, Madrid, 1942, t. XXI, pp. 1018 a 1023.

[152] Como ha escrito E. Ucelay, "nel 1938, nei due fronti si rafforzò l'idea di star rivivendo la lotta epica contro Napoleone degli inizi del XIX spagnolo moderno"; este mismo autor cita la obra del franquista teniente general Chamorro Martínez, *1808/1936. Dos situaciones históricas concordantes*, obra declarada útil y de adquisición obligatoria por el ejército ("Prefigurazione e storia: la guerra civile spagnola del 1936-39 come riassunto del passato", pp. 201 y 207). *Mundo Obrero*, "Nuestras dos fechas históricas", 2-V-1937 (Cfr. Comité Central del PCE, *ibíd.*, 18-VIII-1936: "una guerra nacional, una guerra santa... La independencia de España está en peligro"); *Solidaridad Obrera*, "Movilizar al pueblo es asegurar su libertad", 10-XI-1936; cits. ambos por J. Babiano Mora, "España, 1936-1939: la segunda guerra de la Independencia", *Historia16*, 190 (1992), pp. 25-34. Discurso de Franco, 22-VII-1941, en *Diccionario Bibliográfico de la Guerra de la Independencia Española*, Madrid, 1944, vol. I, p. 136.

[153] Véase J. M. Jover, "Introducción", en J. M. Jover, dir., *La era isabelina y el Sexenio Democrático (1834-1874)*, t. XXXIV de la *Historia de España Menéndez Pidal*, Madrid, 1981.

[154] F. Etienvre, introducción a Capmany, *Centinela contra franceses...*, pp. 44 y 46.

Segunda parte

La nacionalización de la cultura

CAPÍTULO IV

HISTORIA NACIONAL Y "MEMORIA COLECTIVA"

EL CANON CULTURAL DEL NACIONALISMO

En 1815, tras la segunda y definitiva derrota de Napoleón, se planteó el problema de la recomposición del tablero político europeo, profundamente trastocado por el vendaval revolucionario y bonapartista. Queriendo creer que lo ocurrido en el cuarto de siglo anterior sólo había sido una pesadilla pasajera, el zar Alejandro I y el canciller austríaco Metternich, a la cabeza de una coalición de monarcas absolutos, se dispusieron a restaurar el Antiguo Régimen, lo que les obligó a lidiar con enrevesados pleitos entre casas dinásticas y derechos heredados. Los liberales, en cambio, seguían en la idea de crear un orden nuevo basado en las "naciones". Usaban así aquel viejo término que en la Edad Media había servido para denominar a las comunidades lingüísticas, a las que el Renacimiento había añadido rasgos psicológicos colectivos, el romanticismo un *Volksgeist,* o manera colectiva de entender el mundo y expresarlo culturalmente, y los revolucionarios franceses, siguiendo una genialidad de Rousseau, un "yo común" o "voluntad general". Sobre esa voluntad colectiva fundamentaban ahora los liberales la legitimidad política. Las naciones europeas en las que entonces se pensaba eran todas grandes unidades territoriales: Francia, Inglaterra, Rusia, Austria, Turquía, Suecia... y España. Sobre la realidad de esta última ningún observador sentía dudas, después de que a una monarquía acreditada desde hacía trescientos años se le acabase de añadir un pueblo furiosamente enfrentado con las tropas napoleónicas. La identidad cuya gestación venimos siguiendo en este libro hacía, así, su aparición como nación moderna, más o menos en las mismas fechas que la mayoría de las demás unidades de su género, es decir, alrededor del año 1800[1].

Ni España ni ninguno de los países o sociedades de la lista anterior era, en realidad, una comunidad humana con esa homogeneidad lingüística y cultural que sueñan los nacionalistas, sino una monarquía o ente político relativamente estable que abarcaba conglomerados humanos surcados por múltiples diferencias internas. Mas lo que los individuos piensan sobre el mundo en que viven es parte, al menos, de la realidad social; y los europeos, por entonces, comenzaban a creer de buena fe que estaban distribuidos en naciones. Había, eso sí, espacios culturales, como Alemania e Italia, de homogeneidad como mínimo comparable a los antes citados, que se incluían ritualmente en la lista de naciones europeas —sobre todo si la elaboraban liberales— y que, sin embargo, no eran entes políticos unidos ni autónomos. Éste fue el flanco débil que aprovecharon los constitucionalistas para seguir socavando, gracias a la idea nacional, el orden establecido. Al denunciar la existencia de naciones desprovistas de soberanía política declararon ilegítimos los poderes que se asentaban sobre ellos. En realidad, hoy sabemos bien que la perfecta coincidencia entre culturas y unidades políticas no es más que una fórmula de laboratorio, pero los liberales, decididos a limitar el poder de los monarcas, no iban a reparar en minucias. Al discurso conservador, basado en legitimidades heredadas y un orden natural sancionado por Dios, se respondió, por tanto, con proclamas sobre los derechos de los "pueblos" y "naciones".

Se comprende que, a partir de ahí, se iniciara una etapa de frenética afirmación de identidades culturales, es decir, de construcción o invención de mitos, símbolos y discursos referidos a esas colectividades, las naciones, que para ser titulares de la soberanía política tenían que demostrar que eran los protagonistas de la historia y de toda la realidad política y social. Para que la opinión aceptara la nueva visión del mundo se hizo indispensable organizar todos los saberes, las referencias y los símbolos culturales en torno a las naciones. Fue una fase a la que los historiadores y científicos sociales dedicados a estudiar estos fenómenos llaman de "na-

cionalismo cultural". Hay coincidencia general en atribuir el protagonismo de esta etapa a élites intelectuales, dotadas de capacidad
para crear y difundir discursos y símbolos culturales identificatorios; una vez completa la creación cultural, según una secuencia
propuesta por Miroslav Hroch, esa identidad sirve de base para
fundamentar un programa de demandas políticas; y en un tercer
momento las exigencias políticas se expanden fuera de los círculos
elitistas y se convierten en populares o masivos. Es entonces, explica
Hroch, cuando se desarrollan plenamente lo que llamamos *movimientos nacionalistas*[2].

Tal sucesión de etapas, en realidad, sólo es propia de los nacionalismos no estatales, a los que en ocasiones se llama también *periféricos*
o *secesionistas* (*state-seeking*, "aspirantes a ser estatales", los denomina,
con más propiedad, Charles Tilly). En cambio, en los nacionalismos
estatales, o desarrollados al amparo de poderes políticos ya existentes (*state-led nationalisms*, para Tilly), como fue el caso español, se
comienza directamente por lo político, en paralelo a la fase cultural. Todo nacionalismo, e incluso toda acción colectiva de tipo
movilizador, necesita delimitar a los componentes del grupo, marcar las líneas que lo separan de los elementos ajenos o foráneos.
Pero los nacionalismos estatales inician esta tarea por la imposición de fronteras físicas por parte del Estado, que habitualmente
terminan generando una conciencia de diferenciación cultural[3].
En el caso español fue la monarquía la que marcó los primeros límites del grupo, al establecer unas fronteras con Francia o Portugal, a cuyos súbditos definió como "extranjeros" o "enemigos". En
los nacionalismos no estatales, en cambio, la labor es más sutil y,
en efecto, corre a cargo de élites intelectuales, que crean, construyen o inventan —descubren, según ellos— una serie de marcas culturales que actúan como fronteras. Durante mucho tiempo, estas
marcas fueron ante todo lingüísticas o religiosas, aunque siempre
complementadas con referencias históricas, es decir, con la evocación de una "memoria colectiva" de la colectividad en la que se
acentuaban sus glorias y, sobre todo, los agravios —las derrotas militares, las humillaciones, la explotación económica, las matanzas y
atrocidades— recibidos de esos extranjeros o vecinos a los que las
élites movilizadoras tenían interés en presentar como rivales u opre-

sores. En la segunda mitad del XIX y comienzos del XX, la definición del grupo en términos lingüísticos, religiosos e históricos tendió a completarse con planteamientos pseudocientíficos, que basaron la personalidad colectiva en unos rasgos biológicos que conferían un carácter racial distintivo —una superioridad— al grupo en cuestión. Desprestigiada toda referencia a las razas tras los horrores desvelados en 1945, y muy secularizadas ya las sociedades europeas, en esta parte del mundo han tendido a volver a primar las justificaciones históricas y lingüísticas.

Pero delimitar fronteras de exclusión e identificar enemigos no basta. Un grupo también necesita símbolos identificadores, o fronteras "de inclusión": lengua, formas de vestir, insignias, banderas, himnos, monumentos o lugares que representan la tradición nacional; todo un conjunto de elementos culturales que distinguen a los pertenecientes al yo colectivo en cuestión y les preparan para darse por aludidos cuando llegue la invocación movilizadora. También con este aspecto tiene algo que ver la historia, ya que esos símbolos suelen hacer referencia a un pasado ideal mitificado, a una edad de oro en la que el ideal comunitario y fraternal se realizó en su plenitud, y al que de algún modo se pretende retornar con el proyecto político "identitario". De ahí que los dirigentes nacionalistas no hablen de alcanzar, conseguir o imponer sus objetivos, sino de recuperar algo que en el pasado ya tuvieron, una situación ideal (la unidad, la independencia, la hegemonía) que un día fue suya y otro les fue ilegítimamente arrebatada.

La invención de la tradición y la construcción de los símbolos nacionales culminan con la elevación de estos elementos a un cierto nivel de sacralidad, el escalón más alto en la preparación para la utilización política de aquel artefacto cultural. No hay duda de que en el mundo moderno se ha producido, en términos generales, una disminución del lugar de lo sagrado en beneficio de lo cívico y laico, pero cuando se piensa en la movilización nacionalista se comprende que este proceso de secularización ha tenido algo de superficial o ficticio, porque la nación ha asumido muchas de las funciones, de las lealtades y hasta del ceremonial de la religión. Los deberes exigidos por la nación superan con creces los debidos a las instancias políticas o cívicas en el Antiguo Régimen. Es cierto que no es fácil generalizar con el nacionalismo, porque si bien a veces ha adoptado fórmulas abiertamente primordiales, etno-sacrales, referidas a supuestas superioridades raciales o predilecciones divinas, en otras ocasiones se ha apoyado en planteamientos más secularizados, que sólo basan la ciudadanía en la territorialidad y la integración en un determinado sistema legal. Estos últimos serían los llamados nacionalismos cívicos, frente a los primeros, considerados étnicos. Lo habitual, no obstante, es la combinación de ambos ingredientes; e incluso las referencias cívicas a los logros culturales o a las libertades que garantiza el sistema político sirven con frecuencia para conferir al pueblo en cuestión una superioridad o incluso una misión redentora de tipo universal y, por tanto, una marca étnica o destino privilegiado[4].

Este movedizo terreno de las identidades colectivas revela, quizás mejor que ningún otro, la complejidad que la construcción nacionalista encierra tras su aparente simpleza. Porque definir el yo nacional, el "nosotros" básico que ha de ser sujeto de tan importantes derechos y deberes políticos, no es una operación transparente ni explícita. Y menos aún es sencilla, ya que las sociedades humanas son un inmenso cruce de razas, lenguas, clases, religiones y unidades territoriales de distinto tamaño, por no hablar de género, edad y tantos otros criterios que pueden servir para formar sujetos colectivos. Cada persona participa de todos estos rasgos en muy diversos grados, siendo las mezclas mucho más frecuentes que la adscripción a un tipo racial o cultural perfectamente definido. Todo ello se encuentra, además, en un constante proceso de construcción y reconstrucción, lo que permite a los defensores de identidades referirse a situaciones presentes o pretéritas que, convenientemente idealizadas, pueden llevar a un número prácticamente infinito de combinaciones identificatorias, muchas de ellas diametralmente opuestas entre sí. Quienes en un determinado momento logren diseñar, a partir de los ingredientes culturales a su alcance, una personalidad que resulte atractiva a un número suficiente de potenciales seguidores, habrán ganado una primera batalla que marcará de manera decisiva todas las contiendas políticas posteriores[5].

Las élites artísticas e intelectuales del XIX dedicaron buena parte de su esfuerzo a creaciones literarias, pictóricas, musicales, históricas o incluso pseudocientíficas articuladas en torno a sujetos nacionales. El modelo más acabado fue, desde luego, el italiano, que al no poseer una estructura estatal previa en la que apoyar la nación se dedicó a cultivar la identidad cultural. Aquel espectacular movimiento recibió el nombre de *risorgimento,* o "resurgimiento", término que hacía referencia a la reaparición de una personalidad que se suponía siempre había existido y sólo se encontraba adormecida por circunstancias pasajeras. Una vez conseguida la unificación italiana, el ministro Massimo d'Azeglio expresó como nadie lo que se estaba haciendo y se pretendía seguir haciendo cuando dijo que habían logrado hacer Italia, pero que ahora era preciso "hacer italianos". Era preciso, en efecto, convencer a sicilianos o venecianos de que debían hablar "buen" italiano, es decir, toscano, y que el habla utilizada por sus padres y abuelos era sólo un "dialecto". No sólo en casos de rectificaciones de frontera, como el italiano, sino también en países donde se produjeron alteraciones revolucionarias se hizo preciso utilizar el mito nacional para fundamentar los nuevos regímenes. Incluso las monarquías más establecidas que quisieron sobrevivir como Estados modernos tuvieron que disfrazarse de naciones.

El historiador británico Eric Hobsbawm ha bautizado este fenómeno, con gran éxito, como "invención de la tradición"[6]. Por toda Europa, en la segunda mitad del siglo XIX, surgieron libros de historia nacional, se erigieron museos donde se guardaba y reverenciaba la cultura patria, se consagraron monumentos y altares cívicos, se desplegaron ceremonias y rituales en torno a la nación.

España fue uno de aquellos casos en que se intentó construir la nueva identidad política en torno a la cultura que el Estado patrocinaba como oficial. No era tarea directa del poder público, como veremos, sino de las élites políticas que apoyaban los cambios modernizadores, empezando por aquellos constitucionalistas gaditanos que sucedieron a los reformadores ilustrados. Y es que el razonamiento en que se apoyaba la nueva teoría de la soberanía nacional era, en general, nítido y convincente; pero había un punto que quedaba en la penumbra, que era justamente el contenido concreto de ese término en nombre del cual se disputaba la soberanía al rey y se exigía el sacrificio de sus intereses particulares a los ciudadanos: la nación, es decir, España. Su realidad se daba por supuesta y, sin embargo, como ha observado François-Xavier Guerra, de la nación se sabía muy poco. ¿Estaba ya constituida políticamente o aún por constituir? ¿Era "producto de la historia o el resultado de una asociación voluntaria"? ¿Estaba formada por individuos autónomos e iguales entre sí o "por comunidades políticas antiguas, con sus estamentos y cuerpos privilegiados"? La propia Constitución de Cádiz tuvo que definir quiénes eran los "españoles", algo no tan obvio como podría pensarse. ¿Lo eran, por ejemplo, los habitantes de los territorios de ultramar? Los diputados gaditanos lo discutieron y decidieron que sí lo eran, pero no todos, pues quedaron excluidas las "castas" de indios o negros. No interesa aquí aquel debate, que además quedó pronto arrumbado por la independencia de las colonias, pero es un indicio de la dificultad de definir el sujeto al que se atribuía nada menos que la soberanía política[7].

No todo era, por otra parte, cuestión de doctrina o principios. También había que suscitar emociones. Lograr la identificación y la lealtad de los individuos hacia la nación requería un esfuerzo previo de imaginación que convirtiese en visible esa personalidad colectiva a la que tanto poder se atribuía. Si los intelectuales hubieran creído su propia versión de la guerra contra Napoleón, no hubiera sido necesario afianzar los sentimientos favorables a "España", porque ésta habría demostrado ser una identidad bien arraigada. Pero ni ellos mismos estaban seguros de que la nacional hubiera sido la apelación decisiva. En todo caso, a medida que pasaron los años se vio la necesidad de reforzar la idea y el sentimiento patrios: había que concretar lo que significaba ser español, describir España desde un punto de vista geográfico y monumental, conocer su historia, incluso "verla" y "tocarla", a ser posible, en grabados y estatuas públicas. Del éxito de esta construcción dependía la adhesión sentimental y, por tanto, la eficacia movilizadora del mito en el futuro. Un desengañado de la primera generación liberal, Alcalá Galiano comprendió bien, veinte años más tarde, que en Cádiz se había dado por supuesto algo no evidente, como era la realidad de la nación española; y dijo, mucho antes que d'Azeglio, que la tarea de los liberales tenía que consistir en "hacer a la nación española una nación, que no lo es ni lo ha sido hasta ahora"[8].

El problema era, por último, de orientación política. Aquella "nación española" que se invocaba frente a los franceses era también, como sabemos, la bandera en que los liberales apoyaban sus exigencias de cambios constitucionales y sociales. Pero sabemos igualmente que la identidad heredada del periodo anterior poseía una serie de rasgos no siempre fáciles de casar con aquellos objetivos. Por ejemplo, esa identidad giraba alrededor de la monarquía, creadora de la unidad política con la que propios y extraños identificaban a "España"; no era sencilla, ni mucho menos automática, su conversión en una personalidad colectiva; de ahí los obstáculos con que se toparon los liberales al intentar afirmarse frente a Fernando VII y más tarde frente a don Carlos. Tal identidad se basaba, además, en la cultura castellana, propia de la zona central, donde residía la corte, y mayoritaria en el conjunto de reino, pero no dominante en todos sus rincones. Al hablarse de la nación española como un ente único y sólido se estaba, en parte, hablando de una ficción y olvidando las herencias históricas fragmentadas sobre las que se solapaba la cultura oficial. Por último, la herencia cultural se apoyaba en el catolicismo contrarreformista, en dura confrontación con la tolerancia religiosa y otros males modernos. Los liberales se encontraban, pues, ante graves problemas al definir esa "España" que era crucial para su proyecto político: como mínimo, tenían que conseguir que no se identificase sólo, ni principalmente, con la religión heredada, la lealtad al rey y la adhesión a los valores nobiliarios tradicionales, sino que sirviese de base para la construcción de un Estado moderno y una estructura política participativa; por otro lado, era preciso no cuestionar la unidad y la fuerza de ese ente político que deseaban construir.

Para tener alguna posibilidad de imponer sus objetivos, las élites culturales tenían que ponerse a trabajar para reelaborar el imaginario político, las creencias heredadas sobre la realidad social, y adaptarlas a las nuevas coordenadas nacionales. Todo debería ahora girar en torno a la nación, nuevo sujeto político y nuevo mito movilizador, que sólo siendo potente y creíble podría rivalizar con los monarcas absolutos, portadores hasta entonces de esa soberanía y ese carisma que ahora reclamaban los entes colectivos. A lo largo del siglo XIX, como en cualquier otra época de la historia, las élites intelectuales y artísticas se dedicaron a actividades muy varia-

das: poesía, novela, historia, pintura, música y, por supuesto, investigación científica en muy diversos campos. Pero la peculiaridad de
la época es que casi todo, incluso algunas de las pretendidas ciencias positivas, tuvo rasgos nacionales. En la reelaboración cultural
que cada generación o cada época inevitablemente emprende,
aquella vez tocó —seguramente de forma más inconsciente que
consciente— nacionalizar. La forma en que se desarrolló aquel proceso es el tema sobre el que versan estos dos capítulos.

La historia nacional

En aquella adaptación de las visiones heredadas sobre la realidad social a la perspectiva nacional, ningún ámbito era tan prioritario como la historia. Una historia común, o lo que más tarde se ha
denominado una "memoria colectiva", era parte esencial de esa cultura que, según la concepción nacionalista, debían compartir los
ciudadanos de un mismo Estado.

La referencia a la "memoria colectiva", término que puso en
boga en el siglo XX el sociologo Maurice Halbwachs, vinculado al
grupo de historiadores de la escuela francesa de los *Annales,* merece sin duda una breve aclaración, porque es conveniente distinguir desde el principio las historias nacionales de la memoria en
sentido estricto. Por "memoria" entendemos, en el lenguaje habitual, la capacidad que poseen los seres vivos de reproducir en la
mente episodios o sensaciones que han experimentado con anterio-
ridad. Así definida, es una facultad propia sólo de organismos biológicos individuales, vivos en el momento en que la ejercen; y únicamente puede versar sobre hechos que hayan afectado a su propio
pasado. Estrictamente hablando, tal facultad no puede ser "colectiva", a menos que creamos, como en efecto creyeron algunos de los
padres fundadores de la sociología, que las sociedades son asimila-
bles a organismos vivos e incluso que poseen una mente colectiva capaz de reproducir, consciente o inconscientemente, experiencias
pretéritas vividas por los antecesores de esa comunidad. Cosa muy
distinta es atribuir a la memoria individual un aspecto social o su-
praindividual, en la medida en que al evocar el pasado, como al esta-

blecer cualquier otra relación con la realidad, no se puede prescindir de prismas culturales creados socialmente. Sobre lo que en ningún caso puede versar esa memoria es sobre experiencias ocurridas cientos o miles de años antes, como las Guerras Púnicas o el cerco de Numancia, porque ninguno de los individuos hoy vivos lo estaba entonces y, por tanto, pueden imaginar, pero no reactivar en la mente cosas que nunca experimentaron. Caben memorias secundarias sobre hechos que vivieron generaciones de un pasado reciente y cuyos recuerdos han transmitido a sus descendientes inmediatos, como por ejemplo la Guerra Civil española contada por sus protagonistas a sus hijos nacidos en la posguerra; mas la deformación, que como es bien sabido se produce ya en grado muy alto entre los propios actores y testigos de los acontecimientos, se multiplica a medida que se transmite de oyente en oyente. Cuando se trata de un pasado remoto, la deformación de las versiones trasmitidas oralmente es tal que ya no se puede hablar, en puridad, de memoria. Se entra entonces en el terreno de la tradición, que puede consistir en versiones estereotipadas trasmitidas oralmente o bien, más frecuentemente, en un conjunto de textos y monumentos construidos por quienes en un momento posterior han estado interesados en presentar una determinada versión del pasado y han tenido capacidad para crear símbolos culturales influyentes sobre el conjunto social.

También convendría distinguir las historias nacionales del XIX de la "historia", entendida como disciplina académica. Esta última es una elaboración intelectual sobre acontecimientos pretéritos, basada en testimonios reputados como veraces, y guiada por intereses científicos, esto es, por el puro deseo de entender y explicar el pasado humano. Este tipo de historia lleva, inevitablemente, a un relato con sujetos cambiantes según el campo y la época estudiados. Las historias nacionales del XIX, en cambio, versaban sobre los orígenes y avatares de "una comunidad permanente", la nación, cuya unidad y permanencia se pretendía demostrar precisamente gracias a ese relato. Con ese fin se elaboraba una saga colectiva a partir de unos padres fundadores y esmaltada con héroes y mártires, todos ellos defensores de aquella comunidad esencial, que acababan formando una parte crucial de esa cultura compartida que integraba a los individuos en los nuevos Estados-nación. Tales construcciones, como las tradiciones y monumentos a los que se llama "memoria colectiva", son, sin duda, respetables y hasta puede sostenerse que surten efectos positivos desde el punto de vista de la autoestima y la integración del conjunto social, pero, al igual que estas últimas tienen poco que ver con la memoria que poseemos los seres vivos sobre nuestras experiencias pretéritas, las primeras están muy distantes de la historia como conocimiento del pasado que pretende ser científico. Ernest Renan, en su penetrante conferencia titulada *¿Qué es una nación?*, lo vio con claridad: *L'oubli, et je dirais même l'erreur historique, sont un facteur essentiel de la formation d'une nation et c'est ainsi que le progrès des études historiques est souvent pour la nationalité un danger*[9].

La cuestión, sin embargo, se complica si recordamos que la tarea se había iniciado en el siglo XVIII, y que ésta fue una época de gran renovación historiográfica, uno de los subproductos del giro racionalista del XVII. Es indiscutible que lo que Hume, Muratori, Gibbon o Voltaire pretendían era, ante todo, depurar la documentación para fijar hechos y fechas fidedignos, es decir, eliminar las fábulas de los falsos·cronicones, repetidas acríticamente por los historiadores barrocos. Otro de sus encomiables objetivos era superar la historia militar o heroica para escribir historia "civil", según término de la época, lo que significaba prestar menos atención a las sucesiones de dinastías y batallas para interesarse por "la agricultura, las fábricas, el comercio, las bellas artes", junto con "el origen, progresos y alteraciones de nuestra constitución, nuestra jerarquía política y civil, nuestra legislación, nuestras costumbres". Estas frases, de Masdeu una y de Jovellanos la otra, revelan que, si bien la monarquía española había mantenido a sus súbditos al margen del movimiento intelectual del siglo XVII, en el XVIII las cosas estaban cambiando y el eco de estos nuevos historiadores sí había llegado a oírse. Aunque, al finalizar el siglo, el propio Jovellanos se quejaba de que "la nación carece de una historia", lo cierto era que para entonces habían transcurrido varias décadas de intenso cultivo del saber histórico. Maravall, gran conocedor del periodo, observó que en el siglo XVIII español "se escribe de historia sin descanso", "se llevan a cabo excavaciones, se fundan y reorganizan archivos y bibliotecas" y "en los planes de estudio de los centros docentes [...] la historia y las lecturas de esta clase tienen una parte muy abundante"[10]. Y la historia que entonces se produjo era de sorprendente calidad si se compara con la de la época anterior, tan crédula aún con datos no avalados por pruebas documentales, o incluso con la siguiente, tan distorsionada por la pasión nacionalista.

Esa renovación historiográfica, sin embargo, no se veía impulsada sólo por intereses científicos. Lo observamos ya al mencionar la Real Academia de la Historia como parte de los esfuerzos de homogeneización cultural apoyados por la monarquía. En sentido semejante, también las élites político-intelectuales que estaban colaborando con la empresa reformadora de los ilustrados tenían, al interesarse por la historia, un objetivo nacionalizador. Las Sociedades Económicas fundaron cátedras de Historia, pero no de cualquier clase de historia, sino "de España"; como las tertulias y academias locales que se dedicaron a estudios históricos, pese a ser locales, orientaron sus trabajos hacia el pasado nacional[11]. En cuanto a los clásicos que se reeditaron, fueron la *Crónica General de España* de Alfonso X, *Los claros varones de España* de Hernando del Pulgar, la *Crónica* de Florián de Ocampo y hasta ocho ediciones de Mariana entre 1733 y 1804[12]. Y, sobre todo, los libros que se escribieron eran *Historia de España*. Tras los pasos pioneros de Nicolás Antonio o el marqués de Mondéjar, se abrieron camino los Mayáns, Burriel, Juan de Ferreras, Yáñez de Avilés, Salazar y Hontiveros, Belando, Velázquez de Velasco, los hermanos Mohedano, Marín y Mendoza, etcétera. En las décadas centrales del siglo, alcanzarían especial prominencia los veintinueve tomos de la *España Sagrada* del agustino Enrique Flórez, publicados entre 1747 y 1779; no eran una historia nacional, sino de la institución eclesiástica, pero, dado el solapamiento de las dos identidades, serviría de base para la futura versión católico-conservadora del pasado nacional[13]. Y el gran esfuerzo historiográfico llegaría por fin con la *Historia crítica de España y de la cultura española* de Juan Francisco Masdeu, a la que el mismo autor califica de "historia universal de España" y que, pese a no superar el siglo XI, constituyó el intento más serio de elaboración de una historia nacional en los doscientos cincuenta años transcurridos entre Juan de Mariana y Modesto Lafuente.

No sólo fue la historiografía del XVIII menos fantasiosa que la producida en el siglo imperial, sino también menos mesiánica y despectiva hacia el resto del mundo. Empujados por su celo crítico, los ilustrados denostaban la historia tradicional y arremetían contra fábulas y anécdotas en torno a reyes y héroes, hasta el punto de que Masdeu llegó a dudar de la existencia de El Cid. Pero lo que proponían frente a eso eran "conocimientos sobre las naciones", según observó también Maravall; la nación era "el marco general de la visión historiográfica". Lo que se quería era algo más que rivalizar con los extranjeros o combatir sus "prejuicios" esgrimiendo frente a ellos el máximo número posible de hazañas y glorias patrias, como se había hecho desde finales de la Edad Media y era típico del patriotismo étnico. De lo que se trataba ahora, cuando se empezaba a construir la nación, era de demostrar la continuidad de un carácter o forma de ser a través de los milenios. Los historiadores ilustrados intentaban, con toda buena fe, desmontar un tipo de conocimientos míticos. Pero ponían los cimientos del siguiente[14].

Sobre esos cimientos construyeron la mitología nacionalista los liberales en la época gaditana. Y al ver drásticamente interrumpida su tarea por la reacción fernandina, primero en 1814 y luego en 1823, y tener que probar las hieles del exilio, sufrieron un choque cultural parecido al que habían experimentado los jesuitas expulsos del XVIII. La mayoría se fue a Inglaterra, ya que Francia vivía la restauración borbónica, y allí, según reflejan habitualmente los historiadores de este periodo, aprendieron lo que era el romanticismo literario y la moderación política[15]. No vendría mal añadir que en aquellos años vividos fuera de España también captaron la importancia de la construcción nacional. Los estímulos recibidos durante su vida en el exterior les hicieron comprender que era preciso definir esa "forma de ser" española que en 1808-1814 habían dado por supuesta y, sobre todo, que era urgente lograr que sus conciudadanos la interiorizaran. Uno de los corolarios de esta idea era la necesidad de escribir historia de España.

Impregnarse de sentimientos nacionalistas fue, en realidad, parte de la absorción de aquel ambiente romántico a que los historiadores suelen referirse y que por entonces triunfaba en los ambientes culturales europeos. En el próximo capítulo, al tratar de la literatura, dedicaremos algún espacio al significado político de esta nueva corriente cultural, pero puede adelantarse ya que uno de sus efectos fue plantear los problemas en términos de identidades nacionales. El arte, para los románticos, era una de las manifestaciones del "espíritu del pueblo", bien se expresara anónimamente, por medio del romancero o el folclore popular, bien fuera revelado a las grandes almas capaces de encarnar la sensibilidad colectiva. De ahí que librerías y bibliotecas se vieran invadidas, en la era romántica, por productos nacionales: en el campo que ahora interesa, libros de historia nacional. De la propia nación o, en ambientes culturales de tanta potencia como el francés, inglés o alemán, de las demás: de Rusia, de Polonia, de Italia y, por supuesto, de España. Fue así como, entre 1831 y 1845, se publicaron en Francia, Inglaterra y Alemania cerca de una decena de *Historias de España*[16].

Mas he aquí que, en esa distribución de caracteres nacionales que hacía el romanticismo, España había quedado etiquetada como la representación del "exotismo" europeo; o, para ser más precisos, del "orientalismo". La imagen venía, como mínimo, de lord Byron, y fue ratificada por Washington Irving y Victor Hugo, primero, y más tarde por Gautier y Mérimée. Puesto en términos positivos, orientalismo podía traducirse como belleza, melancolía, ruinas, honor caballeresco, hedonismo o pasiones intensas; pero políticamente, y como comprendían bien los destinatarios de tanto elogio, significaba quedar relegados a la decadencia, e incluso a la barbarie. Turquía, mundo oriental por antonomasia, era también el imperio en descomposición, lo que pronto se llamaría el "hombre enfermo de Europa". Esos españoles que habían salido al extranjero forzados por la situación política no se esperaban esa imagen del país, que en nada coincidía con la que habían aprendido de niños. Apesadumbrados, se confesaron unos a otros que había una "incomprensión" generalizada sobre su patria; no se valoraban como merecían las glorias nacionales. Cayeron entonces en la cuenta del retraso en la construcción cultural de la nación, de la urgencia de la tarea. Los propios historiadores extranjeros comenzaban su trabajo declarando su asombro ante la inexistencia de historias de España. *L'Espagne n'a point [...] d'histoire nationale*, decía Charles Romey, *le génie historique ne s'est point réveillé encore chez ce grand et malheureux peuple*. Y era, en verdad, asombroso: desde aquella tempranísima expresión del patriotismo étnico que fue la *Historia General de España* del jesuita Mariana, publicada a finales del siglo XVI, se había pasado a un retraso descomunal a comienzos del XIX. Pese a lo mucho escrito en el siglo XVIII, no se había producido una obra general que pudiese rivalizar con la de Mariana; con incontables añadidos y apéndices, éste era el texto que seguían estudiando los escolares. Ni se sintieron felices los emigrados liberales al caer en la cuenta de la situación ni se iban a aceptar como remedio lo que estaban escribiendo los extranjeros, por definición incapacitados para entender la realidad española, incluso en los raros casos en que les animaba la mejor voluntad hacia el país. Impulsados por este tipo de sentimientos defensivos, los más voluntariosos, como Sempere y Guarinos o Lista, se pusieron a escribir ya en el exilio. Otros, como Alcalá Galiano o Escosura, volvieron a España con la intención de hacerlo o de instar a los historiadores del interior a que se aplicaran a la tarea.

Producto de este clima fue, al fin, la *Historia General de España* de Modesto Lafuente, cuyos treinta volúmenes, publicados entre 1850 y 1867, se convertirían en la obra de referencia general hasta tiempos de la Segunda República. Y no porque fuera la única, ya que tras ella apareció toda una pléyade de historias de ese género: aparte de múltiples manuales escolares, entre los que destacaron los de Fernando de Castro, entre 1857 y 1875 se publicaron las historias de España de Patxot y Ferrer, Cavanilles, Aldama y García González, Gebhardt y del Villar, Rossell y Zamora y Caballero, que totalizan cuarenta y tres volúmenes; en los años 1890 se añadirían las de Morayta y, finalmente, la *Historia General de España*, redactada por miembros de la Real Academia de la Historia bajo la dirección de Cánovas del Castillo, con otros veintiún volúmenes más. Todo ello, por no mencionar las reediciones de clásicos, como las del propio Mariana, o los volúmenes titulados *Glorias Nacionales*, que reproducían la Crónica General de España, los Anales de la Corona de Aragón, las obras de Zurita, Moncada, Mendoza, Melo, Conde, Solís, extractos de Garibay o Ferreras y un "diccionario historial" de España, con 100.000 personajes y acontecimientos. Obviamente, no había sido una genialidad de Lafuente, sino una obsesión colectiva. Hasta la obra de Lafuente tuvo algo de colectivo, pues a partir

de la edición de 1887 se publicó con una continuación escrita por
Juan Valera, Andrés Borrego y Antonio Pirala[17]. Los autores de aquella "historia de España" fueron, por tanto, toda una élite intelectual, compuesta por varias generaciones, que dominó las décadas
centrales y finales del siglo XIX. Ellos construyeron la versión canónica del pasado en términos nacionales, a la que dedicaremos las
páginas siguientes.

EL MARCO MÍTICO DEL RELATO

El relato se situaba en un marco que tenía, a decir verdad, rasgos
poco innovadores en relación con el dibujado por las historias mitológicas y caballerescas conocidas hasta el momento. Pues la primera página de cualquier historia nacional del XIX describía la tierra
en que habitaba el pueblo protagonista con unos elogios ditirámbi-
cos que en nada diferían de los que en etapas anteriores habían
servido para demostrar la preferencia del Altísimo sobre el reino o
linaje elegido. En el caso español, eran los famosos *laudes Hispaniae*,
cuyos antecedentes se remontaban nada menos que a Isidoro de
Sevilla, iniciador de una tradición continuada por historiadores
y cronistas de las Edades Media y Moderna.

España —entiéndase, siempre, la península Ibérica— era, según la muletilla, "suelo privilegiado", dotado de perfecciones naturales no igualadas por ningún otro. "Este país goza de cielo sereno,
su clima es templado, su terreno es fértil, sus ríos abundantes en
pesca y sus montes en caza y minerales", se leía en un manual aparecido poco antes que la historia de Lafuente; otro, posterior en
pocos años, se refería al clima templado de España, sus "ríos cauda-
losos" y campiñas fértiles, donde se producen "toda clase de gra-
nos, frutas sabrosas y vinos exquisitos". "Sabrosos frutos" y "exquisitos vinos" eran igualmente expresiones usadas por un tercero, de la
misma época, que añadía "excelentes maderas de construcción,
toda clase de cereales y abundantes pastos que alimentan toda especie de ganados"; como todos, subrayaba la riqueza de metales
existente en el, en este caso, "subsuelo privilegiado" ("abunda el oro,
la plata, el cobre, el mercurio, el plomo, el zinc, el hierro") y termi-

naba, con algo más que exageración, refiriéndose a las "infinitas vías fluviales" que, "en todas direcciones [...] fertilizan de continuo las risueñas comarcas que atraviesan". Era una tierra, en fin, según resume el propio Lafuente, en la que "parecen concentrarse todos los climas y todas las temperaturas" hasta el punto de que "si algún Estado o imperio pudiera subsistir con sus propios y naturales recursos convenientemente explotados, este Estado o imperio sería España"[18].

No hay obra de la que no pudieran extraerse frases de tono similar. Citemos, para cerrar este punto, la más extrema de ellas, la ingenua autoproclamación como Paraíso Terrenal que escribió el historiador Patxot y Ferrer bajo el seudónimo de M. Ortiz de la Vega: "no sin visos de fundamento", comenzaba este autor, los escritores griegos habían colocado los Campos Elíseos en "nuestra patria", "la más hermosa de las tierras". La localización del Paraíso Terrenal no era segura, pero "el raciocinio, la tradición y las más fundadas conjeturas" sugerían que había estado también en España, "tierra predilecta, casi redondeada por los mares; miranda del orbe, con vistas a América, al Polo, a África; cabeza de la Europa y centro de todos los mundos". Los *Anales de España* —título de su libro— comenzaban, por tanto, "en el acto de la creación del mundo"; "el primer español fue, pues, Adán" y "la primera española se llamó Eva". Empujado por un entusiasmo que arrasaba toda cautela, el atrevido autor remataba esta introducción a su obra describiendo a aquella primera española, y primera dama de la especie, en términos muy distintos a los de la pecaminosa Eva, origen de las desgracias humanas: "tipo de todos los encantos, dechado de dulzura, delicadeza, amor tierno, candor e inocencia"[19].

Sin abandonar el tradicional sobreentendido de que se trataba del pueblo preferido por la divinidad, los *laudes Hispaniae* de la era nacional perseguían otra finalidad: vincular el grupo humano cuyas hazañas se iban a historiar al entorno geográfico, de tal modo que sus rasgos étnicos fuesen tan permanentes y tan netamente diferenciados de los demás que nadie pudiese dudar de su calidad de nación. "La naturaleza marca los límites de este hermoso territorio", escribía Víctor Gebhardt en 1861, y ello explicaba que existiera una "nacionalidad española tan real y compacta". Y Modesto Lafuente comenzaba precisamente su magna obra con estas líneas: "Si alguna comarca o porción del globo parece hecha o designada por el grande autor de la naturaleza para ser habitada por un pueblo reunido en cuerpo de nación, esta comarca, este país es la España". Lafuente expresaba en otros momentos su inquebrantable fe en la existencia de caracteres nacionales permanentes, creados por la divinidad (cada pueblo tiene un "destino providencial", "las sociedades no mueren"), fe que, a lo largo de su texto, aplicaba repetidas veces al "múltiple" pero "siempre uno" pueblo español: Sagunto, por ejemplo, expresó "aquella fiereza indomable que tantas veces habrá de distinguir al pueblo español"; Viriato fue uno más de "ese tipo de guerreros sin escuela de que tan fecundo ha sido siempre el suelo español"[20].

De acuerdo con la tradicional conexión entre la geografía y la psicología colectiva, que venía de Bodino y había sido reiterada por Montesquieu, los *laudes Hispaniae* anclaban la personalidad social y cultural de la colectividad nacional en un territorio de suprema excelencia. Y continuaban, lógicamente, con una descripción nada modesta de los rasgos físicos y psicológicos del pueblo cuyas hazañas se iban a narrar: Masdeu, en el siglo XVIII, había explicado que las delicias de la tierra y el clima peninsulares eran causa de la buena "complexión natural" de sus habitantes, "hombres amantísimos de la industria, hombres de sumo ingenio para las ciencias y para las bellas letras, hombres de carácter excelente para la sociedad". Los autores del XIX repiten fielmente: al nacer bajo la "halagüeña influencia" de una "hermosa Península cuyo suelo produce cuanto puede hacer grata la vida del hombre", éste "reúne en sí la fogosidad oriental y la fuerza del raciocinio del habitante del norte"; "los naturales de España son de buena presencia, robustos, sufridos, celosos de su libertad e independencia y de ingenio despejado, como se prueba por el gran número de españoles célebres que han brillado en todos tiempos, por lo heroico de sus hechos de armas, por lo atrevido de sus descubrimientos y conquistas, por sus profundos conocimientos e investigaciones en las ciencias y por su habilidad en las bellas artes"; España, en fin, además de "célebre por sus glorias, grande por sus conquistas, hermosa por su cielo, rica por sus varias producciones", se ha acreditado "en todos los tiempos y en todos los países por el valor, buena fe, sufrimiento, sobriedad y religión de sus naturales". Conclusión a retener por la tierna mente escolar que estaba formándose como española: "pocos pueblos hay en el mundo que puedan gloriarse de empresas más heroicas y memorables que *nuestra* España"[21].

Una última función cumplían los *laudes Hispaniae*, imprescindible en una mitología basada en tan benéficas condiciones iniciales: explicar "el origen del mal", las causas de las desgracias patrias. Porque no era fácil encontrar razones para las muchas adversidades que había que narrar luego si se partía de un suelo tan feraz, de individuos dotados con tan excelentes prendas y, para colmo, del favor de la divinidad. La propia riqueza del territorio servía de respuesta, pues era ella la que había atraído sobre la Península sucesivas invasiones extranjeras, ante las cuales "los españoles" habían reaccionado con una resistencia "tan extraña como terrible"; "lo fecundo y óptimo" del suelo de España, y en especial sus minerales, había sido la "causa de porfiadísimas guerras con cartagineses, romanos[...]". Desde tiempos inmemoriales, la riqueza de las tierras de España había excitado la rapacidad de los vecinos y de ahí las invasiones y guerras de liberación. Antes de iniciarse las tragedias, sin embargo, hubo una época en la que los habitantes del país disfrutaron de su identidad nacional y de las riquezas del territorio propio sin interferencias foráneas. La historia nacionalista asociaba explícitamente aquel momento inicial, en que los españoles, en su entorno natural y dejados a su albur, gozaban legítimamente de lo que era suyo, con la felicidad paradisíaca. Antes de las invasiones, "los españoles eran felices, libres e independientes; sus costumbres, sencillas; sus necesidades, pocas; y los medios de satisfacerlas, abundantes". Tan idílica situación se rompió con la llegada del perverso extranjero, atraído por la "proverbial riqueza de nuestro suelo" y admitido ingenuamente por "la sencillez natural de unos pueblos incomunicados", que no les permitió sospechar la malicia que encerraban unos extranjeros astutos. Abundancia, felicidad, sencillez e ingenuidad, por un lado; codicia, astucia y malignidad, por otro. Doble creencia que expresó de forma directa Vicente de la Fuente cuando escribió que "todos los antiguos pintan las costumbres de aquellos primeros pueblos como puras y sencillas hasta que se depravaron con el comercio y la dominación extranjera"[22]. Más sonora y fácil de recordar había sido la síntesis que en el siglo XVIII había ofrecido el padre Isla, en su popular versión en pareados de la historia de Duchesne:

> Libre España, feliz e independiente
> se abrió al cartaginés incautamente.

En el primer verso, la Arcadia originaria, situación "feliz" (precisamente por ser "libre" o "independiente") y de plena legitimidad (por la misma razón), cuya recuperación se convertía en objetivo nacional por excelencia. En el segundo, el perverso extranjero, causa de la salida del paraíso y de los males subsiguientes.

Esa personalidad nacional que, al anclarse en la geografía, se presentaba como natural e inmutable, tenía, además, que adquirir lustre y reforzar su realidad gracias a su antigüedad. Es misión de la historia nacionalista encontrar hazañas y antepasados remotos, tan remotos que se remonten, a ser posible, al origen mismo de los tiempos. En el caso español, ese flanco se había cubierto durante siglos haciendo referencia a la fundación de la nación por el mítico Túbal, nieto de Noé. No cabía mayor antigüedad, pues se trataba del segundo y definitivo comienzo de la especie humana, tras el Diluvio bíblico, y de la primera división en pueblos y razas. La leyenda provenía del historiador romano Josefo y, según vimos en el capítulo anterior, quedó incorporada de manera estable a las historias de España por Juan de Mariana, necesitado de este tipo de datos legendarios para poder comparar con ventaja la antigüedad del pueblo español en relación con el italiano. La creencia en Túbal sufriría duros embates durante el siglo ilustrado, inspirados por el deseo de rigor y depuración de fuentes históricas, pero el siglo XIX, en general, prolongaría su vigencia durante bastante tiempo, aunque frecuentemente se advirtiese de que sólo era una "tradición". Dominado por la competición entre las naciones europeas, el ambiente decimonónico consideraba, no sólo permitido, como Mariana, sino incluso obligado para un historiador glorificar a su nación, aunque para ello tuviera que pagar un precio intelectual muy alto. Como recuerda Alcalá Galiano refiriéndose a las teorías que hacían venir a los celtas desde África y no desde Europa, había relatos históricos que se usaban para "evitar odiosas dependencias de Francia"[23].

Estas descripciones iniciales también permiten trazar el retrato ideal de ese tipo español "natural", anterior a la contaminación foránea. Según resume Monreal y Ascaso en 1867, esos españoles primitivos eran "semejantes a los espartanos", "tan frugales en sus alimentos como sencillos en el vestir"; "así debieron vivir por algunos siglos los españoles, más o menos felices, pero independientes"; y precisamente por ser tan "amantes de su independencia", "se daban la muerte antes que dejarse caer en poder del enemigo". Orodea, el mismo año, hace confluir la "sobriedad" y "ligereza" de los iberos con el carácter celta, que era "sencillo: respiraba rudeza y candor, animación y vida: era libre e independiente [...] reunía al valor la lealtad, a la fe religiosa el amor de su libertad nacional". Modesto Lafuente, poco antes, había establecido la versión canónica de las "virtudes de los españoles" en el origen de los tiempos: ante todo, desde luego, "el valor"; junto a él, "la tendencia al aislamiento, el instinto conservador y el apego a lo pasado, la confianza en su Dios y el amor a su religión, la constancia en los desastres y el sufrimiento en los infortunios, la bravura, la indisciplina, hija del orgullo y de la alta estima de sí mismo..."[24]. Todos los elementos fundamentales se hallan presentes en estas citas: sobriedad, religiosidad, independencia, valor suicida, pero a la vez individualismo y tendencias anárquicas. Los objetivos políticos del mito son obvios: ensalzar tal manera de ser y reclamar su perpetuación en los tiempos actuales, salvo en aquellos aspectos —como la tendencia a la desunión— contra los que hay que precaverse.

Como puede verse, si hay un rasgo del carácter colectivo y esencial de los españoles en la historia que ningún autor deja de destacar es la belicosidad. "Los españoles nos hemos esmerado más en el manejo de la espada que de la pluma", dice Ortiz de la Vega, parafraseando a Mariana; los primitivos españoles se caracterizaban por sus "fieros hábitos y espíritu indomable"; el "espíritu dominante" en la España primitiva fue "el marcial", como prueba "lo sangriento y continuado de las guerras que sostuvieron los españoles", que anteponían a cualquier otro honor "el inmortalizarse por su valor y sus hazañas"[25]. Siguiendo el clásico método de la cita de autoridad, estos historiadores se amparaban en la observación de Tito Livio, según la cual Hispania habría sido la primera tierra no italiana que pisaron los ejércitos romanos y la última en ser dominada totalmente, lo que le había hecho concluir que allí "la naturaleza, tanto del suelo como de los habitantes, es más favorable para la guerra, no sólo que en Italia, sino que en cualquier otro lugar del mundo". Esta cita solía venir precedida por largas páginas en torno a Sagunto y Numancia, consideradas irrefutables demostraciones de un valor por encima de toda ponderación, a las que se añadía Viriato —caudillo lusitano, incorporado a la historia de España cuando este término incluía a toda la Península y nunca borrado luego de la lista de caudillos españoles— e incluso Sertorio, un romano que buscó refugio en Hispania durante una de las últimas guerras civiles republicanas y cuya historia era necesario deformar de pies a cabeza para presentarlo como abanderado de la resistencia "española" contra la invasión extranjera. Una vez terminados estos minuciosos relatos sobre los avatares de la conquista, el nacionalismo canónico, especialmente en sus versiones escolares, tendía a liquidar en pocas líneas los cinco siglos siguientes, durante los cuales la Península vivió apaciblemente integrada en el mundo romano.

Quizás no sea ocioso aclarar que esta versión heroica de la conquista romana de Hispania es difícil de aceptar por alguien que, en la actualidad, posea sentido histórico. En primer lugar, debería ponerse en cuestión la relevancia misma de la conquista para entender la personalidad colectiva resultante, si se compara con la romanización de los cinco siglos siguientes, la época más larga de paz y prosperidad en la historia peninsular, durante la cual se integró el territorio gracias a una red de comunicaciones, a unos centros administrativos e incluso a un idioma, como el latín, del que derivaría la futura lengua nacional. Podrían discutirse también las hazañas e incluso la duración de la conquista, ya que las legiones romanas que desembarcaron en la Península no tuvieron el propósito de ocuparla, sino de combatir a los cartagineses, y lo limitado de la expansión durante el periodo siguiente podría atribuirse en parte a las discordias internas y guerras civiles que afectaron a la república romana; cuando, superada esta fase, se emprendió en serio la conquista, Hispania quedó sometida entre Julio César y Octavio Augusto.

Por otra parte, incluso si las dificultades ofrecidas por los ibéricos a los conquistadores fueron mayores de lo habitual, no tenían por qué deberse a la existencia de una fuerte conciencia de identidad y una voluntad férrea de expulsar a invasores extranjeros. Podrían, al revés, derivarse de la propia fragmentación de las culturas y unidades políticas existentes en el territorio, ya que es más ardua la dominación de un mundo montañoso y dividido que la de un reino centralizado y unificado cuyo ejército o centro neurálgico se puede neutralizar en una sola batalla[26]. Todas estas consideraciones se dejaban de lado por la historia nacionalista. Hasta la cristianización, y pese a la general identificación del carácter nacional con el catolicismo, perdió importancia relativa entre estos historiadores del XIX, comparados con los de siglos anteriores. Entre 1830 y 1880, lo crucial era dejar sentada la existencia de "españoles" en "España" desde el principio de los tiempos, con conciencia de su identidad y decididos a combatir ferozmente frente a los intentos de dominación extranjera, hasta el punto de no dudar en ofrecer la vida por salvar la independencia de la nación. Los sentimientos nacionales, proyectados de manera disparatada hacia el pasado, ciegan así la sensibilidad histórica de estos autores, que no comprenden la imposibilidad, aunque sólo fuera por problemas de comunicación, de concebirse a sí mismos en términos globales y aplicar la idea de independencia nacional a época tan remota.

De inevitable mención en este momento son Sagunto y Numancia, memorables tragedias invocadas ritualmente para probar la existencia de ese carácter. Sagunto era una ciudad de colonización griega, aliada de los romanos, cuyo sitio y conquista por Aníbal desencadenó la segunda Guerra Púnica. Ante la tenaz defensa de los saguntinos —a los que Tito Livio distingue netamente de los "hispanos"—, el caudillo cartaginés dio orden de pasar a todos a cuchillo, lo que bien pudo redoblar su decisión de resistir; cuando las circunstancias se hicieron desesperadas, arrojaron a una pira sus bienes más valiosos, para evitar que fueran botín del vencedor, e incluso se inmolaron en la misma muchos de ellos. Un episodio similar ocurriría setenta años más tarde en Numancia, esta vez frente a Roma y protagonizado por población celta. Según la descripción de Estrabón, "cercados los numantinos por todas partes, se sostuvieron con heroica constancia, a excepción de unos pocos que, no pudiendo más, abandonaron la muralla al vencedor". Para convertir estos dos episodios en prueba de la existencia de un "carácter español", persistente a lo largo de milenios, marcado por un valor indomable y una invencibilidad derivada de su predisposición a morir en combate antes que rendirse, era preciso pasar por alto detalles cruciales, como el origen griego de la población saguntina o la conducta de aquella parte de los sitiados que, cuando la situación se convirtió en desesperada, tomó la razonable decisión de entregar la muralla[27].

Juan de Mariana, en este punto, mostraba su respeto de humanista hacia las fuentes clásicas al escribir sobre Sagunto, muchos de cuyos defensores, dice, se dieron muerte, pero otros fueron pasados a cuchillo y hasta los hubo que "fueron presos". No así en Numancia, donde el erudito jesuita se dejaba arrastrar por su rivalidad con las glorias italianas: en Numancia, "temblor que fue y espanto del pueblo Romano, gloria y honra de España...", "los mismos ciudadanos se quitaron las vidas", "se mataron a sí y todos los suyos"; y si algún autor latino consigna que, al entrar en las ruinas humeantes, las legiones romanas encontraron defensores vivos, "contradicen a esto los demás autores"; *todos* resistieron hasta la muerte, caso sin par de heroicidad colectiva. La obsesión por comparar a España con Italia dominaba también en este punto a Masdeu, el gran historiador del XVIII, para quien Numancia fue el "terror imperial" y la máxima prueba del "valor español cotejado con el romano". El mito de Numancia y Sagunto cobró nueva vida en el XIX, primero por su utilidad durante la guerra napoleónica y más tarde al calor del nacionalismo romántico. Para Modesto Lafuente, Sagunto fue "la ciudad más heroica del mundo", y de sus ruinas humeantes "salió una voz que avisó a las generaciones futuras de cuánto era capaz el heroísmo español"; el célebre historiador sabía que los saguntinos eran "griegos de origen", pero se justificaba diciendo que "[los] contamos ya como españoles [...] después de más de cuatro siglos que vivían en nuestro suelo". Importaba poco la incoherencia de que el valor excepcional del carácter nacional se adquiriese por residencia, pues para probar que este tipo de fiereza o valor "indomable" había caracterizado *siempre* al pueblo español sobraban los ejemplos: Sagunto había sido sólo un caso "que más de una vez habremos de presenciar", "que demuestra la fiereza indomable de los hijos de este suelo"; "primer ejemplo de la intrepidez superior a todos los peligros, del valor indomable que ha caracterizado siempre al pueblo español". Por otra parte, la resistencia de saguntinos y numantinos no era sólo expresión de una belicosidad instintiva y disparatada, sino que actuó ya al servicio de una causa política, nada menos que la independencia nacional, la libertad de la patria: Numancia, dice Víctor Gebhardt, fue la "única ciudad española que conservó intacta hasta el fin la independencia nacional"; y para Orodea, Sagunto, "la ciudad inmortal y de la gloria" probaba "cuán dulce bien es la independencia y cuánto pueden hacer los pueblos libres", mientras que Numancia fue "modelo de los pueblos que mueren por su libertad, por su autonomía"[28].

Tanta insistencia en la belicosidad no agradaba por igual a todos. Especialmente embarazosa resultaba, precisamente, para quienes habían vivido en Italia y habían oído la común apreciación de que las victorias españolas en el centro del antiguo imperio eran una nueva invasión de *bárbaros*, de un pueblo de indiscutible superioridad militar pero inferior culturalmente. Y si Mariana había reconocido la "mengua sin duda notable" que representaba para España el hecho de hallarse "más abundante en hazañas que en escritores", también Feijóo, en el XVIII, había dedicado dos discursos de su *Teatro Crítico* a las "Glorias de España", en los que vindicaba una cultura nacional que no era sólo militar, sino repleta de éxitos en terrenos como la navegación, el humanismo o las artes. A mediados del XIX, el historiador José R. Angulo enumeraba igualmente la lista de españoles célebres en las artes y ciencias a lo largo de los siglos y lo vinculaba al mito heroico de Túbal, recuperado por el nacionalismo: la inclinación artística de los españoles venía de antiguo pues ya "en el año 2904 del mundo, Túbal inventó la música observando el sonido armonioso que formaban los martillos de la herrería de su hermano"[29]. No era una gran prueba de los logros culturales españoles, y tampoco se aportaban otras muchas; a no ser que incluyamos en la cultura la religiosidad, terreno de excepcional protagonismo hispano al que habrá que dedicar mucho espacio en la tercera parte.

Con la religiosidad, como signo de desarrollo cultural, conectaba la nobleza, otro de los valores ensalzados como típicamente españoles: el espíritu dominante en la España antigua fue, según otro autor de mediados de siglo, "religioso a la par que caballeresco"; los "españoles" de los primeros tiempos podían ser "errantes, cazadores, independientes", pero "siempre amigos de la justicia, siempre nobles y generosos", y hasta hoy han conservado "su nobleza, su generosidad, su amor a la justicia y a la independencia". En sí misma, esa altanería nobiliaria era considerada digna de admiración. Pero de ella se derivaba también el rasgo negativo del carácter nacional que, como vimos al tratar de la nobleza, más reconocían todos los autores: la división interna, la desunión. Una cosa era la nobleza de carácter, un conjunto de atributos morales elevados, y otra el *ethos* caballeresco, la actitud insumisa, partidista, desafiante hacia toda autoridad, incluida la colectiva. El propio Viriato, caudillo "invencible" —como español que era— pero vencido, en definitiva, por los romanos, proporcionaba un primer y excelente ejemplo de los nocivos efectos de esta falta de unidad. Un historiador de 1867 lo explicaba con detalle, vinculando de nuevo geografía y carácter: debido al suelo tan quebrado de la Península, que la divide en comarcas naturales, en la España primitiva había "tribus o Estados independientes entre sí", que se miraban "como extranjeros unos respecto a los otros"; se debilitaba así su resistencia frente a los conquistadores foráneos y "los españoles mismos, aliados con los invasores, contribuían a ahogar la voz de la Patria que los llamaba"; los ejércitos romanos, en particular, nada hubieran podido "de haber acudido siquiera una mitad de España en ayuda de Viriato". Esta opinión se repite en otros: "si los pueblos de la Península [...] hubieran podido deponer sus mezquinas rivalidades, agrupándose en derredor suyo [de Viriato], sabe Dios cuál hubiera sido la suerte de Roma". Viriato, "heroico mártir de la libertad amada [...] representó una idea muy notable, que era su pensamiento de unidad"; su voz "hizo temblar a la república porque enseñaba a los pueblos la máxima de que la fuerza está en la unión, porque les abría el alma al mayor bien, que es la independencia, y la conciencia a la idea de su derecho". Pero "el espíritu de localidad predominaba todavía en aquellos españoles, para quienes parecía ser la más difícil de las obras la unión"; "aquellos españoles que enseñaron al mundo de cuánto era capaz el genio de la independencia

[...] no pudieron aprender ellos mismos la más sencilla de todas las máximas, la fuerza que da la unión"[30]. Como siempre, el más gráfico resumen de la idea se encuentra en la obra versificada del padre Isla, del siglo anterior:

> el Español rendido
> contra su libertad toma partido;
> pues su mano juntando a las ajenas,
> él mismo se fabrica las cadenas.

Todas éstas, como mínimo, eran las funciones del esquema narrativo iniciado por los *laudes Hispaniae* y continuado por la existencia de un pueblo dotado con rasgos psicológicos nobles y, desde luego, permanentes, cuyas hazañas se remontaban hasta la más remota antigüedad. Tanta era su utilidad que las historias de España se atendrían fielmente a él, pese a su inverosimilitud, al menos hasta la fatídica fecha de 1898, en que se rompió con la tradición isidoriana. Pero entonces se dio paso a una versión pesimista tanto del medio geográfico como de la psicología colectiva, en muchos casos radicalmente opuesta a la anterior, marcada por la España "negra", las tierras secas y el pueblo "cainita". La referencia al cainismo indica que algunos de los mitos precedentes, como el de la falta de unidad, mantenían su función dentro de la historia nacional, en la que servía de comodín maligno tan poderoso y omnipresente como la degeneración moral lo había sido en la historia sagrada. Ese factor negativo tomaba, en el caso español, diversas formas según el problema político dominante en el momento: "cainismo" o tendencias fratricidas, en efecto, que se recordaban sobre todo en épocas de guerras civiles; pero también "anarquía feudal" o "nobleza levantisca", que aparecían recurrentemente como factor disolvente de la unidad nacional y se explicaban por el individualismo hispano; otra "anarquía", de tipo muy distinto a la nobiliaria, apareció igualmente en la historia cuando llegaron las bombas revolucionarias de finales del XIX y también se atribuyó a ese individualismo idiosincrásico que todos daban por demostrado; y una última encarnación de las innatas tendencias fratricidas fueron los "separatismos", poco más tarde, al surgir los nacionalismos catalán o vasco.

Los historiadores del XIX, en fin, estaban más guiados por sus preocupaciones políticas que por el deseo de entender el pasado. Y como la gran tarea del momento era construir un Estado, la conclusión o moraleja de la leyenda histórica nacional era, necesariamente, que "la unidad constituye la fuerza y poder de los Estados [...] Un pueblo dividido por razas, intereses, o de cualquier otra manera, tiene en sí un cáncer devorador que tarde o temprano debe destruirle"[31].

DE PARAÍSOS, CAÍDAS Y REDENCIONES

Con lo dicho se completan los rasgos del fresco inicial, del escenario en que la historia nacional iba a desplegarse temporalmente. Y lo iba a hacer según un esquema que aporta escasas sorpresas en relación con mitologemas anteriores, pues se atiene fielmente a los tres estadios clásicos: paraíso, caída y redención. Toda la historia nacional, convertida en leyenda o parábola política, es mera repetición de aquella primera caída, o salida del Paraíso originario de la España aislada, feliz e independiente. Los milenios sucesivos no hacen revivir una larga serie de "pérdidas de España", consistentes siempre en invasiones de colonizadores extranjeros o foráneos, movidos por la codicia y ayudados por la falta de unidad interna, y jalonadas con mártires que se inmolan en inútiles intentos por preservar lo que está a punto de desaparecer[32].

Podría creerse que tantas pérdidas de España —derrotas, en definitiva— deberían arrojar alguna duda sobre la propia capacidad de resistencia, o que tantas oleadas de población foránea cuestionarían la pervivencia de la identidad inicial. Nada de eso. La personalidad nacional se perdía una y otra vez, pero pervivía el deseo de perpetuarla y esa misma pervivencia a prueba de adversidades demostraba su fuerza providencial. Por eso, concluía un autor, España podía definirse como "el genio de la resistencia, siempre conquistada y siempre protestando contra la conquista"; siete invasiones sucesivas (mágico número) y "¡cosa rara! no existe en el mundo otro pueblo cuyo carácter nacional se haya conservado más tenazmente a través de los siglos"[33]. Porque a cada una de las caídas ha-

cuando una sociedad exige ser disuelta o regenerada"[37]. No hacía más que repetir la creencia general. Un siglo antes, con su habitual capacidad sintética, la había consignado el padre Isla, refiriéndola a un célebre hecho legendario, cual fue la violación de la célebre Cava, hija del conde don Julián, por el propio rey Rodrigo, "torpes amores" que colmaron el vaso de los vicios iniciados por Witiza y atrajeron las iras del cielo sobre el trono godo:

> Entregado Rodrigo a su apetito
> triste víctima fue de su delito.

Dos versos más le bastaban para dar nombre al gran villano y referir su nefanda traición a la patria:

> Cuando Julián, vengando su deshonra,
> sacrificó a su rey, su patria y honra.

Especial interés tiene, en estas descripciones, la repetida equiparación de la degeneración o el enervamiento moral de los godos y el *afeminamiento*, término que en el lenguaje político significaba, y continuó significando hasta bien entrado el siglo XX, la pérdida tanto de fuerza física como de equilibrio o control moral. No por casualidad había dominado en el paraíso originario la *virilidad*, justamente opuesta al afeminamiento: "el Celtíbero [...] nunca esperaba el ataque del enemigo, sino que le iba a buscar y provocar, peleando siempre a campo raso y varonilmente". Dejaremos de momento el tema, que hemos desarrollado con mayor amplitud en otro lugar[38], no sin apuntar que degeneración y afeminamiento reaparecerían en 1898, momento en que tantas tendencias subyacentes de la cultura política del siglo habrían de alcanzar su culminación.

Si la invasión musulmana había sido la más importante de las "caídas", o salidas del paraíso, la más destacada de las recuperaciones, o nuevos inicios, de la gesta nacional, se situaba, lógicamente, un instante después, en el momento en el que don Pelayo y un grupo de "españoles" —identificación con la nación negada a los musulmanes— refugiados en las montañas astures emprendieron la restauración de "lo que después se apellidó monarquía de las Españas e Indias". El papel de Pelayo es semejante al de cualquiera de los otros grandes héroes a los que se vinculan los anteriores o posteriores inicios de edades doradas: Túbal o Hércules al comienzo de la feliz etapa originaria, Ataúlfo al establecerse la monarquía visigoda o Recaredo al alcanzar ésta su plenitud con la unidad religiosa, Fernando III al dar el impulso definitivo a la Reconquista y alcanzar la santidad o los Reyes Católicos al culminar la tarea de la unidad política y religiosa de la nación. Para aumentar su legitimidad, muchas versiones atribuían a Pelayo la cualidad de pariente del rey Rodrigo, y por tanto heredero legal de la legitimidad goda. Mas para la historia nacional, a diferencia de las antiguas crónicas dinásticas, éste no era un detalle crucial: como explica Orodea, Pelayo sería "godo según unos, romano según otros"; lo seguro es que fue "esforzado, cristiano y español" y que dio en los montes de Asturias "el primer grito de libertad, constituyendo el momento más solemne de nuestra historia y el comienzo de una nueva civilización, de una nueva patria y de una nueva personalidad"[39].

Se iniciaba así la Reconquista, nombre de extraordinaria eficacia sintética, aunque de invención tardía, que designaba la más larga y fecunda de las épocas doradas, aquélla en la que había cuajado de manera definitiva la identidad nacional. Los elaboradores del canon histórico nacional eran unánimes al declarar que ningún momento había sido tan privilegiado como aquél en que España había luchado unida por su "independencia" o liberación, estrechamente asociada a la recuperación de su religión. La Reconquista expresaba, más que ninguna otra empresa colectiva —incluido el descubrimiento y expansión por América—, la esencia guerrera y religiosa del pueblo español, la obstinada afirmación de su personalidad colectiva frente a una invasión que no sólo era de un pueblo extraño sino, peor aún, de un enemigo de la fe verdadera. Afirmación frente al enemigo exterior y afirmación también interna, contra los poderes que tendían a fragmentar la unidad u obstaculizar el camino hacia ella. Las tendencias anárquicas de los nobles, una vez más, eran el ejemplo de lo que luego se incorporaría al carácter nacional como defecto que hacía al país tan difícil de gobernar. La unidad como criterio supremo servía para juzgar a los monarcas, por ejemplo, en sentido positivo, si habían contribuido a ella, o negativo, si la habían obstaculizado, por ejemplo con una inoportuna división de sus reinos entre sus hijos.

Aunque esta versión liberal de la leyenda nacional procedía del siglo XVIII, su elaboración plena se produjo en los tiempos de las Cortes de Cádiz. En 1811, el diputado García Herreros explicó que en España había habido una larga etapa histórica en la que todos, empezando por el propio rey, respetaban las "leyes primitivas"; ellas marcaban a los monarcas "los límites de la autoridad que les confiaban [...] las condiciones bajo las cuales se obligaban a obedecerlos"; pero la llegada de una dinastía extranjera introdujo en España "usos y costumbres de otros Estados y gobiernos"; "el despotismo se sentó en el trono y a la ley sucedió la arbitrariedad". Dos años más tarde, en plena guerra todavía, Martínez Marina publicó su *Teoría de las Cortes*, exposición máxima de aquella idealización del mundo medieval. Según este autor, España no tenía nada que envidiar a Francia e Inglaterra en cuanto a antecedentes parlamentarios. Al igual que en esos países, en los siglos medievales habían existido asambleas representativas de convocatoria obligada por parte de los reyes para decidir los asuntos importantes del reino. Lo que pretendía Martínez Marina era identificar, según resume Gil Novales, "el gobierno representativo conocido en la Edad Media española con el que se inicia en Cádiz". Flórez Estrada lo repetiría: "las Cortes de Cádiz no han hecho otra cosa que restablecer alguna parte de nuestra antigua Constitución, que en mejores días formaban el paladín de nuestra libertad y cuya mayor parte estaba destruida por [...] el fraude y la violencia durante los reinados de Fernando V, Carlos I y Felipe II". Argüelles, como es sabido, repetiría esta tesis al presentar la Constitución de 1812 como culminación de la historia medieval española[40].

Aquella "España" medieval que, en su lucha contra el infiel invasor, encarnaba la personalidad nacional, fundía la defensa de su libertad e independencia con las creencias cristianas. Ello no representó problema para las primeras generaciones liberales; y todavía hacia 1850 Fernando de Castro, clérigo liberal y futuro krausista, seguía expresando este equilibrio entre liberalismo y catolicismo al concluir su recorrido filosófico por la historia de España diciendo que la unidad de la nación se había logrado bajo el triple "influjo del sentimiento religioso, del monárquico y del de la libertad". En otro capítulo veremos cómo la acritud de la pugna contra el absolutismo y luego el carlismo hizo más difícil esta fusión entre libertad y religión a partir, precisamente, de mediados de siglo. Pero lo que desde el principio interesó de verdad a los liberales en aquella Edad Media idealizada fueron, más que las ideas o creencias, las instituciones, y en especial los límites al poder real o los aspectos representativos de los ayuntamientos y consejos medievales. Con cantos a los fueros municipales y a los poderes de las cortes de los diversos reinos, y repitiendo el famoso juramento de los monarcas ante las Cortes de Aragón ("vos, que no sois más que cada uno de nos, siendo nos juntos más que vos..."), presentaban a la monarquía "española" como no absoluta y orientaban así el mito histórico medieval en sentido favorable a su revolución constitucionalista. "Todo era nacional en aquellos tiempos", escribía uno de ellos en 1840; "todo presentaba una fisonomía propia, peculiar, española. Nuestro sistema municipal era diferente del de otros Estados de Europa; nuestro pueblo no se regía por el Código feudal de otras naciones". Y Martínez de la Rosa la trasladaría al plano práctico con el Estatuto de 1834, al llamar a las asambleas representativas allí creadas de próceres y procuradores, en lugar de ser de "nobles" o "pares" y "diputados", términos menos tradicionales: "el nombre de procurador del reino es más español, más castizo; nos recuerda que no hemos ido a mendigar estas instituciones a las naciones extranjeras"[41].

En otro alarde de historicismo, el franquismo volvería a preferir el término "procuradores" al de "diputados". Pero la institución compuesta por tales procuradores no pasó de ser fachada encubridora de una situación dictatorial, como la idealización de las instituciones medievales por parte del nacional-catolicismo no pasó de ser disculpa que encubría su oposición a cualquier sistema representativo. En todo caso, en este punto acababan las coincidencias entre la versión mítica de la historia nacional ofrecida por los liberales y la que, más tarde, elaboraría el llamado nacional-catolicismo. En lo que se distanciaban radicalmente estas dos versiones era en el momento y las causas de la caída que, inevitablemente, había seguido a aquella época dorada representada por la Reconquista medieval. Para ambos, esa España medieval idealizada había alcanzado su plenitud con los Reyes Católicos, artífices de la unidad nacional, tanto en el terreno político como en el religioso. Pero el nacional-catolicismo extendía esa era de plenitud a los Habsburgo —al menos, los primeros Habsburgo—, momento en que la acertada trayectoria seguida por la nación se había visto recompensada con las glorias imperiales, mientras que, para los liberales, a la muerte de Isabel y Fernando los destinos patrios se habían desviado de su curso natural, al asentarse en el trono esos mismos Habsburgo, unos reyes extranjeros que, desconociendo la tradición española y actuando por intereses dinásticos más que nacionales, implantaron el absolutismo.

Esta teoría, llamada del *austracismo* (aunque sería más propio llamarlo *antiaustracismo*) venía, como tantas otras cosas, de finales del XVIII. Con ella se intentaba liberar al ente nacional de responsabilidad en la decadencia del siglo anterior. Ya Masdeu había expuesto la teoría de que la era imperial de los Habsburgo había llevado a España a un "estado funesto" en el que las manufacturas y el comercio le habían sido arrebatadas. También Jovellanos pensaba que España había alcanzado su máxima grandeza en la Edad Media, culminando en el reinado de los Reyes Católicos, y que si había decaído luego se debió a que los Habsburgo habían destruido la "constitución" heredada. Y Cadalso, en la tercera de sus *Cartas marruecas*, tras calificar a los Reyes Católicos de "príncipes que serán inmortales entre cuantos sepan lo que es gobierno", culpaba al curso político emprendido por Carlos I y Felipe II de haber dejado al pueblo "extenuado con las guerras, afeminado con el oro y la plata de América, disminuido con la población de un mundo nuevo, disgustado con tantas desgracias y deseoso de descanso"; añadidos a todo ello los problemas de descendencia de la propia familia real, la decadencia del siglo XVII se hizo inevitable. A la muerte de Carlos II España era, según Cadalso, "el esqueleto de un gigante": "largas guerras, lejanas conquistas, urgencias de los primeros reyes austríacos, desidia de los últimos, división de España al principio del siglo, continua extracción de hombres para las Américas y otras causas ha[bía]n detenido [...] el aumento del floreciente estado en que dejaron esta monarquía los reyes don Fernando y doña Isabel"; Felipe V se encontró con un país "sin ejército, marina, comercio, rentas ni agricultura"[42].

De esta manera los ilustrados habían sentado los cimientos de uno de los pilares de la mitología nacionalista, consistente en atribuir la responsabilidad de las desgracias colectivas a un elemento "extranjero", en este caso la dinastía de los Habsburgo. Aunque no habían llegado a dar el paso, propio ya del nacionalismo liberal revolucionario, de exaltar a los Comuneros como pioneros en la defensa de la soberanía nacional frente al despotismo monárquico.

Este último paso fue el que se dio durante la revolución liberal, cuando la teoría del austracismo fue reformulada en términos mucho más explícitos y agresivos. La historia era en ese momento un arma arrojadiza y los ataques a Carlos V y Felipe II se dirigían contra Carlos IV y Godoy o contra José Bonaparte y sus seguidores. Durante varias décadas, la versión austracista siguió siendo repetida fielmente por los historiadores liberales, útil todavía en su función antiabsolutista. Incluso el moderado Alberto Lista, en su continuación de la obra de Mariana, atribuía a la "dinastía austríaca" la responsabilidad de haber "consumido todos los medios de fuerza que poseía la nación [...] en empresas y guerras inútiles", de haber "sacrifica[do] los tesoros del nuevo mundo, la industria y agricultura nacional y diluvios de sangre española" a la "ilusión peligrosa" de ser los dueños de Europa. Poco después, Eugenio de Tapia escribía que España había alcanzado con los Reyes Católicos la culminación de las excelencias medievales, superando el endémico problema español de la "anarquía" de privilegios nobiliarios y fragmentación de reinos, con lo que se constituyó "un cuerpo vigoroso y lozano" que supo "someterse a un poder central, sin perder los derechos de una libertad pacífica y bien entendida". Mas los Austrias no mantuvieron este equilibrio, y aunque algunos procuradores de las ciudades siguieron aún atreviéndose a hablar como sus antepasados, "¿qué podían valer los débiles acentos del patriotismo contra un poder terrible, apoyado en la fuerza militar y en la autoridad teocrática de la Inquisición? La sociedad española se había transformado enteramente [...]. Sus despóticos sucesores ahogaron aquella libertad, y el pueblo oprimido, pobre y desalentado, fue poco a poco avezándose al yugo de una ignominiosa servidumbre"[43].

Aquella salida del Paraíso, crucial como ninguna por ser origen inmediato de los males presentes, tenía para los liberales una fecha precisa: 1521, año del aplastamiento de la rebelión comunera y de la ejecución de sus dirigentes por parte del poder delegado de Carlos V. Los Comuneros simbolizaban, desde luego, la lucha contra la tiranía, pero también, no hay que olvidarlo, la rebelión contra el dominio extranjero; eran, pues, liberales y patriotas a la vez. Su mitificación inicial, de nuevo, había correspondido a Quintana, autor de una "Oda a Juan de Padilla" prohibida por la Inquisición en 1805 y publicada entre sus *Poesías Patrióticas* al iniciarse la sublevación antinapoleónica. Todavía durante esa guerra, otro prohombre del primer liberalismo, Martínez de la Rosa, estrenó en la sitiada ciudad de Cádiz *La viuda de Padilla*, que seguiría representándose con éxito varias décadas más tarde. El "cuarto de hora de gloria" de los Comuneros como mártires excelsos por la libertad y la patria españolas fue, sin duda, el Trienio Liberal, cuando se estrenaron *La sombra de Padilla*, pieza en un acto, *Juan de Padilla o los Comuneros*, tragedia en cinco actos, *El sepulcro de Padilla* y otras. Para colmo, coincidió el Trienio con el tercer centenario de la batalla de Villalar y se vivió entonces la rehabilitación gloriosa de los derrotados trescientos años antes, con ceremonias y discursos pomposos a cargo de políticos metidos a historiadores. Comuneros, o Hijos de Padilla, fue también el nombre que tomó la sociedad secreta que representó al liberalismo radical del periodo, fruto de una escisión dentro del cada vez más moderado Gran Oriente masónico. Pero tampoco terminó su glorificación al pasar el fugaz Trienio. Historiadores y literatos liberales iban a repetir fielmente la versión de Quintana y Martínez de la Rosa durante mucho tiempo. A mediados de siglo, era todavía un lugar común en las historias liberales escribir que en la sangre de Padilla se ahogó "la libertad castellana [...] y ya no hubo poder que constriñese al déspota"[44]. En 1850 se publicaría la obra de Ferrer del Río, *Decadencia de España. Primera parte. Historia del levantamiento de las Comunidades de Castilla*, título que vale la pena reproducir íntegro porque conecta, como hace el libro en su primera página, el aplastamiento de los rebeldes castellanos con el inicio de la decadencia patria: "con su libertad perec[ió] todo, por más que el bélico lauro encubr[ier]a durante algún tiempo sus hondas desventuras". Diez años más tarde, en la Exposición Nacional de Bellas Artes de 1860, causó impacto el cuadro de Antonio Gisbert, *Padilla, Bravo y Maldonado en el patíbulo*, de obligada reproducción a partir de entonces en cualquier historia de la rebelión comunera. La opinión liberal se escandalizó al no obtener el cuadro la medalla de honor de la Exposición; el Congreso de los Diputados decidió comprarlo y exhibirlo en sus salones y se abrió una suscripción para regalar al pintor una corona de oro que reemplazara a la medalla negada. Gisbert, en suma, pasó a ser el pintor predilecto del partido progresista y de la opinión liberal en general.

Que la mitificación de Padilla, Bravo y Maldonado seguía durante la segunda mitad del siglo lo demuestran los nombres de las calles que les homenajean en el ensanche madrileño, de mayor importancia que las dedicadas a los más grandes reyes o a los conquistadores de millones de kilómetros cuadrados en América. La revisión del mito comunero sólo se iniciaría en la Restauración, bajo la influencia del propio Cánovas, y autores como Danvila, Menéndez Pelayo o, más tarde, Marañón, tenderían a presentarlos como anticuados defensores de un mundo de privilegios medievales en pugna con el moderno aparato político que tenía en mente Carlos V[45]. Aunque no sea éste el lugar de desarrollarlo, cabe apuntar que las proyecciones retrospectivas sobre los Comuneros tampoco terminaron ahí y que, a finales del franquismo, un gran historiador como José Antonio Maravall volvería a interpretarlos como portadores de un proyecto de revolución modernizadora —justamente lo que la oposición antifranquista moderada intentaba en el momento— y que, en nuestros días, el minoritario radicalismo castellanista ha vuelto a inspirarse en ellos y ha dado a su organización el nombre de "Tierra Comunera".

Como el nacionalismo que los liberales del XIX estaban construyendo no era el castellano, sino el español, los Comuneros hubieron de ser complementados con otros mártires, defensores de demás libertades aplastadas por los Habsburgo. Quintana fue, de nuevo, el precursor al dedicar parte de su obra poética a Lanuza o a Pablo Clarís, componentes, junto con Padilla, de la tríada simbólica del fin de las libertades en Aragón, Cataluña y Castilla[46]. Como colofón del cuadro, en 1805 Quintana había escrito su *Panteón de El Escorial*, poema prerromántico en el que los espectros de los dos primeros

Habsburgo reconocen su responsabilidad por la decadencia nacional. Entre gemidos de ultratumba, antorchas temblorosas, puertas chirriantes y mármoles que se agrietan, el propio emperador, dirigiéndose a su hijo, confesaba:

> Yo los desastres
> de España comencé y el triste llanto
> cuando, expirando en Villalar Padilla
> morir vio en él su libertad Castilla.
> Tú los seguiste, y con su fiel Lanuza
> cayó Aragón gimiendo. Así arrollados
> los nobles fueros, las sagradas leyes
> que eran del pueblo fuerza y energía,
> ¿quién insensato imaginar podría
> que, en sí abrigando corazón de esclavo,
> señor gran tiempo el español sería?

Establecida así la causa de la decadencia, importaba menos historiar su desarrollo. Lo que la versión liberal del mito histórico nacional requería, para completar el ciclo, era describir la redención, o promesa de redención, colectiva. Para los revolucionarios liberales del primer tercio del XIX ésta no ofrecía dudas: había que ir a la "reconquista de nuestras libertades", había que volver a sumergirse "en aquellos principios que formaron el alma castellana y que fueron más tarde destruidos por el despotismo austríaco"[47]. Tal recuperación de la patria se había iniciado ya, en realidad, con la explosión popular antinapoleónica, según ellos movida por el deseo de restablecer la libertad en España por medio de una revolución constitucionalista. Por lo demás, lo acontecido en 1808 se explicaba dentro de la más pura ortodoxia del mitologema: así como los lujos, el pecado y el afeminamiento de los últimos reyes visigodos eran responsables de la subyugación de España por los musulmanes, la degradación moral de los tiempos de Carlos IV y Godoy habría atraído la invasión extranjera; pero "la nación magnánima", que, pese al envilecimiento de la corte, "nada había perdido de su dignidad, opuso al usurpador una resistencia que nos recuerda los tiempos de la invasión agarena"[48].

Para colmo de coincidencias, según observó más de uno, Asturias, donde don Pelayo alzara su pendón tras el desastre de Guadalete, había sido también el lugar privilegiado en que se había iniciado la recuperación de la patria a finales de mayo de 1808.

Se reforzaba de esta manera el lugar de la "Guerra de la Independencia" en la mitología nacionalista, como coronación de la gloriosa serie de reconquistas del paraíso patrio. La belicosidad y la obstinada defensa de la identidad nacional frente a toda agresión foránea se reafirmaban también como rasgos perennes del carácter colectivo. Una novedad había ahora: que no era ya un gran héroe individual, un caudillo, sino el pueblo, la nación, quien había dirigido el proceso, mientras las élites corrompidas se habían entregado al francés. A nuevos tiempos, nuevas modas intelectuales y nuevos protagonistas de la historia. La versión satisfacía a los liberales, porque esperaban de ese mismo pueblo una nueva intervención redentora cuando la patria gimiera de nuevo bajo otra tiranía; y no dejaba de ser aceptable para los conservadores, que veían en el pueblo la fidelidad a las creencias y tradiciones heredadas. El mito nacional cumplía así sus funciones integradoras. Según observa Carolyn Boyd, la historia había dejado de ser escuela de moralidad, en abstracto, como querían los clásicos, para ser escuela de "virtudes patrias"[49]. Lecciones morales, sí, pero a partir de una serie de verdades incontrovertibles, a cuya demostración se dirigía toda la disciplina: la existencia del ente nacional desde la noche de los tiempos; el progresivo avance de ese ente hacia la unidad política, máximo logro colectivo, frente a los mezquinos egoísmos y residuos localistas; y la defensa enconada de esa unidad y de su independencia frente a los intentos de invasión extranjera. Lo que conducía a un objetivo supremo que implícitamente se proponía como faro orientador de la conducta de todos los miembros de aquella colectividad: la afirmación de la unidad y la independencia nacionales; es decir, el reforzamiento del Estado tal como existía.

CAPÍTULO V

LAS ARTES Y LAS CIENCIAS, EN APOYO DE LA NACIÓN

LA CREACIÓN LITERARIA DA VOZ A LOS HÉROES PATRIOS

Hace sólo cien años, el recién creado Premio Nobel de Literatura se concedió al gran historiador alemán Theodor Mommsen. Se consideró natural, entonces, incluir a la historia entre las artes narrativas. Sólo unas décadas más tarde, muchos historiadores se hubieran sentido ofendidos: ellos eran científicos sociales, habrían dicho, y en apoyo de ese título algunos hubieran aducido lo sofisticado de sus técnicas o la racionalidad de sus esquemas interpretativos; otros, los más, se habrían referido al carácter "positivo" de los datos en que basaban su trabajo, es decir, al anclaje de la obra histórica en pruebas documentales fidedignas, a las que por principio renuncia la narrativa de ficción. No obstante, no hay más que recordar lo que acabamos de leer sobre las "historias nacionales" para comprender hasta qué punto relatos históricos aceptados como verdaderos por varias generaciones pueden transitar por el mundo de lo imaginario. No es difícil, por eso, pasar de la historia a la literatura. "La construcción de la nación supone la invención de narrativas colectivas", dice Gregory Jusdanis en su sugerente libro sobre el nacionalismo griego; "los miembros de la comunidad se relatan unos a otros los cuentos que han aprendido sobre sí mismos, su nación y su historia". Y Benedict Anderson ha explicado que la llamada "creación de ficción", sólo un poco más ficticia que las composiciones sobre la "memoria colectiva", se acercó también mucho a la eficacia de éstas en la construcción de la identidad nacional. Al leer unos mismos relatos, todos los destinatarios de esos productos culturales pasan a compartir un universo mental, a imaginarse a sí mismos de la misma manera, a identificarse con los mismos héroes y odiar a los mismos villanos. Con el efecto añadido de que a la vez que se crea la ficción se cultiva el idioma, se fija y da esplendor a la lengua nacional, instrumento privilegiado de cohesión de la comunidad imaginada. Los nacionalismos europeos, sigue Jusdanis, asociaron "lengua, literatura y nación"; "la literatura fue el espejo imaginario en el que la nación se reflejó a sí misma, donde los individuos se vivieron como miembros de tal comunidad"; "el canon literario funciona como la Biblia" y "surgió en las sociedades occidentales cuando la Biblia perdió su autoridad como texto privilegiado"[50]. Veamos cómo se formó ese canon literario nacional en el caso español.

Al igual que la del pasado colectivo, la reinterpretación de la literatura en términos nacionales se había iniciado en el siglo XVIII, aunque el grueso de esta tarea se llevaría a cabo en el XIX. La creación de ficción existía, por supuesto, antes de la era ilustrada, pero se concebía de otra manera. Los literatos, por difícil que sea creerlo para mentes que hayan vivido el vendaval nacionalista posterior, no se clasificaban según criterios nacionales. Los poetas pertenecían al Parnaso o a la República de las Letras, donde Calderón convivía con Shakespeare o Racine, Erasmo con Luis Vives o Tomás Moro y Garcilaso con Camoens o Ronsard; su nación, lugar de nacimiento que determinaba la lengua en que se habían expresado, era secundaria. Sólo a mediados del siglo XVIII surgieron historias de la literatura que empezaron a adjetivarla como francesa, inglesa, o italiana. Eran los embriones de lo que en los dos siglos siguientes serían modelos canónicos de las historias literarias, y de la creación artística en general. En esta nueva era, Vives acompañaría inevitablemente a Nebrija o los hermanos Valdés, como Calderón estaba destinado a formar trío con Tirso y Lope, y Garcilaso compartía capítulo con Boscán[51].

El XVIII fue el siglo del neoclasicismo en toda Europa, y en el caso español es opinión común que se trató de una época de escasa altura literaria, en que la rigidez académica dominó sobre la genialidad creadora. Aun dando por buena esa valoración, es interesante anotar la paradoja de que fuera precisamente entonces cuando surgió la literatura "nacional". Porque, como corriente estética, el neoclasicismo se definió como enemigo de los retorcimientos barrocos, típicos de la etapa anterior, que había sido precisamente la de máxima creatividad literaria y artística en la monarquía hispánica, hasta el punto de que más tarde habría de ser llamada el Siglo de Oro de la literatura española. Nada más natural, por ello, que la hostilidad con que fue recibido ese retorno ilustrado al clasicismo por parte de los sectores artísticos e intelectuales más tradicionales, quienes lo tildaron, en palabras de François Lopez, de "fenómeno servilmente extranjerizante". Y he aquí la paradoja: que fueron esos "extranjerizantes" quienes empezaron, tanto a escribir literatura nacional como a elaborar el concepto mismo de literatura nacional. Con un desgarramiento, eso sí, que reflejaba el existente en el proyecto político. Porque así como la única receta que se les ocurría para combatir la pérdida de influencia internacional experimentada durante los últimos Habsburgo exigía reformar muchas de las instituciones, prácticas y creencias tradicionales, en literatura creían necesario rendir tributo a los modelos clásicos y arrojar por la borda a Góngora y Calderón[52].

En el XVIII aparecieron, pues, sólo con un leve retraso respecto de otras grandes monarquías europeas, las primeras historias de la literatura española. Sus precedentes habían sido los llamados elogios de la lengua castellana, o española, de los siglos anteriores, que iban desde Nebrija a Covarrubias, con ecos que aún resonaban en la obra del valenciano Mayáns a comienzos del XVIII, y a finales del mismo en la del catalán Capmany. Pero los ilustrados iban a iniciar la transición desde ese modelo hacia lo que acabaría siendo "historia de la literatura española". La diferencia consistía en que los *Elogios* defendían la importancia y grandeza de la literatura española, comparada con la italiana o francesa, remitiéndose a unos criterios universales, más o menos razonables, que juzgaban la antigüedad de los monumentos o la sonoridad de la lengua; mientras que las nuevas historias nacionales no se ocupaban tanto de jerarquizar como de definir la naturaleza de la creación literaria española —y, con ella, de "lo español" en su conjunto—, de destacar sus rasgos propios, originales, incomparables con los de otras culturas[53].

Una *Historia literaria de España* publicaron en 1766 los hermanos —carnales y espirituales, pues ambos eran frailes franciscanos— Rodríguez Mohedano. Veinte años más tarde, Antonio de Capmany y Montpalau dio a la luz el primero de los cinco volúmenes de su *Teatro histórico-crítico de la elocuencia española,* que recogía desde el *Poema de mío Cid* y *Las Siete Partidas* hasta los escritos del padre Nieremberg. Y las dos décadas que mediaron entre una y otra publicación vieron aparecer las obras de los jesuitas expulsos Lampillas, Juan Andrés o Masdeu, la segunda de las cuales se adoptaría como texto en la cátedra de Historia Literaria creada en 1785[54]. Reaparecen aquí, al hablar de la literatura, estos jesuitas, mencionados antes entre los historiadores, porque sus obras se titulaban historias de la literatura española, o algún equivalente. Pero es que el término "literatura" poseía, antes de 1800, un significado mucho más amplio que el actual: no sólo se refería a la creación de ficción, sino a "todos aquellos conocimientos que tenían expresión escrita", incluidas las matemáticas, la música, la botánica, las ciencias, las artes, las costumbres, en fin, "la totalidad de saberes humanísticos"[55]. Eran, por tanto, historias de la cultura, en general, pero a la vez iban construyendo el concepto de "literatura española".

Tarea indispensable en esta construcción era la fijación del repertorio o lista bibliográfica de autores o clásicos "españoles". Y el siglo ilustrado, al igual que se destacó en la publicación de fuentes históricas depuradas, lo hizo en la exhumación de textos literarios que pasaron a ser clásicos de la cultura nacional. Maravall recordó la labor de edición de autores antiguos: "Azara [publicó] a Garcilaso; Mayáns, a Vives, al Brocense, a Nicolás Antonio; Llaguno, crónicas medievales". Pero para reforzar la idea de literatura nacional eran más eficaces las colecciones que los autores sueltos, por grandes que éstos fuesen. Y colecciones fueron los nueve tomos del *Parnaso español,* de Juan José López Sedano, o la *Colección de poesías castellanas anteriores al siglo XV,* de Tomás Antonio Sánchez, que incluía el *Poema de Mío Cid,* Berceo, o el *Libro de Buen Amor* del Arcipreste de Hita, muchas de ellas obras imposibles de encontrar por entonces. Vale la pena recordar cómo justificaba su tarea Tomás Antonio Sánchez: creía preciso formar "una escogida serie de los mejores autores de nuestra nación", y Lope de Vega, "cuando quiere pulir sus composiciones", "no es inferior" a los clásicos. Es decir, que no se publicaban estas obras por tener una alta opinión sobre su calidad literaria, sino por ser nuestras antigüedades[56].

Quizás por la amplitud del concepto de "literatura", ésta conectó en el siglo XVIII con la historia como no volvería a hacerlo en épocas posteriores, de mayor especialización. Los mejores literatos ilustrados, como Meléndez Valdés, Moratín o Jovellanos, dedicaron varias de sus obras a la exaltación de los grandes hechos históricos "españoles". El género preferido para esta finalidad, sin duda por ser el de máximo impacto sobre la opinión, fue el teatro. No menos de un centenar de dramas sobre temas de historia de España se estrenaron en la segunda mitad del siglo, con frecuencia firmados por los más renombrados autores del momento: la tragedia, en palabras de Guillermo Carnero, "se orientó hacia los temas de historia nacional [...] desde la *Numancia destruida* de Ignacio López de Ayala a *Doña María Pacheco*, de Ignacio García Malo, pasando por el *Ataúlfo* de Montiano, *Florinda*, de Rosa María Gálvez y otros temas medievales, como el *Guzmán el Bueno*, de Nicolás Moratín, *Don Sancho García* de Cadalso o los *Pelayos* de Jovellanos y Quintana"[57]. Casi todas estas obras fueron representadas hacia el final del siglo; no ya en su segunda mitad, sino en su último tercio, e incluso alguna después de 1800. Con lo que, más que del XVIII habría que hablar de la segunda parte del reinado de Carlos III y todo el de Carlos IV. Ésos parecen ser los años en los que el sentimiento nacional plasmó en el teatro histórico. Fue al final de ese periodo cuando brilló Moratín, que con tanta frecuencia utilizaba la expresión "literatura nacional".

Los literatos eran, además, conscientes de que extender entre el pueblo la conciencia patriótica constituía una de sus obligaciones político-pedagógicas. En una de sus *Cartas marruecas*, Cadalso anunciaba su deseo de escribir una *Historia heroica de España*, o relación de los héroes patrios, con objeto de que se les erigiesen estatuas cuya vista educara a las nuevas generaciones; y en *Los eruditos a la violeta* recomendaba a los jóvenes estudiosos que, en lugar de malgastar su tiempo con lecturas intimistas, lo dedicaran a conocer a los grandes historiadores españoles, desde Mariana hasta Ferreras. El futuro "afrancesado" Meléndez Valdés proyectó en algún momento dejar de escribir pastorales sobre las delicias de la naturaleza para concentrar sus energías literarias en cantar los "hechos ilustres" de los "héroes españoles", desde Sagunto hasta las guerras de Felipe V. Algo muy semejante pretendía también Jovellanos, cuando aconsejaba a un joven poeta de la escuela de Salamanca "arrojar a un lado el caramillo pastoril" y aplicar a sus labios la trompa

> para entonar ilustres hechos españoles, [...]
> los triunfos de Pelayo y su renombre,
> las hazañas, las lides, las victorias
> que al imperio de lados casi inmenso
> y al Evangelio Santo un nuevo mundo
> más pingüe y opulento sujetaron.

Más radical aún, Antonio de Capmany, en su *Centinela contra franceses,* exhortaba a los poetas a

> ejercitar su talento en letrillas y romances populares que despertasen ideas de honor y patriotismo, refiriendo proezas de esforzados capitanes y soldados en ambos mundos, ya contra indios, ya contra infieles, ya contra enemigos de España en África, Italia y Flandes, pues hartas ofrece la historia. Y con estos cantares, repetidos en bailes, en plazas, fiestas y teatros, se daría sabroso pasto al pueblo, y se despertaría de su actual indolencia"[58].

Historias de la literatura española, ediciones de clásicos españoles, creación literaria sobre temas históricos nacionales, exhortaciones a jóvenes poetas para que excitasen los sentimientos patrióticos, de todo ello hubo en el siglo ilustrado. Y no era sino una preparación de la gran explosión nacionalista de comienzos del XIX. Fue entonces, a partir de 1800, cuando empezó a sonar el nombre de Manuel José Quintana, pronto el más celebrado poeta y símbolo de los nuevos sentimientos patrióticos. De tales sentimientos dan idea poemas como *A España, después de la revolución de marzo, A Padilla* o *A la batalla de Trafalgar,* o su obra en prosa *Vidas de Españoles Célebres,* que incluía, entre otros, a Guzmán el Bueno, El Cid, Roger de Lauria, Pizarro, Las Casas y el Gran Capitán. Quintana sería el autor "nacional" por excelencia, el único que iba a lograr el honor de ser incluido en vida en la "Biblioteca de Autores Españoles" y a quien, muy anciano ya, Espartero nombraría preceptor de Isabel II para que la niña reina —tan poco aficionada a los libros— tuviera una educación "nacional". Pero de ningún modo estuvo solo en este esfuerzo. También Juan Nicasio Gallego escribió *Al Dos de Mayo;* y el duque de Rivas, a la batalla de Bailén o al general Castaños. La propia Suprema Junta Central entendió la nueva función de la literatura como arma movilizadora de la "nación", en este caso contra la invasión extranjera, y convocó un concurso poético para conmemorar el primer aniversario de los sitios de Zaragoza; a él se presentó, entre otros, el joven Martínez de la Rosa[59].

Los veinte años siguientes, salvo la breve interrupción del Trienio, iban a silenciar o expulsar de España a aquellos primeros literatos liberales. Se contuvo la tarea de creación de identidad nacional; y no en un momento cualquiera, sino justamente cuando en los centros culturales europeos se desataba el vendaval romántico. No confiaba el absolutismo en novedades —extranjeras y sospechosas por definición—, por más que fueran literarias y rindieran culto a un pasado medieval, caballeresco y religioso, frente al mundo pagano y mitológico del neoclasicismo. Sin embargo, esa misma exaltación del pasado contra los males de la modernidad, que de tan poco le servía para alcanzar respetabilidad ante el monarca, distanciaba radicalmente a aquel primer romanticismo de los liberales, herederos de los ideales ilustrados de modernización y progreso. Con lo que en España, patria "natural" del romanticismo para la imaginación europea, vivió durante largo tiempo al margen de la nueva literatura, salvo alguna discusión teórica aislada, y solamente entró en ella por la vía de la imitación[60].

Pero la moda romántica iba a disfrutar de larga vida en Europa y, allá por 1830, cambió su significado político para alinearse en el bando liberal. Fue con ese romanticismo liberal, ya al final de la década llamada "ominosa", con el que entraron en contacto y se sintieron identificados los Blanco White, Alcalá Galiano, Espronceda, Escosura, Martínez de la Rosa, duque de Rivas o el propio Larra. Nada más morir el último rey absoluto, estos exiliados regresaron a España y, además de convertirse en protagonistas de la política, impusie-

233

ron la nueva moda literaria: en un par de años, se estrenaron el *Ma-cías*, de Larra, *El moro expósito* del duque de Rivas, y, con más éxito que ninguna, *Don Álvaro o la fuerza del sino*, también de Saavedra[61].

Es inevitable hacer aquí una reflexión sobre el romanticismo. No sobre sus rasgos literarios ni artísticos, sino sobre su significado político. Porque, además de una corriente estética, el romanticismo representó también una actitud filosófica, con repercusiones políticas de largo alcance. Dicho en pocas palabras, tal actitud se caracterizaba por apoyarse en el sentimiento y la intuición estética como forma de acceder a una realidad más profunda y auténtica que la alcanzable por medio de la razón matemático-geométrica[62]. Y si las consecuencias de la confianza ilustrada en la razón como guía suprema de la acción humana y su fe en el inevitable avance de las luces como clave de la felicidad social, habían sido un sereno equilibrio personal y un optimismo último sobre el futuro de la humanidad, los románticos, en cambio, se harían célebres por sus desmesuras y angustias, resultado del contraste de sus inconmensurables aspiraciones con su propia fragilidad y finitud y con la "mediocre" realidad que les rodeaba.

Desde este punto de vista, no es difícil encontrar, entre los liberales españoles del primer tercio del XIX, múltiples creaciones literarias que se catalogan como románticas al verlas recorridas por el pesimismo, la melancolía o la desesperación ante la patria sufriente y el fracaso de la lucha por su libertad. "¡Ay, Rodrigo infeliz! ¡Ay, triste España!", escribe, por ejemplo, Espronceda en su *Pelayo*, dolorido y resignado ante la que cree injusta pero inevitable decadencia de la raza; y concluye: "si es fuerza perecer como valientes, / perezcamos al pie del patrio muro". La evocación de la "triste patria" o "España infeliz" o "mísera España" aparece una y otra vez en diversas composiciones de Martínez de la Rosa; "Cuánto, mísera España, de destrozos y ruina, / cuánto de luto y amargura y llanto / tu suelo amarga y tu beldad divina", escribe, por ejemplo, en su "Sitio de Zaragoza". Y referencias lastimeras al pasado glorioso de España y su posterior decadencia, o incluso muerte, abundan en la extensa *Oda a España*, de Rafael M. Baralt, que merece una cita más amplia:

> ¿Y piensas que, volviendo a lo pasado
> los tristes ojos, hallarás consuelo? [...]

De una nación en la marchita frente
el antiguo verdor nunca renace:
la que vencida fue, vencida yace... [...]
¡Señora del imperio
que uno y otro hemisferio unió del mundo! [...]
¿Dónde está de tu gloria el monumento?
¡Oh, mísera cautiva!
¿No ves de tu poder el polvo al viento?
Llora sin tregua, España, tu amargura...

En cuanto a Larra, por mucha tacha de "afrancesamiento" que se le opusiera, es difícil igualar la pasión y angustia con que sintió el españolismo: baste recordar sus defensas de la imagen de España frente al desprecio extranjero o su tétrico *Aquí yace media España; murió de la otra media*[63]. Con los años, el pesimismo de Larra sobre el futuro político del país no hizo sino acrecentarse y, combinado con sus desventuras personales, coadyuvó a su trágico final, momento en que el *ennui vital* y la desesperación romántica parecieron plenamente instalados en España.

Nunca se fundían de forma tan natural las desgracias de la patria con la nostalgia e infelicidad del poeta como cuando éste era un exiliado político. Por dar un solo ejemplo, Espronceda expresó este sentimiento en su elegía "A la Patria", escrita durante su exilio londinense, en versos muy conocidos:

¡Cuán solitaria la nación que un día
poblara inmensa gente!,
¡la nación cuyo imperio se extendía
del Ocaso al Oriente!
Lágrimas viertes, infeliz, ahora,
soberana del mundo,
y nadie de tu faz encantadora
borra el dolor profundo [...]
Un tiempo España fue. [...]
Mas ora, como piedra en el desierto,
yaces desamparada,
y el justo desgraciado vaga incierto

allá en tierra apartada. [...]
Desterrados, ¡oh, Dios! de nuestros lares,
lloremos duelo tanto:
¿Quién calmará ¡oh España! tus pesares?
¿Quién secará tu llanto?[64].

Podría, pese a todo, dudarse de que estas expresiones de queja patriótica sean románticas en el sentido estricto del término. La "pérdida de España" había sido cantada en tono lastimero desde los tiempos de Jiménez de Rada hasta los de fray Luis de León. Lamentos de otro tipo por los males de la patria habían llegado a constituir todo un género literario en tiempos de los arbitristas. Quejas por el cainismo hispano pueden encontrarse desde Quevedo hasta los noventayochistas. Y en cuanto al llanto del desterrado, es de tan larga tradición literaria que podría remontarse a Ovidio, en la Roma clásica.

Clásica era, en efecto, la formación de estos escritores del primer tercio del XIX que componen el elenco del llamado romanticismo español. Por grande que fuera su apasionamiento, la exaltada poesía patriótica de la "Guerra de la Independencia" fue, más que romanticismo, "un renacimiento del poema heroico contemporáneo"[65]. No es ocioso añadir que abundan en ella las composiciones dedicadas a las glorias de Bailén, pero no a los guerrilleros antinapoleónicos, pese a adecuarse estos últimos mucho mejor al prototipo romántico del marginado social que hace la guerra sin cuidarse de normas y jerarquías convencionales. La obra política de Martínez de la Rosa o el duque de Rivas, el Estatuto Real de 1834, era un monumento a la mesura, el pragmatismo y la libertad a pequeñas dosis, totalmente alejado de cualquier extremismo romántico. En cuando a Larra, es cierto que transpira intensa angustia personal por los males patrios, mas no por ello deja de estar dominado por preocupaciones y actitudes políticas de raíz ilustrada: jamás duda de que el remedio para resolver los problemas españoles es mayor educación, tanto para las clases medias como para el pueblo; racionalista en definitiva, cree que España debe acercarse a las formas de vida y de pensamiento propias de los países más avanzados en el camino del "progreso"[66]. De esta fe en el progreso, consecuencia inevitable de la extensión de las luces, deriva, además, toda la literatura liberal un invencible optimismo —sin el cual sería, por otra parte, inconcebible su apoyo a una causa política—. El propio Larra revela el más sólido optimismo progresista cuando escribe que "la luz de la verdad disipa, por fin, tarde o temprano las nieblas con que quieren ocultarla los partidarios de la ignorancia, y la fuerza de la opinión [...] es, a la larga más poderosa e irresistible". Poco tiene esto que ver con la desesperación romántica. Como no lo tienen los versos con que Espronceda concluye su trágico soneto dedicado a la muerte de Torrijos y sus compañeros, en definitiva una exhortación a la acción y una promesa apenas velada de triunfo final y venganza futura:

> Españoles, llorad; mas vuestro llanto
> lágrimas de dolor y sangre sean,
> sangre que ahogue a siervos y opresores.
> Y los viles tiranos con espanto
> siempre delante amenazando vean
> alzarse sus espectros vengadores[67].

No hay, por tanto, hasta aquí mucho romanticismo, si por éste se entiende predominio de la "pasión" sobre la razón. Tampoco va a haberlo durante el resto del siglo. Sin necesidad de llegar a la llamada novela "realista", no se encuentran rasgos diferentes en los Alcalá Galiano, Donoso Cortés, Estébanez Calderón, Mesonero Romanos, Ventura de la Vega, Bretón de los Herreros, López de Ayala, Tamayo y Baús, Núñez de Arce, Echegaray[68]. Sólo Bécquer, Rosalía de Castro, Verdaguer o Maragall, ya en la segunda mitad del siglo, tienen serias vetas románticas en su intimismo, nostalgia y subjetivismo; pero éstos no fueron autores directamente políticos. Para encontrar verdadera distancia respecto del racionalismo positivista y la fe en el progreso, a la vez que duda sobre las virtudes patrias, angustia personal por todo ello y refugio, ante tantas verdades que se tambaleaban, en la intuición, la estética y el sentimiento, habrá que esperar a la generación del 98. Sólo entonces, con Valle Inclán o Baroja, llegan unos literatos que, desde el punto de vista político, consideran de interés el guerrillero carlista, es decir, el tipo humano antimoderno, marginal y, en definitiva, derrotado.

Hay, sin embargo, un elemento que, pese a venir del siglo XVIII, se puede considerar romántico, y que se mantuvo constante a lo largo del XIX y seguía vivo entre los noventayochistas. Es justamente el que se relaciona con nuestro tema: la creencia en ese nuevo sujeto colectivo que es la nación. Su calificación de "romántico" requiere alguna explicación. El racionalismo ilustrado proporcionaba equilibrio vital y optimismo histórico, pero también sólidos fundamentos para un objetivismo universalista, pues la razón era la facultad común a todos los seres humanos, sobre la que cabía alcanzar conclusiones apoyadas por un acuerdo general. El romanticismo, en cambio, al hacer del sentimiento y la intuición las vías de conocimiento de la realidad, resquebrajó los fundamentos del conocimiento de tipo universal. La pasión, la intuición, el sentimiento, eran distintos en cada ser humano, subjetivos por definición. Las verdades y valores, al igual que la belleza, perdían así su carácter axiomático y objetivo. Políticamente, este subjetivismo individualista resultaba, en principio, subversivo: en su nombre se reclamaba la libertad del artista frente a las normas o moldes imitados, pero también se podía rechazar cualquier imposición exterior a la voluntad individual; el romanticismo era una filosofía libertaria en potencia, un semillero de rebeldes. Se entiende que los regímenes absolutistas desconfiaran de él, incluso si le daba por cantar un mundo medieval idealizado.

Pero el subjetivismo podía entenderse también en términos colectivos. El romántico no sólo buscaba la verdad y la belleza en la intimidad de su yo, intentando descubrir en él una realidad interna imposible de captar por la razón. También buscaba esa realidad en lo primitivo, lo popular o natural, no deformado por los artificios de la civilización. Las canciones o leyendas tradicionales eran muy del gusto de los románticos, por ser manifestaciones espontáneas del espíritu popular, ajenas a las normas académicas. Ese *Volksgeist* o "espíritu del pueblo" que las inspiraba era la base intelectual de aquel yo político, *moi commun* o *volonté générale,* en que creía Rousseau. A diferencia del rousseauniano, sin embargo, ese ente colectivo no se apoyaba en la voluntad democrática de los ciudadanos, sino en una realidad orgánica trascendente, muy superior a sus vidas individuales. Según estableció, mejor que nadie, el alemán Johann Gottlieb Herder, las "naciones" eran organismos vivos, creaciones de la divinidad que mediaban inevitablemente entre el individuo y la humanidad. Sus rasgos esenciales se descubrían en el idioma, don divino y herencia más preciada de cada pueblo, y en el pasado histórico, plasmación de las tendencias y aptitudes innatas de cada colectividad. Al romántico no le interesaba el Hombre esencial, apriorístico, abstracto, sujeto de los derechos revolucionarios liberales, sino el ser individual, inmerso en una realidad social dada e imposibilitado de realizar su destino fuera de ella. Incluso cuando imaginaba estar forjando una obra individual, el artista expresaba el *Volksgeist*, y sólo alcanzaba auténtica creatividad si era fiel al genio colectivo; el resto era imitación carente de fuerza. Lo mismo le ocurría al ciudadano, que sólo podía realizarse políticamente dentro de la realidad nacional y siendo fiel a esa forma de ser nacional definida por la historia. Se llegaba así a conclusiones fatalistas y abiertamente contrarias a la subversión del subjetivismo romántico de tipo individualista. El romanticismo ratificaba filosóficamente el nacionalismo, la nueva exigencia de lealtad al Estado; y no un nacionalismo cívico, ni democrático, sino basado en un "destino" colectivo que negaba a los individuos toda opción voluntaria o proyecto racional de vida. No es casualidad que fuera en la época romántica cuando el conde de Gobineau escribió su *Ensayo sobre la desigualdad de las razas humanas*, base del racismo moderno, ni que los fascismos, más tarde, bebieran tan copiosamente de fuentes románticas.

Desde este punto de vista hubo, innegablemente, en España romanticismo político. Que nadie entienda que el nacionalismo español emprendía, desde su origen, un camino que llevaba al fascismo, sino que la construcción nacional se apoyaba en conceptos que, en principio, nada tenían de racionales, voluntarios, democráticos o cívicos. Cualquier historia del arte o la literatura repite sin dudarlo que los románticos "buscaron sus temas de inspiración en la historia nacional"; más exacto sería decir que imaginaron la realidad en términos nacionales, que inventaron o reconstruyeron la historia para convertirla en nacional. Ésta fue la tarea que los literatos emprendieron, al unísono con los historiadores; y sin romper con la obra de los ilustrados, sino continuándola y justificándola doctrinalmente, dado que compartían con ellos, entre otras muchas cosas, la muy poco romántica fe en el progreso.

La construcción de la identidad nacional en el terreno literario requería, en primer lugar, redondear el modelo canónico de historia de la literatura española. Se siguió, para ello, seleccionando y reeditando las obras que iban a pasar a componer el acervo del clasicismo nacional: basten, como botones de muestra, las diversas ediciones de romanceros aparecidas a partir de 1815 y, sobre todo, la formación de la Biblioteca de Autores Españoles, colección de clásicos lanzada desde 1846 por los catalanes Aribau y Ribadeneyra, que acabó siendo, como escribe Guillermo Carnero, "asunto de Estado", con graves debates parlamentarios sobre la necesidad de subvencionarla[69]. Establecida así la lista de autores, se pasó a ordenarlos en secuencia lineal de capítulos y componer así los manuales de la historia literaria nacional. Tanta urgencia exigía la tarea, que la relativamente escasa capacidad creativa de las élites culturales del país no pudo responder a ella y, al igual que ocurrió con la historia política, las primeras historias de la literatura española surgieron en el extranjero: las firmaron un alemán, Friedrich Bouterweck; un suizo, Simone de Sismondi; y un norteamericano, George Ticknor[70]. Por fin, y en cierto modo en reacción defensiva contra unas interpretaciones de la cultura nacional escritas por protestantes, incapacitados por naturaleza para entenderla, iniciaron su publicación dos historias de la literatura española escritas por autores nacionales: las de Antonio Gil y Zárate y José Amador de los Ríos, en 1844 y 1861 respectivamente, precursores de los Milá y Fontanals, Menéndez Pelayo o, ya en el siglo XX, Menéndez Pidal, que dejarían consagrada la disciplina[71]. Aunque no sea considerada la de mejor calidad, puede que la más influyente de las obras citadas fuera la primera: pues Gil y Zárate compuso el único manual universitario existente justamente en la época en que la historia de la literatura española se convirtió en obligatoria —en parte, por presión suya— en los planes de estudios de la Ley Claudio Moyano; pero, sobre todo, dejó establecidos los criterios para definir lo "español" en la literatura. Tales criterios servían para evaluar las obras, autores y corrientes como clásicos dignos de ser enseñados o como meros extranjerizantes que debían ser relegados al olvido. Era ésta una consecuencia lógica del nacionalismo romántico: el arte, hemos dicho, sólo tenía fuerza creativa cuando el creador, en vez de imitar, era fiel al "espíritu del pueblo" al que pertenecía. Puede que Gil y Zárate no fuera un crítico agudo ni generoso, pero Larra era ambas cosas y no por ello estaba menos obsesionado con que el arte, en España, fuese "español" y denostaba las traducciones e imitaciones, porque "sólo el orgullo nacional hace emprender y llevar a cabo cosas grandes a las naciones"[72].

Además de construir el canon de historia literaria nacional, los románticos orientaron su propia creación literaria hacia los temas "nacionales". A la vez que Agustín Durán editaba romances medievales, y lo justificaba porque el romancero era "la historia no interrumpida del pasado y de la nacionalidad que la produjo", el duque de Rivas, Espronceda o Zorrilla componían romances en el pleno siglo XIX, ya que, según decía Martínez de la Rosa, siguiendo a los románticos alemanes, tal forma métrica era "la poesía nacional de España"[73]. Estos romances versaban, además, sobre temas "españoles", medievales o de la era imperial. Una vez más, es preciso prevenirse contra el engaño: no se trataba aquí de hacer historia, en el sentido de entender el pasado. Se trataba de imaginar ese pasado, de inventarlo estéticamente, con objeto de cultivar el patriotismo en los lectores. No importaban, por eso, los anacronismos. Aunque su *Don Álvaro* estuviera situado en el siglo XVI, el duque de Rivas hacía gritar a los soldados "¡Viva España!" y a su capitán "¡Vamos, hijos, a abrirnos paso como valientes o a morir como españoles!"; gritos, ambos, dudosamente adecuados a ese momento histórico. Más grave aún es la deformación de su romance *Un castellano leal,* donde describe la repugnancia del conde de Benavente ante la orden imperial de dar alojamiento al duque de Borbón, artífice de la victoria de Pavía al pasarse del ejército "francés" al "español"; el conde obedece al emperador —al rey, más bien, dada la acentuación de los símbolos españoles que le rodean—, pero a continuación limpia su honor prendiendo fuego a su propio palacio. Rivas no se limitó a exaltar aquí los valores nobiliarios, por los que tanta debilidad sentía; exaltó el sentimiento nacional, pues el duque de Borbón, más que haber sido desleal a sus compromisos personales o familiares —esencia de la felonía para un noble medieval o renacentista—, había traicionado a "Francia", supremo acto deshonroso... para un ciudadano europeo del XIX.

La trasmisión directa de valores patrióticos no era, sin embargo, la tarea principal de los literatos. Tampoco hacían de la nación, como los historiadores, la protagonista directa de su obra: por el contrario, los héroes de sus tragedias o novelas eran individuos singulares, esforzados caballeros o amantes infelices. Pero sus vidas se desarrollaban en ambientes históricos "españoles". Y ésa fue la principal aportación de la literatura a la creación de la identidad nacional: imaginar los ambientes de "nuestro" pasado, describir sus escenarios, poner palabras en la boca de "nuestros" antecesores. Más eficaces que la poesía iban a ser, en esta tarea, la novela y el teatro. La novela histórica se inició en 1830, año en que la policía política relajó sus controles y entraron las primeras traducciones de madame de Staël y Walter Scott. Fue entonces cuando Ramón López Soler publicó *Los bandos de Castilla*, título al que seguiría un verdadero torrente de obras: *La conquista de Valencia por El Cid*, de Kosca Vayo; *El doncel de don Enrique el Doliente*, de Larra; el *Sancho Saldaña*, de Espronceda; *Ni rey ni roque*, de Escosura; *Doña Isabel de Solís, reina de Granada*, de Martínez de la Rosa; *Cristianos y moriscos*, de Estébanez Calderón; y tantos otros, hasta llegar a *El señor de Bembibre*, de Gil y Carrasco, en 1844 y, ya en la segunda mitad del siglo, Manuel Fernández y González (*El pastelero de Madrigal* y tantas otras). Sería entonces, en esa segunda mitad del siglo, e incluso a comienzos del XX, cuando surgiera la gran creación histórica novelada: los *Episodios nacionales*, de Benito Pérez Galdós. Son toda una categoría en sí mismos y corresponden a otro momento, por lo que hablaremos de ellos más adelante[74].

En el teatro, la brecha se abrió en 1834-1835, con los éxitos del duque de Rivas y Larra. A lo largo de los años siguientes brillaron García Gutiérrez (*El trovador, Juan Lorenzo, Venganza catalana*), Hartzenbusch (*Los amantes de Teruel, La jura de santa Gadea, La madre de Pelayo*), el también dramaturgo, aparte de historiador de la literatura, Gil y Zárate (*Carlos II el Hechizado, Guzmán el Bueno, Don Álvaro de Luna, El Gran Capitán*) y, de nuevo en la segunda mitad del siglo, Tamayo y Baus (*Locura de amor*) o el prolífico Fernández y González, dramaturgo a la vez que novelista. Hacia 1870, el romanticismo había completado su tarea de invención de ese pasado histórico que ahora quedaba imaginado plásticamente como "español", justamente en los términos que la adhesión a la identidad nacional requería[75].

Nadie brilló en aquella tarea como José Zorrilla. Poeta y dramaturgo de "asombrosa facilidad versificatoria", superficial y colorista, pero dotado de indudable magia, Zorrilla fue, y tuvo clara conciencia de ser, el "único, el verdadero poeta nacional", el hombre
que encarnaba a España al modo que Victor Hugo lo hacía con
Francia; contribuyó como ninguno a difundir una imagen del pasado en términos nacionales, españoles, hasta el punto de llamársele,
con justicia, el creador del drama histórico nacional. La práctica totalidad de sus tragedias, leyendas y poemas históricos versaron sobre
temas o se situaron en ambientes históricos "españoles". Baste recordar, entre las primeras, *El rey loco*, sobre el visigodo Wamba; *El
puñal del godo*, sobre la derrota goda ante los musulmanes; *El zapatero y el rey*, sobre Don Pedro el Cruel; *El alcalde Ronquillo*, sobre los Comuneros; *Traidor, inconfeso y mártir*, sobre el sebastianismo político
portugués; *Sancho García*, sobre la Castilla del siglo XI; *Don Juan Tenorio*, ambientada, como se sabe, en medios militares de la época de
Carlos V. Zorrilla confesó en cierto momento "hablar en castellano,
morir en español". Y en la introducción a sus *Cantos del trovador*
hizo toda una declaración patriótica:

> Mi voz, mi razón, mi fantasía
> la gloria cantan de la patria mía [...]
> Venid, yo no hollaré con mis cantares
> Del pueblo en que he nacido la creencia;
> Respetaré su ley y sus altares.
> En su desgracia a par que en su opulencia
> Celebraré su fuerza o sus azares,
> Y fiel ministro de la gaya ciencia,
> Levantaré mi voz consoladora,
> Sobre las ruinas en que España llora.

Muchos años después, incluso quienes señalaban "defectos" en
Zorrilla, como la "pompa, armonía, apego a [...] lo brillante más
que a lo hondo", reconocían que eran "los propios defectos de la
raza española"[76].

Defectos, la verdad, no le faltaban. Como poeta, los críticos coinciden en apreciar sus "abundantes caídas en el ripio y en los tópicos

decorativos". También hay acuerdo al destacar su conformismo y superficialidad moral, visibles en el final feliz con que liquida el drama del satánico don Juan Tenorio. Pues bien: paralela a su tendencia a aceptar versiones convencionales y acríticas de los grandes temas literarios es su falta de escrúpulos al adaptar el pasado histórico a las coordenadas nacionales. Acaso ninguna de sus obras sea tan buen ejemplo como *El puñal del godo,* tragedia en un acto centrada en la tan llorada "pérdida de España" ante la invasión musulmana. La acción se sitúa en la cueva de un ermitaño, en una apartada montañosa portuguesa, donde se ha refugiado un misterioso y atormentado personaje que resulta ser nada menos que don Rodrigo, último rey godo. También llega allí, precisamente el día del aniversario de la derrota de Guadalete ("día de hiel, / de luto y baldón y saña, / para la infeliz España"), Theudia, noble godo huido del dominio musulmán. "Aciago día", comenta Theudia, "también para mí lo es", responde el disfrazado rey, "y para todo español / lo será mientras el sol / alumbre". El poeta no duda, a juzgar por estos versos, de que el sentimiento de españolidad existía entre los visigodos y lo cree, además, eterno, "mientras el sol alumbre". Tras intercambiar quejas sobre los rigores del destino, el noble pregunta a su interlocutor si es portugués, dando a entender que, en ese caso, nada tiene que ver con el drama desarrollado entre visigodos y musulmanes. No hay duda de que están en el extranjero y, como buen rey exiliado, don Rodrigo inquiere información por la situación española: "¿Conserva aún el pueblo hispano/recuerdo alguno de la antigua gloria?". Theudia le cuenta que España está "presa de gente salvaje/a quien rinde vasallaje, / y que la asuela y la arrasa"; el "salvajismo" es, desde luego, concepto del siglo XIX, y es pura invención —también muy del XIX— colocar a los godos en un grado de "civilización" superior al de los musulmanes. Zorrilla, por cierto, no pierde ocasión de expresar su conservadurismo y salva en un par de líneas el honor de la aristocracia: los nobles "perecieron todos/a manos de los moros uno a uno". El ex rey, revelada ya su personalidad a Theudia, pregunta a éste: "¿Ya nada resta?". "Un rincón en Asturias, do se agrupan/los que escaparon de la lid funesta" y donde ha levantado su pendón "vuestro valiente primo don Pelayo". Se suma así el dramaturgo a la tradición medieval que confería la legitimidad goda a la dinastía astur. Don Rodrigo decide entonces abandonar "el penitente sayo" e ir "a lidiar por nuestra España / y a triunfar o a caer con don Pelayo". La tragedia termina con la llegada a la cueva del infame conde don Julián, en cuya persecución iba Theudia (para vengar, según confiesa, "a la patria mía"). Don Rodrigo lo reconoce, le reprocha su traición y el conde, a su vez, echa en cara al rey su "liviandad", en alusión a la legendaria violación de La Cava. "Deshonrado por ti, perdílo todo" —explica don Julián—, quise vengarme "y tu raza borrar de las naciones". Inician un combate personal, pero Theudia llega a tiempo de interferirse, arrebata el puñal a don Julián y le da muerte. "Al vengaros a vos, vengué a la España". Don Rodrigo termina partiendo con Theudia a "morir en nuestra patria como buenos". Antes han comentado que "franco paso nos dará Portugal, que nos dio asilo", ratificando así cuán ajeno es Portugal al reino godo y la invasión musulmana.

Con Zorrilla culmina esta reconstrucción romántica del pasado en términos "españoles". España queda fijada en el mundo de las esencias, desde la noche de los tiempos, perfectamente diferenciada, por ejemplo, de Portugal. Pero no son sus fronteras físicas las que más importan a esos autores, sino sus rasgos morales. Y éstos, para que sean aceptables para la gran mayoría de los destinatarios del mensaje, son descritos en términos muy convencionales. Los literatos apenas presentan novedades, en su descripción del carácter patrio, respecto de lo aportado por los historiadores: resaltan, ante todo, el espíritu belicoso de la raza, o más bien su valor temerario, basado en el completo desprecio a la muerte. Tal belicosidad se funde con un sentido nobiliario ante la vida, expresado en la conciencia del honor o el orgullo de linaje. Mas ese peso de lo nobiliario de ningún modo se opone, sino que se combina, con un acendrado monarquismo, nacido, según parece, de aquellos reyes que combatieron al frente de sus ejércitos durante la Reconquista[77]. Belicosidad, en fin, sentimientos nobles y monarquismo se completan con una profunda religiosidad en el carácter español. Una religiosidad que procede, como tantas otras cosas, de los siglos de guerra contra el islam, lucha que Zorrilla, como Gil y Zárate o como el nacionalismo conservador identificado con el catolicismo que analizaremos en los próximos capítulos, no duda en interpretar como ideológica.

Al margen de sus adscripciones políticas, la práctica totalidad de los poetas y dramaturgos románticos coinciden en la idealización de la Edad Media. Zorrilla sintetiza los tópicos compartidos cuando escribe, en su leyenda *La azucena silvestre,* que fueron "sencillos tiempos", de "grata memoria", edad regida y dominada por "la gloria y el amor", edad de los prodigios, edad de las hazañas, a las que nosotros, "de corazón sin fe", llamamos patrañas. La Edad Media se presenta así como la era nobiliaria por excelencia, de unánime religiosidad cristiana y, fundamentalmente, castellana. Este último rasgo no es siempre explícito ni tampoco general; ni en absoluto exclusivo de los autores más conservadores. El interés romántico por lo regional no suele pasar de atracción sentimental por lo retrospectivo y pintoresco, sin cuestionar los beneficios de la centralización. Una consecuencia más, en definitiva, de ese progreso en el que estos curiosos románticos tanto confían.

Otra deformación obligada era la expulsión de lo musulmán de la mitología españolista. Por mucho que la época preferida para situar sus creaciones sea la Edad Media, los escritores románticos del país no dudaban de que, dentro de aquella época, sólo lo católico era "español". Les costó, incluso, cierto trabajo incorporar el estereotipo orientalista que el romanticismo internacional proyectaba sobre España. Pero tuvieron que adaptarse. Martínez de la Rosa, pese a haberse dedicado a la literatura desde su juventud, sobrevivió en el exilio como un perfecto desconocido hasta que logró el reconocimiento internacional, gracias al estreno en París de su *Abén Humeya,* una tragedia sobre tema morisco. También en el exilio escribió el duque de Rivas su *Moro expósito.* Era, obviamente, lo que el mercado internacional pedía de autores españoles. Tras la muerte de Fernando VII y su regreso y éxito a mediados de los treinta, los románticos españoles introducirían siempre toques orientales en sus evocaciones del medievo nacional, pero no parece que pasaran de un nivel superficial: referencias a Córdoba o Granada, y, sobre todo, ese especial porte caballeresco de los personajes y esa pompa en el lenguaje que se suponía procedente del mundo árabe.

Un último aspecto excluido del mundo medieval idealizado es el reino de lo femenino. Por mucho que Zorrilla declarase profesar auténtico "culto a la mujer" —un rasgo, según él, esencialmente cristiano—, el sentido del honor es, ante todo, masculino y la mujer sólo recibe sus efectos a través de la "galantería". A quien de verdad rinden culto los románticos españoles es al hombre. Desde el punto de vista político, único que aquí interesa, impresiona comprobar la insistencia con que se define la esencia nacional como viril, ruda, fuerte, sana, frente al afeminamiento europeo actual, traducido en gusto por lo refinado, las joyas lujosas, los entretenimientos sofisticados. Baste recordar el *Canto del cosaco*, en que Espronceda describe a la "caduca" Europa, con su

> gente opulenta, afeminada ya.
> Son sus soldados menos que mujeres.
> Sus reyes viles mercaderes son.
> Vedlos huir para esconder su oro...

Una virilidad sobre cuyo significado político no hay que engañarse: significa violencia en la resolución de los conflictos; una violencia que el romanticismo vincula con el apasionamiento racial, que inclina a los españoles a sacar la espada antes que negociar[78].

Conecta así la identidad española definida por los románticos con el nacionalismo racial y agresivo de la Europa imperialista de la segunda mitad del XIX. "Raza" era un término que entraba por entonces en el vocabulario político: los españoles eran "raza de héroes" para Quintana, "raza de valientes" en Zorrilla. La antigua obsesión de la España contrarreformista por la limpieza de sangre revivía al calor de las nuevas teorías racistas de mediados del XIX. Y ambos, racismo antiguo y racismo moderno, se fundían fácilmente con la vieja y simple xenofobia. El duque de Rivas, por ejemplo, fue aumentando con los años el nacionalismo agresivo de sus romances históricos: sus cantos a los triunfos militares "españoles" del siglo XVI se basaban en que éstos estaban, según él, guiados por ideales puros —la defensa de la fe y la búsqueda desinteresada de glorias bélicas—, mientras que los rivales europeos del poder español eran herejes, preludio de los "mercaderes" del degradado mundo moderno. Tanto Rivas como Zorrilla detestaban especialmente a Francia, como hacían los círculos antiilustrados del XVIII. Parece como si Francia fuera ese "otro", ese vecino agresor o amenazante que con tanto éxito usan los nacionalistas para unir la propia comunidad. Cierto que había motivos para temer agresiones francesas, cuando ejércitos de ese país habían hollado toda Europa a las órdenes de Napoleón y, en el caso español, habían cruzado la frontera en tres ocasiones entre 1794 y 1823. Pero no se refería a eso Zorrilla cuando seguía contrastando, hasta el fin de sus días, la fidelidad de los "leones españoles" con la deslealtad innata de los galos, ni tenía motivos Ángel de Saavedra, que había pasado buena parte de su vida en el vecino país, para seguir evocando la alevosía francesa[79]. El nacionalismo agresivo formaba parte del conservadurismo político de ambos escritores. Y la xenofobia y, en último extremo, el racismo, eran también conclusiones lógicas de la visión romántica del mundo político, dividido en unidades étnicas que se diferenciaban, no sólo por sus rasgos físicos, sino por los psicológicos y morales.

La última generación romántica consiguió, de esta manera, cubrir un requisito esencial para el éxito de esa personalidad nacional que estaban construyendo las élites culturales: eliminar la orientación excesivamente liberal con que había nacido aquella *comunidad imaginada;* situarla por encima de las rivalidades políticas, incorporar a la imagen nacional suficiente número de rasgos conservadores como para que pudiera ser aceptable para la mayoría de los ciudadanos. Porque ése había sido el problema durante las cuatro primeras décadas del siglo, que ese pasado idealizado por políticos, historiadores y literatos se presentaba, casi exclusivamente, en términos liberales, como anuncio del progreso y la modernidad defendidos por los constitucionalistas y temido por grandes sectores de la opinión. En *La viuda de Padilla,* por ejemplo, declaraba el joven Martínez de la Rosa querer escribir "una historia de mi nación", pero hacía decir a su personaje central: "Dichosos, pues murieron por la patria. Libres vivieron, libres expiaron". Quintana deseaba, igualmente, retratar al héroe nacional en su *Don Pelayo,* pero, de nuevo, se le veía la intención, que distanciaba a tantos de sus lectores, cuando su personaje central decía querer luchar por "fundar otra España y otra Patria / más grande y más feliz que la primera"[80]. Era necesario refrenar esos cantos a la libertad, a la participación política o la convivencia de religiones, si los románticos querían, de verdad, convertirse en literatos nacionales. Y esto es lo que se hizo, en efecto, hacia mediados de siglo, en los años del dominio político de los "moderados", justamente cuando el duque de Rivas presidía la Real Academia y Zorrilla triunfaba en los escenarios.

José Zorrilla fue coronado, al final de su vida, como "poeta nacional". Sólo Quintana había merecido, antes que él, semejante honor. La diferencia de color político entre uno y otro expresa bien la evolución de la literatura académica. Quintana fue el poeta nacional porque vinculó la nación con el constitucionalismo liberal. Medio siglo después, Zorrilla lo sería por lo contrario: por haber recuperado la España monárquica, católica y nobiliaria.

LA PINTURA HISTÓRICA LES PONE ROSTRO

El siglo XIX fue la época dorada de la llamada "pintura histórica". No fue un azar, pues el pictórico era otro de los terrenos culturales privilegiados a la hora de contribuir a la construcción de la imagen nacional. Lo que se hizo, por otra parte, no fue "pintura histórica" en general, género del que tanta producción había existido en épocas anteriores, referida a episodios de la historia sagrada o la grecorromana. La "pintura histórica" del XIX se concentró en escenas de historia *nacional*, y su éxito fue tal que la expresión misma ha quedado asociada desde entonces a este significado restringido.

Como la literatura o la historia, esta pintura histórico-nacional tuvo sus antecedentes en ese siglo XVIII con el que tan erróneamente tendemos a pensar que el XIX rompió de manera radical. La ruptura se produjo realmente con la época anterior, esos años 1500-1700 en que la pintura política se había dedicado a exaltar las glorias de las casas dinásticas sobre grandes lienzos o paredes que admiraban quienes tenían acceso a los palacios. Alguna conexión se estableció ya entonces entre la familia reinante y reyes que la mitología situaba en Hispania o emperadores romanos nacidos en la Baetica. Pero éstos no eran más que débiles anuncios de lo que llegaría en el XVIII. La Real Academia de Bellas Artes de San Fernando, fundada en 1752, nació, al igual que la Española o la de la Historia, con el propósito de fomentar actividades artísticas o intelectuales que fueran, a la vez, útiles para el fortalecimiento del patriotismo. Con ese fin, convocó concursos de pintura y escultura en los que los temas históricos "españoles" comenzaron a desplazar a los tradicionales mitológicos o alegóricos e incluso, poco a poco, a los religiosos. De todos modos, no iba a ser fácil eliminar una tradición tan arraigada como era la de representar grandes acciones humanas de "carácter moralizante y ejemplificador" en abstracto, es decir, sin tener en cuenta la filiación de los personajes, sino su capacidad de mostrar extraordinaria virtud o fuerza de carácter ante difíciles dilemas morales[81].

Un siglo habría de transcurrir desde la fundación de la Academia para completar el paso de la pintura alegórica abstracta a la histórico-nacional. En ese periodo hubo verdaderas cumbres pictóricas, como los dos formidables lienzos pintados por Goya sobre la sublevación madrileña del Dos de Mayo de 1808 y los fusilamientos del día siguiente, considerados con frecuencia los iniciadores del nuevo tipo de pintura histórica. Cuadros de historia eran, en efecto, y "absolutamente nuevos", en expresión de Pérez Sánchez; pero Goya, según añade también este autor, "no podía ser entendido" en su época. Tan nuevos eran, y tan difícilmente podían ser entendidos, que podría discutirse su inclusión en el género de historia nacional en el sentido en que lo harían las obras que se consagrarían en las décadas siguientes y que vamos a analizar en este apartado. Pues Goya, aunque sacralice en la figura central del fusilado del Dos de Mayo al pueblo combatiente, refleja en la lucha de la Puerta del Sol la brutalidad de todos los enzarzados en la lucha, horrorizado ante el hecho bélico, al igual que haría en su serie *Los desastres de la guerra*. Otros lienzos de esos años, en cambio, sí iban exaltando el heroísmo patrio de una forma que preparaba la gran eclosión de este tipo de pintura de la segunda mitad del siglo: Viriato, Wamba, Pelayo, san Fernando y los Reyes Católicos ganaban, en efecto, cada vez más terreno, no sólo a Escipión, Lucrecia o Cincinato, sino, sobre todo, al infinito número de santos y vírgenes que habían nutrido el mercado pictórico hispano en los siglos anteriores[82].

El verdadero comienzo del apogeo del género puede, por una vez, datarse con precisión: fue en 1856, año de la primera Exposición Nacional convocada por la Real Academia de San Fernando. En aquella Exposición inicial ganó la primera medalla el *Don Pe-*

layo en Covadonga, de Luis Madrazo, y el éxito del certamen fue tal que se repitió a partir de entonces con periodicidad bianual. En vez de hacer una convocatoria abierta, con libertad de temas, la Exposición se tomó en serio el adjetivo *nacional* y potenció abiertamente la historia patria, tanto en la orientación de los asuntos a tratar como en la cuantía de los premios. Los cuadros galardonados, durante todo el resto del siglo, fueron en más de la mitad de los casos de carácter histórico, sobre temas propuestos por la Academia, sacados del romancero medieval, de la historia del padre Mariana o de la recién aparecida obra de Modesto Lafuente. La cuantía de los premios, por su parte, se escalonaba de manera elocuente: las primeras medallas en historia recibían 90.000 reales, frente a los 37.000 para las de género, 35.000 la pintura religiosa y 17.000 los paisajes[83]. Con tales incentivos, y dado el clima historicista reinante también en la pintura europea —e historicismo, no hace falta repetirlo, quería decir exaltación nacionalista—, no es raro que en las cuatro décadas siguientes el mercado llegara a saturarse de lienzos sobre la historia patria.

No entrarán estas páginas en apreciaciones técnicas sobre esta clase de pintura, que serían osadas por parte del autor de este libro, pero es útil saber que los especialistas tienden a clasificarla como de inspiración académica, estilo ecléctico y calidad no más que mediana. Nada de ello supone demérito, desde el punto de vista de nuestro tema, e incluso podría sostenerse que, de haber tenido rasgos más creativos, como tuvieron impresionistas y vanguardistas de las generaciones siguientes, hubiera sido menos comprensible y eficaz en el cumplimiento de su misión. Lo que interesa aquí, en todo caso, es interpretar este tipo de producciones pictóricas desde el punto de vista de su significado político. Es, por otra parte, el aspecto que dio importancia a esta creación artística también en su época. Críticos y público coincidieron en juzgar los cuadros por su contenido patriótico, más o menos acertado según los casos y el gusto de los intérpretes, antes que por su técnica pictórica. Según explicaba Jacinto Octavio Picón en 1881, lo crucial en un cuadro de historia es lo que representa, siempre "en un hecho de capital importancia para un país o una raza, en un momento determinado y preciso en que el esfuerzo de un hombre o un pueblo realiza algo que influye

251

poderosamente en la vida social". Es reveladora la referencia a la raza por parte de un crítico de arte[84].

La función de aquellos cuadros era, pues, pedagógico-política. Como escribía otro crítico, esta vez de 1862, es decir, cuando estaba sólo iniciándose la creación masiva en este terreno, "un cuadro consagra una acción famosa y la populariza y extiende con mayor facilidad que otro género [...]. Alta y noble empresa sería la de perpetuar en grandes lienzos la historia patria. Ella inspiraría emulación y aliento a los artistas y, llevada a cabo, sería digna escuela donde nuestro pueblo recibiese al par estímulos de la virtud y gloria y lecciones de escarmiento". Tan importante era esta lección moral que no debía llegar sólo a los pocos que pudieran contemplar directamente los lienzos, ni a quienes leyeran los comentarios de prensa; era preciso divulgarla a través de los grabados que, justamente en aquellos años, comenzaban a incluirse en los libros de historia o en las revistas ilustradas, como el *Semanario Pintoresco Español*, *El Museo Universal* o *La Ilustración Española y Americana*. En 1871, en plena era revolucionaria, el diario *La Discusión* llegó a emprender una campaña para que las ilustraciones de revistas dedicadas a la Exposición Nacional de ese año fuesen remitidas gratuitamente "a cuantas bibliotecas, ateneos, casinos, círculos, tertulias y cafés lo deseen [...] que no haya población, por pequeña que sea [...] donde dejen de conocerse las producciones de nuestros jóvenes pintores y escultores"[85]. El posesivo *nuestros* era, sin duda, lo más importante de la frase: nuestros artistas imaginaban nuestro pasado, que, reproducido por las prensas gráficas, debía ser difundido entre los ciudadanos para convertirlos de verdad en nuestros.

Una diferencia entre la literatura o la historia y la pintura histórico-nacional es que ésta tuvo un origen abrumadoramente oficial: además de los concursos convocados por la Real Academia, las dos cámaras parlamentarias, Congreso y Senado, la propia Corona e incluso instituciones locales como las Diputaciones provinciales, hacían encargos y exhibían los lienzos en las paredes de sus palacios. No eran, pues, las clases medias cultas las que compraban y colocaban los cuadros en sus bibliotecas, como hacían con los libros de historia o con los novelones románticos; no eran ellas las que pagaban en taquilla y dedicaban unas horas a contemplar las tragedias históricas. En el caso de la pintura, lo que se gastaba era dinero público. No emanaba espontáneamente de las élites artísticas, sino que era un fenómeno de inspiración oficial. Lo cual, en cierto modo, limita su valor, pero también le añade un significado especial, precisamente por expresar la visión que las instancias estatales tenían de la nación; y dice algo del esfuerzo oficial por nacionalizar la cultura[86].

Otra diferencia entre el romanticismo literario y el pictórico es que aquél cargó el acento sobre historias y héroes privados, aunque los ambientara en un pasado nacionalizado, mientras que en la pintura, como en la historia, el protagonista fue, directamente, la nación misma. La nación, no representada ya alegóricamente, como hubiera hecho el clasicismo, sino personificada en reyes, héroes o mártires. En alguna ocasión, la propia colectividad aparece de modo más directo, como en aquel *Don Pelayo en Covadonga* con que Luis de Madrazo triunfó en la primera Exposición Nacional, en que el héroe aparece acompañado por un alto eclesiástico, sobre una roca, empuñando una cruz, y en la parte inferior del cuadro figuran una serie de guerreros y gente del pueblo en actitud de exaltación patriótica, entre los que destaca, a la izquierda, una adusta y decidida figura femenina que bien pudiera interpretarse como España misma[87]. Lo excepcional es que el cuadro de historia, pese a encontrarnos todavía en época romántica, verse sobre una historia plenamente privada; *Los amantes de Teruel*, de Muñoz Degrain, pintado en 1884, ilustraría esta excepción. Ni siquiera parece suficientemente representada la nobleza, aunque hay que imaginar que las casas nobiliarias encargaron pintura que enalteciese los grandes hechos de sus antepasados. Es muy posible que este último aspecto no se halle suficientemente estudiado y existan más obras de las que conocemos; de confirmarse la impresión actual, sería un nuevo ejemplo del papel secundario de la aristocracia y de la necesidad que tenía el imaginario político de girar en torno a un ente único: la nación.

Aparte de estas diferencias, en la creación de los pintores no hay aspectos en que destaquen novedades respecto a los temas y enfoques creados por la historia y la literatura. Nada nuevo nos dicen los cuadros históricos sobre los rasgos de la personalidad española:

belicosidad, catolicidad y caballerosidad de los personajes; unidad, libertad e independencia de la colectividad; protagonismo abrumador de la monarquía. Los asúntos preferidos para expresar este mensaje no son menos previsibles: Sagunto, Numancia, Viriato, Hermenegildo, Recaredo, Don Pelayo, El Cid, las Navas de Tolosa, Fernando el Santo, Jaime el Conquistador, Roger de Flor, Guzmán el Bueno, la rendición de Granada, los Reyes Católicos —en especial, Isabel—, Boabdil, Colón, el Gran Capitán, Cisneros, Juana la Loca, Carlos V, Felipe II, etcétera[88]. Sobre muchos de estos personajes no se poseía ninguna imagen plástica hasta esa segunda mitad del XIX en que se puso de moda la pintura histórica, e incluso algunos de ellos eran figuras totalmente legendarias, como Santiago Apóstol, cuyos rasgos no tiene inconveniente el pintor en inventar al representarle interviniendo en la batalla de Clavijo. No sólo Santiago, sino todos ellos, a partir de entonces, y gracias al atrevimiento de aquellos pintores, recibieron un rostro. Si la literatura había puesto palabras en la boca de nuestros antepasados, la pintura les dio forma y color, los imaginó de forma visible. Facilitó los ensueños sobre nuestro pasado. Y, al hacerlo, los orientó de forma no aséptica: primero, convirtiéndolos en antecedentes del Estado-nación contemporáneo; segundo, ennobleciendo los rasgos de los personajes, de forma, por cierto, impersonal y previsible (nada que ver ya con aquellos héroes clásicos o mitológicos que Velázquez o Ribera habían tenido la audacia de imaginar como tipos populares); y tercero, y quizás más importante, revistiendo el ente ideal en que se basaba la legitimidad de ese Estado de una carga valorativa que se presentaba como generalmente aceptada, pero que lo representaba precisamente como *religioso, monárquico* y *bélico*. Es francamente llamativo, por ejemplo, que los pintores no muestren el menor interés, a la hora de representar a la nación, por sus glorias científicas o intelectuales. Podrían aducirse razones estéticas: Cervantes, Quevedo o Huarte de San Juan eran menos vistosos que el Gran Capitán o don Juan de Austria. Pero sorprende que un profesional de la pintura se sienta tan poco tentado por representar a Velázquez en acción, o el taller de Murillo[89].

Quizás por su carácter más tardío, la pintura mantuvo la polarización ideológica de forma más duradera que en la literatura. Páginas atrás mencionamos la polémica representación de los Comuneros en el patíbulo, realizada por Antonio Gisbert en 1860, pieza clave en la versión liberal del aplastamiento de las libertades españolas por el absolutismo. Antonio Pérez o Lanuza, otros mártires del despotismo regio, recibieron igualmente atención pictórica[90]. Episodios que dañaban también la imagen de los monarcas absolutos, y que sólo un pintor liberal abordaría, fueron las expulsiones de judíos y moriscos, el saqueo de Roma por las tropas de Carlos V o la historia del príncipe don Carlos, hijo de Felipe II, convertido en gran héroe liberal europeo por Schiller y Verdi[91]. Antonio Gisbert, el mismo pintor que había puesto rostro a los dirigentes Comuneros, fue uno de los que se atrevieron a abordar el tema de don Carlos, y mucho más tarde, en 1888, pintaría también el fusilamiento de Torrijos y sus compañeros en las playas de Málaga. Frente a esta plasmación progresista del pasado nacional, los conservadores contraatacaron: el Partido Moderado declaró su preferencia por Casado del Alisal, justamente el artista que había arrebatado la primera medalla a Gisbert en aquella Exposición de 1860 con *Los últimos momentos de don Fernando IV el Emplazado*, obra centrada en un caso de castigo divino a los pecados de los reyes. Poco después, con *La rendición de Bailén*, este pintor reflejaría las glorias nacionales contemporáneas en estilo velazqueño apenas disfrazado.

Las pasiones políticas difícilmente podían llevar, sin embargo, a un *austracismo* pictórico que eliminase de la representación del pasado nacional a los dos Habsburgo mayores, en definitiva lo más esplendoroso y representable de la historia de los últimos siglos. Podría, sí, haberse evitado subrayar los aspectos humanos de un Carlos V, como su vejez en Yuste; pero esta última era la más útil para destacar su "españolismo". Podrían haberse elegido temas más críticos, y de espectacularidad y romanticismo indiscutibles, como autos de fe inquisitoriales, persecuciones raciales o escenas de la conquista americana; es cierto que este último tema, el imperio americano, debido sin duda a su exotismo colorista, tiene una presencia mayor en la pintura que en los libros de historia o en las creaciones literarias, pero también lo es que las escenas se relacionan con el descubrimiento y no con la conquista[92]. La pintura histórica, incluso la liberal, evitó visiones críticas del pasado que pudieran interpretarse como favorables a lo que más tarde se llamó Leyenda Negra, considerada antiespañola. La pugna entre liberales y conservadores continuaba, pero los primeros carecían de la agresiva seguridad de la primera mitad del siglo y, sobre todo, no estaban dispuestos a dañar la imagen nacional en un contexto europeo tan competitivo.

Hablando del contexto europeo, llaman también la atención las abismales diferencias que distinguen esta pintura española de la que producen, en aquella misma época, los artistas extranjeros sobre España. Mientras los pintores nativos inventan escenas de los visigodos, olvidados ya para el resto del mundo, o minúsculas anécdotas de los reinos cristianos medievales, los extranjeros pintan tipos moriscos y escenas taurinas, bandoleros y ajusticiados con garrote vil, frailes y manolas. Deformación de la realidad, en ambos casos, pero orientada en sentidos muy diferentes. Quienes están construyendo la imagen española desde el interior insisten, sobre todo, en la catolicidad y la pugna contra los invasores sarracenos, mientras que el romanticismo europeo subraya, más que nada, los rasgos orientales en el estereotipo de lo español[93]. Muy a la larga, la imagen elaborada desde el exterior ganaría la batalla. Pero explicar cómo y por qué requeriría otro libro.

La gran época de la pintura histórica, iniciada en 1856, puede darse por terminada hacia 1892. El *Y aún dicen que el pescado es caro,* de Sorolla, y *Una desgracia,* de Jiménez Aranda, aparecidos en 1890 y 1892, fueron sintomáticos de la nueva sensibilidad pictórica, centrada en los temas sociales. La influencia pictórica de Courbet, como la literaria de Zola, impusieron el llamado realismo en el arte. En esta línea destacó en España, ya en esa misma década final de siglo, Ramón Casas, cuya obra más conocida, dentro de ese género, habría de ser *La carga,* sobre la huelga general de Barcelona en 1902. De manera bastante repentina, con el giro del siglo, las vanguardias artísticas perdieron interés por la pintura histórica nacional.

No por ello se dejó de "españolizar" la pintura, aunque de otra manera: escribiendo las primeras historias de la pintura y del arte españoles, semejantes, aunque más tardías, a las de la literatura o las del pasado político en general. En los años 1880, el institucionista Bartolomé J. Cossío, un pionero en este terreno, explicaba que "sólo las obras que llevan impreso el sello nacional, que muestran los rasgos distintivos del genio del país", podían ser consideradas "pintura española". Los noventayochistas como Ganivet también creían que "una obra maestra de arte [...] con independencia del propósito de su autor, [...] encierra un sentido que pudiera llamarse histórico, concordante con la historia nacional". Y otro noventayochista, Maeztu, creía que la pintura era el talento preeminente de la "raza española". Ya en pleno siglo XX, Rafael Doménech escribía su *El nacionalismo en el arte*, donde, aun reconociendo que las naciones eran difíciles de definir, no dudaba de "la existencia, a través del tiempo, de una fuerza creadora dentro de una determinada comunidad de hombres" y de que había una profunda conexión entre el "estilo" y "nacionalismo"; "para el estudio de una nación —continuaba— se debe partir de aquel periodo suyo en el que su vida está plenamente caracterizada, diferenciándose no sólo de las demás uniones humanas, sino de toda otra nacionalidad". Unos años más tarde, Manuel Gómez Moreno y, poco después, Emilio Lafuente Ferrari remontaban nada menos que a diez siglos antes "las primeras obras que pueden con todo derecho encabezar la historia de la pintura española con carácter plenamente nacional", refiriéndose a las miniaturas de los beatos mozárabes; "en aquel periodo entre 850 y 1030 se nacionalizó España", escribía el primero de estos autores. Fue inmediatamente después de la "catástrofe histórica" de la "invasión musulmana", explicaba el segundo, ocurrida pocos años después de la fusión jurídica y religiosa alcanzada por los visigodos, "que hubieran sido sin duda factores para la edificación de un sentimiento nacional antes que en otros países de Europa". Aquellos códices iluminados deben considerarse "como un producto artístico nacional, español"; fueron "el primer capítulo del arte español, en el pleno sentido de la palabra". La plenitud de la pintura nacional, para estos historiadores del arte que con tanta facilidad introducían valoraciones políticas, se alcanzaba en el XVII, con la escuela castellana y la andaluza (y en especial Ribalta, prototipo del realismo español, caracterizado, según Elías Tormo, por "esa particular aspereza, esa honradez, esa cosa varonil, algo despeinada, pero vital"; curiosa coincidencia con la "ruda virilidad" que Camón Aznar encontraba en las texturas de Zurbarán, "pintor racial porque pinta la raza"). A quien todos coinciden en señalar como supremamente español —con el más absoluto desprecio a su biografía— es a El Greco, y la opinión también es unánime en cuanto a la etiqueta de antiespañola para la pintura del XVIII, siglo en que "los Borbones, sin contacto ni amor con la tradición española, traen a su corte artistas extranjeros [...]. Los pocos españoles que logran contacto con el arte oficial hacen de satélites de estos astros, muchas veces no tan brillantes como los reyes y sus contemporáneos creían". Los críticos e historiadores del arte aportaban así su grano de arena a esta "nacionalización retrospectiva" de la pintura[94].

Los cuadros producidos entre 1856 y 1892 disfrutarían aún de una larga carrera como ilustraciones de los manuales escolares. En tiempos de intensa, aunque tardía, nacionalización, como en los años de Primo de Rivera, se reproducirían en medios aún más populares, como por ejemplo postales y sellos de correo, almanaques de marcas comerciales o envolturas de turrones. Durante el primer franquismo serían los medios modernos, y en especial el cine, los encargados de reproducir estas imágenes, ajustando fielmente sus fotogramas a lo creado por los pintores del XIX. Las creaciones de la pintura histórica demostraron entonces haberse incorporado de manera perdurable al imaginario pasado español.

EN BUSCA DE LA MÚSICA NACIONAL.
EL "ALHAMBRISMO INTENCIONADO"

Algunos de los más importantes procesos europeos de nacionalización en el siglo XIX, como el alemán o el italiano, recibieron un apoyo cultural de enorme eficacia procedente del campo de la creación musical. En España, por el contrario, la música de significado nacionalista comenzó tarde, en comparación con los casos citados, y hasta escandalosamente tarde, si se piensa en la asociación romántica entre cultura española y sentido musical innato. La creatividad musical, en realidad, se encontraba en franca decadencia en el país desde hacía mucho tiempo, tras el gran periodo renacentista asociado a nombres como Tomás Luis de Victoria, Félix Antonio de Cabezón o Francisco Salinas. La música de la corte, en especial, había vivido a lo largo del siglo XVIII de producciones importadas: los músicos de los Borbones fueron Scarlatti y Boccherini, como los pintores fueron Mengs o Tiépolo, y ello no producía escándalo en la sensibilidad de la época, al igual que no lo producía el hecho de que los guardias de corps fueran valones o que la familia real hablara francés o italiano. Pero llegó el nacionalismo, y con él la sensación de que había una humillante carencia de música propia. Los lamentos comenzaron hacia la cuarta década del siglo, justamente en el momento en que el nacionalismo romántico se imponía en la novela o el teatro. En 1835, El Artista se dolía de que "no tenemos género peculiar de música"; "¿no es vergonzoso —continuaba— que tengan una ópera nacional los italianos, los alemanes, los franceses, los ingleses y hasta los rusos, y que nosotros carezcamos de ella?"[95]. Es sintomático que en esas líneas se destacase, no la falta de calidad, sino la ausencia de peculiaridad en la producción musical, y que las unidades con las que se establecía la comparación fuesen tan abiertamente nacionales y jerarquizadas —hasta los rusos, considerados los menos europeos, tenían algo de lo que carecíamos nosotros—. Durante todo el resto del siglo, el disfrute de la música creada en otros centros culturales europeos —en especial, el italiano— continuó, pero se vivió como dependencia o incluso invasión cultural extranjera. Todo el periodo estuvo dominado por la conciencia de que era preciso liberarse de tan dolorosa situación de inferioridad y restaurar la música española.

Estos intentos de superar la dependencia cultural respecto de la ópera italiana se iniciaron en las décadas centrales del siglo, gracias a la labor de autores como Hilarión Eslava, Soriano, Gaztambide y Barbieri. Todos ellos compartían la idea de que la clave de su creatividad no podía consistir sino en buscar y hallar "las esencias de la música española", en palabras de Emilio Casares; había —sigue este autor— "una fuerza que da[ba] sentido a esta recuperación: el pensamiento nacionalista. [...] El nacionalismo es un parámetro básico que explica buena parte de la música romántica española, quizás la fuerza más trascendental del siglo". Esa clave o esencia nacional que, según la opinión común, había de permitir la creación de música auténticamente original debía encontrarse, según explicaba un crítico en 1873, en los "elementos que constituyen nuestra manera de ser y nuestra propia nacionalidad", es decir, en "la historia patria, su idioma, su teatro antiguo, sus tradiciones y costumbres, los cantos y bailes populares, los himnos y marchas nacionales...".

Otro rasgo que compartieron todos estos autores fue la concentración de sus esfuerzos en la ópera, considerada "la gran asignatura pendiente y el gran tema de discusión del XIX", según escribe el mismo Casares. Había que crear una "ópera nacional", que girase, por supuesto, en torno a los temas de la *Historia General de España* de Mariana o de Lafuente. Otro rasgo característico fue la insistencia en el uso de la lengua castellana, cuya sonoridad y musicalidad en nada desmerecían de la italiana. En este último argumento insistieron, por cierto, autores catalanes, como Sinibaldo de Mas, que publicó en 1832 un *Sistema musical de la lengua castellana*, o José Rius, autor, ocho años más tarde, de otra obra titulada *Ópera española. Ventajas que la lengua castellana ofrece para el melodrama*[96].

Hablando de ventajas, el caso de los músicos es uno de los más reveladores de los que pueden encontrar los corporativismos profesionales en el nacionalismo. Lo que los músicos españoles pedían, en definitiva, tras sus invocaciones en pro del prestigio patrio, era "protección" estatal: becas, subvenciones, instituciones pagadas con el dinero público y prohibiciones o límites impuestos a la representación de obras procedentes del extranjero. Estas últimas restricciones se habían establecido desde el comienzo mismo del siglo: el Reglamento de Teatros, de 1807, prohibía "cantar y bailar piezas que no sean en idioma castellano y actuadas por actores y actrices nacionales, o naturalizados en estos reinos". Las barreras, en realidad, nunca funcionaron, sin duda por presión del público —en Barcelona se llegaron a invocar los viejos fueros regionales, no para cantar en catalán, sino para seguir escuchando piezas italianas—, pero algunos apoyos presupuestarios, en cambio, sí se obtuvieron. El más importante permitió la construcción del Teatro Real, inaugurado en 1850, cuyo objetivo, a pesar de su nombre, era convertirse en templo de la ópera nacional. Pero la sociedad tampoco parece que quisiera apoyar el esfuerzo patriótico, y siguió prefiriendo oír las producciones italianas. De las 131 óperas estrenadas en el Real a lo largo del siglo XIX, sólo 16 fueron españolas, e incluso muchas de estas últimas (como *L'ultimo Abenzerraggio,* de Felipe Pedrell) tenían el libreto en italiano[97].

A medida que pasaban los años, la sensación de carencia se volvió intolerable. En 1875, nacía la revista *La Ópera Española,* que declaraba en su manifiesto inaugural: "Llegó la hora de que la ópera española no sea un mito o un pretexto para reuniones y discusiones de charlatanes y pretenciosos" que, en lugar de dedicarse a trabajar "en pro de tan patriótico y levantado pensamiento", hacen de ello "un medio indigno de subsistencia implorando la caridad pública"; por una verdadera ópera española es por lo que pensaba trabajar el periódico, "contando con la cooperación moral de todos los amantes de nuestras glorias patrias"; una ópera, según aclaraba la misma revista en un artículo firmado por Guzmán, "escrita por maestros españoles y cantada en idioma castellano". En 1876 Baltasar Saldoni proponía a la Real Academia de San Fernando un proyecto de decreto para fundar en España una ópera nacional. Pero cinco años después, el crítico musical y taurino Peña y Goñi seguía preguntándose: "¿Existe la ópera española? No, la ópera española no existe, no ha existido nunca".Uno de los más importantes intentos de ópera nacional lanzados desde el escenario del Real fue *El príncipe de Viana,* de Capdepón, estrenado en 1885, que suscitó un debate sobre la esencia del género lírico nacional, en el que intervinieron Bretón y el mismo Peña y Goñi. Ese mismo año, en un largo escrito titulado "Más en favor de la ópera nacional", Bretón intentaba convencer a otros autores de que usaran la lengua castellana, "tan bella, fácil y rica para cantarla como cualquier otra", según demostraba "su maravillosa literatura"[98]. Pese a tantas declaraciones y buenos propósitos, una ópera nacional de altos vuelos siguió sin despegar.

Otro terreno en el que se intentó buscar una identidad musical propia fue el de la canción. El principal teorizador e impulsor de esta preocupación fue un catalán, Felipe Pedrell, que publicó un *Cancionero musical popular español* y el álbum *Noches de España,* expresivos ya en su título mismo de la preocupación por encontrar una identidad nacional en el terreno melódico. También publicó Pedrell, en 1891, un manifiesto titulado "Por nuestra música. Algunas observaciones sobre la magna cuestión de una escuela lírico-nacional", donde volvía a atribuir la carencia de canción propiamente española a la obcecada imitación de los italianos, que había llevado a un pintoresquismo superficial; como había hecho el lied alemán, la gran canción hispana debía partir de los cantos populares, interiorizando la "música natural" de la nación. Se creó así en las últimas décadas de siglo un cierto tipo de canción al que alguien ha llamado "populismo de salón", de inspiración germano-andalucista, no lejana a lo que en literatura había sido Fernán Caballero, de la que son muestra colecciones como la titulada *Orientales,* de 1876, basada en textos de Victor Hugo. Hubo también autores que intentaron la imitación de la *mélodie* francesa, más refinada, íntima y melancólica, del estilo de lo que en literatura significaba Bécquer. Sin embargo, no llegó a producirse gran canción romántica española.

En el terreno de la canción, lo que surgió con mayor fuerza en las décadas centrales de siglo fueron las melodías populares de signo regionalista. El propio Pedrell escribió muchos *lieder* en catalán, además de poner música a la obra de Balaguer *Los Pirineos.* Pero la mayor importancia correspondió, en Cataluña, a Josep Anselm Clavé, autor y director de los populares coros del Orfeó Catalá. Estos coros impulsaron el surgimiento de lo que entonces sólo era conciencia regionalista, tanto en Barcelona como en Bilbao, San Sebastián, Pamplona e incluso en Galicia; que esa conciencia local se integraba sin dificultades dentro del españolismo lo prueban hechos como el que una de las producciones más conocidas de Clavé fuera el *Gloria a España.* Esas redes culturales, sin embargo, confluirían fácilmente con los nacionalismos periféricos, cuando éstos nacieran, tras el 98; un ejemplo, ya en los años de la I Guerra Mundial, fueron las *Diez melodías vascas,* de Jesús Guridi[99].

Una música de considerable originalidad española acabaría por nacer, aunque tardíamente y en un campo ciertamente inesperado: el del llamado "género chico", expresión amplia que incluía no sólo la música sino cualquier representación teatral breve, como la revista, el café teatro o el teatro bufo. Dentro de este género destacó la zarzuela, de la que había remotos antecedentes en los espectáculos teatrales con partes musicales organizados en el pabellón real de caza llamado La Zarzuela, desde el siglo XVII, aunque más cercanos fueron los sainetes y tonadillas escénicas de don Ramón de la Cruz, del XVIII. Esas tradiciones habían casi desaparecido cuando, en la segunda mitad del XIX, se inició el verdadero apogeo del género. En 1857 se inauguró el Teatro de la Zarzuela, sólo unos años después que el Real, y la rivalidad entre ambos géneros continuó durante el resto del siglo, con creciente ventaja para el género chico. En su último cuarto triunfaron *Pan y toros* y *El barberillo de Lavapiés,* de Barbieri; *La canción de Lola, Agua, azucarillos y aguardiente* o *La Gran Vía,* de Chueca; *La verbena de la Paloma,* de Bretón; y *La revoltosa, El rey que rabió* o *El tambor de granaderos* de Chapí. Aunque algunos de estos autores produjeron también óperas, nunca alcanzaron con éstas éxito comparable al de sus zarzuelas[100], y es significativo que el más popular de todos, Federico Chueca, fuera probablemente el de menor sofisticación técnica. La popularidad de la zarzuela continuaría todavía en la segunda y tercera década del siglo XX, con *Las bodas de Luis Alonso,* de Jiménez, y *Doña Francisquita,* de Vives, y hasta en los años de la Segunda República fueron grandes éxitos *Luisa Fernanda,* de Moreno Torroba, y *Katiuska,* de Sorozábal, ambientada esta última en la Revolución Rusa.

El género chico fue, esencialmente, un producto madrileño ("una de las fuerzas inconscientes de la centralización", lo llama Antonio Valencia). No sólo fue Madrid su centro de producción, sino que era madrileño el ambiente de sus obras y hasta podría decirse que el madrileñismo era el tema de muchas de las mismas. A diferencia de la creación literaria, de la pictórica e incluso de la ópera o "zarzuela grande" anterior, el género zarzuelero versaba sobre hechos contemporáneos, y sus personajes eran tipos locales, de la vida diaria. Aunque se trataba de una mera diversión, con sátira fundamentalmente despolitizada, sus inevitables referencias políticas expresaban lo que se creían opiniones de consenso, esencialmente conservadoras. De ellas, la considerada por antonomasia de consenso, por encima de toda discrepancia política, era la afirmación de la identidad nacional. Ni siquiera los tipos regionales, tan habituales en las zarzuelas, se entendían conflictivos con la identidad española global. Típicas eran también las más ingenuas expresiones de satisfacción por las glorias históricas, especialmente las recientes, como la guerra napoleónica. Algunas piezas procedentes de las zarzuelas, como la "Marcha" de Cádiz, o el "De España vengo", de *El niño judío,* sirvieron de auténticos himnos patrióticos en ocasiones bélicas, como la guerra cubana, en que la zarzuela canalizó cándidos estereotipos antiyanquis, o el conflicto marroquí en las primeras décadas del siglo XX, donde resurgieron muchos de los tópicos heredados contra los moros[101]. Pero ello no era suficiente para hacer del género un prototipo de *música nacional.* Sus orígenes bufos y barriobajeros no coincidían con la alta idea que se tenía de la patria. A mediados del XIX, algún literato de fuerte inspiración nacionalista, como Pedro Antonio de Alarcón, confesaba abiertamente que la zarzuela suponía más bien un obstáculo que una ayuda para la creación de una ópera nacional, que era lo que importaba. Lo mismo le ocurría al flamenco, que era sin embargo la típica música española para los visitantes extranjeros, y le ocurriría al cuplé o al salón japonés cuando aparecieran, ya en el siglo XX[102].

El éxito de la zarzuela no superó las fronteras españolas. No sería ése el caso, en cambio, de otras composiciones que se estaban escribiendo casi en la misma época y que, por fin, iban a quedar consagradas en el mundo entero como "música española". Sus autores son creadores de primera categoría: Albéniz, Falla, Granados, Turina... seguían caminos explorados por la generación anterior —Bretón, Monasterio, Chapí—, pero ésta no había logrado el reconocimiento internacional. Los nuevos autores, aparte de una procedencia geográfica coincidente —catalana o andaluza—, compartían dos características comunes: haber estudiado fuera de España y orientar su producción hacia los temas morisco-andalucistas, que eran justamente los que el mercado internacional identificaba con "lo español". Títulos significativos fueron, en el caso del gerundense Albéniz, *Cantos de España, Danzas españolas, Caprichos andaluces, Suite española, Suite La Alhambra, Suite Iberia* (a su vez, dividida en partes con títulos como "Triana", "Rondeña", "El Albaicín"...). En el del también catalán Granados, *Iberia, Goyescas,* el *Capricho español* o las *Danzas españolas* (entre ellas, las partes "Andaluza" y "Oriental"). Tampoco Falla deja de incluir la identidad nacional en los títulos de sus obras, como en *Noche en los jardines de España,* ni de explotar la veta andaluza. Y en cuanto a Turina, es, de nuevo, su cultura andaluza —marchamo aduanero de lo español por el mundo— la que explota en *Sevilla, La procesión del Rocío* o las *Danzas gitanas.* Algún crítico ha hablado del "alhambrismo intencionado" de este tipo de música. Falla llegó a defender este "nacionalismo de intención", tan típico de su generación, considerando la "zarzuela grande" como mera imitación de la ópera italiana[103].

Otros terrenos musicales de interés para la construcción nacional fueron la escritura de historias de la música española y la creación de instituciones musicales más o menos oficiales[104]. Ambos fenómenos comparten con la producción musical descrita la característica de ser muy tardíos. Una orquesta nacional, por ejemplo, tras un fugaz intento republicano durante la Guerra Civil, no llegaría a haberla hasta el franquismo.

El complicado proceso de gestación de una música "española" que hemos seguido en este apartado es muy ilustrativo en relación con los sinuosos caminos que sigue la creación de identidades colectivas. Lo cual en absoluto resta mérito a las creaciones de estos autores, de calidad, desde luego, muy superior a la pintura histórica del xix o incluso a la mayor parte de la literatura del periodo romántico. Pocos de los que, desde muy distintos rincones del planeta, hemos disfrutado de las obras de la generación de Falla o Albéniz, negarían el valor de su música. Lo que se ha pretendido subrayar ha sido, en primer lugar, lo difícil y tardío de su aparición, pese a la obsesión de autores y críticos por conseguirla; ello, en parte, tuvo que ver con la escasa potencia cultural del país en aquel momento, pero en parte también, sin duda, con la obcecación que hizo seguir caminos, como el operístico, que se consideraban los únicos suficientemente solemnes como para representar al ente nacional. En segundo lugar, ha quedado manifiesta su conexión, a través de títulos y temas, con la gran tarea de la época, y el objeto de este libro, que era la creación de una identidad nacional. En esta pugna, es curioso observar el origen nada popular del género triunfador: esta "música española" desplazó, de hecho, a un estilo radicalmente divergente, como fue la zarzuela, de menor calidad, sin duda, pero mucho más popular en el mercado interno. También debe destacarse cómo ese último y gran momento creativo se caracterizó por la búsqueda intencionada de inspiración en el folclore popular, que pese a todo sólo consiguieron de manera remota, por mucho que declarasen lo contrario las proclamas romántico-populistas que con frecuencia acompañaron a sus producciones. Sus temas, en cambio, se adaptaron a la visión orientalista de España acuñada por el romanticismo internacional, que desde finales del siglo XVIII enviaba oleadas de viajeros en busca de exotismos arabizantes en el fandango y el flamenco. A comienzos del XX, por fin, los intelectuales y artistas españoles harían suya esta visión romántica extranjera y declararían, con Falla y García Lorca, su pasión por el flamenco. Y el orientalismo en versión francesa triunfaría con la *Carmen* de Merimée, símbolo de lo español ante el que expresaron sus reservas durante más de un siglo las élites culturales del interior. Hasta que, en 1992, fue declarada música oficial y repetida sin desmayo por la *Expo* de Sevilla.

CIENCIAS QUE SE SUPONEN ASÉPTICAS APUNTALAN EL ENTE NACIONAL

Hay actividades que se consideran estrictamente científicas, es decir, alejadas de las deformaciones producidas por ideologías políticas o valores morales. Así ocurre, en principio, con la arqueología, ciencia nacida a finales del siglo XVIII o principios del XIX y cuya institucionalización académica se había producido en las décadas centrales de este último. Excelentes trabajos recientes de una joven historiadora cultural, Margarita Díaz Andreu, han subrayado, no obstante, que, en vez de asepsia científica, hay una estrecha conexión entre las excavaciones de lugares prehistóricos en esa época inicial y las preocupaciones nacionalistas. La fuerza de un prejuicio es tanto mayor cuanto más desapercibido pasa. Y es precisamente lo que ocurre con la nación, que se toma como un dato de hecho, como una coordenada previa, natural, en la que se enmarcan otra serie de datos a los que, a esos sí, el científico aplica la lupa crítica.

Puesto que el nacionalismo romántico hacía de la época medieval la edad dorada de la identidad española, parecería lógico que la recolección de objetos antiguos se hubiera centrado también en los procedentes de aquella época. Algo de ello hubo, en efecto, en los años de la desamortización, en que tantos edificios eclesiásticos repletos de bibliotecas y obras de arte fueron vendidos o destruidos, aunque parte de esta tarea de preservación corrió a cargo de los primeros hispanistas extranjeros. En el terreno de las investigaciones arqueológicas, fue en las décadas siguientes —las centrales del XIX— cuando surgieron las primeras instituciones oficiales —escuelas y museos arqueológicos—, en general imitando creaciones francesas inmediatamente anteriores[105]. Fue entonces cuando se pudo comprobar que la arqueología tenía una dimensión política, al dirigir su interés hacia la época prerromana, idealizada por la historiografía nacionalista como "libre, feliz e independiente", según la expresión del padre Isla. Especial atención se dedicó a los restos de Sagunto y Numancia, de excepcional significado simbólico por haber resistido heroicamente ante asedios "extranjeros" y ser, por tanto, prueba de aquella fiereza bélica y aquel amor por la independencia nacional que se creían componentes esenciales de la identidad nacional. De ahí que la naciente arqueología, actividad científica necesitada de permisos y subvenciones oficiales, concentrara sus actividades en estos lugares, pese a que no eran, probablemente, los de mayor interés por la cantidad de restos existentes o por la trascendencia de los mismos para entender los secretos del pasado remoto.

En Numancia, se iniciaron las excavaciones en 1803 y 1853, aunque se abandonaron pronto en ambas ocasiones, y en 1842 se formó una comisión con el fin de erigir un monumento en el lugar, proyecto que tampoco llegó a buen término. Por fin, la Real Academia de la Historia se tomó serio interés por los restos arqueológicos y subvencionó excavaciones entre 1861 y 1867; no por casualidad, como observa Díaz Andreu, coincidió con los años en que Napoleón III ordenó la excavación de yacimientos celtas, con objeto de esclarecer el pasado nacional francés. El lugar fue declarado monumento nacional en 1882 y una efigie conmemorativa fue inaugurada en 1905 por el propio Alfonso XIII. Sólo unos días antes, considerando un escándalo que excavase en el lugar un alemán, se le retiró la licencia al arqueólogo Adolf Schulten para dársela a un equipo nacional. Tal equipo acabaría dirigido por José Ramón Mélida, primer catedrático de Prehistoria en Madrid, profesional prestigioso pero especializado en egiptología. Mélida comprendió lo que se esperaba de su tarea y en su primer informe sobre la excavación declaró que "el descubrimiento de los restos de la heroica ciudad de Numancia era un deber nacional"; se excavaba, admitía, no sólo por razones científicas sino para explicar "a través de estas reliquias el acontecimiento histórico del que nuestra patria está orgullosa". En 1919 se abrió el Museo Numantino para exhibir los materiales encontrados, y su inauguración contó, de nuevo, con la asistencia del monarca[106]. Algo semejante ocurrió en Sagunto, cuya restauración de las fortificaciones defendió M. González Simancas porque "a pesar de haber perdido todo su valor defensivo, siguen teniéndolo en alto grado y de manera inestimable por su gloriosa historia, cuya última y brillante página se escribió el año 1811"[107]. La resistencia de la población saguntina contra los cartagineses se ligaba así con la ofrecida dos mil años después contra las tropas napoleónicas, lo que reforzaba la creencia en un carácter nacional persistente a través de los milenios. No es casual que en 1868 se decidiera restaurar el antiguo y glorioso nombre de Sagunto a la ciudad que desde la Edad Media había sido conocida como Murviedro. Seis años después fue declarada "muy leal y heroica".

Lo tardío de estas actividades arqueológicas plantearía graves inconvenientes en su servicio a la causa nacionalista, pues a finales del siglo XIX iba surgiendo ya el llamado "nacionalismo cultural" entre las élites regionales o locales y tanto Manuel Murguía en Galicia como Telesforo de Aranzadi en el País Vasco o Bosch Gimpera en Cataluña estaban intentando hacer lo mismo que los arqueólogos del nacionalismo español, aunque desde perspectivas opuestas: encontrar una identidad étnica de una remotísima antigüedad que justificara pretensiones políticas del momento. Bosch Gimpera, fundador de la excelente escuela de arqueólogos de Barcelona, llegó a encontrar restos del "sentido democrático de la vida" de los catalanes en las excavaciones griegas de Ampurias[108]. Para justificar unas pretensiones políticas actuales —perfectamente legítimas en sí mismas—, se hacía necesario demostrar la antigüedad de la nación, lo que obligaba a distorsionar los resultados de una actividad, en principio, científica.

En el caso vasco, Telesforo de Aranzadi, con su *El pueblo euskalduna,* de 1899, era un ejemplo de la transición de la arqueología a la antropología, otra ciencia —o supuesta ciencia— que estaba en sus inicios a finales del siglo XIX. Aranzadi sostenía que los cráneos vascos eran "de la raza pura, distintos por su configuración geométrica de todos los demás pueblos de Europa"; y se conservaban además "puros, aislados, independientes", hasta aquel momento. No era una genialidad de este autor, ni del nacionalismo vasco, sino algo propio del clima de la época. También Joaquín Costa ligaba arqueología y antropología física, en el caso de la "raza española", y estaba muy interesado por la figura de Viriato. Lo mismo estaban haciendo algunos de los científicos sociales que se consideraban más avanzados en las últimas décadas del siglo, a partir de la medición de cráneos y ángulos faciales y algunas otras pruebas de semejante cariz. En España todo comenzó, según ha explicado Joshua Goode, en los años 1860 con Pedro González de Velasco, discípulo del francés Paul Broca. Su continuador, Federico Olóriz y Aguilera, emprendió en 1884 la tarea de coleccionar cuantas calaveras y esqueletos pudiera obtener de hospitales, cuarteles e incluso familias particulares. Ocho años más tarde había reunido unas 8.700 piezas, y a partir de este material llegó a la conclusión de que el *tipo español*, pese a provenir de un conglomerado racial, era uno de los mejor definidos de Europa; se había mantenido básicamente inalterado desde la dominación romana y era, además, homogéneo a lo largo y ancho de la Península. Su carácter mezclado y predominantemente dolicocéfalo lo convertía, por otra parte, en uno de los de rango "superior" en Europa. Los estudios de Olóriz le hicieron acreedor del *Prix Godard*, por el Museo de Historia Natural de París. Pese a que este tipo de investigaciones se orientaban, en general, contra el creacionismo cristiano —y de ahí su popularidad entre la izquierda—, la influencia de Olóriz fue tal que el propio Menéndez Pelayo incluyó una larga sección sobre la antropología española en su segunda edición de la *Historia de los Heterodoxos*, de 1911. La otra figura de la antropología española del periodo, Manuel Antón Ferrándiz, formado también en París, concentró su interés en la manera en que los cruces de razas que habían dado lugar al español contemporáneo repercutían sobre los diferentes tipos de conducta. En sus trabajos, Antón no sólo se basaba en los estudio craneométricos, sino también en la influencia de la geografía y, en especial, del clima; de todo lo cual deducía una antropología física que, en su opinión, debía ser la base científica común a la sociología, la psicología y la criminología. La raza española, para resumir la conclusión central de Antón, era la más perfecta representación del tipo mediterráneo, resultado de la mezcla de la influencia libio-ibérica, procedente del norte de África, y la sirio-árabe, originaria de Oriente Próximo[109].

Podríamos mencionar aquí, para completar la reformulación del mundo cultural en términos nacionales, otras actividades que pudiéramos llamar *técnicas,* con aspectos científicos pero sin carecer de dimensiones artísticas. Es lo que ocurre con la arquitectura, tan asimilable, por ejemplo, a la pintura o escultura. También en el terreno arquitectónico, desde mediados del siglo XIX, se sintió la necesidad de estudiar el pasado nacional (no cualquier otro) y de imitarlo. Siguió a aquella toma de conciencia un periodo de "fiebre historicista", como dice Calvo Serraller: hubo un "pastiche de resurrecciones [...] entre las que lo árabe —muy románticamente— jugaría un papel muy especial". Sin duda, quienes se dejaban llevar por el paradigma romántico se orientaron hacia lo neomudéjar; pero quienes querían asimilar España a Europa tendieron a italianizar el estilo, imitando el plateresco. Se hicieron, pues, edificios neorrománicos, neogóticos, neoplaterescos, neomudéjares, acompañados todos por polémicas sobre cuál de ellos era el auténticamente español. Más tarde, el franquismo se inclinaría por lo herreriano o por el llamado "estilo imperial"[110]. No necesitamos explicar, a estas alturas, por qué ese empeño en imitar lo *nacional,* en lugar de crear "buena" arquitectura. Se partía del presupuesto de que sólo siendo fieles a la propia "forma de ser" surgían creaciones auténticas, creaciones de calidad. Todos parecían de acuerdo en esa primera idea, pero, como siempre que se plantea la cuestión en estos términos, las discusiones se convirtieron en interminables al tener que decidir cuál era esa identidad o forma de ser —agravadas por la circunstancia de que se suponía que sólo era una—. Y, en definitiva, la arquitectura que se creó no fue memorable.

En absoluto se agotan con lo dicho los campos culturales a los que se aplicaron los nuevos criterios nacionales. Mas demasiado nos hemos alargado ya sobre el tema. Fue una época en que, en una palabra, la obsesión nacional dominaba las artes y las letras. Y no quedaban completamente inmunes las ciencias.

ARTISTAS E INTELECTUALES: MISIÓN CUMPLIDA

La situación española, al acercarse el final del siglo XIX, puede resumirse en una frase: los intelectuales habían hecho sus deberes. Como en cualquiera de las viejas monarquías europeas que, en el tránsito a la modernidad, intentaban convertirse en naciones, las élites habían conseguido completar, o casi completar, la construcción de todo un edificio cultural que giraba en torno al pasado español, al arte español o a la ciencia española. Para ello se habían aprovechado, en la medida de lo posible, las creencias y tradiciones heredadas. Tanto el partidismo liberal como los extremismos románticos de la primera etapa habían sido superados y habían quedado incorporados sólo de forma superficial y en dosis moderadas. Se detectaba también en la tarea de intelectuales y artistas españoles un considerable grado de mimetismo hacia esa Europa a la que, siguiendo también la moda, condenaban por su falta de idealismo y afeminamiento o degeneración. Nada de ello planteaba inconvenientes graves. Probablemente, moderación, mimetismo y apariencias de autonomía eran los rasgos que convertían en aceptables las nuevas creaciones. Dentro de la modesta potencia creativa de aquella sociedad, la literatura, la pintura y, desde luego, la música españolas no desmerecían de las construcciones paralelas en torno a la identidad francesa, inglesa, italiana, rusa o alemana. Los mitos nacionales estaban construidos.

La cuestión más interesante que queda por resolver es, probablemente, la localización o definición sociológica de los grupos a los que debemos atribuir el protagonismo en esta fase de nacionalismo cultural. Los estudiosos de los fenómenos nacionalistas normalmente concluyen que tal tarea suele ser obra de élites urbanas con ambiciones políticas y recursos para crear y difundir símbolos culturales[111]. No hay duda de que el caso español responde, en este terreno, al modelo general. De los constitucionalistas gaditanos conservamos una contabilidad detallada: 90 eclesiásticos (es decir, un 30 por ciento), 56 abogados (18 por ciento), 49 funcionarios (16 por ciento), 39 militares (13 por ciento), 15 catedráticos de universidad (5 por ciento, que puede subir al 12 por ciento si se suman otros 20 profesionales mal definidos, pero de dedicación intelectual), 20 comerciantes (6,5 por ciento) y 14 (menos del 5 por ciento) nobles. Morales Moya resume la composición del grupo así: "juristas, funcionarios públicos, profesores, escaseando los títulos nobiliarios y abundando los clérigos, muchos de ellos de origen hidalgo"[112]. Tal perfil no rompe de manera drástica, sino que se adapta a los cambios generales de la sociedad, con la encontrada al indagar sobre los literatos o artistas que construyeron la identidad etno-patriótica en el periodo de los Habsburgo. También parece haber continuidad entre éstos y los ilustrados del XVIII, a los que Fernández Sebastián llama "paladines de ese nacionalismo emergente", y que, según este autor, fueron "gentes de letras y gentes de toga, clérigos, eruditos, militares, profesionales liberales y escritores". Esos mismos grupos, tras haberse radicalizado ideológicamente bajo el impacto de la Revolución Francesa y el bonapartismo, fueron quienes orientaron y dirigieron el constitucionalismo gaditano, a partir de la idea de la soberanía nacional; son descritos por este mismo autor como "profesionales liberales, clérigos ilustrados, funcionarios, artesanos, militares, juristas y comerciantes"[113].

La composición de las élites modernizadoras se mantuvo con las mismas características básicas durante el Trienio Liberal. Entre los diputados en las Cortes de 1820-1823 había, aproximadamente, un tercio de eclesiásticos, un cuarto de intelectuales y profesionales (dos de cada tres, abogados), un 15 por ciento de militares y otro tanto de funcionarios y políticos profesionales; mientras que los nobles se mantenían en un 4 por ciento y los comerciantes y fabricantes, es decir, la "burguesía" a la que tanto protagonismo suele atribuirse, alcanzaban otro 4 por ciento. Si de los diputados en Cortes pasamos a las Sociedades Patrióticas o clubes revolucionarios, según la contabilidad de Gil Novales se encuentra en ellas un altísimo porcentaje de militares, que podrían alcanzar hasta cerca de la mitad de sus miembros; los empleados, diputados y políticos sobrepasarían el 15 por ciento y los eclesiásticos quedarían algo por debajo de esa cifra; un 10 por ciento de los socios podrían ser catalogados como intelectuales y profesionales, mientras que los comerciantes, fabricantes y propietarios (la mayoría, de cafés) no pasarían de un 5 por ciento y los artesanos y jornaleros, así como los nobles, quedarían por debajo del 3 por ciento en todos los casos. El régimen liberal, concluye este autor, descansaba "sobre militares, empleados, eclesiásticos", aunque también había cifras significativas de profesionales de clases medias[114].

Poseemos también datos fidedignos sobre los exiliados durante la Década ominosa. Alcalá Galiano recordaba que habían sido militares, abogados, funcionarios y escritores, es decir, el mismo conglomerado de clases medias urbanas "que constituye el núcleo del partido llamado liberal en todos los pueblos". Juan Francisco Fuentes, que ha censado a más de cinco mil emigrados en París, dice que compartieron esta suerte "militares profesionales, muchos de ellos todavía de origen aristocrático, clérigos —con predominio de capellanes castrenses—, intelectuales, políticos profesionales, propietarios, comerciantes y trabajadores de los más diversos oficios"[115]; salvo esta última referencia, se mantiene el perfil de una élite funcionarial, profesional e intelectual. No es muy diferente la composición de los procuradores de las Cortes del Estatuto (23,4 por ciento de abogados y 28,7 por ciento de militares, frente a un 9 por ciento de fabricantes o comerciantes), según los datos de J. Tomás Villarroya, y algo muy parecido se sigue deduciendo de los estudios de Francisco Villacorta sobre las personas que participaron activamente en el Ateneo madrileño entre 1836 y 1868, aunque, lógicamente, en este caso se incrementa el porcentaje de los profesores y representantes del mundo académico (que se aproximan al 30 por ciento, más cerca de un 13 por ciento de periodistas), así como de los altos cargos gubernamentales y administrativos (un 35 por ciento, que puede elevarse hasta el 48 por ciento si se suma a políticos profesionales); desde el punto de vista de su formación intelectual, nada menos que un 41 por ciento de los ateneístas eran juristas y un 26 por ciento humanistas, o titulados en Filosofía y Letras[116]. Por último, el meticuloso estudio reciente de Gregorio de la Fuente sobre las élites revolucionarias de 1868 nos lleva a similares conclusiones: dice este autor que "las élites políticas [...] no se renovaron de manera drástica tras la toma revolucionaria del poder", salvo por la desaparición del clero y de los círculos cortesanos; destaca entre los revolucionarios el peso que tenía "la instrucción y las profesiones liberales" y, en conjunto, los define como "una élite urbana compuesta por abogados, profesores o periodistas, gente que tenía como uno de sus recursos fundamentales el manejo de la pluma o de la oratoria" y que, a la vez, se presentaban a sí mismos "como clases medias, pueblo, o, a veces, sobre todo cuando se trataba de los militares, como portavoces o representantes de la patria"[117].

Hay que forzar mucho la realidad para llamar a estos grupos "burgueses", si utilizamos ese término en sentido estricto y pensamos en los dueños de los recursos financieros o de los medios de producción de una sociedad mercantil e industrial. Lo que estos grupos controlaban eran unos medios de comunicación de creciente importancia como instrumentos de movilización política a medida que surgía el mercado cultural y educativo masivo: la prensa periódica, las cátedras universitarias, los bufetes más reputados, los escaños parlamentarios y, en un primer momento, los púlpitos. Los púlpitos, sin embargo, al menos en medios rurales o menos cercanos al poder central que los representados en las Cortes, fueron desde el principio más absolutistas que liberales y, tras las depuraciones y ascensos selectivos de Fernando VII, acabaron decantándose en bloque contra el liberalismo. Con lo cual, esta primera élite nacionalista liberal podría describirse como una intelectualidad que, aunque se iniciara con un número alto de eclesiásticos, acabó siendo fundamentalmente laica; en este campo, pero sólo en este campo, el giro entre 1812 y 1868 es espectacular[118].

Al intelectualismo y el carácter urbano de estas élites debe añadirse otro rasgo: su estatismo. Son élites culturales y urbanas, pero no de los ámbitos culturales y urbanos alejados del centro de poder político. El nacionalismo español es típicamente estatal, y se ve impulsado por élites que tienden a estar localizadas en la capital política, tener algún tipo de conexión con la burocracia y poner todas sus esperanzas en la acción gubernamental. Al revés de lo que ocurre con su escasa o nula relación con las actividades productivas dominantes en una sociedad industrial, no hay que forzar nada los datos para establecer su conexión con el mundo funcionarial. O bien trabajaban directamente para el Estado o bien eran profesionales liberales cuya titulación, y el consiguiente derecho a monopolizar un determinado ramo de actividad, era otorgada por el poder público. Incluso los clérigos de la primera fase podrían ser incluidos en esta categoría, pues no hay que olvidar que en la España regalista los puestos eclesiásticos "tenían mucho de colocación administrativa"[119].

Lo que era seguro es que todos ellos contaban con el Estado como instrumento fundamental para la modernización social y económica del país; de donde se deduce que uno de sus objetivos políticos consistiese, precisamente, en reforzar ese poder público que era pieza básica de su estrategia. Es este estatismo una curiosa peculiaridad de los liberales españoles, que en definitiva confían más en el gobierno que en la sociedad civil o en su propia influencia sobre el mercado cultural. Al igual que los reformistas ilustrados del siglo anterior, actúan o intentan actuar siempre desde el centro político, al margen de la diversidad cultural del país y de los poderes locales; dependen del poder, confían en el Estado como agente a la vez nacionalizador y modernizador; es el Estado el que debe resolver los problemas sociales, económicos o culturales; y también el que debe encargarse de difundir la cultura y fomentar los sentimientos nacionales. Rasgo que sitúa el nacional-liberalismo español en el modelo que Liah Greenfeld ha llamado "colectivista-autoritario", frente al "individualista-libertario" propio de las sociedades anglosajonas, donde perseguir el bien privado y defender la libertad individual se considera una manera legítima —y acaso la más eficaz— de servir a la comunidad[120].

Ello nos lleva a un último problema. Sabemos que desde el siglo XVIII las élites reformistas habían adoptado un proyecto modernizador que entraba en colisión con la identidad anterior, construida en el periodo contrarreformista. Según hemos descrito en estos dos últimos capítulos, emprendieron a continuación la reelaboración de la cultura en términos nacionales. Si esta tarea hubiera sido, literalmente, una "invención", según el término puesto en boga por Eric Hobsbawm y Terence Ranger[121], podría haberse llevado a cabo con éxito. Porque, al iniciar la tarea, durante la era ilustrada, los reformistas tuvieron en sus manos el medio fundamental para imponer sus proyectos al conjunto de la sociedad: el apoyo regio. Más tarde, al heredar y radicalizar los liberales el plan ilustrado, tuvieron en sus manos los resortes del Estado, aunque sólo fuera por breves periodos. Y durante todo este tiempo tuvieron considerable influencia sobre medios de comunicación, como la prensa, que abarcaban el mercado peninsular.

Pero las naciones no se *inventan* con tanta facilidad. *Invención* es un término que sugiere excesiva libertad por parte del autor: creación *ex nihilo*, a partir de cero. La fórmula ha sido útil, desde luego, para denunciar la creencia nacionalista en las naciones como realidades "naturales", preexistentes y contrapuestas a entes políticos "artificiales", que serían los Estados. En vez de ser previas a la acción política, las naciones, al igual que los Estados, han sido construidas por actores humanos cargados de intenciones políticas —unos actores a quienes llamamos, precisamente, nacionalistas; de ahí que sean ellos los más interesados en ocultar su creación bajo apariencias de naturalidad y permanencia—. Pero estos actores no obran con total libertad; no pueden "inventar" identidades en contextos donde no haya elementos culturales que favorezcan su acción. De las naciones podría decirse lo que el joven Marx decía sobre la acción humana en las *Tesis sobre Feuerbach*: el fundador del materialismo dialéctico rechazaba allí tajantemente el determinismo, afirmando que el ser humano hace la historia; pero matizaba a continuación este enunciado al añadir que no lo hace libremente sino en condiciones dadas. Algo semejante puede predicarse de la nación: la identidad nacional es una "comunidad imaginada", creada por quienes defienden un proyecto político a partir de ella, pero estos creadores no trabajan en el vacío, sino con materiales dados, preexistentes —ellos sí—, que, por tanto, limitan o condicionan la tarea. De ahí que el término adecuado sea, probablemente, "construcción", en lugar de "invención". Para construir una identidad nacional hay que apoyarse, necesariamente, en símbolos comprensibles por sus seguidores, en redes de comunicación y de poder local ya establecidas, en antiguas identidades comarcales o locales, raciales, religiosas, etcétera. Y cada referencia cultural, cada elemento utilizado en la construcción de la identidad colectiva, tiene sus características y sus potencialidades; puede ser usado, sin duda, para múltiples fines o funciones, pero no para todos. Las naciones, y las identidades políticas en general, para tener éxito, deben construirse con los materiales culturales adecuados, esto es, con tradiciones y creencias aceptables para el conjunto o una parte significativa de la opinión. Los constructores tienen que saber tocar las teclas que funcionan; en caso contrario, el proyecto será rechazado, como incomprensible o disparatado, por sus destinatarios.

Éste fue, precisamente, el problema de los reformistas o revolucionarios españoles: que basaron sus llamamientos a la movilización en una identidad que habían inventado de manera un tanto arbitraria, en el vacío, recurriendo a una combinación de elementos culturales poco creíble o directamente incomprensible para una gran parte de la población. Y a la hora de ponerlo en funcionamiento se comprobó la incompatibilidad entre el artilugio cultural propuesto por los liberales y el mundo mental popular, en especial campesino. Lo cual puso a la élites liberales o modernizadoras en una situación aparentemente desesperada. Habían perdido el apoyo regio del que disfrutaron sus antecesores ilustrados y tampoco tenían de su parte a la opinión popular. Surgió, sin embargo, una novedad que pocos habían previsto: recibieron apoyos de ciertos sectores del ejército, remozado por las reformas militares de los últimos Borbones y sacudido hasta sus cimientos por la guerra napoleónica. Según se deduce de las cifras que acabamos de citar, aparte de los círculos intelectuales y su pequeña área de influencia popular urbana en torno a periódicos revolucionarios y clubes patrióticos, los medios militares eran los únicos en que los liberales —a través de sociedades secretas— gozaban de verdadero ascendiente. Nada más natural que el hecho de que el recurso al ejército se convirtiera en su forma habitual de acceder al gobierno. La situación, así, continuó siendo en cierto modo la que habían vivido los reformistas ilustrados del XVIII, basados en el *fiat* del monarca, algo tan ajeno, en principio, a sus proyectos de racionalización del poder. Pero sobre todo se pareció a la que vivieron otros reformistas autócratas, por mucho que dijeran actuar en nombre del pueblo, como los kemalistas en la Turquía posterior a la I Guerra Mundial o tantas élites nacionalistas a cargo de regímenes poscoloniales en la América Latina del XIX o en el continente africano del XX. En todos estos casos, élites laicas, urbanas y "patrióticas", en el sentido de fervorosas creadoras de mitos patrios e inspiradas por genuinos deseos de progreso para el país, se propusieron desarraigar creencias e instituciones tradicionales que consideraban obstáculos para su proyecto modernizador. Frente a ellos, las fuerzas conservadoras llamaron a la resistencia apoyándose, sobre todo, en la capacidad movilizadora y retórica de las redes clericales. Los reformistas, a su vez, compensaron sus débiles apoyos sociales con el recurso al ejército, élite también modernizadora, aunque con un estilo paternalista y autoritario que empezaba a desentonar en sociedades que decían actuar en nombre de la opinión pública; y su brutalidad y falta de tacto facilitaron la respuesta y la popularidad de los contrarrevolucionarios. De ahí las convulsiones, y en especial los pronunciamientos militares, las guerras carlistas y el anticlericalismo, que recorrieron la España del XIX; unas convulsiones que puede que se entiendan mejor en términos de pugna entre élites —clero, intelectualidad laica, ejército— que en los términos tradicionales de enfrentamiento entre clases o grandes fuerzas sociales ideologizadas, como serían, en este caso, los liberales, supuestos defensores de los intereses populares, y los absolutistas, que actuarían en nombre de los poderes privilegiados procedentes del Antiguo Régimen.

En estas circunstancias, el Estado se encontró constantemente asediado y sometido a bruscos vaivenes en su orientación política, carente de legitimidad y de recursos. Lo cual afectó casi de igual manera al proceso de construcción de la identidad nacional. En una primera etapa, porque la manera de plantearla fue constantemente partidista, lo que distanciaba a una parte sustancial de la opinión. Más tarde, cuando ese problema pareció superado y poetas como José Zorrilla o historiadores como Modesto Lafuente elaboraron mitos aceptables por la mayoría de la opinión, porque la tarea de construcción cultural realizada por las élites intelectuales tenía que ser complementada por el Estado; es decir, porque había llegado la hora de editar manuales en que se popularizaran los mitos de la historia patria, hacer escuelas en que se socializara a los niños en esta identidad, realizar y distribuir reproducciones de los cuadros históricos o difundir la música "española" entre los medios rurales, crear un servicio militar eficaz que imbuyera los valores patrióticos entre los jóvenes, etcétera. Ésa era tarea del Estado, a quien tocaba ahora completar lo hecho por los intelectuales. En principio, parecía obvio que lo haría. A partir del momento en que la nación se convierte en la identidad legitimadora fundamental del mundo moderno, el Estado es el primer interesado en potenciar la identidad en que basa sus demandas de lealtad, y de hecho en muchos países ha sido el primer "empresario" del nacionalismo. Ha dedicado sus recursos culturales y sus instrumentos burocráticos de clasificación, control y comunicación —tan superiores a los de los grupos no estatales— a la creación o el reforzamiento de ese espacio cultural homogéneo, de esos símbolos comunes y de esa vinculación afectiva con la identidad nacional de la que se considera representante. En el caso español, como veremos en su momento[122], el Estado realizó esta tarea con dudas y ambigüedades. De ahí vendrían muchos de los problemas del siglo XX. Pero no se puede culpar a las élites intelectuales de no haber construido previamente los mitos fundamentales de la cultura nacional.

[1] E. Hobsbawm, en su *Nations and Nationalism since 1780*, Cambridge U.P., 1990, sitúa su inicio en torno a 1780.

[2] B. Anderson, *Imagined Communities*, Nueva York, 1983, p. 71: "The nineteenth century was [...] a golden age of vernacularizing lexicographers, grammarians, philologists, and litterateurs. The energetic activities of these professional intellectuals were central to the shaping of nineteenth-century European nationalisms". M. Hroch, *Social Preconditions of National Revival in Europe*, Cambridge U. P., 1985.

[3] P. Sahlins, *Boundaries. The Making of France and Spain in the Pyrenees*, U. of California, 1989. Cfr. C. Tilly, "Cambio social y revolución en Europa, 1492-1992", *Historia Social*, 15 (1993), pp. 81-82 (la "delimitación", una de las funciones de los Estados).

[4] Para el primordialismo, véase H. Isaacs, *The Idols of the Tribe. Group Identity and Political Change*, Nueva York, Harper and Row, 1975.

[5] Sobre movilización social e identidad colectiva, véase, p. ej., A. Melucci, "The Symbolic Challenge of Contemporary Movements", *Social Research*, 52, nº 4 (1985).

[6] E. Hobsbawm y T. Ranger, eds., *The Invention of Tradition*, Cambridge U. P., 1983; "invención", como veremos, es palabra algo excesiva, si se entiende por ella creación totalmente arbitraria. La cita de D'Azeglio, en esa misma obra, p. 267.

[7] F.-X. Guerra, *Modernidad e Independencias*, Madrid, 1992, p. 44; J. M. Fradera, *Gobernar colonias*, Barcelona, Península, 1999, cap. 2.

[8] A. Alcalá Galiano, *Índole de la revolución de España en 1808*, 1839, en *Obras Escogidas*, B.A.E., 1955, vol. II, pp. 309-325.

[9] Cit. por E. Hobsbawm, en su *Nations and Nationalism...*, p. 12; necesidad nacionalista de "olvidar" la verdadera historia, B. Anderson, *Imagined Communities...*, pp. 199-201. Obsesión de la historiografía decimonónica española por descubrir y dejar establecida la identidad nacional en P. Cirujano Marín, T. Elorriaga Planes y J. S. Pérez Garzón, *Historia y nacionalismo español, 1834-1868*, Madrid, 1985, pp. 85-91. Sobre la historia nacional como fenómeno que acompañó a los Estados liberales, véase C. Boyd, Historia Patria, p. 67.

[10] J. A. Maravall, "Mentalidad burguesa e idea de la historia en el siglo XVIII", *Revista de Occidente*, 107, 1972, pp. 250-286 (reprod. en *Estudios de historia del pensamiento español. Siglo XVIII*, Madrid, 1991; cita en pp. 114-115; cfr. p. 120, donde llama al XVIII siglo "historiador por excelencia"; cita de Masdeu en p. 123). Jovellanos, discurso de recepción en la R.A.H., B.A.E. vol. XLVI, p. 341.

[11] Véase, p. ej., la Academia Sevillana de Buenas Letras, cuyo "fin último" es "vindicar el honor patrio", según F. Aguilar Piñal, *La Real Academia Sevillana de Buenas Letras*, Madrid, C.S.I.C., 1966, pp. 188-190. Sin embargo, la de Barcelona establece en sus estatutos, aprobados por el rey en 1752, su objetivo de "componer una Historia de Cataluña".

[12] En 1733 se publicaron, por primera vez en España, los treinta volúmenes iniciales en latín. Ese mismo año, también en latín, el padre J. M. Miñana escribió un importante apéndice que ponía al día la obra y que sería utilizado múltiples veces en los años siguientes. En 1739, en Amberes, pero en español, se publicó la obra de Mariana con el apéndice de Miñana. En 1741, otra continuación de Mariana, por M. J. Medrano, de la que sólo se publicó un tomo, que cubría hasta 1516. Hubo otras reediciones por B. Monfort, en Valencia, 1783; en Madrid, en 1780, 1794-95, 1804...

[13] En 1700-1727, J. de Ferreras (o Farreras), *Synopsis historica chronologica de España*, 16 vols. (bibliotecario de Felipe V, hizo el primer esfuerzo por sustituir la obra de Mariana, que ya databa de un siglo para entonces); fray F. de Berganza, *Antigüedades del España*, 1719; P. Yáñez de Avilés, cronista de Felipe V, *De la era y fechas de España. Chronología...*, 1732; M. J. de la Parra, *Compendio de la Historia General de España, que comprende desde la fundación hasta el año de 1704* (trad. de Buffier), Madrid, 1734; J. J. Salazar y Hontiveros, *Glorias de España, plausibles en todos los siglos...*, Madrid, 1736; G. Mayáns y Císcar, *Orígenes de la lengua española*, 1737; N. de Jesús Belan-

do, *Historia civil de España*, 3 vols., 1740-1741; J.-B. Philipoteau Duchesne o Du Chesne, *Compendio de Historia de España*, trad. por el F. J. de Isla en 1756; L. J. Velázquez, marqués de Valdeflores: *Anales de la Nación Española, desde los tiempos remotos hasta los romanos*, Málaga, 1759; J. Velázquez de Velasco, *Noticia del viaje de España... y de una nueva historia general de la nación...*, Madrid, 1765; del mismo autor y año, *Colección de documentos contemporáneos de la Historia de España*; R. y P. Rodríguez Mohedano, *Historia literaria de España, desde su primera población hasta nuestros días*, Madrid, 1766-91; Marín y Mendoza, *Historia de la monarquía española hasta 1777...*, Madrid, 1777. E. Flórez, *España sagrada*, 1747-1779, 29 vols., continuada por el P. Risco.

[14] J. A. Maravall, *Estudios de historia del pensamiento español (siglo XVIII)...*, pp. 116 y 129. Sobre todo este tema, cfr. A. Mestre, "Ensayo, erudición y crítica en el cambio de siglo", y J. Álvarez Barrientos, "Orígenes de la Historia de la Literatura Española", ambos en G. Carnero, coord., *historia de la literatura española. Siglo XVIII*, 2 t., Madrid, 1995, t. I, pp. 51-60 y 108-123. Sobre carácter nacional, véase J. J. Salazar y Hontiveros, *Glorias de España...*, pp. 24-32, "Valor de la Nación Española", desde los saguntinos y Viriato hasta las "glorias del presente siglo", que se consignan año por año "para que vea el Mundo que está en su ser el ardor y valor Español antiguo".

[15] Especialmente durante la llamada Década ominosa (1823-1833), Somers Town era "un barrio español en Londres", según V. Lloréns *Liberales y románticos*, Madrid, 1968, especialmente pp. 42-46.

[16] S. A. Dunham *The History of Spain and Portugal*, Londres, Longman, 1832-1833, 3 vols. (trad. esp. por A. Alcalá Galiano, con notas de Donoso Cortés y Martínez de la Rosa, Madrid, 1844-1846, 7 vols.); M. M. Busk, *History of Spain and Portugal*, Londres, Baldwin and Cradock, 1833; A. Paquin, *Histoire de l'Espagne et du Portugal*, París, Parent-Desbarres, 1836, 2 vols.; B. Guttenstein, *Geschichte des Spanische Volkes*, Mannheim, 1836-1838, 2 vols.; C. Romey, *Histoire d'Espagne depuis les premiers temps jusqu'à nos jours*, París, Furne et Cíe., 1839-1850, 9 vols. (versión esp. por A. Bergnes de las Casas, Barcelona, 1839-1845, 4 vols.; cita inmediata, versión francesa, p. III); E. Rosseeuw Saint-Hilaire, *Histoire d'Espagne depuis les premiers temps historiques jusqu'à la mort de Ferdinand VII*, París, 1836-1841, 5 vols.; E. Marliani, *Histoire politique de l'Espagne moderne*, Bruselas, 1840, 2 vols.; V. du Hamel, *Histoire constitutionelle de la monarchie espagnole*,

depuis l'invasion des hommes du Nord jusqu'à la mort de Ferdinand VII, París, 1845. Hay refs. también a una *Geschichte von Spanien*, de F. Lembke, 1831, que no hemos podido consultar.

[17] Véanse referencias a estas historias generales en J. M. Jover, "Caracteres del nacionalismo español, 1854-1874", *Zona Abierta*, 31 (1984), pp. 1-22; P. Cirujano Marín, T. Elorriaga Planes y J. S. Pérez Garzón, *Historia y nacionalismo español...*; M. Moreno Alonso, *Historiografía romántica española*, Sevilla, 1979; y, sobre todo, en C. Boyd, *Historia Patria. Politics, History, and National Identity in Spain, 1875-1975*, Princeton U. P., 1997, estudios todos ellos fundamentales, en especial el último, sobre la historiografía nacionalista del XIX. De Lafuente dice Jover que su obra es la de mayor trascendencia en la conformación de la conciencia histórica nacional española; tanto B. Sánchez Alonso como C. Pérez Bustamante insisten en que la de Lafuente fue la obra más leída; la aparición del trabajo de Romey estimuló el trabajo de Lafuente, según Pérez Bustamante (véase J. M. Jover, *ant. cit.*, pp. 9-11).

[18] J. R. Angulo, *Nociones generales de la historia de España*, Madrid, 1844, p. 5; S. Gómez, *Compendio de Historia General de España*, 1855, p. 13; M. Cervilla Soler, *Compendio de Historia de España*, Toledo, 1853, pp. 2-3; y M. Lafuente, *Historia General de España, desde los tiempos más remotos hasta nuestros días*, 30 vols., Madrid, 1850-1866, lib. I, cap. 1.

[19] M. Ortiz de la Vega (seudónimo de Fernando Patxot y Ferrer), *Anales de España, desde sus orígenes hasta el tiempo presente*, 10 t. en 6 vols., Barcelona, 1857-1859, vol. 1, pp. 3, 14, 16 y 19. Similar en J. C. Tárrega, *Compendio de Historia de España*, Toledo, 1859, p. 15 ("verosímil y probable" que la península Ibérica fuera "el Paraíso Terrenal de que nos habla la historia sagrada").

[20] Véase Gebhardt, *Historia general de España y de sus Indias*, 7 vols., Barcelona, 1860-1873, vol. I, cap. 1; M. Lafuente, *Historia General de España...*, lib. I, cap. 3 (Viriato, en cap. 6). Sobre permanencia del carácter nacional, véase M. Cervilla Soler, *Compendio de Historia de España...*, p. 2: "El Supremo Hacedor del universo dotó al planeta [...] de multiplicados accidentes que indicaban ya de por sí la necesidad que tendría la gran familia humana de fraccionarse [...] y constituir pueblos, comarcas o naciones completamente separadas"; "raro será el país que cuente tanta variedad de razas como el español", completamente distintas en costumbres, lenguas: "en todo se diferenciarán, excepto en la índole, en el carácter independiente, cualidad especial de los hijos de este suelo".

[21] J. Rodríguez, *Lecciones de cronología e Historia General de España*, Madrid, 1850, p. 6; J. R. Angulo, *Nociones generales...*, p. 5; S. Gómez, *Compendio de Historia...*, p. 13; cursivas nuestras.

[22] J. Ortiz y Sanz, *Compendio cronológico de la historia de España*, 7 t. en 6 vols., 1795-1803, vol. I, p. 1; J. R. Angulo, *Nociones generales...*, p. 17; B. Monreal y Ascaso, *Curso de Historia de España*, Madrid, 1867, p. 33; V. de la Fuente, *Historia eclesiástica de España*, 2.ª ed., 5 vols., Madrid, 1873-1875, vol. I, p. 28. Del *Resumen de la Historia de España*, publ. por el padre Isla, cit. a continuación, hubo tantas ediciones y es de contenido tan breve, que no juzgamos necesario citar páginas.

[23] En el XVIII, ni Mayáns ni L. J. Velázquez, los Mohedano, Masdeu u Ortiz y Sanz aceptan a Túbal. En el XIX, en cambio, lo incluyen J. R. Angulo (1844), A. M. Terradillos (1848), A. Alix (1848-52), J. Rodríguez (1850), M. Cervilla (1853), J. C. Tárrega (1859), F. S. Belmar (1861), F. Sánchez y Casado (1867) e incluso M. Merry (1876), aunque a veces con la cautela de "la tradición dice que...". Con más dudas, M. Lafuente, F. de Castro, S. Castellanos de Losada... Sobre Mariana, véase *supra*, cap. 1, apart. 3. A. Alcalá Galiano (que se refiere a Masdeu, obsesionado con rebatir a Montesquieu), *Historia de España, desde los tiempos primitivos hasta la mayoría de edad de Isabel II*, 7 vols., 1844-1846, Introducción.

[24] B. Monreal y Ascaso, *Curso de Historia de España...*, p. 20; E. Orodea e Ibarra, *Curso de Lecciones de Historia de España*, Valladolid, 1867, p. 9; M. Lafuente, *Historia General de España...*, discurso preliminar (ed. 1877, pp. II-III). Sobre la austeridad y sobriedad, véase M. I. Alfaro, *Compendio de la historia de España*, Madrid, 1853, p. 47 (Viriato, asesinado "en uno de los cortísimos momentos" en que se entregaba al sueño). Algunas de estas cuestiones, tratadas ya en *supra*, cap. 1, apart. 2.

[25] J. Ortiz y Sanz, *Compendio cronológico de la historia de España...*, introducción; A. Alcalá Galiano, *Historia de España...*, p. 31; J. R. Angulo, *Nociones generales...*, pp. 30-31. Cfr. S. Castellanos de Losada, *Memorándum Historial. Nociones de la Historia Universal y participación de España*, Madrid, 1858, pp. 38-39: "La tradición concede a los primitivos españoles las cualidades de ágiles, valientes hasta el punto de despreciar la vida en ocasiones nobles y heroicas; generosos, sobrios en grado extraordinario [...] y como éstas sean hoy sus excelencias con otras no menos loables que les ha hecho adquirir la civilización, no debemos poner en duda el que el carácter español se manifestase ya en la infancia de la sociedad [...]"; E. Orodea e

Ibarra, *Curso de Lecciones de Historia*..., p. 2: identidad de pueblos primitivos poco clara, "dejando sólo ver su carácter valeroso, su natural independiente". Cita de Tito Livio, a continuación, en *Ab Urbe Condita*..., XXVIII, 12.

[26] Como observa J. Pérez en *Histoire de l'Espagne*, París, Fayard, 1996, pp. 18-19, ejemplos evidentes serían los imperios azteca o inca.

[27] Tito Livio, cit. por A. Blanco Freijeiro, "Los pueblos ibéricos", en *Historia de España. La España antigua*, Madrid, Historia16, 1980, p. 95. Estrabón, *Geografía*, lib. III, incluido, p. ej., en J. García Mercadal, *Viajes de extranjeros por España y Portugal*, 3 vols., Madrid, 1962, vol. I, pp. 106-141; cita en p. 127; otras referencias de Estrabón al carácter belicoso de los pueblos de la Península en pp. 119, 122 y 130-131. Polibio da una versión menos trágica: "Después de diez meses de penalidades y ansiedad, [Aníbal] tomó la ciudad al asalto. Un gran botín de dinero, esclavos y riquezas cayó en sus manos" (*Historias*, III, 17, 10. En III, 98, Sagunto vuelve a ser mencionada y se habla de sus fortificaciones, en las que ahora están refugiados los cartagineses; lo que indica que la ciudad no había sido destruida). Tito Livio, en *Ab Urbe Condita*..., XXI, 14, dice "arrojaron el oro y la plata y la mayor parte de ellos se arrojaron también", momento de confusión que aprovechó Aníbal para asaltar la ciudad; el general cartaginés ordenó a continuación ejecutar a todos los adultos. Ninguna fuente directa habla de suicidio masivo de *todos* los habitantes y siempre se mencionan prisioneros.

[28] J. de Mariana, *Historia General de España*..., lib. II, cap. IX (Numancia, III, X); J. F. Masdeu, *Historia crítica de España y de la cultura española*, 1783-1805, pp. 104-105; cfr. J. J. Salazar y Hontiveros, *Glorias de España*..., pp. 24-26 y 32. Sobre el mito en el XIX, véase, p. ej., referencia de B. J. Gallardo, a Numancia y Sagunto, junto con Pelayo, como "campeones de la libertad", en su *Alocución patriótica en la solemne función con que los ciudadanos del comercio de Londres celebraron el restablecimiento de la Constitución y la libertad de la patria*, Londres, A. Taylor, 1820. M. Lafuente, *Historia General de España*..., lib. 1, caps. 4, 5 y 7. M. Cervilla Soler, *Compendio de Historia de España*..., p. 12; V. Gebhardt, *Historia general de España*..., vol. I, pp. 67 y 131; E. Orodea e Ibarra, *Curso de Lecciones de Historia*..., pp. 30-31 y 43. Cfr. A. Alcalá Galiano, *Historia de España*..., pp. 31 y 39: Numancia, "única en los anales del mundo", "monumento de tremenda sublimidad".

[29] J. de Mariana, *Historia General de España*..., prólogo del autor; fray B. J. Feijóo, *Teatro Crítico*..., en B.A.E., t. LVI, pp. 194 y 210; J. R. Angulo, *Nociones generales*..., pp. 31 y 174.

[30] J. R. Angulo, *Nociones generales...*, p. 145; M. I. Alfaro, *Compendio de la historia de España...*, p. 10; B. Monreal y Ascaso, *Curso de Historia de España...*, p. 33; J. C. Tárrega, *Compendio de Historia de España...*, pp. 25 y 28; E. Orodea e Ibarra, *Curso de Lecciones de Historia...*, pp. 40-41; y M. Lafuente, *Historia General de España...*, lib. I, cap. 5 (lo mismo ocurrió con Numancia: "los jamás confederados españoles" la dejaron sola, lib. II, cap. 3).

[31] J. Rodríguez, *Lecciones de cronología e Historia...*, p. XIV.

[32] Una matización, de todos modos, conviene hacer: no todos los pueblos que llegan de fuera *invaden* España; algunos, como los visigodos, *llegan* o *vienen* a la Península; curioso matiz que los historiadores decimonónicos tienden a establecer, indicio del destino reservado a este pueblo, que es nada menos que incorporarse a la esencia nacional.

[33] F. Sánchez y Casado, *Prontuario de Historia de España y de la Civilización Española*, Madrid, 1867 (citado por ed. Hernando, 1900), p. 2.

[34] A. Cavanilles, *Compendio de Historia de España*, Madrid, 1860, 5 vols en 3 t., vol. I, pp. 83-90; E. Paluzie Cantalozella, *Resumen de Historia de España*, 1866, p. 15; J. R. Angulo, *Nociones generales...*, p. 26.

[35] J. R. Angulo, *Nociones generales...*, p. 36.

[36] A. M. Terradillos, *Prontuario de Historia de España*, 1848, p. 32; A. Alix, *Compendio de Historia General*, Madrid, Cabrerizo, 1848-1852, 3 t. en 1 vol., t. II, p. 25; y A. A. Camus, *Compendio elemental de Historia Universal*, Madrid, Mellado, 1842, pp. 144-147. Sobre la versión nacional-católica, tan coincidente en este punto, véase *infra*, cap. 3, apart. 10.

[37] J. Cortada, *Historia de España, dedicada a la juventud*, Barcelona, 1845, p. 125; J. Rodríguez, *Lecciones de cronología e Historia...*, p. 71; A. de los Ríos, *Historia... judíos*, p. 18. Cfr. versión de la pérdida de España en un liberal como S. Ezquerra, *¡Los españoles no tenemos patria!*, Madrid, 1869, p. 7: "nuestro rey Rodrigo quedó fugitivo o muerto; nuestra independencia hollada; nuestro territorio ocupado en su totalidad (...) La nacionalidad española desapareció".

[38] E. Orodea e Ibarra, *Curso de Lecciones de Historia...*, p. 13. Ref. inmediata, J. Álvarez Junco, "La nación en duda", en J. Pan Montojo (coord.), *Más se perdió en Cuba*, Madrid, Alianza, 1998, pp. 455-462. Sobre esta cuestión, cfr. C. Boyd, *Historia Patria*, p. 95.

[39] A. Costes, *Compendio de Historia de España*, Barcelona, 1842, p. 28; E. Orodea e Ibarra, *Curso de Lecciones de Historia...*, p. 147.

⁴⁰ A. Gil Novales, "Francisco Martínez Marina", en J. Antón y M. Caminal, *Pensamiento Político en la España Contemporánea* (1800-1950), Barcelona, Teide, 1992, p. 3. García Herreros, cit. por M. Pérez Ledesma, "Las Cortes de Cádiz y la sociedad española", *Ayer*, 1 (1991), pp. 173-174. Flórez Estrada, cit. por J. A. Maravall, "El mito de la 'tradición' en el constitucionalismo español", *Cuadernos Hispanoamericanos*, 329-330 (1977), p. 561. Sobre Martínez Marina, cfr. también J. A. Maravall, "El pensamiento político en España a comienzos del siglo XIX: Martínez Marina", *Revista de Estudios Políticos*, 81 (1955). Moreno Alonso, *Historiografía romántica...*, p. 279, cita la opinión de "otro historiador decimonónico" sobre Martínez Marina según la cual, éste, para demostrar sus tesis, "no distinguió tiempos, forzó inducciones, violentó palabras, mutiló textos".

⁴¹ Véase J. Tomás Villarroya, "El proceso constitucional, 1834-1843", en J. M. Jover, dir., *La era isabelina y el Sexenio Democrático (1834-1874)*, t. XXXIV de la *Historia de España Menéndez Pidal*, Madrid, 1981, pp. 9-10 y 18-19. Castro cit. por F. Díaz de Cerio, *Fernando de Castro, filósofo de la Historia*, León, C.S.I.C., 1970, p. 499; E. de Tapia, *Historia de la civilización española, desde la invasión de los árabes hasta los tiempos presentes*, 4 t. en 2 vols., Madrid, 1840, t. IV, pp. 383-384.

⁴² J. de Cadalso, *Cartas marruecas*, III, XXXIV y XLIV. Sobre Jovellanos, en este punto, véase R. Herr, *The Eighteenth-Century Revolution in Spain*, Princeton U. P., 1969, pp. 342-343.

⁴³ Lista, cit. por H. Juretschke, *Vida, obra y pensamiento de Alberto Lista*, Madrid, C.S.I.C., 1951, p. 368. E. de Tapia, *Historia de la civilización española...*, t. III, pp. 129-131. Durante la Gloriosa mantiene todavía pleno vigor este mito, como puede verse en S. Ezquerra, *¡Los españoles no tenemos patria!...*, pp. 45-46: "tras el reinado de Fernando V el Católico, único próspero y feliz que hemos tenido, vino la dinastía de Austria, que tan inmensos males nos trajo".

⁴⁴ J. Rodríguez, *Lecciones de cronología e Historia...*, p. 281. Obras teatrales del Trienio, en G. Carnero, coord., *Historia de la literatura española. Siglo XIX*, Madrid, 1997, t. I, p. 295.

⁴⁵ J. A. Maravall, *Las Comunidades de Castilla. Una primera revolución moderna*, Madrid, Revista de Occidente, 1963, p. 26.

⁴⁶ Sobre Lanuza, véase también *La capilla de Lanuza*, obra teatral de M. Zapata, 1872, cit. en G. Carnero, coord., *Historia de la literatura española. Siglo XIX...*, t. I, p. 399.

⁴⁷ J. Herrero, *Los orígenes del pensamiento reaccionario español*, Madrid, 1971, p. 238.

⁴⁸ J. Díaz de Baeza, *Historia de la Guerra de España contra el Emperador Napoleón*, Madrid, 1843, p. II. Cfr., sobre esto, por A. Dérozier, *Quintana y el nacimiento del liberalismo en España*, Madrid, 1978, p. 122.

⁴⁹ C. Boyd, *Historia Patria*, cit., pp. 70-74, 80-81.

⁵⁰ G. Jusdanis, *Belated Modernity and Aesthetic Culture. Inventing National Literature*, University of Minnesota Press, 1990, pp. 28, 33, 46 y 61; B. Anderson, *Imagined Communities...*, sobre todo cap. 2.

⁵¹ Sobre este tema, véase E. Baker, "On the Formation of the Spanish National Literary Canon", ponencia inédita, presentada en Tufts University, Octubre de 1996; J. M: Pozuelo Yvancos y R. Aradra Sánchez, *Teoría del canon y la literatura española*, Madrid, Cátedra, 2000; A. Úbeda de los Cobos, "¿Zeuxis o Velázquez? La reivindicación nacionalista en la definición del primer neoclasicismo español", *Hispania*, LVI/1, 192 (1996), pp. 51-62; y J. Álvarez Barrientos, en G. Carnero, coord., *Historia de la literatura española. Siglo XVIII...*, t. I, pp. 105-111, donde se refiere a los historiadores del teatro (B. A. Nasarre, 1749; A. de Montiano, 1750-53; Sebastián y Latre, 1773; García de la Huerta, 1785...) y de la poesía (L. J. Velázquez, 1754; M. Sarmiento, 1775...).

⁵² Aunque Mayáns, por ejemplo, intentó compatibilizar ambas cosas, recuperando una "tradición española" que no era barroca: en su *Oración que exhorta a seguir la verdadera idea de la elocuencia española*, recomendaba renunciar al desenfreno barroco y volver a los "príncipes de la elocuencia española", fray Luis de Granada y fray Luis de León. F. Lopez, en G. Carnero, coord., *Historia de la literatura española. Siglo XVIII...*, t. II, p. 598; sobre historias de la literatura española, véase J. Álvarez Barrientos, en *ibíd.*, t. I, pp. 108 y ss.

⁵³ J. C. Mainer, "La invención de la literatura española", en J. M. Enguita y J. C. Mainer, eds., *Literaturas regionales en España*, Zaragoza, Instituto Fernando el Católico, 1994, pp. 23-45. Los *Elogios* cit., Bernardo Aldrete, *Del origen y principio de la lengua castellana* (1606); S. de Covarrubias, *Tesoro de la lengua castellana* (1611); G. Mayáns y Síscar, *Orígenes de la lengua española* (1737; sobre esta obra, véase A. Morel-Fatio, *Bulletin Hispanique*, 1915, XVII, 3). A. de Capmany dedica encendidos elogios al castellano en su *Filosofía de la elocuencia* (1777). También en Jovellanos, elogios a la "rica, majestuosa lengua castellana" (B.A.E., vol. XLVI, p. 270).

[54] P. y R. Rodríguez Mohedano, *Historia literaria de España, desde su primera población hasta nuestros días*, Madrid, A. Pérez de Soto, 1766; F. J. Lampillas, *Ensayo apologético sobre la literatura española* (1778-1781, en italiano); J. F. Masdeu, *Historia crítica de España...*; y J. Andrés, *Origen, progresos y estado actual de toda la literatura* (1782-1799); esta última, a la que nos referiremos de inmediato, no era sólo una historia española, pero sí clasificada por naciones y centrada en la literatura española.

[55] J. Álvarez Barrientos, en G. Carnero, coord., *Historia de la literatura española. Siglo XVIII...*, t. I, p. 109; y E. Baker, *La Biblioteca de Don Quijote*, Madrid, Marcial Pons, 1997, pp. 12-13: si algo excluía o relegaba a un segundo plano la literatura, eran precisamente los libros de entretenimiento y las "fábulas en prosa que engrosaban las filas de la lectura recreativa", o sea, los libros "que en general entendemos hoy por literarios"; cfr. p. 76: "la literatura" incluía "todos aquellos conocimientos y prácticas discursivas englobadas por el humanismo renacentista". Con su famoso título *Oración apologética por la España y sus méritos literarios*, J. P. Forner se refería a la cultura española en sus diversos terrenos: literatura, ciencia, arte, etcétera. D'Alembert en el prólogo a la *Enciclopedia*, de 1751, dice que la historia se divide en "civil" (los hechos, protagonizados por las grandes naciones) y "literaria" (la cultura, los conocimientos; el sujeto, aquí, son los hombres de letras).

[56] J. A. Maravall, *Estudios de historia del pensamiento español (siglo XVIII)...*, p. 114; cfr., sobre todo esto, E. Baker, "On the Formation of the Spanish National Literary Canon...". *Colección de poesías castellanas...*, impresas por el librero A. de Sancha entre 1779 y 1789.

[57] G. Carnero, "Introducción", en G. Carnero, coord., *Historia de la literatura española. Siglo XVIII...*, t. I, p. XLVII (cfr., en ese mismo volumen, p. 152, donde R. Sebold escribe un párrafo semejante y añade otros títulos: *Hormesinda* de Moratín, *La muerte de Munuza* de Jovellanos, *Raquel* de García de la Huerta, *La condesa de Castilla* o *Zoraida*, ambos de Cienfuegos, *Los amantes de Teruel* o *Inés de Castro*, ambos de Comella...). Cfr. J. L. Cano, *El tema de España en la poesía contemporánea*, Madrid, 1964, pp. 14-16; o R. Herr, *The Eighteenth-Century Revolution...*, p. 342.

[58] J. de Cadalso, *Cartas marruecas*, XVI; y J. A. Maravall, "De la Ilustración al Romanticismo. El pensamiento político de Cadalso", en *Estudios de historia del pensamiento español (siglo XVIII)...*, pp. 31 y 37. Jovellanos, en E. Allison Peers, *Historia del movimiento romántico español*, 2 vols.,

Madrid, 1973, vol. I, p. 77. A. de Capmany, *Centinela contra Franceses*, ed. de F. Etienvre, Londres, 1988, pp. 44 y 117.

[59] G. Carnero, coord., *Historia de la literatura española. Siglo XIX...*, t. I, p. 511. Carnero aprecia un "renacimiento del poema heroico" en este momento. J. N. Gallego escribiría igualmente un soneto titulado *A Zaragoza;* y R. de Valvidares *La Iberíada,* tres años después, imitando *La Araucana* u *Os Lusíadas.* Sobre Quintana véase, p. ej., V. Lloréns, *El romanticismo español,* Madrid, 1979, p. 118.

[60] F. Buendía, en su *Antología de la novela histórica española, 1830-1844,* Madrid, Aguilar, 1963, observa este retraso del romanticismo en el país considerado romántico por excelencia; aunque creerlo "extraño y paradójico", como hace esta autora, parece suponer que los estereotipos tienen algo que ver con la realidad. Sobre los debates, según R. D. Perés, *Historia de la literatura española e hispanoamericana,* Barcelona, Sopena, 1954, p. 498, el más importante y temprano tuvo lugar en *El Europeo,* de Barcelona, 1823, de Aribau y López Soler, con la participación de algún inglés e italiano. Ya Menéndez Pelayo, siguiendo a Milá y Fontanals, observó que el movimiento romántico entró en España por Cataluña.

[61] Las primeras publicaciones periódicas españolas plenamente románticas también aparecieron en esa cuarta década del siglo. *Cartas Españolas* de 1831-1832, la *Revista Española* de 1832-1836, donde escribió Larra, *El Artista* de 1837, de E. de Ochoa y Madrazo, ambos recién llegados de París; *El Piloto* de 1839-1840, *El Iris* de 1841, *El Pensamiento, El Sol, Revista de Madrid,* etcétera. Sobre este tema, seguimos a V. Lloréns, *El romanticismo español...*; G. Carnero, coord., *Historia de la literatura española. Siglo XIX...,* t. I; A. Peers, *Historia del movimiento romántico...*; I. Zavala, "La literatura: romanticismo y costumbrismo", en *La época del romanticismo (1808-1874)*, t. XXXV, vol. 2, de la *Historia de España Menéndez Pidal,* Madrid, Espasa-Calpe, 1989, pp. 5-183; D. Flitter, *Teoría y crítica del romanticismo español,* Cambridge U. P., 1995; y C. Blanco Aguinaga, I. Zavala y J. Rodríguez Puértolas, *Historia social de la literatura española,* 3 vols., Madrid, 1978, vol. II.

[62] P. van Thieghem, *Le romantisme dans la littérature européenne,* París, Albin Michel, 1969, introducción. Predominio de la pasión sobre la razón en los románticos españoles (que a continuación discutiremos), en A. Peers, *Historia del movimiento romántico...,* vol. II, pp. 320-322.

⁶³ También en *La cautiva,* de Espronceda, se puede interpretar que Zoraida, la amante árabe, es España, cautiva de su pasado, cuando dice "soy la cautiva, cansada / ya de dejarse oprimir...". De Martínez de la Rosa, *Sitio de Zaragoza* y *El desterrado*. El duque de Rivas, en *La lamentación,* llega incluso a dudar sobre la utilidad de la Guerra de la Independencia, "espléndida victoria" que sólo dio "laureles infecundos". De Larra, recuérdese también su *Duende satírico,* en que un hipócrita del patriotismo, enriquecido a base de picardías burocráticas, dice: "aquí nunca haremos nada bueno... [...] ¡Ah! ¡Si pudiera uno decir todo lo que siente! [...] Más vale dejarlo... ¡Pobre España!... Buenas noches, señores!"; el Duende, al enterarse, repite para sí: "¡Pobre España!". Todos ellos en B.A.E., vols. LXXII (Espronceda); CXLV, CXLIX, CLI y CLV (Martínez de la Rosa); C, CI y CII (Rivas); CXXVII, CXXVIII y CXXX (Larra), y CCIV (Baralt).

⁶⁴ Espronceda, en B.A.E., vol. LXXII, pp. 31-32. Tema que tocó también en la *Despedida del patriota griego de la hija del apóstata:* "¿por qué al nacer crueles me arrancaron / del seno de mi madre moribunda?".

⁶⁵ L. F. Díaz Larios, en G. Carnero, coord., *Historia de la literatura española. Siglo XIX...,* t. I, p. 511. Como recuerda D. Shaw, en *ibíd.,* I, pp. 317-18, Martínez de la Rosa fue un neoclásico en toda su primera etapa, antes de estrenar *Abén Humeya* en su exilio parisiense, y de formación "totalmente neoclásica" eran también Larra o Rivas; otro colaborador de ese mismo volumen, R. Reyes, observa que el propio Espronceda, quizás el autor más plenamente romántico de la generación, había sido discípulo de Lista antes de salir para Londres (*ibíd.,* I, p. 436).

⁶⁶ Sobre Larra véase, especialmente, Susan Kirkpatrik, *Larra. El laberinto inextricable de un romántico liberal,* Madrid, Gredos, 1977.

⁶⁷ En *A la muerte de don Joaquín de Pablo,* el mismo Espronceda comienza doliéndose de la mala situación de la patria, sometida a la tiranía: "Sus cadenas la patria arrastrando, / y su manto con sangre teñido [...] / al sepulcro circunda llorosa, / mientras ruge en la fúnebre losa, / aherrojado a sus pies, el león". Pero termina apelando igualmente a la venganza: "Llorad, vírgenes tristes de Iberia, [...] y los cantos de muerte entonad [...] / Y vosotros, ¡oh, nobles guerreros! [...] odio eterno al tirano guardad".

⁶⁸ A. Peers también opinaba que desde 1837 no había ya en España romanticismo, sino eclecticismo, véase *Historia del movimiento romántico...,* vol. II, cap. 1; cfr. D. Flitter, *Teoría y crítica del romanticismo...,* p. 122.

[69] G. Carnero, "Introducción", en L. Romero Tobar, coord., *Historia de la literatura española. Siglo XIX*, Madrid, Espasa-Calpe, 1998, t. II, p. XXXIV. El diputado que defendió la asignación presupuestaria para la B. A. E. fue Cándido Nocedal. En cuanto a la edición de romanceros, se hizo bajo fuerte influencia del mundo germánico, donde el romanticismo se hallaba mucho más avanzado y la España medieval se idealizaba como mundo romántico por excelencia: de ahí la temprana *Flor nueva de romances viejos*, de 1815, editada en Viena por J. Grimm; en España, A. Durán, en 1828-1832, *Romancero General, o Colección de romances castellanos anteriores al siglo XVIII* (ed. definitiva como vol. X de la B. A. E., 1849); y en 1856, esta vez en Berlín, F. J. Wolff y Conrad Hoffmann publicaron *Primavera y flor de romances castellanos*.

[70] F. Bouterweck, *Geschichte des Spanischen Poesie und Beredsamkeit*, Gottinga, Rowers, 1804 (trad. esp., Madrid, Aguado, 1929); S. de Sismondi, *Histoire de la littérature espagnole*, París, Crapelet, 1813 (trad., Sevilla, 1841-1842, 2 vols.); y G. Ticknor, *History of Spanish Literature*, Londres, Murray, 1849, 3 vols. (trad., Madrid, La Publicidad, 1851-56, 4 vols.).

[71] A. Gil y Zárate, *Manual de literatura*, Madrid, Boix, 1844, 2 vols.; y J. Amador de los Ríos, *Historia crítica de la literatura española*, impr. J. Rodríguez, 7 vols. Véase G. Carnero, "Introducción", en L. Romero Tobar, coord., *Historia de la literatura española. Siglo XIX...*, t. II, pp. XXXIII-XXIV. El proceso continuará durante el resto del siglo XIX. M. Milá y Fontanals, *Oración inaugural*, Barcelona, 1865, maestro de Menéndez Pelayo, repite a grandes rasgos los criterios y caracteres de Gil y Zárate. Todavía Menéndez Pidal, a comienzos del siglo XX, acepta la idea romántica de Gil y Zárate de la literatura popular como la expresión más genuina de lo nacional y valora sobre todo el romancero. Muchos de estos datos, tomados de J. C. Mainer, "La invención de la literatura española..."

[72] Véase *Horas de invierno*, visión competitiva de la creación literaria en términos nacionales: "las naciones como los individuos, sujetos a la gran ley del egoísmo, viven más que de su vida propia de la vida ajena que consumen, y ¡ay del pueblo que no desgasta diariamente con su roce superior y violento a los pueblos inmediatos, porque será desgastado por ellos!" (M. J. de Larra, en B. A. E., vol. CXXVIII, 1960, pp. 290-291). A. Durán, director de la Biblioteca Nacional, en un ensayo titulado *Sobre el influjo que ha tenido la crítica moderna en la decadencia del teatro antiguo español*, estimaba

en 1828 que "el teatro debe orientarse en cada país a su propia historia" y aconsejaba que, para ser auténtico, fuese "la expresión poética e ideal de sus necesidades morales y de [...] la manera de sentir y juzgar de sus habitantes" (cit. por I. Zavala, "La literatura: romanticismo y costumbrismo...", p. 26).

[73] Durán, pról. al *Romancero General*, de 1828-1833, ed. definitiva como vol. X de la B. A. E., 1849; Martínez de la Rosa, *Anotaciones a la Poética*, París, Didot, 1827. De Rivas, véase también su discurso de recepción en la R. A. H., en 1853, en que defiende la lengua castellana y las ventajas de un estilo "castizo y español".

[74] Sobre Galdós, véase *infra*, cap. 12.1. E. de Kosca Vayo *La conquista de Valencia por El Cid* (1831); M. J. de Larra, *El doncel de don Enrique El Doliente* (1834); J. Espronceda, *Sancho Saldana* (1834); P. de la Escosura, *Ni rey ni roque* (1835); J. Cortada, *La heredera de Sangumi* (1835); F. Martínez de la Rosa, *Doña Isabel de Solís, reina de Granada* (1837); S. Estébanez Calderón, *Cristianos y moriscos* (1838); E. Gil y Carrasco, *El señor de Bembibre* (1844); antes de 1830, *Ramiro, conde de Lucena*, de R. Húmara y Salamanca (1823). Todos estos datos, tomados de F. Buendía, *Antología de la novela histórica española...*, donde se encuentran muchos más. Sobre traducciones de W. Scott, R. D. Perés, *Historia de la literatura española...*, p. 498; o G. Carnero, coord., *Historia de la literatura española. Siglo XIX...*, t. I, pp. 620-621 (quien también trata de López Soler, Kosca Vayo, Cortada, Escosura, Gil y Carrasco, en pp. 624-627, 632-635 y 638-641), los mismos autores citados, de nuevo, en V. Lloréns, *El romanticismo español...*, pp. 295-325. Obsérvese que algunos de ellos (Cortada, Kosca Vayo) eran historiadores también.

[75] G. Carnero, coord., *Historia de la literatura española. Siglo XIX...*, t. I, pp. 384-98; y F. Buendía, *Antología de la novela histórica española...*; muchos otros títulos en esas obras.

[76] R. D. Perés, *Historia de la literatura española...*, p. 503 (el "único, el verdadero...", en p. 502); J. I. Ferreras, *El teatro en el siglo XIX*, Madrid, 1989, p. 55; C. Blanco Aguinaga, I. Zavala y J. Rodríguez Puértolas, *Historia social de la literatura española...*, vol. II, p. 93 ("facilidad versificatoria"; "abundantes caídas en el ripio...", citado a continuación). En su poema *La ignorancia*, muy tardío, Zorrilla se permite criticar a Cánovas y Sagasta y dice, muy al estilo de Victor Hugo, que será el poeta el que "despierte de su sueño a España".

[77] Las referencias nobiliarias son especialmente del gusto del duque de Rivas, que hace a su *Don Álvaro*, por ejemplo, vanagloriarse de ser un "primer grande español", o que en *Amor, honor y valor* hace recitar a un personaje: "Sangre tan noble y cristiana / como el mundo reverencia / no extrañéis el que un noble / que de cristiano se precia, / sus obligaciones cumpla". Sobre la incuestionable fidelidad de los súbditos y soldados al rey, que representa a España, véase, p. ej., *El zapatero y el rey*, de Zorrilla.

[78] Véase J. Álvarez Junco, *El Emperador del Paralelo*, Madrid, 1990, en especial pp. 249-52, 264-65. Cita de Espronceda, de su *Canto del cosaco*.

[79] Rivas, en su obra temprana *Declaración de España contra los franceses;* pero también en *Maldonado* o *La victoria de Pavía*. Zorrilla, deslealtad francesa frente a leones españoles, en *El zapatero y el Rey*. Sobre este tema, V. Lloréns, *El romanticismo español...*, pp. 165-166.

[80] "Escrito está en el libro del destino / que es libre la nación que quiere serlo"; "a impulsos, o del hambre o de la espada / libres nacimos, ¡libres moriremos!". El *Pelayo* tuvo muchos imitadores, entre ellos Marchena, Martínez de la Rosa y Espronceda (A. Dérozier, *Quintana...*, p. 114). Su "¿no hay patria, Veremundo? ¿No la lleva / todo buen Español dentro en su pecho?", se hizo célebre.

[81] J. L. Díez, "Evolución de la pintura española de historia en el siglo XIX", en VV.AA., *La pintura de historia del siglo XIX en España*, Madrid, 1992, p. 71; A. Pérez Sánchez subraya el "carácter ejemplar" y siempre "positivo y glorioso" de este tipo de pintura histórica ("Pintar la Historia", *ibíd.*, p. 30, 34). Sobre la decoración de los palacios de los siglos XVII y XVIII y sobre la Academia de San Fernando, véase *supra*, cap. 2, apart. 1.

[82] A. Pérez Sánchez, en VV.AA., *La pintura de historia...*, p. 34. De ellos fue especialmente importante, y algunos autores ven en él la verdadera iniciación del género, *La muerte de Viriato, jefe de los lusitanos*, de J. de Madrazo, pintado en Roma hacia 1820. Pero hay otras muchas obras de este estilo en esos años (de las que son autores López Portaña, F. de Madrazo o Pérez Villaamil), como puede verse en Pérez Sánchez, *ibíd.*, o J. L. Díez, *ibíd.*, pp. 70-73 y 76-77.

[83] Según T. Pérez Vejo, (*Pintura de historia e identidad nacional en España*, Madrid, 1996, pp. 309-311), los temas históricos nacionales llegaron a ser hasta el 87 por ciento del total, y dentro de ellos la Edad Media ocupaba el 37 por ciento (40 por ciento, si se incluye a los Reyes Católicos), la historia

antigua el 35 por ciento y los visigodos el 10 por ciento, al mismo nivel que los dos siglos imperiales de los Habsburgo.

[84] J. O. Picón, cit por T. Pérez Vejo, *Pintura de historia...*, p. 527.

[85] *La Discusión*, 4-X-1871, y cita previa en *La Época*, 5-XI-1862, cit. ambos por T. Pérez Vejo, *Pintura de historia...*, pp. 412 y 493.

[86] Véase C. Reyero, *La pintura de Historia en España. Esplendor de un género en el siglo XIX*, Madrid, 1989, pp. 19-37 y 47-50.

[87] C. Reyero, "Los temas históricos en la pintura española del siglo XIX", en AA. VV., *La pintura de Historia...*, p. 43.

[88] Algunas de las obras más conocidas sobre estos temas fueron: F. Domingo Marqués, *Último día de Sagunto* (1868); R. Martí Alsina, *Último día de Numancia* (1858); A. Vera y Estaca, *Numancia* (1881); J. Madrazo, *Muerte de Viriato, jefe de los lusitanos* (1808); F. Aznar, *Hermenegildo en prisión* (1860); Muñoz Degrain, *La conversión de Recaredo* (1888); L. de Madrazo, *Don Pelayo en Covadonga* (1856); M. Hiráldez Acosta, *La jura de Santa Gadea* (1864); T. de la Puebla, *Las hijas del Cid* (1871); I. Pinazo, *Las hijas del Cid* (1879); F. de P. van Halen, *Batalla de las Navas de Tolosa* (1864); M. Santamaría, *El triunfo de la Santa Cruz en la batalla de las Navas de Tolosa* (1892); V. Mattoni, *Las postrimerías de Fernando III el Santo* (1887); I. Pinazo, *Últimos momentos del rey Don Jaime I el Conquistador* (1881); J. Moreno Carbonero, *Entrada de Roger de Flor en Constantinopla* (1888); F. Pradilla, *La rendición de Granada* (1882); C. L. de Ribera, *¡Granada, Granada por los reyes don Fernando y doña Isabel!* (1890); P. Clavé, *La demencia de Isabel de Portugal* (1855); V. Manzano, *Los Reyes Católicos en el acto de administrar justicia* (1860); E. Rosales, *Doña Isabel la Católica dictando su testamento* (1864); I. Lozano, *Isabel la Católica presidiendo la educación de sus hijos* (1864); E. Cano de la Peña, *Los Reyes Católicos recibiendo a los cautivos cristianos en Málaga* (1867); S. Martínez Cubells, *La educación del príncipe Juan* (1877); S. Viniegra, *Entierro de Isabel la Católica* (1885); J. Espalter, *El suspiro del Moro* (1855) y B. Soriano sobre el mismo tema al año siguiente; E. Cano de la Peña, *Cristóbal Colón en el convento de la Rábida* (1856); B. Mercadé, *Colón en las puertas del convento de Santa María de La Rábida* (1858); D. T. de la Puebla, *Primer desembarco de Cristóbal Colón en América* (1862); J. Garnelo, *Primeros homenajes a Colón en el Nuevo Mundo* (1892); Casado del Alisal, *Gonzalo Fernández de Córdoba ante el cadáver del Duque de Nemours* (1866); V. Manzano, *Cisneros y los Grandes* (1864); A. Ferrant, *Cisneros, fundador del Hospital de la Caridad, de Illescas* (1892); L. Vallés, *Demencia de doña Juana de Castilla* (1866); F. Pradilla, *Doña Juana la Loca* (1877); B. Mer-

cadé y Fábregas, *Carlos V en el monasterio de Yuste* (1862); M. Jadraque, *Carlos V en Yuste* (1867); E. Rosales, *Presentación de don Juan de Austria al emperador Carlos V en Yuste* (1869); D. Valdivieso, *Felipe II presenciando un auto de fe* (1871); E. Mélida, *La visita de Felipe II al convento de las dominicas de Zaragoza* (1877); J. Villegas, *Última entrevista de Juan de Austria y Felipe II* (1878); F. Jover y Casanova, *Últimos momentos de Felipe II* (1864)... Sobre todo ello, véase C. Reyero, *Imagen histórica de España (1850-1890)*, Madrid, 1987.

[89] Si representan a un rey en el estudio de un pintor, es Carlos V con Tiziano (Parra Piquer, León y Escosura). De todos modos, Zamacois, *Enrolamiento de Cervantes en el ejército* (1863); y en 1918 Muñoz Degrain pinta *Cervantes en Argel* (uno de los pocos cuadros de este género que se producen en fecha tan tardía).

[90] M. Ferrán, *Antonio Pérez libertado de la cárcel por el pueblo de Zaragoza* (1864); V. Borrás, *Antonio Pérez recibiendo a su familia después del tormento* (1884); C. Larraz, *Prisión de Lanuza* (1859:); M. de Unceta, *Don Juan de Lanuza, auxiliado en capilla* (1862:); E. López del Plano, *Los últimos momentos de Lanuza* (1864); M. Barbasán, *La ejecución de Lanuza* (1891); V. Balasanz, *Lanuza en el cadalso* (1886).

[91] *Il sacco di Roma*, por F. J. Amérigo y Aparici en 1887; V. Cutanda, ese mismo año, *Matanza de judíos en la Edad Media*; en 1889, E. Sala y Francés, *Expulsión de los judíos de España*; M. Gómez Moreno, *La expulsión de los moriscos de Granada* (1882); G. Puig y Roda, *Expulsión de los moriscos* (1894). A. Gisbert, *Los últimos momentos del Príncipe don Carlos, hijo de Felipe II* (1858); y J. Uría, *El Príncipe don Carlos y el duque de Alba* (1881).

[92] C. Reyero, *La época de Carlos V y Felipe II en la pintura de Historia del siglo XIX*, Valladolid, Sociedad Estatal Conmemoración Centenarios..., 1999, pp. 48-51. Sobre Cortés, R. Monleón, *Hernán Cortés destruye las naves* (1876); A. Pérez Rubio, *Cortés manda quemar sus naves* (1878); C. M. Esquivel, *Prisión de Guatimocín, último emperador de los mejicanos* (1856); E. Valldeperas, *Guatimocín, último emperador de México y su esposa, presentados prisioneros a Hernán Cortés* (1866); M. Ramírez Ibáñez, *Muerte de Francisco Pizarro, conquistador del Perú* (1877).

[93] Un tema religioso clásico de la época fue la conversión de san Francisco de Borja, pintado por Esquivel en 1862 o por Moreno Carbonero en 1884. Entre las imágenes románticas extranjeras, especialmente influyentes fueron las transmitidas por Gustavo Doré, quien además dejó un importante diario de viaje por España.

[94] Cossío, Ganivet y Maeztu, cits. por J. L. Bernal, en "Pintura y nacionalismo: el caso español", en A. de Blas, coord., *Enciclopedia del nacionalismo*, Madrid, 1997, p. 416. R. Doménech, *El nacionalismo en el arte*, Madrid, Páez, 1927, pp. 16-17 y 60. E. Lafuente Ferrari, *Breve historia de la pintura española*, 1934, reed. Madrid, Akal, 1987, 2 vols. (citas en vol. I, pp. 37-40).

[95] Cit. por E. Casares y C. Alonso, *La música española en el siglo XIX*. Universidad de Oviedo, 1995, p. 22. Para este tema, nos basaremos, sobre todo, en la primera parte de ese libro, "La música del siglo XIX español. Conceptos fundamentales", pp. 13-122, a cargo de E. Casares; en T. Marco, *Historia de la música española*, vol. 6, El siglo XX, Madrid, Alianza, 1982; F. Sopeña, *Historia de la música española contemporánea*, Madrid, Rialp, 1976; y P. García Picazo, "Música y nacionalismo", en A. de Blas, dir., *Enciclopedia del nacionalismo*, Madrid, Tecnos, 1997, pp. 328-335.

[96] E. Casares, "La música del siglo XIX", cit., pp. 23-28; citas previas en íbíd., pp. 92, 108 y 111.

[97] Ejemplos de óperas en español de los años 1860 y 1870 fueron *Marina, Fernando el Emplazado* o *Ledia*, de Zubiaurre; *Las naves de Cortés, La hija de Jefté* o *Roger de Flor*, de Chapí; *Atahualpa*, de Barrera... En Barcelona, *Edita de Belcourt*, de Obiols; *Quasimodo*, de Pedrell; *Constanza*, de Nicolau; *Inés y Blanca*, de Adalid; *Cleopatra*, de Pedrell... Prohibición de 1807 y número de óperas en español e italiano, en E. Casares, "Música del siglo XIX", pp. 92 y 95.

[98] Casares, "Música del siglo XIX", pp. 107-108.

[99] Sobre la canción, véase C. Alonso, "La canción española desde la monarquía fernandina hasta la restauración alfonsina"; sobre música coral, María Nagore, "La música coral en España en el siglo XIX"; ambos en E. Casares y C. Alonso, *La música española en el siglo XIX*, cit., pp. 245-278 y 425-462.

[100] De Bretón, *Los amantes de Teruel* o *La Dolores*; de Chapí, *Margarita la tornera*, estrenada en 1908 con gran éxito pero no representada de nuevo en todo el resto del siglo. Sobre el género chico, véase J. Deleito, *Origen y apogeo del género chico*, Madrid, Revista de Occidente, 1949; J. Arnau y C. M. Gómez, *Historia de la zarzuela*, Madrid, Zacosa, 1979; y M. Encina Cortizo, "La zarzuela del siglo XIX", en E. Casares y C. Alonso, *La música española*, cit., pp. 161-194.

[101] Todo ello, en C. Serrano, "Cantando patria. Zarzuela y tópicos nacionales", en L. García Lorenzo, ed., *Ramos Carrión y la zarzuela*, Zamora,

Instituto de Estudios Zamoranos Florián de Ocampo, 1992. A. Valencia, en *El género chico. Antología de textos completos*, Madrid, Taurus, 1962, cit. por E. Casares, "La música del siglo XIX", p. 92.

[102] Alarcón, en E. Casares, "La música del siglo XIX", cit., p. 105-106. Sobre el cuplé véase S. Salaün, *El cuplé (1900-1936)*, Madrid, Espasa Calpe, 1990.

[103] En *Nuestra música*, publicado en 1917. Taurinismo y andalucismo también en M. Penella, que estrenó *El gato montés* en 1916, cuyo pasodoble se convirtió en la música interpretada en los ruedos. Giros arabizantes en la *Suite en la*, de J. Gómez, 1917. Sobre este tema, en general, T. Marco, *Historia de la música española...*, cit., vol. 6, pp. 6, 46 y 153.

[104] La Orquesta Sinfónica de Madrid, dirigida por Enrique Fernández Arbós, data de 1904; la Sinfónica de Barcelona, de 1910; y la Filarmónica de Madrid, de 1915. En cuanto a historias, a mediados del siglo XIX B. Saldoni había escrito un *Diccionario biográfico de músicos españoles* y M. Soriano una *Historia de la música española*; a finales del mismo, por encargo del editor B. Zozaya, el crítico Antonio Peña y Goñi escribió *La ópera española y la música dramática en España en el siglo XIX*. Sobre Peña y Goñi, véase E. Casares, "La crítica musical en el XIX español", en E. Casares y C. Alonso, *La música española en el siglo XIX*, cit., pp. 481-483.

[105] En 1844, siguiendo el ejemplo francés, se crearon las Comisiones de Monumentos. De esas fechas son también los museos provinciales, y el Arqueológico Nacional de 1867. Entre tanto, en 1856, había surgido la Escuela Superior de Diplomática (École de Chantres), donde se enseñaba arqueología y numismática. Todos estos datos, de M. Díaz Andreu, "Archaeology and Nationalism in Spain", en Ph. Kohl y C. Fawcett, *Nationalism, Politics, and the Practice of Archaeology*, Cambridge U. P., 1991, pp. 39-56.

[106] M. Díaz Andreu, "Archaeology and nationalism...", pp. 44-45. Mélida en 1922: "Numancia es un nombre glorioso en la Historia [...] El espectáculo que ofrece, al par que conmovedor y elocuente, es de gran enseñanza de la existencia en tiempos remotos, renovada en los presentes con idénticos caracteres fundamentales..." (J. R. Mélida, *Excursión a Numancia pasando por Soria*, 1922, p. 106; cit por M. Díaz-Andreu, "Archaeology and Nationalism in Spain", en P. Kohl y C. Fawcett, *Nationalism, Politics and the Practice of Archaeology*, 1995, p. 44). Véanse otros escritos de M. Díaz Andreu en bibliografía final, de donde hemos tomado casi en exclusiva los datos para estos párrafos.

[107] *Memoria presentada a la Junta Superior...* Madrid, Tipogr. Revista de Archivos, 1923, p. 4.

[108] En 1921 surgió el Seminario de Prehistoria Ikuska; por entonces escribía ya J. M. de Barandiarán, discípulo de Aranzadi, que también buscaba la antigüedad del País Vasco a través de restos arqueológicos. En Cataluña, el Institut d'Estudis Catalans creó el Servei d'Investigacions Arqueologiques en 1915.

[109] V. J. Goode, "From Racial Fusion to Cultural Alloy: Transitions in the Spanish Anthropological Conception of Race, 1890-1923", trabajo presentado en el Iberian Study Group, Harvard University, 20 noviembre 1998, de donde tomo los datos para este párrafo. F. Olóriz y Aguilera, *Distribución geográfica del índice cefálico del español*, Madrid, De Ingenieros, 1894; M. A. Fernándiz, *Doctorado de medicina. Conferencias de Antropología...*, Madrid, Sánchez Covisa, 1892; y *Programa Razonado de Antropología*, Madrid, M. Minuesa, 1897; los párrafos en que Menéndez Pelayo defendía la antropología física (*Historia Heterodoxos*, Madrid, Victoriano Suárez, 1911, p. 208) se suprimieron en ediciones posteriores. Todos ellos, cit. por Goode. Sobre el tema, véase también D. Núñez Ruiz, *La mentalidad positiva en España: desarrollo y crisis*, Madrid, 1975.

[110] F. Calvo Serraller, *La imagen romántica de España. Arte y arquitectura del siglo XIX*, Madrid, Alianza, 1995, p. 175. Cfr. ponencia inédita presentada por F. J. de la Plaza "Arquitectura y mobiliario neoplateresco" en el congreso, *El siglo de Carlos V y Felipe II. La construcción de los mitos en el siglo XIX*, Valladolid, 3-5 noviembre 1999. Tanto sobre la escultura (monumentos) como sobre la imagen de España presentada en las exposiciones internacionales a través, en buena medida, de la arquitectura, volveremos en el cap. 11, apart. 2.

[111] Aunque, aplicándoles el término usado por los teóricos de la movilización de recursos para los movimientos sociales, también se les podría denominar "empresarios del nacionalismo", pues no hay duda de que sus esfuerzos por crear sujetos colectivos les reportan rentabilidad política, como portavoces de tales sujetos.

[112] A. Morales Moya, "El Estado de la Ilustración", en *Historia de España Menéndez Pidal*, vol. XXX, *Las bases políticas, económicas y sociales de un régimen en transformación (1759-1834)*, Madrid, 1998, p. 126. Cifras, en F. Villacorta Baños, *Burguesía y cultura. Los intelectuales españoles en la sociedad liberal, 1808-1931*, Madrid, Siglo XXI, 1980, p. 12; R. Solís, *El Cádiz de las*

Cortes, Madrid, 1969, pp. 220-27. Lista completa de los diputados gaditanos, en M. García Venero, *Historia del parlamentarismo español (1810-1813)*, Madrid, Instituto de Estudios Políticos, 1946, pp. 515-522.

[113] J. Fernández Sebastián, "España, monarquía y nación. Cuatro concepciones de la comunidad política española entre el Antiguo Régimen y la revolución liberal", *Studia Historica. Historia Contemporánea*, 12 (1994), p. 53-61. En relación con los historiadores del XVIII, J. A. Maravall observaba que "no son hombres de negocios, empresarios de fábricas, inversores con espíritu capitalista", "no pertenecen a aquellas categorías, o tan sólo en muy corta proporción. Son, en cambio, magistrados, funcionarios, civiles o militares, educadores, individuos de profesiones liberales"; pese a lo cual los incluía en la categoría de "burgueses" por "la significación social de su mentalidad" ("Mentalidad burguesa e idea de la historia en el siglo XVIII", 1972, en *Estudios de historia del pensamiento... siglo XVIII*, 1991, p. 116). Sobre élites de la era de los Habsburgo, véase *supra*, cap. 2. 4.

[114] Diputados en Cortes, véase lista en M. García Venero, *Historia del parlamentarismo...*, pp. 533-536; porcentajes de elaboración propia. A. Gil Novales, *Las Sociedades Patrióticas (1820-1823)*, Madrid, Tecnos, 1975, p. 973; duplico los porcentajes que da este autor, porque sólo contabiliza un 50 por ciento de los 2400 miembros de estas sociedades que ha manejado, ya que desconoce la profesión del resto; puede aceptarse que la muestra de 1200 socios es suficientemente representativa como para proyectarla sobre el total. Dice este autor que encuentra pocos miembros de las "profesiones burguesas" y sólo alcanzarían cifras representativas "agrupándolas en el vago concepto de clases medias"; pero "profesiones burguesas" no es más preciso que "clases medias", sobre todo si la "burguesía" se define por la propiedad de medios de producción capitalistas; los profesionales, que se ganan la vida a partir de una actividad cualificada ejercida en el mercado libre, son un grupo social suficientemente identificable.

[115] J. F. Fuentes, "Censo de liberales españoles en el exilio, 1823-1833", *Cuadernos Republicanos*, 32 (1997), p. 34; cfr. R. Sánchez Mantero, *Liberales en el exilio. La emigración política en Francia en la crisis del Antiguo Régimen*, Madrid, Rialp, 1975. V. Lloréns *Liberales y románticos...*, p. 24, dice que la mayoría de los exiliados eran militares. A. Alcalá Galiano, *Recuerdos de un anciano*, Madrid, 1878, p. 462, cit. por J. F. Fuentes, *ibíd.*, p. 31.

[116] J. T. Villarroya, en *La era isabelina y el Sexenio Democrático*, vol. XXXIV de la *Historia de España Menéndez Pidal*, cit., p. 21. Y F. Villacorta Baños, *Burguesía y cultura...*, pp. 38-42 y 248-259.

[117] G. de la Fuente Monge, *Los revolucionarios de 1868*, Madrid, Marcial Pons, 2000, pp. 233 y 244-245. Recuérdense también las alusiones del padre Alvarado a los "abogadillos", "clerigos petimetres", "oficinistas", etcétera, incluidas en la nota 78 de la parte tercera de este libro.

[118] Laica e incluso anticlerical, quizás porque, como explicaba desde el principio el padre Simón López, en su *Despertador Cristiano-Político*, pp. 5-7, todo "filósofo" odia a la Iglesia católica, en la que ve "un freno de su libertad de pensar y de su soberbia" (cit. por J. Herrero, *Los orígenes del pensamiento reaccionario...*, p. 253).

[119] J. A. Maravall, "Mentalidad burguesa e idea de la Historia en el XVIII", 1972 (reed. 1991, *Estudios de historia del pensamiento... siglo XVIII*), p. 117.

[120] L. Greenfeld, *Nationalism. Five Roads to Modernity*, Harvard University Press, 1992, pp. 10-12.

[121] E. Hobsbawm y T. Ranger, eds., *The Invention of Tradition...*

[122] Véase *infra*, cap. 11. Sobre la distinción entre nacionalismos *state-led* y *state-seeking*, de C. Tilly, véase *supra*, capítulo IV, "El canon cultural del nacionalismo".

TERCERA PARTE

LA OPINIÓN CONSERVADORA, ENTRE RELIGIÓN Y NACIÓN

CAPÍTULO VI

CATOLICISMO Y ESPAÑOLISMO
EN EL ANTIGUO RÉGIMEN

L os gritos que recorrían la Andalucía sublevada en 1808, según el capuchino Rafael de Vélez, eran: "¡Viva María Santísima, viva Jesucristo, viva su fe, su religión, viva Fernando VII, mueran los franceses!". No por provenir de un fraile parece que peque el testimonio de parcial. Muchos otros confirman que los rebeldes contra José Bonaparte en aquel agitado verano vitoreaban, sobre todo, al catolicismo y sus dogmas; con más fervor quizás, pero desde luego, menos veces, se invocaba al deseado monarca; y se olvidaba con frecuencia, o aparecía muy en último lugar, a la nación. El "grito de la nación", lo llama precisamente fray Simón López, "resonó por todas partes", pero dice que su contenido era: "Viva la religión, viva la Iglesia, viva la Virgen, viva Dios, viva Fernando VII, muera Napoleón, mueran los franceses"; poco más adelante repetía la retahíla, con leves variaciones: "Viva Fernando VII, viva la religión, viva la Iglesia católica y muera Napoleón impío con todos sus satélites y su Francia cismática, tolerante, anticristiana". La nación, como se ve, contrariando sus más arraigadas tendencias, no se vitoreaba a sí misma, sino a su rey y, sobre todo, a las creencias religiosas colectivas y la institución eclesial que las encarnaba. Un par de décadas después de aquella guerra, un tercer clérigo, fray Manuel Amado, sintetizó muy bien la idea: "No fue cuanto hicimos en favor de nuestra patria; obramos porque la religión exigía de nosotros que obrásemos de ese modo" [1].

Todos los observadores, empezando por los generales franceses y hasta por el propio emperador, coincidieron en atribuir al clero católico el papel protagonista en la movilización antinapoleónica española. No hay la menor duda de que el deber ciudadano de combatir al invasor se fundamentó, para la gran mayoría de los combatientes, en la doctrina católica. Entre los héroes y símbolos invocados en la lucha, con mucha mayor frecuencia que Pelayo, El Cid o Hernán Cortés, figuraron el apóstol Santiago o las vírgenes patronas de la zona: la de Covadonga en Asturias, la Fuencisla en Segovia, la del Pilar en Zaragoza... Incluso las referencias a la patria solían cualificar el término añadiéndole "sus antiguas costumbres" o "sus sacras tradiciones"; entre las cuales figuraba siempre en primerísimo lugar la religión católica. España y el catolicismo eran, en la mayoría de las mentes, una misma cosa[2].

Esta identificación iba a mantenerse largo tiempo todavía; de forma indiscutida, como mínimo toda la primera mitad del siglo XIX. Pero —y esto es lo que aquí interesa— tal supervivencia se mantuvo, si no en contra, sí relativamente al margen del mito nacional, que era, en aquellas décadas iniciales de la era contemporánea, monopolio de los liberales. Pues la idea de nación llevaba en germen una legitimación laica, autónoma, del Estado, cosa, en principio, poco grata a oídos eclesiásticos, como eran los de casi todos los ideólogos del conservadurismo hispano del momento. Sólo a medida que avanzó el siglo comenzaron a fundarse las elaboraciones doctrinales de los núcleos conservadores en los mitos nacionales. El objeto de este capítulo consiste precisamente en describir tal evolución, es decir, la forma en que esos círculos conservadores, que se definían más por su religiosidad que por su adhesión al Estado, se fueron haciendo nacionalistas. Para describirlo de una manera gráfica, no hay más que reparar en el hecho de que, en la guerra carlista de los años 1830, a las tropas isabelinas o liberales se les aplicaba el adjetivo de "nacionales", frente a sus enemigos carlistas, "absolutistas" o "apostólicos". Exactamente cien años después, en otra guerra civil no menos terrible, quienes se autocalificarían como "nacionales" serían los conservadores, los herederos del carlismo antiliberal. El cambio de adscripción de la referencia nacional entre esas dos guerras civiles sintetiza la evolución que intentaremos seguir en este capítulo[3]. Adelantemos desde ahora mismo que este proceso de nacionalización de la opinión conservadora se llevaría a cabo gracias a la fusión de la identidad española con el catolicismo; o, puestos a ser precisos, gracias a la fusión de una de las interpretaciones en conflicto sobre la identidad española: la que más adelante, ya en el siglo xx, habría de recibir, precisamente, el nombre de nacional-catolicismo. Dado que el catolicismo será una constante del conservadurismo español, desde su fase prenacional hasta su fase nacional-católica, y aun sabiendo que no todo el catolicismo era ni es necesariamente conservador, usaremos, a lo largo de este capítulo, casi como equivalentes "opinión conservadora" y "derecha católica".

Para describir con la debida complejidad el problema tal como se planteaba en el xix será inevitable remontarnos hacia atrás, con una introducción sobre sus antecedentes históricos que no por ser larga dejará de ser sumaria. Habrá que comenzar recordando la identificación entre el catolicismo y la monarquía hispánica en los tiempos de la Contrarreforma; un segundo apartado se dedicará a la depuración de minorías no católicas llevada a cabo en la sociedad ibérica durante los siglos xv y xvi, que dejó huella duradera en la forma de identificarse con la religiosidad dominante; y un tercero planteará, por último, el significado de la famosa "alianza entre el Altar y el Trono" a lo largo de los últimos siglos del Antiguo Régimen, una alianza nunca exenta de rivalidad entre el poder monárquico y la estructura político-burocrática de la Iglesia. Sólo entonces podremos atisbar la complejidad de los lazos que ligaban la identidad española y el catolicismo en los albores de la Edad Contemporánea. A partir de ese momento, dedicaremos las páginas centrales del capítulo a estudiar el papel de la apelación religiosa en las grandes movilizaciones políticas del siglo xix (la de 1808-1814 contra los franceses y las guerras carlistas, apartados cuarto y quinto); expondremos, en el sexto, el esquema mental del pensamiento contrarrevolucionario en esa fase que pudiéramos llamar prenacional; y analizaremos brevemente, en el séptimo, la oportunidad de construir una identidad nacional-católica al calor de la moda romántica. Los apartados octavo a décimo se dedicarán a la polémica de las "dos Españas" en las décadas centrales del siglo, describiendo los intentos liberales de recuperar el pasado multicultural de épocas anteriores y la contraofensiva neocatólica de los años cincuenta y sesenta. Terminaremos con el momento en que finalmente se produce el giro hacia esa identificación de España con el catolicismo: el periodo de la revolución de 1868, en que los conservadores comienzan a aferrarse a la nación como una de las instituciones fundamentales contra el peligro de disolución representado, a la vez, por el cantonalismo y por el internacionalismo proletario (apartado once), y la década de los ochenta (doce), en que la celebración de los centenarios de Calderón o Recaredo, con los que coincide la construcción de la obra fundamental de Menéndez Pelayo, marca la consagración del futuro nacional-catolicismo.

ESPAÑA, LUZ DE TRENTO

El segoviano Andrés Laguna, célebre médico que había tenido como pacientes al emperador Carlos V y al papa Julio III, veía a la Europa de mediados del siglo XVI en términos muy pesimistas: "toda llorosa, triste, pálida, truncada y mutilada en sus miembros, hundidos los ojos y como escondidos en una caverna, extremadamente macilenta y escuálida, cual las viejas que a mí suelen acudir tantas veces consumidas por la tuberculosis"[4]. El fenómeno nuevo, que más impresionaba a Laguna, era la fragmentación de la unidad cristiana. Una unidad que nunca había pasado de ser un ideal, pero que, como tal, había durado siglos; y aún se creía en él durante los primeros años del reinado de Carlos V. Al igual que tantos monarcas europeos que le habían precedido, el joven Carlos de Habsburgo siguió soñando con regir un imperio o *humanitas christiana* de carácter universal. Ese sueño iba a terminar en fiasco en vida del propio emperador y la Europa posreformista lo sustituiría por una realidad fragmentada, compuesta por un mosaico de monarquías, algunas duraderas y otras efímeras, en permanente competición; una competición lamentable, para Laguna y tantos otros de los que la vivieron, pero en la que historiadores recientes ven la clave de la futura superioridad europea sobre civilizaciones como la china o la musulmana, donde no había incentivos para aplicar los avances militares. Esas mismas necesidades militares de las monarquías obligaron a aumentar sus exigencias fiscales y a expandir unas burocracias que tendían, lógicamente, a trabajar en un idioma único, el más cercano a la corte, que acabó siendo considerado el *oficial*. Se fue produciendo así la unificación de unos ambientes lingüísticos, que habitualmente coincidían con los súbditos de las más estables de aquellas monarquías, mucho más extensos que los dominados por los anteriores dialectos o variantes de alcance comarcal o regional, pero sin la ambición paneuropea del latín medieval: unas "naciones", según término acuñado mucho tiempo antes[5].

La palabra *natio,* en efecto, era conocida en el latín medieval, e incluso en el antiguo, y se aplicaba a una comunidad o grupo de personas procedentes de una misma zona lingüística. Fue en el Renacimiento cuando comenzó a atribuirse a esos grupos diferentes cualidades psicológicas y morales. El antropólogo Benedict Anderson, en un libro merecidamente célebre, ha explicado el fenómeno a partir de ciertas innovaciones culturales, aparentemente desligadas entre sí, como la utilización de la imprenta y la Reforma protestante, que cambiaron la imagen que los europeos tenían de sí mismos. Es obvio que la imprenta aumentó el número de libros y folletos disponibles y abarató su precio, lo que multiplicó el público lector. Al dirigirse a lectores tan distintos de los destinatarios de los manuscritos medievales, cambió también el estilo de la escritura, convertida en un arma didáctico-informativa en los conflictos políticos. Surgió así la figura del libelista o publicista profesional, capaz de utilizar técnicas de persuasión emocional como la distorsión, exageración, manipulación, utilización de imágenes gráficas... Tanto las guerras de religión francesas como la de los Treinta Años, la revolución inglesa o la Fronda, fueron ya luchas propagandísticas, además de físicas, expresadas en enorme cantidad de hojas volanderas, panfletos y libros a favor de cada uno de los bandos, lo cual era nuevo respecto de los conflictos anteriores. Lutero, Guillermo de Orange o Cromwell fueron, por encima de cualquier otra cosa, magníficos panfletarios o propagandistas. Pero lo que más importa para nuestro tema es que la imprenta transformó también el tipo de información difundida. Como ha observado Anderson con especial agudeza, el invento de Gutenberg favoreció la extensión de los estereotipos. Y no sólo por permitir la llegada de imágenes y textos idénticos a grandes públicos, sino porque éstos se expresaban en una lengua que ni era ni pretendía ya ser universal, como el latín, pero que, para que las ediciones resultaran rentables, tampoco podía limitarse a uno de los dialectos hablados en los antiguos valles o comarcas que podían recorrerse a pie o a caballo, sino que tenía que abarcar un área lingüística amplia. Para colmo, desde que se estabilizó la situación religiosa tras las querellas luteranas según el principio *cuius regio, eius religio,* cada una de aquellas unidades político-culturales interpretaba de distinta forma el mensaje divino. Cada nación, no sólo tenía un carácter o forma de ser propio, sino que creía en verdades diferentes y, en definitiva, rendía culto a unos valores distintos. Fue entonces cuando el mundo europeo se dividió en comunidades imaginadas, según el término acuñado por Anderson. Europa, la vieja cristiandad, afianzaba de esta manera su fragmentación en las "naciones" modernas[6].

Faltaban aún, desde luego, ciertos requisitos para poder usar la palabra "nacionalismo" en toda su plenitud. Habría que esperar a que Rousseau y los fundadores de la teoría democrática inventaran la noción de "alma común", o voluntad general, distinta a la mera suma de voluntades individuales, lo que posibilitaba que ese conjunto se constituyera en sujeto de derechos políticos. Sería preciso, además, que Herder y los románticos alemanes de fines del XVIII o comienzos del XIX atribuyeran a estas "comunidades imaginarias" una continuidad histórica, una permanencia, a ser posible a partir de los orígenes mismos del mundo, derivados de la voluntad divina. Y habría de establecerse, como culminación del proceso, el principio de las nacionalidades, es decir, la exigencia de adecuación de cada unidad política a una de esas unidades previamente definidas en términos históricos, psicológicos y morales. Lo cual significaba legitimar el poder de una manera radicalmente distinta a como habían hecho las teocracias o los derechos divinos de los reyes: no ya de arriba abajo —de Dios a los gobernantes, ungidos por la Iglesia— sino de abajo arriba —del pueblo a los gobernantes, elegidos por aquél y representantes suyos—. Con todo, la creación de "comunidades imaginarias" gracias a la imprenta y las guerras de religión significó un jalón importante en la gestación de la visión del mundo como dividido en "naciones".

De esta nueva visión del mundo europeo deja constancia, por ejemplo, el *Elogio de la Locura* de Erasmo de Rotterdam. Para comprobar hasta qué punto estos estereotipos son arbitrarios y cambian con el paso del tiempo, baste recordar que Erasmo creía típicas de los ingleses la belleza, la música y la buena comida, y de los alemanes la inclinación por la magia y el esoterismo. La expresión más elaborada de estas creencias la ofreció, durante aquel mismo siglo XVI, el francés Jean Bodin, Juan Bodino en castellano, en su famosa obra *Los Seis Libros de la República,* donde estableció una teoría sobre el asunto que iba a ser tenida por científica durante varios siglos. Para Bodino, las diferencias psicológicas de cada pueblo se debían al clima: según él, los habitantes del norte actuaban de manera ardiente y enérgica como reacción natural ante el frío, y estaban por tanto muy dotados para la guerra, así como para el trabajo y las artes mecánicas; los del sur, en cambio —los españoles, por ejemplo—, eran menos activos por efecto del calor y se veían obligados a explotar su inteligencia, por lo que obraban de manera lenta y reflexiva, lo que les hacía maestros en los saberes contemplativos: las ciencias ocultas, la filosofía, la matemática, la religión. Al competir con los demás, cada grupo usaba de los recursos que le eran propios: "el pueblo del septentrión de la fuerza, el pueblo central de la justicia, el meridional de la religión". De nuevo, se constata la arbitrariedad de estos estereotipos, pues los españoles, para Bodino, al revés que para Erasmo, no eran guerreros —propio de los habitantes de países fríos—, sino religiosos. No hará falta añadir, aunque sea anecdótico, que los nacidos en las zonas centrales —los franceses, cómo no— representaban para Bodino la combinación más feliz de fuerza y astucia; maestros en "las ciencias políticas, las leyes, la jurisprudencia, la gracia en el discutir y bien hablar", sólo ellos eran capaces de fundar imperios grandes y florecientes en las armas, las leyes y el comercio[7].

Por mucho que la incipiente "opinión pública" comenzara a verlos de ese modo, no debe creerse que los problemas políticos de la Edad Moderna temprana respondieran a intereses —ni enfrentaran a comunidades— nacionales o prenacionales. Es cierto que con la imprenta y la Reforma protestante coincidió también el comienzo de los conflictos ideológicos y hemos mencionado a Lutero, Guillermo de Orange o Cromwell. Pero todos estos nombres se relacionan con guerras religiosas y revolucionarias de aquella época libradas en el interior de colectividades humanas que usaban o podían comprender un mismo idioma. Las otras, las guerras que hoy llamaríamos internacionales, no fueron protagonizadas por "naciones" ni por las comunidades étnicas o culturales que precedieron a las naciones. Dicho de otra manera: aunque la historiografía nacionalista de los siglos XIX y XX nos haya acostumbrado a ver las luchas de los siglos XVI a XVIII como protagonizadas por holandeses frente a españoles o franceses frente a ingleses, lo cierto es que se trató de conflictos dinásticos, entre Habsburgos, Borbones, Valois, Orange o Tudor, príncipes que usaban ejércitos multinacionales siempre que sus medios se lo permitían. Y en estas guerras dinásticas no volcaron sus esfuerzos los publicistas, es decir, no se buscó el apoyo de la embrionaria opinión pública. La propaganda se usó en los enfrentamientos internos, librados entre los partidarios de mantener las estructuras político-sociales heredadas, rígidamente jerárquicas, con una religiosidad oficial vinculada al papado y fielmente vigilada por los monarcas absolutos, y quienes creían conveniente establecer controles institucionales sobre el poder real y, si no tolerancia en materia religiosa, al menos independencia frente a Roma. Estas tensiones, desde luego, no se desataban entre un reino o país y otro sino dentro de cada uno de ellos. Eran guerras civiles, pues en todas las sociedades europeas había partidarios de las estructuras heredadas y partidarios de su reforma. Mas lo interesante es que los propagandistas encontraron un argumento extraordinariamente efectivo al presentarlas como enfrentamientos del conjunto social contra un enemigo extranjero —colectivo también— dotado de alguna especie de maldad innata, o al menos de ciertas tendencias psicológicas y éticas que lo convertían en incompatible con *nuestra forma de ser.*

En el reparto de papeles, a "España" le tocó el de potencia papista, absolutista, intransigentemente católica. Ya los cuidadosos informes de los embajadores venecianos al Consejo de los Diez, a comienzos del siglo XVI, describían a los españoles como un grupo humano caracterizado por virtudes, entre las que destacaban la perseverancia, el valor y la religiosidad, y defectos, como la arrogancia, la soberbia o la crueldad[8]. Aparecía ya, tan temprano, la religiosidad en un lugar prominente. Vimos cómo Bodino, medio siglo más tarde, ratificaba la inclinación española hacia lo religioso. Reinaba entonces Felipe II, y empezaba ya a ser opinión común entre los europeos informados que la manera de ser española llevaba consigo una versión intransigente del catolicismo romano. Enseguida veremos que ello no se debía a ninguna inclinación innata de aquel grupo humano hacia las "supersticiones papistas", sino que era el resultado de un duro enfrentamiento interno y de una situación internacional que favoreció el poder absoluto de la casa de Habsburgo. Porque la imprenta y la Reforma, los dos grandes fenómenos que estamos aceptando como impulsores del surgimiento de comunidades imaginarias prenacionales, coincidieron con la hegemonía europea de la rama hispana de los Habsburgo, alrededor de la cual sabemos que se articuló la identidad española emergente. Y esta casa reinante, bien fuera por sinceras convicciones religiosas o, más probablemente, por cálculos sobre sus intereses dinásticos, tomó a su cargo la defensa del catolicismo contra el protestantismo, e incluso convirtió esta defensa en el principal argumento legitimador de su poder.

No hay duda de que la identificación con la religión romana engarzaba también con una tradición medieval de los reinos cristianos del norte peninsular, que habían ido conformando una identidad colectiva en pugna con un "otro" no cristiano, proceso que había adquirido caracteres especialmente duros, según apuntamos también más arriba, desde aquel final del siglo XI en que se había importado el espíritu de cruzada. A raíz de la caída del último reino musulmán en la Península, los Trastámara Fernando e Isabel obtuvieron del papa el título honorífico de "Reyes Católicos". Aparentemente, sólo se trataba de rivalizar con el monarca francés, reconocido hasta entonces por el papado como *Sa Majesté Très Chrétienne*, el "más cristiano" de los reyes de la cristiandad. La pugna era, por tanto, por el liderazgo moral y político de Europa. Y Fernando e Isabel, como su sucesor Carlos de Habsburgo, siguieron siendo halagados por sus ideólogos, en términos todavía muy medievales, con el augurio de ser los destinados a unificar a la cristiandad y dirigirla hacia la conquista de Jerusalén, culminación de la historia humana. Pero el título mismo de Su Católica Majestad, y la actuación del emperador en la polémica luterana, comenzaron a colorear la identificación religiosa de la monarquía hispánica con un matiz nuevo, mucho más específico y definidor de la identidad de sus súbditos frente a los vecinos europeos, no menos cristianos que ellos pero dominados por otras casas dinásticas: la defensa de la Iglesia, del catolicismo, frente a la herejía. El propio Carlos V, tan despreocupado de joven por el significado teológico de la disputa luterana —aunque siempre lo estuviera por las perturbaciones que ésta podía producir en sus dominios—, terminó sus días aceptando esta misión como eje director de su poder: con palabras de Domínguez Ortiz, "sus veleidades juveniles de concordia e irenismo se transformaron en las terribles exigencias de fuego y sangre contra los rebeldes herejes que inspiraron no sólo sus últimos actos de gobierno sino las recomendaciones imperativas que dirigió a su hijo y sucesor Felipe"[9].

El hereje protestante, tanto o más que el turco, pasó entonces a ser el enemigo. Nuevos telones de acero se alzaron, esta vez por el norte. Como tantas otras de las naciones que se estaban construyendo a comienzos de la Edad Moderna, la española se identificó con la defensa de la *fe verdadera,* en este caso el catolicismo, lo que en cierto modo dotaba al español de una conciencia, similar a la judía, de *pueblo elegido.* Ciertamente, si atendemos a la producción artística e intelectual de los grandes creadores del llamado Siglo de Oro, hacia 1600 el catolicismo había sido asumido por todos como aspecto irrenunciable de la identidad colectiva. Como ha escrito Juan Linz, la España de la Contrarreforma ofreció "un ejemplo de vida intelectual caracterizado por la integración en la sociedad [...] y no por el conflicto"[10]. Y es cierto que no se encuentran, en efecto, discrepancias dignas de mención sobre este aspecto fundamental de la monarquía —y de lo español—, que es su unión consustancial con el catolicismo. Se distinguen, eso sí, grados de entusiasmo entre los diferentes autores. Lope de Vega, por ejemplo, fue uno de los más ardientes defensores de esta imagen oficial de un pueblo fundido con el monarca en la providencial misión de defender a la Iglesia. En *El cerco de Viena por Carlos V* —transcurrido ya un siglo desde los hechos que narra—, Lope llama al césar "emperador de España", expresión que es muy dudoso usara el propio monarca alguna vez, y pone en su boca esta improbable arenga a sus tropas:

¡Ea, soldados de España,
defendamos nuestra Iglesia!
¡Católicos españoles,
muramos todos por ella!
¡Viva la Fe! ¡Viva, amigos,
y los enemigos mueran!
¡Al arma contra el Gran Turco!
¡Guerra, aquí de España, guerra![11].

Calderón de la Barca, pocos años después, superaría el ardor de Lope. En *El gran teatro del mundo* presenta así a su personaje "España":

Yo soy España, en quien tiene su Metrópolis la Fe,
la Religión su eminente Solio Augusto, de quien es
base el tronco de mis Reyes...

Y en *El sitio de Breda,* la belicosidad antiherética de Calderón llega a hacerle poner en boca de un tal capitán Alonso versos terribles:

¡Oh, qué maldita canalla!
Muchos murieron quemados.
Y tanto gusto me daba
Verlos arder, que decía,
Atizándoles la llama:
Perros herejes, ministro
Soy de la Inquisición santa.

España fue "luz de Trento", según célebre expresión de Menéndez Pelayo que es difícil de rebatir. No sólo la monarquía hispánica de los Habsburgo se implicó a fondo en el combate contra el luteranismo, sino que los teólogos y canonistas de Salamanca o Alcalá trabajaron como nadie en la teorización de la réplica católica al luteranismo. Al finalizar el primer siglo de la Edad Moderna, propios y extraños vinculaban a los súbditos de los Habsburgo con la versión apostólico-romana del cristianismo. A los súbditos, y no sólo a la monarquía. El catolicismo encarnaba, no en tal o cual rey o casa dinástica, sino en "España". La Contrarreforma desempeñó, por tanto, en la monarquía española el papel moldeador de la identidad colectiva que en otros países corrió a cargo de la Reforma protestante.

La argumentación de Anderson requeriría, sin embargo, para que de la situación española surgiera una identidad similar a la protestante, que la Iglesia hubiera fomentado la lectura de la Biblia, y que hubiera aumentado, a partir de ahí, la producción editorial y el nivel de alfabetización de la población. No parece que ocurriera tal cosa en la monarquía católica, donde el clero hizo lo posible por mantener al pueblo al margen de los debates teológicos —incluyendo en el pueblo a las clases medias urbanas alfabetizadas— y de ningún modo emprendió, ni toleró, la intensa actividad panfletaria y propagandística del protestantismo. Pero el catolicismo contrarreformista poseía otros canales de difusión de ideas, que no requerían lectura, así como variados instrumentos para moldear conductas, creencias y actitudes: para empezar, el sermón semanal o las esporádicas campañas misionales o de purga herética, que constituían los medios de comunicación fundamentales para la población analfabeta; en segundo término, actos culturales, algunos de gran creatividad e interés, como las representaciones teatrales, por medio de las cuales los mensajes ideológicos contenidos en los autos sacramentales o comedias de Calderón o Lope llegaban al gran público; por último, otros medios disuasorios o discriminatorios, como el Tribunal del Santo Oficio, que no sólo controlaba la fe sino que perseguía a minorías étnicas y reprimía conductas desviadas, y los estatutos de limpieza de sangre; sobre estos últimos aspectos, de cariz menos amable, volveremos enseguida[12].

Al ser diferentes los canales de difusión, el tipo de identidad difundido por la Iglesia contrarreformista tuvo que ser distinto al fomentado por las Iglesias protestantes del norte. En vez del silencio y la contención de gestos propios del pietismo luterano, consecuencia de una visión interiorizada de la religión que se basaba en la comunicación directa con la divinidad y la responsabilidad personal del creyente, es sabido que el catolicismo fomentó el culto a objetos y lugares sagrados y la realización de actos y ceremonias públicas, a través de los cuales Dios se revelaba y desplegaba. Especial importancia tenían los sacramentos, actos externos, materiales, con consecuencias en el nivel espiritual, pues cambian el estado de gracia de los participantes. El catolicismo español se volcó como ninguno en estas conductas públicas y este culto a objetos materiales. Los objetos, naturalmente, eran imágenes santas por las que los cristianos sentían especial devoción; devoción colectiva, hay que subrayar, pues los santos, y hasta los cristos o las vírgenes, eran peculiares de cada región o ciudad, barrio u oficio; incluso cuando, reducidas a tamaño asequible, esas mismas imágenes se llevaban individualmente sobre el cuerpo o la ropa, como amuleto o protección, en forma de medallas, rosarios o escapularios, se hacía frecuentemente de forma también visible, es decir, pública. Pero más importante que el culto a objetos era la participación de los individuos en ceremonias que, sin duda alguna, eran colectivas y públicas: la misa dominical, para empezar, y los ritos de paso fundamentales de la vida humana, convertidos por la Iglesia en sacramentos, como el bautismo, el matrimonio o el entierro católico; en segundo lugar, pero con especial importancia en el catolicismo hispano, las procesiones, acto consistente en la ocupación de espacios, precisamente, públicos, por los que los fieles paseaban y exhibían —en fechas fijas del año, como la Semana Santa, pero también en momentos de excepcional necesidad de reafirmación de la comunidad, como sequías o epidemias— los símbolos religiosos de la comunidad. Llevar un escapulario, ir a misa, tomar los sacramentos y, sobre todo, formar parte de una cofradía, pasear sobre los propios hombros por las calles de la ciudad o aldea un suntuoso paso barroco, identificaba al participante como miembro de la comunidad.

No estamos hablando, por tanto, de una religión, sino de una cultura. Una cultura —por otra parte, no exclusiva de España, sino típica de toda la Europa católica— que, a diferencia de la protestante, no consistía en un conjunto de convicciones personales profundas, ni en una comprensión intelectual de un conjunto de dogmas o creencias; pero eso no impedía que generase una identidad colectiva de similar fuerza a aquélla. Para ser católico no era preciso —ni aun recomendable, pues se pisaban fácilmente terrenos pantanosos— leer y estar preparado para defender la interpretación dogmática ortodoxa; por el contrario, el catecismo trentino recomendaba, ante la menor cuestión dudosa, no devanarse los sesos y replicar "doctores tiene la Santa Madre Iglesia que os sabrán responder". Lo crucial de la definición católica, en la España de la Edad Moderna, era participar en actos que eran también los del vecino, mostrando así la sumisión pública e inequívoca a la autoridad y los dictámenes de la Iglesia romana como intérprete exclusiva del mensaje sagrado. De tan completo reconocimiento del papel de la institución eclesiástica como intérprete y administradora única de la verdad revelada se deducía, naturalmente, la aceptación de sus privilegios sociales. Que no eran pocos, pues nada era poco para "honrar a Dios", como decían sus representantes terrenos.

Puesto que de lo que se trataba era de conductas públicas y visibles que dejaran explícita la sumisión de los creyentes a la institución eclesiástica, el tipo de religiosidad que se creó fue ruidosa, festiva —incluso cuando rememoraba escenas de gran dramatismo—, de raigambre muy pagana, y en todo caso radicalmente diferente a la silenciosa comunicación con Dios del luterano. Ninguna relación con la Biblia y la imprenta, bases, según Anderson, de las identidades colectivas en el mundo protestante. Y, pese a todo, dio lugar a una identidad cuya intensidad y penetración social nada tienen que envidiar a las de aquéllas[13].

LA LIMPIEZA ÉTNICA,
UN ESFUERZO POR ACCEDER AL CENTRO

Vistas las cosas desde lejos, la identificación de lo español con el catolicismo parece tan arraigada e inconmovible como un accidente paisajístico, que siempre ha estado ahí y seguirá estándolo. No es, en absoluto, el caso. Lo ha demostrado la propia sociedad española, transformándose de forma espectacular en la segunda mitad del siglo XX. Pero no es preciso trasladarnos al presente. También en el pasado, sólo cien años antes de Felipe II, en la segunda mitad del siglo XV, la península Ibérica era un mosaico de culturas, al que la cristiana Europa miraba con incomprensión y recelo precisamente por su dudosa identidad.

Durante toda la Edad Media, habían convivido en Hispania cristianos y musulmanes, muchos más años en paz que en guerra, y los judíos habían aprovechado los intersticios de un territorio de frontera para alcanzar un grado de tolerancia desconocido en otras zonas de la Europa cristiana o del islam. Ni convivencia ni tolerancia querían decir, no obstante, ausencia de tensiones. Las persecuciones contra los judíos se conocían desde la era visigoda —a partir de Recaredo y el dominio clerical de los concilios de Toledo—, y se habían repetido en la zona musulmana en los años del fervor almorávide y almohade, periodo en el que muchos judíos se refugiaron en tierras cristianas. Pero en éstas se desarrolló igualmente, desde finales del siglo XIV, un nuevo espíritu perseguidor. Las matanzas, iniciadas en 1391 tras una virulenta campaña antisemítica de Ferrán Martínez, arcediano de Écija, continuaron en 1412, siguiendo la estela misional de fray Vicente Ferrer —más tarde elevado a los altares—, y culminaron en las décadas centrales del siglo XV en Toledo y otras ciudades de Castilla y Andalucía. A los *pogroms* se añadieron medidas discriminatorias aprobadas por las Cortes, como la obligación de llevar insignias especiales o la prohibición de portar armas, vestir tejidos finos y ocupar ciertos oficios públicos. El resultado de aquellas presiones fueron bautismos masivos entre la población judía; lo cual generó un nuevo problema: el de los "conversos" o marranos, alrededor de 200.000 o 250.000 al comenzar el reinado de los Reyes Católicos —un 4 o 5 por ciento de la población total—. Su conversión no consiguió que fueran mejor vistos por los "cristianos viejos". Cierto que, en muchos casos, la sinceridad de su fe era más que sospechosa —*marraban* la fe de Cristo—, pero en otros la autenticidad con que habían abrazado su nueva creencia estaba fuera de duda y no por eso eran mejor aceptados[14].

Las conversiones del siglo XV no evitaron, pues, que la Península siguiera siendo un territorio de una multiculturalidad chocante para los visitantes de allende los Pirineos, donde los musulmanes eran desconocidos y los judíos habían sido expulsados desde hacía siglos[15]. Los relatos de viajeros, embajadores o peregrinos, valoraban la civilización y religiosidad de los reinos peninsulares según los criterios típicos de la época, es decir, a partir de la feracidad de la tierra, los modales de los habitantes y la reliquias y edificios dedicados al culto que cada lugar poseía. Pero entre las "anormalidades" hispanas, ningún informante dejaba de consignar con escándalo la presencia de numerosos súbditos moros y judíos en reinos que pretendían ser cristianos. Gabriel Tetzel, un patricio de Núremberg que viajó por Castilla y Aragón en 1465-1467 entre el séquito del noble bohemio León de Rosmithal, describió el país como lleno de judíos y musulmanes; hasta en las costumbres y facciones de los súbditos cristianos se reflejaban, según él, rasgos orientales; al pasar por las tierras del conde de Haro se declaraba asustado, entre tanta gente "asesina y malvada", y observaba con asombro que el conde "deja a todos [moros y judíos] vivir en paz"; "dicen que el conde es cristiano", concluía, pero "no se sabe la religión que profesa". Veinte años más tarde, el noble germano-polaco Niklas Poplau, o Nicolás de Popielovo, anotaba que "por todo Aragón viven sarracenos, que nosotros los alemanes llamamos ratas", y se dolía explícitamente de la tolerancia regia, calificando a la propia reina Isabel de "protectora de judíos"[16].

Estos recelos foráneos ante la "impureza" de sus súbditos no pudieron dejar de influir sobre los Reyes Católicos cuando accedieron a la centralidad en la política europea. Presionados, además, por una opinión interior fuertemente antisemita, consideraron llegado el momento de liquidar la diversidad religiosa y racial. Perseguían con ello un doble objetivo: el más obvio, siempre destacado por los observadores, era reforzar la unidad del cuerpo social y evitar disidencias religiosas que se suponían peligrosas para la estabilidad de los reinos; pero había otro, de menor importancia sin duda pero que no debe menospreciarse, que era forzar la entrada en Europa, hacerse aceptables para el resto de la cristiandad. En 1478 obtuvieron Fernando e Isabel la autorización papal para establecer la Inquisición, cuyo objetivo era asegurar la pureza de la fe entre los conversos. Las primeras actuaciones del tribunal fueron muy duras: aunque las cifras de los "relajados" —eufemismo por condenados a morir en la hoguera— y penitenciados en general sigan siendo objeto de debate, lo seguro es que en tiempos de los tres primeros inquisidores —Torquemada, Deza y Cisneros— hubo más reos que en los restantes tres siglos de existencia del tribunal. Se trató de una actuación ejemplar, cuya finalidad no era sólo castigar a los culpables de cripto-judaísmo sino aterrorizar a los tentados por el retorno a su antigua religión; no de otro modo pueden entenderse las quemas de los fugitivos "en efigie", con las que se respondió al éxodo de conversos provocado por la persecución[17].

Como la Inquisición no extendía su jurisdicción a judíos y musulmanes declarados, los reyes decidieron actuar también contra éstos. El 31 de marzo de 1492, crecidos sin duda por su reciente éxito en Granada, decretaron la expulsión de todos los judíos de sus reinos. Los especialistas han debatido con calor el número de los afectados por esta medida, pero parece razonable suponer que alrededor de 150.000 personas abandonaron el país, mientras que la mitad de ese número optó por la conversión. Se creó así un vacío en áreas como la medicina, las finanzas, la administración real o ciertos oficios artesanales que la población cristiana fue incapaz de llenar. Cierto que la actividad de los conversos compensó, en parte, aquella fuga de cerebros y ayudó al gran florecimiento de las décadas siguientes. De familia conversa eran literatos como Fernando de Rojas, humanistas como Juan Luis Vives, y sobre todo místicos y reformadores religiosos como Luis de León, Ignacio de Loyola, Teresa de Jesús o Juan de Ávila, entre otros muchos. Conversos fueron también grandes administradores, como Santángel de la Caballería o Antonio Pérez, o médicos como aquel Andrés Laguna con quien comenzamos este apartado. Cristianos sinceros todos ellos, aunque otros hubo que solamente se convirtieron en apariencia. Lo importante era que unos y otros caían ahora bajo la jurisdicción del Santo Oficio, pues todos estaban, por ley, bautizados[18].

En cuanto a los musulmanes, un persistente desliz de las historias españolas se refiere habitualmente a la *toma* o *conquista* de Granada. Propiamente hablando, nunca hubo tal. Granada no fue conquistada, sino que pactó su rendición tras un largo asedio, condicionada a unas capitulaciones que garantizaban a sus habitantes la libre práctica de su lengua y religión y la continuidad de sus jueces tradicionales. Estas cláusulas fueron respetadas durante los primeros diez años, periodo en el que Hernando de Talavera, nombrado arzobispo de la nueva diócesis, intentó la conversión de los musulmanes por métodos pacíficos y respetuosos, al menos, de su lengua. Pero, ante la lentitud del proceso, y muerto el buen arzobispo, los reyes nombraron a Cisneros para aquel cargo, quien comenzó las presiones y los bautismos forzosos. Se produjeron en-

tonces las primeras sublevaciones en el Albaicín, duramente repri-
midas. Renegando de las promesas firmadas sólo diez años antes,
una pragmática real de 1502 obligó a los musulmanes a elegir entre
el bautismo y el exilio. Se acabó así con el problema musulmán,
como se había acabado antes con el judío. Pero se creó la minoría
morisca, como antes se había creado la conversa[19].

Viniendo del norte de Europa, donde tantos prejuicios había sobre los súbditos no cristianos de los reinos peninsulares, Carlos V
no fue más tolerante, sino menos, que los Reyes Católicos. Y en este
punto, curiosamente, coincidía con los sentimientos de esa misma
población castellana o valenciana que, por otras razones, se estaba
rebelando contra él. En 1520, los agermanados obligaron a los musulmanes del reino de Valencia a bautizarse bajo amenaza de muerte. Fue quizás lo único en lo que el emperador estuvo de acuerdo
con los rebeldes, pues ratificó la medida cinco años después, po-
niéndoles también, como a los granadinos en 1502, en la dramática
tesitura de tener que elegir entre la conversión y el exilio. A quienes
optaran por el bautismo, se les garantizó que quedarían a salvo de
investigaciones inquisitoriales durante cuarenta años, lo que parecía
una promesa de lenidad ante las conversiones fingidas. Pero el papa
Clemente VII se encargó de absolver al rey del cumplimiento de
aquel juramento y, al final de su reinado, la Inquisición actuaba sobre los moriscos con tanta libertad como sobre los judíos conversos.
En 1526, el año en que Carlos V se estableció en Granada con su corte erasmista y comenzó la edificación de su soberbio palacio circular,
de estilo italiano, dominando la Alhambra, decidió por primera vez
la aculturación radical: implantó la Inquisición en la ciudad y prohibió el uso de la lengua y las vestimentas árabes. Tan conflictivas fueron estas disposiciones que las autoridades hubieron de suspender
su ejecución. Cuarenta años después, su hijo Felipe volvería a poner-
las en vigor, lo que provocó la gran sublevación de las Alpujarras.
Esta vez se optó por el uso de la fuerza: dos ejércitos, uno de ellos al
mando de don Juan de Austria, se encargaron de exterminar o dis-
persar por toda España a los moriscos de la sierra granadina[20].

Las resistencias perdurarían aún, especialmente en el reino de
Valencia, donde se concentraba la mayoría de la población morisca,
hasta el final del siglo. Un final de siglo dominado por la amenaza

turca sobre el litoral mediterráneo, con el peligro añadido de que los moriscos pudieran servir de cabeza de puente para un desembarco otomano. Cobró entonces fuerza la idea de expulsarlos de la monarquía católica. En Valencia, donde constituían el 20 por ciento de la población y se temía que pudiera ser un duro golpe para la economía, el arzobispo replicó que, lejos de ser útiles, los moriscos eran "la esponja de la riqueza de España"; otros, desde Castilla, lanzaban advertencias contra la laboriosidad y fecundidad reproductiva de las familias trasladadas desde las Alpujarras, que acabaría por convertirlas en dueñas del reino. Finalmente, entre 1609 y 1614, Felipe III firmó los sucesivos decretos de expulsión. Entre 250.000 y 300.000 personas salieron de los distintos reinos peninsulares, hacia Tánger, Tetuán, Orán o Túnez[21]. Algunos, cristianos sinceros, se resistieron a la deportación forzosa y sufrieron voluntariamente la pena de muerte. "Lloramos a España —dice el morisco Ricote, en *Don Quijote*—, que en fin nacimos en ella y es nuestra patria natural". Pero otros autores, menos piadosos que Cervantes, elogiaron la expulsión de los moriscos, "enemigos caseros de la invicta y católica España", como "la empresa más honrosa, excelente y heroica que príncipe alguno del mundo ha intentado"; "volvió España a ser enteramente de aquellos que fueron hijos suyos y estos infieles volvieron a las tierras de África de donde salieron"[22]. La vieja Hispania se había limpiado, al fin, de las impurezas étnicas que la habían manchado en la Edad Media.

Sobre el papel, en efecto, habían desaparecido de la Península las minorías no católicas. Quedaban, eso sí, los conversos o cristianos nuevos de procedencia judía, bien filtrados tras siglo y cuarto de actuación inquisitorial, así como muchos de los moriscos, dispersos por los diversos reinos, que habían conseguido pasar desapercibidos. Ansiosos por borrar sus huellas y desconectados entre sí, unos y otros perdieron en pocas generaciones la memoria de la religión de sus antepasados. Mas en aquel momento no era ya la religión lo que importaba. La última fase de la limpieza fue, pura y simplemente, racial: se negó a los descendientes de las antiguas minorías la integración en cualquier puesto de mínima respetabilidad dentro de la sociedad cristiana. El instrumento para ello fue un instrumento jurídico nuevo, los Estatutos de limpieza de sangre, inventado en aquel siglo XV en que se había vetado el acceso de los conversos a ciertos oficios, órdenes religiosas, colegios mayores e incluso provincias enteras, como Guipúzcoa. Esto había generado en su día reparos de conciencia y debates acalorados. Hasta alguna intervención papal conciliadora se había producido, recordando que los conversos no eran ya judíos y que todos los cristianos, nuevos o viejos, merecían el mismo respeto. Pero siempre llegaba otro papa, Paulo III en este caso, que sancionaba aquellas medidas. La moda de los Estatutos se extendió durante el reinado de Carlos V, cuando los adoptaron los cabildos de Sevilla, Córdoba y Toledo, las universidades de Salamanca y Valladolid o la orden de los franciscanos. Los "estatutos" no castigaban, exactamente, a los cristianos nuevos; el mecanismo era más perverso aún, pues se invertía la carga de la prueba y obligaba a los solicitantes del acceso a un cargo o beneficio a demostrar su calidad de "cristianos viejos", con testimonios que se remontaban hasta cuatro y cinco generaciones de bautizados, el máximo que los archivos de la época podían proporcionar. Parecía imposible quitarse de encima un pasado familiar no cristiano. Como había descrito, con amargo humor, un poeta del siglo XV,

> ... Ollas de tocino asado
> torreznos a medio asar,
> oír misas y rezar,
> santiguar y persignar
> y nunca pude borrar
> este rastro de confeso[23].

En 1547 se produjo un fuerte enfrentamiento entre el arzobispo de Toledo, Martínez Siliceo, y la nueva y pujante Compañía de Jesús, que se resistía a implantar un Estatuto, aunque sólo fuera por la razón de que algunos de sus fundadores, como Loyola o Laínez, habían nacido en familias conversas. Los debates teóricos continuaron durante las décadas centrales del siglo, así como la indecisión del gobierno, que llevó a Felipe II a prohibir, por breve tiempo, la extensión de estas prácticas. No obstante, al final de su reinado los Estatutos se habían generalizado. Incluso la propia Compañía de Jesús se vio obligada a exigir "limpieza de sangre" a sus novicios, a la vez que rescribía las biografías de sus fundadores para eliminar toda referencia a su procedencia racial *impura*[24].

Hacia 1600, la integración de los descendientes de conversos y moriscos en la sociedad española era casi completa. La mayoría había perdido la memoria familiar. Casos había en que, tras amañar documentos, invertir en tierras y adoptar modos de vida nobiliarios, familias de cristianos nuevos habían alcanzado títulos, incluida la grandeza de España, y altos puestos eclesiásticos. Como destacó —en su día, con mayor insistencia que nadie— Américo Castro, muchos de los escritores del Siglo de Oro, aun aquellos que incluyen repetidas referencias despectivas a la sangre judía o morisca, eran de ascendencia conversa. Quién sabe cuántos españoles de hoy día, acaso algún acalorado defensor del orgullo racial y el nacional-catolicismo, no proceden también de aquellas familias[25].

A partir del reinado de Felipe IV, se suavizaron las pruebas exigidas para demostrar la calidad de "cristiano viejo" y se prohibieron los "libros verdes" o documentos genealógicos escritos para desacreditar a familias. El conde-duque llegó incluso a pensar, como medida para repoblar el reino, en revocar la expulsión de judíos decretada por los Reyes Católicos. Pero Olivares se vio atacado por la vieja aristocracia, como la aristocracia recibió las pullas del cardenal Mendoza, autor de *El tizón de la nobleza española,* donde les recordaba sus pasados enlaces matrimoniales con conversos acaudalados y cantaba, en cambio, al sano pueblo campesino, libre de contaminación[26]. El proceso llevaba a recelos interminables. Como todos los racismos, el hispano de la Edad Moderna tenía cada vez menos que ver con preocupaciones o fanatismos religiosos y más con simples luchas de poder, frecuentemente locales o familiares. Tampoco desempeñaba, contra lo que podría pensar una mente dada a plantear los problemas en términos de "progreso" y "reacción", una función necesariamente conservadora de las estructuras sociales. Por el contrario, racismo y populismo igualitario iban unidos, pues eran las casas nobles las que más se habían mezclado, a finales de la Edad Media, con las familias judías acaudaladas. Según demostraba *El tizón...,* todas las grandes casas nobiliarias (Alba, Infantado, Medinaceli, Oropesa, Osuna, Portocarrero), habían emparentado con conversos a lo largo de los siglos XIV y XV; a través de los Almirantes de Castilla, la propia familia real estaba *contaminada,* de acuerdo con los rígidos criterios de los Estatutos. Esto último era lo único que nadie se atrevía a mencionar en aquel momento.

La identificación de España con el catolicismo más intransigente terminó, pues, incorporándose de manera indeleble a la llamada *Leyenda Negra.* Había razones para ello, sin duda, pero a la vez no dejaba de ser leyenda, o distorsión de la realidad, ya que de ningún modo podían considerarse partidarios del absolutismo ni de la intransigencia católica todos los habitantes de la península Ibérica. Ni tal actitud era unánime ni, menos aún, podría nadie defender hoy que tuviera algo que ver con tendencias colectivas innatas. Por el contrario, a la vez que había habido minorías no cristianas, en los reinos peninsulares de alrededor de 1500 floreció un mundo cultural rico y diverso y un Renacimiento laico y sensual, con grupos de seguidores de Erasmo tan numerosos como en las sociedades más cultas de la cristiandad; se desarrollaron tendencias místicas, volcadas en un cristianismo interior muy cercano al luterano y partidarias de una reforma del clero regular que, de hecho, en buena medida se llevó a cabo a finales del siglo XV y explica algo del escaso arraigo posterior del protestantismo; y hubo, pese a todo, focos protestantes en Valladolid y Sevilla, como hubo núcleos iluministas[27]. Las estructuras económicas y políticas eran dinámicas y modernas, y surgieron expresiones críticas hacia la política de la monarquía absoluta que llegaron a movimientos de rebeldía, como las Comunidades de Castilla, sorprendentemente precoces para ritmos europeos. Si al final de este proceso se impusieron la monarquía absoluta, la Inquisición y los Estatutos de limpieza de sangre, fue el resultado de una pugna interna, que acabó en el triunfo de la monarquía absoluta de los Habsburgo y de las exigencias homogeneizadoras de los sectores más conservadores de la jerarquía católica. Estos sectores impusieron su versión de la comunidad imaginada basada en el catolicismo ortodoxo, lo que hizo necesario "depurar" a la sociedad de judíos, moriscos y protestantes. Es cierto que su presencia había generado problemas antes, pero éstos no fueron insuperables hasta el momento en que se inició la construcción del estereotipo de nación como entidad cultural homogénea. Sólo entonces se pensó que, aunque vivieran en España, no formaban parte de "España", según se definía esta comunidad en términos psicológicos y morales; y se hizo inevitable su eliminación.

En relación con el exterior, es importante observar cómo ese intento de homogeneización cultural en términos cristianos era también un esfuerzo por superar la excentricidad respecto de Europa. El proceso de depuración se había visto, en su origen, incitado y jaleado por el resto de la cristiandad. La expulsión decretada por los Reyes Católicos les valió las felicitaciones del pontífice y de los principales monarcas de la cristiandad. Jerónimo Müntzer, otro noble alemán viajero que escribió un relato de su paso por la Península a finales del siglo XV, consignaba con evidente satisfacción la demolición del barrio judío de Granada y alababa a los reyes por haber hecho morir a falsos conversos y cristianos renegados; les animaba a hacer lo propio con los sarracenos, aun reconociendo que eran excelentes súbditos. Poco después, en 1513, el embajador florentino y gran pensador político Francesco Guicciardini consignaba, ya en pasado, que al llegar los Reyes Católicos al trono "todo el reino estaba lleno de judíos y de herejes y la mayor parte de los pueblos estaban manchados con esta *infección"*[28]. Pero los recelos no se terminaron con la expulsión. A los soldados de Carlos V que saquearon Roma se les insultaba, según hizo notar hace años Sverker Arnoldsson, con el grito de "marranos". De Erasmo de Rotterdam sabemos que rechazó la invitación de Cisneros de visitar España; *"non placet Hispania",* había escrito en privado en alguna otra ocasión y, aunque desconocemos sus motivos, Marcel Bataillon supuso que se debía al secreto antisemitismo del príncipe de los humanistas; años atrás, en una carta en que recomendaba a un discípulo abandonar el estudio del Talmud y otras "boberías", había escrito: "en España apenas hay cristianos". A mediados del siglo XVI, el papa Paulo IV repetiría esta mala opinión de los españoles apoyándose en su sangre *manchada,* y todavía a comienzos del XVII el cardenal Richelieu seguiría diciendo que eran *des marranes, des faux catholiques, des basanés.* Algo así debían de pensar los rusos del siglo XVI, que sin haber visto nunca la Península llamaban a sus habitantes *Iverianin,* iberos, palabra que se confundía con *Evreianin,* hebreos. Alain Milhou ha escrito que "como si fuera un juego de espejos,

Europa veía en sus nuevos amos, los españoles, a unos cristianos nuevos, mientras que en la Península éstos eran objeto de suspicacia por parte de la mayoría de los cristianos viejos"[29].

La situación se complicó fatalmente al coincidir el proceso de depuración con el acceso de la monarquía católica a la hegemonía política europea. Los testimonios que salieron de los Pirineos sobre las brutalidades de la operación, sintetizados en la ominosa etiqueta "Inquisición española", sirvieron como argumento para construir una imagen sobre la sociedad hispánica basada en la intolerancia y la crueldad. Más tarde, a este espíritu fanático se le atribuiría el atraso del país, su incapacidad para acceder a la modernidad. Pero en el origen de tal intolerancia había habido un intento de forzar la llegada a la modernidad, en el peor sentido de esta palabra: de crear una sociedad homogénea, cristiana, blanca, aceptable para el resto de Europa. Para demostrar a la cristiandad que se formaba parte de ella, se había recurrido a una solución "moderna", que haría furor en el nacionalista siglo XX: homogeneizar culturalmente un país, eliminar por la fuerza a las minorías. Había sido uno de los primeros ejemplos de "limpieza étnica" en la Europa moderna. Como todos, produjo sufrimientos sin cuento y, en algún sentido, dio lugar a resultados opuestos a los deseados, pues dotó al estereotipo español de un tinte de brutalidad y primitivismo nada europeo.

Levemente distinto al problema de las minorías no cristianas fue el del protestantismo, pues no era un grupo étnico preexistente sino un fenómeno cultural relacionado con el nuevo ambiente cultural del Renacimiento. La preocupación que guió su solución fue, sin embargo, la misma: se vio en él, de nuevo, el peligro de disensión interior. Este convencimiento de que la *unidad de creencias* es necesaria para la estabilidad del cuerpo social es una obsesión que, pese al cambio radical de circunstancias, se mantendría viva y activa como mito político hasta, como mínimo, finales del siglo XIX. En la época a que nos estamos refiriendo ahora, el llamado Siglo de Oro, la inmensa mayoría de los intelectuales, incluidos algunos muy críticos con la censura ejercida por la Inquisición sobre la creatividad artística o el desarrollo científico, reconocían como algo profundamente positivo la unidad religiosa de que la monarquía española disfrutaba desde comienzos del siglo XVI. En cierto modo se comprende, pues las querellas religiosas habían sumido a muchos países del norte de los Pirineos —empezando por Francia, la poderosa vecina y rival— en una crisis grave y prolongada, que había sido un factor fundamental para ayudar a mantener la hegemonía de los Habsburgo españoles.

Las circunstancias, en resumen, acabaron formando entre los súbditos de la monarquía hispánica una identidad popular homogénea basada en el catolicismo de la Contrarreforma. Un sistema de valores en buena medida común se interiorizó por la mayoría de los miembros de aquella sociedad; y a partir de él se compartieron también los recelos xenófobos, por no decir odios viscerales, contra los herejes del norte de Europa, que se sumaron a la tradicional enemistad contra los musulmanes y a ese antisemitismo tan arraigado que ha llegado hasta hoy en términos como "judiada" o "marrano". A las muy diversas identidades geográficas, estamentales, familiares o profesionales, y al margen de las estrictamente políticas —de las que es tan difícil hablar en aquella época, sino en términos especulativos—, cualquiera de aquellas personas añadiría con toda certeza la de "cristiano" o, más bien, "católico"; puestos a concretar, "católico, apostólico y romano"; y si le daban la menor oportunidad de explayarse, "cristiano viejo", "limpio de sangre". Voces que emitiría, probablemente, con mucho mayor orgullo y también mayor ansiedad, mayor necesidad de aceptación, que cualquier otra referencia identificatoria.

No debemos abandonar el tema de la identidad religiosa sin añadir que en ella, a diferencia del terreno jurídico o del fiscal, no se aprecian privilegios ni diferencias forales entre los reinos y territorios —al menos, los peninsulares— de la monarquía hispánica. La Inquisición era una institución tan común a todos ellos como el trono mismo. Los navarros o aragoneses temían y detestaban al turco o al hereje tanto como los castellanos o portugueses. Los vascongados, en particular, se jactaban de ser los más españoles de España, precisamente por no tener mezcla de sangre mora ni judía, es decir, por no haberse visto obligados siquiera a llevar a cabo la operación de limpieza étnica que había filtrado el resto de la península. Según creencia que en el siglo XVIII expresó el padre Larramendi, en Guipúzcoa jamás habrían penetrado las falsas religiones: ni la idolatría de cartagineses y romanos, ni el arrianismo de los godos, ni el islam de los abderramanes; "desde el tiempo de la predicación del Evangelio de Jesucristo, Guipúzcoa aceptó y ha guardado siempre la religión católica, apostólica, romana [...] sin que haya habido ni un solo ejemplo de un guipuzcoano que haya apostasiado ni se haya convertido en hereje, musulmán o judío"[30].

El párrafo de Larramendi lleva a una última reflexión: no debe asimilarse de manera mecánica la operación de limpieza étnica española de la Edad Moderna temprana con el racismo contemporáneo. No hay línea directa de Torquemada a Hitler o Milosevic. Aquella eliminación de las minorías árabe-musulmana y hebrea arrancó de la vieja preocupación nobiliaria por la sangre, que se aplicó —y ésa fue la novedad— a toda la población. Todos los españoles quedaron, tras aquella operación, ennoblecidos, en un sentido simbólico. Un ejemplo precoz de aquella preocupación habían sido, precisamente, las provincias vascas, donde, por no haber existido mancha originaria, toda la población disfrutaba del status nobiliario. A la larga, no es preciso aclarar que este tipo de planteamientos engarzarían con el racismo en el sentido actual del término; éste fue, sin duda, uno de los orígenes del racismo sabiniano.

ALTAR Y TRONO,
UN MATRIMONIO DE CONVENIENCIA NO SIEMPRE BIEN AVENIDO

Es contradictorio, como señaló una vez Francisco Ayala, que el catolicismo, que significa universalismo, haya servido de base para identidades confinadas a ámbitos geográficos limitados[31]. Contradictorio, pero en absoluto excepcional, pues lo mismo que en España ocurrió —u ocurriría más tarde— en Irlanda, Polonia, Bélgica o Croacia. Territorios de frontera todos, como la península Ibérica, es decir, lugares donde el catolicismo distinguía a los miembros de una comunidad frente a sus vecinos protestantes, ortodoxos o musulmanes. No obstante, estos casos se diferencian de la monarquía hispánica en un aspecto crucial: han sido sociedades o unidades políticas relativamente modestas, que han aspirado a sobrevivir, pero no a convertirse en un imperio europeo o mundial. El caso español se asemeja más al sacro imperio medieval o, mejor aún —ya que aquel imperio no llegó a transformarse en un Estado-

330

nación contemporáneo—, a la monarquía francesa, la más poderosa, en definitiva, de la cristiandad a lo largo de varios siglos. La mera expresión "la monarquía más poderosa de la cristiandad" debería hacernos entender cuánto tenía de amenaza para la otra organización, política también, que encarna, por excelencia, la legitimidad del catolicismo: la Iglesia en sí misma, el papado, la curia romana. Es muy diferente la relación con el papado de unidades políticas pequeñas, que al declararse católicas buscan cobijarse bajo el ala protectora de Roma, y la de unidades tan potentes que pretenden usar la legitimación religiosa para dominar el mundo —el cristiano, al menos—. Eso significa que pretenden asumir el papel de "protectores" de la Iglesia, lo cual, como observó algún historiador eclesiástico del siglo pasado, está a un paso de creerse con derecho a establecer un "protectorado" sobre la Iglesia[32]. Lo que este historiador no apuntó es que el papado, por su parte, también ha tenido, en sus momentos de esplendor, aspiraciones a ejercer una especie de protectorado sobre los poderes políticos de la cristiandad, lo que hizo de él un peligro semejante para aquéllos. Incluso en épocas de menor fuerza, como fueron los siglos XVI a XVIII, seguía el papado oponiendo unos límites a la acción de los monarcas absolutos que éstos, por definición, consideraban intolerables. De ahí los conflictos entre Roma y las más poderosas cabezas coronadas de la cristiandad, desde el emperador Federico II en la Edad Media hasta Luis XIV en el siglo XVII. Este último, el del Rey Sol, es el mejor ejemplo, pues, pese a ser católico acérrimo e imponer en Francia la homogeneidad católica, dando a los hugonotes un trato parecido al usado antes por la monarquía hispánica con sus disidentes religiosos, mantuvo siempre unas difíciles relaciones con el papado y sus aspiraciones a intervenir en materias eclesiásticas llegaron a ser declaradas nada menos que heréticas, bajo el nombre de galicanismo. No muy distinto es lo que ocurrió con el regalismo de la católica monarquía hispánica en su momento de esplendor.

Pero antes de pasar a ese punto quizás sea bueno recordar que lo que llamamos "Iglesia española" fue, a lo largo de toda la Edad Moderna —y buena parte de la contemporánea—, una organización *sui generis*, con una doble vinculación, al participar, por un lado, del carácter universal del catolicismo, y constituir, por otro, una rama de la administración de la monarquía hispánica. Servía, para decirlo de manera gráfica, a dos señores: por un lado, se sometía a las directrices papales sin la menor vacilación en terrenos dogmáticos y litúrgicos; pero, por otro, en los aspectos principales de la vida diaria, dependía del monarca español, quien poseía, sobre todo, el derecho de "patronato" o designación de las personas que habían de ocupar los obispados y cualquier beneficio eclesiástico de alguna importancia. Este privilegio había sido obtenido del papa por los Reyes Católicos tras la conquista de Granada, aunque sólo para los puestos vacantes en el antiguo reino musulmán. Consiguieron hacerlo extensivo a todo el Nuevo Mundo cuando emprendieron su conquista y evangelización. Y sus sucesores, Carlos V al imponer a su protegido Adriano de Utrecht para la sede pontificia y Felipe II al aplicar las reformas decretadas en Trento, lograron que el patronato real sobre los cargos eclesiásticos se extendiera por fin a todos los reinos de la monarquía. No le bastó al Rey Prudente este control sobre el nombramiento de todos los cargos importantes de la Iglesia hispana, y decidió arrogarse también el derecho de conceder el "pase regio" o *regium exequatur* para las bulas y documentos pontificios que habían de publicarse en sus dominios, así como los "recursos de fuerza", que permitían a los tribunales civiles de la monarquía revisar las decisiones de los eclesiásticos.

A todo ello habría que añadir las presiones constantes para obligar a la Iglesia a aumentar su contribución económica a los formidables gastos de la corona. Es cierto que obispados y abadías detentaban la máxima riqueza en aquella sociedad, y que estaban exentos de impuestos estatales, pero, al obligárseles a desviar hacia el Estado una considerable parte de sus rentas, se les convertía en recaudadores indirectos para la administración civil. En más de un sentido, la Iglesia era, pues, una rama de la burocracia monárquica. Fue un caso de regalismo *avant la lettre,* y de ahí los gravísimos conflictos de los monarcas católicos con los diferentes vicarios de Cristo, a quienes en teoría defendían con más ardor que nadie; conflictos que llegaron a guerras abiertas con el papado, a la ejecución, por orden regia, de enviados papales y a otras tensiones tan fuertes que estuvieron a punto de terminar en la excomunión de tan católicos monarcas como Felipe II o Felipe IV[33].

La imbricación entre Iglesia y Estado no llevó, pues, a una unión tan íntima que pueda hacernos hablar de teocracia en la España imperial. Es cierto que, en el teatro clásico, quizás para hacer comprensible a nivel popular lo supremo de la autoridad regia, se presentaba al monarca de manera casi deificada. Lope de Vega fue especialmente tajante: "Son divinidad los reyes / el rey sólo es señor, después del cielo".

También Vélez de Guevara llegó a escribir que "el rey es Dios en la tierra". Y Moreto se refirió a la "deidad soberana" del rey[34]. Pero los principales teóricos políticos de la monarquía —eclesiásticos, por cierto— evitaron una legitimación puramente religiosa del poder, quién sabe si para que el papado no considerara al rey católico un delegado suyo y se arrogara el derecho a imponerle directrices a cambio de ungirle como sagrado. Los mismos juristas salmantinos del Siglo de Oro que dominaron Trento se negaron siempre a fundir las esferas política y religiosa e insistieron en el origen autónomo de la autoridad civil. Francisco Suárez, máximo teórico político de la escolástica española, lo expuso tajantemente: reconocía, por supuesto, que la autoridad, según había establecido san Pablo, tenía un origen divino; pero todo lo creado tiene un origen divino y, por otra parte, es lógico que sólo un ser superior puede establecer obligaciones morales de tanta gravedad. Sin embargo, el sujeto terrenal de la autoridad política era el pueblo, para Suárez un cuerpo moral y jurídico plenamente constituido; el pueblo, y no otro, habría determinado la forma y los poderes del gobierno, en una especie de contrato originario que le facultaba incluso para resistirse al poder si éste abusaba de sus facultades, violaba la ley moral o dejaba de servir a la comunidad que le había instituido. Explícitamente, en su *Defensio Fidei*, Suárez se enfrentó con la teoría del derecho divino de los reyes, defendida por Jacobo I de Inglaterra, que apoyaba en ella su pretensión de ser cabeza de la Iglesia de su país. Francisco de Vitoria, el otro gran filósofo político de la escuela salmantina, mantuvo doctrinas semejantes: el origen último del poder es, sin duda, divino, pero su fundamento inmediato es la ley natural; toda potestad, incluso la eclesiástica, es institución de derecho natural, y los poderes civil y eclesiástico, orientados como están a fines diferentes, no tienen una relación de subordinación entre sí; en especial, Vitoria niega que los príncipes terrenos puedan considerarse vicarios o delegados del papa, pues nadie ha otorgado a éste el dominio temporal sobre todo el universo. Es decir, que la monarquía hispánica de la era imperial se basó, sin duda, en una teoría política que justificaba el absolutismo, e incluso podría hablarse de alianza entre el Altar y el Trono, aunque no eran ésos los términos de la época; pero no había teologismo político; al revés, curiosamente, y como veremos enseguida, de lo que iba a ocurrir en el siglo XIX[35].

La tensa pugna entre monarquía y catolicismo, o entre Estado e Iglesia, saltó a la luz con gran virulencia en el siglo XVIII, momento de expansión de los Estados, en que las tendencias regalistas se generalizaron. En España, donde los últimos Habsburgo habían cedido mucho terreno ante los privilegios eclesiásticos, la nueva dinastía borbónica importó la mentalidad regalista de Luis XIV y consideró deprimente la situación en que se encontraba el poder real. Baste recordar que, sumadas las distintas ramas de la administración estatal —soldados permanentes incluidos—, la española no abarcaba más de 30.000 asalariados o dependientes. ¿Qué era eso comparado con la inmensa estructura eclesiástica, que mantenía directa o indirectamente a 150.000 o 200.000 personas? Felipe V y sus sucesores decidieron emprender la ofensiva, y lo hicieron en tres frentes. Dos de ellos, clásicos, en los que no hacían más que continuar y extremar la política intervencionista en materias eclesiásticas que se había seguido en tiempos de los Habsburgo mayores: por un lado, reforzar el patronato, el pase regio y los demás derechos regalistas, con objeto de debilitar al máximo los lazos que la Iglesia española aún mantenía con Roma y completar su sumisión al poder civil interno —terreno, por cierto, en el que obtuvieron un triunfo casi completo con el Concordato de 1753—; por otro, aumentar la presión, tanto sobre Roma como sobre la propia jerarquía española, para desviar hacia el erario público una parte de las rentas eclesiásticas mayor de la que ya se exigía —y también aquí lograron algunos avances—. Pero el tercer frente de ataque era nuevo: se trataba de intentar reducir el poder del clero, sobre todo en materias culturales, como el control de publicaciones, hasta entonces a cargo de la Inquisición, o el monopolio educativo; y ello condujo a medidas tan drásticas como la expulsión de los jesuitas[36]. Pese a repetidas acusaciones en este sentido, lo que ningún reformador ilustrado parece que pretendiera seriamente era disminuir los sentimientos o creencias religiosos de los súbditos de la monarquía hispánica, ni mucho menos introducir religiones alternativas al catolicismo; salvo casos aislados, como el conde de Aranda, no parece dudosa la sinceridad del catolicismo de los ministros e intelectuales reformistas de la era borbónica. Lo que sí les disgustaba, y estaban decididos a combatir, era el tipo de religiosidad dominante, que creían un obstáculo para el avance cultural de la sociedad. Esa creencia fue la que inspiró medidas tales como la prohibición de las comedias de santos en tiempos de Fernando VI o la de los autos sacramentales en los de Carlos III. La magnitud y complejidad de la Iglesia del momento, así como su imbricación con el Estado, explica que una parte importante del propio clero —las altas jerarquías, en general, que tendían a ser también los sectores más ilustrados— colaborara en esta política, que muy bien podía calificarse de anticlerical; la buena recepción de la expulsión de los jesuitas por parte de importantes sectores eclesiásticos es el ejemplo más revelador de esta complejidad interna de la institución.

Pese a estas actitudes colaboracionistas, hubo otros sectores de la Iglesia —probablemente mayoritarios, sobre todo entre el bajo clero— que nunca perdonaron a los reformistas ilustrados. El absolutismo no permitió que se expresaran críticas directas a las directrices regias, aunque el rencor contra los Borbones se expresaría más adelante, como veremos en los historiadores católicos de la segunda mitad del XIX. Lo que sí surgió en el propio siglo ilustrado fueron durísimas alegaciones contra los "filósofos" y los "jansenistas", es decir, los intelectuales y ministros partidarios de afianzar el poder real en áreas eclesiásticas. *La falsa filosofía,* de fray Fernando de Ceballos; *El Filoteo,* del padre Antonio José Rodríguez; los *Desengaños filosóficos,* de Fernández de Valcarce; las obras de Antonio X. Pérez y López, Antonio Vila y Camps, o Clemente Peñalosa y Zúñiga, entre tantos otros, expresaron su enfrentamiento con las reformas regalistas e ilustradas, justamente a partir del catolicismo monolítico que se suponía caracterizaba a España[37].

En estos núcleos, sobre todo eclesiásticos, que expresaron su oposición a las reformas borbónicas, fue donde se desarrolló el embrión del conservadurismo español de la era contemporánea. La primera e instintiva línea de defensa frente a tales reformas consistió en tildarlas de heréticas. Con cierto éxito, ya que hasta algunos de los ministros y más altos cargos de la monarquía, como Macanaz u Olavide, hubieron de sufrir las consecuencias de intentar llevar a cabo aquel proyecto político y vieron terminar su carrera con un proceso inquisitorial. La herejía de la que se les acusó, en definitiva, era el viejo galicanismo, aunque en España tomara el nombre de jansenismo, variante de origen no menos francés y, en el fondo, igualmente ajena a disputas dogmáticas[38]. Pero, salvo estos casos aislados, la Inquisición del siglo XVIII no era ya el arma temible que había sido en tiempos y, además, su autonomía respecto de la política regia era escasa, dado que sus máximos responsables eran nombrados directamente por el rey. De ahí que quienes se oponían a las reformas ilustradas hubieran de buscar una segunda línea de defensa, de mayor interés para nuestro tema, que consistió en acusarlas de "afrancesadas", según el término de la época, es decir, de *extranjerizantes*. Fue entonces cuando el sector antirregalista y antiilustrado de la Iglesia comenzó a presentarse como identificado con la "tradición española" y hasta ahí —y no hasta la era de los Habsburgo— hay que remontarse para buscar los orígenes del futuro nacional-catolicismo. Aunque, como veremos enseguida, no dio lugar a él de manera inmediata.

El fraile jerónimo Fernando de Ceballos es quizás el mejor representante de aquellos sectores eclesiásticos que se opusieron a la política ilustrada. Su más célebre obra atacaba la "falsa filosofía", o racionalismo ilustrado, que para él no era sino una expresión más de la eterna rebelión humana contra el orden divino, comenzada con Caín y representada en los siglos modernos por Lutero. Según Ceballos, como toda sociedad se fundamentaba en la represión de los instintos humanos, pervertidos tras la caída de la primera pareja, y esta represión era justamente lo que los ilustrados querían eliminar, estos filósofos eran enemigos del orden social, cualquiera que éste fuese. Mas si Ceballos detestaba la rebelión, no por eso defendía el poder monárquico ilimitado; por el contrario, se declaraba antiabsolutista, pues todo monarca absoluto tendía al regalismo y lo que debía ser defendido, por encima de cualquier otra cosa, eran los privilegios de la Iglesia católica. De ahí que tan formidable reaccionario como él se pronunciara en favor del derecho de resistencia contra la autoridad civil cuando ésta se excedía en sus atribuciones. Conectaba así Ceballos con una línea clásica del pensamiento político eclesiástico del XVI, que había llevado al jesuita Juan de Mariana —que en nada se parecía al antiilustrado Ceballos— a defender nada menos que el tiranicidio. Una prueba más, entre paréntesis, de que las relaciones entre Iglesia y Estado nunca habían sido tan fraternales[39].

El paso siguiente correspondió a Lorenzo Hervás y Panduro, erudito jesuita emigrado a Italia en tiempos de Carlos III. Su obra data de 1794, lo que quiere decir que Francia llevaba ya cinco años de vendaval revolucionario y que las ideas de Ceballos necesitaban ser actualizadas. El peligro inmediato no era el regalismo, sino la revolución, que había despojado a la Iglesia de bienes y privilegios en una medida nunca soñada por rey alguno. Al igual que la filosofía moderna para Ceballos, la revolución se explicaba para Hervás en términos de rebelión moral, inspirada por la soberbia, y sus orígenes se remontaban, por supuesto, a Caín, Lutero y la filosofía racionalista, aunque sus autores inmediatos fuesen los jansenistas, regalistas, filósofos y protestantes. Al mundo revolucionario, y sus demoníacos postulados de libertad, igualdad y soberanía nacional, contraponía Hervás una concepción de la sociedad como organismo natural, del mismo orden que la familia, con el poder político equiparable en todo a la autoridad paterna. Era la vieja idea del *ius generationis* expuesta por Jacobo I de Inglaterra, Robert Filmer y los teólogos políticos más conservadores del anglicanismo en tiempos de los Estuardo, y explícitamente rebatida por Suárez y la escolástica española del Siglo de Oro, que había cobrado nueva vida en tiempos de Luis XIV gracias a Bossuet. De ella deducía el padre Hervás la imposibilidad de aceptar la idea de patria como unidad moral de la que emanaran derechos y deberes políticos, así como la ilegitimidad de la representación política nacional unitaria, que nunca podría sustituir a la representación fragmentada de los intereses corporativos. A diferencia del jerónimo Ceballos, para el jesuita Hervás el depositario de la soberanía, o de la *razón* social, era únicamente el monarca. "En la sociedad civil", escribía contundentemente, "los miembros defienden la Patria defendiendo al Soberano que la da cuerpo"[40].

La preocupación de Ceballos y de Hervás era la misma: la defensa de los derechos de Dios, es decir, de la Iglesia. Pero el primero, que escribía antes de la Revolución Francesa —es decir, cuando aún no se había lanzado al mercado la idea moderna de nación—, sólo concebía como enemigo de esos derechos al regalismo, aliado, eso sí, con la filosofía moderna. El segundo, en cambio, había visto alzarse al nuevo enemigo, la nación —hija de la filosofía moderna y, a la vez, del regalismo—, y no encontraba mejor garante de los derechos de la Iglesia que el monarca. Lo mismo habrían de hacer los absolutistas en las Cortes de Cádiz, pocos años después. Y ésta fue probablemente la razón por la cual la ultrarreaccionaria obra de Hervás fue prohibida... nada menos que por la Inquisición. Porque la Inquisición, como sabemos, era una institución semiestatal y aunque en la batalla sobre los derechos del Estado y la Iglesia se pronunciara en general en favor de la Iglesia, también podía ocurrir que interviniese en favor de la construcción del nuevo tipo de legitimidad nacional. El dictamen desfavorable sobre el libro de Hervás fue redactado por Joaquín Lorenzo Villanueva, canónigo ilustrado y futuro diputado liberal de Cádiz, y el obispo Félix Amat, otro ilustrado, prohibió su publicación. Quienes vetaron la obra de Hervás no trataban, obviamente, de defender a la revolución, sino de defender al Estado —Amat, dice Menéndez Pelayo, "tenía más de galicano que de liberal"—. Así como Hervás, al enfrentarse tan radicalmente con la revolución, no pretendía defender al Estado, sino a la Iglesia de Dios. Un conflicto entre la monarquía española y la Iglesia de Roma se convirtió, así, en un enfrentamiento interno del clero español, mostrando su alma dividida entre la lealtad a la Iglesia universal y la lealtad al Estado español, del que eran rama administrativa[41].

La conexión definitiva de esta retórica antirregalista y antiilustrada con la defensa de la tradición española se iba a hacer en los años 1793-1795, con ocasión de la Guerra contra la Convención, aquella cruzada conjunta de los monarcas europeos contra la Revolución Francesa que terminó en fiasco. Fue entonces cuando se pudo hablar, por primera vez, de una guerra "de opinión", radicalmente diferente de los conflictos dinásticos conocidos hasta el momento. ¿Y quién había de encargarse de inflamar a la "opinión" en España sino el clero, único sector capaz de escribir y predicar exhortaciones morales y proclamas políticas que llegaran a grandes públicos? Según anotó en 1794 el cónsul francés de Barcelona, dando testimonio así del papel movilizador que se repetiría en 1808, "los monjes y los sacerdotes animaban al pueblo". Y esos clérigos de bajo rango no actuaban de manera espontánea, sino siguiendo consignas de la superioridad: en la misma Barcelona, por ejemplo, el obispo ordenó a sus párrocos que dijeran en las iglesias "las letanías con preces para el tiempo de guerra contra herejes"; y el obispo de Valencia sentó la doctrina de que se trataba de una "guerra de religión, guerra santa, justísima", a la que se debía llamar con propiedad "guerra de Dios, porque es contra ateístas que niegan su Divina Majestad". ¿Había algo de extraño en que los clérigos atribuyeran al espíritu de rebeldía, encarnado en el pasado reciente por los filósofos racionalistas, la paternidad de las revoluciones? Fue en aquella guerra contra el francés revolucionario y ateo cuando surgió la consigna política de "Dios, patria, rey", que tanto se oiría cuarenta años después, con el carlismo[42].

La campaña de 1793-1795 logró un considerable éxito. Aunque el ejército convencional español fuera derrotado y en definitiva se perdiera la guerra, la población, movilizada eficazmente por los frailes, resistió encarnizadamente a los invasores franceses, especialmente en Cataluña. La retórica basada en la identificación de la patria con la religión, mecanismo clave del futuro nacional-catolicismo, comenzó, pues, su andadura con relativo buen pie. Como siempre había hecho la Iglesia en situaciones de sufrimiento colectivo, se atribuyeron los males de la guerra a la irritación divina con los pecados colectivos, pero ahora esos pecados consistían en el uso de prendas y adornos "afrancesados". So capa de exaltación de "lo español", los predicadores que atizaban el ardor bélico aprovecharon para condenar los pecaminosos lujos, modas y malos ejemplos "extranjeros". Y las autoridades se lo tomaron tan en serio que llegaron a publicar bandos prohibiendo el uso de pantalones, moños en los zapatos y pañuelos o corbatas al cuello, todo ello en favor del calzón corto y otras prendas tradicionales. La reprimenda moral se mezcló, así, con la defensa de las tradiciones y el cultivo de la xenofobia. Porque, al igual que en 1808, en 1793-1795 abundaron los casos de malos tratos a franceses que vivían en ciudades españolas, tan indiscriminados que incluso recayeron sobre los propios emigrados que habían cruzado los Pirineos huyendo de la Revolución[43].

El folleto de máxima difusión durante aquella guerra fue *El soldado católico en guerra de religión*, escrito por el popular predicador fray Diego José de Cádiz. Aparentemente, se trataba de un escrito patriótico, pues el padre Cádiz denostaba en él, en el tono conocido, el "afrancesamiento de las costumbres", que para él abarcaba desde el gusto por las comedias hasta las nuevas doctrinas económicas. No obstante, leyendo bien su folleto se aprecia que lo defendido por el fraile no era "España", ni mucho menos la monarquía, sino la religión. Para empezar, el propio título subrayaba el aspecto religioso de la contienda: el soldado *católico* en guerra *de religión*. Con similar despilfarro de medios retóricos se repetían las referencias a la religión, la Iglesia, el catolicismo o la verdadera fe, hasta una o dos veces por página a lo largo de las ciento y pico del folleto. La patria o España, en cambio, no aparecen mencionadas sino en un par de ocasiones en todo el texto. No era una guerra de España contra Francia, si hemos de creer al padre Cádiz, sino de los creyentes católicos contra la revolución; esa revolución traída por los filósofos materialistas y que tenía su precedente en la rebeldía luterana, pues ambas, como había explicado Ceballos, expresaban el eterno deseo pecaminoso de liberar la animalidad humana del yugo de la ley divina. La guerra contra los franceses, concluía fray Diego de Cádiz, era una guerra en favor de la religión, una guerra santa, una cruzada, en la que se enfrentaban Cristo y Lucifer, encarnados respectivamente por la Iglesia y los filósofos modernos[44].

Se revela así la carga antimoderna de la retórica política que tanto iba a usar el conservadurismo español extremo en las décadas siguientes: la guerra en marcha no era específicamente nacional, sino universal; es decir, no se trataba de defender a España contra la anti-España, contra los enemigos de la nación, cualquiera que fuera el disfraz que éstos adoptaran, sino de defender a la Iglesia católica, al cristianismo, a la verdadera religión, contra los zarpazos de Satanás, encarnados en los últimos siglos en el racionalismo y tantos otros inventos de la modernidad. Esta orientación antirrevolucionaria, pero a la vez no específicamente nacional, es justamente la que iba a caracterizar aquella primera identificación de la españolidad con el catolicismo más ortodoxo al comenzar las revoluciones liberales.

Con ello podemos dar por concluida la indagación sobre las raíces de esta identificación entre españolismo y catolicismo que tanto éxito iba a tener en la guerra antinapoleónica. Es de esperar que estos antecedentes ayuden a entender la complejidad de la situación de 1808. La arraigada creencia de que la unidad religiosa era la base de la estabilidad social explica, por ejemplo, las referencias, no al catolicismo, sino a la unidad católica; pues no bastaba con ser católicos, sino que era preciso asegurarse de que no habría tolerancia con ningún disidente. La íntima conexión entre la Iglesia y el Estado, la existencia de sectores ilustrados entre las jerarquías eclesiásticas y la dependencia de éstas respecto del monarca, revela también las razones por las que buena parte de los obispos, pese a toda la retórica antifrancesa, estuvieran entre los *afrancesados* de Bayona y juraran lealtad a José Bonaparte. Nos hace comprender que hubiera también una parte —minoritaria, pero significativa— de los que se sumaron a la resistencia contra Bonaparte y fueron a las Cortes de Cádiz que figuraron entre los liberales de aquella reunión; mientras que la inmensa mayoría del bajo clero y los sectores más conservadores de las altas jerarquías eclesiásticas —que odiaban el regalismo, y lo atribuían a la influencia francesa sobre la corte— levantaron, por el contrario, la bandera del españolismo, que para ellos significaba catolicismo pero también francofobia y contrarrevolución. Con lo cual cobra sentido también la presentación del soldado francés como odioso, no tanto por ser extranjero, sino por encarnar las luces y el ateísmo revolucionario, por ser un "jacobino", cuyo fin último era atentar contra la verdad católica y los derechos de la Iglesia.

CAPÍTULO VII

LA PESADILLA FERNANDINA

INVASIONES FRANCESAS Y ABSOLUTISMO PERTINAZ

Llegó, pues, 1808 y los predicadores no tuvieron que devanarse los sesos para nutrir ideológicamente la campaña propagandística contra los franceses. Ese esfuerzo, como sabemos, lo habían realizado en las décadas anteriores, especialmente durante la guerra de 1793-1795 contra la Convención. Aquella campaña se había llevado a cabo bajo la suprema dirección de Manuel Godoy, recién ascendido por entonces a las máximas responsabilidades políticas. Quince años más tarde, la carrera de Godoy se hallaba a punto de terminar y en el ínterin había dirigido los rumbos del país en una dirección muy diferente a la deseada por los sectores antiilustrados a los que había recurrido en aquella primera guerra. Muy al contrario, en términos generales el valido hizo suyo el programa ilustrado del reinado anterior. Es muy conocida su enemistad con personalidades aisladas, como Jovellanos, pero ésta es típica de situaciones de poder personal omnímodo, y los casos de Moratín o Meléndez Valdés prueban, en cambio, su buena relación con las élites modernizadoras. La mala imagen posterior del valido no provino tanto de los ambientes intelectuales como de los eclesiásticos, con los que se enfrentó, en la mejor tradición del regalismo borbónico. Especialmente intolerables consideró el clero sus medidas desamortizadoras, que significaron la venta de bienes eclesiásticos y paraeclesiásticos, hasta alcanzar entre un 10 y un 15 por ciento, según las regiones, es decir, alrededor de una séptima parte de las propiedades agrarias de la Iglesia. Hay que insistir en que, dada la complejidad de la institución eclesial, sus lazos con el Estado y la existencia de sectores ilustrados dentro de ella, especialmente en sus esferas superiores, no todo el clero se opuso a esta política —que, por otra parte, no hacía sino seguir una línea conocida desde tiempos de Felipe II—; pero es comprensible que a la mayoría de los eclesiásticos les produjera indignación el despojo[45]. Y si a la animosidad de este sector se añade la de la aristocracia, que nunca había visto en Godoy más que un arribista, y a ambas se suma la del príncipe de Asturias, como ocurrió con el futuro Fernando VII a partir, más o menos, del momento en que se casó, se comprenderá que la caída del Príncipe de la Paz era inevitable. Para colmo, sus complicados equilibrios diplomáticos le llevaron a aliarse con aquellos revolucionarios franceses a los que al principio había declarado la guerra, y en el invierno de 1807-1808 dejó entrar en España a las tropas de Napoleón. Para excitar el odio contra los imperiales, el partido antigodoísta, o "fernandino", y en especial el clero, resucitaron las prédicas que el propio Godoy había alentado quince años antes.

La propaganda de 1808-1814 se basó, por tanto, en la identificación de español con "católico" y de francés con "ateo" y "sacrílego". Aquella contienda, según observó Javier Herrero hace años, se convirtió así en otra guerra santa más, otra "cruzada religiosa". La "Carta de un prelado a los curas", publicada en el *Diario de Santiago* en junio de 1808, lo exponía con claridad meridiana: "No nos hallamos en una guerra de las comunes, en que sólo se disputa un derecho, un honor, un interés fantástico y mundano; trátase ahora de la sacrosanta religión de nuestros padres, de nuestra libertad individual, de todos nuestros bienes presentes y futuros, de nuestras leyes y costumbres, del más amable de los reyes, del honor y aun del mismo nombre de español. En tal conflicto es preciso que al fervor incesante de vuestras oraciones acompañéis vuestra predicación y persuasión más eficaz en los púlpitos y confesionarios, en los templos, en las plazas, en las casas y en todas partes, en común y en particular, para inflamar a vuestros feligreses a que tomen las armas en esta santa guerra religiosa"[46].

Aparece en embrión, en la campaña de 1808-1814, lo que un siglo y cuarto después pasaría a ser uno de los clichés falangistas más manoseados: el "destino en lo universal". Pues si España libraba cruzadas no era por azar, sino porque estaba predestinada por la Providencia para cumplir una misión privilegiada: la extensión del catolicismo por el mundo. Nadie disputaba a Roma la cualidad de centro doctrinal de la cristiandad, de cátedra infalible encargada de definir el dogma y denunciar los errores heréticos. Pero España tenía reservado el lugar preeminente en "la extensión y propagación de la fe y conocimiento del verdadero Dios", esto es, en el esfuerzo misionero y en la erradicación implacable de las doctrinas perversas; el propio Jesucristo eligió a esta nación como "el emporio, el alcázar, el baluarte [...] para propagarla [la religión] y reprimir a sus enemigos"[47].

De haber seguido esta línea los sectores antiilustrados —o antiliberales a partir del momento gaditano— se habrían podido sumar al ambiente nacionalista que con tanto vigor se apoderaba del mundo europeo por aquel entonces. Todo lo que tendrían que haber hecho era explotar la idea de que ellos eran los "verdaderos españoles", ya que España se identificaba con el catolicismo tradicional. Una construcción de la identidad colectiva en tales términos les hubiera permitido expulsar fuera de la *comunidad imaginaria* a esos liberales que encarnaban, para ellos, la amenaza racionalista contra el catolicismo. Desaprovecharon, sin embargo, la ocasión. Y, al insistir tanto en la defensa de la religión, dejaron la nación en manos de los liberales.

Una muestra del clima en que se desarrolló la campaña antinapoleónica fue el folleto *Despertador Cristiano-Político*, del presbítero murciano fray Simón López, publicado en Valencia en 1809, obra cuya influencia podría compararse a la del *Soldado católico* del padre Cádiz en la contienda antifrancesa de quince años antes. Su subtítulo es muy elocuente: "Se manifiesta que los autores del trastorno universal de la Iglesia y de la monarquía son los filósofos Franc-Masones: se descubren las artes diabólicas de que se valen y se apuntan los medios de atajar sus progresos". Para el autor —diputado *servil* en Cádiz y premiado luego por Fernando VII con el arzobispado de Valencia—, la conducta de los franceses era "sacrílega, pérfida, sanguinaria, inhumana, irreligiosa" y Napoleón era la encarnación moderna del Anticristo, "el Leopardo del Apocalipsis", "una de las siete cabezas de la Bestia". Sus seguidores eran "los filósofos de nuestro tiempo", la "coaligación de los impíos, incrédulos, deístas, ateístas, herejes, apóstatas de la Francia y de la Europa toda", a cuya cabeza están "los Franc-Masones, o Liberi-Muratori, Asiáticos, Egipcianos". En Francia, por medio de Napoleón, han conseguido arruinar el Trono y el Altar e instalar el deísmo, y esto es lo que intentan extender ahora a toda Europa, aunque "encuentran insuperables obstáculos en el Clero, Monarcas y Nobleza", y en "todos los Gobiernos", que se han puesto sobre las armas[48]. Obsérvese que el buen presbítero no habla de fuerzas específicamente españolas como opuestas a la revolución impía, sino de fuerzas europeas generales. Si alguna peculiaridad tiene el caso español es que, aunque los pérfidos tuvieron fácil entrada en el país al encontrarlo regido por uno de los suyos —un privado "ambicioso, lujurioso, irreligioso, ignorante, ruin, ganado por el gobierno francés y satélite de Napoleón"—, hasta el momento ha evitado correr la suerte de otros Estados de Europa "gracias a la providencia amorosa de nuestro Dios, gracias a la unidad de la santa religión católica, que profesamos con exclusión de todas las falsas sectas, a la cual debe sin duda nuestro rey y nuestro reino su conservación y su independencia; gracias a la Santa Inquisición, que ha velado para impedir el libre comercio y lectura de tantos libros y folletos seductores como en estos últimos tiempos han difundido los filósofos". En resumen, la lucha es de los justos o creyentes contra la conjura de los filósofos materialistas y no tiene, por tanto, carácter nacional, sino universal. Es cierto que "todas las naciones tienen ahora vueltos los ojos hacia España", que está destacándose por su encarnizada resistencia a la invasión de la marea maligna, pero tanta tenacidad sólo se debe a su unidad católica; como ellos insisten, "con exclusión de todas las falsas sectas"[49].

Aparentemente, este planteamiento de la lucha contra los franceses a partir de la identidad católica de España era común a todos los combatientes y dirigentes antinapoleónicos. Los liberales gaditanos, por mucho que sus enemigos dudaran más tarde de su catolicismo, eran también, en general, creyentes y no albergaban la menor intención de socavar la unidad católica de la sociedad española. Baste recordar que el sacerdote y diputado liberal Joaquín Lorenzo Villanueva, luego perseguido por Fernando VII y muerto en el exilio inglés, propuso comenzar las sesiones con el himno *Veni Creator* y con una invocación al Espíritu Santo. Prueba más irrebatible aún de sus intenciones fue el célebre artículo 12 de la Constitución, que declaraba la confesionalidad del país con una contundencia chocante para un lector que asocie el liberalismo con neutralidad religiosa por parte de los poderes públicos: "La religión de la nación española es y será perpetuamente la católica, apostólica, romana, única verdadera. La nación la protege por leyes sabias y justas y prohíbe el ejercicio de cualquier otra". La Constitución también preveía que cuatro de los cuarenta miembros del Consejo de Estado provendrían de las altas jerarquías de la Iglesia[50].

Típicos del ambiente constitucionalista gaditano fueron también los catecismos que hoy no dudamos en llamar políticos, pero que, significativamente, en su momento se titularon "católico-políticos", o bien "religioso-civiles" o "religiosos, morales y políticos". Uno de ellos, en términos repetidos por la mayoría casi literalmente, declaraba que el nombre de "español" equivalía a "hombre de bien", lo cual quería decir, aclaraba, persona cuya conducta ética y política se regía por "las máximas de Jesucristo y el Evangelio"; sus obligaciones, seguía aquel catecismo, eran tres: "ser cristiano católico apostólico romano; defender su religión, su patria y su ley; y morir antes de ser vencido". El número de citas que podrían acumularse en favor de esta definición católica del españolismo y la integridad moral sería poco menos que infinito[51].

Mas no hay que dejarse engañar por ello. Una cosa era ser católico, y seguir defendiendo la unidad católica de la nación, y otra basar la construcción de la identidad nacional en la religiosidad tradicional y estar decidido a perpetuar la situación privilegiada de la Iglesia tal como se había heredado. Las medidas legislativas de las Cortes constitucionales en materias eclesiásticas apuntaban sin la menor ambigüedad hacia una reforma de la Iglesia y una disminución de su poder social: se reducía el número de regulares, el Estado se apropiaba de más rentas eclesiásticas y, sobre todo, se abolía la Inquisición y se establecía la libertad de prensa. De todos aquellos debates, el que de verdad suscitó el apasionamiento de los diputados fue el de la supresión de la Inquisición, asunto que tenía, para serviles y liberales, un especial valor simbólico: para los primeros, era el instrumento que aseguraba la unidad religiosa, considerada garantía irremplazable, y privilegio exclusivo de los españoles, contra las discordias fratricidas; para los segundos, en cambio, representaba la represión de la libertad intelectual, causa principal de la decadencia española bajo los Habsburgo. Aquí reside la diferencia entre las dos futuras concepciones de la nación, y entre los dos tipos de católicos, la misma diferencia que había existido entre ilustrados y antiilustrados, aunque la nueva coyuntura hiciera ahora la fractura mucho más visible. Algo de razón tiene Alejandro Nieto cuando llama a la situación política que duró en España hasta 1876 "guerra civil" y sitúa su comienzo en 1808[52].

También desde el punto de vista de la retórica bélica se detectaron, en la propia Cádiz asediada, fuertes diferencias en el grado de identificación de la nación con el catolicismo. No era posible que la retórica que estaban usando los predicadores populares, tan cargada de tópicos antirrevolucionarios e incluso antiilustrados, entusiasmara a unos dirigentes antinapoleónicos que se consideraban herederos de la política ilustrada y estaban llevando a cabo, en la práctica, una obra legislativa liberal abiertamente revolucionaria. En efecto, los liberales gaditanos interpretaron el conflicto de manera muy diferente al autor del *Despertador Cristiano-Político*. Para ellos, el objetivo de la lucha, según vimos en el capítulo primero, era terminar con la tiranía, la extranjera en primer lugar, pero a la larga también la nacional, para lo cual creían preciso construir un sistema político a partir del principio de la soberanía nacional. El *Semanario Patriótico*, de Quintana, órgano por antonomasia de los constitucionalistas, está lleno de incitaciones al pueblo español para que cumpla con sus deberes patrióticos, pero, según ha observado François-Xavier Guerra, tales incitaciones tienden a basarse en la "virilidad", en la moral cívica o en ejemplos de heroísmo sacados de la antigüedad clásica; "curiosamente", sigue este autor, "en todos estos artículos [...] no hay la más mínima referencia a la religión [...] El tema religioso brilla por su ausencia en todos los números, con una única pero significativa excepción: cuando Madrid, en noviembre de 1808, está a punto de sucumbir ante las tropas de Napoleón, se llama al pueblo 'para defender la religión y la patria', lo que muestra bien el carácter movilizador de esta invocación"[53].

La primera generación liberal era católica, y no dudaba de los beneficios de la unidad de creencias sobre la sociedad española, pero en su construcción de la idea nacional tendía a evitar el protagonismo de lo religioso, salvo en momentos de máximo dramatismo, en que recurría a la religión por razones de eficacia.

Algo semejante les ocurría a los absolutistas con las referencias a España. La patria era un valor positivo, desde luego, y hasta creían ser sus más genuinos representantes; pero, si era posible, evitaban mencionarla y la sustituían por el monarca o la religión. Su incomodidad aumentaba, desde luego, si en vez de España o de "la patria" se mencionaba a "la nación", manera indirecta de dar entrada a la "soberanía nacional", verdadera *bête noire* de los llamados *serviles*. Como mera ilustración de esta repulsión que suscitaba la referencia a la nación, citemos el poemita escrito por la absolutista María Manuela López en 1813:

> Españoles, viles imbuidos
> en el orgullo y voces seductivas
> de igualdad, libertad y, ¡qué delirio!
> nación, independencia, ciudades,
> derechos naturales e imprescritos...[54].

No sólo el término "nación", sino incluso el de "independencia" se halla entre los condenados en esas líneas. El absolutismo fernandino, en efecto, procuraría no glorificar en exceso la guerra recién terminada. El decreto que restableció la Inquisición se quejaba incluso de la alteración de la "pureza de la religión en España" durante la guerra, debido a la "estancia de tropas extranjeras de diversas sectas, todas ellas igualmente infectadas por su odio a la Santa Iglesia romana"[55]. Lejos de mitificar la guerra, lo que en ese texto se respiran son reticencias ante la impureza religiosa de los ingleses, principales aliados de España en la epopeya.

Contra lo que puede parecer, el restablecimiento del absolutismo, al regresar Fernando VII, no significó, en sentido estricto, una restauración del Antiguo Régimen. Probablemente, era imposible. No había manera de evitar novedades, tras la devastación de creencias e instituciones causada por el vendaval de los años anteriores.

Mas lo curioso es que las novedades introducidas por Fernando consistieron en echarse en manos de la Iglesia —de los sectores antiilustrados de la Iglesia— mucho más de lo que había hecho ninguno de sus antecesores en el trono. Receloso ante la idea de fundar el edificio político sobre algo tan peligroso como la nación, Fernando no tuvo más alternativa que confiar la defensa de su monarquía absoluta a los clérigos que habían predicado en las guerras de 1793 y 1808, y a éstos sólo se les ocurría una idea: que las estructuras políticas y sociales eran intangibles por el hecho de haber sido establecidas por Dios. Restauró, pues, Fernando el Antiguo Régimen al devolver a la Iglesia los conventos, propiedades y derechos que le habían sido arrebatados por José Bonaparte y por los constitucionalistas gaditanos; restableció también la Inquisición e incluso readmitió en el reino a la Compañía de Jesús —lo que era ya más que restaurar el Antiguo Régimen; era retroceder a tiempos anteriores a Carlos III—. Pero otras medidas fueron menos restauradoras: los antiguos consejos, por ejemplo, se convirtieron en "sombras de sí mismos", según Artola, y el rey llegó a poner en ciertos momentos el poder en manos de su confesor, Víctor Damián Sáez, y en otros en un Consejo de Estado nutrido por los absolutistas más intransigentes, como el infante don Carlos y los que luego serían sus notorios seguidores, el obispo de León o fray Cirilo de la Alameda. En conjunto, incrementó el poder de la Iglesia hasta un punto cercano a la teocracia, cosa nunca vista en el país, a no ser que nos remontemos a Recaredo. A cambio de lo cual, la Iglesia le proclamó una y mil veces "sacro titular del Trono", "dulce Fernando", "amado Fernando", "defensor de la santa religión", "triunfador sobre el horrendo monstruo de la impiedad"[56]. El rey no supo ver que, en el nuevo mundo político que surgía, se hubiera asegurado mejor la corona proclamándose el "primero de los españoles", el más heroico y sufrido representante de "España".

Cuando, tras el pronunciamiento de Riego, se restableció la constitución gaditana y dio la impresión de que el poder absoluto del monarca había vivido sus últimos días, los partidarios de Fernando levantaron partidas contra el gobierno revolucionario, y a nadie se le ocurrió llamarlas "patrióticas" o "nacionales", sino de "apostólicos" o "ejército de la fe". Cierto que los absolutistas fernandinos más intransigentes también se organizaron en un cuerpo llamado "voluntarios realistas", especie de réplica de la milicia nacional liberal, pero éste se constituyó, según escribe Artola, "al lado y en estrecho contacto con la Iglesia católica". Es significativo también que la proclama publicada en 1823 por el fraile guerrillero conocido como El Trapense no comenzara con un llamamiento a los "¡Españoles!", sino con un "Hermanos míos en Jesucristo", y terminaba con: "¡Viva Jesús! ¡Viva María Santísima! ¡Viva la Religión santa, católica, apostólica, romana! ¡Viva el Rey nuestro señor!". Como significativas son las apelaciones casi exclusivamente religiosas que hizo la junta realista organizada en Navarra durante el Trienio: "Bravos y generosos navarros: [...] Bajo el velo espeso y engañoso de la Constitución, en lugar de la felicidad prometida se ocultaban los altares de la impiedad para sacrificar en ellos a la vez la Religión, el Rey y la Patria [...] Sabéis bien que se trata (la pluma se estremece ante estas palabras) de separaros totalmente de la obediencia y comunión espiritual con el Vicario de Jesucristo. Sabéis que estos bárbaros monstruos de iniquidad que tratan de despojaros de la Religión son también los enemigos declarados del Trono"[57]. Hay que recordar que, en aquel mismo momento, los más extremistas entre los liberales se autodenominaban "Comuneros". Quizás nunca estuvo tan claro como en el Trienio que la nación era un mito liberal, al que los absolutistas oponían la religión.

Para colmo, el final del experimento revolucionario de 1820-1823 y la devolución de todo el poder a Fernando se debió a una intervención extranjera, lo que no hace sino ratificar el carácter no nacional de su absolutismo. Francia envió un nuevo ejército, esta vez no bajo la advocación de la revolucionaria diosa Razón, sino de san Luis, y los que sólo seis años antes denigraban al país vecino como sede de la filosofía moderna, la corrupción y el ateísmo, aplaudieron ahora con entusiasmo. Uno de ellos, José Antonio Llanos, en sus *Memorias Poéticas*, menciona de pasada a "Iberia, por excelencia noble / sus antiguas costumbres reclamando"; pero sus elogios verdaderos van hacia el "esforzado y generoso galo"; "vengan los galos en buena hora, vivan los galos", se exalta el vate, que pide, en cambio, "extinguir la raza libertina", refiriéndose, desde luego, no a los franceses sino a los liberales españoles, si osaran profanar de nuevo "el sacro nombre de Fernando". El planteamiento nacional —españoles contra franceses— se deja de lado una vez más en favor de la guerra ideológica universal —católicos frente a revolucionarios—. Francia, si era absolutista, era bienvenida. El poema termina, por supuesto, como una oración:

> Bendito y alabado
> por siempre sea el Eterno Padre
> que, nuestras oraciones escuchando,
> os vuelva al seno de la madre patria.

Se menciona, sí, a la madre patria, y antes a Iberia, pero no a Espana; y el único que merece el adjetivo de "sacro" es Fernando[58].

Vale la pena reflexionar sobre las diferentes reacciones ante las tres invasiones francesas de territorio español que se sucedieron en treinta años, entre 1794 y 1823. El cuadro de la página siguiente puede servir para comparar las circunstancias, la retórica y las redes movilizadoras utilizadas y el resultado obtenido.

No parece difícil concluir que, sobre todo si se compara la reacción de 1808-1814 con la de 1823, el nacionalismo moderno desempeñó un papel menos importante que la retórica en torno a los valores tradicionales.

Los liberales, en fin, se vieron derrotados de nuevo en 1823 y Fernando VII retomó el poder absoluto. Volvió entonces a aceptar ser, por encima de todo, "sacro", es decir, volvió a arrojarse en brazos de la Iglesia —una Iglesia reducida ya a sus sectores antiilustrados, tras la política fernandina de nombramientos y ascensos en el periodo anterior—. Es cierto que, presionado por sus aliados franceses, no restableció esta vez la Inquisición. Pero como no podía concebir España sin tan esencial garantía de la pureza de las creencias, creó las Juntas de Fe, que continuaron la tarea del Santo Oficio. Incluso "relajaron" a la justicia ordinaria: condenaron a muerte en la hoguera —por mucho que se repita, no parece suficiente para que el lector actual entienda la barbaridad— a algún infeliz, como el maestro valenciano Antonio Ripoll; aquélla fue la última ejecución decretada por el Tribunal del Santo Oficio, después de tres siglos y medio de existencia; la Junta que condenó a Ripoll

INVASIONES FRANCESAS	1794-1795	1808-1814	1823
Ejército invasor (tamaño máximo aproximado)	90.000	350.000	130.000
Apoyos a la resistencia: 1) Internacional (es decir, inglés)	Sólo naval Exterior	Sí	No
2) Apoyo de élites tradicionales españolas	Sí	Divididas, más bien sí	No
3) Apoyo de élites modernizadoras (liberal-ilustradas)	Sí con reservas	Divididas	Sí
4) Apoyo del bajo clero	Sí	Sí	No
Utilización de la retórica del Antiguo Régimen (Altar/Trono)	Sí	Sí	No
Utilización de retórica nacionalista liberal	No	Sí	Sí
Empleo de guerrillas	No, ejército tradicional	Sí	Intento ineficaz
Éxito de la resistencia contra los franceses	Parcial, desigual	Sí	No

actuaba bajo instrucciones del arzobispo de Valencia, aquel fray Simón López que había escrito el *Despertador...* de 1809[59].

La última década absolutista se apoyó en una serie de "teólogos legitimadores", por usar el término que acuña González Cuevas, como Atilano Dehaxo Solórzano, José Clemente Carnicero o Francisco Puigserver, y la empresa cultural e ideológica más importante del periodo, según este autor, fue la *Biblioteca de la Religión,* dirigida por el cardenal de Toledo, Pedro de Inguanzo, célebre diputado *servil* en Cádiz. En ella se tradujeron las obras de Joseph de Maistre, del primer Lamennais, de Antonio Valsechi, Luis Mozzi, el obispo Minler; todas francesas o italianas y todas sobre el papa, las excelencias de la religión, los males de la impiedad o el castigo de los incrédulos[60]. La opinión española podía ser más o menos favorable a Fernando, pero los sectores más conservadores de Europa estaban encantados con él. Nada menos que Joseph de Maistre, el gran campeón de la contrarrevolución católica en el mundo latino, dedicó sus *Six Lettres sur l'Inquisition espagnole,* de 1824, a defender la institución que había salvado la unidad espiritual de España. España era el modelo de la alianza del Altar y el Trono; una alianza quizás circunstancial, pero mucho más estrecha que la existente en tiempos de Felipe II. Una alianza, desde luego, antinacional, entre dos poderes supranacionales: el Altar, es decir, el papa y las distintas ramas territoriales de la Iglesia, y el Trono, representado por la coalición de los monarcas absolutos.

Apología del Trono y el Altar fue precisamente el título de la obra publicada en 1818 por el capuchino Rafael de Vélez, considerada por Javier Herrero "la más sistemática construcción de la ideología reaccionaria de la época". Premiado en la primera restauración absolutista, como fray Simón López, con un obispado, en este caso el de Ceuta, su carrera continuó tras la segunda, en 1823, momento en que ascendió nada menos que al arzobispado de Santiago. No nos interesan aquí sus teorías políticas generales. Baste decir que para el arzobispo Vélez todo planteamiento racional o científico de los temas políticos era sospechoso; y al decir todo, queremos decir, literalmente, todo, incluidos Aristóteles y los más destacados nombres de la escolástica católica. Especialmente peligrosa considera este autor la ciencia del Derecho público, aniquiladora, según él, del orden social. De esa ciencia han derivado los constitucionales gaditanos sus "principios falsos", si no abiertamente "heréticos", como el de que las naciones son anteriores a los reyes. "¿Hubo jamás hijos sin padres?", se pregunta retóricamente Vélez. No menos herética es, para él, la aserción de que los reyes han nacido para las naciones y no las naciones para los reyes; lo cual devuelve la obra de Vélez a la confusión medieval entre lo público y lo privado y, una vez más, le distancia de lo sostenido por los principales autores escolásticos, desde Tomás de Aquino hasta Suárez o Vitoria. En vez de continuar la reflexión escolástica, Vélez, en representación del mundo mental fernandino, retoma la idea de Filmer y Bossuet, hecha suya por Hervás: la sociedad está ordenada como la familia, y es constitutivamente jerárquica. El poder se transmite siempre del superior al inferior, y nunca al revés. El rey lo recibe directamente de Dios, a quien representa mientras lo ejerce —y ante quien es únicamente responsable—, y los magistrados lo reciben del rey, a quien igualmente representan y ante quien responden. Sólo el soberano, portador de la autoridad divina y garante del orden, detenta la legitimidad política. La comunidad, el pueblo, no existe en este terreno. La soberanía del pueblo no sólo es absurda, según Vélez, sino pecaminosa. Quienes la defienden, o reclaman la participación popular en la legislación, se están arrogando poderes que no les corresponden y están atentando, no sólo contra el soberano, sino contra el orden divino[61].

La literatura política española del periodo fernandino, en resumen, como la propaganda de la guerra de 1793-1795 y buena parte de la de 1808-1814, se nutrió de los polemistas católicos antiilustrados y antirrevolucionarios, y no de la tradición escolástica española. Los pensadores más destacados de aquel reinado, por mucho que recibieran más tarde encendidos elogios de Menéndez Pelayo e incluso de historiadores franquistas relativamente recientes, carecen de originalidad o calidad comparables, no ya a nombres relevantes de la historia intelectual española anterior o posterior a ellos, sino incluso a otros contrarrevolucionarios europeos del momento. Si algo sorprende en su obra es precisamente su ausencia de originalidad, su —por usar un término que tanto aplicaban ellos a otros—

afrancesamiento, por extraño que parezca en tan obstinados defensores de la tradición o "forma de ser" española. Fue un periodo de escasa creatividad dentro del pensamiento católico en general y el español se limitó a imitar a los polemistas franceses o italianos; imitar, por no decir plagiar, pues Vélez y compañía reproducen con frecuencia frases literales de Barruel y otros sin citarlos. Pero no sólo se apartaron de la tradición escolástica española. Ignoraron también por completo a Edmund Burke, el principal teorizador europeo del conservadurismo anglosajón, que defendió el Estado y las jerarquías sociales en términos utilitarios, argumentando que la antigüedad era precisamente una garantía de la utilidad de las instituciones. En resumen, y según señaló Fernández Carvajal hace ya tiempo, "la reacción antirrevolucionaria tuvo en nuestro suelo un carácter fundamentalmente religioso, interpretando los hechos de 1789 como una falsa reforma eclesiástica en la que intervienen tanto jacobinos como jansenistas". Esa orientación clerical del conservadurismo de la era fernandina le hizo guiarse, por encima de cualquier interés general, por preocupaciones muy inmediatas, principalmente la defensa de los privilegios eclesiásticos amenazados por el desarrollo del Estado moderno y, muy en especial, por la revolución liberal. Con lo que la Iglesia española, como ha escrito Andrés de Blas, fue "sustancialmente renuente al proyecto movilizador de la nación de los españoles", pues éste "mantuvo una estrecha conexión con la cosmovisión política liberal y liberal-democrática" y "el catolicismo hispano [...] no pudo menos que detectar la íntima conexión entre una revolución liberal, urbana, burguesa y modernizadora con un tipo de nacionalismo orientado al reforzamiento y cohesión de un Estado en beligerancia con el antiguo orden de cosas que el catolicismo aspiraba a mantener"[62].

Al optar por hacer del dogma católico la base del poder monárquico, Fernando VII demostró lo que tantas veces y de tantas maneras se ha dicho de él: que no figura, por decirlo en términos amables, entre los reyes españoles más inteligentes. Al renunciar a presentarse a sí mismo como encarnación de una "España eterna", de una nación gloriosa que acababa de derrotar al hasta entonces invencible Napoleón, no comprendió que si a los sectores más conservadores de la Iglesia no les gustaba la nación era, precisamente, por lo que este mito tenía de fortalecedor del poder del Estado. A Fernando no se le ocurrió que los seguidores que estaba eligiendo tampoco iban a recibir con agrado que él mismo —cabeza del Estado, en definitiva, y no jerarca religioso— intentara algún día, con fines muy distintos a los del nacionalismo liberal, construir un Estado fuerte. Al apoyarse tanto en la Iglesia, el círculo fernandino le estaba haciendo un flaco servicio al Estado. Lo contradictorio de la situación iba a salir a la luz pública muy pronto, incluso antes de terminar el reinado de aquel último monarca absoluto.

EL CARLISMO, NUEVA OCASIÓN PERDIDA
(DE FUNDIR RELIGIÓN Y NACIÓN)

Se comprende que, tras la segunda restauración absolutista de 1823 y la terrible represión que les cayó encima, los liberales perdieran toda confianza en Fernando y no estuvieran dispuestos a distinguir los matices que, a partir de ese momento, pudieran detectarse en la política regia. El último decenio de tan trágico reinado, que se desarrolló entre la intervención de los Cien Mil Hijos de San Luis y la muerte del rey en 1833, fue, pues, liquidado con la etiqueta "Ominosa Década", que se le sigue colgando todavía hoy. Los libros de historia tienden a pasar sobre estos años en pocas líneas, como un agujero negro de terror y oscurantismo[63]. Mas lo cierto es que fue justamente entonces cuando se terminó la luna de miel entre el Altar y el Trono.

El comienzo del resquebrajamiento de la alianza podría situarse en el propio año de 1824, cuando se vio la imposibilidad de restaurar en toda su pureza la situación anterior —la penuria de la Hacienda impedía devolver ciertos bienes a la Iglesia; los aliados no consentían que se reimplantara la Inquisición— o podría retrasarse hasta 1826-1827, momento en que murió el rey Juan VI de Portugal y se inició la revolución liberal y la guerra civil en ese país, con gran implicación de la corte española. También podría situarse en 1830, cuando los Borbones fueron destronados en Francia y sustituidos por Luis Felipe de Orléans, que inauguró a su vez una monarquía liberal al norte de España, y el propio Fernando VII se encontró casado por cuarta vez, con sucesión por fin, aunque sólo femenina, y frágil de salud. Presionado además por la angustiosa situación del fisco y la imposibilidad de conseguir nuevos empréstitos, el monarca absoluto se vio obligado a recurrir en aquellos años a lo que González Cuevas llama los "conservadores burocráticos", antecedente de lo que bajo el franquismo se llamarían "tecnócratas", que iniciaron una serie de cambios modernizadores. A este grupo pertenecían el ministro de Hacienda López Ballesteros y, más tarde, Cea Bermúdez o Javier de Burgos, autor este último, ya desde el exilio, de algunos de los informes que inspiraron aquel giro. Una de las medidas que tomó López Ballesteros fue la creación del Ministerio de Fomento, en realidad copia del Ministerio del Interior creado —¡*Vade retro!*— por José Bonaparte. Sus atribuciones se considerarían hoy de tipo más técnico que político. Pero el clero las interpretó como un ataque a la estructura del Antiguo Régimen y a las funciones sociales que les correspondían tradicionalmente a ellos, y comenzó la protesta. Desde 1824 se había creado también el cuerpo de policía, otra invención bonapartista, institución que encontró igualmente, en palabras del mejor historiador del periodo, "fuerte oposición en quienes preferían el restablecimiento de la Inquisición, considerada más eficaz y de mayor confianza para combatir a los liberales". Para que se comprenda lo distinta que era la derecha fernandina de la que apoyaría una dictadura del siglo XX, los voluntarios realistas exigieron al rey la supresión de la policía[64]. ¿Para qué hacía falta policía, invento masónico, si en la tradición española se encontraba una institución de tan probada eficacia para mantener la unidad religiosa y la paz social como la Inquisición?

Mezclados con mueras a la policía y vivas a la Inquisición, se oyeron entonces, por primera vez, por parte de los absolutistas más intransigentes, gritos contra Fernando, hasta el momento su ídolo augusto. En noviembre de 1826 apareció el manifiesto de la Federación de Realistas Puros, que repudiaba a Fernando VII en términos muy duros —"la debilidad, la estupidez, la ingratitud y la mala fe de ese príncipe indigno, de ese parricida..."—. Hay dudas sobre la paternidad de ese documento, pero lo que es seguro es que al año siguiente comenzó la guerra *dels Malcontents,* rebelión realista contra Fernando y preludio de las guerras carlistas. Y las consignas allí esparcidas iban en una línea semejante a la de aquel manifiesto, aunque faltaran los insultos al rey: "Altar y Trono", "religión y rey absoluto", "viva la religión, viva el rey absoluto, viva la Inquisición, muera el masonismo y toda secta oculta", "¡viva el rey absoluto, viva la Inquisición, fuera la policía y los sectarios!". Al sublevarse en Reus, Rafí Vidal lanzó una proclama que comenzaba por: "¡Viva la santa religión! ¡Viva el rey nuestro señor y el tribunal de la Inquisición!" y repetía que su objetivo era "sostener y defender con la vida los dulces y sagrados nombres de religión, rey e Inquisición"; y otro jefe de partidas, Bussons, el *Jep dels Estanys,* lanzaba sus vivas a "la religión, el rey absoluto y la patria"[65]. Pérez Galdós, al describir a los sublevados absolutistas de finales del reinado de Fernando VII, dice que fueron asaltadas muchas casas, "no sólo de liberales, sino de personas tolerantes, de celo religioso suave", "al grito de '¡viva la Religión!' y '¡mueran los negros!'"[66]. Coincide con esta orientación religiosa, y no nacional, el nombre de las sociedades secretas de aquella ultraderecha que conspiraba contra el propio rey en aquellos últimos años de Fernando VII: La Purísima, El Ángel Exterminador, las Juntas Apostólicas, el Ejército de la Fe, etcétera.

Por mucho que, junto a la religión, se ensalzara al monarca absoluto, era una rebelión contra las decisiones regias. Y lo interesante es que, aunque fuera tímidamente, el rey estaba intentando modernizar el Estado y quienes se alzaban contra él se oponían a ello por defender las instituciones eclesiásticas: la Inquisición y los conventos, asilos y hospitales que ahora pretendía sustituir el Estado por la policía o el Ministerio de Fomento. De esta manera, los ultraabsolutistas colocaban al equipo gobernante en una situación imposible, porque, como escribe Artola, "no podía enfrentarse a ninguna de las cuestiones sociales fundamentales", es decir, no podía adecuar el Estado a las necesidades del momento ni modernizar la economía, "sin que sus intentos no fuesen considerados como una capitulación frente al pensamiento ilustrado o liberal". Cualquier intento modernizador atentaba contra los privilegios heredados de la Iglesia o los estamentos privilegiados[67].

Fue entonces cuando, frente a esa política fernandina que creían poco satisfactoria, los absolutistas extremos mencionaron al infante don Carlos como alternativa a Fernando. ¿Cuáles eran los méritos, cuál el programa de don Carlos? Su ideología, según Artola, "es de una pobreza que no admite exégesis posible. No aparece ni una sola idea fuera de una total entrega a la voluntad de Dios". No parece exagerada esta opinión. El biógrafo de don Carlos, Moral Roncal, nos informa de las actitudes políticas del infante hasta aquel momento, que explican cómo su devoción se traducía en apoyo inequívoco a los privilegios eclesiásticos: en 1824 se pronunció, por ejemplo, a favor del restablecimiento de la Inquisición; en el Consejo de Estado se opuso, más tarde, junto con Calomarde y el obispo de León, a la propuesta de López Ballesteros de crear el Ministerio de Fomento, y "se manifestó abiertamente contra cualquier reforma hacendística que obligara a una nueva y amplia desamortización de bienes eclesiásticos"; en conjunto, "intentó siempre influir en favor de los intereses de la Iglesia". Entre sus documentos más significativos suelen citarse las recomendaciones que dirigió a su hermano, precisamente en plena crisis del verano de 1826: "Lo primero, la gloria de Dios, el fomento y esplendor de su santa religión, que haya santo temor de Dios, y con esto haya buenas costumbres, virtudes, paz, tranquilidad, alegría y todo; esto es lo que debes procurar por todos los medios y modo, y conseguido esto [...] verás qué vida tan dulce, tan tranquila y tan larga te concede el divino Maestro". El manifiesto de la Federación de Realistas Puros, donde por primera vez apareció el nombre del piadoso infante como alternativa a Fernando, decía: "Hagamos resonar por el aire himnos de alabanza para impetrar la ayuda del Todopoderoso [...] Pongamos en sus divinas manos los destinos futuros de nuestra amada patria con la zozobrante nave de la Iglesia [...] Proclamemos como jefe de ella a la Augusta Majestad del Señor Don Carlos V, porque las virtudes de este príncipe, adhesión al clero y a la Iglesia son otras tantas garantías". O sea, que las "garantías" que ofrecía el infante eran sus "virtudes" y su "adhesión al clero y a la Iglesia". Por mucho que don Carlos se presentara como continuador de la tradición española, lo cierto es que en esa tradición no hallamos ejemplos de un programa tan abiertamente teocrático[68].

El título de *Rex Hispaniarum* se usaba desde la Edad Media, como puede verse en el signo rodado de Fernando II que se conserva en la catedral de Santiago de Compostela.

Los éxitos diplomáticos y militares de los Reyes Católicos y los primeros Habsburgo dieron lugar a cantos mesiánicos y profecías escatológicas que presentaban a la monarquía hispánica como destinada a dominar el mundo y culminar la historia humana. Tras una sucesión de imperios de Levante a Poniente, el *Finis Terrae* se convertía también en *Finis Historiae*.

Una de las ilustraciones de Joost de Winghe de la edición de la *Brevísima Relación de la Destrucción de las Indias*, de Bartolomé de las Casas, por el holandés Teodoro de Bry (1590). Aunque la escena era tan imaginaria como los nórdicos rasgos de los indígenas americanos, la obra, subtitulada *Para servir de ejemplo y de aviso contra las crueldades de los soldados españoles*, se convirtió en una de las fuentes fundamentales de la llamada "Leyenda Negra".

Grabado antinapoleónico de la época de la "Guerra de la Independencia" que satiriza los planes de Napoleón para España.

Triunfa valeroso Apolo,
pues el amor te combida
llore el Aguila abatida
su infamia, injusticia y dolo,
desde el uno al otro polo

estiende tanto blason,
y el infiel Napoleon
viendo su fama eclipsada
tema la gloriosa espada
del irritado Leon.

Grabado de la época de la "Guerra de la Independencia", idealizador de Fernando
VII. El título que se le atribuye, "Rey de España y de las Indias", no había sido
usado literalmente por sus antecesores, pero sí, por primera vez, por su rival José
Bonaparte, lo que indica la nacionalización de la monarquía en la época.

SOLLEVAZIONE DI MADRID

F. Bonares inven.   B. Pinelli delin. et sculp.

Più non potendo il popolo di Madrid raffrenare lo sdegno, corre a tumulto nel vedere imminente la partenza degl'Infanti di Spagna; piomba furiosamente, il 2 di Maggio 1808, su i primi, vendica lo oltraggio fatto in seconda, e non deriste, se non fidandosi alle false promesse di amnistia, fatte dal celebre Murat per mezzo delle Autorità Spagle e Francesi.

Masa la dibujo.   M. Brandi la grab.

Abatido su furor
postra la rodilla en tierra
á España e Inglaterra
el Francés Emperador.

Lo imposible hace posible
la divina Omnipotencia,
y por su alta Providencia
es vencido el invencible.

Versión italiana de la sublevación del Dos de Mayo de 1808 en Madrid, y lámina que representa a España e Inglaterra derrotando a Napoleón.

EL PAPAGAYO

PERIÓDICO JOCO-SERIO

BARCELONA 2 DE MAYO.

Nada hay mas glorioso para un pueblo, que la memoria de sus triunfos, el recuerdo de sus hechos de armas, y la grata ilusion que hacen nacer del corazon los recuerdos de sus victorias, renaciendo el entusiasmo y el amor á la patria; noble y grandioso resorte que ha producido en todos tiempos hazañas admirables: la ambicion de gloria, es la primera de las virtudes de un pueblo, que sirve de equilibrio á las demas naciones y afianza su independencia; es un bálsamo salutífero que fortifica el valor.

El hombre del siglo, el que habia llevado la bandera francesa siempre victoriosa, se olvidó de las glorias de Iberia, no pensó que aun vivian los descendientes del CID y de PELAYO, no recordó ni un MUVIEDRO ni un SAGUNTO; se introdujo en España como traidor á manera de los cartagineses y puso fin á sus glorias *El dos de mayo de 1808*. Cuando el pueblo de Madrid dió la voz de INDEPENDENCIA á que contestó toda la Península, huyeron sus ejércitos orgullosos de los bisoños soldados que por dó quier los batian, sin mas gefe que su voluntad, ni por mas

recompensa que la gloria de su patria; sin otro interes que el de sacudir el yugo que en mal hora intentase ponerlos el soldado de aquella época.

Las calles de Madrid se pusieron el dos de mayo lo mismo que estaban las de Barcelona el 16 de noviembre; pero ¡ah! Madrid se batió con un ejército estrangero, y Barcelona se preparaba á destruir á sus mismos compatriotas! Sensible diferencia! El pueblo de Madrid se trocó en un campo de batalla: el estampido del cañon anunciaba en el Campo de la lealtad la muerte de cien madrileños, y otros cien se lanzaban á

El monumento a los muertos en Madrid, el Dos de Mayo de 1808, según el órgano republicano barcelonés *El Papagayo*, de 1843. Y grabado satírico del *Gil Blas*, de 1863, representando a España y su león acosados por los "espadones" del momento.

—Acabe Vd. de ceñirse la espada de Luchana, mi jeneral.
—¿Va la cosa de veras?
—Ya es preciso que venga Vd. á arreglar **aquello**.
—¿Me volverán á echar la zancadilla?
— Eso depende de Vd. conque ¡alerta!

—¡Eh! ¡Despertad, señora!
—¡O'Donnell......ley electoral..... Viaje rejio!
— Parece que sueña ¿No ois, voto á cien obispos?
— Camelo gordo....
— ¡Cielos se ha vuelto á dormir!....Dentro de algunos meses volveré!

Dos representaciones satíricas de España en los años finales del reinado de Isabel II, según *Gil Blas*, órgano demócrata. En la primera, España, siempre representada con una corona almenada, le exige al general Espartero que intervenga y arregle la situación política. En la segunda, España y su león duermen mientras una figura que pudiera ser el Progreso intenta despertarles.

—¡Un rey, por amor de Dios!

GIL BLAS

PERIODICO SATIRICO

PRECIO EN PROV

DIRECTOR: LUIS RIVERA.

REDACTORES: ORTEGO, PEREA Y LLOVERA.

LO QUE SERÍA

La situación creada tras la revolución de 1868, que expulsó a Isabel II pero mantuvo la monarquía como régimen, dio pie a la prensa de la oposición para representar a España, como en el primero de estos grabados, en actitud pedigüeña, con su trono a la espalda y el león en forma de perrillo domesticado y escuálido; o, como en el segundo, a un posible rey extranjero aplastando a España y a su león, con el país sometido de fondo.

LAS DOS COALICIONES.

UNA MADRE DESGRACIADA.

—¡Dios mio! ¡Tantos talentos, y no hay quien la desenrede!

España, "madre desgraciada" por culpa de la política. En un grabado, España barre el país de políticos, con el gorro frigio, representación de la república, luciendo en el horizonte. En el otro, España aparece desesperada ante la madeja liada de la situación política.

Idealización de España con gorro frigio, asentada sobre símbolos masónicos y nombres de héroes y hechos gloriosos del republicanismo.

Ejércicios ecuestres en el Senado yankee.

Campaña de la prensa belicista en preparación de la guerra cubana. Representación satírica de los senadores norteamericanos y fortaleza de "Juan Español", vestido habitualmente de baturro, en respuesta a las amenazas de Estados Unidos.

UNCLE SAM—"Get off the earth!"—*Boston Herald.*

Contraste entre la prensa española y la norteamericana ante la guerra de 1898. En el primer grabado, versión española: España y su león, dignos, ante el ultimátum del Congreso estadounidense. En el segundo, versión americana: representación del Tío Sam expulsando a España del planeta.

Spanish marksmanship.—*Syracuse Herald.*

Very little left but honor.—*Philadelphia Inquirer.*

Representaciones satíricas de España por la prensa norteamericana, durante la guerra de 1898. En la primera, burla de su poderío naval. La segunda, tras la derrota, reza: "Todo se ha perdido, salvo el honor".

España enlutada tras la pérdida de sus hijos y sus territorios en 1898, tal como la vio *La Campana de Gracia*, órgano republicano barcelonés que se distinguió por su españolismo durante la guerra.

Representación de la regeneración de España. Modernidad e industria se combinan con las tradiciones imperiales. España y su león, estilizados (de *Mi patria, lo que ha sido y lo que es*, de G. Enciso Villanueva, 1920. Reproducido por Carolyn Boyd en *Historia Patria*, Princeton Univ. Press, 1977).

Murió, al fin, el calamitoso Fernando en 1833 y los partidarios de su hermano se sublevaron. Muchos argumentos jurídicos se han cruzado en favor y en contra de aquella abolición de la Ley Sálica por el rey en sus últimos momentos, al verse privado de herederos varones, que en teoría desató la guerra carlista. Pero el enfrentamiento, como sabemos, venía de mucho antes. La cuestión sucesoria no fue sino "el pretexto que sirve para desencadenar el conflicto que existía entre dos tendencias políticas y, aún más, entre dos grupos sociales que no aceptaban convivir. La primera guerra carlista es, fundamentalmente, un tardío combate en defensa de las estructuras socioeconómicas del Antiguo Régimen"; estructuras socioeconómicas del Antiguo Régimen, como dice Artola, pero también teocracia política de una pureza desconocida en el Antiguo Régimen. No es de extrañar que la Iglesia fernandina se implicara como lo hizo en la sublevación carlista. Porque la Iglesia fue, sin ningún género de dudas, la red movilizadora del carlismo, como lo había sido en las guerras de 1793-1795, 1808, 1822 y 1827; y como se había abstenido de serlo, por razones obvias, en 1823, frente a los Cien Mil Hijos de San Luis. Nada más empezar la rebelión, se estableció una "regencia secreta", dos de cuyos tres miembros eran el general de los jesuitas y el obispo de León. Este último, Joaquín Abarca, se había declarado, desde el instante mismo de la muerte del rey, en favor de los alzados y huyó a "un rincón de su diócesis" desde donde dirigió proclamas a sus diocesanos. Acabaría de ministro de don Carlos e incluso presidiría su consejo de ministros. El propio arzobispo de Toledo, el absolutista impenitente Pedro de Inguanzo, no llegó a sublevarse, pero buscó un pretexto y no asistió a la proclamación de la reina Isabel II en los Jerónimos de Madrid. Fray Cirilo de la Alameda, franciscano, arzobispo de Cuba, antiguo miembro ultra-absolutista del Consejo de Estado fernandino, volverá a serlo en esa misma institución carlista e incluso presidirá tal Consejo en ausencia del rey[69].

No es exagerado decir que el carlismo fue el más importante movimiento político-social de la España del siglo XIX, pese a lo cual seguimos sin disponer de una obra de conjunto, de uno de estos estudios a los que se aplican adjetivos como definitivo o indiscutible, aun sabiendo lo pasajero y discutible que es cualquier trabajo intelectual. La principal razón para esta carencia reside, quizás, en la insistencia de los historiadores en estudiar las ideas que se supone inspiraron el carlismo, un movimiento que nunca tuvo una ideología formal y coherente y que disfrutaba, por el contrario, de adhesiones de tipo emocional, más que intelectual. Alguna luz puede arrojar, de todos modos, el análisis de sus símbolos y consignas. Destaca, entre ellos, la bandera con la cruz de San Andrés, o cruz de Borgoña, símbolo de aparente significado religioso, aunque también enseña dinástica, utilizada por los Habsburgo españoles como duques de Borgoña; que un Borbón retornara a la enseña de los Habsburgo sólo puede significar una propuesta de restablecimiento de la monarquía imperial y contrarreformista. En todo caso, no es en ningún sentido un símbolo nacional. En cuanto al himno, ensalza las excelencias de la Santa Tradición, lo que significa adherirse a una continuidad con las creencias e instituciones de los antepasados. Sus únicas referencias ideológicas son "Dios, patria, rey", repetidas también en otras proclamas. Vale la pena dedicarles unos párrafos.

El primero de los términos de la tríada es "Dios", y el hecho de que sea el primero es en sí mismo significativo. No hay duda sobre la orientación religiosa del ejército carlista, al que se llamó a veces "ejército de la fe". Un bando del coronel carlista Basilio García, en 1834, invocaba "lo más sagrado del Trono y el Altar" y terminaba apelando a unirse a "las filas de los amigos de nuestro buen Dios" con un "viva la religión y viva Carlos V". En cierto momento, don Carlos nombró a la Virgen de los Dolores generalísima de sus ejércitos. Y fue costumbre habitual de las tropas carlistas la asistencia a misa e incluso el rezo del rosario diariamente. No es preciso aportar más datos, pues el catolicismo de los carlistas fue inequívoco. No andaba muy descaminado Pérez Galdós cuando describía con cierta zumba las pruebas exigidas a un aspirante a funcionario de la administración rebelde: "Reválida para la incorporación de grados, pruebas de piedad, juramento de defender el misterio de la Inmaculada Concepción, de condenar la impía doctrina del regicidio, la absurda soberanía del pueblo, el filosofismo anárquico, juramento de no haber pertenecido a ninguna sociedad secreta... En fin, vea *La Gaceta*, decreto del 9 de abril"[70]. Tampoco el significado de esta religiosidad parece ofrecer gran dificultad: se trata de una adhesión al catolicismo español contrarreformista tradicional, en definitiva reducido a la sumisión más absoluta a los dictados dogmáticos de la Iglesia y la defensa de los derechos y privilegios de esta institución, amenazados en los siglos modernos por el aumento de las atribuciones del Estado. Una oposición a la expansión estatal que puede, por cierto, explicar el apoyo al carlismo por parte de cierta nobleza y cuerpos privilegiados de la periferia, acogidos a la idea de "monarquía tradicional", o a los "fueros" medievales, como forma de poner obstáculos a la invasión de sus competencias por el Estado contemporáneo.

Menos claro es el significado de la "patria". Su inclusión es antigua, y la hemos visto utilizada por los portavoces absolutistas durante las guerras de 1793-1795, de 1808 y en la sublevación de los *Malcontents*. Pero con el carlismo se convirtió en un lugar común: "Los deberes tenemos hacia el rey, la patria y la religión"; "merecemos la bendición de Dios, el amor del soberano y la gratitud de la patria"; "la obediencia al legítimo soberano, la defensa de la religión católica y la restauración de los derechos patrios"; "escuchad la voz de la razón y de la naturaleza. Vuestro legítimo soberano os llama para que, abandonando a esos pérfidos que os aconsejan y conducen contra patriotas y hermanos, deis un día de gloria a vuestra patria"[71]. De ningún modo deben tomarse todas estas remisiones a la patria como una expresión de nacionalismo. "Patria" tiene un contenido, no ya distinto, sino casi opuesto, a "nación". Esta última daba por supuesta la existencia de un sujeto colectivo que era, o podía acabar siendo, portador de la soberanía. Para ello era preciso construir una serie de mitos, relacionados con el pasado, en los que se destacaran las grandes virtudes del pueblo elegido, expresadas en sus hazañas colectivas o en las de sus héroes individuales. Pero en el carlismo no se encuentran referencias a los héroes españoles, como Viriato, don Pelayo o El Cid, ni a gestas colectivas, como la conquista de América. Se ensalza la patria, sí, pero patria no significa más que un conjunto de "tradiciones", creencias, privilegios, leyes e instituciones fundamentales, que en absoluto eran privativas de España, sino típicas del Antiguo Régimen europeo. La "patria" tomaba carne en el rey y la religión, y eso servía tanto para un legitimista español como para uno de aquellos voluntarios absolutistas austriacos, rusos y sobre todo franceses, que lucharon por don Carlos. "Patria", en definitiva, era un término vacío, una pata del trípode que se disolvía en las otras dos: Dios y rey[72].

Pensemos, entonces, en el último de los dogmas: el "rey", referencia aparentemente tan clara como la relativa a "Dios". "¿Quién puede salvar a España, aparte de Dios y su rey legítimo?", dice el obispo de Urgel. Ser "realista" o fiel al rey significaba en principio someterse ciegamente al monarca, aceptar el absolutismo regio, reconocer la autoridad ilimitada del titular legítimo de la corona. Pero legítimo era Fernando VII y los absolutistas intransigentes no se sometieron a sus órdenes de 1826-1827, cuando creyeron que peligraba la política antiliberal neta; tampoco aceptaron su anulación de la Ley Sálica; ni habrían de someterse décadas después a otros pretendientes carlistas en el momento en que detectaran que se estaban apartando de la línea ortodoxa: "Juan III" se verá deslegitimado por la princesa de Beira, o el propio duque de Madrid, "Carlos VII", por Ramón Nocedal, que argüirá que el pretendiente tiene "legitimidad de origen" pero no "de ejercicio". Es decir, que la lealtad al rey absoluto tampoco era ciega. Por mucho que el movimiento se definiera como carlista, la fidelidad personal a don Carlos y sus sucesores legítimos no era la base de su identidad. En algún momento, los teóricos lo reconocieron: Joaquín Muzquiz llegó a decir que el objetivo del movimiento era "fundar una nueva nacionalidad sobre la idea católica, ante la cual desaparecen los pueblos viejos y sus viejas legitimidades"[73]. El texto no tiene desperdicio: se trata de fundar una nueva identidad, que aunque la llame "nacionalidad" no es nacional, sino católica, y ante ella desaparecen las "viejas legitimidades", incluidas tanto las nacionales como las dinásticas. La única base de la legitimidad es el catolicismo; de hecho, la única autoridad a la que se someterá Ramón Nocedal, que se había atrevido a desafiar al propio pretendiente y fundar el Partido Integrista, es la del papa, cuando éste le ordene, al fin, disolver su formación. "Rey", por tanto, era en definitiva otra pata del trípode que, si no se disolvía, como "patria", flaqueaba y bailaba en su agujero. Sólo una era sólida y firme, como roca de la verdad: Dios, la religión, el catolicismo.

Pérez Galdós, en los *Episodios nacionales*, sintetizó repetidamente la guerra carlista como un enfrentamiento de la "religión" contra la "libertad". La incompatibilidad entre la identidad religiosa tradicional y la nueva legitimidad nacional llegó a tal punto que en más de una ocasión se ha descrito la figura del fraile carlista entrando en los pueblos al grito de: "Viva la religión, viva el rey, abajo la nación". Pío Baroja recuerda a un fraile apellidado Orri, y apodado el Padre Puñal, famoso también por su "¡Muera la nación!". Y Galdós describe, igualmente, en más de una ocasión a las muchedumbres absolutistas al son de la misma consigna: "¡Muera la nación!"[74]. La derecha detestaba el término "nación". Sabemos que las tropas isabelinas o liberales se presentaban a sí mismas como "nacionales", exactamente lo contrario de lo que ocurriría un siglo después, en la guerra de 1936-1939, cuando sería la derecha sublevada la que elegiría ese nombre para designar su opción política. Ambas fueron guerras civiles, pero también internacionales, con importantes ayudas inglesas al bando liberal, por ejemplo, en el primer caso, que Mendizábal o Espartero tendieron a minimizar ante la opinión interna. Los carlistas, en cambio, recurrieron sin el menor rubor —y con poco éxito— al apoyo internacional para conseguir hombres, armas y dinero; de hecho, recibieron algunos voluntarios franceses y centro-europeos, legitimistas que desarrollaban en España la lucha que hubieran querido llevar a cabo en sus países, porque la consideraban tarea común; uno de esos legitimistas franceses, el conde de Villemur, fue nombrado por don Carlos ministro de la Guerra en 1834. Un carlista de ficción, en el episodio galdosiano *De Oñate a La Granja*, quejándose de no recibir más ayuda internacional, explica con mucha exactitud el significado del movimiento: "aquí luchamos por la causa de todas las potencias, por los tronos legítimos, contra la revolución y el jacobinismo". En efecto, el propio *Boletín* carlista de 1838 insertaba artículos explicando cuánto convenía a "todos los gobiernos de Europa", a "todos los pueblos civilizados" ayudar a don Carlos a extirpar los "peligrosos errores" de la "falsa filosofía" y "sofocar la revolución". Lo más significativo que recibieron fue el apoyo moral del papa, que se negó durante largo tiempo a reconocer a Isabel II; en reciprocidad, los carlistas se implicaron a fondo en las luchas italianas, tomando la del papa como causa propia[75]. Todo ello apunta hacia el escaso carácter patriótico o nacional del movimiento. En la guerra civil del siglo XX, en cambio, cuando los nacionales eran ya la derecha, se beneficiaron de apoyos cruciales provenientes de la Alemania nazi y la Italia fascista, pero, fieles a su papel nacional, fueron ellos esta vez quienes pusieron el máximo empeño en no airearlo; al contrario, por cierto, de lo que hicieron sus rivales, que presumieron del apoyo internacional a la causa republicana con las Brigadas Internacionales y las armas de Stalin. A comienzos del siglo XX, una fuerte identificación con el sentimiento nacional era rasgo de la derecha, mientras que la izquierda lo diluía en referencias a otros tantos mitos políticos modernos, como la igualdad, la democracia, el progreso o la revolución social; a comienzos del XIX, la situación era la contraria: la izquierda se presentaba como nacional y la derecha, en cambio, mezclaba esa lealtad con otras, como la dinástica o, sobre todo, la religiosa. Ese cambio de actitud del conservadurismo español en relación con el sentimiento nacional es justamente el proceso que estamos intentando desvelar en estas páginas.

La cosmovisión contrarrevolucionaria: la Iglesia contra la maldad moderna

La concepción de la realidad social y política de comienzos del siglo XIX por parte de la derecha prenacional española se basaba en una versión mitificada del pasado humano no muy distinta de lo que se conocía, por aquel entonces, como "Historia Sagrada", una historia de la Iglesia católica engarzada en el relato bíblico. Para poder entender su actitud en relación con los problemas políticos del momento, y en especial con la construcción de la identidad nacional, es conveniente recordar algo de la misma, aunque sea de manera sumaria y sin ilustrarlo con citas, pues se trataba de un marco sobreentendido, común a todos los autores.

En sus primeros capítulos, relacionados con la creación del mundo por Jehovah en seis días y el origen de los males humanos con la caída de Adán y Eva, el relato se atenía fielmente a la versión del Antiguo Testamento, sin plantear jamás dudas sobre su credibilidad. El sujeto mesiánico de estos momentos iniciales era la humanidad en su conjunto, o Jehovah mismo, y pasaba a serlo el pueblo judío desde el momento en que hacía su aparición; no lo eran España ni los españoles, por supuesto, que ni existían ni desempeñaban papel alguno, ni tampoco la Iglesia, razón esta, acaso, por la que se pasaba sobre esta fase con cierto apresuramiento. La siguiente, en cambio, en que el nacimiento y sacrificio de Cristo iniciaba la redención de la humanidad, merecía atención más prolija. El protagonista de la historia ya no era el pueblo de Israel —convertido, muy al contrario, enseguida en parte de la coalición maligna—, pero tampoco España; lo era la comunidad cristiana o, para ser precisos, su representación institucional, la Iglesia católica. Este sujeto, como todo héroe mítico, vivía un duro periodo de heroicos sufrimientos —las persecuciones y martirios bajo el poder romano, narrados siempre con gran lujo de detalles— que le purificaban y legitimaban para su majestuoso futuro. Dos aspectos de esta fase del relato merecen ser subrayados: el primero, la depravación de los emperadores paganos, útil no sólo para lanzar una condena moral sobre el mundo precristiano, sino también para enviar una primera advertencia sobre los males que pueden derivarse del poder político laico; en una teocracia bien ordenada, los portadores del mensaje divino no hubieran sufrido trato tan cruel. El segundo aspecto a destacar es la importancia otorgada al sufrimiento como legitimación del Mesías: Cristo muere en la cruz, sus seguidores son arrojados a los leones en los circos romanos, al igual que la santa madre Iglesia, perseguida y martirizada en el mundo moderno, soporta mansamente, coronada de espinas y maniatada, las injurias de los liberales.

Como no podía por menos, el castigo divino había terminado por caer sobre la corrupta Roma en forma de invasiones de "bárbaros". Comenzaba así el Medievo, momento triunfal de la organización eclesial y Edad de Oro en este relato mítico. El catolicismo habría sido reconocido entonces como superior a las instituciones políticas, prueba patente de la "espiritualidad" reinante en el periodo. La Iglesia, aliada con los poderes civiles, habría logrado imponer un "dulce yugo" sobre las bestiales pasiones del corazón humano, gracias a lo cual reinó en Europa una "civilizada felicidad", según expresión del padre Vélez, sin libertinaje ni anarquía. Era un mundo de deberes, sin lugar para libertades ni derechos individuales, incompatibles con la naturaleza caída de los humanos. No es preciso añadir que, al igual que no existían derechos individuales, tampoco los había colectivos. No aparecían las naciones ni sujeto terrenal alguno que pudiera proclamarse detentador de la soberanía política. Todo poder venía de Dios y los reyes lo ejercían de manera delegada, transitoriamente y bajo la vigilancia del vicario divino.

Mas he aquí que los humanos, movidos por su nunca extinguido rescoldo pecaminoso, no se habían resignado a estas sujeciones y habían alzado la bandera de la rebelión. Al principio fueron las herejías medievales, que pudieron ser dominadas; mas con el Renacimiento la soberbia cabeza de la serpiente se irguió de nuevo y sus victorias, semejantes a la que expulsó a Adán y Eva del primer Paraíso, acabaron con la idílica era medieval. La ruptura se consumó con la rebelión luterana, inicio de las catastróficas guerras de religión. Terminadas éstas sin una derrota completa de la herejía, los males, inevitablemente, llovieron sobre la Europa protestante: germinaron allí ideas absurdas y pecaminosas, como la tolerancia —que pone al mismo nivel la verdad y el error— o la fe en la razón y el progreso —basada en una insensata confianza en la capacidad humana de rectificar el orden establecido por Dios—. El fin último de aquellas empresas intelectuales había sido destruir las religiones, y en particular la cristiana, como demostraban las agresiones y burlas a la santa Iglesia de Dios por parte de Voltaire, cuyo solo nombre evocaba la maldad de todo un siglo. Uno de los perversos subproductos de aquélla había sido la invención rousseauniana de la soberanía popular, que acabó llevando a la Revolución Francesa, época de sufrimiento desconocido, quizás, desde las plagas de Egipto. Mas ni aun con eso escarmentaron los modernos. Dueños del mundo la impiedad y el materialismo, se habían atrevido a humillar al propio Santo Padre, a quien los masónicos Saboya habían arrebatado sus territorios y encerrado en Roma. El relato necesariamente concluía con un llamamiento a los católicos de todas las naciones a defenderse frente a la barbarie revolucionaria y la impiedad de las sectas, cuya suprema expresión había unanimidad en atribuir a la masonería, ejército demoníaco clandestino dotado de medios formidables.

Hasta aquí, el mito. Analicemos ahora su proyección sobre la política contemporánea, y en particular sobre la situación española. Para ello podría servirnos cualquiera de los autores mencionados: Ceballos, Hervás y Panduro, Diego de Cádiz, Simón López o Vélez. Pero utilizaremos con preferencia los textos de El Filósofo Rancio, fray Francisco Alvarado, polemista célebre durante los años de las constituyentes gaditanas, porque sintetizó la herencia de todos ellos hasta el punto de que, como dice Menéndez Pelayo, "personificó la apologética católica de aquellos días". "Atleta de la escolástica decadente", sigue opinando de él el *polígrafo*, "todo lo recorrió y lo trituró todo [...] ¡qué haz tan bien trabado formaban en su mente, más profunda que extensa, las ideas! [...] No hay en la España de entonces quien le iguale, ni aun de lejos se le acerque [...] Puede decirse que [...] llena un periodo de nuestra historia intelectual"[76]. Amparados por tan autorizado dictamen, tomaremos a esta figura como la más representativa del ambiente intelectual del absolutismo fernandino.

El punto de partida de esta visión del mundo es de un maniqueísmo extremadamente sencillo: hay una lucha universal y eterna entre dos principios, Bien y Mal, representados por la Iglesia, portadora de la verdad revelada, y Satanás, que no pierde ocasión de azuzar la rebeldía humana. De las sucesivas encarnaciones de esta rebeldía, es especialmente interesante la que, en siglos recientes, ha tomado la forma de racionalismo filosófico. Y hay que aclarar que se considera racionalista a todo el que utiliza la razón o hace filosofía al margen del magisterio eclesiástico, lo cual encubre, como observa José Luis Abellán, "no sólo un rechazo de los principios esenciales de la Ilustración y el liberalismo, sino de toda la filosofía en general"; Alvarado, en efecto, escribe que "apenas apareció el Evangelio en el mundo, luego desapareció toda otra filosofía; [...] él sólo era el que contenía la verdadera"[77]. Éste es un punto que merece ser desarrollado. Ya desde Hervás y Panduro se sabía que los enemigos de la Iglesia no eran sólo los protestantes, sino también "los filósofos". También Vélez había denunciado como objetivo oculto de la "filosofía" la destrucción de religión y tronos, para devolver a los hombres al libertinaje y la anarquía, y había sacado a la luz el nombre del "jefe de los filósofos": Voltaire.

Pero nadie era tan directo como Alvarado: para él, el mundo se dividía entre fuerzas del bien y del mal y entre las primeras incluía a "rey, pares, nobleza, monarquía absoluta, títulos, papa, obispos, curas, católicos, ricos"; lista un tanto impúdica de los poderosos de la tierra, pero no sorprendente; mas al describir las fuerzas del mal sí sorprendía Alvarado, pues sólo incidentalmente hacía referencia a algún tipo de jerarquía social o lucha de clases —por ejemplo, cuando escribe que las modernas declamaciones en favor de los "derechos humanos" no son sino ataques encubiertos de los pobres cobardes que intentan robar a los ricos las justas posesiones que les entregó la Providencia—. A quienes detesta Alvarado de verdad y denuncia sin cesar es a los "abogadillos de agua dulce", "los llamados publicistas", los "corbatas, oficialillos, caballeros pobres, ricos entrampados, clérigos arrepentidos, abates de becoquin y pantalón."[78]. Lo que puede deducirse de esta obsesión con intelectuales y profesionales independientes es que los problemas de la religión en el mundo moderno no le parecen al buen fraile relacionados con pugnas sociales —entre burguesía y nobleza, o entre pobres y ricos—, sino con la rivalidad entre la intelectualidad emergente y el clero. Así lo vivía, al menos, este sector ultraconservador del clero.

Visto de esta manera, es decir, identificando pensamiento independiente con racionalismo y rebeldía, se comprende que se considere figura eminente del racionalismo a un fideísta tan notorio como Lutero; o que se coloque entre las huestes racionalistas y ateas a un deísta sentimental, prerromántico, como Rousseau. ¿Y qué decir de los pobres jansenistas, ni racionalistas ni ateos desde cualquier perspectiva que se consideren, pero dispuestos a aceptar ciertos derechos regalistas frente a la Iglesia? "Eclesiásticos liberales", los llama Alvarado, "otra casta de pájaros [...] tan malos como los filósofos o peores", porque se empieza por jansenista y se acaba en ateo; son herejes, y la herejía es "hermana de la sedición". Su delito, en definitiva, fue haberse rebelado contra Roma, haber apoyado los derechos del rey frente a la Iglesia, cosa tanto más grave cuanto que se trata de eclesiásticos. Se entiende también así que Alvarado equipare la actitud de los "filósofos" de su tiempo —es decir, los liberales gaditanos— frente a Fernando VII con la de los Comuneros frente a Carlos V. La osadía, la ambición y el deseo de venganza movieron por igual a unos y a otros. ¡Hasta habían coincidido los dos en pretender cargar a los nobles con impuestos! Ambos se habían movido por impulsos perversos, como la envidia, la lascivia o la soberbia. Los constitucionalistas gaditanos formaban parte, en definitiva, de "una conspiración [...] contra Dios y contra su Cristo"; su objetivo era "abolir la religión" para dejar que se expandieran sin freno las pasiones humanas[79].

Otro aspecto destacable de esta visión de la historia es la obsesión paranoica con los métodos clandestinos de los perversos. No debería extrañar que en el mundo de las monarquías absolutas, en que la oposición política no podía actuar en libertad, ésta recurriera al secreto. Pero, para los ideólogos contrarrevolucionarios, ese secretismo del enemigo probaba sus connivencias demoníacas. Hervás o Vélez, de nuevo, se habían adelantado denunciando la "conjuración universal" de los filósofos, inspirados por Satanás, contra "todos los tronos y toda religión". Alvarado ratifica: como los protestantes fracasaron en España, "mudaron de sistema. Lo que antes nos decían como teólogos, nos lo empezaron a decir en tono de filósofos y publicistas"; pero su plan —insiste— es "atacar la religión de Jesucristo" o incluso "echar por tierra toda religión". Quiénes sean los agentes específicos que han entrado en esta conjura, es asunto adaptable a las preferencias o imaginación de cada autor: el abate francés Augustin de Barruel, el primer gran fustigador católico de la Revolución Francesa, estableció, en sus *Memorias para servir a la historia del jacobinismo*, la versión canónica de cuatro sectas demoníacas coligadas: filósofos, francmasones, iluministas y jacobinos; con Voltaire y Federico de Prusia como fundadores de la conspiración, apoyados por la Pompadour, que veía en el clero un obstáculo para sus inmorales amores. Antes que él, Hervás y Panduro había enumerado también cuatro sectas, aunque la fecha de su obra no le había permitido incluir a los jacobinos y ocupaban su lugar los jansenistas. Alvarado ratificaría las cuatro organizaciones malignas, las mismas que Barruel, con el añadido de que, en España, el ejemplo supremo de la inmoralidad había sido Godoy, él mismo parte de la conspiración de los jansenistas, apoyado por filósofos que habrían participado en sus orgías[80].

Ante tan dramática situación, con las creencias religiosas y la autoridad política asediadas y a punto de ser derrotadas por un conjunto de sectas malignas, ¿qué podía hacerse? Las soluciones ofrecidas por estos ideólogos no suelen ser sutiles. La primera, apuntada sin demasiada esperanza, es el conformismo, la sumisión voluntaria a las superioridades justas, el control de las pasiones por medio de una conciencia moral firme y, en especial, la represión de esa soberbia que nos lleva a creer posible un mundo basado en la razón y la libertad. Pero si la autorrepresión no funcionaba —y en los últimos siglos era obvio que no funcionaba—, sería inevitable recurrir a la represión externa, violenta, a cargo de la autoridad pública, guiada por la Iglesia. Alvarado no duda de que los filósofos, "raza maldita", vanidosos y pecadores, que aparentan religiosidad pero son ateos, merecen ser exterminados. Frente a ellos debe actuar la Inquisición, como lo hizo ante el peligro judío y musulmán, con "toda la severidad y rigor que por necesidad se usó a fines del siglo XV y principios del XVI. Apestaban entonces la nación los que del judaísmo y mahometismo se fingían cristianos [...] La apestan ahora los filósofos y francmasones que se cubren con el nombre de católicos [...] con el designio de abolir toda religión y apoderarse de todos los imperios". Alvarado dedica largas páginas a justificar el uso de la violencia, que no contradice la mansedumbre cristiana —"la santa crueldad", lo llama Javier Herrero—, y ensalza sin reparos a la Inquisición, un tribunal que, si inflige dolor a los perversos, protege a los justos de los sufrimientos derivados de la anarquía. En España, la Inquisición ha conservado, durante siglos, "la paz, la unión y religión sobre la que se funda toda buena república"; ha sido "antemural de su fe y seguro garante de su paz", y sigue siendo el único baluarte que puede defender esa unidad católica que la Constitución liberal reconoce pero que los liberales, en el fondo, no desean. No es extraño que el Santo Oficio sea el "ídolo de toda la nación", porque "este pueblo sabe que la Inquisición no es la religión; pero [...] quitar la Inquisición es una medida que va a dejarle sin religión[81]".

No hay mucho más. Todo se resuelve en una defensa a ultranza del *statu quo*. La unión entre política y religión, el propio carácter sagrado del orden social, lo convierte en inmutable. Una mera alusión a "reformar" algo es sospechosa. Especialmente intolerable es la idea de pacto social, que supone la posibilidad de que las sociedades decidan por sí solas su forma de organización política. "Dios es el autor de la sociedad, y no el pacto de Rousseau". Los verdaderos principios políticos, dice Alvarado, están en el Evangelio, pues no hay más libertad, igualdad o dignidad humana que las derivadas de ser "hijos de Dios". De todos modos, hablar de libertad o igualdad es peligroso, pues podrían creerse bases naturales de la organización social, cuando el orden natural es, precisamente, desigual y coactivo: "¿serán iguales por naturaleza los hombres, entre quienes por su misma constitución natural unos mandan y otros deben obedecer? [...] La igualdad por naturaleza que nos presentan estos señores filósofos es un sueño, y sueño de un frenético [...] La religión nos enseña todo lo contrario [...] Vemos padres e hijos, y solamente el infame autor de los iluminados ha sido capaz de intentar que los hijos sacudan esta dependencia de la naturaleza". La desigualdad y la pobreza son fenómenos queridos por Dios, que hizo una "sabia distribución" en el mundo, de forma que "unos abunden y a otros todo les haga falta". La nobleza es especialmente necesaria, pues "un Estado sin nobles es un cuerpo sin manos", dice Alvarado, parafraseando al obispo Guevara. El tejido social es jerárquico, al igual que el familiar, y los reyes ejercen la autoridad sobre sus pueblos como los padres sobre sus hijos. Más aún: los reyes actuales descienden de los antiguos patriarcas bíblicos, a quienes Dios confirió el poder directamente. Su autoridad es absoluta, aunque Alvarado y los demás escritores de su línea maticen habitualmente que eso no la convierte en caprichosa ni despótica, pues está sometida a unas "leyes tradicionales" y a la moral cristiana; como las primeras siempre quedan en la inconcreción, es la última, en definitiva, la única que tiene alguna efectividad, pues alude a la vigilancia suprema de la Iglesia sobre el poder civil[82].

No es, en principio, grande el lugar de España en este planteamiento. Los ideólogos antirrevolucionarios se proclaman, desde luego, patriotas y defienden con ahínco las "tradiciones españolas". Tanto es así, que llegan a denunciar a los "filósofos" como cosmopolitas y poco patriotas, incapaces de respetar tradiciones y de obedecer a legitimidades constituidas, lo que les convierte en incompatibles con la convivencia humana y peligrosos para cualquier sociedad. Alvarado expresa, en ocasiones, un orgullo derivado de su condición de español que podría tomarse por nacionalismo: "El español nada tiene que envidiar a nación alguna [...] En la guerra nos hemos dejado atrás a las gentes más valerosas. De la navegación hemos sido grandes maestros. En punto a las ciencias hemos competido con los más insignes sabios...". Pero estas declaraciones, cuando se leen en su contexto, redundan en mérito de la Iglesia: "¿A quién debió la España [...] la gloria literaria hasta donde nos elevamos en el gran siglo XVI [...] en el siglo de oro de nuestra España, cuando sabíamos de todo más que toda la Europa junta, cuando éramos el respeto y admiración de las naciones por las armas, por las ciencias, por las artes, por las lenguas y por todas las demás cosas?". La respuesta no deja lugar a dudas: "cuanto la Europa tiene hoy de cultura en todos los ramos, ha sido obra de los monjes y de los frailes"[83]. El fraile español, por tanto, no está cantando las excelencias de los españoles, sino las de los frailes; a ellos les debe todo España. ¿España sólo? Europa; la humanidad entera, en realidad, pues Europa es la cristiandad, faro y centro de la civilización humana.

La singularidad gloriosa de España reside en ser la encarnación del catolicismo: "Yo nací en España, país católico: fueron católicos mis padres, católicos mis maestros, católicos mis sacerdotes, católicos mis príncipes, católicos mis conciudadanos". No es de extrañar que haya una providencia particular de Dios en favor de tan fiel grupo humano. España fue, ciertamente, la defensora del catolicismo frente a Lutero, y recientemente se ha levantado contra Napoleón decidida a conservar la religión "en toda su pureza"; los españoles "tomaron las armas contra los franceses, principalmente para defender la religión". Cierto también que, según Alvarado, España ha contado con el favor de Dios para vencer al tirano, pero no menos lo es que esa protección sobrenatural está condicionada a que "su conducta general, y la de cada uno de sus hijos, s[ea]n tales que interesen a su favor la divina Providencia". En definitiva, no es una visión nacional la de Alvarado, sino católica, porque todo el mérito de España depende de su fidelidad a la religión romana y de la conservación de ésta como única del país. Lo cual engarza con la polémica gaditana, momento en que escribe el El filósofo

Rancio, que versaba precisamente sobre la supresión de la Inquisición. "¿A quién se le ha debido esta gloriosa resistencia del pueblo español [frente a Napoleón] que pudieron y no supieron oponer otros pueblos? Al Tribunal de la Fe, que lo ha preservado de la seducción que progresó en los otros". El catolicismo —versión inquisitorial— ha hecho que los españoles resistieran a Napoleón. Más aún: buena parte de la resistencia contra los franceses ha sido obra directa de la Iglesia y los frailes, dice Alvarado. La postura de este autor es mucho más católica que española, como prueba el hecho de que no toda la historia de España le parece defendible. Hay en ella puntos oscuros, como los intentos regalistas de diversos reyes, muy en especial de Carlos III, persona devota pero mal aconsejada por el masón Aranda. Tampoco toda la Iglesia española se gana el aplauso de El filósofo Rancio: no lo merecen, por supuesto, aquellos eclesiásticos que apoyaron la expulsión de los jesuitas. Y mucho menos estos liberales que, por mucho que se proclamen católicos, siguen un plan de Federico de Prusia y Voltaire al querer reducir el número de frailes y arrebatar sus bienes a la Iglesia. Estos liberales son españoles "por equivocación", han hecho una Constitución que es mera copia de la francesa revolucionaria y que la nación no siente como propia[84].

Pese a las repetidas alusiones a la defensa de España y sus tradiciones, no hay, en definitiva, nacionalismo en estos autores. Alvarado, en cierto momento de su diatriba contra la idea de pacto social, deja caer: "¿por dónde se nos ha aparecido [...] esta nación a quien ahora se le cuelga la soberanía?"[85]. La idea de nación supone, en efecto, considerar depositarios de la soberanía a los hombres, y no a Dios, único ente que merece el nombre de "soberano", y por tanto es una más de las perversas invenciones de la modernidad. El nacionalismo, en definitiva, es equivalente al ateísmo; confiere atributos divinos al Estado, coloca la razón humana —encarnada en algo tan inestable y banal como la opinión pública— en el lugar de la razón divina. Muchas décadas más tarde, al iniciarse el último cuarto del siglo XIX, El Siglo Futuro, órgano del carlismo integrista, heredero de estos contrarrevolucionarios de la era fernandina, seguirá explicando que la teoría liberal del Estado equivale al ateísmo, pues hace del poder público la representación de un "yo colectivo" que sólo se atiene a una razón autónoma e independiente y sirve a los derechos y deseos del conjunto de los ciudadanos: "no reconoce sobre sí ningún otro poder [...] porque el Estado es la humanidad misma bajo una forma social"; de esta manera, "o niega a Dios o diviniza al hombre, que es lo mismo"[86]. Para esta extrema derecha clerical española del XIX, la soberanía no radica en el Estado, representante de la nación, ni en voluntad humana alguna. Pretender tal cosa forma parte de las rebeliones modernas: según explicó en su día Hervás, éstas comenzaron por la predicación de la "libertad de los reyes contra la Iglesia", para seguir por la de los pueblos contra los reyes y llegar ahora a la igualdad absoluta, la negación de cualquier preeminencia social. Al tambalearse la religión —como estos pensadores creían que estaba ocurriendo—, desaparecían los fundamentos morales para la sumisión. No podían comprender que el mundo moderno iba a erigir a la nación en nueva base de la legitimidad política, de la identificación emocional de los ciudadanos con el Estado, y que de esta forma la autoridad alcanzaría tanta o mayor solidez que en la etapa anterior, cuando estaba sancionada por la religión.

Aparte de su maniqueísmo, y de su conservadurismo impermeable a cualquier concesión, llama la atención en esta visión de la realidad política del XIX su angustioso sentido apocalíptico, su "mentalidad de resistencia", según los términos que Julio de la Cueva aplica al catolicismo español de época algo posterior, cuando la Iglesia se veía a sí misma "como una fortaleza sitiada en medio de un mundo hostil"[87]. Ese mundo hostil es la modernidad, nuevo Anticristo que aparecía, además, con todas las trazas de triunfador. De ahí que el mensaje político fundamental de este discurso sea un llamamiento a los católicos, no ya para triunfar, sino para defenderse y resistir frente a este asalto generalizado de un mundo moderno que tenía todo el aspecto de estar sólo iniciando su andadura.

Por eso, la culminación de esta línea teórica en España sería el último Donoso Cortés, el gran reaccionario de mediados de siglo, con el que interesa terminar este apartado para reafirmar cuán ajeno era este planteamiento al sentimiento nacional. Juan Donoso Cortés, marqués de Valdegamas, embajador español en París durante los acontecimientos revolucionarios de 1848, es uno de los escasos pensadores políticos peninsulares que ha tenido cierta repercusión en Europa. Mas ello puede que se deba, precisamente, a que planteó su obra al margen de los problemas españoles. La lucha que él creía percibir no era de España contra la anti-España, sino del catolicismo contra los demonios de la modernidad: el materialismo, la inmoralidad, la revolución destructora de la civilización. Y en el sentido apocalíptico con que vivió esta lucha nadie le superó. Creyéndose un nuevo Agustín de Hipona en presencia del derrumbamiento del imperio romano, concibió su *Ensayo sobre el catolicismo, el liberalismo y el socialismo* cual nueva *Ciudad de Dios,* girando en torno a la grandiosa batalla final entre la civilización católica y el error racionalista[88]. Porque el origen del problema se situaba, para él, al igual que para Hervás y Panduro, Ceballos, Barruel, De Maistre o Alvarado, en el racionalismo. "La razón sigue al error adonde quiera que va", dijo, en uno de esos aforismos para los que tan bien dotado estaba; y en otra ocasión: "entre la verdad y la razón humana, después de la prevaricación del hombre, ha puesto Dios una repugnancia inmortal y una repulsión invencible". Otra de sus fórmulas, tan contundentes como arbitrarias, describía las sucesivas encarnaciones del "error racionalista": en el siglo XVII en el protestantismo, en el XVIII en el filosofismo ilustrado, en el XIX en el liberalismo y, por fin, en 1848 había revelado su verdadera faz, que era el socialismo; un socialismo anarquizante, como el de Proudhon, en quien Donoso localizaba al nuevo Anticristo, el dirigente de las hordas revolucionarias que venían a destruir toda preeminencia y toda civilización; marea destructora que desembocaría, sin embargo, en lo contrario a la anarquía, en una tiranía populista de dimensiones nunca soñadas. Frente a ello a Donoso Cortés sólo se le ocurre clamar por una "reacción religiosa", por una "dictadura católica", una autoridad divina e implacable; la pedía para España, pero también la creía necesaria para Europa, pues el problema excedía con mucho de lo nacional[89].

Salvo en la contundencia de sus fórmulas —y en la calidad de su prosa—, no hay ninguna novedad, como puede verse, en el Donoso Cortés de 1848 respecto de los Alvarado o Barruel de treinta o cincuenta años antes. "Detrás de toda cuestión política hay siempre una cuestión religiosa", rezaba otro de los axiomas que le hicieron célebre, y era lo que todos ellos habían querido decir: que el racionalismo moderno era una teología satánica, y de ahí su inevitable evolución desde el protestantismo hasta el filosofismo ilustrado, el liberalismo revolucionario y, finalmente, el igualitarismo socialista y la barbarie anárquica. Donoso creía, en efecto, como cualquiera de los contrarrevolucionarios que han sido objeto de este capítulo, en la incompatibilidad más absoluta entre la civilización católica, basada en la sumisión a las jerarquías naturales y la represión de los instintos perversos, y cualquier organización sociopolítica que confiara en la razón natural y buscara la satisfacción de los impulsos y necesidades terrenales de la humanidad. "Seréis como los ricos", era la fórmula de las revoluciones proletarias, como "seréis como los nobles" había sido la de las revoluciones de las clases medias, pero ambas se remontaban al "seréis como los dioses", primera expresión de la soberbia y la rebelión humana en el Paraíso. Como concluye Begoña Urigüen, "el principio más radical del antimoderantismo donosiano [es] la irreconciliabilidad entre la verdad y el error, entre la religión y la filosofía, entre la Iglesia y la revolución"[90].

Lo que interesa en este libro es que en el planteamiento de este gran representante del conservadurismo español de mediados del XIX sigue sin caber la nación. La nación era tan sospechosa para él como lo había sido para los teóricos del absolutismo fernandino, una sospecha que se reforzó sin duda ante los fervores nacionalistas que le tocó presenciar durante las revoluciones de 1848. "Un pueblo que proclama su soberanía —escribe— es un pueblo que proclama su unidad y un pueblo que proclama su unidad es un pueblo que reclama su existencia"; los que "adoran la soberanía popular adoran un absurdo [...] ¿cuál es el error funesto que ha podido conducir a los hombres que combato a tal absurdo sin que se espanten de sus terribles consecuencias? Vedle aquí: ellos han creído que, en el estado normal de las sociedades, el pueblo es un ser, cuando sólo es un agregado de seres; es decir, un nombre. De aquí resulta que los que adoran su soberanía, a un nombre sólo adoran; que los gobiernos que [...] se declaran sus servidores, a un nombre sólo sirven. [...] En el estado normal de las sociedades, no existe el pueblo, sólo existen intereses, [...] opiniones, [...] partidos"[91]. Es comprensible que se enfrentara explícitamente con González Bravo, político de origen liberal que también evolucionaba en aquel momento hacia un conservadurismo extremado, pero que lo basaba en una radical afirmación de los derechos de la nación española. Donoso, por el contrario, piensa desde un punto de vista europeo. Su inspiración viene de Augustin de Barruel, de Joseph de Maistre y de todo el pensamiento antiilustrado franco-italiano (Bergier, Nonotte, Valsechi, Mozzi, etcétera) en el que bebieron también los Vélez y Alvarado. Mucho más cosmopolita que éstos, Donoso se siente abiertamente europeo y se dirige a un público europeo, y publica su *Ensayo sobre el catolicismo* en francés, a la vez que en español. Escribió también en aquellos años, últimos de su vida, un *Llamamiento a los conservadores* (europeos) e hizo lo que pudo —incluidas gestiones cerca de Luis Napoleón y del retirado Metternich— por llegar a una alianza antirrevolucionaria de las monarquías cristianas continentales que contrarrestara la política liberal de los ingleses. Una alianza que debería estar apadrinada y protegida por la Iglesia, única verdaderamente capaz de salvar a las sociedades del "peligro de muerte" que las amenazaba[92]. A través de Louis Veuillot, los ecos del pensamiento donosiano se dejarían sentir con nitidez sobre Pío IX y el *Syllabus*. Vale la pena añadir un par de datos últimos sobre esta línea de pensamiento para probar su orientación abiertamente antinacional.

De Barruel, es curioso saber que fue en sus *Memorias para servir a la historia del jacobinismo,* de 1798, donde apareció por primera vez la voz *nacionalismo.* Y en el mismo párrafo en que inventa ese término que iba a repetirse hasta la saciedad en los dos siglos siguientes, queda claro también el carácter negativo que atribuye al fenómeno, para él una de tantas invenciones perversas de la modernidad. Según explica Eugene Kamenka, nacionalismo significaba, para el abate Barruel, "derrocar gobiernos legítimos cuyo derecho a ejercer la autoridad se basaba en la voluntad divina o en derechos hereditarios", lo cual estaba ligado con "el terrible espíritu de la masonería y la ilustración, anclado en el egoísmo". Dejemos la palabra al propio abate:

Le nationalisme, ou l'amour national, prit la place de l'amour général à l'humanité [...] Alors, ce fut une vertu de s'étendre aux dépens de ceux qui ne se trouvaient pas sous votre empire. Alors, il fut permis, pour atteindre ce but, de mépriser les étrangers, de les tromper, de les offenser. Cette vertu fut appelée Patriotisme [...] enfin l'Egoisme.

El abate contrarrevolucionario no dejaba de tener razón, al considerar el nacionalismo una expresión de egoísmo colectivo. Pero habrá que reconocer que ése no era el clima adecuado para el surgimiento de un nacionalismo español interpretado en términos católico-conservadores.

El mundo conservador no tenía más que recelos ante el nacionalismo. Es célebre la conversación entre Metternich y Louis Veuillot en que el primero le hizo observar al segundo que "cuando la lengua francesa añade el *isme* a un sustantivo, añade algo degradante a esta idea", enunciado que se le ocurrió ilustrar inmediatamente con tres casos: *théisme, libéralisme* y *nationalisme*[93]. Para el canciller austriaco, el nacionalismo era uno de los primeros ejemplos que le venían a la mente de lo extremado y peligroso de la política moderna. Era el momento en que el Vaticano no apoyaba ni siquiera el católico nacionalismo polaco. A sugerencia de Lamennais, surgieron dudas sobre la conveniencia de seguir esta línea, y hubo un periodo de coqueteos *güelfistas,* pensando en hacer del papado el eje de la unidad italiana. Pero el vendaval revolucionario de 1848 arrasó con esta breve tentación. Y, a partir de entonces, el otrora liberal Pío IX se enfrentó con la idea de nación, como se enfrentó con el liberalismo. Y en 1864, tras ver cómo le arrebataban sus territorios pontificios los nacionalistas italianos, publicó su célebre *Syllabus,* en el que, siguiendo fielmente lo teorizado por Barruel, Joseph de Maistre, Alvarado o Donoso, anatematizaba a diestro y siniestro. Todo era condenable: el racionalismo, el deísmo, la tolerancia, el liberalismo, el socialismo... y el nacionalismo, bajo la forma de la fundamentación estrictamente laica o natural del poder político. El enunciado número ochenta resumía, en cierto modo, las setenta y nueve condenas anteriores y la posición papal *in toto,* declarando imposible cualquier reconciliación de la Silla de Pedro con "el progreso, el liberalismo y la civilización moderna". Con el paso del tiem-

po, y tras no pocas dudas y dificultades, sus sucesores han rectifica-
do esa línea. Por suerte, porque de haber continuado por ella la
Iglesia católica podía haber terminado en una secta marginal y ex-
travagante, con un número de seguidores más reducido cada año.

Es significativo que la aparición del *Syllabus* únicamente fuera
saludada con aplauso por los integristas de Ramón Nocedal, en España —y en otros países por sus equivalentes—, tan extremadamente conservadores que acabarían siendo inaceptables incluso
para los carlistas. Ramón Nocedal, el dirigente de aquella fracción,
se consideraba heredero intelectual de Donoso Cortés; y, en esto al
menos, tenía razón. Como la tenía Pidal y Mon, el dirigente del catolicismo moderado, que hacia 1880 llevó a buena parte de los antiguos tradicionalistas a las filas del conservadurismo canovista,
cuando calificó la influencia de Donoso Cortés sobre el catolicismo
español de "calamidad"[94].

Y es que el conservadurismo español de la segunda mitad del siglo estaba rectificando su línea de las décadas anteriores. Iba a seguir identificándose con el catolicismo, y defendiendo la "patria" y
las sacrosantas "tradiciones españolas", pero también empezaría a
combinar aquél con éstas en una amalgama que mucho después se
llamaría nacional-catolicismo. Al aceptar y desarrollar la idea de nación, se integraba así en el mundo moderno. Esperemos que, a estas
alturas de nuestra indagación, nadie tome esto como un juicio de valor: la modernidad no es necesariamente positiva ni negativa; de
todo tiene; pero quien no se integra en ella, no sobrevive. Para bien
o para mal, en fin, el conservadurismo católico español se adaptó a
los mínimos exigidos para sobrevivir en el mundo moderno.

Capítulo VIII

Las dos Españas

El romanticismo: la esencia católica de España

Con la restauración del Antiguo Régimen en toda Europa, tras la derrota bonapartista de 1814-1815, coincidieron importantes transformaciones en los gustos literarios y filosóficos, que abrieron una gran oportunidad para asimilar la identidad española con el catolicismo. Se abría lo que enseguida empezó a llamarse *era romántica*.

Aunque la cronología del romanticismo en España sea cuestión muy debatida por los historiadores de la literatura, parece existir un cierto acuerdo en otorgar un papel clave en su introducción inicial a Johann Nikolaus Böhl von Faber, o Juan Nicolás Böhl de Faber, alemán naturalizado en Cádiz, comerciante y bibliófilo, autor de una obra sobre el teatro castellano anterior a Lope de Vega. En 1814, al poco de retornar Fernando VII de Francia, este erudito publicó una adaptación de las páginas relacionadas con el teatro del Siglo de Oro español de unas lecciones sobre el teatro universal dadas en Viena por August Wilhelm Schlegel. En ellas se reivindicaba lo que Schlegel llamaba "teatro español", denostado durante el siglo y medio anterior por no atenerse a la normativa neoclásica, y en especial la obra de Calderón, dominada, en su opinión, por gran fantasía poética y profunda espiritualidad cristiana. Sobre las motivaciones principales de Böhl de Faber al publicar estas páginas puede discutirse sin fin: unos críticos aceptan que el interés dominante en el alemán hispanófilo era el literario, mientras que otros destacan sobre todo las posiciones políticas que subyacían a su defensa del teatro español. No hay duda de que Juan Nicolás, recién convertido al catolicismo, era persona extremadamente conservadora y que ligó su defensa del nuevo estilo literario a su antiliberalismo visceral. Su esposa, la gaditana Francisca Ruiz de Larrea, publicó en 1814 un panfleto dedicado al retornado Fernando VII que, en palabras de Guillermo Carnero, era "una exaltación delirante de la Guerra de la Independencia y del chovinismo español"; en él exponía la concepción del "antiguo carácter de la nación" o "raza de los Pelayos", indisolublemente ligado al catolicismo y el absolutismo monárquico[95].

Lo que interesa subrayar aquí es que el matrimonio Böhl añadía a su romanticismo y conservadurismo un tercer rasgo: la consagración de la identidad española en términos nacionales modernos e incluso su exaltación como una de las más románticas de Europa. Porque Böhl de Faber, como Schlegel, seguía las ideas de Johann Gottfried Herder, para quien tanto las lenguas como las literaturas eran "nacionales", es decir, expresaban una determinada manera de ser y de concebir la realidad por parte de un pueblo. Y no sólo incluían todos ellos a España como una de las más indiscutibles naciones o "formas de ser" del mundo europeo, sino que consideraban al espíritu nacional español, tal como había quedado codificado en la obra de Calderón, como el que más se ajustaba al nuevo gusto romántico, al estar dominada su literatura por los valores heroicos, caballerescos, religiosos y monárquicos que habían sido típicos del mundo medieval y que la Europa moderna estaba, desgraciadamente según ellos, perdiendo. Estos románticos alemanes creían que España había demostrado ya su fuerte personalidad y gran creatividad literaria en plena Edad Media, con el *Cantar de Mío Cid,* y había alcanzado su culminación con la poesía y el teatro del Siglo de Oro. Esa creatividad habría decaído a lo largo del siglo XVIII, cuando el afrancesamiento de la corte española hizo que los poetas y dramaturgos se alejaran de Calderón y siguieran las rígidas reglas neoclásicas, ancladas en la visión pagana del mundo propia de la Grecia y Roma antiguas que había desenterrado el racionalismo ilustrado francés. Según esta interpretación, el siglo XVIII habría sido esencialmente antiespañol. Todo el racionalismo ilustrado, la filosofía del progreso, los valores culturales y políticos del mundo moderno, eran, en último extremo, incompatibles con el mundo mental y la forma de ser de los españoles[96].

Si los ideólogos de Fernando VII hubieran tenido visión de futuro, habrían abrazado con entusiasmo la reivindicación que Schlegel y Böhl de Faber hacían de Calderón y la literatura española del XVII, pues no había nada más adecuado que esta visión del romanticismo y de la creación literaria para exaltar el Antiguo Régimen disfrazándolo de defensa de lo español frente a lo extranjero. Al convertir el teatro calderoniano en "consustancial al carácter nacional", como escribe Guillermo Carnero, respetar sus valores se convertía en "cuestión de patriotismo"[97]. Pero sabemos que no era ésa la preocupación de la derecha española del momento; que la nación, en los ambientes absolutistas, provocaba miedo; y que el miedo pudo más que las conveniencias propagandísticas. El rey absoluto, en resumen, no supo o no quiso hacer suyo ese nacionalismo conservador del romanticismo naciente. Si no había incorporado a su retórica las expresiones de patriotismo surgidas en ambientes serviles, mucho menos iba a hacerlo con las ofrecidas por el romanticismo, moda por la que el absolutismo no sentía la menor simpatía. Poco importaba que la nueva forma de hacer literatura llegara asociada, en sus primeros momentos, con la defensa del pasado frente a la modernidad. La España fernandina sólo veía en ella un fenómeno perturbador, desmelenado, carente de normas, típico de la rebelión y el desorden modernos, y, al igual que en política descartó la nación y prefirió anclarse en la legitimidad dinástica y la religión, en el terreno estético e intelectual se aferró a las normas clásicas. Ni el romanticismo ni, a decir verdad, ningún otro movimiento creativo y renovador llegaron a penetrar en aquel mundo. La irrupción romántica sólo se produciría tras la muerte del rey. Y para entonces ya estaba vinculada al liberalismo político.

Es erróneo, sin duda, como observa Derek Flitter, identificar mecánicamente romanticismo y liberalismo, pero no lo es vincular con el liberalismo político a los más célebres autores románticos españoles: Martínez de la Rosa, Espronceda, Larra, el duque de Rivas; en su versión radical, en general, cuando fueron jóvenes, y en la moderada a medida que pasaron los años. Hacia mediados de siglo, cuando Fernando VII llevaba ya quince o veinte años en el Panteón de El Escorial y en el país se había afianzado el liberalismo "moderado" —fuertemente conservador—, la mayoría de los románticos citados, o había muerto también o se había sumado a los que ponían toda la sordina posible a los cantos a la libertad. El ejemplo más expresivo de esta evolución hacia el conservadurismo es, quizás, el del duque de Rivas. Su *El moro expósito*, de 1834, era, en palabras de Vicente Lloréns, "el poema de un liberal español de la época fernandina", cuyo personaje principal "por su patria siempre estaba pronto a sacrificarlo todo". En los romances de Rivas posteriores a 1840, en cambio, "patriota" equivale a alborotador callejero; y, a medida que siguieron pasando los años, el poeta expresó cada vez con mayor radicalismo su aristocrático disgusto ante la irrupción de las masas en política. Lloréns concluye: "el liberal exaltado de la juventud se ha convertido en el reaccionario también exaltado de la vejez"[98].

A partir de 1840, en efecto, el romanticismo iba siendo aceptable en los medios conservadores. Fue desde esa perspectiva política como Javier de Burgos relanzó, en 1841, las ideas de Schlegel y Böhl de Faber, cosa que repitió al año siguiente Gil y Zárate, uno de los consagradores del canon historiográfico nacional de los que hablamos en el capítulo anterior[99]. En esta época tardía del romanticismo español, el más popular e influyente de los literatos no era ya ni el conservador duque de Rivas ni los fallecidos Larra o Espronceda; lo era José Zorrilla, que se había dado a conocer precisamente en el entierro de Larra, y a quien tantas veces se ha atribuido el calificativo de "poeta nacional". Como vio J. I. Ferreras, Zorrilla se ganó esta representatividad debido precisamente a su condición de "cristiano y católico" y a que supo encarnar "los valores castellanos [...] el patriotismo y la independencia española", dejando de lado "cualquier problema con visos de actualidad". También Menéndez Pelayo elogia a Zorrilla: "el cuento, la conseja, la tradición de moros y cristianos, el libro de caballerías, la devoción infantil y popular más que el sentimiento religioso profundo, la España antigua en su parte menos íntima y brillante... eso es Zorrilla, y por eso sólo gusta y será querido y admirado mientras lata un corazón español y mientras no se extinga la última reliquia del espíritu de la raza". En efecto, buena parte del éxito de este poeta se debió a la habilidad con que supo adaptar el estereotipo nacional a los principios católicos y monárquicos del conservadurismo. Zorrilla tenía preferencia por la Edad Media, donde situó tantos de sus dramas y poemas; una Edad Media "española", en la que hay "moros", y moros muy caballerosos —no en vano han vivido siglos en la Península—, pero a los que no se puede considerar propiamente españoles, sino "invasores" que acabarán por ser expulsados de un territorio que no les pertenece. La comunidad imaginada como España por Zorrilla es, por definición, católica. Como buen romántico, Zorrilla va más allá de la identificación de España con el catolicismo y se funde él mismo con ambos valores. En la introducción a uno de sus volúmenes de poesía, declara que al escribirlo ha tenido presentes "la patria en que nací y la religión en que vivo. Español, he buscado en nuestro suelo mis inspiraciones. Cristiano, he creído que mi religión encierra más poesía que el paganismo". Y en uno de sus poemas escribe:

> cuando hoy mi voz levanto,
> cristiano y español, con fe y sin miedo,
> canto mi religión, mi patria canto.

No será inútil añadir que tan tajantes expresiones de fidelidad a la ortodoxia religiosa tenían, a mediados del siglo XIX, un importante contenido político. En prueba de ello, en *El alcalde Ronquillo* —donde, una vez más, declara Zorrilla que escribe sus obras "como buen cristiano y poeta popular"—, añade que "todas las tradiciones religiosas tienden a enseñar y probar a los pueblos la inmunidad de la Iglesia y el castigo de los que contra los sacerdotes atentan"[100]. No es difícil interpretar el significado ultramontano de esta frase, poco después de la desamortización española y en plena pugna del *Risorgimento* italiano contra el papado.

La última representación de este pensamiento conservador, cuya caracterización como romántico empezaba ya a ser dudosa, fue Cecilia Böhl de Faber, *Fernán Caballero*, hija de aquel matrimonio, Nicolás Böhl y Francisca Larrea, que había dado a conocer el romanticismo en la segunda década de siglo. Cecilia era una mujer culta, familiarizada desde niña tanto con la literatura española clásica como con el romanticismo alemán y francés. Desde el punto de vista que guía este libro, el de la definición de la imagen nacional, la escritora hispano-germana no puede ser más interesante. Por un lado, cree en la existencia de las naciones como entes permanentes: "No, las nacionalidades no se borran de una plumada ni con un aforismo falso, ni con algunas modas universales en el vestir. Dícese que la completa igualdad es un resultado necesario de la ilustración y de la facilidad de comunicaciones. Es para nosotros un enigma el móvil que lleva a muchas personas de mérito y de talento a defender y aplaudir esa nivelación general, y cuál es la ventaja que de ella resultaría. Que un país sin pasado, sin historia, sin nacionalidad, sin tradiciones, adopte un carácter ajeno por no poseerlo propio como ha hecho la América del Norte adoptando el inglés, y la del Sur adoptando el español, se comprende. Pero que se afanen por hacer esto algunos hijos del país de Pelayo y del Cid, de Calderón y de Cervantes, para desechar el suyo y adoptar el ajeno, es lo que no concibe ni el patriotismo, ni la sana razón, ni el buen gusto". Fernán Caballero no sólo cree en las naciones, sino que destaca a España, entre ellas; "¡Oh, España! [...] madre de santos, de guerreros y de sabios sin cuento [...] ¡qué ejemplos has dado al mundo en todos los ramos, tú que hoy se los pides a los extraños! [...] sería difícil hallar una nacionalidad más genuinamente fina y elegante que la española"[101].

Por otro lado, para Fernán Caballero la identidad española, de acuerdo con las ideas de su padre, equivale al orden social y mental del Antiguo Régimen. En ese mundo idealizado anterior a la Revolución situó sus novelas de mayor éxito: *La gaviota, La familia de Alvareda, Clemencia,* todas ellas de orientación política fuertemente conservadora y publicadas en los meses o años siguientes a las grandes conmociones revolucionarias de 1848. En todas idealiza un mundo rural que representa la religiosidad y la pervivencia de las jerarquías heredadas, contrapuesto a las ciudades modernas, nidos de sofisticación, de innovaciones insustanciales, de "cínico sensualismo", de libertinaje. Incluso el capitalismo le parece condenable a esta conservadora a ultranza, pues en aquellos siglos medievales en que "reinaban la fe y el entusiasmo" el oro se aplicaba a usos dignos y nobles, mientras que en el denostado mundo moderno se usa para "lucros inicuos".

En conjunto, no se le puede negar la razón a Guillermo Carnero, cuando escribe que el romanticismo de Cecilia Böhl de Faber, heredado de su padre, "hunde sus raíces en la corriente reaccionaria que surge [...] como respuesta dictada por el inmovilismo contra todo aquello que pone en peligro la pervivencia del Antiguo Régimen". La hija de Böhl de Faber había leído a fondo a los Barruel, De Maistre, Vélez y Donoso Cortés. El orden social era, para ella, fruto de la voluntad divina y quienes intentaban cambiarlo eran enemigos de la religión "y de todo lo existente", predicadores de "máximas impías y disolventes"; su locura había llevado a los crímenes de Marat, Robespierre y Proudhon. Pero lo interesante aquí es que ese pensamiento reaccionario se funde, en Fernán Caballero, con su creencia romántica en las naciones. Y en esa visión nacional del mundo, España salía beneficiada en relación con la imagen negativa elaborada por la *Leyenda Negra* de los siglos XVI y XVII y por los ilustrados del XVIII. Podía aceptarse que España era una nación decadente, como creía Montesquieu, pero ¿no era hermosa la decadencia para un romántico? Era también cierto que España no sabía adaptarse a la modernidad, pero eso demostraba su superioridad espiritual sobre el resto de Europa. No menos indudable era que se trataba de una sociedad intolerante, y hasta podía llamársela "fanática", pero, de nuevo, eso expresaba su profunda y auténtica religiosidad, frente a la superficialidad de las sociedades civilizadas, que aceptaban, con todo cinismo, la tolerancia, la convivencia con el hereje o el ateo.

Cecilia Böhl de Faber contribuyó, así, desde dentro del país, a la modificación de la imagen internacional de lo español que habían emprendido Lord Byron y Washington Irving y que completaron, sobre todo, los viajeros románticos franceses: los Hugo, Gautier, Dumas o Merimée. La literatura de Fernán Caballero no fue de gran calidad, e incluso podría debatirse si merece el calificativo de romántica: fue costumbrista, pintoresca, folclórica, sensiblera y —lo que más interesa aquí, y lo que más la distancia del romanticismo— didáctica[102]. Pero ofreció una vía para combinar el ideario antiilustrado y contrarrevolucionario con la idea de nación, presentando a España como el paradigma europeo de la religiosidad y el idealismo.

EL ASALTO LIBERAL CONTRA EL PASADO CATÓLICO

Al iniciarse la segunda mitad del siglo XIX, y en especial a partir de 1860, hasta el observador menos penetrante podía percibir que las circunstancias españolas y europeas estaban cambiando radicalmente en relación con el medio siglo anterior. En Europa, las revoluciones de 1848 habían derrocado la "monarquía burguesa" de Luis Felipe en Francia y algunas otras casas reales de menor importancia, pero sobre todo habían dado cuenta de Metternich y de cualquier cosa que sonara a santas alianzas de tronos y altares. En España, el carlismo parecía fracasado, tanto desde el punto de vista militar como desde el político; todavía faltaba una guerra más, larga y sangrienta, pero eso no era fácil de prever entonces. A la derrota de 1839-1840 había sucedido otra en 1849 y un fiasco casi ridículo en 1860. El pretendiente, Carlos Luis, conde de Montemolín, hijo del primer don Carlos, desembarcó aquel año en La Rápita, junto con su hermano Fernando, pero las tropas con las que pensaban pronunciarse no les obedecieron y cayeron prisioneros. Se pensó en fusilarlos, pero O'Donnell prefirió no dar víctimas que venerar a la causa absolutista y se limitó a obligarles a renunciar a sus derechos y a ponerlos en la frontera. La legitimidad carlista vino así a parar a un tercer hermano, don Juan, que era el hombre menos adecuado para aquel papel: blando, liberal, divorciado de una esposa muy devota... Montemolín, además, se retractó de su renuncia en cuanto se vio libre, lo que dio lugar a un desagradable intercambio de comunicados públicos entre los dos hermanos. Podían habérselo ahorrado, porque Carlos Luis, su esposa y Fernando murieron a los pocos meses, en lo que probablemente fue una epidemia de fiebre tifoidea, aunque no dejó de hablarse de un envenenamiento. Tantas muertes súbitas tampoco resolvieron la situación, ya que "Juan III", dadas sus ideas liberales y su intento de acercamiento a Isabel II, no fue reconocido por el conjunto del movimiento. Fue entonces cuando la princesa de Beira, viuda del primer pretendiente carlista, tomó las riendas: en un manifiesto titulado "A los españoles" —indicio de que hasta el carlismo iba entrando por la vía nacional—, declaró indigno a su hijastro don Juan, como traidor a los principios legitimistas, y reconoció como dirigente del movimiento al hijo mayor de éste, otro don Carlos más, autoproclamado "Carlos VII" a partir de 1868. Mas el absolutismo teocrático estaba dividido y debilitado y, quien más, quien menos, todos pensaban que el tiempo corría en su contra. No mucho después, los propios políticos carlistas, bajo la dirección de un Cándido Nocedal todavía con restos de su pasado liberal, comenzarían a entrar por la vía parlamentaria.

La Iglesia española, por su lado, tampoco era ya lo que había sido. Tras el proceso desamortizador de 1835 a 1860, había visto desaparecer la casi totalidad de sus tierras y reducirse drásticamente el número de sus frailes y monjas[105]; también su prestigio estaba muy erosionado, tras haber apoyado a Fernando VII y a los carlistas. Y como el mundo liberal iba dejando de ser aquel vendaval que amenazaba tronos y altares, parecía llegada la hora de empezar a reconciliarse con él. La, en teoría, liberal reina Isabel II estaba acercándose a las posiciones del catolicismo conservador, llamado por entonces neocatolicismo, debido a la influencia de una camarilla real muy beata, en la que sobresalían sor Patrocinio, *la Monja de las Llagas,* y el padre Claret, confesor real desde 1857, por no mencionar al propio consorte regio don Francisco de Asís, que hasta tuvo algo que ver con la intentona carlista de La Rápita. Las diferencias entre las dos ramas disminuían de día en día y se hablaba sin cesar de proyectos de uniones matrimoniales entre ellas[106]. El clero tenía motivos para ir abandonando el insurreccionalismo carlista: reclamar la monarquía absoluta y la Inquisición era cada día más anacrónico; el pragmatismo exigía instalarse en posiciones confortables dentro de un régimen monárquico parlamentario de corte oligárquico, asegurándose al menos el control del sistema educativo y un holgado presupuesto de culto y clero. El Concordato de 1851 había concedido ambas cosas —llevar ese acuerdo a la práctica era ya otro cantar—, a cambio de que la Iglesia reconociera la legitimidad de Isabel II y aceptara la desamortización como un hecho consumado; el último impulso desamortizador, el de O'Donnell, a finales de los cincuenta, incluso se negoció con el Vaticano.

No se encontraba la Iglesia católica en el mejor momento para extremar las exigencias, agobiada, como estaba, con la "cuestión romana". Ese mismo año fatídico de 1860, simbólico umbral de la nueva era, el papa había perdido todos los territorios que regía como monarca desde principios de la Edad Media, excepto la ciudad de Roma, que sólo lograría conservar diez años más. A mitad de ese angustioso decenio, en la Navidad de 1864, fue cuando Pío IX se declaró en guerra con el mundo moderno por medio del *Syllabus* y la *Quanta Cura*. Era una señal de desesperación, y nadie recibió aquellos documentos con júbilo, excepto los carlistas y sus equivalentes en otros países. En 1869, a punto ya de entrar las tropas garibaldinas en Roma, "Carlos VII" le escribió al pontífice que "de la España goda salieron los más bizarros cruzados contra la media luna, y de la España carlista saldrán las huestes más entusiastas contra la secta que nació en el siglo XVII y que, por desgracia, derroca desde entonces tronos y entibia cada vez más la fe católica"[107]; podía entenderse que la secta a la que se refería era la masonería —nacida el siglo XVIII, pero eso eran minucias— o el protestantismo —del XVI—; mas, habiendo leído a los Hervás, Vélez y compañía, la fecha era correcta, pues esa "secta" era el racionalismo, raíz de todos los males modernos. Era pura retórica, en cualquier caso. No muy distinta, además, de la que habían usado los "neos" isabelinos, con la diferencia de que éstos, además de retórica, tenían soldados y cañones que podían enviar —aunque, en el momento supremo, tampoco lo hicieron— en ayuda del pontífice.

A medida que la revolución liberal se moderaba y la monarquía se hacía más conservadora, también el nacionalismo se iba convirtiendo en algo respetable. Ya no era un sentimiento exaltado, de incendiarios y barricaderos —en España o Francia; muy diferentes eran en Italia o Polonia—, sino de apacibles burgueses que leían en la prensa cada mañana las últimas hazañas del ejército nacional en alguna escaramuza con sus vecinos, normalmente en lejanas tierras africanas o asiáticas. Hacia 1860, ningún español de buen tono dejaba, por ejemplo, de sentirse inflamado al hablar de la "Guerra de la Independencia", la más memorable demostración reciente de la invencibilidad de la "raza" —palabra que irrumpía por entonces con fuerza en el vocabulario político—. Entre 1857 y 1863, en uno de los pocos periodos de apaciguamiento de las tormentas interiores, O'Donnell llevó a cabo su famosa "política de prestigio": una serie de aventuras imperiales, de muy escasas dimensiones si se comparan con las emprendidas por otros Estados vecinos, pero sin duda al límite de lo que consentía el escuálido presupuesto público. Las grandes potencias europeas se hallaban lanzadas a una carrera feroz por el dominio del mundo y, aunque sólo fuera por mimetismo, por presión del entorno, las élites españolas tenían que amagar algún intento de expansión colonial. Es lo que ocurrió con aquellas empresas de la era de O'Donnell, y en especial con el sueño de dominio sobre el norte de Marruecos, que concentró toda la agresividad y el sentido de futuro del españolismo de mediados del XIX.

La guerra de Melilla de 1859-1860, bautizada pomposamente como "Guerra de África", fue muy bien recibida por la opinión interior y dio lugar a la mayor floración de retórica patriótica aparecida entre la guerra napoleónica y la cubana. Galdós lo reflejó muy bien, años más tarde: "Guerra, clamaban las verduleras; venganza y guerra, los obispos. No había español ni española que no sintiera en su alma el ultraje". No era para tanto el tal ultraje, reconoce el autor de los *Episodios nacionales,* y los españoles fueron a la guerra "porque necesitaban gallear un poquito ante Europa y dar al sentimiento público, en el interior, un alimento sano y reconstituyente". O'Donnell "fabricó patriotismo" siguiendo los pasos del vecino Luis Napoleón; de Francia se trajo "una remesa de imperialismo casero y modestito, que refrescó nuestro ambiente y limpió nuestra sangre, viciada por las facciones". Fue así, como lo describe Galdós, y dio resultado, a juzgar por el fervor con que lo vivieron los contemporáneos. Baste recordar algunos de los éxitos editoriales del momento: el *Diario de un testigo de la Guerra de África,* de Pedro Antonio de Alarcón; las *Jornadas de gloria, o los españoles en África,* de Víctor Balaguer; el *Romancero de la Guerra de África,* del marqués de Molins; y otros que mencionaremos en su momemto[108].

Lo realmente innovador de aquel conflicto es que hizo confluir en el terreno práctico al nacionalismo liberal con el católico. Así lo demostró, para empezar, el apoyo unánime a la declaración de guerra por parte de las fuerzas políticas con representación en Cortes. Pero más expresivos aún de esta confluencia son dos documentos de muy diferente procedencia: la pastoral dirigida por el arzobispo de Madrid a las tropas que partían hacia el combate y el resonante artículo publicado, en esas mismas fechas y con la misma intención, por el republicano Emilio Castelar. "Sois —decía el arzobispo— los herederos de los vencedores de Covadonga, las Navas y el Salado. Vais al combate a pelear contra infieles [...] enemigos, no sólo de vuestra reina y de vuestra patria, sino también de vuestro Dios y vuestra religión". La arenga de Castelar, por su parte, rezaba: "Soldados: lleváis en vuestras armas el fuego sagrado de la patria. La causa de la civilización es vuestra causa. El cielo os ha escogido para cumplir los grandes fines de la historia moderna. Vais a abrir un nuevo camino a la idea gloriosa del progreso [...] La victoria os aguarda, el cielo os bendice"[109]. El discurso es diferente y es obvio que uno pone el énfasis en la defensa de la religión, mientras que el otro subraya la misión civilizadora. Pero hay unas coincidencias impensables veinte años antes. Ésa fue la novedad de la "Guerra de África".

Para sumarse sin reservas a los entusiasmos nacionalistas, los ideólogos conservadores tenían que encontrar un lugar —y un lugar de honor— para el catolicismo entre las glorias nacionales. La operación prioritaria, ya realizada, había consistido en apropiarse de la lucha antinapoleónica, haciendo de ella una explosión de sentimientos nacional-religiosos. A continuación había venido la inserción de lo católico en las aventuras coloniales de O'Donnell, gracias a la fusión del imperialismo moderno con la vieja idea de cruzada contra el islam. Pero había una tercera tarea pendiente, de carácter más intelectual, que consistía en subrayar el papel positivo —fundacional, más bien— de la Iglesia en ese pasado que ahora se presentaba como una biografía de una nación. Hasta el momento, rescribir la historia en términos nacionales había sido tarea de los liberales, y con tal fin, como vimos en el capítulo anterior, habían presentado como momento de esplendor y expresión paradigmática de la "forma de ser española" una Edad Media castellana y aragonesa fuertemente idealizada. Los rasgos que los liberales destacaban en aquella edad dorada eran los fueros municipales y unas cortes que limitaban los poderes del monarca; pero no podían negar que se trataba también de una España católica, en lucha contra el islam. En cuanto a la responsabilidad por haber perdido aquel paraíso, vimos igualmente que la hacían recaer sobre una casa real extranjera que habría importado un absolutismo ajeno al carácter español; mas, de nuevo, el catolicismo quedaba relativamente limpio de culpas en relación con las desgracias nacionales; relativamente sólo, porque la intolerancia inquisitorial era una de las ruedas del mecanismo opresor que había agostado aquella primavera de la nación.

Ésa fue la versión de Martínez Marina y los constitucionalistas gaditanos. Desde entonces, habían pasado las décadas, la Iglesia había sido cómplice de la represión fernandina y del carlismo, y los liberales, abandonando su ingenuo optimismo inicial, lanzaban ahora críticas más ácidas. Críticas que no sólo afectaban ya al Trono absoluto, sino también a su aliado, el Altar. Lo que se empezó a cuestionar en los años 1840 y 1850 era nada menos que el papel representado por el catolicismo en la historia de España. Si se relaciona con aspectos parciales de la institución eclesiástica, como la Inquisición, los ataques, por supuesto, no eran nuevos. El Santo Oficio había sido blanco de las críticas de las élites modernizadoras desde el siglo XVIII, y en torno a él se habían vivido muy enconados debates en las Cortes de Cádiz, que acabaron decidiendo su supresión. Fue en el curso de aquella discusión cuando Muñoz Torrero esbozó lo que Sainz Rodríguez llamaba "explicación progresista de la historia española", y lo hizo de manera lapidaria: "en España se dejó de escribir al establecerse la Inquisición". No hacían falta más palabras. En la misma línea, publicó en 1811 Antoni Puigblanch, bajo el seudónimo de "Nathanael Jomtob", *La Inquisición sin máscara;* y de estilo muy semejante fueron las constantes, y muy sonadas, pullas de toda la prensa liberal, comenzando por *El conciso* o *El Robespierre español.* Pero el estudio documentado y masivo no llegó hasta 1817-1818, y apareció en Francia: fue la *Histoire critique de l'Inquisition espagnole,* del canónigo Juan Antonio Llorente, apasionado alegato contra los métodos del Santo Oficio y recuento, un tanto exagerado, de sus víctimas; por primera vez, la obra se basaba en abundante documentación del debatido tribunal, desconocida hasta entonces, que el abate había llevado consigo al salir para el exilio en 1814[110].

Los ataques adquirieron mayor profundidad con Sempere y Guarinos, quien, también desde Francia y en el siguiente exilio, empezó a socavar la idealización de los Reyes Católicos en su *Considéra-tions sur les causes de la grandeur et de la décadence de la monarchie espa-gnole*. Para la primera generación liberal, don Fernando y doña Isa-bel habían sido los culminadores de la feliz era medieval y últimos monarcas verdaderamente "españoles"; pero Sempere observó que ellos, y no otros, habían creado la Inquisición y expulsado a los ju-díos. Les excusaba, en parte, porque habían actuado bajo presio-nes populares, y tampoco creía que todos los efectos de aquellas medidas hubieran sido negativos. En primer lugar porque la Inqui-sición había salvado a España de las guerras de religión, desastrosas para otros países; era una creencia muy arraigada, que Sempere no se atrevía a discutir. Pero su segundo argumento era más original: la expulsión de los judíos habría beneficiado indirecta e inespera-damente al país, ya que los metales preciosos que no se les permitió sacar sirvieron para financiar la empresa americana, base de la gran-deza del siglo siguiente; había aquí una peligrosa sugerencia implí-cita, que pronto se volvería contra los propios Reyes Católicos. En todo caso, Sempere, aunque defendiera tibiamente la utilidad del tribunal en sus inicios, criticaba sus "efectos perniciosos" a la larga, sobre todo por haber paralizado "el progreso de las ciencias". La in-tolerancia, además, hizo que crecieran los "abusos del clero", hasta culminar en la "situación desgraciada" del reinado de Carlos II, que este autor contrastaba con la de Francia bajo Luis XIV, donde la mo-narquía había sometido a la Iglesia a los intereses generales del país y había sabido convertirse, así, en protectora de la libertad intelectual e impulsora del desarrollo de la ciencia y la industria nacionales[111].

Aunque escribiera en 1826 y desde el exilio, Sempere y Guari-nos conservaba todavía mucho del equilibrio y mesura propios de la era ilustrada. De fechas cercanas y similar tono erudito, fue el es-fuerzo realizado por José Antonio Conde, primer gran arabista espa-ñol, por recuperar el legado de otra cultura peninsular no cristiana: fue su seminal *Historia de la dominación de los árabes en España*[112]. Con aquella obra salieron a la luz, de nuevo, documentos hasta enton-ces desconocidos, bien por estar en los archivos inquisitoriales o bien, simplemente, por no tener acceso a las lenguas en que esta-ban escritos. Curiosamente, y pese a su inmensa influencia en la cul-tura peninsular, el legado musulmán no planteaba problemas demasiado graves, como observa Roberto López Vela, pues había cierta unanimidad en considerarlos "invasores extranjeros" y "enemigos de España" durante ocho siglos; es significativo, por ejemplo, que Sempere y Guarinos no destacara la expulsión de los musulmanes por los Reyes Católicos en 1502. Mucho más íntima y conflictiva era la relación de la esencia nacional con la cultura judía, y en especial con la de los judeo-conversos: cercanos a los reyes, con gran peso en la creación intelectual española del Renacimiento y Siglo de Oro, era difícil no verlos como algo "propio"; pero a la vez se les odiaba y se les seguía considerando, en más de un sentido, traidores a la nación.

También la recuperación del legado cultural judío se había iniciado en el siglo ilustrado, cuando José Rodríguez de Castro publicó una monumental *Biblioteca Española,* que contenía la relación de las obras de los rabinos peninsulares, fuesen en hebreo, latín o lenguas romances, con un pequeño resumen de su contenido. Reinaba entonces Carlos III, tiempos apacibles si se comparan con lo que vino luego, en que los gobiernos podían plantearse incluso abolir el decreto de expulsión de los judíos, para fomentar la repoblación del país. Fue éste un proyecto efímero, descartado finalmente por su hijo Carlos IV, y el nieto Fernando VII reiteró la prohibición de que se establecieran en la monarquía católica. El antisemitismo se mantenía muy vivo en los círculos antiilustrados, como prueban los feroces latiguillos de los Vélez, Alvarado y compañía sobre el odio de los judíos hacia España y sus conspiraciones contra la patria[113]. Treinta o cuarenta años después, al mediar el siglo, la animosidad había crecido exponencialmente, y además era mutua, es decir, no sólo de la derecha católica contra judíos y disidentes, sino también de liberales y disidentes en general contra la Iglesia católica. La crispación anticlerical, como es sabido, subió de punto durante el Trienio. La Inquisición, abolida en Cádiz y restablecida en 1814, volvió a verse aniquilada de otro plumazo durante aquella segunda fase revolucionaria. Y cuando las partidas de "apostólicos" se sublevaron, los liberales más exaltados respondieron con las primeras matanzas de frailes, de las que fue especialmente sonado, pero no único, el linchamiento del cura Vinuesa por la multitud tras asaltar la cárcel de la corte. Muerto el rey diez años después, tras otra

como ninguno, quienes habían fundado la Inquisición y decretado la expulsión de judíos y musulmanes; y al hacerlo habían causado un gran daño a la economía y amputado unas partes de la sociedad y de la cultura que los historiadores revisionistas se atrevían, ahora, a negar que fuesen "extranjeras". Con lo que la acción regia, unida a la intolerancia eclesiástica, era la responsable del empobrecimiento y la decadencia posteriores del país. Para el sentimiento nacionalista, tal carga de culpa podía ser más importante que el tradicional efecto benéfico atribuido a la unidad de creencias como vacuna frente a las discordias internas.

El más insistente de los autores que tomaron sobre sí la tarea de recuperar a las minorías no católicas para la historia de España fue el gaditano Adolfo de Castro y Rossi. Su asalto a la visión heredada comenzó en 1847 con una historia de los judíos españoles, a la que siguieron otras dos, en 1851 y 1852, sobre los protestantes españoles "y su persecución por Felipe II" y un "examen filosófico" sobre las causas de la decadencia española[119]. En síntesis, lo que hacía Adolfo de Castro era culpar a la Iglesia, en connivencia con la monarquía, de la decadencia nacional. Los judíos le servían de primer ejemplo. Llegados a España muy temprano, con la diáspora del siglo I, habían vivido en paz hasta que la conversión de Recaredo les hizo sufrir normas discriminatorias "cruelísimas". Recuperada la tolerancia bajo los musulmanes, contribuyeron como nadie al florecimiento cultural de Córdoba; pero el norte cristiano no había sabido beneficiarse tanto de su ciencia, pues siguió discriminando, persiguiendo y calumniando a los judíos con "fábulas inventadas por las vejezuelas ignorantes". Los Reyes Católicos culminaron este ciclo persecutorio al implantar la Inquisición, que despobló y sembró de espanto Andalucía y luego España entera. Castro se apoyaba en los estudios de Sempere y Guarinos, según los cuales el erario público se había quedado con el oro y la plata que no se dejó sacar a los judíos, pero no lo creía un azar, sino una prueba de la malignidad de la operación. Frente a la presunción habitual favorable al "idealismo" de los Reyes Católicos, dispuestos a sacrificar los intereses de la economía patria en aras de sus creencias religiosas, Castro sostenía lo contrario: Fernando e Isabel habían planeado la expulsión para evitar pagar la fuerte deuda que habían contraído con los judíos por la financiación de la Guerra de Granada; más aún, habían aprovechado la coyuntura para apoderarse del resto de las riquezas de aquella comunidad, al hacerles salir de sus reinos sin permitirles llevarse los metales preciosos que poseían. "De esta suerte —concluía Castro— cubría su ambición y avaricia Fernando V con la capa de la piedad cristiana"[120]. Intenciones parecidas habrían estado detrás de otras medidas de cariz semejante, como la expulsión de los musulmanes y la persecución de los herejes, cuyos bienes se repartían entre acusadores, inquisidores y erario real.

La segunda obra de Adolfo de Castro fue una historia del protestantismo español en tiempos de Felipe II. Cargaba de nuevo el autor las tintas sobre las responsabilidades históricas del clero español, cuyos "desórdenes escandalosos" eran conocidos desde la Edad Media; "no había género de vicios y maldades en que no cayesen por su desventura los eclesiásticos". Pero su principal blanco de críticas, esta vez, no era tanto la Iglesia como el propio monarca, Felipe II, sobre quien emitía un juicio durísimo: "histrión de virtud", "Nerón español", "suspicaz, disimulado y feroz", "tirano por naturaleza", "respiraba con la opresión de sus súbditos", "juntaba a la ferocidad de Nerón el disimulo de Tiberio". Y lo peor —para un nacionalista— no eran sus rasgos personales, sino "los daños que atrajo sobre su patria", como "desacertado político y necio legislador", porque al reprimir el protestantismo suprimió "el valor, la ciencia y las virtudes": "dejando impunes los delitos de los frailes y clérigos lascivos [...] las hogueras reducían a cenizas a los mártires de la libertad de pensamiento"; "España en el siglo XVI tenía varones doctos en todo género de letras, pero el temor del Santo Oficio los precisaba de esconder en lo secreto de su alma aquellos pensamientos". En resumen, "las ciencias, la virtud, el valor y la grandeza de ánimo, la prosperidad, los nobles sentimientos y la verdadera honra de la ilustre y generosa España, cayeron a los pies de Felipe II" sustituidos por "el triunfo de la ignorancia, de los vicios, de la cobardía, de la pobreza, de la ruindad de los sentimientos y de la deshonra de una nación, digna de mejor fortuna y de más dilatado y seguro imperio"[121].

En 1852, Adolfo de Castro se sintió con fuerzas para publicar su obra de síntesis, un "ensayo filosófico" sobre "las principales causas de la decadencia de España". Precaviéndose contra el reproche de antipatriotismo que se había lanzado a los críticos de las glorias patrias en ocasiones anteriores, Castro comenzaba justificándose: "no es amar la patria bendecir los yerros y aun los crímenes de los antecesores, sino anticiparse a los extranjeros en execrarlos". Lo que seguía era imaginable: el clero era el principal culpable de la decadencia. Él fue quien "logró astutamente convertir en guerra de religión lo que sólo tuvo origen en el deseo de recuperar los españoles la tierra de sus padres". Fue también el clero quien apoyó las injustas pretensiones al trono de Isabel de Trastámara contra su sobrina Juana, legítima heredera de Enrique IV, a cambio de lo cual, una vez que vio coronada reina a su candidata, ejerció presiones sobre ella para que implantara la Inquisición, hiciese la guerra al reino musulmán granadino y expulsase a los judíos. "España", la etérea protagonista del relato, quedaba, así, a salvo de la ignominia inquisitorial: "La nación española no fundó por sí misma tan execrable tribunal. Los reyes y los eclesiásticos fueron sus autores, en contradicción con muchos pueblos que lo resistieron a mano armada"[122]. Carlos V, monarca extranjero, siguió la misma manera de sus abuelos de "gobernar contra las leyes españolas" y optó por atacar a Lutero, "como si las ideas pudiesen ser ahogadas con el humo de la pólvora". Aunque algunos españoles lúcidos vieron venir la catástrofe de la mano de reyes y clero, fue imposible evitarla, porque, en su conjunto, "la nación española se hallaba en un estado de imbecilidad culta". Se arruinó, pues, la ciencia, "incompatible con el exterminio de la verdad, decretado por los reyes en nombre del bien público". Judíos y protestantes se refugiaron en Venecia, república que se enriqueció y progresó a costa de España. Flandes y Portugal se rebelaron y el territorio se redujo hasta llegar a la postración de Carlos II, monarca "juguete de caprichos [de] frailes y clérigos". Aquel final tristísimo fue el fruto "de la política de violencia comenzada en el reinado de Fernando e Isabel"; al plantar las raíces de la grandeza imperial, aquella real pareja sembró también "el germen de su perdición y ruina"; "sin libertad política, sin libertad de imprenta, sin libertad religiosa y sin libertad de comercio, ¿qué suerte había de tener España, fuera de la más lamentable postración intelectual y de la más desdichada ruina, así de su riqueza como de su poderío marítimo y terrestre?"[123].

Las obras de Adolfo de Castro y otras de esa época —como la extensa *Historia de las persecuciones políticas y religiosas en Europa* de Fernando Garrido— debieron de surtir considerable efecto. La imagen del Rey Prudente, por ejemplo, se ensombreció considerablemente entre el público español. Baste recordar las populares novelas históricas de Joaquín María Nin, Fernández y González u Ortega y Frías, de la segunda mitad del siglo, que, sin ser obras directamente políticas, daban por supuesto el carácter lóbrego y siniestro del dueño de El Escorial. Incluso Evaristo San Miguel, que en 1844 publicó una obra ecléctica y de escaso valor sobre aquel monarca, le presentaba como "severo, cruel y vengativo", con "poca indulgencia natural". En esa línea iba a ir la famosa imagen de Castelar, cuando describía el imperio español como un "sudario que se extendía sobre el planeta"[124]. La llamada *Leyenda Negra*, incorporada ahora por los liberales, empezaba a afectar seriamente las percepciones del conjunto de la opinión española sobre el pasado nacional. La derecha no podía consentir que se generalizara esta versión e iba a pasar pronto a la contraofensiva. Y la línea divisoria entre la nueva historia crítica y la laudatoria giraría, precisamente, en torno al papel de la Iglesia católica.

La contraofensiva: los "neocatólicos"

La identificación de España con el catolicismo tenía, como hemos visto, muy numerosos antecedentes. Durante el reinado de Fernando VII no pareció ser, ni siquiera, un tema que pudiera debatirse. Pero en la cuarta década de siglo se empezó a hacer necesario defenderlo explícitamente. En 1831, fray Manuel Amado escribió una obra en tres volúmenes titulada *Dios y España, o sea, ensayo sobre una demostración histórica de lo que debe España a la Religión Católica*. En 1837, Francisco de Paula Garnier, en *El Amigo de la Religión*, defendió el esplendor cultural de la España de los Habsburgo, negando explícitamente que la intolerancia religiosa pudiese haber producido ninguna clase de decadencia. Y *El Católico*, órgano de prensa de 1840, se presentaba como carente de "color político", llevando sólo por enseña "catolicismo y españolismo". Fue en esa década que se iniciaba cuando iba a desarrollar su labor publicística Jaime Balmes, clérigo catalán portavoz de un grupo conservador que quería acercar moderantismo y carlismo, y que se convirtió en el formulador más coherente de esta idea. Las historias suelen emparejar a Balmes con Donoso Cortés, como las dos grandes cabezas del pensamiento católico-conservador español de la primera mitad del XIX, dando a entender que su propuesta política es paralela. No es así, y las sustanciales diferencias que los separan se revelan nítidamente en relación con nuestro problema de la construcción de la identidad nacional. Balmes, en general, no es tan apocalíptico y extremado como Donoso, evita los grandiosos planteamientos histórico-teológicos de éste y no tiene tanta mentalidad de tragedia y de resistencia numantina frente a los males modernos, sino que tiende a plantearse problemas inmediatos y a buscarles soluciones razonables. Otra interpretación discutible del pensamiento de Balmes consiste en relacionarlo con el carlismo[125]. Es cierto que trabajó con ahínco por reagrupar las ramas liberal y carlista de la dinastía, pero sus supuestos ideológicos eran muy diferentes a los del teocratismo de un Vélez o Alvarado.

Para Balmes, bien familiarizado con la escolástica clásica, el poder, procedente de Dios, radicaba de manera inmediata en la comunidad, que lo había transferido a los gobernantes. Y la comunidad —he aquí el rasgo que nos importa—, la comunidad concreta, sobre la que él pensaba y escribía, era España, que él entendía como una nación en cuyo ser esencial se había grabado de manera indeleble el catolicismo. La historia, y en especial los siglos medievales, había modelado a España alrededor de dos ejes o "poderes sociales": la religión y la monarquía, las creencias católicas y la fuerza militar del rey y sus señores. Según explica en el prospecto anunciador de su periódico *El Pensamiento de la Nación*, Balmes defendía como programa político "la reconstitución social de la nación según sus elementos sociales y sus antiguas tradiciones"; la "desventurada nación" española del siglo XIX sólo podía ser "regenerada", o lograr estabilidad, volviendo a asentarse sobre los dos principios que la constituyeron en la Edad Media y que serían siempre sus bases más profundas y estables, lo que Josep María Fradera llama sus principios "preconstitucionales": la monarquía, como poder político, y el catolicismo, como esquema moral y social[126].

En alguna ocasión, el clérigo de Vic escribe que "no es la política la que ha de salvar a la religión; antes bien, la religión ha de salvar a la política". Pero emitía esta opinión, como observa Joaquín Varela, para distanciarse del carlismo, cuyo error había sido hacer de la religión una bandera de partido y proclamar que el futuro de la religión en España dependía de su victoria, cuando la historia demostró que el carlismo podía ser derrotado, pero que no por ello desaparecía el catolicismo del país. Según sigue analizando Varela, Balmes no quería "unir los destinos de la religión a los de la política —y en esto su modernidad es innegable— [sino que] sólo desde la religión, desde el catolicismo, podía concebirse convenientemente la actividad política"[127]. Parecen términos donosianos —la religión ha de salvar al siglo XIX frente al peligro de la revolución—, pero no lo son, porque ya no se ofrecen como receta general para la civilización cristiana, sino aplicados al caso específico de la nación española. Es decir, la religión no es ya el fundamento de la autoridad, de toda autoridad, sino el de una comunidad específica, la nacional, España. Quizás sea exagerado decir, como hace el autor citado, que en Balmes hay un "intenso nacionalismo". No parece haberlo, ni español ni catalán[128]. En sus obras histórico-filosóficas más ambiciosas, el filósofo de Vic sigue explicando la gran lucha política moderna a partir del enfrentamiento entre el catolicismo y el protestantismo, representante, en definitiva, del racionalismo. Pero sí es cierto que, frente a Donoso, que dudaba de la existencia de los "pueblos", en Balmes ha penetrado profundamente la creencia romántica, procedente de Schlegel o Böhl de Faber, que hace de los entes nacionales los protagonistas de la historia humana. Uno de esos entes es, para él, España, cuya "manera de ser" histórica y esencial es la "religiosa y monárquica, la España de las tradiciones, de los hábitos tranquilos, de las costumbres sencillas, de escasas necesidades, de un carácter peculiar que la distingue de las demás naciones de Europa"[129].

Al hablar de Balmes es inevitable repetir una y otra vez la palabra "nación", porque de su pluma brota sin cesar este término. Su propio periódico se llamó *El Pensamiento de la Nación* y merece la pena reparar en la diferencia entre este título y los de la prensa católico-conservadora de la época anterior: en los años veinte, los órganos absolutistas se titulaban *El Amigo de la Religión, El Realista, El Realista Español, El Restaurador,* etcétera; en los treinta, los carlistas eran *El Amigo de la Religión Cristiano-Católica y de la Sociedad, La Voz de la Religión, El Genio del Cristianismo;* en los primeros años cuarenta, la prensa conservadora sigue titulándose *El Católico, La Voz del Católico, La Cruz,* etcétera. La aparición del periódico de Balmes marca el giro de ese tipo de prensa hacia el cambio de nombre, que simboliza de alguna forma la evolución de aquel sector de la opinión ante el tema nacional. A partir de *El Pensamiento de la Nación,* los títulos serían *La España, El Pensamiento Español, El Diario Español, El Español, El Correo Español, La Nación,* etcétera.[130]

Balmes fue el portavoz más visible de aquel grupo que se llamó *vilumista,* por el marqués de Viluma, y que podría considerarse el antecesor de la idea del nacional-catolicismo: Pezuela y Ceballos, Gabino Tejado, Pedro José Pidal, Aparisi y Guijarro, Ortí y Lara, Navarro Villoslada, Nocedal. Más tarde empezaría a llamárseles *neo-católicos.* Actuaron en un momento difícil para la Iglesia española, con sus conventos recién disueltos y sus tierras desamortizadas, con la guerra carlista perdida y un Espartero como hombre fuerte que llegó a pensar en crear una especie de Iglesia nacional, cismática respecto de Roma. Los neocatólicos trabajarían en defensa de los intereses eclesiásticos tradicionales y, gracias a su influencia sobre la corte y a la caída de Espartero, lograrían volver a anclar a la Iglesia en el aparato estatal, con el Concordato de 1851 y los escaños senatoriales reservados por las sucesivas constituciones a los prelados. Durante casi un cuarto de siglo, la cuestión religiosa perdió carga polémica, hasta que volviera a adquirirla con el debate sobre la libertad de cultos y la llamada "cuestión universitaria".

Pero antes de entrar en ese debate político conviene recordar las respuestas académicas que fueron surgiendo frente a quienes reivindicaban el pasado no católico de España. La primera elaboración seria corrió a cargo de José Amador de los Ríos, un liberal moderado que en 1848 publicó unos *Estudios históricos, políticos y literarios sobre los judíos en España,* réplica directa a Adolfo de Castro.

Distanciándose mucho de los absolutistas fernandinos, el autor adoptaba un punto de vista ecléctico o, como él gustaba de decir, "imparcial". Le desagradaba, como liberal que era, el Santo Oficio, pero lo expresaba con sosiego, sin los rencores ni la combatividad apasionada de Llorente o Puigblanch. Acaso el aspecto más interesante de su visión, para nosotros, sea la función que atribuía a la religión y a la monarquía en la construcción del ente nacional, muy diferente de la de los nobles, guiados siempre por intereses egoístas, o del propio pueblo, caracterizado por una emocionalidad que lo hacía fácil presa de predicadores populistas y fanáticos. Ante los crónicos desórdenes causados por las disputas nobiliarias y la irracionalidad popular, los reyes se "veían en la precisión de" intervenir con medidas a veces drásticas, necesarias políticamente, aunque perjudiciales para la industria y las finanzas. Una de ellas fue la expulsión de los judíos, grave pérdida intelectual para el país pero obligada dentro del programa de construcción nacional que tenían los Reyes Católicos; "la muchedumbre lo aplaudió", aunque "fue reprobado en secreto por muchos cristianos en quienes el sentimiento religioso no había degenerado en fanatismo". Aquella decisión denotó también cierta "ingratitud" por parte de Fernando, a quien los hebreos habían financiado la Guerra de Granada. Amador había leído a Castro y estaba dispuesto a reconocer en el Rey Católico ingratitud u otros defectos de menor cuantía; pero no aceptaba que el "fanatismo" anidara en el corazón de Fernando e Isabel, para quienes lo importante era resolver el problema de la animosidad popular contra los judíos y, sobre todo, construir la unidad política española, "lo cual no podía hacerse sin asegurar antes como vínculo general de las provincias la unidad religiosa", o sea, liquidando la "libertad de cultos" existente. La referencia a la libertad de cultos revela cuán presentes estaban los problemas políticos del momento en la mente del autor[131].

Amador de los Ríos mantenía la misma ambigüedad al juzgar a la Inquisición. Rebatía, para empezar, explícitamente a Llorente, a Puigblanch, a Sempere, a Adolfo de Castro, negando la rapacidad de Fernando el Católico: la corona no estableció la Inquisición ni expulsó a los judíos para apropiarse de sus bienes, sino para "constituir y fortificar la doble unidad de la monarquía española". En prueba de objetividad, Amador se remitía a Prescott, para quien la finalidad de la Inquisición había sido lograr "la uniformidad de las creencias, [...] prenda indispensable y segura en aquellos tiempos de la unidad política de la naciente monarquía española". El Santo Oficio no se debió, pues, a espíritu persecutorio, sino a que había peligros de herejía nada imaginarios y la unidad política de España no podía consentir las disensiones y luchas internas. Fue un tratamiento duro, pero terminó con los endémicos tumultos contra judíos y conversos y "salvó a España de las espantosas guerras de religión que ardieron más tarde en Alemania, Francia, Inglaterra y los Países Bajos". Ahora bien, reconocía Amador, aquel tribunal planteado con objetivos tan necesarios fue posteriormente "desvirtuado" por fanáticos y ambiciosos —empezando por el propio Torquemada, reconoce— que cometieron "desmanes" y se "excedieron" en sus funciones. Al ver su poder, los inquisidores aspiraron "al dominio de las conciencias" y "lanz[aron] sus anatemas contra los que no doblaban la cerviz a sus preceptos". La Inquisición "sobrevivió [...] a la necesidad que la había creado" y se convirtió en "terrible embarazo a la marcha filosófica del espíritu humano". Todo empeoró al desaparecer el "talento prodigioso" de Felipe II; su hijo, dejándose arrastrar por "los consejos del fanatismo", decidió la expulsión de los moriscos, no justificada, según Amador, por "ninguna de aquellas grandes necesidades que todo lo autorizan". Se ahondó así la decadencia y bajo Carlos II, con la nación en manos del "elemento teocrático" y "presa de todas las calamidades", la Inquisición llegó a estar "sobre la cabeza del soberano". De esta manera, el tribunal no sólo dificultó el desarrollo intelectual del país, sino que se convirtió en un obstáculo para el propio Estado[132].

La versión de los hechos ofrecida por Amador de los Ríos logró inmediato éxito —le valió, por ejemplo, el ingreso en la Real Academia de la Historia— y el liberalismo moderado hizo de ella su referencia inevitable; para empezar, don Modesto Lafuente, el más leído de los historiadores, siguió a Amador punto por punto. No era para menos: tranquilizaba conciencias y reparaba la autoestima, tan necesaria para la construcción nacional, a partir de una ccléctica interpretación de la historia que exaltaba las hazañas pretéritas de los españoles sin renegar por eso de las libertades moder-

nas. Mas, por mucho que se escudara en Prescott o Washington Irving, la imparcialidad de Amador era *sui generis*. Su carga antisemítica, por ejemplo, era manifiesta: desde la primera página negaba a
los judíos la calidad de "nación"; eran una "raza", marcada por la
"maldición que pesa sobre su frente"; el pueblo judío, por mucho
que intentara integrarse en la sociedad humana y extinguir "los
gérmenes de aquella extraña nacionalidad que le alentó en los días
de amargura", estaría siempre condenado, por "voluntad divina", a
no tener patria, hogar ni templo; "se arrastrará por el mundo", "vi-
virá a merced de las demás naciones", "ésta es la suerte que [...] está
reservada a tal pueblo". Empeñado, sin embargo, en demostrar su
mesura, Amador recomendaba que no se les odiase, que se valora-
se su trabajo y se tuviera indulgencia con sus errores; quién dudaba
que merecían castigo, pero el mejor castigo era integrarlos en la
cultura general y hacer que desaparecieran sus peculiaridades raciales. Ésa había sido la política seguida por algún sabio monarca
medieval, como Alfonso X, que comprendió la importancia de la
minoría hebrea para el desarrollo económico e intelectual del reino. Pero no tuvo éxito, a la larga, entre otras razones porque el pueblo cristiano mantuvo vivo el odio contra ellos, no pudiendo olvidar
su colaboración con la invasión musulmana. Se contradecía Amador al atribuir el odio popular a aquella remota acción, pues él mismo había referido —en sus términos exculpatorios habituales—
que ya en tiempos de los godos, los magnates y prelados se habían
visto "en la precisión de dictar contra ellos severas leyes". Fue ante
aquellas persecuciones cuando los hebreos "apelaron a la astucia",
habilidad que desarrollaron "en razón directa de sus sufrimientos y
de la aversión con que eran vistos", y fraguaron "impotentes conju-
ras", una de las cuales —no tan impotente— trajo a los musulmanes; estos últimos, por cierto, sembraron "el espanto y la desolación" en el país, según Amador, sin recordar lo que habían dicho
José Antonio Conde y tantos otros sobre la tolerancia musulmana y
el esplendor de Córdoba. El autor no desaprovechaba esta ocasión
para repetir sus prevenciones antisemíticas: si los judíos hubieran
tenido "amor de la patria", hubieran defendido a "España", pero su
innato desapego hacia el suelo en que viven, su carencia de generosidad y de esas afecciones "que ennoblecen a un pueblo", su "codi-

cia" y el recuerdo de "antiguos odios y [...] pasados ultrajes", les hicieron colaborar en "la pérdida de los godos"; con indiferencia, si no con complacencia, vieron la ruina de sus antiguos huéspedes e incluso ayudaron a los sarracenos a entrar en ciudades que hubiera costado mucha sangre conquistar[133].

En este clima de debate intelectual, llegó el Bienio Progresista, nuevo experimento liberal de corta duración, y se discutió entonces, por primera vez en la historia de España, un artículo constitucional que admitía la práctica de cultos religiosos no católicos. Balmes había muerto ya y el grupo neocatólico no se encontraba en su mejor momento —la mayoría de sus miembros ni siquiera consiguió sentarse en las Cortes—, pero destacó inesperadamente como caluroso defensor de aquellas posiciones Cándido Nocedal. Hasta entonces, Nocedal no había sido más que un periodista y político prometedor, adscrito al moderantismo, y no necesariamente a su fracción más conservadora; más bien, se veía en él a un posible dirigente de la embrionaria Unión Liberal, partido puente entre moderados y progresistas. Mas no sería él quien dirigiría esa apertura del liberalismo de derechas hacia el centro, sino O'Donnell y Ríos Rosas. Nocedal, cada vez más conservador, quedaría adscrito al neocatolicismo, derecha del partido moderado, para pasar tras la Revolución de 1868 al carlismo. Acaso el momento crucial de su evolución fuera aquel debate de 1855, cuando defendió con tanta brillantez y pasión la esencia católica de España.

Kiernan escribe que aquel fue "el primer examen completo de la Iglesia y el Estado en la historia de España", y lo mismo opinaba Nido y Segalerva: en aquella asamblea se había discutido el problema de la libertad religiosa en España por primera vez desde "los días de Recaredo". Los liberales se vieron representados por Fernando Corradi, que repitió las ideas conocidas sobre los daños causados al país por la intolerancia eclesiástica. Nocedal, por su parte, le replicó en términos nacionales: España existía como nación y había alcanzado sus máximas cumbres políticas y culturales gracias al catolicismo. Su idea central se resume en una de sus frases: "La nación española, que sólo es conocida en Europa por su unidad religiosa y por ella respetada, dejaría de serlo si los españoles no tuvieran todos la misma religión, la católica, que es sin duda alguna [...]

el rasgo más pronunciado de la fisonomía española, como lo ha sido siempre". Es decir, que Nocedal planteaba la unidad religiosa en España en la línea de Balmes, como algo no opinable, una cuestión "eminentemente española", no "de aquellas en que esgrimen sus armas hombres de diversas escuelas políticas". Por eso él creía de sí mismo que, en aquel debate, representaba a "todos los españoles, la verdadera opinión nacional", ya que el pueblo español "no pertenec[e] a ningún partido", sino que es, simplemente, "religioso y católico"[134]. El error del carlismo, añadió, repitiendo también la idea de Balmes, había sido hacer del catolicismo la marca de una fracción, cuando era un rasgo nacional. Es curioso que él mismo fuera tan infiel a su propia recomendación y terminara en el carlismo, una fracción, y su hijo Ramón, al finalizar el siglo, capitaneara el "integrismo", fracción dentro de la fracción.

Ni Nocedal ni muchos de los *neos* iban a ser, a la larga, los representantes del nacional-catolicismo, pero en los años cincuenta sí estaban abriendo ese camino. Algún miembro del grupo, como Pedro Pidal, evolucionó en un sentido más coherente con aquella interpretación inicial que el grupo ofrecía de los problemas políticos del país. Pidal había empezado a alcanzar notoriedad en los terrenos intelectuales a comienzos de los años cuarenta, con unas lecciones en el Ateneo sobre la "Historia del gobierno y la legislación de España" en las que situaba el momento fundacional del ente nacional en la conversión de Recaredo al catolicismo. En 1855, mientras Nocedal declamaba en las Cortes en favor del catolicismo esencial de España, Pidal aportó su grano de arena con tres artículos sobre "La unidad católica de España", publicados en *El Parlamento*. Siguió luego con sus trabajos históricos, y en 1862 publicó una *Historia de las alteraciones de Aragón en el reinado de Felipe II*. Fue aquél un libro cuidadoso, cercano a la línea erudita y pesimista de Cánovas del Castillo, que había publicado su *Historia de la decadencia de España* diez años antes[135].

En 1866, declinando el reinado de doña Isabel, y muy esquinadas ya las posiciones de los defensores de las dos versiones de la historia nacional, tuvo lugar, fuera del ámbito parlamentario, el primer acto de la llamada "polémica sobre la ciencia española". El origen del debate fue el discurso pronunciado por José Echegaray, en

413

marzo de aquel año, al ingresar como miembro de la Academia de Ciencias. El matemático anunció desde el comienzo que no iba a dejarse arrastrar por "la costumbre que en actos como éste exige siempre glorias nacionales" y que iba a ahogar "el grito del amor patrio, que a todo trance quisiera hoy hacerme decir alabanzas que la historia [...] me afirma que fueron inmerecidas". Es cierto que España había sido, con la Córdoba de los Omeyas, "el centro del saber en Europa"; entonces acudían de todas partes "extranjeros ganosos de saber [...] entonces tuvimos en ciencias matemáticas sabios ilustres [...] entonces Alfonso X, rey de imperecedera memoria, se rodeaba de árabes y hebreos". Pero cuidado, aquélla no era "la España cristiana"; "aquéllas nuestras glorias, son glorias de los árabes españoles; y si del pueblo enemigo renegamos; si, como redujimos a ceniza sus bibliotecas, redujimos a ceniza en el fuego de nuestro odio tradicional el recuerdo de tanto y tanto geómetra árabe; si, como arrojamos de nuestro suelo, que era también suyo, a sus infelices descendientes, arrojamos de nuestra historia aquellas sus pasadas glorias, ninguna, que sólo a nosotros pertenezca, nos queda". A partir del Renacimiento, y sobre todo con el gran siglo XVII, las matemáticas se desarrollaron en Europa de manera asombrosa, ligadas a nombres como Viete, Fermat, Descartes, Pascal o Leibniz; "gran siglo, sí, para Europa el siglo XVII; mas ¿qué ha sido para nuestra España? ¿Qué descubrimiento analítico, qué verdad geométrica, qué nueva teoría lleva nombre español?". Las historias de la ciencia escritas en el extranjero no recuerdan a ningún español; pero es que el propio Nicolás Antonio, que tantas páginas llena con "títulos de libros teológicos y de místicas disertaciones", sólo dedica una a los matemáticos, y lo que consigna allí son "libros de cuentas y geometrías de sastres". Un nuevo salto gigantesco se produjo en el siglo XVIII, "otro siglo más de gloria para Europa, otro más de silencio y abatimiento para nuestra España"; hubo navegantes ilustres, como Ulloa o Jorge Juan, pero "quien afirme que hemos tenido un geómetra, siquiera uno, en todo el siglo XVIII, famoso descubrimiento hará si prueba lo que afirma". En resumen, "prescindiendo de aquellos siglos en que la civilización arábiga hizo de España el primer país del mundo en cuanto a la ciencia se refiere", en la época moderna no puede hacerse una historia de las matemáticas españolas, porque a partir del siglo XV este pueblo "no ha tenido ciencia"; "la ciencia matemática nada nos debe; no es nuestra; no hay en ella nombre alguno que labios castellanos puedan pronunciar sin esfuerzo".

Remachando el clavo, Echegaray concluía que este vacío de ninguna manera podía deberse a "impotencia de raza", a "incapacidad radical y congénita", porque los españoles habían demostrado sobradamente en otras áreas "valentía del pensamiento, vuelo de la imaginación, fuerza del querer", y no otras facultades son necesarias para hacer ciencia. Tampoco debía culparse a los ajetreos políticos, pues otros pueblos —entre otros, los Países Bajos, "gimiendo bajo el peso de nuestra feroz dominación"— crearon ciencia "entre guerras y sangre y terribles sacudimientos". "Causa, y causa externa, ha existido", decía el matemático, más célebre después como dramaturgo y premio Nobel de Literatura. No llegaba a decirlo explícitamente, pero era fácil vincular su pensamiento al que venía de Muñoz Torrero y Adolfo de Castro: la religión católica, la Inquisición, habían aniquilado el desarrollo científico del país[136].

El discurso de Echegaray no quedó sin respuesta. Pero es curioso que tal respuesta no viniera de ningún *neo*, sino de Felipe Picatoste, un profesor de matemáticas, liberal e incluso radical, republicano más tarde y autor de obras muy diversas, entre ellas una historia de España. A juzgar por su ácido comentario publicado en el diario *Las Novedades*, Picatoste sintió herido su orgullo nacional por el discurso de Echegaray. Tras unos corteses elogios al nuevo académico, a quien llamaba "profundo matemático, elegante escritor y distinguido ingeniero", declaraba su derecho a exigirle "lo que las ciencias y el país tiene derecho a esperar de su mito" y su desaprobación de un discurso "que maldi[ce] de la ciencia patria y de su historia"; Echegaray debería haber "desenterra[do] de entre el polvo y el olvido en que yacen ilustres nombres" y no haber sostenido que "las ciencias nada deben a España". "La gran desgracia de este país consiste en que sus hijos, lejos de defenderle, le acriminan; lejos de glorificarle, le culpan y ayudan a renegar de un pasado en que hay seguramente mucho bueno, que nos es desconocido, porque no queremos conocerlo". La de Picatoste era una respuesta pobre: "seguramente" habría mucho bueno en ese pasado, decía, pero era incapaz de contradecir a Echegaray con datos. Tan poco creativo era aquel defensor de las tradiciones que se escudaba en el discurso con que, cien años antes, el abate Denina había replicado a Masson de Morvilliers, del cual reproducía largos fragmentos. Protestaba, para terminar, contra "el espíritu de un discurso que creemos muy inconveniente, y aun poco exacto en algunas apreciaciones" y contra el "furor ciego, hijo de la ignorancia de nuestro pasado", despertado recientemente en España, consistente en "negarle sus glorias". "El señor Echegaray se ha propuesto como único tema demostrar que las ciencias nada deben a España; y aunque esto fuera cierto [...] aunque nuestro nombre no hubiera figurado nunca en ciencias [...] nos parece poco conveniente elegir la Academia de Ciencias para hacer discursos de ese género"[137].

Fueron años muy tensos los últimos de Isabel II, con conspiraciones, encarcelamientos y ejecuciones tan espectaculares como la de los sargentos del cuartel de San Gil. Mientras todo ello ocurría, se recrudeció la batalla ideológica. Los neocatólicos, verdaderos ideólogos de aquel régimen, habían hecho su tarea doctrinal diez o quince años antes. A mediados de los sesenta se encontraban en la plenitud de su influencia política, especialmente sobre el trono, pero iban perdiendo creatividad y prestigio en los medios intelectuales, a medida que envejecían sus miembros y se descomponía el régimen con el que se habían identificado. Su principal batalla se concentró entonces en el campo educativo, y ello revela cuáles eran las nuevas preocupaciones de la Iglesia. Al discutirse la Ley Moyano, cuyas bases se aprobaron en 1857 aunque las disposiciones para su aplicación se prolongaron varios años más, lucharon por introducir enmiendas y adiciones para garantizar el control doctrinal de la Iglesia sobre la enseñanza. En esos debates destacaron Orovio, Gabino Tejado y Canga Argüelles. Pidal, anciano y enfermo, intentó intervenir en alguna de aquellas discusiones, pero hablar de España y el catolicismo le emocionaba de tal manera que rompió a llorar y no pudo continuar. Moriría en 1865, y fue un golpe más para el grupo ncocatólico. Unos meses antes se había publicado el *Syllabus*, y la posición papal y la mala evolución de la "cuestión romana" les acercó al carlismo, con el que se fundirían finalmente la mayoría de los *neos* tras la revolución de 1868.

España se hizo nación con Recaredo

La identificación de la entidad nacional llamada "España" con el catolicismo requería una labor de reelaboración de la historia. Y ésta fue la tarea fundamental de una serie de autores, emprendida justamente en los últimos años del reinado isabelino, es decir, con un apreciable retraso respecto de las historias nacionales de inspiración liberal. Entre sus títulos más destacados podrían mencionarse el *Compendio de Historia de España*, de Antonio Cavanilles; las *Reflexiones sobre la España*, del presbítero Francisco Belmar; la *Historia de la Literatura española* de Amador de los Ríos; el *Crisol histórico español* de Ferrer de Couto; las tres *Historias de España* publicadas en 1867 por Monreal y Ascaso, Sánchez y Casado y Orodea e Ibarra; la *Historia eclesiástica de España* de Vicente de la Fuente y, como coronación de esta serie, la *Historia de España*, de Manuel Merry, en 1876[138]. En algunos casos se trataba de auténticas historias de la Iglesia española, recicladas y disfrazadas como historias nacionales; en otros, como en el de Vicente de la Fuente, bajo el nombre de historia eclesiástica se ocultaba una historia que muy bien podría llamarse nacional. En conjunto, todas ellas esbozaron el mito historiográfico nacional-católico, que llevaría a su culminación Menéndez Pelayo. Hagamos un breve alto para analizar esa idea que tenían del pasado, subrayando sus diferencias con la versión nacionalista que habían elaborado los liberales.

El sujeto inicial del relato no es la nación. No comienza todo con la constatación de que desde los más remotos tiempos existió "España" y hubo en ella pobladores que merecían el nombre de "españoles". Como habían hecho los absolutistas fernandinos, el marco inicial son las coordenadas bíblicas y el sujeto son aquellos personajes que antecedieron al pueblo de Dios. Alguno de los autores citados, como Merry, declara su adhesión a la versión bíblica de la creación, con explícita repulsa de la "doctrina absurda del inglés Darwin"[139]. Dentro de ese relato bíblico se encuentra, aunque

no era fácil, un lugar para "España": por un lado, al seguir manteniendo, en tiempos que ya empezaban a ser ridículas, las referencias a Túbal, "hijo de Jafet, uno de los dos benditos por Noé", que
se suponía había sido el primer poblador de la Península; gracias a
Túbal, "este país, desierto entonces, nació a la vida de los pueblos,
teniendo religión, gobierno monárquico y leyes", importantes rasgos iniciales que debían acompañar a la nación a lo largo de su historia. Otros autores, como Francisco Belmar, establecen una conexión incluso más estrecha, al describir cómo, "cuando las aguas del
diluvio se retiraban, aparecía, por orden de Dios, entre los Pirineos
y el Estrecho de Gibraltar, [...] el bello país conocido con el sim-
pático nombre de España"; casi en la misma página, hace surgir,
triunfante de las catacumbas, a la Iglesia; y conecta ambos eventos
al observar que "el pueblo y el reino que rehusasen servirla [a la
Iglesia] debían perecer devastados por la soledad", mientras que
"la grandeza y la prosperidad, a la sazón reservadas a la España del
porvenir, debían seguir las mismas peripecias de su obediencia y
homenajes hacia la Iglesia católica"[140]. Según cualquier esquema
mítico, los triunfos y fracasos de la identidad colectiva se explican
por su fidelidad o traición a su origen; de ahí la importancia de los
orígenes. En el caso de la nación española, para estos autores, importa mucho dejar establecido su origen como religioso.

Otra forma de vincular, desde el surgimiento mismo de la nación, religión e identidad colectiva, consiste en subrayar la innata
religiosidad de aquellos primeros habitantes de la Península, a los
que se llama "españoles". No sólo eran religiosos, sino que su religión fue, desde mucho antes de que llegaran las prédicas cristianas,
instintivamente monoteísta, contraria a la idolatría. Pese a tratar-
se de un asunto sobre el que, por supuesto, aquellos autores carecían
del mínimo de datos necesarios para emitir un juicio —frecuentemente, se protegen con un "parece que" o "tal vez", al iniciar sus
frases—, leemos cosas tan atrevidas como que "estos pueblos cayeron mucho menos, o nada, en la idolatría; antes parece que conser-
varon puras la revelación primitiva y la luz natural"; "la religión natural importada por Túbal" consistía en "un solo Dios, creador del
Universo, incorpóreo e incorruptible" y se conservó hasta que "la
idolatría fenicia" la corrompió; "todos los autores pintan las cos-

tumbres de aquellos primeros pueblos como puras y sencillas, hasta que se depravaron con el comercio y dominación extranjera [y] hubieron de malearse desgraciadamente con el trato de aquellos idólatras"; "conquistados los españoles por los romanos, recibieron luego con su civilización todos los errores de su politeísmo [...] Los actos de adulación e idolatría que entonces se dieron, deben recaer sobre sus conquistadores"[141]. La diferencia con la versión nacionalista de la primera mitad del XIX consiste aquí en anteponer la religiosidad monoteísta a la belicosidad de los primitivos españoles, aunque esta última tampoco se niegue.

El apogeo de la religiosidad llegaba, de todos modos, con la predicación del cristianismo, cuyo éxito todos insistían en presentar como fulminante. Ya el padre Flórez, en el siglo XVIII, había mantenido que España había sido el primer país cristianizado. Por entonces, aquello no pasaba de ser una mera disputa eclesiástica, una competición por la primacía entre las distintas ramas de la Iglesia universal. Ahora, ya, en plena era de los nacionalismos, lo que se debatía era la identidad religiosa de la nación. Para Sánchez y Casado, la propagación del cristianismo "fue muy rápida y muy próxima a la muerte del Salvador"; "España la recibió con entusiasmo —añade Orodea—, porque el cristianismo era la religión de los pueblos libres"; y Merry ratifica: se recogieron "frutos copiosísimos de la predicación evangélica", con lo que España fue "una de las primeras naciones del mundo en escuchar y seguir la santa doctrina de Nuestro Señor Jesucristo". Belmar explica el significado de este hecho: los "primitivos españoles" habían mostrado ya su valor frente a cartagineses, romanos y otros invasores, "pero esos latidos del noble corazón de España [...] eran insuficientes para asimilar y refundir en una sola las diferentes razas de sus habitantes. [...] Sólo a Cristo crucificado [...] estaba reservado hacer de distintos pueblos un solo pueblo"; apareció, al fin, el apóstol Santiago y "he aquí el fundamento de una de las más gloriosas nacionalidades de Europa"[142]. La idea era fácil de sintetizar: la religión católica creó la nación española.

El apóstol Santiago era, por tanto, más que Túbal, el fundador de la nacionalidad. Y los historiadores nacional-católicos no consienten dudas, aunque tampoco aporten datos nuevos, sobre la llegada del apóstol a la Península. Castellanos de Losada asegura que España fue "uno de los primeros pueblos que tuvieron la dicha de ver la clarísima luz del Evangelio, y esto aun viviendo María Santísima, que se dignó visitar nuestra patria y señalar al apóstol Santiago [...] el sitio en que había de levantarla un templo". Como dice De la Fuente, "la nación española ha considerado siempre este hecho como una tradición constante e inconcusa"; ha sido una creencia "general, continua y unánime", como lo es "la venida de la Virgen a visitarle a Zaragoza". Merry llama "imprudentes" a quienes dudan de estas "glorias" y en la obra conjunta con su pariente precisa, aunque no juzgue imprescindible citar la fuente de su información, que Santiago "moró nueve años en la Península"[143].

El relato de la resistencia a la conquista romana es sustancialmente idéntico al del canon historiográfico nacionalista, aunque se tienda a pasar más rápidamente por las hazañas bélicas y se subraye lo positivo de la cristianización bajo Roma. Especialmente interesante es la llegada de los visigodos, y sobre todo sus casi dos siglos de dominación inicial, cuando los dominadores eran cristianos, pero arrianos, e impusieron esta herética doctrina en el país católico por excelencia. Su interés se deriva de que se revela entonces el límite fundamental de estas adaptaciones de las historias eclesiásticas a la versión nacional. La "España" de los godos, en la medida en que su orientación política no coincidía con la de la Iglesia católica, no era necesariamente la heroína del relato mítico. Hay que recordar que la conversión de los francos al catolicismo ocurrió en tiempos de Clodoveo, un siglo antes que Recaredo, y que los católicos francos y los godos arrianos mantuvieron, a lo largo de aquel siglo, varias guerras. ¿A favor de quiénes podía situarse un historiador que se consideraba, a la vez, nacionalista español y devoto católico? No era flojo el dilema. Había antecedentes de quienes se habían decantado hacia el lado religioso, más que hacia el nacional, como José Ortiz y Sanz a finales del siglo XVIII: "Mientras Alarico desfogaba su encono contra los católicos, tuvo la Iglesia Galicana el consuelo de ver Católico a su gran Rey Clodoveo. Era el único Monarca del mundo que a la sazón profesaba la Religión verdadera". Surgieron problemas con Alarico y "sintiólo mucho el Franco", pero se vio obligado a hacer la guerra. "Derrotados los Godos y Alarico muerto por mano del mismo Clodoveo", eligieron los godos por nuevo rey a Amalarico, "pero nuestro rey Amalarico por desgracia conservaba un furioso rencor contra los Católicos"; casado con Clotilde, hija de Clodoveo, prometió respetar su catolicismo, pero su "herética pravedad y celo" no se lo permitió y comenzó a tratarla con "asperezas y crueldades"; "pocas veces los sectarios dejan de ser crueles", reflexionaba en medio del relato Ortiz y Sanz, "la verdadera mansedumbre y piedad es cosa muy rara fuera de la Religión Católica". Soportó Clotilde pacientemente mil injurias, pero cuando Amalarico llegó a "poner sus brutales manos en la virtuosa princesa", no pudiendo "vencer o mitigar tanta fiereza", ésta escribió a sus hermanos y les envió "un lienzo lleno de sangre que había cogido en uno de sus diarios atropellamientos". Estalló nueva guerra y el hereje visigodo fue, de nuevo, derrotado por los católicos francos; Amalarico huyó, y hasta intentó refugiarse en una iglesia católica; "a sus umbrales fue muerto de una lanzada, no queriendo Dios fuesen su asilo templos que tanto había profanado". Ésta es la versión que mantendrá todavía Menéndez Pelayo casi cien años después[144].

Interesante caso en que se inserta toda una fase "errónea" de la vida del ente nacional, por ser infiel a la religión. Problema no muy diferente al que planteaba san Hermenegildo, príncipe que, en definitiva, se había rebelado contra su padre, el rey Leovigildo, lo cual constituía una grave falta contra la autoridad familiar, aparte de un crimen de Estado. Ya en tiempos de san Leandro y san Isidoro, los propios cronistas católicos tuvieron dificultades para justificar la acción de Hermenegildo. Para un nacionalista del siglo XIX, parece que el reforzamiento del Estado requeriría incluso mayor dureza con aquel rebelde. Pero no es así, porque la fidelidad a la Iglesia puede más que la del Estado. En algún caso, como hace Cavanilles, se niega que hubiera rebelión: Hermenegildo se limitó a convertirse al catolicismo y Leovigildo trató de "violentar la conciencia de su hijo", aparte de perseguir a los súbditos "cristianos"[145] del sur de España, lo que obligó a Hermenegildo a "defender su reino y proteger a sus vasallos"; le atacó entonces Leovigildo y, habiéndole hecho su prisionero, le quiso obligar a comulgar de manos de un obispo arriano; "negóse con valor y ofendido el padre mandó cortar la

de ahí que don Pelayo pusiera su confianza en la Virgen, y se produjera la milagrosa victoria sobre los moros. Orodea describe a Pelayo como "godo según unos, romano según otros, pero de todos modos esforzado, cristiano y español"; él dio "en los montes de Asturias el primer grito de libertad, constituyendo el momento más solemne de nuestra historia y el comienzo de nuestra civilización". Merry, por último, dice que Pelayo enardeció a algunos "tan cristianos como valientes [...] con las palabras más propias para fomentar la religiosidad y el patriotismo": "Somos pocos y ellos son muchos, nos pelearemos por la religión y por la patria"; aquélla fue la idea "sublime y fecunda" de la civilización española en la Edad Media, pues "la religión cristiana, la patria y la lealtad son los ejes sobre los que gira la vida propia de nuestra nacionalidad en aquellos tiempos y los grandes, fecundísimos principios que prepararon la civilización gigantesca y el engrandecimiento de nuestra amada patria [...] en los poderosos reinados de Carlos V y Felipe II"[149].

A don Pelayo, en efecto, siguieron las glorias de los siglos medievales. Aquélla había sido la edad dorada para los historiadores liberales, y lo era también para los católico-conservadores, pero con matices, pues para éstos toda la gloria recaía en la lucha contra los musulmanes, y no en las libertades municipales, ni en las Cortes, ni en la convivencia de culturas. Ya el padre Flórez había presentado a El Cid o Fernán González como "insignes vencedores de moros, llenos de celo por la fe y dotadores de templos". Merry se refiere a la aparición del apóstol Santiago en Clavijo como "uno de los días de mayor gloria para la nación española"; y descarta toda duda sobre aquel milagro, arguyendo que en pleno siglo XIX el mundo entero ha sido testigo de estupendos prodigios, como el ocurrido en Lourdes. Toda esta literatura está claramente inserta en las polémicas del catolicismo del siglo XIX con el racionalismo moderno. Tras el "glorioso reinado de san Fernando", otro momento culminante del relato, se llega a la coronación de la Edad Media con los Reyes Católicos, "el periodo más brillante de la historia patria"; España "recobró la unidad que tuvo en tiempos de los godos. [...] Renació llena de vida la nación [...] Lanzados de nuestro territorio los sectarios del Profeta, ondeó del uno al otro mar el estandarte de la Redención. ¡Grande época! [...] Galería de gigantes [...] una epopeya". Otro autor llama "brillante" a "la época en que florecieron los Reyes Católicos", cuando "descollaban en España los hombres más eminentes en política, en administración, en ciencias morales, en artes nobles y mecánicas, en el comercio, en la navegación y en la milicia". Para un tercero, el reinado de Fernando e Isabel, "monarcas insignes", "tan gloriosos para la civilización española", "cuyos levantados hechos ha perpetuado la fama esculpidos en limpios mármoles y en duros bronces", se caracterizó porque los reyes fijaron su política "en la reconstitución de la nacionalidad española sobre la base de la unidad en todos los órdenes"[150].

Éste de la unidad es, precisamente, y como sabemos, un tema peliagudo. Porque incluye, por ejemplo, la expulsión de los judíos. Pero Amador de los Ríos había proporcionado una explicación tranquilizadora en 1848 y la repite en su *Historia crítica de la literatura española*, de 1861[151]. Algunos, como Orodea, se conforman con esa interpretación: al igual que el arrianismo en tiempo de los godos, "la existencia de los judíos [...] destru[ía] la robusta vitalidad y las fuerzas que se derivan de la unidad religiosa". Pero la mayoría de estos autores tienden a ser menos piadosos y repiten la lista de maldades de los hebreos: sus prácticas usurarias, la terrible conspiración tramada para entregar España a los árabes, "su orgullo, su doblez, sus malas artes"[152]. Otros explican que se hizo necesario tomar medidas para "proteger" a los judíos, para evitar las "hecatombes de israelitas"; por ello habían dispuesto los reyes "que viviesen solos en sus juderías los individuos del pueblo deicida". Al fin, de todos modos, se hizo "inevitable" su expulsión y el decreto fue "recibido con júbilo por el pueblo". Hay quien explica que, aunque se les prohibió llevar consigo los metales preciosos que poseyeran, "estos desgraciados, sin patria, sin hogar y sin templo", pudieron sacar sus riquezas por medio de "letras". Monreal cree que el reino sufrió con la expulsión un golpe "bajo el punto de vista material y económico", pero "la España de aquellos tiempos obraba obedeciendo a miras nobles y elevadas". El más duro, como de costumbre, es Merry, para quien los Reyes Católicos crearon la Inquisición contra los judíos porque tenían "pruebas plenísimas y muy repetidas de que éstos trabajaban sin descanso porque abjurasen su fe los cristianos" y tenían "planes insidiosos con los hebreos de otros reinos"[153].

Íntimamente ligada al tema judío, la Inquisición siempre se ve, como mínimo, disculpada. Han pasado los años desde los tiempos de los Vélez y Alvarado, que seguían identificándose con el Santo Oficio y reclamando su mantenimiento. Ninguno de estos autores lo hace. Pero sí creen que al Santo Oficio se debió "la unidad religiosa, base de la nacional", en palabras de Sánchez y Casado. Y justifican su creación, además de por los peligros políticos representados por las minorías religiosas, por las circunstancias de la época. Cavanilles observa que se habían descubierto inteligencias de judaizantes y moriscos con sus correligionarios de Granada y África; "muchas de las conversiones no eran sinceras" y a la sombra de ellas "trataban de levantar el país, y aun se creyó que habían llamado las fuerzas del turco"; en todo caso, termina, "culpemos al siglo en que tales cosas ocurrían", "recordemos que a los siglos pasados no se les debe juzgar por las ideas de los presentes". Monreal repite los mismos argumentos: "si, como toda institución, ha cometido abusos, debemos confesar que a él [el Santo Oficio] se debe la unidad religiosa que España conservó"; y antes de criticar a esta institución, deberían los extranjeros acordarse de la noche de San Bartolomé y las quemas de brujas; en todas partes hubo "cierto rigor", pero fue "resultado de circunstancias extraordinarias". Mucho menor problema plantean los protestantes, ajusticiados por Felipe II, según Sánchez y Casado, en corto número, "con razón y con aplauso del pueblo"; el peligro era más grave de lo que parecía, observa Vicente de la Fuente: "el protestantismo pasó los Pirineos y estaba ya casi aclimatado en España"[154].

Frente al *austracismo* de los historiadores liberales, o acusación contra la dinastía Habsburgo de haber marcado el rumbo decadente del país, los nacional-católicos ven a los Habsburgo mayores bajo una luz excepcionalmente positiva. Felipe II, en especial, fue "uno de los más firmes defensores de la Iglesia católica [...] un contrapeso a la política protestante", "un gran personaje histórico". Todos los crímenes y maldades que se le han atribuido son puras invenciones: don Carlos murió por "sus propios excesos", el asesinato de Escobedo fue obra de Antonio Pérez sin ninguna intervención del rey, y en conjunto don Felipe fue un rey trabajador y aplicado, modelo de prudencia, talento y discreción. Similar línea de conducta siguió, en definitiva, toda su dinastía, pues los siglos XVI y XVII son la época preferida por estos historiadores. Sánchez y Casado, por ejemplo, reconoce que Felipe III no tendría "las prendas militares y políticas que forman un gran rey", pero estaba "dotado en alto grado de virtudes domésticas"; e incluso Carlos II fue un monarca "digno de lástima y de amor, no de odio ni desprecio. No le faltaban entendimiento ni voluntad; ningún rey ha querido más a sus vasallos, ninguno le ha rogado tanto a Dios por ellos ni ha llorado tanto sus desdichas". Nadie gana, sin embargo, a Manuel y Antonio Merry en esta devoción por la casa de Austria, "aquellos reyes que subordinan todos sus actos a la religión, que a ella someten la vida social y que se presentan a la faz del mundo como los verdaderos portaestandartes del catolicismo. Razón por la que el protestantismo y la impiedad los odia, acusando de ambicioso a Carlos I, de fanático a Felipe II"; incluso en la expulsión de los moriscos decretada por Felipe III fueron "ilusorios los daños que los escritores afectos al liberalismo suponen que vinieron a sufrir la industria, el comercio y la agricultura". También Felipe IV y Olivares fueron "dos figuras dignísimas", según los Merry; y si Cataluña se rebeló en 1640 fue porque estaba "infestada por las secretas inteligencias que la Francia sostenía con el principado". Sólo Carlos II fue "de constitución enfermiza y carácter pusilánime", pero la gloria continuó hasta el final de esta "dinastía ilustre"[155].

El contrapunto de los Habsburgo son los Borbones, y también aquí se revelan radicales diferencias con los liberales. Alguno de los historiadores que estamos siguiendo, como Sánchez y Casado, conserva, al marcar sus distancias respecto de la nueva dinastía, cierta cautela: con Felipe V la política y los principios de Richelieu y Luis XIV "se implantan en España con todas sus ventajas e inconvenientes" y se entra en un ciclo de reformas que "prepara el de las revoluciones que llenan nuestro siglo y que no han renovado el modo de ser de la nación sino para viciarle y pervertirle". Otros, como el propio Menéndez Pelayo, expresan su disgusto ante el siglo XVIII en el título mismo con que inician la descripción del periodo: "Advenimiento de la dinastía francesa". Igual que los liberales habían acusado de extranjero al absolutismo de los Habsburgo, el gran teórico del nacional-catolicismo hace lo propio con la dinastía que les sucedió en el trono: "¡jamás vinieron sobre nuestra raza mayores afrentas!", sigue este autor; generales extranjeros guiaban nuestros ejércitos, el palacio se vio invadido por una "plaga de arribistas extranjeros", la Iglesia se vio "atropellada en sus inmunidades por los servidores del duque de Anjou"[156].

Otros, como los Merry, sueltan su agresividad de manera que raya en lo insolente, sobre todo si se tiene en cuenta que se están refiriendo a la dinastía reinante en el momento en que escriben: "La *raza* de los Borbones da principio a su reinado en España [...] y al empuñar el cetro Felipe V sus vasallos comprenden que la política española genuinamente cristiana había pasado", pues "apoyándose sofísticamente en la distinción de la política y la religión, sólo se cuidaron de los intereses materiales" y quisieron someter a su autoridad a la Iglesia y "humillar a las clases elevadas, realzando a la vez a hombres bajos de quienes pudieran servirse a su capricho" y "quitar a los pueblos sus franquicias". Carlos III, "tan aplaudido por el liberalismo como celebrado por la masonería", era un rey personalmente piadoso, pero "trocó la monarquía de ultraregalista en revolucionaria y atrajo sobre España la decadencia más lamentable" al olvidar "los intereses morales, que son los que dan firmeza y estabilidad a la grandeza de los pueblos"; "su indiscreción abrió a la revolución las puertas del reino". La expulsión de jesuitas, a quienes se dio un plazo de veinticuatro horas y ninguna facilidad para transportar sus bienes, fue mucho más cruel que la de los moros y judíos. Los Merry, con toda nitidez, están mucho más interesados por defender los privilegios eclesiásticos que el reforzamiento del Estado español. Sólo en este tema se permiten criticar a los propios Reyes Católicos, que, según ellos, se "excedieron" en su defensa de las regalías de la corona. También Belmar menciona, cuando trata de los derechos de la Iglesia, los "dolorosos desaciertos de algunos de sus reyes [de España], como sucedió en tiempos de Carlos I, de Felipe II y de Carlos III"[157]. El tema del regalismo recuerda al de los visigodos cuando eran arrianos: hay veces en que el héroe colectivo, la España idealizada del relato, choca con la Iglesia. El corazón del historiador nacional-católico se encuentra, en esa situación, dividido; es duro optar entre dos madres; pero, en último extremo, acaba optando por la Iglesia, antes que por España.

Transcurrido ya el odiado siglo XVIII, la epopeya nacional culmina con la sublevación contra las tropas napoleónicas. Y aquí la coincidencia con la historiografía liberal es completa, salvo en la insistencia de estos autores en subrayar el papel de la Iglesia en el levantamiento y las motivaciones religiosas del pueblo sublevado. Como dice Sánchez y Casado, "el levantamiento no fue obra de los reyes, presos en Francia, ni de los consejos, sumisos y condescendientes con el invasor, ni de las clases ilustradas, de las cuales salieron los afrancesados, sino del verdadero pueblo español, dirigido e impulsado por el clero". Nocedal, en un escrito más académico que político, también lo había dicho: "se levantó la nación por su Dios, por su Rey y por su Patria"[158].

Toda la historia estaba dirigida a demostrar, por tanto, que la nacionalidad española había sido formada por la religión católica. Fue una religiosidad innata, casi desde antes de que se predicara el cristianismo, y ha durado hasta la última gran hazaña, frente a Napoleón. Como escribe Sánchez y Casado, "tres son los caracteres del pueblo español que aparecen en todo el curso de nuestra historia, constituyendo su fisonomía especial y el resorte de todos sus grandes acontecimientos: el sentimiento religioso, sin el cual España hubiera dejado de ser nación, como la Siria, el Egipto y la Berbería; el amor a la patria, por cuya independencia pelearon nuestros antepasados dos siglos contra los romanos, uno contra los godos y ocho contra los árabes; y, en fin, la monarquía, que nos ha dado caudillos en la guerra, sabios que se adelantaron a su siglo, políticos consumados". Y los Merry anuncian, al iniciar su libro, que pretenden purgar "nuestra historia de la serie de errores con que el protestantismo, el filosofismo y el racionalismo han pretendido oscurecer nuestras glorias nacionales, que en tanto han sido grandes y múltiples en cuanto fueron eminentemente católicas"; "en la unidad católica se halla el fundamento de nuestra magnificencia de pasados siglos"[159].

España se inscribe, pues, en "defensa del catolicismo" de una manera natural, sencilla. Es la defensora del catolicismo —y la civilización— frente a ideologías disolventes de la modernidad. En estas expresiones se funde el nacionalismo de inspiración católica con la mentalidad, tan propia del catolicismo del XIX, de resistencia ante el asedio de la modernidad. España sobrevive y es fiel a sí misma, aguantando los embates de la incomprensión extranjera, como los papas, encerrados en el Vaticano, resisten a las oleadas del materialismo racionalista. El verdadero objetivo de alguno de estos libros es fundir ambas causas: Belmar, más que nadie, explica cómo España ha defendido siempre la soberanía temporal del papa y cómo ello no hace sino responder al orden natural del universo, pues "el Omnipotente ha colocado en el firmamento del cielo [...] dos grandes luminarias [...] dos dignidades supremas: la autoridad pontificia y la potestad real"; "si quitáis sus rayos al astro del día [Iglesia] nada debéis prometeros del astro de la noche"[160]. Era una manera de presentar a España que la obligaba a seguir empleando su ejército como garante de lo que quedaba de territorios papales frente a los nacionalistas italianos.

La incompatibilidad entre esta versión de la historia y la de los liberales era clara. Ambas coincidían en la vertebración del relato de acuerdo con la clásica secuencia mítica de Paraíso-Caída-Redención, y en los dos casos el paraíso había sido netamente "español" mientras que la salida del mismo se había debido a nefastas influencias extranjeras. Pero las etapas históricas a las que estas fases míticas se referían, y los valores éticos y políticos anexos a las mismas, variaban. Para los liberales, la edad de oro se situaba en la Edad Media y estaba simbolizada por las libertades forales y el juramento regio ante las Cortes aragonesas, desaparecido todo bajo el yugo de los Habsburgo; lo que quería decir que su propuesta de redención o retorno a la era feliz consistía en la afirmación de la soberanía nacional y los derechos individuales. Para el conservadurismo católico, el paraíso hispano se había vivido bajo Carlos V y Felipe II, con los teólogos de Trento y la victoria de Lepanto; la salida de aquel paraíso se había debido a reyes "débiles" y a la imitación de modelos ilustrados. Lo que también dejaba traslucir con claridad su programa político: unidad política, por encima de la libertad, y monolitismo católico.

Concluyamos este capítulo con un sencillo cuadro en que se comparan las dos versiones mitificadas de la historia nacional. Es una simplificación, porque incluir temas como la descentralización o el fuerismo obligaría a grandes matizaciones y acercaría a la derecha carlista y la izquierda federal. Desde la versión unitaria, el mitologema Paraíso-Caída-Redención es idéntico, pero es curioso comprobar cómo se sitúan en distinto lugar las etapas a las que se atribuye cada situación:

Mitologema	EDAD DE ORO	DECADENCIA	REDENCIÓN
Nacional-católico	RR CC, Carlos V, Felipe II, Trento, Contrarreforma. Imperio, Lepanto. Mística. Autos sacramentales.	S. XVII: reyes débiles. S. XVIII: Reformismo *antiespañol*. S. XIX: revoluciones.	Unidad política y religiosa. Imperio (en Marruecos).
Laico-liberal	Edad Media. Cortes de Aragón. Fueros municipales. Las tres religiones.	Austrias (después de Villalar). Absolutismo *extranjerizante*. Imperio *(error)*.	Soberanía nacional. Democracia municipal. Unión Ibérica.

A decir verdad, ni siquiera se podía decir que el sujeto fuera el mismo. Para la versión liberal, el protagonista era, claramente, la nación. Para la nacional-católica, lo era el pueblo de Dios, o más bien la Iglesia, como representante suya. De ahí que la historia no comenzara con Túbal, sino con Adán y la creación bíblica, o con Santiago y la llegada de la buena nueva a España. Ésta, España, se identificaba rápidamente con el cristianismo, y aparentemente la historia se convertía en nacional. Pero los avatares del protagonista se hallaban estrechamente ligados a su fidelidad o infidelidad a la Iglesia. Era la "unidad de creencias", o "unidad moral", de los españoles lo que importaba, mucho más que la unidad o la fortaleza del Estado. Se llegaba así a una parábola política, a una versión del pasado como fuente de enseñanzas y valores comunitarios, que, comprensiblemente, era inaceptable para muchos de los ciudadanos de la España contemporánea. Y esa discrepancia sobre la interpretación del pasado se convertiría en una dificultad añadida a las otras con las que se enfrentó la construcción nacional.

Capítulo IX

LA MOVILIZACIÓN NACIONAL-CATÓLICA

Revolución de 1868 y Restauración canovista

El último tercio del siglo XIX se abrió en España con la Revolución de septiembre de 1868, que expulsó del país a Isabel II, aquella niña que, tres décadas antes, tantas ilusiones había despertado sobre la monarquía liberal. "Esta señora es imposible", había terminado por renegar el propio general O'Donnell, en definitiva el más competente de los gobernantes de su reinado. Y sin haber cumplido los cuarenta años, aunque muy entrada en carnes ya, doña Isabel tuvo que interrumpir su veraneo en San Sebastián y pasar la raya de Francia. Convocaron entonces quienes la habían derrocado elecciones a Cortes constituyentes, y en ellas, al debatirse el tema de la relación entre el Estado y el catolicismo, se aprobó al fin, por primera vez, la libertad religiosa. Fue en el curso de aquel debate cuando tuvo lugar la famosa polémica entre el republicano Emilio Castelar y el carlista Vicente Manterola, representantes, respectivamente, de cada una de las concepciones de la nación que se habían ido formando a lo largo del siglo: la liberal laica, a la que hemos dedicado las dos primeras partes de este libro, y la católico-conservadora, que estamos siguiendo en esta parte. Ganaron los liberales, porque era un momento de fervor revolucionario y porque eligieron, además, como portavoz a Castelar, *rara avis* en la fauna hispánica del siglo, por ser católico a la vez que republicano; pero lo que le hacía ganarse a su público era, sobre todo, su pico de oro.

Don Vicente Manterola, canónigo de Vitoria, no era rival para Castelar. Escolástico, pero nada imaginativo, se limitó a repetir la idea elaborada por Balmes, Nocedal o Pidal en décadas anteriores: España no era nada sin el catolicismo. "Prescindid de la idea religiosa, de la idea católica, y habréis prescindido por completo de la historia del noble y antiguo pueblo español"; si España tenía la desgracia de lanzarse en "los descarnados lazos del libre-cultismo", ese día "la España de las antiguas glorias ha muerto, ese día su nombre habrá desaparecido del mapa de los pueblos civilizados". Castelar esperaba, sin duda, este argumento y tenía su réplica a punto: el canónigo pretendía "que no se pueda ser español [...] sino llevando impresa sobre la carne la marca de una religión forzosamente impuesta"; aun sin quererlo, estaba defendiendo la vuelta al antiguo sistema pagano, es decir, que "el rey fuera al mismo tiempo papa"; la política moderna se basaba, por el contrario, en que el Estado no podía tener religión, porque "el Estado no confiesa, el Estado no comulga, el Estado no se muere. Yo quisiera que el señor Manterola tuviese la bondad de decirme en qué sitio del valle de Josafat va a estar el día del juicio final el alma de ese Estado que se llama España". Además, ese Estado —esa nación, quería decir Castelar— que se llamaba España, no era necesariamente intolerante en materia religiosa. Ni Manterola ni nadie podría pensar en un monarca más glorioso para el catolicismo español que el santo Fernando III, y este rey, a los moros vencidos de Sevilla y Córdoba "les permitía tener sus mezquitas, les dejaba sus alcaldes propios". A modo de moraleja, el orador sintetizó en una línea la visión mítica de la historia nacional propuesta por los liberales: "en España lo antiguo es la libertad; lo moderno, el despotismo". Con el despotismo moderno, y con la intolerancia, continuó el diputado republicano, llegó la decadencia. Los judíos fueron expulsados, y frente a las befas de Manterola sobre las pérdidas culturales que aquello había representado —"fuera de algunos dijes y de esa pequeña industria de babuchas, yo no sé qué saben los judíos", había dicho el bárbaro canónigo—, Castelar le recordó los nombres de algunos descendientes de los expulsados en 1492, desde Spinoza hasta Disraeli, que podrían haber sido "gloria [de] la nación española". Fiel a los prejuicios antisemíticos del catolicismo conservador, el osado Manterola había llegado a declarar a los hebreos raza condenada por Dios a vagar sin patria, por lo que jamás podrían ser "un pueblo con su cetro, con su bandera o con su presidente"; si algún día llegara a ocurrir tal cosa, dijo enfáticamente, se habría "matado la Iglesia católica", porque se habría matado "la palabra de Dios".

Ni Castelar, con todo su talento, podía prever el futuro, y por eso no pudo anunciar al canónigo que sólo ochenta años más tarde existiría un Estado de Israel, con una bandera y un presidente, lo que arrojaba sus profecías al cubo de la basura. Pero le aplastó de otra manera. Le replicó, para empezar, que él no creía en sinos fatales pesando sobre pueblos o personas porque era "más cristiano que todo eso" y tenía fe en la misericordia divina. Y en este punto, al comparar la religión de la justicia implacable con la del amor y la misericordia, se sintió inspirado y decidió subir el tono. Galdós, al recordar aquel momento, lo ambientó así: "Hablaba ya Castelar cuando se encendieron las luces. En las cristalinas bombas que encerraban los mecheros, detonaba el gas con alegre *bum-bum* al contacto del fuego [...] Todo renacía; todo se llenaba de matices y resplandores, con los cuales poco a poco se fundía el resplandor mágico del verbo castelarino". En efecto, el *crescendo* que inició Castelar tuvo algo de mágico. Con voz que "no parecía de este mundo", culminó su perorata de forma celebérrima: "Grande es Dios en el Sinaí; el trueno le precede; el rayo le acompaña; la luz le envuelve; la tierra tiembla; los montes se desgajan... Pero hay un Dios más grande, más grande todavía, que no es el majestuoso Dios del Sinaí, sino el humilde Dios del Calvario, clavado en una cruz, herido, yerto, coronado de espinas, con la hiel en los labios y diciendo: Padre mío, perdónales [...] Grande es la religión del poder, pero es más grande la religión del amor. Grande es la religión de la justicia implacable, pero es más grande la religión del perdón misericordioso. Y yo, en nombre de esta religión, en nombre del Evangelio, vengo aquí a pediros que escribáis al frente de vuestro código fundamental la libertad religiosa". "La Cámara ardía —vuelve a rememorar Galdós—; todos gritaban" [161].

"Discursos mucho más elocuentes que aquél ha pronunciado luego el señor Castelar —escribió más tarde Menéndez Pelayo—, pero ninguno ha tenido tanta resonancia, ninguno ha hecho tanto estrago en la conciencia del país". Estrago, o beneficio, porque un cierto grado de tolerancia, reminiscencia de la libertad establecida en la Constitución de 1869, fue aceptada incluso por conservadores flexibles, como Antonio Cánovas del Castillo, el *hombre fuerte* de la nueva situación política que se establecería al terminar el ciclo revolucionario. En el propio año 1869, Cánovas dejó sentado su compromiso inequívoco con la tolerancia religiosa: "No habiendo más religión que la católica en España, el Estado debe proteger [...] el culto católico", pero "yo no defenderé jamás la intolerancia religiosa [...] El tiempo de toda persecución material ha pasado para siempre". Fue un compromiso que supo mantener al redactar la Constitución de 1876, que se haría a su dictado y duraría medio siglo[162].

Pero no adelantemos acontecimientos. Antes de abandonar el Sexenio Revolucionario y llegar al canovismo conviene mencionar otro incidente, muy significativo también para nuestra historia. Como es típico de los ciclos revolucionarios, el español iniciado en 1868 no fue largo, pero sí intenso —el tiempo se "concentra" en las revoluciones, observó Donoso Cortés en un discurso célebre—. En los seis años que duró la Gloriosa se pasó, en rápida sucesión de regímenes políticos, de la monarquía borbónica a la de los "masónicos" Saboya, de ésta a la república y, dentro de la república, a la federal; de manera semejante, también en el proceso de identificación de la derecha con la nación se quemaron muchas etapas. Algo tuvo que ver con ello, como tantas veces, la vecina Francia. Porque una de las muchas cosas que ocurrieron en aquellos seis años fue la derrota del ejército de Napoleón *El Chico* por el de Bismarck, con lo que Francia quedó desarbolada y París por unos meses en manos de los clubes revolucionarios y la Guardia Nacional, que aprovecharon para establecer un régimen populista radical conocido como "la Comuna". Por mucho que este episodio se considere una "revolución social", las medidas que tomaron aquellos jacobinos no fueron para tanto: declararon legítimos a los hijos naturales, condonaron las deudas de artículos de primera necesidad depositados en las casas de empeño y prohibieron el desahucio de inquilinos morosos; pero ni colectivizaron nada ni se atrevieron a tocar, siquiera, las reservas de oro y plata acumuladas en el Banco de Francia. Lo más sobresaliente que hicieron fueron un par de ceremonias simbólicas y solemnes: quemar en público la guillotina y, sobre todo, derribar la columna *Vendôme,* erigida en honor de las glorias militares de Napoleón.

La versión que llegó al resto del mundo sobre lo ocurrido en París fue, sin embargo, de horror: destrucción de monumentos, profanación de iglesias, robo de bienes, establecimiento del "amor libre". Algo hubo de malentendido lingüístico, al tomar muchos la palabra *commune,* que no es sino "municipio" en francés, por un régimen en el que todo, hasta las mujeres, era común. Fuera ésta u otra la razón, lo cierto es que de París sólo llegaban noticias de desmanes, y que la inspiradora de tanto desmán se decía ser una misteriosa sociedad llamada "La Internacional", cuyo siniestro designio era llevar a cabo una revolución social de alcance universal. Era ésta una federación de sindicatos y partidos obreros, fundada cinco años antes en Londres, de manera pública y legal, y cuyo nombre completo era Asociación Internacional de los Trabajadores. El hecho mismo de que se la conociera como "La Internacional", en lugar de hacer referencia a sus aspectos socialistas u obreros, indica algo de lo subversiva que era ya, para la imaginación europea del momento, la negación de lo nacional. Sólo un cuarto de siglo antes, es probable que una sociedad revolucionaria hubiera ostentado en su título, de una forma u otra, alguna referencia a lo "nacional". Así lo hubiera hecho, de haberse atribuido algún título, aquella otra revolución que había tenido lugar en la misma ciudad de París en 1848, cuyo tono nacionalista, además de democrático-social, fue innegable; un tono nacionalista que no hizo sino acentuarse en la oleada de alteraciones que provocó en Alemania, Austria o Italia. Recordemos que tanto Donoso Cortés, embajador español en Francia durante aquellas jornadas de 1848, como el papa recién elegido, Pío IX, habían quedado muy impresionados por los horrores del nacionalismo, y que aquel trauma había supuesto una etapa crucial en sus respectivos procesos de evolución hacia el conservadurismo más radical. En 1871, sin embargo, sólo veintitrés años después, prusianos y franceses, que acababan de matarse entre sí con todo ardor patriótico, se ponían fácilmente de acuerdo para condenar la subversión parisina; y, de todo lo que sabían sobre lo que ocurría en la ciudad, lo que les parecía negación de los más elementales valores sociales, lo auténticamente *inhumano,* era que los revolucionarios hubieran derribado un monumento erigido en honor a las glorias militares de la nación.

Inhumanos fue, justamente, lo que llamó Ríos Rosas a los *communards* refugiados en España. Porque París fue sometido, a los dos meses de proclamada la Comuna, y comenzó un exterminio verdaderamente sanguinario de los protagonistas de aquella revolución. De entre los que pudieron huir, unos centenares buscaron refugio en España, y en el Parlamento se discutió sobre qué hacer con ellos. Ríos Rosas, prohombre de la Unión Liberal, defendió acaloradamente su devolución al otro lado de la frontera —lo que, con toda probabilidad, significaba su fusilamiento—, y lo hizo con estos argumentos: "Hay una singularidad en lo que ha pasado y está pasando en Francia: es la renuncia [...] de todo sentimiento patriótico, de todo sentimiento humano que hay en los hombres que han cometido esos crímenes. Se puede ser criminal [...] Lo que no se puede admitir es la profesión científica y teórica de la negación de la patria y la negación de la humanidad [...] Empieza el amor a la patria en la familia; sigue en el municipio y acaba en la nación; y los hombres que renuncian a la familia, al municipio y a la nación están destituidos de todo sentido moral, no son seres racionales, no pueden ser ciudadanos de ninguna patria". La patria formaba parte de los sentimientos y creencias, no ya de toda persona civilizada, sino de todo ser humano. Por no ser humanos, por no reconocer la familia, la religión ni la patria, los *communards* tenían que ser devueltos a Francia. Y lo fueron[163].

El miedo a La Internacional no se extinguió con aquella represión. Poco después, en 1872, comenzó a publicarse en Madrid una revista titulada *La Defensa de la Sociedad.* Su director era Carlos María Perier, pero el verdadero inspirador era Bravo Murillo. Mas lo impresionante era la lista de personalidades que prestaron su nombre para figurar como "colaboradores" en la primera página: Alonso Martínez, Cánovas, Manuel Colmeiro, Fernando Corradi, fray Ceferino González, Jove y Hevia, Mañé y Flaquer, el marqués de Molins, Moreno Nieto, Segismundo Moret, Cándido Nocedal, Alejandro Pidal, Ríos Rosas, Juan Valera, Vega Armijo, etcétera. Progresistas, unionistas, moderados, carlistas. ¿En qué podían ponerse de acuerdo tan diversas fracciones del espectro político? En ser todos, según se definían, "personas llenas de honradez y patriotismo". Porque tras la Comuna había un fantasma, esta vez sí, que recorría Europa, y era el del "internacionalismo". El "prospecto" que abría el primer número de aquella revista explicaba, en términos apocalípticos que hubieran hecho feliz a Donoso, que "una asociación vasta, creciente, astuta, aparece en medio de las naciones"; en medio de "las naciones", curiosamente, no de Europa, ni menos de la cristiandad: también la derecha veía ya la realidad en términos nacionales. Entre sus "tiránicos designios" figuraba la destrucción de la propiedad, de la familia, de la religión y, en lugar muy prominente siempre, de la patria. La Internacional quería desarraigar de los corazones de los obreros la idea de patria, que "reúne en sí los sentimientos más caros y más nobles", y forma "hombres y ciudadanos" para hacerlos aptos y útiles para la convivencia humana. "El amor de la patria no es enemigo del amor a la humanidad", explicaban, sino que es un amor "que Dios ha puesto providencialmente en el corazón de los hombres" para que la humanidad "pueda caminar a su creciente perfeccionamiento con la división y correspondencia de los trabajos". Terminaba el prospecto con una invocación para que, superando los "modernos errores", la patria fuera "por todos amada y defendida y de todos protectora".

Como puede verse, era enorme el trecho recorrido por los conservadores ante el problema de la nación desde los tiempos de Barruel, Alvarado o incluso Donoso. Para los contrarrevolucionarios de la primera mitad del siglo, la identidad nacional era una invención del anticristo racionalista, que pretendía arrebatar de esta forma la soberanía a los monarcas absolutos, representantes visibles de Dios. En 1871-1872, en cambio, el anticristo había pasado a ser La Internacional, comparable, según Bravo Murillo, a Nerón, pues si éste fue un "monstruo [que] mató a su madre", "La Internacional quiere matar a la Iglesia católica, madre amantísima de los pequeños y de los pobres"[164]. La batalla seguía librándose entre el Satanás de la modernidad y la Iglesia, pero Satanás se encarnaba ahora ya en el internacionalismo, mientras que los católicos, los defensores de la autoridad y el orden social, se distinguían por su amor a su nación, a su patria; en este caso, a España. Sólo faltaba convencer a la opinión de la identificación plena de España con el catolicismo y el orden social conservador para que la pugna política se planteara entre "España" y la "anti-España", materializada ésta en una subversión de origen siempre internacional. Ése sería el paso definitivo para la construcción del nacionalismo católico y conservador.

La revolución de 1868 pasó, y en 1875 los Borbones habían sido repuestos en el trono español, en la persona de Alfonso XII, hijo de la destronada Isabel. Dominaba la situación Antonio Cánovas del Castillo, y la constitución que se aprobó en 1876 fue obra suya. Cánovas no estaba dispuesto a aceptar enmiendas sustanciales a la parte orgánica de su proyecto, y el texto elaborado por la comisión de notables que él dirigió fue sancionado, tras sumario debate, por el Congreso. Pero en la parte dogmática tuvo que enfrentarse con sus propios aliados, los antiguos moderados y neocatólicos, y el debate más enconado se centró, precisamente, alrededor de la cuestión de la unidad católica de España. La derecha se sentía en 1876 más fuerte que en 1869, y los obispos y sus portavoces alzaron la voz al repetir que la grandeza de España iba indisolublemente unida al monolitismo católico y que tolerancia era sinónimo de disolución social. Pero Cánovas no había dejado caer en saco roto los argumentos sobre los perjuicios ocasionados por el cierre ideológico del catolicismo para la economía y el desarrollo intelectual de España. Y logró, finalmente, imponer un artículo 11 en el que se establecía la confesionalidad católica del Estado, pero se autorizaba la práctica privada de otros cultos[165].

A cambio de esta imposición, el dirigente conservador cedió a los *neos* la cartera de Fomento, que, en cierto modo, consideraban su feudo. Ya a mediados de los años sesenta habían utilizado ese ministerio para controlar y orientar la enseñanza de forma que no contuviera "nada contrario al dogma católico ni a la sana moral". Separaron de su cátedra en 1865 a Emilio Castelar, por su resonante artículo "El rasgo", y destituyeron al rector de la Universidad Central, Juan Manuel Montalbán, cuando se alzó en defensa de la independencia del profesorado, lo que dio lugar a los sangrientos sucesos de la noche de San Daniel. Año y medio después, Manuel de Orovio, ministro de Fomento, dio otra vuelta de tornillo y expulsó de la misma universidad a Julián Sanz del Río, Fernando de Castro y Nicolás Salmerón, a los que se añadió la dimisión voluntaria de Francisco Giner. Fue la famosa "cuestión universitaria", que tanto daño hizo al prestigio de la maltrecha monarquía isabelina en sus últimos tiempos. Todos ellos iban a ser repuestos en sus cargos por la Revolución de 1868, y Fernando de Castro sería incluso honrado con el cargo de rector, pero, al restaurarse la monarquía, en 1875, siendo ministro de nuevo Orovio —marqués, para entonces, y galardonado con la Orden de Pío Nono—, restableció las medidas de diez años antes. Volvieron a ser separados de sus cátedras los krausistas y esta vez decidieron no fiarse más del Estado y fundar la Institución Libre de Enseñanza. Esa Institución sí fue consentida, y sobrevivió durante décadas bajo un régimen de tolerancia, porque, como Cánovas explicó en una ocasión, la monarquía parlamentaria española consentía la libertad de enseñanza, siempre que ésta fuera privada; lo que no podía tolerar, en cumplimiento del concordato, era que en las instituciones financiadas con dinero público y cuyas asignaturas era obligatorio cursar para adquirir un título que abriera las puertas a las carreras del Estado, las enseñanzas no se ajustaran al dogma católico. En aquella Institución se formarían, como se sabe, las élites que iban a dirigir la renovación intelectual y política del país en el primer tercio del siglo siguiente. Entre sus fundadores figuraban los expulsados Francisco Giner, Nicolás Salmerón y Gumersindo de Azcárate, a quienes se sumaron Laureano Figuerola, Segismundo Moret, Eugenio Montero Ríos, Joaquín Costa, Rafael María de Labra o Juan Valera. De su sentimiento de identificación con el mito nacional da idea el hecho de que la primera piedra de su nuevo edificio, en 1882, se puso un Dos de Mayo. Pero su concepción de la nación era diferente a la de los neocatólicos o la de quienes escribían en *La Defensa de la Sociedad*. Las "dos Españas", si por esta expresión se entiende dos mundos culturales y no dos realidades sociales, iban delineándose[166].

Casi a la vez que tenía lugar el debate constitucional y la depuración de los krausistas, en 1876-1877, esos dos mundos culturales se enfrentaron en la segunda fase de la polémica sobre la ciencia española, de mucha mayor importancia que la primera. El debate se inició de nuevo con un discurso de ingreso en una real academia, esta vez la Española, y el investido era el poeta Núñez de Arce. Eligió como tema la decadencia nacional bajo los Austrias y, siguiendo el conocido esquema liberal, dedicó su disertación a demostrar "el influjo que la intolerancia religiosa y la constante y terrible compresión intelectual, de ella nacida, han ejercido en nuestra literatura". Le respondió Juan Valera, mucho más sutil. Valera aceptaba que el fanatismo religioso había marchitado antes de tiempo en España "la lozanía y el florecimiento de una gran cultura propia y castiza", pero a la vez creía obligado reconocer que la edad "del mayor fervor católico, de la mayor intolerancia religiosa", había sido también la "más floreciente de nuestra vida nacional". No es que él fuera partidario, como los neocatólicos, de exagerar el valor de aquélla "en lo literario y científico". Citando a Sanz del Río, decía que en España había habido "buenas comedias, novelas y otras obras de pasatiempo", pero "en ciencias hemos valido poquísimo". Lo que no veía tan claro, y eso le diferenciaba de Núñez de Arce, era que los logros y fracasos se debieran a la intolerancia inquisitorial o al despotismo de los monarcas. Porque ambas cosas habían existido en otros países; también en Francia e Inglaterra "se atenazaba, se quemaba viva a la gente, se daban tormentos horribles", también hubo allí "alianza entre la teocracia y el poder real para oprimir al pueblo" y se eliminó violentamente a los disidentes religiosos; y, sin embargo, "Inglaterra y Francia se levantaron con todo bajo aquellos despotismos, mientras que España descendía". La creación científica, en suma, dependía de otras cosas —de "la espontaneidad y el entusiasmo de la nación", quizás— no de inquisidores feroces y reyes tiranos. La "enfermedad" de la España imperial estaba "más honda": había sido "una fiebre de orgullo, un delirio de soberbia [...] nos llenamos de desdén y de fanatismo a la judaica. De aquí nuestro divorcio y aislamiento del resto de Europa"[167].

Al filósofo Manuel de la Revilla se le ocurrió intervenir, desde la recién aparecida *Revista Contemporánea,* en favor del discurso de Núñez de Arce, aunque matizándolo, y distanciándose a la vez de las observaciones de Valera. Coincidía con este último en que la tesis del nuevo académico, aun siendo correcta, requería distinguir, al menos, entre literatura y ciencia: "si en la historia literaria de Europa suponemos mucho, en la historia científica no somos nada". Pero no estaba de acuerdo con el paralelismo que Valera establecía entre la persecución religiosa en España y las ocurridas en Francia o Inglaterra: éstas fueron "hijas del furor y de la violencia, más que de la crueldad fría y sistemática"; en España no había habido matanzas esporádicas, sino el dominio de un "poder teocrático, implacable, sistemático, tenaz" que había causado una "sangría lenta, jamás interrumpida".

Era una acusación muy dura ésta de Revilla, y no carecía de fuerza. Se veía venir una respuesta. Pero pocos esperaban que llegara de un mozalbete de veinte años que aunaba ardor neocatólico y formidable erudición. Su nombre era Marcelino Menéndez Pelayo y eligió como título de su artículo "Monsieur Masson, redivivo", en recuerdo de aquel *philosophe* de poca monta que en el siglo anterior se había permitido despreciar la cultura española en las páginas de la *Enciclopédie méthodique*. Empezaba el joven erudito por descartar en él a Núñez de Arce como oponente, pues éste estaba "a la altura de los críticos del año de gracia 1820. No le envidio la triste gloria de sustentar una causa tan antipatriótica y atrasada". No sólo había que distinguir entre literatura y ciencia, seguía Menéndez Pelayo, sino que incluso en terrenos científicos no podía hablarse en términos generales de atraso español en el siglo XVII, porque, por ejemplo, la crítica histórica había sido mejor en aquel siglo que en el anterior. Pero lo que en ningún caso podía hacerse era achacar el atraso a la Inquisición, que nunca se había metido "en ciencias que no se rozan con el dogma". Si la Inquisición era la causa de la falta de industria, ridiculizaba el joven polemista, también podía atribuirse al Santo Oficio la costumbre de la siesta, las corridas de toros o el mal estado de las carreteras que cruzaban la Península. El artículo, por lo demás, era una ristra de nombres de científicos españoles, y de escuelas filosóficas —como el lulismo, el vivismo y el suarismo—, cuyo valor, según él, era muy superior al que les reconocían propios y extraños[168].

La polémica se amplió al intervenir, en apoyo de Revilla, Gumersindo de Azcárate, desde la *Revista de España*, con unas páginas en las que sostuvo que la actividad científica nacional había estado "ahogada" durante tres siglos por un Estado obsesionado por preservar la pureza de la fe; algún derecho tenía él para opinar sobre esto, porque era uno de los catedráticos krausistas depurados el año anterior. Menéndez Pelayo, combativo, replicó con otro artículo —"Monsieur Masson, redimuerto"— y recibió además el apoyo de Gumersindo Laverde y de Alejandro Pidal y Mon, nuevo dirigente del grupo neocatólico[169]. En favor de Revilla y Azcárate, echó su cuarto a espadas el filósofo José del Perojo. Es la última opinión que vale la pena extractar.

Describía Perojo a grandes rasgos la evolución de la filosofía europea, desde Bacon a Kant, para demostrar que no había ninguna aportación de relevancia proveniente de España ni existía una escuela filosófica que pudiera propiamente llamarse española. Tampoco le cabían dudas de que lo que había "paraliz[ado] el movimiento científico de nuestro pueblo" había sido la Inquisición. En tono un tanto declamatorio, escribía: "hasta que la Inquisición alcanzó todo su poderío, vemos en España constantemente talentos de primer orden marchando a la cabeza de la civilización, [pero] según su poder aumenta, disminuyen nuestros nombres, efecto de la cruda guerra que a su nombre se hacía contra todo lo que era ciencia, investigación, libertad de pensamiento humano. [...] Larga sería la lista de los hombres de mérito científico que perecieron en las hogueras de la Inquisición [...] Al fin, todo calló y el silencio de las tumbas reinó en nuestro movimiento científico e intelectual". No bastaba, para reivindicar la ciencia española, con citar nombres a diestro y siniestro, como hacía Menéndez Pelayo. "Nuestros neos y ultramontanos", observaba con zumba, han formado una "especie de sociedad de socorros mutuos [...] para sacar a flote obras [...] de poquísimo valor". Puestos a citar, mejor sería que se acordaran de Averroes, Avicena o Maimónides. No hubo, en resumen, grandes científicos en la España imperial; y ello no podía deberse a que "nuestros antepasados" fueran "incapaces". Concluía con un reto político, más que una valoración histórica: "vosotros, los que echáis de menos a la mil veces maldita Inquisición [...] decid qué habeis hecho con nuestra tradición, qué con nuestra ciencia [...] Si guardasteis nuestra fe, nos hicisteis, en cambio, toscos e incultos"[170].

La polémica quedó en tablas. Los más inteligentes de ambos lados, incluido el propio Menéndez Pelayo, evolucionarían hacia un reconocimiento tácito de cierta parte de razón en los otros. En conjunto, el tema de la decadencia nacional tendió a despolitizarse en las esferas académicas y se impuso, de manera implícita, la idea de Valera de que los culpables de la decadencia no eran necesariamente la Iglesia ni la monarquía, sino una especie de "desastre interior" de la nación. El siglo acabó, así, en un curioso nacionalismo pesimista, con poca fe en las potencialidades *raciales,* que la derrota de 1898 no haría sino acentuar[171].

CENTENARIOS Y CONGRESOS CATÓLICOS

Sobre este trasfondo pesimista, Cánovas construyó un edificio político regido, sobre todo, por el pragmatismo, y evitó en lo posible las grandes cuestiones metafísicas sobre la religión o la esencia nacional. En 1881, cedió el poder a Sagasta, sabiendo que, entre otras cosas, los catedráticos expulsados cinco años antes iban a ser readmitidos[172]. Lo fueron sin grandes alharacas, porque los nacional-católicos estaban embebidos en otra polémica, fundamentalmente interna. Tres años antes de la llegada de Sagasta al poder, en 1878, había muerto Pío IX, tras el pontificado más largo de la historia. Su sucesor, León XIII, persona de más amplias miras intelectuales, aunque muy atado por las contundentes posiciones adoptadas por Roma en las décadas anteriores, inició una tímida apertura hacia el mundo moderno.

La nueva consigna que el Vaticano dio a los católicos fue el *ralliement,* la actuación unida en los nuevos sistemas parlamentarios, abandonando progresivamente el absolutismo monárquico y apoyando al partido más afín, con objeto de defender los intereses de la Iglesia bajo el gobierno "menos malo posible". Era lo que había hecho el *Zentrum* alemán y lo que se intentaba hacer también en Bélgica y Francia. En España, quien decidió seguir esa consigna fue Alejandro Pidal y Mon, el hijo y heredero ideológico de Pedro José Pidal, que evolucionó en sentido exactamente contrario al del vástago de Nocedal: en vez de refugiarse, como éste, en un "integrismo" fundamentalista, fundó la Unión Católica, que abría al catolicismo filo-carlista la posibilidad de actuar en la política parlamentaria, acogiéndose al paraguas del conservadurismo liberal

445

dirigido por Cánovas, aun sin integrarse formalmente en su partido. Como explicó Pidal, de lo que se trataba era de ofrecer una vía de acción política legal a "las honradas masas que, arrojadas al campo por los atropellos de la revolución, formaron el partido carlista". Los puntos programáticos de la unión eran la defensa, "ante la invasión revolucionaria", de la patria, la religión y la propiedad[173]. Así, en este orden, con la patria antes que la religión. Porque de lo que se trataba era de completar de una vez la reconciliación del catolicismo con la idea de nación. Y tal reconciliación iba a llevarse a cabo apropiándose el primero de la segunda, configurando a ese ente ideal llamado "España" como algo esencial y radicalmente católico. Es lo que habían propuesto ensayistas y políticos como Balmes o Pedro Pidal e historiadores como Amador de los Ríos o Vicente de la Fuente. Ahora, el segundo Pidal quería difundirlo, hacer de ello una ideología de masas. Para lo cual eran necesarios actos públicos, movilizaciones, y lo que se le ocurrió a él y su círculo fue conmemorar hechos o figuras del pasado que habían estructurado la identidad nacional en términos católicos. Fue así como surgió la idea de los centenarios. Y entre 1881 y 1892 se celebraron los de Calderón, Murillo, santa Teresa, Recaredo, el Descubrimiento de América y algún otro de menor cuantía.

La celebración de centenarios era una costumbre desconocida en España. El propio órgano carlista, *El Siglo Futuro*, había elogiado, a mediados de la década de 1870, ese nuevo tipo de reuniones propagandísticas; aunque, encerrado todavía en el esquema de la defensa del catolicismo frente a la modernidad, no veía en ellas nada específicamente español. Las recientes asambleas de Reims, Friburgo o Florencia, decía, son "elocuente testimonio de los triunfos que el catolicismo alcanza en nuestros días sobre la impiedad revolucionaria"; se aproxima el día "en que la verdad católica brille sin nubes en el cielo de Europa"; hoy, "los católicos, envueltos en las ruinas de muchas instituciones, salen a la defensa de sus instituciones ultrajadas". El objeto a defender era siempre el catolicismo y el sujeto a movilizar, los católicos: "progreso católico en todas las naciones de Europa", "unanimidad entre los católicos", "perfecta unidad de las inteligencias católicas". El dirigente, igualmente internacional, era la Iglesia, o más bien el papa: "incitados por su pastor a llevar a cabo la obra restauradora a que la Iglesia los invita", estos congresos "discuten y resuelven los difíciles problemas que la impiedad moderna ha suscitado en todas las esferas de la vida social". El maligno, no hace falta añadirlo, seguía siendo la modernidad, y su brazo "las sociedades secretas", contra quienes se levantaba el brazo firme y saludable de las asociaciones católicas[174].

La idea de Pidal y la Unión Católica, en 1881, era distinta. Se trataba de exaltar y defender el catolicismo, sin duda, pero disfrazado bajo el término "España"; o, dicho de otra manera, se hacía nacionalismo, pero siempre que la nación se identificara con la fe verdadera. El pretexto perfecto se encontró cuando alguien recordó que aquel año se cumplía el segundo centenario de la muerte del poeta y dramaturgo Pedro Calderón de la Barca. Que Calderón era el poeta nacional, la expresión viva de los valores españoles, era justamente lo que había defendido Böhl de Faber setenta años antes, sin hallar eco entre los cerriles absolutistas de la época. Ahora, demostrando que el tiempo no había pasado en vano, toda la prensa católica, incluida la carlista, pese a su desacuerdo con las intenciones políticas de los "unionistas", se sumó a la celebración. Para *El Fénix*, órgano pidaliano, Calderón era "espíritu eminentemente católico" y "gloria del teatro español". Pero también *El Siglo Futuro* le declaró "poeta nacional", poeta "españolísimo, que no debe nada o muy poco, a griegos, latinos e italianos", "espejo fiel de las creencias y sentimientos de la nación española", en cuyos escritos vivía "la flor más fragante y pura del sentimiento nacional"; Calderón había expresado las ideas "de este gran pueblo de ciudadanos y teólogos, de esta verdadera y santa democracia que tenía puesta su alma en Aquel que es la verdad, el camino y la vida [...] Para él escribió, como él pensaba y sentía y le habló en su mismo lenguaje". Por mucho que considerara "nacionales" los festejos calderonianos, el órgano de los Nocedal no podía dejar de identificar patriotismo con defensa de la religión y del Antiguo Régimen: nacionales no quería decir profanos; nada tenían que ver estas celebraciones con esas otras cívicas con las que los Estados querían sustituir a las fiestas religiosas para "hacer guerra a la religión por ese camino". Al honrar a Calderón se honraba a un "intolerante, intransigente, inquisitorial, fanático, que siempre estaba a vueltas con Dios, la patria y el rey, que si viviera ahora sería un carca de tomo y lomo"; pero "¿qué español ilustre, en las letras o en las armas, en las ciencias o las artes, se puede encontrar en los siglos pasados que no sea un carca?". Ésas son nuestras "glorias nacionales", concluía *El Siglo Futuro*[175].

La prensa de otros matices no pudo sustraerse a la celebración del poeta, pero evitó identificarlo con el mundo mental católico-conservador. El órgano canovista *La Época* decía que era preciso "honrar a los verdaderos grandes hombres, a los defensores de las grandes ideas, a los que posponiendo su interés personal sólo han mirado al engrandecimiento de su patria". *La Correspondencia de España,* periódico que se decía "de noticias", y no de partido, demostró que, por debajo de su proclamada objetividad, había mucho fervor nacionalista en sus elogios al teatro clásico español —"¿qué nación, qué literatura, moderna al menos, cuenta con otro teatro tan nacional y tan rico como el nuestro?"—, así como en su comparación de Calderón con Camoens, a quien se había homenajeado poco antes en Portugal: los dos poetas constituían "la imagen más fiel [...] de las ingénitas cualidades de las dos naciones que forman hoy la península Ibérica"; "al presentar poetizadas las ideas dominantes en los españoles del siglo XVII; al ensalzar sobre toda medida la religión como única fuente del bien moral, el honor como suprema regla de la vida práctica y la monarquía como dechado de perfección política [...] proclaman las ideas que por igual eran aceptadas como evidentes verdades, así en tierra española como en tierra portuguesa". El sagastino *La Iberia* se distanciaba más del significado político del homenajeado: "si Calderón hubiese podido romper la valla del catolicismo español del siglo XVII, su estro poético hubiera podido elevarse a mayor altura. Sus mejores concepciones son precisamente aquéllas en que da suelta a los impulsos de su genio y no respeta los ideales católicos, sino que los traspasa". *El Liberal* celebraba el centenario con una amplia biografía del poeta, pero señalaba, a la vez, las sombras de su época, dominada por el absolutismo y "los defectos que la degradación acarrea: el valor degeneraba en fanfarronería; el pundonor en espíritu pendenciero; la lealtad en servilismo; la religión en superstición". El republicano *El Progreso* reseñaba los actos, pero no los comentaba en artículo de fondo[176].

El éxito de la celebración de Calderón sugirió su repetición. Abril de 1882 coincidía con el centenario de Murillo, y también este pintor fue presentado como el artista español y cristiano por excelencia. No llegó a celebrarse congreso nacional, ni hubo tantas sesiones académicas, concursos literarios, procesiones históricas ni publicaciones como las que habían acompañado el evento calderoniano[177]. Fue, sobre todo, un acontecimiento local, sevillano, impulsado por un jesuita conocido en la ciudad por su devoción a la Inmaculada. Pero recibió el apoyo de la prensa católica y en Madrid, la Real Academia de Bellas Artes organizó una sesión de homenaje, a la que asistió Alfonso XII. No pudiendo hacer del pintor un representante del ultramontanismo, *El Siglo Futuro* se limitó a insistir hasta el empalago en el significado español y cristiano del pintor: recordar a Murillo era "deber sagrado e ineludible de cuantos aman el arte cristiano español"; "la gloria del artista cristiano y español se celebrará cristianamente y a la española, gracias a un alma verdaderamente cristiana, realmente española". La invitación de la Juventud Católica de Sevilla tampoco añadía nada: "cuantos amen de veras el arte cristiano español" debían homenajear al "príncipe del arte cristiano español", etcétera. La única rentabilidad partidista que el órgano de los Nocedal pudo sacar de aquellos actos fue su presentación como un homenaje a la Inmaculada Concepción, cuyo significado político se derivaba de la secular vinculación de la monarquía española con la defensa de este misterio sacro, elevado precisamente a dogma un cuarto de siglo antes por Pío IX. Murillo, pues, era la síntesis de lo español, el catolicismo, la Inmaculada, el arte cristiano y el *papa rey,* como demostraban los tres cócteles ideológicos que cerraban el llamamiento sevillano: "¡Viva la Inmaculada Concepción de la Virgen María! ¡Viva el Pontífice de la Inmaculada! ¡Gloria al arte cristiano español!"[178].

Más agitado que el centenario de Murillo fue el de santa Teresa, que también tuvo lugar aquel mismo año de 1882. Para entonces, los católicos españoles estaban totalmente dominados por la pugna mortal entre los "unionistas" de Pidal y los carlistas de Nocedal, que se presentaban como católicos "puros" o "íntegros", frente a la hibridez de catolicismo y liberalismo que veían en los "mestizos" pidalianos. Pero estos últimos tenían el apoyo del papado y de la cúspide de la jerarquía eclesiástica, además de disponer de medios económicos superiores: no sólo celebraron, pues, el centenario de la santa de Ávila, sino que lo coronaron con una peregrinación a Roma, en la que fueron recibidos por el nuevo pontífice[179]. No pudiendo competir, los de Nocedal dieron la consigna de no acudir a los actos del centenario organizados por los "mestizos" y, para compensar, lanzaron una campaña para "inundar" el Vaticano con telegramas en los que expresaban su adhesión al papa, le pedían la bendición apostólica y le comunicaban los actos celebrados por su cuenta en homenaje a Teresa de Ávila, a quien *El Siglo Futuro* llamaba "honor de la Iglesia y de España", "gloria de la que carecen las demás naciones", ejemplo de fortaleza "contra moros, cismáticos y herejes", a imitar ahora por los católicos españoles contra la impiedad del siglo. Aprovechando, como siempre, para reafirmar sus posiciones ultramontanas, el órgano carlista pedía a la santa, en una gran proclama enmarcada, constancia "para no apartarnos jamás de nuestras verdaderas tradiciones" y ensalzaba a "los hijos todos de la España católica y tradicional" que, si ahora daban "alivio y consuelo a Pío IX y León XIII", antes, "una, dos y tres veces, en el curso de medio siglo, derramaron su sangre generosa por la gloria de Dios, por la fe de la patria, por sus tradiciones católicas". El papa, en su discurso a los pidalianos, elogió en términos genéricos el catolicismo español, procurando no herir a los carlistas. Y éstos explotaron el hecho: el pontífice se había referido a "la nación en todas partes celebrada por su firmeza y constancia en la fe y por su profunda adhesión a la religión católica", lo que el órgano de los Nocedal interpretaba como una desautorización de quienes propugnaban "alianzas o treguas con el moderno Estado español, que como todos los de su especie tiende, si ya no a destruir, cuando menos a mutilar el concepto íntegro y la profesión libérrima de la fe cristiana". La desconfianza frente al Estado de un movimiento, en definitiva, político, no era despreciable. También había recomendado León XIII que jamás se apartaran "de sus verdaderas tradiciones" y que se opusieran "a la incredulidad e impiedad que prevalecen", lo que para *El Siglo Futuro* significaba oponerse a todo lo que desquiciara "el eje de nuestra vida nacional", que era la alianza del Altar y el Trono, "como en otros tiempos nuestros mayores se opusieron a la herejía, al cisma y al islamismo". Las pugnas internas del catolicismo español deslucieron, en definitiva, el centenario de la santa de Ávila. Habría que esperar unas décadas para verla elevada a "santa de la Raza", "reina de la Hispanidad" y capitana generala de los ejércitos españoles "con mando en plaza"[180].

En 1889, en fin, con Cándido Nocedal ya fallecido y su hijo Ramón apartado de la ortodoxia carlista, llegó el momento de la gran celebración unitaria del catolicismo conservador: era el decimotercer centenario de la conversión de Recaredo, que los convocantes llamaban "la Conversión de España al Catolicismo" o "la Unidad Católica de España" (siempre con mayúsculas todo). Allí brilló Menéndez Pelayo, como brillaron Alejandro Pidal, Ortí y Lara o el marqués de Comillas. La fusión entre catolicismo y nacionalismo era completa: "la Unidad Católica es el cimiento de todas nuestras glorias nacionales"; el centenario era "una fiesta eminentemente religiosa y eminentemente patriótica" y debían cooperar cuantos se preciaran "de católicos y de españoles". Recaredo había realizado la unidad, no sólo política y religiosa, sino también social o racial, pues formó "con hostiles y enemigas razas un solo y compacto pueblo"; hasta entonces, explicaban, la existencia de diversas poblaciones en España había hecho imposible "la constitución de [...] una nación poderosa". Pero el cristianismo había revolucionado el fundamento de las sociedades. Y como la "verdadera luz" había llegado tan "pronto a nuestra patria", miles de "españoles [...] se ofrecieron al martirio para regenerar a su patria" frente al mundo romano, "manchad[o] por los más execrables vicios". La nación, la patria, no dejaban de estar presentes ni un instante en el discurso. Destruida la "inmunda sociedad" romana por los godos, surgió el problema del arrianismo. Y ése es el que resolvió el III Concilio de Toledo, donde públicamente "la nación, que acababa de formarse en su parte material", reconoció "como principio formal de su esencia y nacionalidad, la religión católica, apostólica, romana". La Unidad Católica pasó a ser "ley constitutiva de la nación española" y, a partir de entonces, el estandarte de Recaredo "había de ondear en todas las glorias nacionales". El obispo de

firmísimo contra la barbarie germánica". Unas palabras que, según escribe Javier Varela, "acabaron de consagrarlo como paladín de los ultras"[185].

En efecto, Menéndez Pelayo era el llamado a dar forma definitiva a la construcción intelectual de esa versión católico-conservadora del nacionalismo que se había ido gestando a lo largo de los cincuenta años anteriores. Para él, era una verdad inconcusa que España poseía una personalidad cultural bien marcada, distinta a la del resto de Europa, identificada con la tradición católica, y cuyo momento de esplendor se situaba entre los Reyes Católicos y los Habsburgo. Su epílogo a los *Heterodoxos,* obra publicada justamente en los años de los centenarios de Calderón, Murillo y santa Teresa, resumía su tesis en unas líneas celebérrimas:

> Ni por la naturaleza del suelo que habitamos, ni por la raza, ni por el carácter, pareceríamos destinados a formar una gran nación. Sin unidad de clima y producciones, sin unidad de costumbres, sin unidad de culto [...] sucumbimos ante Roma", y gracias a Roma adquirió España "unidad en la lengua, en el arte, en el derecho [...] Pero faltaba otra unidad más profunda: la unidad de la creencia. Sólo por ella adquiere un pueblo vida propia y conciencia de su fuerza unánime [...] Sin un mismo Dios, sin un mismo altar, sin unos mismos sacrificios, sin juzgarse todos hijos de un mismo Padre [...] ¿qué pueblo habrá grande y fuerte? [...] Esta unidad se la dio a España el cristianismo. La Iglesia nos educó a sus pechos, con sus mártires y confesores, con sus padres, con el régimen admirable de sus concilios. Por ella fuimos nación, y gran nación, en vez de muchedumbre de gentes colecticias, nacidas para presa de la tenaz porfía de cualquier vecino codicioso. España, evangelizadora de la mitad del orbe; España, martillo de herejes, luz de Trento, espada de Roma, cuna de san Ignacio, ésa es nuestra grandeza y nuestra unidad. No tenemos otra[186].

Esa tradición católica se habría mantenido inquebrantable, según él, hasta finales del siglo XVII, incluido el último de los Austrias. Pero con los Borbones se habría iniciado la decadencia, debida a la imitación de modelos extranjeros, al intento de introducir modas y creencias artificiales, imposibles de injertar en el organismo hispano; y tal distorsión habría continuado con las revoluciones liberales. A finales del XIX, cuando escribía Menéndez Pelayo, creía presenciar "el lento suicidio de un pueblo que, engañado mil veces por gárrulos sofistas, empobrecido, mermado y desolado, emplea en destrozarse las pocas fuerzas que le restan, [...] corriendo tras vanos trampantojos de una falsa y postiza cultura, en vez de cultivar su propio espíritu, que es lo único que redime y ennoblece a las razas". Los españoles iban camino de ser un grupo de desarraigados, que "huye de todo contacto con su pensamiento, reniega de cuanto en la historia los hizo grandes [...] y contempla con ojos estúpidos la destrucción de la única España que el mundo conoce, de la única cuyo recuerdo tiene virtud bastante para retardar nuestra agonía". Una cultura, argüía el *insigne polígrafo* en la mejor tradición romántica, no se puede improvisar; un pueblo joven no tiene cultura y uno viejo no puede renunciar a la suya[187].

La obra culminante de esta primera época de Menéndez Pelayo se tituló *Historia de los heterodoxos españoles*. Estas palabras pueden inducir a confusión, si se entiende que, al llamar el autor "españoles" a los heterodoxos que estudiaba, albergaba una visión multicultural del pasado nacional. No era así. Los heterodoxos eran, sin duda, miembros de la "raza" española, desde el punto de vista del nacimiento y la sangre; pero la idea de "raza" incluía también una manera de ser y pensar que le era propia y en la que figuraba de manera inexcusable una religión, en este caso el catolicismo. Los heterodoxos, hijos de sangre española pero no católicos, constituían una especie aberrante, antinatural. De esta manera, Menéndez Pelayo no sólo coronaba la construcción intelectual del nacional-catolicismo, sino que lanzaba la idea de la *anti-España*. Identificaba al enemigo interno. Y con ello no le faltaba nada al nacional-catolicismo conservador[188].

LA HERENCIA DEL NACIONAL-CATOLICISMO

La asimilación del nacionalismo por parte de la derecha española fue un proceso largo y lleno de obstáculos y recovecos. Es probable que buena parte de sus problemas vinieran de lejos, de aquella traumática manera en que hubo de adaptarse al modelo de religión única la sociedad multicultural y fragmentada que ocupaba la península Ibérica al iniciarse la Edad Moderna. La tenaz identificación colectiva con el catolicismo, entendido como sumisión a la Iglesia y ostentación de la calidad de cristiano viejo, que resultó de aquel proceso, pesó como una losa sobre la era contemporánea. Pero más pesó, quizás, la arraigada rivalidad entre Iglesia y Estado. El catolicismo dominante en los ambientes conservadores no favorecía el desarrollo de la idea de nación porque quienes se consideraban "españoles" se identificaban, en buena medida, con la Iglesia, incluso más que con el rey, o con sus señores e identidades locales. Y los eclesiásticos seguían considerando que la época dorada de la historia europea había sido aquel mundo medieval en el que el poder secular se hallaba infinitamente dividido y dependiente de la legitimación otorgada por una Iglesia, en comparación con él, unida y prestigiosa.

Pero la situación del mundo contemporáneo había cambiado radicalmente respecto de aquella idealizada Edad Media. Durante los siglos modernos los estados, formados alrededor de las monarquías bajomedievales, se fueron reforzando hasta llegar el momento en que los reyes tuvieron más fuerza que los papas. El protestantismo marcó la ruptura de la unidad medieval y la declaración general de independencia de los estados respecto de la Iglesia. Y de ese proceso no se libraron las monarquías católicas, especialmente las grandes, que en lugar de reconocer la superioridad del papado hicieron lo posible por someter a la burocracia eclesiástica interna a sus directrices políticas. Se formaron así las *naciones*, comunidades imaginadas que a la larga proporcionarían una justificación laica a la soberanía política. A la Iglesia nunca le gustó aquel cambio y no dejó de protestar contra él; lo condenó, como herejía, bajo mil nombres diversos: regalismo, galicanismo, modernismo, racionalismo en general, y siempre localizó su origen en el luteranismo y el afán humano de rebelarse contra el orden divino, que era para ella el medieval. Llegaron las revoluciones liberales y la Iglesia entendió que se había alcanzado la suprema degradación pero que aquélla era, también, la ocasión para su revancha: al fin iban a comprender los monarcas adónde les llevaba su osadía.

Ése fue el mensaje que oyó Fernando VII y que se tomó mucho más en serio que la mayoría de los monarcas de su época. Él y sus consejeros decidieron que, para vacunar a sus súbditos contra tentaciones revolucionarias, había que mantenerlos, por encima de todo, dentro de la fe católica, como sumisos hijos de la Santa Iglesia. La nación era una idea sospechosa, incluso si se identificaba con la defensa de la religión. Mas la Iglesia no sólo desconfiaba de la nación, sino también del Estado, y se rebeló contra el propio Fernando, tan pronto como éste intentó expandir el poder de su administración. Más aun se rebelaría contra su hija y sucesora, que llegó al trono apoyada por los liberales. Sólo después de atizar una guerra contra ella, y de perderla, comenzó la adaptación de la jerarquía eclesiástica a las nuevas realidades políticas. "España" podía ser una idea aceptable, bajo la condición de reorientar la construcción mítica de la nación hacia su completa identificación con el catolicismo. Se recordó que el Dos de Mayo había estallado para defender la religión; se rehicieron las historias para explicar cómo había triunfado España siempre que había sido fiel a la verdadera fe; se mantuvieron duras polémicas contra quienes recordaban o reivindicaban el pasado judío, musulmán o protestante, o contra quienes atribuían a la intolerancia religiosa la decadencia nacional.

Al finalizar el siglo XIX, tras largos y complicados meandros, la derecha española había completado el proceso de aceptación del nacionalismo, fundido ya con el catolicismo. "Apenas podemos distinguir a la Iglesia católica y la nación española", confesaba, con ingenua franqueza, *El Siglo Futuro* en 1892. No era casual que Menéndez Pelayo, el hombre que puso la última piedra del edificio, fuera un gran admirador de Balmes, padre de la idea, y que no le gustara, en cambio, Donoso, que planteaba la contrarrevolución en términos universales o, al menos, europeos. Con razón don Marcelino tildaba a Donoso de poco español, dotado de una "palabra deslumbradora, con cuyo regio manto revistió alternativamente ideas bien diversas, todas de purísimo origen francés". También Alejandro Pidal, el dirigente de la Unión Católica, reconocía tener una "repulsión espontánea y nativa" por Donoso, mientras que por Balmes sentía un "entusiasmo reflexivo pero avasallador". Y es que

Balmes había puesto la primera piedra, los neocatólicos habían continuado el edificio y Menéndez Pelayo lo había coronado.

Los capítulos siguientes, ya no de creación sino de expansión de la idea, correrían a cargo del tradicionalista Vázquez de Mella o del cardenal Merry del Val —pariente de aquellos Merry historiadores destacados por su versión extremadamente católica del pasado nacional—, inspirador de las grandes movilizaciones católicas de la era de Pío X. Bajo la égida de Merry del Val, al comenzar el siglo XX, surgió la Acción Católica, emanación de los "Congresos católicos" que se celebraron entre 1889 y 1902 y que, a su vez, habían sido continuación de aquellos centenarios en que había culminado el neocatolicismo el decenio de 1880. De miembros de la Acción Católica se nutrirían las filas de la Unión Patriótica de Primo de Rivera en los años veinte y, sobre todo, las de la CEDA en los treinta. Los dirigentes e ideólogos de la movilización católica serían ya, por entonces, los arzobispos Gomá o Pla y Deniel, grandes personajes del régimen victorioso en la Guerra Civil. Pedro Sáinz Rodríguez, primer ministro civil de Educación nombrado por Franco, proclamó a Menéndez Pelayo, en plena guerra, base doctrinal del sistema educativo que el nuevo régimen iba a implantar para regenerar el país[189].

El problema que aquel ministro no quería comprender era que un programa político tan íntimamente identificado con el catolicismo renunciaba, por definición, a expandir el Estado por terrenos que la Iglesia creía suyos, como era, precisamente, la educación, una competencia crucial en la era de los nacionalismos. El nacionalismo español, al identificarse con el catolicismo, significaba también, dada la ideología de la Iglesia del momento, cargar con un lastre antimoderno, lo cual distanciaba a una parte significativa de la opinión —las élites modernizadoras— de símbolos y homenajes que deberían ser comunes. Era un problema, pero no el más grave. Muchos nacionalismos son antimodernos y pese a ello consiguen un gran arraigo social. Lo peor es que también llevaba un lastre antiestatal. La Iglesia era extremadamente celosa en el control de todo o gran parte del aparato educativo, lo cual significaba disputarle al Estado el instrumento por excelencia de nacionalización de las masas. Y al elegir a la Iglesia como vehículo de la nacionalización, no se tuvo en cuenta que no podía ser nacionalizadora una institución que desconfiaba de los estados y ponía límites a sus pretensiones de inmiscuirse en ciertos terrenos, especialmente educativos o adoctrinadores[190].

Ahí es donde se revelan los límites del catolicismo como ingrediente cultural de una identidad nacionalizadora. Porque cualquiera que sea el objetivo último de un nacionalismo —reacción, revolución, cambio modernizador, independencia, fusión de territorios, recuperación de zonas irredentas, dominio de vecinos, expansión colonial, etcétera— siempre tiene que reforzar el Estado, haciéndole invadir terrenos que, en el Antiguo Régimen, pertenecían a la Iglesia. Así lo entendió Pío XI, que al fin se decidió a publicar una encíclica condenando el nazismo; no lo hizo por su conculcación de los derechos humanos, sino por su avasallador estatismo.

La corriente de pensamiento cuya evolución hemos seguido en estos capítulos suele recibir el nombre de "nacional-catolicismo", y a este término nos hemos atenido repetidas veces. Alfonso Botti lo definió hace unos años: el nacional-catolicismo sería, según este historiador italiano, "la más típica entre las ideologías político-religiosas del catolicismo español desde el inicio del siglo XIX", a la vez que "un ambiente, una situación, una actitud, una mentalidad y un estado de ánimo" basados ambos en "una peculiar visión de la historia española, España, de la que parten un modelo de sociedad y una concepción del Estado". Sus "raíces", sigue este autor, se hallarían en "la reacción católica frente a la Ilustración, a la Revolución Francesa y en la revuelta contra la invasión napoleónica de 1808"[191]. Sin duda, éstos son los orígenes lejanos de esta ideología y mentalidad, pero de los tres sólo la guerra napoleónica tiene relación con lo nacional. Lo que se derivó de las otras dos raíces fue más bien lo que aquí hemos llamado conservadurismo católico contrarrevolucionario, movilizado contra la modernización, pero en términos prenacionales. Y frente a esa corriente, hemos distinguido el nacional-catolicismo propiamente dicho, que apela a la opinión conservadora como españoles en primer lugar, aunque eso signifique también católicos. El tránsito de la primera de estas actitudes, la conservadora prenacional, a la segunda, la nacional-católica, ha sido la historia que ha recorrido esta parte del libro.

A decir verdad, estas dos actitudes o corrientes de pensamiento no siempre se distinguen de manera nítida, sino que se entremezclan y cruzan sin cesar. El rasgo que las hace tan parecidas es que ambas son culturas de resistencia. Al igual que el catolicismo del siglo XIX y primera mitad del XX es una cultura enfrentada al mundo moderno, este nacionalismo español se concibe a sí mismo como una ideología defensiva, fundamentalmente ante el cambio de las estructuras sociales y la amenaza de desintegración del Estado[192]. De ahí que estas dos tradiciones culturales nunca se fundieran de manera tan perfecta como durante la Segunda República, cuando ambas coincidían en oponerse a las reformas republicanas: el tradicionalismo católico, contra la modernización y secularización de la sociedad; el nacionalismo autoritario y conservador, contra la revolución social y el separatismo vasco y catalán[193]. Pero una cosa era estar de acuerdo para enfrentarse con la República y otra seguirlo estando para construir un Estado fuerte, basado en la idea de nación española.

Pese a que ganaron la Guerra Civil presentándose como "nacionales" y a que el Estado que construyeron a continuación imitaba en lo que podía el modelo fascista, los triunfadores de 1939 llevaban en sus alforjas la carga antinacional del catolicismo. Confluían en aquel bando los militares y los clérigos que tanto se habían peleado en el siglo XIX: los reforzadores del Estado y los enemigos del mismo. Ésta sería una debilidad del Estado nacional conservador (y un resquicio para la libertad) que se iba a arrastrar durante toda la larga dictadura franquista. Incluso este régimen, tan frecuentemente catalogado como la versión española del fascismo, iba a seguir rindiendo culto a dos dioses —Estado e Iglesia— a la vez. En la médula misma de la versión hispana del totalitarismo fascista seguía clavada la espina antiestatal del clericalismo. No se puede, en puridad, hablar de fascismo ni de totalitarismo franquista, ni siquiera en su primera etapa, porque el Estado nunca controló, ni aspiró a controlar, todo.

No en vano a los muertos por la causa franquista en 1936-1939 se les llamaba "caídos por Dios y por la Patria"; dos términos que, además, eran inseparables, como dos hermanos siameses que compartiesen un corazón. ¿Qué nacional de 1936 podría, en el fondo de su conciencia, optar entre "Dios" y "la Patria"? El catolicismo y la nación eran una misma cosa en el esquema mental que había completado Menéndez Pelayo. El régimen franquista tenía algo de estrábico: con un ojo miraba, con envidia, a Hitler y Mussolini; con el otro, a Trento, al padre Vélez, a don Carlos, a Pío IX. Con este último mundo lo vinculaba José María Pemán, en 1950, al prologar un libro sobre las asonadas precarlistas del siglo anterior: los españoles "han defendido constante y luminosamente un sentido religioso del mundo y han rechazado los sucesivos esquemas políticos y sociales que se derivaban de principios contrarios. La prueba es que Roma, verbo de la Verdad [...] ha venido subrayando siempre, con su luz, las geniales anticipaciones de esta lógica de hierro que ha regido a España. Trento le dio toda la razón a nuestras concepciones íntegras, superadoras de todas las acomodaciones erasmianas o renacentistas. El *Syllabus* le dio la razón a nuestras guerras antiliberales del XIX. La reciente condenación pontificia del comunismo le dio la razón a nuestra rebeldía de 1936"[194].

Puesto que muchos franquistas veían el régimen como una continuación de Trento y de Pío IX, no es extraño que se diera tanto poder a la Iglesia, que rindiera culto —teórico, al menos— al ruralismo, que se desenterrara a Donoso Cortés o al Sardá y Salvany de *El liberalismo es pecado*. Y, sobre todo, que se confiara la educación primaria y secundaria a la Iglesia, que iniciaba a los niños en el conocimiento de *su* pasado con una historia sagrada, y no con una historia de España. Fue una debilidad del régimen que, en cierto modo, pagó cara, pero que al final le benefició. Le costó, al principio, catorce años conseguir un concordato formal con la Santa Sede. La Iglesia se resistía a aceptar el derecho de presentación o patronato y tantas otras cortapisas y controles a las que aspiraba un Estado que quería ser tanto o más regalista que los del Antiguo Régimen. Mas, a cambio de esos problemas, también es cierto que el régimen sobrevivió, en buena medida, gracias a su ostentación de catolicismo. Tras la derrota nazi-fascista de 1945, los ideólogos del franquismo adujeron que el sistema nunca había sido totalitario ni tenido semejanzas profundas con las potencias del Eje; su auténtica inspiración, su ideal permanente, era la defensa de la religión, como bien podía atestiguar Pío XII, papa no tan distante de las posiciones de Pío IX. Franco se dedicó, a partir de entonces, a personificar el catolicismo español, ese catolicismo al que tan agradecida debía estar Europa, porque la había salvado del islam, la había protegido luego frente a los turcos, más tarde frente a los ateos revolucionarios de los ejércitos napoleónicos y, por fin, en 1936, frente al no menos ateo comunismo ruso. También había sido la gran potencia católica frente a los protestantes, pero eso se decía sólo en susurro, para el mercado interno, pues la pragmática lucha por la supervivencia obligaba a concesiones, como las iglesias evangélicas en las bases americanas; concesiones que la Iglesia, por cierto, no estaba dispuesta a disculpar.

Aquélla fue sólo una de las grietas que se abrieron entre los aliados de 1936. Con el paso del tiempo, los responsables de la institución eclesiástica comprendieron, además, que su futuro no tenía por qué estar ligado al del régimen, y se distanciaron de él o, cuando lo consideraron conveniente, se aliaron con los nacionalismos periféricos, que cuestionaban la unidad de esa "España eterna" que era uno de los más sagrados principios del nacional-catolicismo. Las grietas comenzaron a amenazar ruina del edificio común cuando, al morir Pío XII, el catolicismo dio un giro sustancial con el Concilio Vaticano II y decidió, por fin, terminar su guerra con el mundo moderno. Se abrió entonces una etapa de "apertura", como se dijo, y también de confusión, como no podía ser menos, de la que la mejor prueba fueron algunos disparates jacobinos de la "teología de la liberación" en América Latina. En España, con más cautela, la Iglesia se distanció de sus pasadas connivencias con el régimen, y hasta de su propia actuación durante la Guerra Civil, y consintió a los clérigos más jóvenes un enfrentamiento abierto contra la dictadura. Tras la muerte del general, regida por un cardenal Tarancón de inolvidable memoria, la Iglesia española facilitó ostensiblemente la transición hacia la democracia. Cualquiera que sea el rumbo que la institución tome en el futuro, los historiadores se sentirán aliviados al recordar aquella actuación; porque no hay duda de que la salida del franquismo hubiera sido mucho más traumática con frailes absolutistas y *trabucaires*, como los del siglo XIX, o con una jerarquía militante, como aquélla que dirigió el cardenal Segura y que tantos quebraderos de cabeza ocasionó a la Segunda República.

NOTAS

A LA TERCERA PARTE

[1] R. Vélez, *Preservativo contra la irreligión*, Cádiz, 1812, p. 116. S. López, *Despertador Cristiano-Político*, Valencia, 1809, pp. 17 y 18. M. Amado, *Dios y España: o sea, Ensayo sobre una demostración histórica de lo que debe España a la Religión Católica*, Madrid, 1831, vol. III, p. 261.

[2] Para Napoleón, fue una "revuelta de frailes" (R. Nürnberger, cit. por P. C. González Cuevas, *Historia de las derechas españolas*, Madrid, 2000, p. 67) y es sabido que durante su estancia en España, en diciembre de 1808, decretó la abolición de la Inquisición y la reducción del número de conventos en un tercio. El propio padre Vélez escribe que "los clérigos y los frailes sostuvieron con energía nuestro odio a la Francia" (cit. por J. Herrero, *Los orígenes del pensamiento reaccionario español*, Madrid, 1971, p. 312). Para dichas invocaciones, véase F.-X. Guerra, *Modernidad e Independencias*, Madrid, 1992, p. 158.

[3] Uso del término "nacionales", referido a las tropas cristinas, p. ej., en los *Episodios nacionales*, de B. Pérez Galdós: en *Luchana*, cap. XXVI; o en *La campaña del Maestrazgo*, caps. III y VII, al relatar el fusilamiento de la madre de Cabrera ("los nacionales negábanse a cumplir la sentencia"; "los nacionales trinaban y creían que se habían deshonrado"). A finales de la década de 1830 fue cambiando el significado y "nacionales" se usaba para referirse a la Milicia Nacional, v. *Los ayacuchos*, caps. XXV y XXVI, tiros entre "nacionales" y soldados, o referencias a la ceguera de los pobres "nacionales" en la Barcelona insurrecta de 1842.

[4] *Discurso sobre Europa*, Universidad de Colonia, 1543, cit. por R. García Cárcel, *La Leyenda Negra*, Madrid, 1992, p. 22.

[5] Ch. Tilly, en especial *The Formation of National States in Western Europe*, Princeton U. P., 1975. Sobre la explicación del auge de Europa sobre Chi-

na o el mundo musulmán, v. P. Kennedy, *The Rise and Fall of Great Powers,* Nueva York, 1987, pp. 16 y ss., o J. Diamond, *Guns, Germs, and Steel,* Nueva York, Norton, 1999, pp. 411-416.

[6] B. Anderson, *Imagined Communities. Reflections on the Origin and Spread of Nationalism,* Nueva York, 1983, (2ª ed., con importantes adiciones, 1991).

[7] *Elogio de la locura,* cap. IX: los franceses, por su parte, "consideran que la cortesía es cosa suya" y los italianos "usurpan las bellas letras y la elocuencia". J. Bodino, *Los Seis Libros de la República,* V, cap. I. El médico navarro Huarte de San Juan dedicó también su conocido *Examen de ingenios,* de 1575, al estudio de los tipos psicológicos y aptitudes de los seres humanos, y uno de los factores en que basó su análisis fue el de los "humores" fríos y calientes, como era típico de la época, pero no llegó a establecer diferencias entre los grupos nacionales. La influencia de Bodino es visible en Saavedra Fajardo (*Empresa,* LXXXI). No muy diferente sería lo que escribiera a finales del siglo XVII el benedictino alemán J. Zahn, todavía citado por Feijóo como la autoridad en esta materia cincuenta años después, en su *Mapa intelectual y cotejo de naciones.* Sobre los conceptos de "nación" y "carácter" en esta época, véase J. A. Maravall, *Teoría del Estado en España en el siglo XVII,* Madrid, 1944, pp. 101-109.

[8] Véase J. García Mercadal, *Viajes de extranjeros por España y Portugal,* 3 vols., Madrid, 1962, vol. I, p. 607. Otros testimonios en S. Arnoldsson, *Leyenda Negra. Estudios sobre sus orígenes,* Göteborg, 1960, pp. 67-68.

[9] *Los judeoconversos en la España moderna,* Madrid, 1991, p. 55.

[10] Identificación con el catolicismo en J. A. Maravall, *La cultura del Barroco,* Barcelona, Ariel, 1975, cap. 1. Cfr. J. Linz, "Intellectual Roles in Sixteenth and Seventeenth-Century Spain", *Daedalus,* 101 (3), 1972, p. 63. Hubo, desde luego, excepciones, como subraya Maravall en *La oposición política bajo los Austrias,* Barcelona, 1972.

[11] Cit. por R. del Arco y Garay, *La idea de Imperio en la política y en la literatura española,* Madrid, 1944, pp. 303-304. Visto desde el exterior, no hay duda de que los ejércitos que actúan en favor de la monarquía Habsburgo son "españoles". Así lo expresa el poema de P. Barrantes Maldonado, que se ponía en las paredes al paso de las tropas: "¡Españoles, españoles / cuánto debéis al Señor / que todos os han temor!" (cit. por O. Green, *Spain and the Western Tradition,* 4 vols., University of Wisconsin Press, 1963-1966, vol. I, p. 100).

[12] Ello a pesar del alto número de estudiantes universitarios que había en la España del XVI, según R. Kagan, *Students and Society in Early Modern Spain*, 1974 (v. *supra*, cap. 2.4); la decadencia de estos centros docentes fue espectacular a lo largo del siglo XVII. Sobre la función integradora del teatro barroco, véase J. A. Maravall, *Teatro y literatura en la sociedad barroca*, Madrid, Seminarios y Ediciones, 1972.

[13] Sobre el catolicismo en general, v. las interesantes reflexiones de A. Greely, en su relato de ficción *White Smoke*, Nueva York, Forge, 1996, pp. 448-458. Sobre el caso español, véase Cfr. G. Hermet, *Les catholiques dans l'Espagne franquiste*, 2 vols., París, 1980-1981, vol. I, p. 63.

[14] Etimología de "marranos", en J. Caro Baroja, *Los judíos en la España moderna y contemporánea*, Madrid, 1978, vol. I, p. 129; para estas persecuciones, véase también Y. Baer, *Historia de los judíos en la España cristiana*, 2 vols., Madrid, Altalena, 1981, vol. II, o B. Netanyahu, *The Origins of the Inquisition in Fifteenth-Century Spain*, Nueva York, 1995. Vicente Ferrer, que acompañado por bandas de flagelantes que imponían el terror a los judíos de las poblaciones donde predicaba, proponía a los cabildos desalojar por la fuerza a la población judía de los barrios céntricos y desplazarlos a otros segregados (cfr. Y. Baer, *ant. cit.*, vol. II, pp. 439-441). Cifras de conversos, en A. Domínguez Ortiz, *Los judeoconversos...*, p. 41; o A. Milhou, "La cultura cristiana frente al judaísmo y el islam: identidad hispánica y rechazo del otro (1449-1727)", ponencia no publicada presentada al Seminario "Monarquía católica y sociedad hispánica", Fundación Duques de Soria, 1994, pp. 14-15; cfr. B. Netanyahu, *Los marranos españoles*, Valladolid, 1994, pp. 203-211, quien tiende siempre a subir las cifras.

[15] De Inglaterra a finales del siglo XIII, de Francia a principios del XIV y de diversos reinos y ciudades italianos o alemanes entre los siglos XII y XV.

[16] J. García Mercadal, *Viajes...*, I, pp. 295-296, 309-326 y 328-417; J. Liske, *Viajes de extranjeros por España y Portugal en los siglos XV, XVI y XVII*, Madrid, 1878, pp. 46 y 55-57.

[17] Véase, p. ej., J. Meseguer Fernández, "El periodo fundacional (1478-1517)", en *Historia de la Inquisición en España y América*, Madrid, 1984, vol. I, pp. 395-397. El número total de "relajados" al poder civil, en persona o en efigie, a lo largo de los tres siglos de existencia, fue situado clásicamente por Llorente en cerca de 40.000, pero estudios recientes tienden a rebajarlo hasta situarlo por debajo de los 15.000, e incluso de los 10.000 ejecu-

tados. P. Dedieu observa que en 1505 ya estaba descendiendo el número de procesos y hacia 1540 en Castilla "el judaísmo era un fenómeno residual" (cit. por A. Domínguez Ortiz, *Los judeoconversos...*, p. 36; autor que cifra en unos 4.000 el total de "relajados" y 20.000 el de condenados a penas diversas hasta 1520); para A. Milhou, igualmente, las últimas sinagogas clandestinas habían sido destruidas en 1500 y hacia 1525-1530 había terminado "el desmantelamiento de lo esencial del criptojudaísmo autóctono", ("La cultura cristiana...", pp. 1 y 18-19).

[18] Cifras, muy divergentes, p. ej. en J. Caro Baroja, *Los judíos...*, I, pp. 198-205; Y. Baer, *Historia de los judíos...*, II, pp. 649-650; B. Netanyahu, *Los marranos españoles...*, pp. 203-211; A. Milhou, "La cultura cristiana...", p. 15; A. Domínguez Ortiz, *Los judeoconversos...*, p. 41, y pp. 205-240 y 253-264 para la influencia intelectual.

[19] R. Villa-Real, *Historia de Granada*, Granada, M. Sánchez, 1991, pp. 151-152. Capitulaciones completas en M. García Arenal, *Los moriscos*, Madrid, 1975, pp. 19-28.

[20] La suspensión de las disposiciones, en R. Villa-Real, *Historia de Granada...*, p. 166.

[21] Véase H. Lapeyre, *Géographie de l'Espagne morisque*, París, 1959; J.-P. Le Flem, en vol. V de la *Historia de España*, dir. por M. Tuñón de Lara, Barcelona, Labor, 1982, pp. 95-96; A. Milhou, "La cultura cristiana...", p. 16; J. Reglá, *Estudios sobre los moriscos*, Valencia, 1964; o J. Linz, "Five Centuries of Spanish History: Quantification and Comparison" en V. R. Lorwin & J. Price, *The Dimensions of the Past*, Yale UP, 1972, pp. 190-192.

[22] Fray Marcos de Guadalajara y P. Aznar, cit. por R. García Cárcel, "El concepte d'Espanya als segles XVI i XVII", *L'Avenç*, 100, 1987, p. 44; García Cárcel ratifica el nuevo "sentit de croada de la política española" en esa época.

[23] A. del Montoro, cit. por A. Domínguez Ortiz, *Los judeoconversos...*, pp. 255-256. Para los papas protectores de los judíos convertidos, véase A. Sicroff, *Les controverses des statuts de 'pureté de sang' en Espagne du XVe au XVIIe siècle*, París, 1960, pp. 58, 87 y 140.

[24] Sobre estatutos, la obra fundamental sigue siendo A. Sicroff, *Les controverses...* Muy útil también A. Domínguez Ortiz, *Los judeoconversos...*, pp. 137-172; a los estatutos se opuso fray Domingo de Baltanás, en polémica muy sonada, así como fray Luis de León, cuyo poema contra la distinción entre cristianos viejos y nuevos reproduce Domínguez Ortiz.

²⁵ Sobre su carácter de "cristianos nuevos" (conversos, en realidad; apenas hubo intelectuales de procedencia morisca), véase A. Castro, *La realidad histórica de España* y tantos otros estudios. Sobre la posible exageración de Castro al conectar la intelectualidad del Siglo de Oro y la tradición conversa, cfr. J. Linz, "Intellectual Roles...", p. 69, quien encuentra no más de un 10 por ciento en el siglo XVI y un 6 por ciento en el XVII (unos porcentajes, de todos modos, muy superiores al peso que tenían los conversos en el conjunto de la sociedad); aunque el dato exacto, obviamente, es imposible de cuantificar, dado el interés de los afectados en ocultarlo. Sobre familias conversas integradas y ennoblecidas, véase A. Milhou, "La cultura cristiana...", pp. 19-20; algunas eran tan conocidas como la de Tomás de Torquemada, primer inquisidor general.

²⁶ A. Domínguez Ortiz, *Los judeoconversos...*, pp. 40 y 247-250, sobre *El tizón...* y los "libros verdes"; en p. 85, tratos de Olivares para regreso de emigrados, y pp. 80-83, sátiras de Quevedo y otros contra Olivares como sospechoso de sangre manchada.

²⁷ Sobre el renacimiento español y su vitalidad, v. sobre todo J. A. Maravall, *Carlos V y el pensamiento político del Renacimiento*, Madrid, 1960, especialmente cap. 2; sobre la modernidad de la organización política, del mismo autor, *Estado moderno y mentalidad social*, Madrid, 1972, principalmente el vol. 1.

²⁸ Münzer, en J. García Mercadal, *Viajes...*, I, pp. 53-54, 85, 111-115, 149 y 171-172. F. Guicciardini, "Relación del viaje (1512)", en *ibid.*, I, 609-623.

²⁹ S. Arnoldsson, *Leyenda Negra...*, p. 31 (citando a J. Cave); en pp. 24-51 más sobre la impresión de los españoles en Italia a consecuencia de los saqueos de Prato (1512) y Roma (1527). Citas de Bataillon y Richelieu en A. Milhou, "La cultura cristiana...", pp. 12 y 14. Rusos, en J. H. Billington, *The Icon and the Axe. An Interpretive History of Russian Culture*, Nueva York, 1966, p. 70.

³⁰ *Corografía de Guipúzcoa*, ed. de I. Tellechea, San Sebastián, S. Guipuzcoana de Eds. y Publ., 1969, p. 131, cit. por F. Lafage, *L'Espagne de la contre-révolution*, París, 1993, p. 138. Recuérdense también la tesis de Larramendi y otros foralistas vascos sobre el euskera como lengua ibera u original de España, véase J. Fernández Sebastián, *La génesis del fuerismo. Prensa e ideas políticas en la crisis del Antiguo Régimen (País Vasco, 1750-1840)*, Madrid, 1991, pp. 32-47. Párrafo que sigue, sobre distinción entre preocupaciones

nobiliarias en el Antiguo Régimen y racismo moderno, se basa en una idea que me dio Edward Baker y que le agradezco.

[31] *La imagen de España*, Madrid, 1986, p. 74.

[32] Salazar y Lafuente, citados en art. "Patronato" de la *Enciclopedia Espasa-Calpe*.

[33] V., p. ej., A. Domínguez Ortiz, *El Antiguo Régimen: los Reyes Católicos y los Austrias*, Madrid, 1973, pp. 220-239; y sobre el derecho de patronato, versión de la Iglesia, M. Gómez Zamora, *Regio patronato español e indiano*, Madrid, 1897.

[34] Cit. por J. A. Maravall, *Teatro y literatura...*, pp. 126-127 y 132-133; que facilita otros ejemplos de Lope de Vega: "Que es deidad el rey más malo / en que a Dios se ha de adorar", "Pues nadie en los reyes manda / Dios hace a los reyes", o Calderón: "Porque nadie ha de juzgar / a los reyes, sino Dios".

[35] Sobre Suárez, véase C. Valverde, "La filosofía", en *Historia de España Menéndez Pidal*, vol. XXVI, *El Siglo del Quijote I*, Madrid, 1986, pp. 103-110; y A. Dempf, *La filosofía cristiana del Estado en España*, Madrid, 1961, pp. 134-159. Sobre Vitoria, V. Beltrán, *Francisco de Vitoria*, Barcelona, Labor, 1939, pp. 157 y ss.; o A. Dempf, *ant. cit.*, pp. 106-133. En general, sobre este tema, C. López Alonso y A. Elorza, *El hierro y el oro*, Madrid, 1989, cap. 3. Cfr. la clásica exposición de G. Sabine, *Historia de la teoría política*, Méx., F. C. E., 1963, pp 290-96 y 386-89, donde conecta a Suárez con Grocio, muy distinto a Jacobo I y Robert Filmer.

[36] Véase A. Morales Moya, "Las bases políticas", en *Las bases políticas, económicas y sociales de un régimen en transformación (1759-1834)* del t. XXX de la *Historia de España Menéndez Pidal*, Madrid, 1998, pp. 90 y 138 (miembros directos de la Iglesia: 140.000 en el catastro de Ensenada, de 1752, y 190.000 en el de Floridablanca, de 1787). Morales describe incluso mayores pretensiones estatales durante el reinado de Carlos IV, especialmente en el ministerio Urquijo: la idea habría sido entonces formar una "Iglesia nacional", con un decreto de 1799 que transfirió la jurisdicción del Tribunal de la Rota sobre nulidades matrimoniales a los obispos españoles, bajo la suprema supervisión del monarca.

[37] J. Herrero, *Los orígenes del pensamiento reaccionario...*, pp. 91-133.

[38] Sobre Macanaz, véase C. Martín Gaite, *El proceso de Macanaz. Historia de un empapelamiento*, Madrid, 1970; su memoria de 1814, en J. Marías, *La España posible en tiempos de Carlos III*, Madrid, 1963, pp. 186-190. Para el

jansenismo, v. R. Herr, *The Eighteenth-Century Revolution in Spain*, Princeton U. P., 1969, especialmente pp. 398-434; J. Herrero, *Los orígenes del pensamiento reaccionario...*, pp. 71-89; F. Lafage, *L'Espagne de la contre-révolution...*, pp. 49-76.

[39] Sobre Ceballos, véase J. Herrero, *Los orígenes del pensamiento...*, pp. 91-104; J. L. Abellán, *Historia crítica del pensamiento español*, Madrid, 1984, vol. IV, pp. 151-155. Cfr. P. C. González Cuevas, *Historia de las derechas...*, p. 60.

[40] L. Hervás y Panduro (1735-1809), autor de una *Historia de la vida del hombre*, con un tomo dedicado a la revolución, y, sobre todo, de *Las causas de la Revolución de Francia*, en 2 vols. (1794). Sobre él, véase J. Herrero, *Los orígenes del pensamiento...*, pp. 151-181.

[41] El incidente Amat-Villanueva-Hervás, en M. Menéndez Pelayo, *Historia de los heterodoxos españoles*, libro VI, cap. III; cfr. J. L. Abellán, *Historia crítica del pensamiento...*, IV, p. 152 (quien negó, en definitiva, el permiso para publicar la obra de Hervás fue Campomanes).

[42] J.-R. Aymes, *La Guerra de España contra la Revolución Francesa (1793-1795)*, Alicante, 1991, pp. 439 (cita del cónsul), 446 (el cónsul augura un mal recibimiento a las tropas francesas, dado el poderío espiritual del clero), 413 ("guerra de opinión", término usado en la guerra, según cita), 417 (obispo de Barcelona) y 419 (el de Valencia). Reproducción de la bandera de los voluntarios de Navarra de 1793, con la leyenda "Por Dios, el rey y la patria", en R. Gambra Ciudad, *La primera guerra civil de España (1821-1823)*, Madrid, 1950, p. 100; referencia a esta consigna, en P. C. González Cuevas, *Historia de las derechas...*, p. 64.

[43] J.-R. Aymes, *La Guerra de España...*, pp. 422 y 440.

[44] Sobre fray Diego de Cádiz, v. J. Herrero, *Los orígenes del pensamiento...*, pp. 142-147; o J. L. Abellán, *Historia crítica del pensamiento...*, IV, pp. 162-165. Defensa de vestimenta tradicional, en P. C. González Cuevas, *Historia de las derechas...*, p. 62. El padre Cádiz fue beatificado por León XIII en 1894.

[45] La obra fundamental para la desamortización de Godoy es R. Herr, *La Hacienda real y los cambios rurales en la España de finales del Antiguo Régimen*, Madrid, 1991. Véase también G. Rueda, "La desamortización (1766-1834)", en *Historia de España Menéndez Pidal*, vol. XXX, *Las bases políticas...*, pp. 635 y ss., especialmente pp. 668-670; y W. Callahan, *Church, Politics, and Society in Spain, 1770-1874*, Harvard University Press, 1984, pp. 77-79.

[46] J. Herrero, *Los orígenes del pensamiento...*, pp. 222-223; cfr. p. 226: "la característica universal es la identificación de la religión católica con el verdadero patriotismo español. Lo francés, lo extranjero, se caracteriza por su impiedad, incluso por su ateísmo" (o pp. 230-232: "el ateísmo, esencia de lo francés"); cita del *Diario* en pp. 227-228. Guerra de la Independencia como cruzada, también en J. L. Abellán, *Historia crítica del pensamiento...*, IV, pp. 165 y ss.

[47] *El Patriota Compostelano*, 21-VII-1809, cit. por J. Herrero, *Los orígenes del pensamiento...*, pp. 245-246.

[48] S. López, *Despertador Cristiano-Político*, Valencia, 1809, pp. 1-4, 6 y 12; "no todos los Filósofos son Franc-Masones", concede el presbítero murciano en la p. 5, "pero todos los Franc-Masones son Filósofos, o por mejor decir Sofistas. Humanidad, Economía, Regeneración, Libertad sociable, Igualdad, Felicidad pública, Religión y moral depurada es el lenguaje y estilo favorito de estos impostores e incrédulos".

[49] *Despertador...*, pp. 17 y 30; en p. 18 remacha que la caída de Francia se debió a que allí "no había unidad de Religión Católica". De ahí que el autor exhorte a la precaución, no sólo frente a "los impíos Franc-Masones, sofistas, incrédulos, que tienen jurado el regenerar el mundo, esto es, aniquilar la Religión revelada, y plantar en todas partes la religión natural o el materialismo y el ateísmo" (p. 26), sino también frente al "catolicismo imperial y su código ateísta, el cual autoriza la tolerancia universal religiosa, herejía de herejías" (p. 27). Cfr. p. 29: "los filósofos Franc-Masones hicieron la revolución francesa y se proponen extenderla a todo el mundo". Sobre esta obra, véase J. Herrero, *Los orígenes del pensamiento...*, pp. 251-256. Al pbro. S. López de las Cortes de Cádiz lo describe M. Artola como "perpetuo impugnador de la intervención estatal en todo lo que rozase las funciones o propiedades de la Iglesia" (*La España de Fernando VII*, vol. XXXII de la *Historia de España Menéndez Pidal*, Madrid, 1992, p. 504).

[50] R. Solís, *El Cádiz de las Cortes*, Madrid, 1969, pp. 267-269. Subrayados del art. 12, nuestros. Hay que insistir en que no todos los sectores eclesiásticos eran serviles. Joaquín Lorenzo Villanueva es un excelente ejemplo de la diversidad ideológica dentro de la Iglesia católica en el momento.

[51] *Catecismos políticos españoles*, Madrid, 1989, pp. 17 y 19; para otros catecismos del momento, véase pp. 23 (obligaciones del español: "ser cristiano católico"; los franceses son "los ateístas modernos"), 29 ("en los

pueblos que tienen la gloria de profesar la religión católica, se identifica inseparablemente la cualidad de cristiano con la de ciudadano"), 30, 46.

[52] Las medidas de las Cortes, p. ej., en M. Artola, *La burguesía revolucionaria (1808-1874)*, Madrid, 1973, p. 48. A. Nieto, *Los primeros pasos del Estado constitucional*, Barcelona, 1996, p. 33.

[53] *Modernidad e Independencias...*, p. 249.

[54] *Los afectuosos gemidos de la nación española*, Cádiz, N. Gómez, 1813. Obsérvese que también condena las "ciudades". Fernán Caballero detestaba igualmente las ciudades, como focos de corrupción moderna.

[55] Recuérdese también la marquesa de Rumblar, personaje galdosiano de la primera serie de los *Episodios nacionales*, realista tradicional que desconfía de los ingleses, "ciegos ante la verdadera y única Iglesia" (*Cádiz*, XXVIII).

[56] M. Artola, *La burguesía revolucionaria...*, p. 51; y *La España de Fernando VII...*, p. 869. A. M. Moral Roncal, *Carlos V de Borbón (1788-1855)*, Madrid, 1999, pp. 119, 173 ("hasta su desaparición, este órgano de poder [el Consejo] fue el escenario donde se manifestaron [...] las principales corrientes del realismo exaltado") y 113 (en las ceremonias de bienvenida a Fernando, "la nota religiosa fue la dominante").

[57] M. Artola, *La España de Fernando VII...*, p. 864. Referencia a El Trapense en P. de Montoya, *La intervención del clero vasco en las contiendas civiles (1820-23)*, San Sebastián, 1971, p. 352. Citas de la junta realista, en F. Lafage, *L'Espagne de la contre-révolution...*, p. 105. Quizás sea éste el momento de recordar la conocida coplilla absolutista de la época: "Vivan las cadenas / viva la opresión / ¡Viva el rey Fernando! / ¡Muera la nación!" (cit. p. ej:, por F. D. Klingender, *Goya in the Democratic Tradition*, Londres, Sidwick and Jackson, 1948, p. 155).

[58] J. A. Llanos, *Memorias poéticas, o Llantos de la Madre Patria por los efectos de la Ominosa Constitución*, Madrid, Impr. A. Fernández, 1824, pp. 15, 19-20 y 26-27.

[59] M. Artola, *La España de Fernando VII...*, p. 862.

[60] P. C. González Cuevas, *Historia de las derechas...*, p. 77.

[61] R. Vélez (1777-1850), capuchino, refugiado en Cádiz durante la guerra, publicó *El Sol de Cádiz* (1812-13) y el *Preservativo contra la Irreligión* (1812), primer tratado extenso publicado en España sobre la Ilustración, la Revolución Francesa y las guerras napoleónicas. Al año de ascender a arzobispo publicó, en 1825, una réplica a los *Apuntes sobre los arrestos de los vocales de Cortes*, de Joaquín Lorenzo Villanueva, titulada *Apéndices a la apo-*

logía.... Fue desterrado a Menorca durante la Guerra Carlista. Sobre él, véase J. Herrero, *Los orígenes del pensamiento...*, pp. 264-267 y 294-300; o J. L. Abellán, *Historia crítica del pensamiento...*, IV, pp. 168-171. La comparación de la autoridad del monarca con la del padre en la familia figura también en el *Manifiesto de los persas.*

[62] Elogios como los de F. Suárez Verdaguer, quien escribió que el capuchino Vélez tenía un "fondo doctrinal sólido, riquísimo", o los de Ferrer, Tejera y Acedo, historiadores del carlismo, para quienes "su visión es clara [...] su argumentación, recia, y en realidad sólo pudieron sus enemigos oponerle el silencio"; siendo, para ellos, Vélez uno de los "grandes maestros" de la "tradición española" (cit. por J. Herrero, *Los orígenes del pensamiento...*, pp. 264-265 y 294); pero el propio Menéndez Pelayo confiesa en algún momento que "todo esto no constituye, a decir verdad, una gran literatura católica" *(Historia de los heterodoxos...*, libro VI, cap. III, III). La idea de que los reaccionarios españoles imitaban a los extranjeros es la central en esta obra de J. Herrero, tantas veces aquí citada, que sigue en pleno vigor, pese al tiempo transcurrido desde su publicación. Ignorancia de Burke, en P. C. González Cuevas, *Historia de las derechas...*, p. 64. R. Fernández Carvajal, "El pensamiento español en el siglo XIX. Primer periodo", en G. Díaz Plaja, dir., *Historia general de las literaturas hispánicas*, Barcelona, 1957, vol. IV, p. 347. A de Blas, "Catolicismo y nacionalismos en España", *El País*, 22-V-1996.

[63] M. Artola, el historiador que ha analizado el periodo con mayor amplitud de miras, dentro de una visión general de la evolución europea y española, lo llama "el tiempo sin historia" (*La burguesía revolucionaria...*, p. 51; pese a haber dedicado a esta etapa importantes páginas, como las de *La España de Fernando VII...*). La escuela de F. Suárez Verdaguer, que ha dedicado sus mayores esfuerzos y estudios más detallados a este reinado, ha distinguido matices entre los círculos fernandinos, llamando "reformistas", con gran benevolencia, a los menos radicales de los absolutistas.

[64] M. Artola, *La España de Fernando VII...*, p. 865; cita previa, en p. 857; resistencia al Ministerio, en pp. 922-923. Oposición a policía por parte del Consejo de Estado, en 1826, en F. Lafage, *L'Espagne de la contre-révolution...*, p. 111. "Conservadores burocráticos", en P. C. González Cuevas, *Historia de las derechas...*, p. 83.

[65] Dicho manifiesto de los "Realistas Puros", en vez de documento de la extrema derecha, pudo ser una estratagema liberal, como piensa Arto-

la (*La España de Fernando VII...*, pp. 885-886). En las *Memorias de la última guerra civil de España*, obra escrita desde Cataluña también en 1826, por un realista, y dedicada a la baronesa de Eroles, no se defiende a España sino al Trono y el Altar (pp. 3 y 4), aunque hay referencias a "los verdaderos españoles", aquellos que se identifican con esas instituciones tradicionales (p. 17); véase, por cierto, en p. 255, manifiesto liberal, en catalán, en que, además de declararse tajantemente el españolismo de Cataluña, se hace referencia al triunfo definitivo de la "causa nacional" (es decir, constitucional). Consignas de los *Malcontents* en *El catalán realista*, cit. por A. Wilhelmsen, *La formación del pensamiento político carlista (1810-1875)*, Madrid, 1995, p. 151; F. Lafage, *L'Espagne de la contre-révolution...*, p. 115. Lemas de los jefes de partida, en M. Artola, *ant. cit.*, p. 890.

[66] *Un voluntario realista*, cap. XIV.

[67] M. Artola, *La España de Fernando VII...*, p. 873. Sobre la creación del Ministerio de Fomento, véase A. Nieto, *Los primeros pasos del Estado...*, pp. 211-219.

[68] M. Artola, *La España de Fernando VII...*, p. 884. A. M. Moral Roncal, *Carlos V de Borbón...*, pp. 115, 116, 182 y 213-216, este autor añade estudios de la biblioteca del infante, donde siempre dominaban los libros de religión (pp. 52 y 84), o su notoria asistencia a la inauguración del restablecido noviciado de los jesuitas, tanto en 1816 como en 1823 (pp. 113 y 186).

[69] M. Artola, *La España de Fernando VII...*, pp. 925-926, 943 y 945. Cfr. W. Callahan, *Church, Politics and Society...*, pp. 147 y 151. Abarca y Alameda, en instituciones del Estado carlista, en R. M. Lázaro Torres, *El poder de los carlistas. Evolución y declive de un Estado, 1833-1839*, Bilbao, 1993, pp. 73 y 102.

[70] Bando carlista, en J. C. Clemente, *Bases documentales del carlismo y de las guerras civiles de los siglos XIX y XX*, Madrid, 1985, I, p. 173. Cita de Pérez Galdós, en *De Oñate a La Granja*, cap. XVIII. Cfr. J. Aróstegui, "El carlismo y la guerra civil", en *La era isabelina y el Sexenio Democrático (1833-1874)*, *Historia de España Menéndez Pidal*, vol. XXXIV, Madrid, Espasa, 1976, pp. 81-83 ("El carlismo fue prácticamente incapaz de definirse a sí mismo ideológicamente en toda la primera mitad del siglo XIX"; "desarrolló muy escasas ideas que se perdieron en un mar de retórica de sacristía", etcétera).

[71] A. Wilhelmsen, *La formación del pensamiento...*, p. 156; J. C. Clemente, *Bases documentales del carlismo...*, p. 179 (exhortación de don Carlos a sus tropas) y 181 (cfr. Zumalacárregui: "Volved, pues, del error en que os ha-

lláis; nuestro católico monarca Carlos V ama a todos los españoles como a sus más tiernos hijos").

[72] La apelación a la patria garantizaba que España sería, sobre todo, un territorio católico, según Lafage, pues todo nacido en España, pero no católico, no era español (*L'Espagne de la contre-révolution...*, pp. 105-106; en p. 130, mención a ese voluntariado carlistas: duque Pierre de Blacas d'Aulps, mariscal Louis de Ghaisnes de Bourmont, vizconde Sosthène de La Rochefoucauld...). Sobre la importancia de las tradiciones que constituyen la patria, recuérdese a Sanz y Lafuente: "Siempre que se pretende aclimatar en un país una opinión que no esté en armonía con sus instituciones, ideas, carácter, costumbres, tradiciones, deben resultar grandes convulsiones, grandes desgracias [...] Para que una forma política sea provechosa a un pueblo cualquiera, es necesario que sea natural, y la espontánea expresión de sus necesidades, de su genio y de sus costumbres" (cit. por A. Wilhelmsen, *La formación del pensamiento...*, p. 230).

[73] V. Garmendia, *La ideología carlista (1868-1876)*, San Sebastián, 1984; obispo de Urgel, p. 234; Muzquiz, p. 236. B. Urigüen también piensa que "el factor principal por el cual don Carlos sale al campo de batalla en 1833 —la defensa de sus derechos legítimos— se subordinaría a una concepción política y social. La legitimidad hereditaria, por tanto, quedaría subordinada a la fidelidad de unos principios y al compromiso con una determinada forma de gobierno" (*Orígenes y evolución de la derecha española: el neocatolicismo*, Madrid, 1986, pp. 50-51).

[74] Enfrentamiento libertad-religión en Galdós, *La campaña del Maestrazgo*, cap. VII; en *Un faccioso más y algunos frailes menos*, XVIII, el absolutista Carnicero saborea "el triunfo rápido de la España religiosa sobre la España masónica"; en *La Segunda Casaca*, cap. XXIX, frente a quienes pasan gritando durante el Trienio "¡Viva el pueblo! ¡Viva la libertad!", el absolutista navarro murmura: "¡Viva el Rey! ¡Viva la Religión!"; "¡Muera la Nación!", junto con "¡Vivan las caenas!", en *Los Cien Mil Hijos de San Luis*, cap. XXX, y en cap. XXXVI, una vez más, "¡Viva el Rey absoluto! ¡Muera la Nación!". El *Padre Puñal*, en Baroja, cit. por P. de Montoya, *La intervención del clero vasco...*, p. 36; los gritos completos eran: "¡Viva la religión! ¡Muera la patria y la nación! ¡Viva el Rey absoluto! ¡Mueran las leyes!".

[75] J. Canal, *El carlismo*, Madrid, 2000, sin duda la mejor síntesis existente sobre el tema, p. 153. Cita de Galdós, *De Oñate...*, cap. véase *Boletín de*

Navarra y provincias vascongadas, 16-II-1838, cit. por R. M. Lázaro Torres, *El poder de los carlistas...*, pp. 11-12 (en pp. 17 y 62, gestiones para obtener apoyos internacionales; referencia al conde de Villemur en pp. 23-24). El carlismo, reducido en definitiva a defensa de la religión, también en P. C. González Cuevas, *Historia de las derechas...*, pp. 84-85. Cfr. R. Gambra Ciudad, *La primera guerra civil...*, p. 169: es lucha entre dos civilizaciones, una encarnada por la Iglesia y otra por el error moderno.

[76] *Historia de los heterodoxos...*, libro VI, cap. II. Sobre Alvarado, véase J. Herrero, *Los orígenes del pensamiento...*, pp. 316-332, o J. L. Abellán, *Historia crítica del pensamiento...*, IV, pp. 171-174.

[77] J. L. Abellán, *Historia crítica del pensamiento...*, IV, p. 173. F. Alvarado, *Cartas críticas que escribió [...] El Filósofo Rancio*, Madrid, 1824-1825, vol. I, p. 34. Al igual que Vélez, Alvarado insiste, en su vol. V, en el eterno conflicto entre el Evangelio y la filosofía; Vélez añade que esta última, además de diabólica, es femenina; Alvarado se permite burlarse de Aristóteles.

[78] F. Alvarado, *Cartas...*, II, pp. 383-4; cfr. I, p. 60: "abogadillo de la nueva extracción", "clérigo petimetre", "corbata erudito a la violeta"...; III, p. 126: "señores oficinistas, covachuelos, oidores, abogados", y p. 185: "zánganos encargados en la intervención y recaudación, papelistas, oficinistas y demás gente *non sancta*".

[79] F. Alvarado, *Cartas...*, I, pp. 37 y 329; dedica a los jansenistas la práctica totalidad del segundo volumen, pp. 46-306; cfr. I, p. 88: "el famoso Erasmo, de quien con tanta razón se dijo que había puesto los huevos que Lutero empollaba"; liberales como Comuneros, en I, pp. 148-149; liberales gaditanos, ateos, en II, p. 451. Comparación de las "depravaciones" de los liberales con las de los Comuneros, también en el folleto *Los verdaderos españoles residentes en Cádiz...*, Cádiz, s. d. (*circa* 1816-18).

[80] F. Alvarado, *Cartas...*, I, pp. 89 y 268 y ss.; II, 442 y 469; cita, en III, 125, en p. 135, más depravación de filósofos; cuatro sectas, en I, 270; filósofos, unidos con Napoleón, cumpliendo plan de Voltaire y Federico de Prusia para acabar con la Iglesia, en III, 416-421. L. Hervás y Panduro, *Las causas de la Revolución de Francia...*: calvinistas, filósofos, jansenistas y masones, las 4 *sectas*; calvinistas, especiales amantes de la inmoral libertad; de ellos vienen directamente los jansenistas, que se disfrazan de católicos. La obra de Barruel se tituló *Mémoires pour servir a l'histoire du Jacobinisme* y fue publicada en Londres en 1798, en el exilio, simultáneamente en francés e inglés (véase J. Herrero, *Los orígenes del pensamiento...*, p. 193).

[81] J. Herrero, *Los orígenes del pensamiento...*, p. 393. F. Alvarado, *Cartas...*, II, p. 469 (cfr. I, 37); La Inquisición preserva la paz, en I, 267; cfr. I, 121 (el señor Argüelles "va a sumergirnos a todos en un abismo insondable de males. A la libertad de conciencia se sigue la de dogmatizar; a esta las divisiones y partidos; y detrás de éstos la sangre, los incendios, las sediciones, la anarquía y todos los desastres. ¿Cómo podremos olvidarnos de los estragos que ocasionó en todo el norte de Europa Lutero?"); compatibilidad del Evangelio con el castigo físico al pecador, en I, 274-280, a partir del ejemplo de la expulsión a latigazos de los mercaderes del templo; veneración de españoles por la Inquisición, en I, 60, y II, 468.

[82] F. Alvarado, *Cartas...*, I, p. 189, Dios, autor de la sociedad; contra el pacto social, I, pp. 163 ("es una patraña ese maldito pacto") y 213-214 ("el pacto social [...] no es un hecho, ni tampoco una hipótesis filosófica, sino una imaginación poética"; Rousseau "no parece sino que delira"); la filosofía como destructora del Estado, en I, 36; incapacidad de la razón humana para rectificar el orden divino, I, 34-35; cfr. I, 32: "Sólo el Evangelio es el que ha descubierto y afianzado los derechos del hombre"; IV, 8-9: "¿De dónde habéis sacado sino del Evangelio esas voces de 'igualdad, libertad, fraternidad, amor del hombre, beneficencia' y demás, cuyo significado ni aún entendéis siquiera?"; desigualdad natural, en I, 161 (cfr. p. 160: "el orden natural exige que unos hombres dependamos de otros"; "Dios nos crió de esta manera"); I, 145-146: desigualdad de cuerpos, desigualdad evidente en los sexos...; necesidad de la nobleza, en I, 152-153; soberanía viene de Dios, en I, 215; imposibilidad de rectificar el orden social, creado por Dios, en I, 34-35.

[83] F. Alvarado, *Cartas...*, IV, pp. 133 y 193-94. Sobre la falta de patriotismo de los filósofos, véase su referencia a Thomas Paine, en I, 95 y 181.

[84] F. Alvarado, *Cartas...*, I, pp. 281 y 323; II, 469; III, 127; IV, 125 y 244-246; cfr. II, pp. 341 ("¿Piensan que el pueblo español dejará de oír a sus obispos? [...] ¿el carácter español es susceptible de tantas, tan pueriles y tan absurdas ligerezas?") y 463 ("Y aunque Dios nos diga que seamos católicos, ¿podrá el Congreso determinar que no lo seamos? ¡Infeliz España!"); providencia particular, en II, 340; defensa de la religión frente a Napoleón, en I, 28 y 74; los legisladores católicos no pueden admitir la diversidad de religiones, en II, 462; en II, 383, eclesiásticos que apoyaron expulsión de los jesuitas; plan de Federico de Prusia, en III, 418-421; legi-

timidad de la posesión de sus bienes por la Iglesia, en IV, 124; españoles "por equivocación" en III, 104.

[85] F. Alvarado, *Cartas...*, I, p. 212.

[86] "Cuestiones teóricas sobre el liberalismo", 21 y 24-XII-1875. Agradezco a Gerardo Neistat que me señalara la existencia de esta serie, que desconocía.

[87] "Cultura y movilización en el movimiento católico de la Restauración (1899-1913)", en M. Suárez Cortina, ed., *La cultura española de la Restauración*, Santander, 1999, pp. 178-179.

[88] *O. C.*, ed. de J. Juretschke, Madrid, 1946, vol. II, pp. 368, 409 y 437. Es obvio que no nos referimos en estos párrafos sino al Donoso Cortés de la última etapa; para su etapa juvenil, doctrinaria, véase la obra clásica de L. Díez del Corral, *El liberalismo doctrinario*, Madrid, Instituto de Estudios Políticos, 1956 (2.ª ed.). En general, sobre todo esto, véase C. López Alonso, "El pensamiento conservador español en el siglo XIX", en F. Vallespín, *Historia de la teoría política*, Madrid, 1993, V, 273-314.

[89] Así lo reconoce incluso F. Gutiérrez Lasanta, autor de una de tantas obras absurdas sobre este pensador, *Donoso Cortés, el profeta de la Hispanidad*, Logroño, 1953; pese al título, que en absoluto se justifica en las páginas de la obra, y pese a un capítulo titulado "Profeta y tratadista de España", cuyo interior tampoco se corresponde con el enunciado, en p. 75 el autor se ve obligado a reconocer que "Donoso Cortés fue ante todo y sobre todo europeo". Sobre el irracionalismo (más que romanticismo) de Donoso, véase V. Lloréns, *El romanticismo español*, Madrid, 1979, pp. 557-559.

[90] J. Donoso Cortés, *O. C.*, ed. de C. Valverde, Madrid, 1970, vol. II, p. 312; socialismo como teología satánica, en II, pp. 597-600 ("el socialismo no es fuerte sino porque es una teología y no es destructor sino porque es una teología satánica"; de ahí que prevalezca sobre la escuela liberal, que es "antiteológica y escéptica"). B. Urigüen, *Orígenes y evolución de la derecha...*, p. 60.

[91] *O. C.*, ed. de J. Juretschke, vol. I, pp. 197-198. Más contra la soberanía popular, equivalente a ateísmo, en *O. C.*, ed. de C. Valverde, vol. I, p. 348 ("la soberanía de derecho es una e indivisible: si la tiene el hombre, no la tiene Dios; si se la localiza en la sociedad, no existe en el cielo. La soberanía popular es, pues, el ateísmo").

⁹² *O.C.*, ed. de C. Valverde, vol. II, pp. 653, 894-895 y 910; J. T. Graham, *Donoso Cortés, Utopian Romanticist and Political Realist*, University of Missouri Press, 1974, cap. 9. Sobre el pensamiento franco-italiano que les inspira, véase J. L. Abellán, *Historia crítica del pensamiento...*, IV, p. 179.

⁹³ Barruel, cit. por E. Kamenka, *Nationalism. The Nature and Evolution of an Idea*, Australian University Press, 1973, p. 8; tomado, a su vez, de G. de Bertier de Sauvigny, "Liberalism, Nationalism and Socialism: the Birth of Three Words", *The Review of Politics*, 1970, 32 (2), pp. 155; en este artículo, p. 150, la anécdota de Metternich.

⁹⁴ B. Urigüen, *Orígenes y evolución de la derecha...*, p. 55.

⁹⁵ G. Carnero, *Historia de la literatura española. Siglo XIX*, Madrid, 1997, t. I, p. 113. Para la polémica calderoniana iniciada por Böhl de Faber, seguimos lo dicho en esa misma obra, pp. XL y 110-123; D. Flitter, *Teoría y crítica del romanticismo español*, Cambridge U. P., 1995, pp. 8-18; y V. Lloréns, *El romanticismo español...*, pp. 11-28.

⁹⁶ C. Blanco Aguinaga, I. Zavala y J. Rodríguez Puértolas, *Historia social de la literatura española (en lengua castellana)*, Madrid, 1978, t. II, pp. 89-90.

⁹⁷ *Historia de la literatura española. El siglo XIX*, t. I, p. 111.

⁹⁸ "La tesis 'romanticismo igual a liberalismo' ha conducido inevitablemente a una mala representación de los sucesos" (D. Flitter, *Teoría y crítica del romanticismo...*, p. 296). V. Lloréns, *El romanticismo español*, Madrid, 1979, p. 142.

⁹⁹ Véase D. Flitter, *Teoría y crítica del romanticismo...*, pp. 165 y 177-78, en pp. 39-64 y 127-139, sobre las polémicas literarias que median entre 1814 y estas expresiones de 1841-1842. Sobre estas polémicas, también V. Lloréns, *Romanticismo español*, 11-28, 53-67, 203-209; o G. Carnero, *Historia literatura... Siglo XIX*, I, 77-142.

¹⁰⁰ J. I. Ferreras, *El teatro en el siglo XIX*, Madrid, 1989, p. 55. G. Carnero *Historia de la literatura... Siglo XIX*, I, pp. 363-371 y 498-505. V. Lloréns, *Romanticismo español*, pp. 425-428.

¹⁰¹ *La familia de Alvareda*; cita previa, de *Clemencia*. También en esta última obra se refiere a los "españoles netos", contra "espíritu despreciativo de otros países que han dado lugar a las revoluciones". A la vez que dice todo esto, sin embargo, no puede ocultar Fernán Caballero su miedo y repulsa ante el término "nación": en una línea que puede ser mal interpretada, un personaje muy castizo de *Clemencia* reconoce que "se estremecía al oír la voz *nación* y torcía materialmente la boca... Nosotros los españoles

podemos tener muchas faltas... pero al menos, gracias a Dios, no somos *nación*"; pero es un uso arcaico de la voz "nación", como equivalente a "extranjero".

[102] V. Lloréns, *El romanticismo español...*, pp. 594 y ss. (dudas de su romanticismo, en pp. 597-98). G. Carnero, *Historia de la literatura española. Siglo XIX*, I, p. 112, 658, 664. Cfr. C. Blanco Aguinaga, I. Zavala y J. Rodríguez Puértolas, *Historia social de la literatura...*, p. 108; y G. Carnero, *ibíd*, t. I, p. 672. El marco teórico en el que se inscribe Fernán Caballero, como todo el romanticismo conservador, es Chateaubriand; véase D. Flitter, *Teoría y crítica del romanticismo...*, pp. 193-194.

[103] M. Amado, *Dios y España*, 1831, t. III, pp. 260-261. *El Católico*, 2-V-1840, "Madrid, Dos de Mayo". *El Siglo Futuro*, 2-V-1881, "El Dos de Mayo"; 2-V-1882, "Guerra de la Independencia"; y 2-V-1889, "Ofrenda".

[104] Sobre Santiago, véase, p. ej., "¡¡¡Despertad, españoles!!!", *El Siglo Futuro*, 25-VII-1892.

[105] Cifras, p. ej., en V. Cárcel Ortí, *Historia de la Iglesia en España*, Madrid, 1979, vol. 5, pp. 139-42, 160-63, 184 y 219-225. A principios del siglo XIX, el número de eclesiásticos de diversas clases, que llevaba ya dos o tres décadas reduciéndose, ascendía a unos 150.000, alrededor de un 1,6 por ciento de la población total, y en números, igualmente aproximados, para 1860 había bajado a casi una tercera parte. El número de conventos descendió mucho más drásticamente. En general, sobre el tema, véase M. Revuelta, *La exclaustración, 1833-1840*, Madrid, 1976; y J. Sáez Marín, *Datos sobre la Iglesia española contemporánea (1768-1868)*, Madrid, 1975.

[106] J. Canal, *El carlismo...*, p. 154.

[107] Cit. por B. Urigüen, *Orígenes y evolución de la derecha...*, p. 517.

[108] Véase M. C. Lécuyer y C. Serrano, *La Guerre d'Afrique et ses répercussions en Espagne, 1859-1904*, París, 1976. Citas de Pérez Galdós, de *Aita Tettauen*, cap. V. Otros títulos del momento, en *infra*, cap. 10, apart. segundo.

[109] Citas en J. Álvarez Junco, "El nacionalismo español como mito movilizador. Cuatro guerras", en R. Cruz y M. Pérez Ledesma, *Cultura y movilización en la España contemporánea*, Madrid, 1997, p. 48. La relación entre la "política de prestigio" de O'Donnell y el nacionalismo español, asunto sobre el que volveremos en el capítulo X, está muy bien tratada en J. M. Jover, prólogo al vol. XXXIV de la *Historia de España Menéndez Pidal*, reed. en *La civilización española a mediados del siglo XIX*, Madrid, 1991, pp. 140-192.

[110] P. Sainz Rodríguez, *Evolución de las ideas sobre la decadencia española*, Madrid, 1962, pp. 116-121. J. A. Llorente, *Historia crítica de la Inquisición en España*, París, 1817-1818, reed. en Madrid, 1980, 4 vols.

[111] J. Sempere, *Considérations sur les causes de la grandeur et de la décadence de la monarchie espagnole*, París, 1826, vol. I, p. 59. El modelo de Luis XIV era, en definitiva, el seguido por los Borbones españoles del XVIII, a los que Sempere dedica grandes elogios, especialmente a Carlos III: "haría falta un grueso volumen para dar a conocer todas las mejoras que se operaron en España desde que comenzó a reinar Carlos III" (vol. II, p. 164); lamentable situación medieval, en pp. 80-83; Inquisición evitó guerras internas, p. 127; Reyes Católicos no deseaban paralizar progreso científico, pp. 128-129; Carlos II, vol. II, pp. 54-55.

[112] J. A. Conde, *Historia de la dominación de los árabes en España*, Barcelona, 1844 (1ª ed., 1820-21).

[113] J. Rodríguez de Castro, *Biblioteca española*, Madrid, 1781-1786, 2 vols. Rehabilitación bajo Carlos III, a petición de los chuetas mallorquines, pragmáticas de 1778 y 1786; en 1797, el ministro Varela llegó a proponer a Carlos IV la readmisión de los judíos, para salvar la economía nacional (idea que también acarició Olivares en su día). Antisemitismo en Alvarado, p. ej. en *Cartas...*, I, pp. 58-59.

[114] Sobre las misiones protestantes escribió bastante, exagerando la situación, Menéndez Pelayo. Una versión más mesurada y actual en V. Cárcel Ortí, *Historia de la Iglesia...*, vol. 5º, pp. 196-197.

[115] V. Lloréns, *El romanticismo español...*, p. 561.

[116] Entre otras, tradujo y publicó, por primera vez en español, las *Artes de la Inquisición española*, de R. González de Montes (R. González de Montano), una de las bases documentales de las que se sirvió la famosa *Leyenda Negra*; los dos *Diálogos*, el *Alfabeto cristiano* y las *Ciento diez consideraciones*, de J. de Valdés; la traducción de C. de Valera de la *Institución religiosa* de Calvino, hecha también en el siglo XVI; varias obras de un tal J. Pérez, quizás un seudónimo, como la *Epístola consolatoria*, dirigida a los condenados en los autos de fe de 1559, un *Breve sumario de indulgencias*, una *Carta a D. Felipe II*, etcétera. Sobre Usoz y Río, que había estudiado en Bolonia y desempeñado la cátedra de hebreo en el Ateneo de Madrid, véase V. Lloréns, *El romanticismo español...*, pp. 559-561.

[117] Tras una primera parte del artículo en la que la nación se obligaba a mantener el culto y los ministros de la religión católica, "que profesan

los españoles", una versión más avanzada de la segunda parte del artículo, que fue rechazada por 103-99 votos, decía: "Se tolerará y hará respetar el culto que en forma decorosa se rinda por los que profesen cualquier otra, sin que pueda ser nadie perseguido ni molestado por motivo de religión, siempre que se respete la de los demás y no se ofenda la moral pública".

[118] S. Lebovici, *Chronique des Juifs de Tétouan (1860-1896)*, París, 1984; B. Pérez Galdós, *Aita Tettauen*. Debo muchos de estos datos a Danielle Rozemberg, autora, entre otros escritos sobre este tema, de "Minorías religiosas y construcción democrática en España", *Revista Española de Investigaciones Sociológicas*, 1996 (74), 245-265.

[119] *Historia de los judíos en España*, Cádiz, 1847; *Historia de los protestantes españoles y de su persecución por Felipe II*, Cádiz, 1851; *Examen filosófico sobre las principales causas de la decadencia de España*, Cádiz, 1852.

[120] A. de Castro, *Historia de los judíos...*: pp. 36-37 y 45 (persecuciones godas; p. 33: Witiza mitigó las persecuciones, razón por la que se le ha pintado como "un monstruo de todo linaje de maldades", cuando en su época se le consideró "un dechado de virtudes"); Reyes Católicos, pp. 119-122, 130, 136 (Fernando "no se dejó llevar [...] de más propósito que el interés"; "la avaricia de Fernando V ni aun respetaba a los muertos"; cfr. p. 124: "¿los míseros judíos que por sus desdichas desde el año 70 de la era cristiana estaban avecindados en estas tierras, no eran españoles también como nosotros?"). Repite acusaciones contra los Reyes Católicos en su *Historia de los protestantes...*, pp. 243-247, que concluyen así: "la herencia del reinado de Fernando e Isabel fue la intolerancia religiosa [...] A hombres de este linaje debe España (según el sentir de sus apologistas) el bien de no haber sufrido los horrores que consigo traen las guerras civiles por causas religiosas. Pero ¿qué más horror, qué más desolaciones, qué más estragos que veinte mil españoles muertos en las llamas durante el reinado de Fernando V y de Isabel I? [...] ¿Qué más destrucción que cuatrocientos mil españoles arrojados de su patria por observar la religión judaica? [...] ¿Qué más daño que quinientos mil moriscos expulsados de España?".

[121] *Historia de los protestantes...*, pp. 14, 241, 392-393, 416, 420 y 424-425. En su *Examen filosófico...*, de nuevo, juicios durísimos sobre Felipe II: presidió autos de fe como Nerón presidía la quema de los cristianos; "los españoles, educados en las sangrientas ejecuciones de los autos de fe, se cria-

ban con el ánimo cubierto de espanto y débiles para defender la causa pública contra la tiranía; pero al mismo tiempo llenos de ferocidad para servir a los déspotas en la empresa de esclavizar al mundo" (p. 72); "Felipe II estaba aborrecido en España así como en lo demás de Europa", "retraído [...] como Tiberio, esclavo del disimulo" (p. 89).

[122] De esta forma avanzó "la tiranía real y eclesiástica", con una nobleza convertida en "aduladora de la tiranía" y una "plebe insensata", que "casi siempre ha seguido el bando de los tiranos" (*Examen filosófico sobre las principales causas de la decadencia...*, pp. 2, 15 y 26).

[123] *Examen filosófico sobre las principales causas de la decadencia...*, pp. 37, 57, 129 y 158.

[124] E. San Miguel, *Historia de Felipe II, Rey de España*, Madrid, I. Boix, 1844-47, 4 vols. Felipe II habría sido un personaje "blanco de parcialidad, de prevención, de mala fe por parte de sus historiadores" (p. 7); los Reyes Católicos expulsaron a judíos y establecieron la Inquisición, pero eso no les hacía "más intolerantes que los demás príncipes de Europa" (p. 13). Juicio final, ambiguo, en pp. 252-56: "grandes prendas de monarca", "amante del orden, favorecedor de la justicia, recompensador del mérito", pero dejó "el sello de su carácter dominante; fue la consolidación del sistema despótico [...] fue el principio divino de los reyes y el dogma político de que eran dueños de haciendas y vidas...; fue [...] la postración parcial del pensamiento; fue la autoridad dictatorial del Santo Oficio". Castelar, cit. por P. Sainz Rodríguez, *Evolución de las ideas sobre la decadencia...*, p. 119. De J. M. Nin, *Secretos de la Inquisición*, Barcelona, 1855; de M. Fernández y González, *Martín Gil. Memorias del tiempo de Felipe II*, 2 vols., Madrid, 1889; y de R. Ortega y Frías, *La sombra de Felipe II*, Madrid, 1892.

[125] P. ej., M. Ferrer lo considera carlista. F. Suárez, por el contrario, niega esta afiliación. Véanse referencias en J. Varela Suances, "Estudio preliminar" a J. Balmes, *Política y Constitución*, Madrid, 1988, p. LIIIn. De *El Católico*, véase "Prospecto", I-III-1840.

[126] J. Balmes, "Consideraciones políticas sobre la situación de España", cit. por J. Varela Suances, "Estudio preliminar...", p. XXXV, y por J. M. Fradera, *Jaume Balmes. Els fonaments racionals d'una política católica*, Barcelona, 1996, p. 229 (principios preconstitucionales, en p. 231); I. Casanovas, *Biografía de Balmes*, cit. por B. Urigüen, *Orígenes y evolución de la derecha...*, p. 67.

[127] J. Varela Suances, "Estudio preliminar...", p. XXIX. Sobre el carlismo, J. M. Fradera, *Jaume Balmes...*, p. 230.

[128] Sobre su sentimiento catalanista, indiscutible pero de tipo "provincialista" y no nacionalista, véase J. M. Fradera, *Jaume Balmes*..., pp. 180-82 y 197 y ss.; y J. Varela Suances, "Estudio preliminar...", pp. XLIX-L ("Intenso nacionalismo", en p. XLVII).

[129] J. Varela Suances, "Estudio preliminar...", pp. LXIII y LXXI. Sobre Balmes, véase también J. Tomás Villarroya, "El proceso constitucional (1834-1843)" y "El proceso constitucional (1843-1868)", en J. M. Jover, dir., *La era isabelina y el Sexenio Democrático (1834-1874)*, t. XXXIV de la *Historia de España Menéndez Pidal*, Madrid, 1981, pp. 5-70 y 199-260. Sobre el grupo vilumista o "monárquico-nacional", dentro del moderantismo, véase F. Cánovas Sánchez, *El Partido Moderado*, Madrid, 1982, pp. 192 y ss.

[130] Otros títulos en I. Sánchez Sánchez, "La Iglesia española y el desarrollo de la buena prensa", en AA.VV., *Les élites espagnoles a l'époque contemporaine*, Pau, 1982, pp. 42-43. Es interesante saber que en 1848 el Vaticano consultó a Balmes, en latín, su opinión sobre la idea nacional; ya muy enfermo, éste no llegó a contestar. Debo este dato a Josep María Fradera, a quien agradezco muy especialmente su lectura y sugerencias sobre estas páginas.

[131] J. Amador de los Ríos, *Estudios históricos, políticos y literarios sobre los judíos de España*, Madrid, 1848; obra más tarde completada con su *Historia social, política y religiosa de los judíos en España y Portugal*, Madrid, 1875-1876, 2 t. Amador oscila entre la explicación de la expulsión como necesaria para la construcción nacional (producto "de los grandes deberes contraídos para con la nación entera y para consigo propios") o como obligada por la animosidad popular y contraria a los planes de los reyes ("cuando altas razones políticas lo exigen, los príncipes deben someterse a la imperiosa ley de las circunstancias, anteponiendo el bienestar común al logro de sus propias ideas"). Al mencionar la ingratitud de Fernando aprovecha para subrayar su propia imparcialidad, pero no puede evitar añadir que los judíos no sentían el patriotismo y prestaron dinero para una guerra que les dejaba indiferentes *(Estudios..., pp. 156 y 194-198)*.

[132] Amador de los Ríos atribuye el fanatismo y la inseguridad jurídica al falseamiento y la "desnaturalización" de la institución, pero también dice que la Inquisición impidió "la marcha filosófica del espíritu humano", y que el tribunal "temía a los hombres de ciencia y contra ellos dirigía por tanto sus tiros". Típico de la ambigüedad de Amador es el juicio

sobre Felipe II: "tan hábil en la política como en las apariencias fanático" (*Estudios históricos, políticos...*, pp. 172-175 y 514-518).

[133] Amador de los Ríos, *Estudios históricos...*, pp. 19-21 y 648-651.

[134] Citas de Kiernan (*La Revolución de 1854 en España*, Madrid, Aguilar, 1970, p. 146), Segalerva y Nocedal en B. Urigüen, *Orígenes y evolución de la derecha...*, pp. 115-120. Para este debate, cfr. J. Tomás Villarroya, "El proceso constitucional...", pp. 267-269.

[135] P. J. Pidal, *La unidad católica de España*, Madrid, 1880, e *Historia de las alteraciones de Aragón en el reinado de Felipe II*, Madrid, 1862; A. Cánovas del Castillo, *Historia de la decadencia de España, desde Felipe III hasta Carlos II*, Madrid, 1852-1854.

[136] E. y E. García Camarero, *La polémica de la ciencia española*, Madrid, 1970, pp. 162, 166-67, 175-76, 181 y 184-85.

[137] E. y E. García Camarero, *La polémica de la ciencia...*, pp. 176-186 y 191-197.

[138] A. Cavanilles, *Compendio de Historia de España*, Madrid, 1860, 5 vols.; F. S. Belmar, *Reflexiones sobre la España, desde la fundación de la monarquía hasta el fin del reinado de San Fernando*, Madrid, 1861; J. Amador de los Ríos, *Historia crítica de la literatura española*, Madrid, 1861; J. Ferrer de Couto, *Crisol histórico español y restauración de las glorias nacionales*, La Habana, 1862; B. Monreal y Ascaso, *Curso de Historia de España*, Madrid, 1867; F. Sánchez y Casado, *Prontuario de Historia de España y de la Civilización Española*, Madrid, 1867 (citado por ed. Hernando, 1900); E. Orodea e Ibarra, *Curso de Lecciones de Historia de España*, Valladolid, 1867; V. de la Fuente, *Historia eclesiástica de España*, Madrid, 1873-75, 5 vols. (2ª ed. corr. y aum.); M. Merry y Colón, *Historia de España*, Sevilla, 1876, 2 t. en 1 vol. La obra fundamental que debe seguirse en torno a este tema es Carolyn Boyd, *Historia patria*, Princeton, 1997, en especial cap. 4.

[139] M. Merry y Colón, *Historia de España...*, p. 23. Suyos son también unos *Elementos de historia crítica de España*, Sevilla, 1892, 3 t. en 1 vol.; y en 1889 escribió una tercera obra, esta vez, con A. Merry y Villalba, titulada *Compendio de Historia de España*, Sevilla, dedicada "Al Episcopado Español".

[140] F. S. Belmar, *Reflexiones sobre la España...*, pp. 9-11.

[141] B. Monreal y Ascaso, *Curso de Historia de España...*, p. 20; M. Merry y Colón, *Historia de España...*, p. 59; y V. de la Fuente, *Historia eclesiástica de España...*, vol. I, pp. 28 y 35.

[142] F. Sánchez y Casado, *Prontuario de Historia de España...*, p. 32 (añade que el cristianismo fue predicado "por los propios apóstoles", y que el Pilar es "nuestro monumento más sagrado"); E. Orodea e Ibarra, *Curso de Lecciones de Historia...*, p. 54; M. Merry y Colón, *Historia de España...*, p. 114, y *Elementos de historia crítica...*, p. 83; F. S. Belmar, *Reflexiones sobre la España...*, p. 13. Cfr. B. Monreal y Ascaso, *Curso de Historia de España...*, p. 38; C. Boyd, *Historia Patria*, p. 83.

[143] S. Castellanos de Losada, *Memorandum Historial*, 1858, p. 191; V. de la Fuente, *Historia eclesiástica de España...*, Vol. I, p. 46; M. Merry y Colón, *Historia de España...*, p. 114; y M. Merry y Colón y A. Merry y Villalba, *Compendio de Historia de España...*, p. 18, todos coinciden en que también visitó España san Pablo; y en que a Santiago se le apareció la Virgen en Zaragoza. Las historias eclesiásticas tradicionales daban por supuesta la predicación por Santiago (véase, p. ej., *España sagrada* de E. Flórez, 1754, vol. III, pp. 39-131; XIX, 164). Cfr. *El Amigo de la Religión*, 1837, p. 353 ("particular predilección de la Santísima Madre del fundador del cristianismo" por este país).

[144] J. Ortiz y Sanz, *Compendio cronológico de la Historia de España*, Madrid, 1795-1803, 6 vols., vol. II, pp. 96-101. Cfr. p. 105: invasión de Justiniano en la parte meridional de España, "con general alegría de los naturales al verse regidos de príncipe católico". Justiniano logró expulsar a los godos, francos y alemanes, y si no terminó con todos los bárbaros y recuperó el Imperio antiguo entero, "seguramente fue inminente el peligro y sólo la flojedad, vejez y sospechosa religión de Justiniano pudieron ser causa". Sin embargo, M. Merry y Colón (*Historia de España...*, p. 24) culpa a la "ambición de Clodoveo" de las guerras con Alarico. M. Menéndez Pelayo, *Historia de los heterodoxos...*, I, III, VI.

[145] Curioso lapsus, muy repetido, éste de llamar "cristianos" a los católicos, dando a entender que quienes no aceptan las definiciones dogmáticas de la Iglesia no son cristianos.

[146] A. Cavanilles, *Compendio de Historia de España...*, vol. I, pp. 210-211; B. Monreal y Ascaso, *Curso de Historia de España...*, p. 61; M. Merry y Colón y A. Merry y Villalba, *Compendio de Historia de España...*, p. 31. Cfr. F. Sánchez y Casado, *Prontuario de Historia de España...*, pp. 50-51; o V. de la Fuente, *Historia eclesiástica de España...*, vol. I, p. 199 ("la guerra civil religiosa promovida por san Hermenegildo..."). M. Merry y Colón, *Historia de España...*, p. 36, es más duro con el príncipe rebelde: "Lleno del fervor del re-

cién convertido", fue "instrumento de la pasión política"; su santidad no se basa en que "se sublevara una y otra vez contra su padre y rey", sino en "la fortaleza heroica con que se resistió a renegar de la fe". F. S. Belmar, *Reflexiones sobre la España...*, pp. 15-16, se limita a hablar del "ilustre mártir", de la sangre derramada por un padre "desnaturalizado" que no pudo hacer de él un apóstata.

[147] F. S. Belmar, *Reflexiones sobre la España...*, pp. 17-23; V. de la Fuente, *Historia eclesiástica de España...*, vol. II, pp. 198 y 230 (cfr. II, 265: "En la monarquía goda, la Iglesia y el Estado estaban de tal manera unidos, que casi pudieran decirse 'identificados', si fuera dable que tales cosas pudieran llegar a identificarse. La historia no presenta otro ejemplo de relaciones tan íntimas"); M. Merry y Colón y A. Merry y Villalba, *Compendio de Historia de España...*, p. 38. Ya el padre Flórez, en el siglo XVIII, hacía del III Concilio de Toledo el gran momento nacional (*España Sagrada*, V, p. 219). Cfr. J. Amador de los Ríos, *Historia crítica de la literatura...*, p. 330 (Recaredo, "como Constantino, se gloriaba de aparecer cual protector de la Iglesia; [...] como Teodosio, llevaba la sinceridad de su fe hasta el punto de proclamar, cual única y exclusiva del Estado, la religión católica"); o A. Cavanilles, *Compendio de Historia de España...*, vol. I, p. 217 (Recaredo "tuvo todas las dotes que constituyen un gran rey: fe religiosa, valor, prudencia, amor a la justicia").

[148] F. S. Belmar, *Reflexiones sobre la España...*, p. 29; A. Merry y M. Merry, *Compendio...*, p. 24, y M. Merry y Colón, *Historia de España...*, pp. 83-84. Cfr. M. Menéndez Pelayo, *Historia de los heterodoxos...*, I, III, XIII: Witiza, "cifra y compendio de las miserias y aberraciones morales de una edad histórica"; en su reinado "se consumó la decadencia y ruina de un florentísimo imperio". De los encontrados sentimientos de un historiador como Menéndez Pelayo ante el periodo godo dan idea sus últimas líneas: "los visigodos nada han dejado, ni una piedra, ni un libro, ni un recuerdo [...] y, sin embargo, ¡cuánta grandeza en ese periodo!"; poco antes aclara que "la ciencia y el arte, los cánones y las leyes, son gloria de la Iglesia, gloria española". Sobre "caídas", o salidas de situaciones descritas como paradisíacas, véase *supra*, cap. 4.4.

[149] F. S. Belmar, *Reflexiones sobre la España...*, pp. 33-35; E. Orodea e Ibarra, *Curso de Lecciones de Historia...*, p. 147; M. Merry y Colón, *Historia de España...*, p. 133, y *Elementos de historia crítica...*, p. 243.

[150] E. Flórez, *España sagrada...*, XXVII, p. 245 y 799 (III, p. 116, sobre San Fernando); M. Merry y Colón, *Historia de España...*, pp. 170-171;

A. Cavanilles, *Compendio de Historia de España...*, vol. IV, pp. 273-274; J. Ferrer de Couto, *Crisol histórico español*, p. 41; y M. Merry y Colón y A. Merry y Villalba, *Compendio de Historia de España...*, pp. 132-133.

[151] Pp. 330-31: en tiempos de los godos eran "raza proscrita, contra quien había lanzado ya el sacerdocio español sus anatemas; su laboriosidad, su ingenio y su osadía le habían conquistado, sin embargo, riquezas, ciencia y representación"; "celosos los padres del Concilio de la integridad del dogma [...] les declararon indignos de obtener oficios públicos", lo cual les llenó de "amargura", "despertando en su pecho profundo rencor"; la permanente conflictividad entre ambas *razas* "obligó" por último a los Reyes Católicos a dictar el famoso decreto de 1492.

[152] E. Orodea e Ibarra, *Curso de Lecciones de Historia...*, p. 118 (repite, en pp. 305-311, términos de Amador: el pueblo hebreo, "a quien las desgracias han hecho tan acomodaticio que es el único sin nacionalidad"); usura y conspiraciones, en B. Monreal y Ascaso, *Curso de Historia de España...*, p. 70, y M. Merry y Colón y A. Merry y Villalba, *Compendio de Historia de España...*, p. 34 (cfr. M. Merry y Colón, *Elementos de historia crítica...*, p. 167: justifica explícitamente la persecución y llama "falsa crítica" a aplicar al pasado criterios actuales).

[153] A. Cavanilles, *Compendio de Historia de España...*, vol. V, pp. 25-26; B. Monreal y Ascaso, *Curso de Historia de España...*, pp. 272-273 (repite que la aversión popular a judíos se debía a "haber contribuido a abrir las puertas de España a los musulmanes, con quienes siempre habían fraternizado"); M. Merry y Colón y A. Merry y Villalba, *Compendio de Historia de España...*, p. 133 (cfr. M. Merry y Colón, *Elementos de historia crítica...*, III, 35-41). Cfr. F. Sánchez y Casado, *Prontuario de Historia de España...*, p. 212 ("prepotencia" y "aversión que el pueblo les profesaba" explican expulsión); y E. Orodea e Ibarra, *Curso de Lecciones de Historia...*, pp. 305-311 (igualmente: la expulsión perjudicó "los intereses materiales de España", pero había que "aquietar a los pueblos").

[154] F. Sánchez y Casado, *Prontuario de Historia de España...*, pp. 212 y 302-328; A. Cavanilles, *Compendio de Historia de España...*, vol. IV, pp. 316-319; B. Monreal y Ascaso, *Curso de Historia de España...*, p. 268; V. de la Fuente, *Historia eclesiástica de España...*, vol. V, p. 224.

[155] V. de la Fuente, *Historia eclesiástica de España...*, vol. V, pp. 230-231 (cfr. 340: "España, en una lucha titánica de treinta años, agotó sus hombres, sus fuerzas, sus tesoros y su industria en defensa del catolicis-

mo"); M. Merry y Colón y A. Merry y Villalba, *Compendio de Historia de España...*, pp. 146, 163, 168-174, 181 y 190-193; F. Sánchez y Casado, *Prontuario de Historia de España...*, pp. 304-328, 347 y 377-378. Es curiosa la ausencia del tema comunero, que tan importante es para la historiografía liberal. En general, tienden a evitarlo; y en la medida en que su mención es necesaria, no muestran grandes simpatías hacia los rebeldes. Véase, p. ej., J. Ferrer de Couto, *Crisol histórico español*, pp. 175-181: alegaban los Comuneros "no sé yo qué tiranías y arbitrariedades cometidas por el señor rey don Carlos I"; pero "el alzamiento no fue tan unánime y general como muchos lo suponen". "Carecían de un hombre que supiera organizar la nación...", dice Monreal y Ascaso (*Curso de Historia de España...*, p. 311) y hubo muchos "errores de sus jefes, de los cuales fue el mayor el haberse enajenado a la nobleza [con] tendencias inoportunas a despojarla de sus privilegios".

[156] F. Sánchez y Casado, *Prontuario de Historia de España...*, p. 386; M. Menéndez Pelayo, *Historia de los heterodoxos...*, VI, I.

[157] M. Merry y Colón y A. Merry y Villalba, *Compendio de Historia de España...*, pp. 181-182 y 190 (cfr. J. F. Amador de los Ríos, *España en las edades moderna y contemporánea*, Pamplona, N. Aramburu, 1912, p. 132: aunque personalmente fuera "devoto ferviente", "para la Iglesia fue realmente tiránico el gobierno de Carlos III"); M. Merry y Colón, *Elementos de historia crítica...*, III, p. 41y ss.; y F. S. Belmar, *Reflexiones sobre la España...*, pp. 583-584.

[158] F. Sánchez y Casado, *Prontuario de Historia de España...*, pp. 484-485; C. Nocedal, "Discurso preliminar" a las *Obras* de G. M. de Jovellanos, Madrid, 1858, p. XXXIII. Cfr. V. Gebhardt, *Historia general de España y de sus Indias*, 7 vols., Barcelona, 1860-1873, vol. 6, cap. XIV, p. 468; M. Merry y Colón y A. Merry y Villalba, *Compendio de Historia de España...*, p. 205 (comparación de 1808 con Covadonga); y J. F. Amador de los Ríos, *España en las edades...*, p. 2 ("movimiento de frailes, curas, estudiantes, militares y de todas las clases sociales").

[159] F. Sánchez y Casado, *Prontuario de Historia de España...*, p. 2; M. Merry y Colón y A. Merry y Villalba, *Compendio de Historia de España...*, "Al lector". Merry comienza sus tres libros criticando a autores liberales, empezando por el francés Romey (que "no perdona ocasión para ensañarse con nuestras glorias nacionales por lo que tienen de eminentemente católicas"), pero también al propio M. Lafuente (que cae en los "errores" de J. A. Con-

de, en su obra de 1820 *Historia de la dominación de los árabes...*), o A. Cavanilles, que aquí clasificamos como precursor del nacional-catolicismo
y que para él está, junto con Alberto Lista, "saturad[o] del espíritu liberal",
que "respiran saña contra el catolicismo y las veneradas tradiciones españolas"; en sentido contrario, considera "espíritu sinceramente católico e
imparcial", que vindica "nuestras glorias", a Víctor Gebhardt, en nuestra
opinión un autor ecléctico (véase M. Merry y Colón, *Historia de España...*,
p. 18).

[160] F. S. Belmar, *Reflexiones sobre la España...*, p. 31; cfr. pp. 51 y 59: "las
dos antorchas del mundo, el sacerdocio y la reyecía"; los reyes, "vice-ge-
rentes del Altísimo en el gobierno de la sociedad".

[161] Citas previas, y siguiente de Menéndez Pelayo, proceden de S. Petschen, *Iglesia-Estado. Un cambio político. Las Constituyentes de 1869*, Madrid,
1975, pp. 55-57, 158-159 y 299-300; E. Oliver, *Castelar y el periodo revolucionario español (1868-1874)*, Madrid, 1971, pp. 81-87; y Galdós, *España sin rey*,
cap. X.

[162] Cit. por L. Aguiar de Luque, "Los fundamentos doctrinales de la
Restauración. El proceso constituyente y la Constitución de 1876", en *Historia de España Menéndez Pidal*, vol. XXXVI, *La época de la Restauración*,
pp. 41-42.

[163] Tomado de J. Álvarez Junco, *La Comuna en España*, Madrid, Siglo XXI, 1971, p. 95.

[164] *La Defensa de la Sociedad*, reproducida en *Revista de Trabajo*, núm. 41-
42, 1973, pp. 203-310; citas en pp. 205, 208, 228 y 299. Podía haber estado
en la lista de colaboradores de aquella revista el canónigo Vicente Manterola, que por entonces publicaba un folleto titulado *Don Carlos o el Petróleo*
(Madrid, A. Pérez Dubrull, 1871), con tesis muy semejantes a las de Bravo
Murillo, aunque para él el carlismo era la única alternativa a la disolución
social representada por la Internacional.

[165] Véase L. Aguiar de Luque, "Los fundamentos doctrinales de la Restauración...", p. 45. Los debates sobre este artículo duraron desde el 28 de
abril hasta el 12 de mayo. Para imponer su punto de vista, Cánovas tuvo
que enfrentarse con políticos moderados, la nobleza, el clero e incluso la
propia ex reina Isabel II, que envió mensajes muy duros a su hijo Alfonso XII exhortándole a la "conservación de la unidad católica de España",
sin la cual el trono que le había entregado perdería "ese apellido" (el de
católico) y con él "su esfuerzo y su historia, sus tradiciones y sus glorias"

(cit. por J. Varela Ortega, *Los amigos políticos*, Madrid, 1975, p. 94; el mejor análisis de este problema, en esta última obra, pp. 94-103 y 118-121).

[166] En general, sobre las depuraciones universitarias, véase P. Rupérez, *La cuestión universitaria y la noche de San Daniel*, Madrid, Edicusa, 1975; M. y J. L. Peset, *La universidad española (siglos XVIII y XIX)*, Madrid, 1974, pp. 753-763; y J. L. Abellán, *Historia crítica del pensamiento...*, IV, pp. 422, 460 y 642, y V (I), pp. 146-150. Sobre los fundadores de la I.L.E., obsérvese que figura Juan Valera y también en la lista de los "colaboradores" de *La Defensa de la Sociedad*, una buena prueba de su eclecticismo. De algún modo, estas dos listas representaban aquellas "dos Españas", pero es obvio que no eran incompatibles: se podía defender la propiedad, la familia, la religión y la patria frente al internacionalismo obrero y, a la vez, ser partidario de la libertad de cátedra frente al monolitismo católico. Primera piedra del nuevo edificio de la I.L.E., el 2-V-1882 (véase, p. ej., en tono muy crítico, en *La Unión* de ese día).

[167] J. Valera, *Discursos académicos*, en *Obras completas*, Madrid, 1905, vol. I, pp. 269, 275, 290, 292, 296 y 302.

[168] E. y E. García Camarero, *La polémica de la ciencia...*, pp. 210-211, 213, 216, 226, 231-238 —réplica de Revilla—, 247 y 239-268 —contrarréplica de Menéndez Pelayo—. Sobre la *Revista Contemporánea*, fundada por Perojo y Revilla en 1875, y su importante papel en la europeización del pensamiento español, véase D. Núñez Ruiz, *La mentalidad positiva en España: desarrollo y crisis*, Madrid, 1975, p. 43n.

[169] Revilla, *Revista Contemporánea*, t. III, 1876, pp. 503 y ss., cit. por García Camarero, *La polémica...*, 201-08 y 231-38. G. de Azcárate, *Revista de España*, 7-IV-1876, reproducido más tarde en su *El self-government y la monarquía doctrinaria*, Madrid, Ed. de A. San Martín, 1877. Menéndez Pelayo, en la *Revista Europea* (t. VII, 30-IV-1876, pp. 330 y ss., reprod. en García Camarero, 209-30 y 239-68), donde insistía en que la unidad nacional española había sido consecuencia de la unidad religiosa y que la Inquisición no había perseguido a sabios sino defendido el espíritu nacional contra la herejía. Estas cartas y el plan inicial de la *Historia de los heterodoxos españoles* fueron publicados como libro, primero del autor, bajo el título *Polémicas, indicaciones y proyectos sobre la ciencia española*, en 1878. La polémica, también en E. J. Capestany, *Menéndez Pelayo y su obra*, Buenos Aires, 1981, pp. 3-38; más recientemente, en J. Varela, *La novela de España*, Madrid, 1999, pp. 35-38.

[170] J. del Perojo, "La ciencia española bajo la Inquisición", *Revista Contemporánea*, 15-IV-1877, reproducido en E. y E. García Camarero, *La polémica de la ciencia...*, pp. 269-307; citas en pp. 269, 270, 279, 297 y 299. A. Pidal y Mon, en *La España*, 17 y 24-III-1877. Sobre G. Laverde, véase J. L. Abellán, *Historia crítica del pensamiento...*, V (I), pp. 350-355 y 360-363. Para Pidal, y sus discrepancias con Menéndez Pelayo (que elogiaba el "lulismo" y "vivismo", como grandes filosofías españolas, frente a la escolástica tradicional, de la que era partidario Pidal), véase F. Gutiérrez Lasanta, *Menéndez Pelayo, apologista de la Iglesia y de España*, Santiago de Compostela, 1958, pp. 83-97.

[171] Sobre giro académico en torno al tema de la decadencia, véase M. Pedregal, *Estudios sobre el engrandecimiento y la decadencia de España*, Madrid, 1878; F. Picatoste, *Estudios sobre la grandeza y decadencia de España*, Madrid, 1887. Sobre la evolución de Menéndez Pelayo, véase, p. ej., su posición en 1894, cuando reconoce que "la historia de nuestras ciencias exactas [...] tiene mucho de dislocada y fragmentaria" y que el problema de las causas de tal situación "por ahora no ha sido ni medio resuelto" (cit. por E. y E. García Camarero, *La polémica de la ciencia...*, p. 15).

[172] Aquel primer gobierno sagastino coincidió con masacres antisemitas en la Rusia zarista, que provocaron un éxodo masivo de judíos hacia Turquía y el Imperio austro-húngaro. Sagasta ofreció acoger a sefardíes en España e incluso se constituyó en Madrid un "Centro Español de Inmigración Israelita", animado por I. López Lapuya y A. Pulido Fernández. Unas cincuenta familias de Constantinopla se instalaron en Barcelona y en medios intelectuales comenzó a surgir cierto interés por el fenómeno sefardí. Tras viajar por el Danubio y a Marruecos, Pulido hizo propaganda en favor de los sefardíes y la cultura semita española, que apoyaron, entre otros, G. de Azcárate y Galdós; en conjunto, sin embargo, la cuestión siguió sin suscitar gran interés en España. Sobre el tema, en general, I. González García, "El antisemitismo europeo y español contemporáneos. Las raíces históricas de una diferencia", *Boletín de la Institución Libre de Enseñanza*, 1993 (17), pp. 81-86; y la clásica obra de A. Pulido, *Españoles sin patria y la raza sefardí*, Madrid, 1905.

[173] Véase F. Lafage, *L'Espagne de la contre-révolution...*, pp. 161-165.

[174] "Los congresos católicos", *El Siglo Futuro*, 8 y 29-X-1875.

[175] *El Fénix*, 25-V-1881, "Biografía de D. Pedro Calderón de la Barca" (cfr. 27 y 28-V-1881 sobre la celebración en sí); *El Siglo Futuro*, 25-II-1881, "Calderón". Sobre el sentido no profano de la fiesta, véase 25 y 27-V-1881

de este último; otros párrafos insistían en la contraposición entre la España imperial idealizada con los males del mundo moderno: "ese pueblo español de los siglos de oro, de cultura amplia, variada y de sólido fundamento", que "corre a morir por sólo su Dios y por su patria" y "no se deja seducir con mentidas palabras de reforma, ilustración, ciencia y libertad", es "el pueblo que conserva incólume el amor a Dios, a la patria, al trono, a sus gloriosas tradiciones".

[176] Los periódicos citados, del día 25-V-1881.

[177] Véase, entre otras publicaciones, M. Menéndez Pelayo, *Calderón y su teatro*, conferencias de 1881 publicadas en Buenos Aires, Emecé, 1946; las *Poesías inéditas* de Calderón publicadas en la *Biblioteca Universal*, Madrid, 1881, vol. LXXI; el discurso del marqués de Molíns en la Real Academia de Morales y Políticas, Madrid, Tip. Gutenberg, 1881; la *Memoria de la Universidad Central* dedicada al Centenario, Madrid, Tip. Estrada, 1881; P. de Alcántara García, *Calderón de la Barca. Su vida y su teatro*, Madrid, Gras, 1881; o F. Picatoste (el progresista que polemizó con Echegaray en 1866), *Memoria premiada por la R. Academia de Ciencias Exactas...*, Madrid, E. Aguado, 1881. Más sorprendente es encontrarnos con Adolfo de Castro y Rossi, el defensor de judíos y protestantes en 1850, que en 1881 recibe el premio de la Academia de Ciencias Morales y Políticas por su apolítico ensayo *Costumbres públicas y privadas de los españoles del siglo XVII, fundado en el estudio de las comedias de Calderón*, Madrid, 1881.

[178] "Centenario de Murillo", *El Siglo Futuro*, 3-IV-1882. Cfr. *La Unión*, misma fecha, "Los centenarios españoles". *La Fe*, en cambio —órgano pidaliano, como el anterior—, sólo menciona el centenario el 3 de abril, y en segunda página, en un suelto en el que los elogios a Murillo se mezclan con los dedicados a Sevilla.

[179] *El Siglo Futuro*, 3-IV-1882, ya se queja de que se ha creado en Madrid, "no se sabe por quién, aunque sea fácil presumirlo", una junta que va a dirigir el centenario de santa Teresa, compuesta de "directores de periódicos impíos y de personajes del liberalismo", y presidida por Sagasta, Gran Oriente de una de las órdenes de la masonería en España; "el elemento eclesiástico desempeña en ella un papel secundario". De *La Unión*, véase, p. ej., suplemento al 1-IV-1882, con el primer anuncio de la peregrinación a Roma, a iniciativa del arzobispo de Toledo, a la vez forma de homenajear a santa Teresa; del 20 de junio al 30 de septiembre de 1882, suscripción en favor de la peregrinación, que llega a reunir 105.000 pesetas.

[180] *El Siglo Futuro*, 14, 16 y 21-X-1882; sobre el centenario en sí, suplemento del 15-X-1882. *La Unión*, 22-IX a 17-X-1882, peregrinaje a Roma; 22-IX-1882, "La unanimidad del episcopado" (negando que haya divisiones entre la jerarquía sobre este tema); 27-IX-1882, "Quietecitos en casa" (consigna dada por los "puros" de no asistir a los actos del centenario); 2-X-1882 y siguientes, polémica de Menéndez Pelayo contra el P. Fonseca. Cfr. *La Fe*, 11 a 22-X-1882, y en especial el día 14, número extraordinario, enmarcado. La prensa liberal apenas menciona el centenario de santa Teresa. Sobre la futura conversión de la santa en modelo femenino del nacional-catolicismo, véase G. di Febo, "Modelli di santità maschili e femminili nella Spagna Franchista", en L. Casali, ed., *Per una definizione della dittatura franchista*, Milan, 1990, pp. 204-216.

[181] *El Siglo Futuro*, 1-V-1889; pastoral del obispo de Orense, 5-V-1889. Cfr. *La Fe*, el otro gran órgano católico del momento, de 29-IV a 22-V-1889; en especial el 6 de mayo, con la adhesión del marqués de Cerralbo, en nombre de don Carlos.

[182] *El Siglo Futuro*, 1 y 8-V-1889, recomendaciones; 18-V-1889, Ortí y Lara; 20-V-1889, resumen tareas Congreso. Es curiosa, en este Congreso, la romería a Montserrat, una celebración de la Unidad Católica de España (*ibid.*, 16-V-89), aunque a la vez potenciara el naciente catalanismo católico; uno de los organizadores del acto fue Sardá y Salvany. El órgano canovista *La Época* dio poca importancia al centenario, comparada con la que daba en esos mismos días al centenario de los Estados Generales franceses (véase 2 y 5-V-1889).

[183] *El Siglo Futuro*, 8 y 14-I-1889; cfr. 28-I-1889.

[184] *El Siglo Futuro*, desde el 11 hasta el 24-X-1892; 7-V-1892, sobre Marruecos; 9-VI-1892, sobre Cuba; 27-VII-1892, carta de León XIII (subrayado nuestro). El centenario del viaje de Colón fue también celebrado por la prensa liberal, como *La Época* o *El Liberal*, pero ésta apenas insistió en el aspecto católico de la empresa, mientras que volcó sus ditirambos en la gloria nacional. Para los católicos, fue también la ocasión para defender la conquista americana, frente a la *Leyenda Negra* (véase, p. ej, M. Merry, *Elementos de Historia crítica de España*, 1892, t. III, pp. 128 y ss.).

[185] J. Varela, *La novela de España*, p. 47; texto del brindis. p. ej. en A. Botti, *Cielo y dinero*, Madrid, 1992, p. 37.

[186] Cit., p. ej., por P. Sainz Rodríguez, *Evolución de las ideas sobre la decadencia...*, pp. 568-569.

[187] M. Menéndez Pelayo, *Historia de los heterodoxos...*, epílogo. Cfr., entre otros, P. Sainz Rodríguez, *Evolución de las ideas sobre la decadencia...*, pp. 124-128 y 430-572; B. Schmid, *El problema español, de Quevedo a Manuel Azaña*, Madrid, 1976, pp. 133-138.

[188] Véase p. ej., F. Gutiérrez Lasanta, *Menéndez Pelayo...*, cit., pp. 190-201: "La herejía, planta exótica en España", "por la suprema razón de raza, por oponerse a nuestro espíritu atávico y tradicional". Especialmente duro y despectivo es Menéndez Pelayo con los pocos clérigos protestantes españoles, que lo habían sido siempre, según él, por no poder resistir las tentaciones del sexo y desear casarse.

[189] M. Menéndez Pelayo, *Crítica literaria*, Santander, 1942, t. V, pp. 214-215; A. Pidal, *Balmes y Donoso Cortés. Orígenes y causas del ultramontanismo*, en *Ateneo. Conferencias históricas*, Madrid, 1887, t. III, p. 253. Sobre Vázquez de Mella, véase F. Lafage, *L'Espagne de la contre-révolution...*, cit., pp. 173-175. Sobre Merry y el movimiento católico, F. Montero, *El movimiento católico en España*, Madrid, 1993, pp. 28-41. En la relación entre Menéndez Pelayo y el franquismo hay, desde luego, una diferencia importante en todo lo relativo con la centralización o el "estatismo" del régimen de 1939, contrario a la visión pro-austracista del pensador santanderino, como observa en E. J. Capestany, *Menéndez Pelayo...*, p. 39.

[190] Véase la dura y explícita postura antiestatal de *El Siglo Futuro*, p. ej. en "¿Por qué combatimos al liberalismo?", 6-V-1892, o "Patriotismo liberal", 30-VI-92. Sobre símbolos, véase *infra*, cap. XI, apart. segundo.

[191] A. Botti, *Cielo y dinero. El nacionalcatolicismo en España (1881-1975)*, Madrid, 1992, pp. 17-18 y 31.

[192] Con lo que se ajusta por fin a las funciones que Eric Hobsbawm atribuye a los nacionalismos europeos de finales del siglo XIX, frente a los nacionalismos democratizantes de la primera mitad de aquel siglo (E. Hobsbawm, *Nations and Nationalism since 1780*, Cambridge U. P., 1990). Sobre la acción "proactiva", mencionada a continuación, véase Ch. Tilly, *From Mobilization to Revolution*, Nueva York, 1978. Sobre el catolicismo español como "cultura de resistencia", véase J. de la Cueva, "Cultura y movilización...".

[193] Véase *infra*, cap. 12, conclusión.

[194] Prólogo a R. Gambra Ciudad, *La primera Guerra Civil...*, p. 16.

CUARTA PARTE

ÉXITOS Y FRACASOS
EN EL NACIONALISMO ESPAÑOL DEL XIX

CAPÍTULO X

UNA IDENTIDAD EN BUSCA DE OBJETIVOS

DESEOS Y REALIDADES. ¿PARA QUÉ SIRVE LA NACIÓN?

El siglo XIX fue una época convulsa, plagada de revoluciones y trastornos políticos, que muchos de los contemporáneos vivieron como catastróficos. Pero fue también la era del vapor, del ferrocarril, de la gran industria y de las Exposiciones Universales de Londres y París. Los descubrimientos científicos se tradujeron en cambios apenas soñados hasta entonces en las condiciones de la vida diaria, y la mayoría de quienes los experimentaron y pensaron sobre ellos sintieron que estaba naciendo una nueva era, que interpretaron frecuentemente en el marco de un optimismo progresista rayano en la utopía. Para ellos, el ascenso de la humanidad hacia niveles de libertad política, bienestar material y elevación moral cada vez mayores era inevitable, gracias al imparable avance de una ciencia positiva, que de forma cuantificable e inconcusa acabaría por desentrañar los secretos de todos los rincones de la realidad, incluidos los sentimientos e impulsos humanos más recónditos. Pero no todo el progreso era pacífico. Los avances tecnológicos se tradujeron igualmente en superioridad militar, y los europeos se convirtieron en dueños del mundo. Aquél fue el siglo de las revoluciones políticas y los descubrimientos científicos, pero también el del apogeo de Europa, con la expansión por África, Asia y Oceanía de los imperios inglés, francés, alemán, belga u holandés. En 1900, cuando aquella centuria dio paso a la siguiente, el pequeño subcontinente europeo, que en total apenas cubre el diez por ciento de la superficie

499

terrestre, dominaba más de tres cuartas partes de las tierras y de los habitantes del planeta; la renta *per capita* era, en esa porción del globo, unas cinco veces superior a la del resto; sus centros financieros controlaban el comercio y las inversiones del mundo entero; y su literatura, sus artes y sus lenguas, eran aprendidas e imitadas por doquier. Como ha resumido el historiador Eric Hobsbawm, "no ha habido nunca en la historia una centuria más europea ni volverá a haberla en el futuro"[1]. Se comprende que en aquel contexto fuera tan general la creencia en la superioridad de la raza blanca y su misión providencial de dominar y civilizar el mundo.

Podemos atribuir también al contexto la sensación de crisis y atraso que reinó, a lo largo de todo el periodo, en los medios políticos e intelectuales españoles. Porque no era Europa la que dominaba el mundo, sino ciertos gobiernos europeos; y los demás se sentían preteridos. Hoy sabemos que para España, a pesar de la inestabilidad política e incluso de las guerras civiles, aquélla tampoco fue una etapa tan negativa: baste reparar en que entre 1800 y 1900 la población casi se duplicó, pasando de 10 a 18 millones, y sin embargo desaparecieron las persistentes hambrunas de épocas anteriores, lo que no puede deberse sino a que la producción agraria creció más todavía que la población, quizás hasta casi triplicarse. La industria también se desarrolló, aunque concentrada en ciertas zonas, y las principales ciudades duplicaron su tamaño dos veces a lo largo del siglo. El proceso modernizador iba lento, en comparación con Inglaterra, Francia o Alemania; pero no era, en absoluto, un fracaso. Se vivía, sin embargo, una sensación generalizada de frustración, porque las élites españolas, mirándose en el espejo de las grandes potencias europeas, no veían en su país sino estancamiento e inferioridad[2].

Y es que a la vieja monarquía hispánica, sus portavoces no sólo le atribuían la cualidad de "nación" —¿quién se atrevería a dudarlo, tras la guerra napoleónica?—, sino además la de "gran potencia" europea o mundial. De ahí que no admitieran compararse sino con Inglaterra, Francia, Austria o, una vez unificadas como Estados-nación modernos, con Alemania e Italia. Turquía o Rusia resultaban referencias ofensivas, dada su *barbarie* o dudosa identidad europea. Y nadie aceptaba poner a España a los niveles de Bélgica, Polonia o Rumania, que, sin embargo, serían quizás Estados de similar peso internacional a lo largo del siglo.

Esta elevada idea del lugar que correspondía a España en el escenario europeo y mundial se explica por el papel protagonista desempeñado por aquella monarquía durante nada menos que trescientos años, los transcurridos entre el final del siglo XV, con la llegada de los tercios del Gran Capitán a Italia, y la era napoleónica de comienzos del XIX. Potencia hegemónica en Europa y América en la primera mitad de aquel periodo y muy disminuida en la última, pero siempre cabeza del inmenso imperio americano y, desde 1700, aliada principal de la poderosa Francia. Estas dos circunstancias desaparecieron precisamente al comenzar el reinado de Fernando VII, y fue entonces cuando sobrevino el oscurecimiento, súbito y casi total, de la monarquía española. A tres siglos, del XVI al XVIII, en los que había participado en *todos* los grandes conflictos armados del mundo occidental, sucedieron otros dos, el XIX y el XX, en los que no tomó parte en *ninguno*. El Congreso de Viena, que en 1815 recompuso las fronteras europeas tras la derrota de Bonaparte, demostró patentemente la escasa valoración en que las grandes potencias tenían a la monarquía de Fernando VII al no satisfacer, prácticamente, ninguna de sus demandas[3]. Los historiadores y observadores políticos, por su parte, no les reconocían a los españoles ni su única intervención internacional reciente de alguna relevancia: la dura resistencia opuesta a la ocupación napoleónica, factor nada despreciable entre los que contribuyeron al colapso final del emperador. Aquella "Guerra de la Independencia", en la que el moderno sentimiento patriótico español basaba todo su orgullo, se conocía en el exterior como *The Peninsular War* o *La Guerre d'Espagne*, una más de las campañas de Bonaparte, y el mundo entero otorgaba los laureles de la victoria sobre el gran corso al duque de Wellington. Ya en 1820 se quejaba Bartolome José Gallardo: "¿Quién opuso a Roma una resistencia tan heroica y tenaz como España con Numancia y Sagunto? ¿Quién se la mantuvo más constante y briosa al agresor de las libertades de los pueblos de Europa en nuestros días?". Diez años después, Canga Argüelles comentaba, no menos dolido, que los ingleses habían obtenido inmensas ventajas de su victoria sobre Napoleón, mientras que los españoles, cuya "indomable fiereza" había intentado oprimir, habían resistido con indecibles sacrificios, pero sólo habían logrado con ello "asegura[r] su independencia, aun a costa de la desolación de sus campos y la ruina de su industria" [4].

Es probable que en el menosprecio de los europeos hacia la España de Fernando VII influyeran poco los problemas políticos internos del país. Era un rey absoluto, se oponía con obstinación a cualquier regulación constitucional y vivía sobre un volcán de conspiraciones, pero lo propio podía decirse de la Rusia de los zares o la Austria de Metternich, y no por eso dejaban de marcar las reglas del juego diplomático europeo. No era el absolutismo de Fernando lo excepcional en aquel ambiente —por el contrario, lo excepcional era el parlamentarismo británico—, ni lo que le hacía perder credibilidad y peso internacional. Lo era su incapacidad para evitar que se escapase de sus manos el imperio americano. En el curso del conflicto napoleónico, aquellas colonias se declararon independientes, salvo Cuba y Puerto Rico, y las tropas enviadas por el rey en la década siguiente no sirvieron para recuperarlas. Era justo el momento en que otras potencias europeas comenzaban a expandir sus imperios ultramarinos; y España se convirtió, de la noche a la mañana, en una comparsa de tercera fila. Volvió a la situación periférica en que había estado en épocas remotas, cuando ni siquiera era una monarquía unificada; y, tras siglos de desempeñar primeros papeles, este descenso de nivel no resultaba fácil de aceptar.

Al revés de lo que ocurrió con la opinión europea, sobre los círculos internos no fue la pérdida de las colonias lo que causó el mayor impacto. En la corte hispánica había una antigua y arraigada deformación eurocéntrica, y batallas que habían dado lugar a la adquisición de millones de kilómetros cuadrados en América nunca habían figurado en los anales patrios en lugar tan prominente como victorias sin consecuencia sobre franceses, protestantes o turcos. Lejos de magnificar el descubrimiento y conquista del Nuevo Mundo, dominaba incluso una cierta tendencia a culpar a aquella expansión imperial de muchos de los males de la patria, tendencia que la mitología histórica inventada por los liberales no hizo sino reforzar[5]. Por otra parte, los grupos modernizadores del primer tercio del siglo XIX estaban demasiado enfrascados en la lucha contra el absolutismo, y su principal criterio de valoración política era la existencia de un sistema de libertad y "luces" frente a la tiranía y el fanatismo, en lugar de serlo el papel del Estado en el escenario internacional. Eso explica que Rafael del Riego, el coronel que en 1820 sublevó a las tropas destinadas a restablecer el dominio español sobre las colonias americanas, para desviarlas hacia una intromisión en política interior, fuese convertido en un héroe patrio por los liberales, cuando, desde el punto de vista de la razón de Estado, era reo de alta traición. Mas una cosa era que los liberales no creyeran tan catastrófica la pérdida de las colonias y otra que no percibieran la drástica disminución de peso específico en el mundo exterior. La atribuyeron al absolutismo y oscurantismo de la era fernandina y fue un motivo más para su resentimiento contra el trono.

Que se equivocaban al pensar de este modo lo demostró la importancia creciente que fueron tomando, a lo largo del siglo, los imperios coloniales como fundamento y demostración de la grandeza de la nación. A medida que pasaron las décadas, el sentimiento nacionalista se fue desvinculando del constitucionalismo, la soberanía popular y los derechos individuales, sus compañeros de infancia en los tiempos de las revoluciones americana y francesa, para asentarse sobre el colonialismo; la posesión de un imperio pasó a ser el criterio supremo para valorar, no ya a un Estado, sino a la nación a la que representaba. En palabras de Cánovas del Castillo, colonizar pueblos salvajes era la "nueva cruzada" o "misión divina" que "las naciones cultas y progresivas" tenían que cumplir para "extender su propia cultura y plantear por donde quiera el progreso, educando, elevando, perfeccionando al hombre"[6]. Bajo aquella retórica de cruzada por la civilización se escondían toscas ambiciones de expansión territorial e influencia económica, y lo que se desató fue una feroz competencia entre los grandes Estados europeos que culminaría, a la larga, en la Gran Guerra de 1914-1918. La afirmación imperial adoptó, además, un giro especialmente irracional al venir envuelta en las doctrinas racistas, que comenzaron a expandirse a mediados del XIX con obras como la del conde de Gobineau y con la vulgarización del darwinismo social. Los imperios demostraban la superioridad de las "razas". Y éste era un factor más que contribuía a agravar la crisis de la identidad española en la época. Porque la pérdida del imperio, sumada a los problemas de adaptación a la modernidad, se acabó interpretando como una señal de inferioridad o "degeneración" racial. España pasó a ser el ejemplo más elocuente de la decadencia de las razas latinas —como Rusia o Turquía, aquellas culturas dudosamente europeas con las que los españoles no querían oírse comparar, lo eran de las eslavas y las árabes—, en relación con las anglo-germanas de la Europa nórdica y protestante. El mismo Cánovas lo reconoció en 1870, cuando en un discurso en el Ateneo de Madrid proclamó que los pueblos dueños del futuro eran Alemania e Inglaterra[7]. Y la conmoción que provocó, al menos entre las élites intelectuales, la pérdida de Cuba, Puerto Rico y Filipinas en 1898, unos restos en definitiva minúsculos si se piensa en lo que había sido el imperio americano, probó cuánto había aumentado, entre el comienzo y el final del siglo, el factor imperial como criterio de valoración nacional.

El colonial era, pues, uno de los problemas del nacionalismo español a finales del siglo XIX. El otro era el estancamiento de la revolución liberal. Como sabemos, el intento de conversión en nacionalismo moderno de la compleja e imprecisa identidad española y de los sentimientos etno-patrióticos provenientes del Antiguo Régimen había sido tarea de los liberales, que lo consideraron necesario para establecer la nueva legitimación del poder que contraponían al absolutismo monárquico. Lo que estaba en juego en aquella pugna era mucho más que el control de las poltronas gubernamentales. Era la modernización de la sociedad, según "un proyecto de futuro secularizador y civilizador", en términos de Borja de Riquer[8]. Un proyecto que, como señalamos en su momento, casaba mal con las tradiciones políticas y culturales imperantes en el país, construidas en el clima de la Contrarreforma y firmemente arraigadas en los siglos siguientes. Tradiciones entre las que figuraba en primerísimo lugar el poder paternal e ilimitado del monarca y su obligación de fomentar y proteger los dogmas religiosos en que creía la mayoría de la población, lo que significaba la más celosa intransigencia con las ideas discrepantes. No era fácil formar, a partir de este lenguaje —único que el gran público entendía—, una identidad colectiva que sirviera de fundamento para un proyecto político progresista. Era inevitable que el discurso liberal, en su primera fase al menos, cayera en España cual simiente sobre un pedregal. Hasta muy avanzado el siglo, los llamamientos que movilizaron muchedumbres fueron los emanados de los sectores eclesiásticos o corporativos más reacios al mundo mental de la modernidad.

Impresionados por la resistencia contra los franceses, y bajo la influencia de Rousseau y del romanticismo, los liberales imprimieron, sin embargo, un giro populista a su discurso. Negando la realidad más evidente, sostuvieron que hablaban en nombre del "pueblo"; y los más radicales hasta provocaron intervenciones populares en los escasos medios urbanos donde ejercían alguna influencia. Según escribe François-Xavier Guerra, su justificación para reclamar el poder consistió en "asumir de manera simbólica la representación del *pueblo*. Simbología doble, la de la acción y la de la palabra: el pueblo se expresa a través del pronunciamiento: *actúa* a través del jefe sublevado y *habla* a través de los intelectuales, autores de las proclamas que siempre lo acompañan. Esta doble simbología pone en evidencia los dos componentes esenciales de la clase política de esta época: los hombres de armas y los de pluma y palabra: los militares y los abogados"[9]. Militares y abogados eran, en efecto, los apoyos principales de las élites modernizadoras, aunque también lo eran muchos funcionarios públicos, profesionales independientes y algunos componentes de la famosa burguesía —es decir, financieros, industriales y comerciantes—, en la escasa medida en que ésta se metía en política. Lo cual significaba una minoría muy reducida en un país tan abrumadoramente rural y aislado de las corrientes culturales europeas, salvo raros reductos cosmopolitas y tolerantes, como la comercial ciudad de Cádiz[10]. Como ha escrito Irene Castells, "la fuerza del absolutismo de Fernando VII se explica sobre todo porque la mayoría de los españoles lo aceptaban". Algo debe significar el hecho de que, al regresar Fernando VII de Francia, anular la obra constitucional y encarcelar a sus autores, no surgiera la menor protesta ni oposición popular. Comenzaron las conspiraciones, sí, pero solamente entre círculos selectos. Alcalá Galiano, uno de los activistas más destacados de la época, explicó en alguna ocasión que el modelo insurreccional dominante hasta la muerte de Fernando VII buscaba la manera de obligar al monarca a aceptar la Constitución, pero evitando los radicalismos de la Revolución Francesa; de ahí que el ejército fuera el instrumento ideal, tanto para efectuar el cambio como para defender las nuevas instituciones contra sus enemigos sin necesidad de recurrir a la intervención popular[11]. Las revoluciones liberales fueron, pues, elitistas, mientras que quienes gozaron de un apoyo que puede calificarse de masivo, especialmente en los medios rurales, fueron los defensores del Antiguo Régimen. Y lo utilizaron ampliamente para sublevar partidas contra los regímenes liberales, o para aplaudir y gritar *vivan las caenas* al caer éstos. Aunque, como el romanticismo o las idealizaciones rousseaunianas eran tan ajenos a sus gustos, se resistieran durante décadas a utilizar la retórica populista.

Mas el hecho de que los liberales disfrutaran de tan escaso eco en los medios populares no quiere decir que carecieran de fuerza política. Porque, en una sociedad tan jerarquizada como aquélla, sus amplios apoyos entre la élite educada y, sobre todo, sus conexiones militares, significaban una influencia temible. Podían ser incapaces de mantenerse en el poder durante un largo espacio de tiempo, pero les sobraba capacidad para perturbar los periodos dominados por las élites tradicionales e incluso para desplazarlas, brevemente, del gobierno. De ahí la constante inestabilidad política, los zig-zags perpetuos, del siglo XIX.

Por fin, tras repetidos fracasos, persecuciones y exilios, muchos de los liberales acabaron comprendiendo cuán aislados estaban de aquel "pueblo" al que, en teoría, representaban y servían. Sólo entonces evolucionaron. Y lo hicieron en, al menos, cuatro sentidos: renunciaron al populismo; adoptaron un escepticismo pesimista sobre las virtualidades de la *raza;* abandonaron los esquemas ingenuos y optimistas sobre la historia nacional; y, a consecuencia de todo lo anterior, moderaron su programa político hasta borrar de él toda reforma radical. Sobre el primero de estos procesos —cuatro facetas de la misma evolución, en realidad—, baste recordar que el propio Alcalá Galiano, el liberal "exaltado" del Trienio, al debatir quince años más tarde a quiénes debía concederse el derecho de sufragio, proponía que "no es el elemento democrático el que deberá buscarse, sino el verdadero elemento liberal, que es el del progreso en el saber y en la ilustración". Y es que, como explicaba el historiador Estanislao de Kosca Vayo poco después, había llegado el momento de reconocer que el pueblo español era "religioso y guerrero, envanecido con su misma ignorancia, [...] separado de las otras naciones porque no viaj[a]"; y de ahí la aparente paradoja de ver a "las mismas masas que levantadas al grito de la independencia parecían querer afianzar la libertad civil [...] alzarse con las armas en la mano para combatir a favor de la tiranía"[12]. Los liberales admitían así la distancia que les separaba de la opinión mayoritaria. Lo cual afectó —segundo aspecto del cambio— a la autopercepción colectiva de los españoles: hasta mediados de los años 1830, había seguido siendo un lugar común decir que constituían un pueblo unido y estable, grave y juicioso, muy lejos de las trifulcas y los vaivenes políticos, típicos de la "ligereza femenina" que encarnaban, por ejemplo, los franceses. Tras la primera guerra carlista y los trastornos del periodo 1834-1843 se impuso, en cambio, la idea de que se trataba de una raza apasionada y extremista, inestable y cruel.

Con ello coincidió también —tercer cambio— el abandono de la visión ingenua y optimista de la historia de España elaborada por la primera generación liberal, basada en la idealización de la Edad Media castellana o aragonesa como democrática y tolerante. En conjunto, tanto entre los moderados de mediados de siglo como entre los liberal-conservadores del último cuarto imperaba un pesimismo que representó, quizás mejor que nadie, el dirigente de estos últimos, Cánovas del Castillo, un historiador especializado, no por casualidad, en el estudio de la decadencia de los Habsburgo españoles. Y no ya porque, como Adolfo de Castro unos años antes, quisiera hurgar en ella para exigir responsabilidades a la monarquía o la Iglesia. Para él, la causa del mal radicaba en alguna perversión profunda del propio país; porque Cánovas, como escribió Pérez de Ayala, "no creía en el pueblo español [...] lo reputaba incapaz e indigno"; opinión que confirma Ramos Oliveira: Cánovas "tenía en el tuétano el convencimiento de que España se había acabado"[13]. Lo que explica el último aspecto del cambio, síntesis y consecuencia de todo lo anterior: la moderación, hasta el extremo, de los objetivos políticos del liberalismo español. No hace falta llegar a Cánovas. El partido moderado, en teoría liberal-moderado, de los años 1840, en cuya plana mayor todavía figuraban los grandes nombres del constitucionalismo gaditano, no defendía ya ninguno de los puntos fundamentales del programa doceañista: democracia local, libertad de prensa, control parlamentario sobre el ejecutivo... Como observa Borja de Riquer, hacia mediados de siglo sus metas eran tan limitadas que se reducían, en definitiva, a dos: mantener el orden público y hacer las paces con la Iglesia católica[14].

Eric Hobsbawm ha propuesto una interpretación de los nacionalismos europeos del siglo XIX como vinculados a dos programas políticos sucesivos: la revolución liberal, en su primera mitad, y la expansión imperial de los Estados, en sus décadas finales. Si aceptamos este esquema —simplista, desde luego, pero en definitiva defendible—, la situación del nacionalismo español en las últimas décadas del siglo XIX se resumía de manera sencilla: había fracasado en ambos terrenos. En el de la reforma política interna, la revolución liberal estaba congelada; en el ámbito exterior, el imperio colonial se había perdido o se hallaba en trance de perderse. En la primera parte de este libro, observamos ya cómo se centraba el orgullo español del XIX en un objetivo ya logrado, cual era la independencia. Desarrollábamos allí una idea expuesta por José María Jover, en un penetrante artículo, en el que hablaba de un nacionalismo "retrospectivo" y autocomplaciente, de "una instalación satisfecha en el presente, una ausencia de imaginación creadora ante el futuro"[15]. ¿Para qué esforzarse, en realidad, por construir la nación? ¿A qué objetivo o programa político podía servir la retórica nacionalista? Si el nacionalismo español quería sobrevivir, tenía que inventarse una función. Ése es el problema que quisiéramos abordar en esta última parte del libro que el lector tiene entre las manos.

Para hacerlo, describiremos los nuevos intentos de expansión imperial, con las guerras de O'Donnell y el proyecto de reconstruir un imperio español en África. Haremos una breve referencia a otros proyectos de ampliación estatal, con un apartado dedicado al iberismo y al panhispanismo. Analizaremos a continuación la aportación estatal al esfuerzo nacionalizador y sus muchos límites y problemas. Y volveremos, por último, sobre el tema de la contrarrevolución, cuestión a la que hemos dedicado también atención en los capítulos anteriores, como objetivo político al que se vinculó la construcción nacional de la derecha. Repasado este limitado arraigo y estas posibles funciones del nacionalismo, será el momento de concluir evaluando el atractivo del españolismo sobre los diversos sectores de la población y sus posibilidades de éxito.

EL SUEÑO IMPERIAL. LA "POLÍTICA DE PRESTIGIO" DE O'DONNELL

Ante el estancamiento de la reforma política interna, primer objetivo al que se vinculó el esfuerzo nacionalizador español, la reorientación que apareció como posibilidad inmediata, de forma paralela a lo que ocurrió en otros países europeos, fue la expansión de las fronteras territoriales del Estado. Podría haber sido la defensa de las fronteras existentes, meta prioritaria de tantos otros nacionalismos —el portugués, sin ir más lejos—; pero la peculiaridad de España, en este terreno, es que no había conflictos con Estados europeos vecinos y la acción estatal no podía orientarse en ese sentido, porque, al revés que en la Europa central u oriental, en la suroccidental las fronteras llevaban bastante tiempo de estabilidad —incluida la portuguesa, aunque siguieran en guardia— y fueron ratificadas tras el vendaval napoleónico. La única disputa territorial imaginable podría haber girado alrededor de un territorio minúsculo, pero considerado "irredento" y de gran valor simbólico para la opinión interna, como era Gibraltar. El Peñón podría haber cumplido, para el nacionalismo español, una función semejante a la desempeñada por el Alto Adigio o Trieste para el combativo y siempre ejemplar nacionalismo italiano. Pero ¿en qué cabeza cabía que la España del siglo XIX pudiera desafiar a la Gran Bretaña, la primera potencia mundial de la época? Más impensables todavía, no sólo por el rival con que había que enfrentarse sino por las tensiones internas adicionales que podían desatar, eran los casos del País Vasco francés o del Rosellón y la Cerdaña. Los autores que han estudiado el periodo coinciden en señalar que, una vez desaparecido Napoleón, no hubo "ninguna verdadera amenaza exterior a la seguridad española"; España no tuvo ningún "enemigo exterior claramente definido"; "el nacionalismo español [...] no aspiraba a tierras irredentas más allá de sus fronteras, y no fue reactivado por una participación en las dos guerras mundiales". Y esa ausencia de conflictos territoriales externos, que ha perdurado hasta nuestros días, supuso, como concluyen Enrique Ucelay y Borja de Riquer, "una desventaja para el proceso de construcción nacional, pues el sentimiento de unidad que se deriva del hecho de ser atacado fue atenuándose, sin verse reemplazado por ningún otro sentimiento o propósito colectivo, como ocurrió en otros países neutrales, Suiza o Suecia"[16].

Juan Linz, uno de los autores de las frases citadas, ha escrito que la idea de la expansión colonial por África surgió, en Italia, tras "fracasa[r] los intentos diplomáticos por expandir los confines de la nación italiana por la frontera norte"; de esta manera se canalizó hacia el exterior la "energía de afirmación nacional" que emanaba de la sociedad italiana y se trasladó "el conflicto interno de clases al conflicto entre naciones, o de imperialismo renovado, que hallaremos en la base del ingrediente principal del fascismo". Podría ser la descripción del caso español, salvo la referencia al irredentismo, que, según dijimos, apenas pasó de un resentimiento quejumbroso e impotente en relación con Gibraltar. Otro impulso semejante al del nacionalismo italiano del XIX fue el nacionalismo integrador, o paniberismo, al que nos referiremos en el apartado siguiente, aunque podemos adelantar ya que no pasó de proyecto embrionario. Pero en lo que sí hubo un gran paralelismo entre el caso español y el italiano fue en el intento de expansión colonial por el continente africano. No porque de la sociedad española brotase con fuerza esa "energía de afirmación nacional" que Juan Linz ve en la italiana, y fuera preciso abrirle una válvula de escape hacia el exterior; aquellas empresas, según observó José María Jover, "no respond[ían], en su gestación, a la fuerza de un proyecto nacionalista presente en la sociedad española". Fue una operación mimética e inducida por alguno de sus equipos gubernamentales, que vio en la expansión imperial la forma de desviar o calmar las crónicas tensiones políticas internas[17].

Aquella estrategia fue característica de la Unión Liberal, y casi todos sus episodios ocurrieron entre 1858 y 1863, único periodo de verdadera "moderación" —en el sentido de equilibrio o centrismo político— a lo largo del reinado de Isabel II, lo que permitió un respiro y posibilitó la concentración de esfuerzos en dirección bélico-imperial. Fue la llamada "política de prestigio" de O'Donnell, que incluyó las expediciones militares a Cochinchina, Marruecos, México, la República Dominicana y El Callao[18]. Todas ellas, en definitiva, empresas de importancia menor, comparadas con las que estaban emprendiendo las grandes potencias europeas del momento, pero que sirvieron para engrasar y poner a prueba el mecanismo de la recién construida retórica patriótica. Esta última, la retórica, fue la que más se lució en aquel esfuerzo, y la verdad es que funcionó, aparentemente al menos, a plena potencia. Sobre todo el episodio central de la "política de prestigio", la guerra de Marruecos de 1859-1860, pomposamente bautizada como la Guerra de África, dio lugar a tales entusiasmos patrióticos que todavía hoy quedan residuos en el discurso militar ritualizado, en el que nombres como Prim, los Castillejos o Wad-Ras ocupan un lugar casi equiparable a los de Hernán Cortés, Lepanto o los Tercios de Flandes.

Ya antes de oírse los primeros cañonazos de aquella campaña, a finales de 1859, la prensa presentó unánimemente las acciones que se iban a emprender en el norte de Marruecos como la ocasión para demostrar a los europeos la persistencia de la monarquía española como gran potencia; o, para decirlo en los términos que empezaban a ponerse en boga, como "raza superior", esto es, con derecho a entrar en el reparto del mundo. Los órganos de las más distintas tendencias políticas coincidieron en señalar que lo importante era demostrar en el exterior la fuerza que tenía España. Ante todo, era preciso demostrárselo a los marroquíes, pues "hasta entre esos bárbaros africanos" había penetrado el rumor de que los antiguos castellanos eran "impotentes para vengar las injurias hechas a su honra". Pero, a poco que se releyesen los textos, se comprendía que el verdadero objetivo de la acción era "el mundo" —es decir, Europa—, que debía comprender que España seguía siendo una de sus grandes potencias: "Renunciar a nuestra misión en la opuesta costa del Estrecho hubiera sido [...] demostrar en hora menguada al mundo que a la nación del Dos de Mayo, de Talavera, Zaragoza, Arapiles [...] le era indiferente convertirse en una prefectura francesa [...] Debemos agradecer a los bárbaros del Riff la ocasión que con sus insultos y atropellos nos han proporcionado de probar una vez más al mundo que lo que éste juzgaba la muerte de España no era sino un letargo, si lamentable, accidental y pasajero". "Vamos a demostrar a los ojos de Europa que no somos ya la nación decaída e indolente de los pasados tiempos [...]. Vamos a dar una prueba de que todavía circula por nuestras venas la vigorosa sangre de los héroes [...] cuyo renombre resuena aún en las inmortales páginas de la historia". "La idea de la rehabilitación de nuestra patria [...], la aspiración legítima a volver a figurar en el puesto a que tanto derecho nos da nuestra historia [...] he aquí lo que hoy hace vibrar exclusivamente las fibras del corazón de los hijos de España". "El pueblo, [...] que ha permanecido abatido y como olvidado por las demás potencias en un rincón del mapa europeo, se alza noble y magnánimo en el instante en que [...] le habla el mágico lenguaje del honor nacional"[19].

Sólo teniendo presentes estas intenciones puede entenderse la euforia que desató el favorable, aunque magro, resultado de aquella guerra. No sólo generó una gran oleada de obras cantando las glorias patrias, sino que éstas alcanzaron un grado de difusión hasta entonces desconocido para este género político. El *Diario de un testigo de la Guerra de África*, de Pedro Antonio de Alarcón, se convirtió en el libro por antonomasia sobre aquellos hechos; su autor ganó, según se dijo, más de medio millón de reales con la obra y recibió de toda España más de veinte mil cartas de felicitación. Pero también se publicaron *Jornadas de Gloria, o Los españoles en África,* de Víctor Balaguer; dos *Romanceros de la Guerra de África,* uno del marqués de Molíns y otro de Eduardo Bustillo; *Deudas pagadas,* de Fernán Caballero; o los *Recuerdos de la campaña de África,* de Núñez de Arce, otro astro literario del XIX que se reveló en aquella campaña[20]. La conquista de Tetuán demostraba que el país, la nación o la "raza" figuraban entre los elegidos, los "superiores", los que tenían el derecho y el deber de dominar y civilizar el mundo. Había sido una "lucha titánica", en la que las tropas españolas, "vencedoras siempre", se habían elevado "a toda la altura de su reputación histórica"; "la conducta de nuestro ejército en la guerra actual nos autoriza a creer que nada se han disminuido las cualidades tradicionales de los españoles". La raza árabe —se explicaba al público— "aparece dotada de una impetuosidad irresistible [...] cuando obtiene los favores de la fortuna; mas carece de esa perseverancia en el infortunio que sólo poseen los pueblos que alcanzan cierto grado de civilización". Exactamente lo contrario —buena calidad racial— probaba el comportamiento del ejército español, que "ha hecho lo que pocos ejércitos en el mundo. Bisoño y novel como era, ha combatido con la intrepidez propia de las tropas veteranas [...]. Los mismos franceses [...] no han conseguido sobre el mismo suelo de África en tan poco tiempo una serie tan prolongada de triunfos"[21].

Según estas interpretaciones de la guerra de 1859-1860, sobre las que pareció existir un acuerdo completo entre las fuerzas políticas del momento, el pueblo español había salido, gracias a ella, de su "postración". Emilio Castelar, mago del verbo que empezaba a cautivar a los públicos en aquellos años, lo expresó con su estilo característico: "Esta gran nación, postrada y vencida, que cada día bajaba un escalón hacia el abismo" se ha levantado, deslumbrado al mundo con el brillo de su espada, y dado "la sangre de sus hijos por el gran destino que le ha confiado la Providencia"; con ello ha demostrado que prosigue "la obra interrumpida de su civilización", "el gran trabajo de su historia". "Aquel pueblo guerrero que interpuso su pecho entre la media luna y la civilización cristiana [...] continúa sus grandes sacrificios, ofreciendo la vida de sus hijos en holocausto a la civilización universal". Según había explicado el propio periódico castelarino al comenzar la guerra, la sangre derramada, en honroso conflicto internacional esta vez y no en lamentables discordias civiles, iba a cumplir así una importante función: servir para "fecundar el árbol de nuestra nacionalidad"[22]. Era exactamente de lo que se trataba.

La conclusión era clara: los europeos debían salir de su error sobre España y comenzar a tomar de nuevo en cuenta al país. "Éramos mirados con desdén por la Europa, que olvida con facilidad las altas prendas de la raza española"; pero el valor demostrado en Marruecos por nuestros soldados, a la par que la inteligencia de sus generales, "son cosas que justamente deben fijar las miradas de la Europa en la noble España, en la nación que resucita fuerte y poderosa de un gran letargo". El mundo sabe ahora que "las hojas de Toledo y los brazos españoles conservan su antiguo temple" y desde hoy "seremos apreciados en lo que valemos". "España, que tiene hoy en Asia las llaves del archipiélago filipino, sobre el mar de las Antillas a Cuba y Puerto Rico; en las costas de África a Ceuta, Melilla, el Peñón y Tetuán [...] debe ser pronto una de las primeras potencias militares y mercantiles de Europa"[23]. Interpretación altamente gratificante, al menos para el consumo interno —pues las potencias europeas apenas prestaron importancia a una acción bélica de tan escaso alcance como aquélla—, pero peligrosa para futuras guerras cuyo resultado no fuera tan halagüeño para las armas españolas; por ejemplo, la de 1898.

La "Guerra de África" de 1859-1860 fue, además, importante en otro sentido. Si la expedición franco-española a la Cochinchina se había presentado ya por ciertos medios como la continuación de la conquista y evangelización de las Indias, la toma de Tetuán se consideró una extensión de la Reconquista, el más antiguo de los mitos fundacionales de la nación[24]. Y éste fue el aspecto que atrajo a los sectores políticos católico-conservadores. Según hemos dicho repetidamente en este libro, el proceso de construcción del nacionalismo español había sido una tarea llevada a cabo, en las primeras décadas del siglo, por liberales y progresistas, y en cambio las fuerzas más conservadoras se habían mantenido fieles a la tradicional justificación del poder político a partir de la legitimidad dinástica y la defensa del catolicismo, guardando serias reservas ante la teoría, sospechosamente laica y democrática, de la soberanía popular. En 1859, sin embargo, la posibilidad de embarcarse en una reedición de la "cruzada contra el moro" hizo cambiar las cosas. La asociación entre españolismo y catolicismo hizo atractivo el nacionalismo para muchos de los que antes desconfiaban de él.

Por ejemplo, para el Arzobispo de Madrid y Patriarca de las Indias, Tomás Iglesias y Barcones, que dirigió a las tropas que partían hacia el combate una *Carta pastoral* en la que les decía: "Corre por [vuestras] venas la sangre de los que, después de setecientos años de lucha y de gloria, supieron librar la Europa y arrojar a los abrasados desiertos que vais a pisar a los padres de los mismos que ahora vais a combatir"; "vais al combate a pelear contra [...] enemigos, no sólo de vuestra reina y de vuestra patria, sino también de vuestro Dios y de vuestra religión. [...] Marchad seguros al combate, sin olvidar entre el estruendo del cañón que Dios está con vosotros por la justicia de nuestra causa y que llevando la fe en el corazón y la espada en la mano a nadie debéis temer. Sí, marchad, venced, domad los enemigos de la patria, que son los de vuestro Dios"[25]. Era el inicio de toda una tendencia. En las décadas siguientes, según vimos en el capítulo anterior, ideólogos y dirigentes conservadores insistirían en esta interpretación de la historia patria identificada con el catolicismo y movilizarían a la opinión a partir de una afirmación de la identidad nacional que era, a la vez, un llamamiento a la cruzada.

Esta confluencia entre el arzobispo de Madrid y el republicano Castelar fue uno de los aspectos más significativos de aquella movilización: ambos llamaban a pelear por la patria, aunque para el primero ésta se veía emparejada con la religión y su milenaria guerra con el islam y para el segundo con el progreso y la civilización —causa bendecida, a su vez, por la providencia—. El popular Pedro Antonio de Alarcón expresó igualmente esta confluencia del patriotismo español con el fervor católico y la misión civilizadora al sorprenderse de que él mismo, que pocos años antes redactaba incendiarias hojas anticlericales, sintiera ante la conquista de Tetuán tanto fervor religioso: "¿significará todo esto que la guerra me ha hecho neocatólico?"[26]. En cierto modo, así era. El nacionalismo español se estaba haciendo *neo*. Dicho de otra manera: la guerra de 1859-1860 fue un importante paso en el proceso de aceptación del nacionalismo por parte de la derecha española, definida hasta entonces por su catolicismo; el patriotismo recibió las bendiciones y la adhesión del clero y de las élites absolutistas que hasta el momento se habían conformado con legitimarse por la religión y la tradición. Se demostró una vez más —por si la historia humana estuviera carente de ejemplos— que religión y patria no tenían por qué estar reñidos. Aquella guerra era el cumplimiento del testamento de Isabel la Católica, era la continuación de la Reconquista, a su vez cruzada y reacción defensiva de un pueblo orgulloso e independiente contra una invasión extranjera.

Castelar, en cambio, añadía la misión civilizadora, tópico de todo el imperialismo europeo del momento. El cumplimiento de un destino providencial "civilizador", en vez de uno "evangelizador", era lo que diferenciaba al enfoque nacionalista republicano del católico-conservador. Otra manera de decirlo, por parte de la derecha, era que la nueva guerra continuaba la Reconquista y resucitaba las glorias imperiales del siglo XVI. Pero la mayoría de los argumentos eran comunes a ambos: la invencibilidad del pueblo español; su superioridad racial sobre los árabes; el idealismo o desinterés que, en este tipo de empresas, demostraba España, movida sólo por la defensa del "honor" nacional —a diferencia de otras potencias colonizadoras, que perseguían intereses materiales—; y, sobre todo, la necesidad de ir al combate para reparar la imagen nacional ante Europa, para enderezar la decadencia, para superar aquella pasividad, encubierta bajo el nombre de neutralidad, en que había estado sumida una nación indebidamente ausente, hasta entonces, de la expansión europea. Los "vamos a demostrar a los ojos de Europa que no somos ya la nación decaída e indolente de los pasados tiempos" o "¡que la Europa comprenda que aún somos dignos descendientes de los vencedores de Pavía, Bailén y Lepanto!" transparentaban la intención de impresionar a las grandes potencias, de demostrarles que España también tenía derecho a participar en el reparto del mundo. El españolismo —fuese basado en la religión, como quería la derecha, o en el superior grado de civilización, según insistía Castelar— servía así para expandir la esfera de influencia de un Estado que, recientemente degradado de imperio a nación, reclamaba un nuevo ascenso a la división imperial.

De aquella serie de campañas, ninguna dio lugar a ganancias territoriales, a no ser que aceptemos como tal el leve aumento de influencia sobre el norte de Marruecos obtenido tras la guerra de 1860, en la que el ejército español ocupó durante unos meses Tetuán y alivió la presión de las cabilas sobre los "presidios" de Ceuta y Melilla, lo que permitió que continuaran expandiéndose sus fortificaciones en las décadas siguientes. Pero incluso en aquella ocasión la prepotente Inglaterra, a la que la belicosa prensa del momento no dejaba de llamar "pérfida Albión", vetó cualquier ampliación seria de la influencia española sobre el sultanato; y los resultados de la glorificada "Guerra de África" fueron, en definitiva, decepcionantes. O'Donnell, sin embargo, debió considerar suficiente lo conseguido en el terreno propagandístico interno y prolongó su política colonial con varios episodios más. Dos de ellos se desarrollaron al año siguiente a la campaña marroquí y, sin duda, al calor del entusiasmo generado por aquélla.

El primero fue el envío de una expedición armada al México de Juárez, en conjunción con Francia e Inglaterra, so pretexto de exigir al gobierno de aquel país el pago de su deuda internacional; la aventura giró hacia la intervención en la conflictiva política interna mexicana, con la imposición de Maximiliano de Austria como emperador, empresa que acabó en la derrota y el fusilamiento del Habsburgo. El comandante en jefe del cuerpo expedicionario español, Prim, movido ya por ambiciones políticas personales, decidió prudentemente retirar a sus hombres de la aventura, y evitó así que España se viera plenamente envuelta en aquel fracaso, humillante sobre todo para Napoleón *El Chico*, padrino de la idea; siguiendo, quizás, su ejemplo —y con similar buen criterio—, decidió hacer lo mismo al año siguiente el general Norzagaray con las tropas destacadas en Indochina, con lo que España evitó verse atrapada en lo que acabaría siendo uno de los más terribles conflictos del siglo XX.

El segundo episodio fue la reincorporación voluntaria de la República Dominicana a la corona española, ofrecida por el propio presidente Pedro Santana, incitado y apoyado por Serrano, capitán general de Cuba. Esta vez sí salpicó el ridículo a la monarquía de Isabel II, porque en menos de un año la nueva administración se alienó a la opinión dominicana, surgieron las protestas y, lo que fue peor, se decidió usar la fuerza frente a los enemigos de la restauración colonial; el envío de tropas sólo llevó a una grave sangría de hombres, que no evitó el abandono definitivo de la empresa en 1865.

Una tercera aventura, ya en el siguiente gobierno de O'Donnell, fue la guerra con Chile y Perú, por motivos fútiles e iniciada con una declaración de bloqueo sobre aquellos dos países, más Ecuador y Bolivia. Como era quimérico intentar patrullar una costa de seis mil kilómetros con una escuadra de media docena de buques de tan mala andadura que habían tenido serias dificultades para cruzar el Estrecho de Magallanes, se refugiaron donde pudieron y pasaron unas semanas pensándose qué podían hacer; finalmente, decidieron bombardear durante unas horas las ciudades de Valparaíso y El Callao, donde apenas había artillería para responderles, y emprender a continuación el regreso a España proclamando su "victoria". La más importante contribución de aquella empresa a la construcción nacional fue la romántica frase del almirante Méndez Núñez, cuando le advirtieron de los riesgos que corría su escuadra en la travesía: "más vale honra sin barcos que barcos sin honra" [27].

"La historia de las expediciones militares —concluye José María Jover— es, en un balance objetivo y realista, una historia triste y estéril"; pese a lo cual, aquellas empresas "vinieron a crear una cierta mitología —África, Prim, El Callao, los barcos y la honra— incorporada a la nueva imagen de España forjada a lo largo de la era isabelina". Como producto de consumo interno, no hay duda de que lograron cierto impacto, aunque las amarguras de la guerra cubana las borrara más tarde de la memoria colectiva. Lo que no hicieron, desde luego, fue sentar las bases para el restablecimiento de ningún imperio. Por mucho que los órganos nacionales insistieran en el "asombro" de los europeos ante las hazañas de las tropas españolas, el exterior no se dejó impresionar y España no dejó de ocupar un modestísimo lugar en el reparto colonial. Fue, pese a todo, el momento de nacionalización más intenso alrededor de la idea imperial a lo largo de todo el XIX, y fue también la única movilización bélica entre la devastadora, pero idealizada, guerra de 1808-1814 y la mucho menos dañina, pero más dura de digerir, de 1898. En cualquier caso, la oleada imperial duró poco: a mediados de los sesenta se terminaron las expediciones que habían comenzado en los últimos cincuenta y España volvió a retraerse en una política de neutralidad que era la que habían preconizado e iban a preconizar los dirigentes y pensadores políticos más realistas del XIX, desde Balmes hasta Cánovas. Sería la España del "recogimiento", un eufemismo con el que este último se refería a la marginación o pasividad[28].

Si en el terreno práctico el imperialismo no dio mucho de sí, en el de las bravatas se mantuvo todavía vivo durante lo que quedaba de siglo. En los años ochenta y noventa, "la opinión" se expresó en las ciudades españolas, en apariencia de modo semejante a como lo hacía en otras europeas, con manifestaciones callejeras, ruidosas y en ocasiones violentas, en apoyo de diversas reivindicaciones coloniales. Las más sonadas se produjeron en 1885, cuando las noticias sobre la desafiante incursión de una fragata bismarckiana en las islas Carolinas, archipiélago olvidado pero incluido rutinariamente en el imperio español en Oceanía, provocó actos de vandalismo frente a las legaciones alemanas en Madrid y Barcelona. Parecidas demostraciones se sucedieron en 1893, cuando una nueva ampliación de las fortificaciones en Melilla invadió terrenos de una mezquita y provocó ataques armados de los bereberes, que causaron muchas bajas en las tropas españolas, entre ellas la de un general. Las calles de las principales ciudades se vieron de nuevo recorridas por airados grupos que exigían represalias adecuadas a tan grave ofensa. La tensión subió y pareció inevitable otra guerra marroquí como la de 1859-1860. Pero el sultán se plegó, prometió pagar una indemnización simbólica y castigar por su cuenta a los agresores, así como colocar tropas marroquíes —los *moros del rey*— en las inmediaciones para evitar nuevos ataques; esto último significaba aceptar —y era la clave del acuerdo— que siguiera ensanchándose el recinto fortificado[29].

Suelen calificarse aquellas explosiones de entusiasmo como "populares" y éste fue el término que utilizaron, desde luego, los contemporáneos. Incluso hubo interés en presentarlas como del "pueblo trabajador"; así describía *La Iberia* una de las madrileñas de 1885, compuesta por "una masa de dos mil hombres, en su mayoría obreros", que "gritaba y aplaudía sin cesar y vitoreaba a España, a la integridad de la patria y a los hijos del trabajo". Sin embargo, en los testimonios escritos o gráficos que poseemos sobre aquellos acontecimientos aparecen más levitas y bombines que blusones y gorras viseras[30]. No hay que engañarse: fueron fenómenos protagonizados por clases medias-altas, cultas, seguramente profesionales e intelectuales, en muchos casos de tendencias liberales o incluso republicanas. *El Globo,* al describir otra de las manifestaciones del 85, observa que había en ella "bellas y elegantes señoritas, así como gente de la clase del pueblo bien acomodada, y que tienen honroso modo de vivir". Las protestas madrileñas de aquel año se iniciaron, además, en los cafés cercanos a la Puerta del Sol, como el Casino, el Círculo de Moret y La Gran Peña, lugares no precisamente obreros sino de esos sectores sociales a los que estamos calificando de "intelectuales"; allí, justamente, habían tenido su sede los clubes y sociedades patrióticas liberales de épocas anteriores. Las marchas, por cierto, pasaron por delante del Círculo Militar y de algunos cuarteles, que cerraron por orden superior sus puertas y ventanas, y la más importante alcanzó su momento culminante ante el Ateneo, donde los socios de la docta institución salieron a los balcones con banderas españolas y vitorearon enfervorizadamente al ejército y la marina. En Barcelona, fue el ayuntamiento quien inició la protesta, ofreciendo cuerpos de "voluntarios catalanes", como los que habían actuado en la guerra de 1860. También fueron los ayuntamientos los organizadores en Palencia y otras ciudades. En Granada la manifestación se preparó por "muchas personas respetables y de representación". En San Sebastián, empezó con una reunión en el Casino de la Concha, convocada a iniciativa de "la prensa". En Córdoba fue idea de la Sociedad de Amigos del País. En La Coruña la "indignación patriótica" estalló en el curso de una visita de Castelar, a quien Puentedeume ofrecía un *lunch* y Betanzos recibió "con música, himnos nacionales, salvas, colgaduras, flores, etcétera". De la manifestación de Vitoria leemos que fue "la más espontánea y brillante que se ha conocido", pero el mismo periódico se desdice sobre la espontaneidad al mencionar a continuación las "reuniones preparatorias" celebradas en el Círculo Vitoriano, así como la composición del desfile, que rompían "ocho jóvenes de distinguidas familias, jinetes en magníficos corceles que ostentaban distintivos con los colores nacionales". Todas aquellas marchas recorrieron las calles principales de cada ciudad, y no los barrios obreros; y los balcones de tan acomodados barrios estaban adornados con colgaduras y "lujosas banderas" en señal de apoyo. No hace falta añadir que el comportamiento de las fuerzas del orden con aquellos indignados patriotas, pese a que rompieran cristales, arrancaran el escudo y destrozaran la fachada de las legaciones alemanas, fue muy considerado[31].

Los nacional-imperialistas de la segunda mitad del XIX reproducían, como puede verse, el esquema movilizador de los nacional-liberales de medio siglo antes: eran clases medias intelectuales y profesionales y se esforzaban por atraerse a los militares. Círculos intelectuales y militares fueron también los que fundaron en 1876 la Real Sociedad Geográfica y en 1883 la Sociedad Española de Africanistas y Colonistas, instituciones de donde emanaron las iniciativas que llevarían al establecimiento de las pequeñas colonias en Río de Oro —futuro Sahara español— y Río Muni —la Guinea española—. Debe añadirse que estos entusiasmos bélicos no se asociaban, necesariamente, con el conservadurismo político; por el contrario, a ellos se sumaron decididamente los republicanos —con raras excepciones, como Pi y Margall—, en buena parte por convicción, aunque sin duda también inspirados por el oportunismo, pues ponían así en un brete al gobierno y denunciaban su pasividad en el terreno internacional[32].

Pero el apoyo de la izquierda a una política colonial agresiva de ningún modo significaba que la derecha fuese ajena a ella. Por el contrario, el entusiasmo mostrado ante la guerra marroquí de 1859-1860 no hizo sino ratificarse y reforzarse en esta etapa. Durante el episodio melillense de 1893, el cardenal primado, Monescillo, dijo seguir "con simpatía [...] el patriótico movimiento que la nación inicia" y contemplar a "los héroes" que emergían "para alentarlos y fortalecerlos con nuestro aplauso". El cardenal se permitió compararse con los Reyes Católicos: así como ellos "citaban a nuestros antepasados ante los muros de Santa Fe", él ahora, "ante la feroz acometida de los rifeños, después de otorgar mi bendición a cuantos vayan a pelear contra la morisma, digo: '¡Españoles, a Melilla!'"; aunque no desaprovechó la ocasión para vincular el patriotismo con la religiosidad "exclusivamente católica" de la nación, pues dijo apoyar al ejército español con "todas las energías del amor patrio", pero también con "todo el vigor del sentimiento religioso y todo el poder de la unidad católica". Tampoco dejó pasar la oportunidad la desterrada Isabel II, que relacionó el conflicto de 1893 con el de 1860, cuando ella reinaba, confesando "el placer que embarga[ba] su alma al saber el entusiasmo del ejército y de todas las clases sociales para mantener intacto el buen nombre de España y su gloria inmaculada"; si la guerra estallaba, anunció, su corazón estaría "con nuestros soldados, los cuales, con la ayuda de Dios y su valor indomable, conseguirán una vez más la victoria y nuevos laureles para nuestra queridísima nación"[33].

Aquellas manifestaciones de fervor nacionalista no pasaron de ser pálidas imitaciones de las que se desarrollaban en París, Londres o Berlín. El verdadero ultranacionalismo imperialista, semejante al que llevó a las muchedumbres europeas a exigir y vitorear la declaración de guerra de 1914, no surgió hasta algo más tarde, en los últimos años de siglo, al calor del conflicto cubano; apareció entonces lo que Borja de Riquer y Enrique Ucelay describen como "una preocupación casi neurótica con la identidad", un nacionalismo hipersensible, reflejado en nombres como el del puertorriqueño "Partido Incondicional Español". Este tipo de discurso, dicen estos autores, era "desconocido en España hasta el impacto del segundo ciclo de guerras coloniales en los años 1890", y fue introducido "sobre todo por la prensa militarista"[34]. Es indiscutible que ese patrioterismo agresivo se dio con profusión en los años de la guerra cubana, pero cabría preguntarse si, aun entonces, no seguía siendo un fenómeno de impacto limitado a las clases urbanas educadas, con dudoso reflejo entre la inmensa mayoría del país, y en especial el mundo rural.

Porque en los niveles sociales "populares", esto es, entre las clases donde se reclutaban los soldados que iban a morir en esas guerras, la impresión que se deduce de los testimonios y estudios que poseemos es que las aventuras coloniales fueron recibidas con mucha mayor frialdad, por no decir aprensión. No surgieron en aquellos medios expresiones escritas ni movilizaciones de significado claro, ni a favor ni en contra de las guerras, pero lo que se trasluce de su conducta diaria apunta en esa dirección. Baste recordar cuánto escandalizó a los periodistas e intelectuales del momento la indiferencia del pueblo de Madrid al recibir las noticias de los hundimientos de las escuadras en mayo y julio del 98, cuando la muchedumbre siguió llenando los cosos taurinos y disfrutando del espectáculo de forma semejante a como lo había hecho en temporadas anteriores. También es un dato a considerar el considerable incremento de la emigración a la América hispana por parte de la población en edad militar durante el tiempo que duró esta guerra, o el fortísimo aumento de los prófugos y desertores del ejército, así como la profusión de motines antifiscales y anticarestía, indicios de que lo que de verdad preocupaba a las clases bajas era que subieran los precios, escasearan los alimentos o se llevaran a sus hijos a morir en la manigua[35]. A todos estos datos habrá que añadir la deducción lógica de todo el proceso que describiremos más adelante sobre la escasa y problemática socialización de la población española en la identidad nacional a lo largo del XIX, lo que obliga a pensar que las capas populares no pudieron vivir las aventuras coloniales con la misma intensidad afectiva hacia el ente nacional con que las vivían las escolarizadas —es decir, "nacionalizadas"— clases medias.

Pero es que incluso esa "buena sociedad" educada y reivindicativa de imperios tampoco daba ejemplo de intensos sentimientos patrióticos cuando se trataba de aportar fondos o de inmolar a sus hijos en las campañas bélicas. Por el contrario, pese a ser las productoras y alentadoras habituales del discurso nacionalista, las clases acomodadas sustraían al esfuerzo bélico sus recursos —evadiendo impuestos— y las vidas de su progenie —pagando la "redención a metálico" o amparándose en las múltiples exenciones legales— y, en términos prácticos, mostraba un entusiasmo por el Estado-nación tan escaso como el del "pueblo trabajador"[36]. Con excepción de sectores específicos, como los vinculados a la profesión castrense, en la escala de valores de las familias de clases altas o medias altas españolas no ocupaba lugar prominente el servicio militar, al revés de lo que ocurría en la Alemania de la época, por ejemplo. Los propios responsables de la nave del Estado, los gobernantes que establecían un sistema de conscripción tan lleno de arbitrariedades y privilegios, daban claramente a entender que el "servicio a la patria" no era un honor, sino una carga, impuesta sobre todo a las clases bajas; y tanto éstas como las altas reaccionaban adecuadamente: aligerando, en la medida de sus fuerzas, esa carga.

Volvamos, para concluir, a Juan Linz: España es, en el siglo XIX, "el primer país que sufre la pérdida colonial, [...] la única potencia colonial que pierde sus últimos territorios ultramarinos [...] y tampoco tiene éxito en sus aventuras imperialistas menores en África"[37]. Si se añaden a ello las repetidas guerras civiles, la conclusión no podría ser más desoladora para el proceso de construcción de una identidad compartida: los "españoles", que no actuaban unidos contra nadie, se peleaban en cambio una y otra vez entre sí. Pero limitémonos a lo internacional. En los grandes países europeos, los conflictos bélicos de los años comprendidos entre la Guerra Franco-prusiana y la II Guerra Mundial fueron, sin duda, uno de los más poderosos motores para la creación del patriotismo belicista y su expansión a nivel popular. Ante todo, por someter a sus ciudadanos, y en especial a los movilizados, a un baño masivo de patriotismo; pero, además, porque los gobiernos, a cambio de la fortísima implicación en el esfuerzo bélico que exigieron de sus sociedades, concedieron sustanciales ampliaciones de la participación política y sistemas públicos de prestaciones sociales de dimensiones hasta entonces desconocidas[38]. En el caso español, al no existir, no ya guerras exteriores, sino incluso amenazas fronterizas, no llegó a desarrollarse ninguno de estos procesos: ni el reforzamiento de los sentimientos patrióticos ni la imbricación de la sociedad en el Estado. Al no vivir las experiencias bélico-nacionalizadoras de otros grandes países europeos, el sistema político se quedó sin dar este crucial paso en la conquista de su legitimidad.

Aunque, a su vez, podría darse la vuelta al argumento y proponer que, precisamente porque no se vio envuelto en guerras, aquel frágil Estado tampoco se sometió a tensiones, que quién sabe si no hubieran terminado en procesos de desmembramiento como el austro-húngaro o el turco en 1918.

El otro sueño: la Unión Ibérica

Un ejemplo de objetivo movilizador al que, a primera vista, parece que hubiera podido vincularse un nacionalismo activo y expansivo, y que de hecho formó parte de los ideales de la revolución liberal española durante la mayor parte del siglo XIX, fue la Unión Ibérica, posible correlato en la Península de lo que fueron la unidad italiana o alemana. Porque los nacionalismos del XIX tendían a la unificación, a la creación de grandes espacios estatales, al revés de lo que ocurre con los nacionalismos de finales del XX y comienzos del XXI, cuya tendencia dominante es la secesión o la reivindicación de gobiernos independientes y privilegios estatales por parte de espacios y culturas cada vez más pequeños. Como ha escrito José María Jover, "si los nuevos tiempos anuncia[ba]n el logro de una unidad alemana, de una unidad italiana, ¿por qué no, también, de una unidad ibérica?"[39]. La eliminación de las fronteras era, por otra parte, no ya un objetivo nacionalista sino parte del ideal del progreso, tal como venía formulándose desde el siglo XVIII. El manifiesto federal de 1869 conectaba así nacionalismo y progresismo: "los Estados Unidos de Europa, que son el ideal de nuestro siglo, pueden y deben comenzar en España". No se trataba, en sentido estricto, de nacionalismo español, sino ibérico, pero no hay duda de que era una de las desembocaduras posibles del españolismo, que se hubiera disuelto con gusto en esa unidad de alcance peninsular.

Tal unidad peninsular era una aspiración de larga historia, aunque hasta el siglo XIX nada tuvo que ver con el nacionalismo, sino con ambiciones territoriales y planes de anexión de reinos a cargo de diversos monarcas, en especial castellanos y portugueses. Aquellos acuerdos y maniobras, guerras y matrimonios, sólo condujeron a resultado positivo a lo largo del periodo 1580-1640, pero el hecho de que se reiteraran tanto no era casual: la idea de la unidad ibérica tenía su fundamento, no sólo en la proximidad de los reinos y la obvia unidad geográfica de la Península, sino también en su unidad cultural. Durante la Edad Media, las élites se manejaban en las principales lenguas peninsulares sin aparentes problemas. Los poetas castellanos se expresaban en galaico-portugués en los siglos XIV y XV, como en los XVI y XVII los portugueses Camóens o Gil Vicente, o el catalán Boscán, escribían en castellano. El mayor distanciamiento se produjo en el XVIII, cuando las alianzas internacionales situaron a Portugal al lado de los británicos y a Castilla y Aragón en el bloque francés. Pero la aproximación llegó de nuevo durante la guerra napoleónica. Y se produjo entonces la primera iniciativa de unión de la era contemporánea, todavía según la fórmula dinástica: consistió en la reclamación del trono español vacante por parte de la infanta Carlota Joaquina, hija de Carlos IV y esposa del rey portugués Juan VI; una solicitud que las Cortes gaditanas tomaron muy en serio y discutieron por dos veces, pero acabaron rechazando por temor a las ideas absolutistas de la candidata.

Los avatares de la revolución liberal, tan semejantes en los dos países, forzaron en las décadas siguientes el acercamiento de los bandos políticos de signo paralelo. Los liberales, frecuentes compañeros de exilio y conectados a través de la Gran Logia Masónica de Madrid, de alcance ibérico, planearon repetidamente la unión de la Península bajo un régimen constitucional único, como defensa frente a la Europa de la Santa Alianza. La mejor oportunidad de esta etapa se produjo tras la crisis dinástica portuguesa de 1826, que llevó a la guerra civil miguelista, paralela a la carlista española de la década siguiente. Como observa Teodoro Martín Martín, que ha dedicado bastantes páginas a este tema, tanto los absolutistas como los liberales "buscaron el apoyo de sus correligionarios españoles, asumiendo compromisos iberistas". Los emigrados españoles en Londres, en especial Flórez Estrada y Andrés Borrego, se pusieron en contacto con el candidato constitucional Pedro IV, ofreciéndole un trono conjunto; el proyecto tenía el apoyo de los liberales portugueses más significativos del momento, entre los que Teodoro Martín cita a Joao d'Oliveira, duque de Saldanha, y Manuel de Silva Passos. Tras la Revolución de Julio en Francia, las conversaciones se intensificaron, ya en París, y dirigidas por Mendizábal, por parte española, y por Mousinho da Silveira, por la portuguesa. Pero la muerte de Fernando VII y el giro de la regente María Cristina hacia el liberalismo moderado dejó estas gestiones en mero proyecto. Habría que esperar otros quince años para que una nueva fase de exilio forzara los contactos entre los izquierdistas. Fue en París, en los ardores del 48, cuando se creó un Club Ibérico, y unos cuatrocientos demócratas españoles y portugueses, entre ellos el republicano socialista Sousa Brandao, recorrieron la capital francesa con una bandera de cuatro franjas —blanca, azul, roja y amarilla—, que era la de la "Iberia unida"[40].

Hasta mediados de siglo, en resumen, el plan de unión ibérica estuvo, en general, vinculado a los liberales, pero no pasó del estadio de balbuceo. Como propuesta teórica, siguió repitiéndose recurrentemente en prensa, libros y folletos hasta los años sesenta. Teodoro Martín, a quien seguimos en estos párrafos, menciona proyectos de unidad peninsular a cargo de órganos republicanos, como los de *El Huracán* de Madrid o *El Nacional* de Barcelona en 1840. El literato romántico y político Almeida Garrett, tan influyente en el redescubrimiento cultural de la identidad portuguesa, con sus *Viajens na minha terra*, creía también que Portugal no sobreviviría aislado de España. Tanto *A Revoluçao de Septembro* y *O Progreso*, en Lisboa, como *La Iberia* en Madrid y *La Corona de Aragón* en Barcelona incluyeron series de artículos y noticias de reuniones, o propuestas de reducir o eliminar las tarifas aduaneras entre los dos países. Uno de los más habituales firmantes de estos artículos era Sinibaldo de Mas, que finalmente publicó en 1850 *La Iberia*, folleto subtitulado "Memoria en que se prueban las ventajas políticas, económicas y sociales de la unión de las dos monarquías peninsulares en una sola nación". La idea había surgido en Macao, en el palacio episcopal, entre un grupo de frailes españoles y portugueses. Como el propio Sinibaldo de Mas reseñaba en ediciones posteriores, a partir de entonces la propuesta tomó mayor auge: en 1850 se comenzó a publicar en Lisboa un semanario en castellano y portugués con el título *Revista del Mediodía*; apoyó también el proyecto unionista *A Península*, publicado en Oporto dos años después, y *La Iberia Militar*, de 1853. Igualmente en Oporto, en 1854 apareció un libro anónimo con treinta bases para la unión; y en 1855, en Lisboa, Carlos José Caldera dirigió *La Revista Peninsular*, bilingüe, en la que colaboraban intelectuales de ambos países; seis años más tarde, aparecía en Madrid la *Revista Ibérica de Ciencias, Política, Literatura, Arte e Instrucción Pública*. Por fin, en 1859, de nuevo en Lisboa, el republicano Sixto Cámara publicó *A Uniao Iberica*, con prólogo de Coelho, donde proponía medidas prácticas que condujeran al acercamiento entre los dos países, como la construcción del ferrocarril Madrid-Lisboa, la comunicación telegráfica, la mutua concesión de derechos políticos, la unión de pesas y medidas, la supresión de aduanas, la fundación de un ateneo peninsular y de otras sociedades de propagación de la idea unitaria y la enseñanza obligatoria de los dos idiomas. Ninguno de esos planes pasó del nivel de las buenas intenciones[41].

Otra posibilidad, mucho más factible y seriamente discutida en aquellas décadas centrales del siglo, consistía en revitalizar el viejo proyecto de la fusión dinástica. La cuestión se planteó en 1846, al negociarse el matrimonio de Isabel II, para el que los progresistas defendieron la candidatura de Pedro V o, en caso de fallar ésta, el de la infanta Luisa Fernanda con el futuro Luis I. Este proyecto fracasó, por la oposición de moderados y carlistas, pero la posibilidad se abrió de nuevo cuando la revolución española de septiembre de 1868 dejó vacante el trono. Prim, el hombre fuerte del momento, patrocinaba un candidato portugués, que podría ser el rey Fernando o su hijo Luis, y en enero de 1869 encargó a Fernández de los Ríos las pertinentes gestiones ante el monarca lusitano. Pero el proyecto volvió a encallar, en parte por los recelos y temores lusos a una absorción por España, pero también por la oposición de Francia e Inglaterra a la creación de un único Estado en la Península.

La revolución septembrina reavivó el pábulo de la idea iberista también desde el ángulo político opuesto, es decir, desde el republicano, con lo que los años 1868-1873 fueron los de mayor número de proyectos unificadores a lo largo del siglo. El proyecto consistía en crear una federación ibérica, inspirada en las ideas de Proudhon, y lo patrocinaban, por el lado portugués, Casal Ribeiro y Henriques Nogueira; y por el español, Orense o Pi y Margall, que lo incluyó como parte de su plan en *Las nacionalidades*. La proclamación de la república federal en España en 1873 pareció convertirlo en inmediatamente realizable, y fueron muchos los contactos aquel año, que condujeron, entre otras cosas, a la fundación de una Asociación Hispano-Portuguesa, presidida por Salmerón. Pero, una vez más, el plan sucumbió ante los tradicionales temores portugueses a una absorción, a los que se sumó en este caso el pavor que causaba la inestabilidad política española.

Terminó así toda posibilidad realista de llevar a cabo la idea. Siguieron apareciendo proyectos, pero cada vez más minoritarios y utópicos. En 1881, Fernando Garrido escribió *Los Estados Unidos de Iberia*. Y nueve años más tarde, Rafael María de Labra se pronunció en el Congreso español en sentido iberista, garantizando que la unión no menoscabaría la independencia portuguesa. Bien fuera porque la idea conservaba aún cierto atractivo, o porque el movimiento republicano expresó de esa manera su fuerza, en 1893 gran cantidad de portugueses, entre diputados, directores de periódicos, profesionales y financieros, asistieron al Congreso Republicano Español celebrado en Badajoz, hasta el punto de que la asamblea se desarrolló bajo una presidencia conjunta, compartida por Salmerón y Magalhaes Lima. Este último, director de *O Século*, de Lisboa, publicó en 1895 su *La Federaçao Iberica*, organismo que, según él, habría de llevar a la federación latina y luego mundial. Hubo también en esos años una Liga Ibérica, de la que fue corresponsal Oliveira Martins. Aquella década final del siglo fue la de la crisis portuguesa del "ultimátum", que dio lugar a un fugaz renacimiento del iberismo, dentro del ambiente de la defensa de las "naciones latinas" frente a la prepotencia anglosajona. Pero la anglofobia acabó fomentando el portuguesismo, en lugar del iberismo, y en aquél basó también su auge el republicanismo. La monarquía, al fin, cayó en 1910, tras el intento fallido de 1891, y con la república se afirmó la nación. Portugal vivió entre 1890 y 1926 lo que Rui Ramos llama su "segunda fundación", una etapa de nacionalización muy intensa, fundamentalmente a cargo de asociaciones cívicas y masónico-republicanas. De aquella época proceden la bandera y el escudo portugueses actuales, así como el himno y la normalización ortográfica. La masonería, por cierto, se había escindido desde 1880, con un Gran Oriente Lusitano que no permitía la adscripción de logias españolas. Todo se encarriló, pues, en una dirección hispanófoba, en lugar de iberista. Triunfaron quienes, en 1861, habían creado la asociación cívica *Primero de Decembro*, dedicada a organizar un culto cívico-patriótico en torno a la fecha que conmemoraba la insurrección contra España; ellos fueron quienes sufragaron, en 1886, el monumento a los *Restauradores*, que preside el centro de Lisboa y es uno de los símbolos de la identidad portuguesa. El portuguesismo se afirmaba de manera irremediable. Y lo curioso era que había surgido en el curso de los debates sobre el iberismo y, en cierto modo, como reacción contra el plan unificador. Los años ochenta y noventa fueron época de conmemoraciones en ambos Estados peninsulares, pero mientras en España se celebraba la identidad católica de la nación, en Portugal los festejos giraban en torno a la idea de independencia respecto de España. La ocasión para la unión había pasado[42].

El proyecto iberista, en resumen, quedó en nada. La verdad es que, pese al apoyo que alcanzó entre ciertas élites políticas y culturales —sobre todo liberales— de los dos países, nunca había sido popular. Oportunidades políticas de llevarlo a la práctica no faltaron, sobre todo ante tronos vacantes o posibles enlaces regios, pero también es cierto que el clima internacional —la oposición británica y, en menor grado, francesa— no lo favoreció. Sería injusto, sin embargo, atribuir su fracaso a factores externos, pues éstos difícilmente hubieran podido frenar un fuerte impulso unitario dentro de la propia Península. Los planes continuarían, por cierto, en el siglo XX, y estuvieron especialmente interesados en ellos los catalanistas, pero cada vez serían más minoritarios e irreales. En tiempos de Primo de Rivera, los únicos que fundaban organizaciones que se proclamaban "ibéricas" eran los anarquistas.

Mencionemos brevemente, para terminar este apartado, una última posibilidad de proyección exterior del nacionalismo español: el panamericanismo o unidad de toda la América hispanohablante, incluida la vieja metrópolis colonial. Fue, igualmente, un ideal acariciado durante largo tiempo por ciertas élites políticas, pero minoritario y falto de posibilidades reales. Al principio, cuando Bolívar concibió sus grandiosos planes de unión, las guerras de la independencia estaban demasiado recientes y se excluyó celosamente de aquellos proyectos a la *madre patria*. Pero a partir de un congreso celebrado en Lima en 1847, las propuestas de confederación del mundo hispánico tendían a incluir a España. De modo semejante al iberismo, y como observa Isidoro Sepúlveda, hubo en el panhispanismo dos tendencias: la más conservadora, representada por un Ferrer de Couto, pretendía restaurar "las bases que condujeron a España a su etapa de máximo esplendor"; la liberal, que podría encarnar Castelar, "rompía con los sueños imperiales y [...] veía en la proyección hacia América el medio de regenerar España"[43]. En conjunto, las iniciativas unificadoras procedieron del Nuevo Mundo más que de España, pues, aunque subsistía la retórica anticolonial, en América la hispanofilia superaba a la hispanofobia. En España, en cambio, dominó más bien la indiferencia, y en círculos gubernamentales la inactividad. Alguna iniciativa hubo, pese a todo, digna de mención, como la creación de la Unión Iberoamericana, en Madrid, en 1885, editora de una revista de ese mismo título; y no hace falta decir que los proyectos y discursos panhispanistas proliferaron en 1892, año del cuarto centenario del descubrimiento. También como en el caso portugués, las pesimistas perspectivas sobre la decadencia de la raza latina y la sombra del poder anglosajón, que tanto impresionaba en aquella década finisecular, llevaron a propuestas de confederación política de signo defensivo. Pero ninguna llegó a concretarse, debido a las insuperables rivalidades internas y también a la oposición, no sólo de Estados Unidos, sino también de Inglaterra y Francia. Desde el punto de vista español, la aportación más importante del panhispanismo fue el Doce de Octubre, declarado fiesta de "la raza" desde 1912, a iniciativa de la Unión Iberoamericana, y convertido en fiesta nacional por el gobierno Maura en 1918. Algo más tarde, Zacarías de

Vizcarra y Ramiro de Maeztu crearían el término y el mito de la "hispanidad", uno de los puntales del nacionalismo conservador, católico y antiliberal del primer tercio del siglo xx. De ahí procederían el Consejo de la Hispanidad y el Instituto de Cultura Hispánica, instituciones oficiales del franquismo que produjeron, en definitiva, más retórica hueca que resultados tangibles[44].

LA "CRISIS DE PENETRACIÓN" DEL ESTADO

LA POLÉMICA ENTRE HISTORIADORES: ¿ESTADO OPRESOR O ESTADO DÉBIL?

Juan Linz, pionero y lúcido estudioso del nacionalismo español, diagnosticó en 1973 el problema del siglo XIX como una "crisis de penetración" del Estado, incapaz de influir política y culturalmente en la sociedad por medio de instituciones educativas o de valores y símbolos aceptables para el conjunto de los ciudadanos. Entre los historiadores, defendió de nuevo una tesis semejante José María Jover, a comienzos de los ochenta, y más recientemente ha sido expuesta, de manera quizás más contundente, por Borja de Riquer, para quien el desarrollo de nacionalismos alternativos al español en el siglo XX no se habría debido tanto a la fuerza e insoportable presión centralizadora del españolismo como a lo contrario, es decir, a su debilidad, a la "escasa eficacia del proceso nacionalizador estatal" del siglo anterior, cuyo resultado fue "una débil identidad española"[45].

Los más importantes autores que han pensado sobre este tema parecen estar de acuerdo, por tanto, en que el nacionalismo español tuvo que enfrentarse con otro género de problemas, de gravedad, como mínimo, comparable a la imprecisión de sus objetivos políticos: la debilidad, impotencia o escasa cooperación del Estado, órgano que se suponía principal interesado en el arraigo y expansión de la idea nacional. Porque, si se piensa bien, todos, o casi todos, los esfuerzos que hemos descrito en el capítulo segundo de este libro, por construir la identidad cultural española en el siglo del liberalismo procedían de iniciativas privadas, o semiprivadas, casi siempre de estos grupos que hemos llamado "élites intelectuales"; unos grupos que, como vimos, tendían a tener alguna vinculación con el Estado, ante todo porque eran, o aspiraban a ser, funcionarios públicos, pero también porque confiaban en el Estado como agente principal de la modernización social; pese a lo cual no actuaban en nombre de la institución estatal ni, salvo en mínima parte, con su autoridad ni sus recursos. Los gobernantes o "estadistas", en cambio, no se sumaron al proceso nacionalizador sino en un papel tibio y secundario; aunque, si quería reforzar su legitimidad, "el Estado liberal debía ser el principal agente de la unificación nacional, el gran protagonista de la nacionalización; y con sus medidas políticas, jurídicas, fiscales, económicas, culturales y educativas debía hacer desaparecer las diferencias existentes entre los ciudadanos y entre las antiguas comunidades históricas"[46].

Esta pasividad de los gobernantes puede, en principio, explicarse porque el siglo nacionalizador coincidió en España con una crónica escasez de recursos públicos y, sobre todo, con una grave y permanente crisis política. Aunque, como veremos, había otros factores, éste, en particular, no hay duda de que era cierto. No hay un fenómeno más característico de la España del XIX que la inestabilidad, la sucesión trepidante de "situaciones" políticas. Inestabilidad inaugurada por el motín de Aranjuez y la insurrección madrileña del Dos de Mayo de 1808, y seguida de inmediato por revoluciones, vuelcos repentinos del parlamentarismo a la autocracia y viceversa, cambios de dinastía e incluso de régimen, aparte de la recién mencionada pérdida de las colonias americanas y con ellas de la relevancia internacional que le quedaba a la monarquía española. Y es que el Estado español pasó, a lo largo de los tres primeros cuartos del siglo XIX, por una fase crítica, casi fundacional: "de imperio a nación", ha sintetizado un historiador económico: tras perder las colonias americanas tuvo que adaptarse a su nueva situación de Estado-nación, sobre cuyos rasgos fundamentales no había acuerdo general. Es difícil exagerar lo mucho que toda esta situación socavó la legitimidad de la autoridad política. Aquel Estado se construyó, usando de nuevo términos de Borja de Riquer, "en el curso de una guerra civil larga y sanguinaria"; a lo que deben añadirse las graves dificultades con que se enfrenta todo Estado nacional que quiere consolidarse "durante un periodo de decadencia interna e internacional", en palabras de Ignacio Olábarri[47]. Guerras civiles, pues —o enfrentamientos políticos tan graves que se acercan a esa categoría—, sumados a decadencia internacional y a debilidad política internas —o sensación de tales—: ésas fueron las difíciles coordenadas que enmarcaron la política española entre 1808 y 1898.

Pese a todo, no se puede negar que fue en aquellos años cuando se emprendió, más o menos a la vez que en otros países del entorno, la construcción político-administrativa del Estado español moderno. En definitiva, aunque no se supiera bien qué características debía poseer aquel Estado, sí había un acuerdo sobre la necesidad de convertir la compleja estructura absolutista e imperial del Antiguo Régimen en una maquinaria ajustada a sus territorios peninsulares; y se esperaba, además, mucho de su acción: no sólo que controlase el territorio y sus ciudadanos, ni exactamente que crease servicios públicos, sino, sobre todo, que orientase la vida social, como había hecho su antecesora, la monarquía imperial. Desde las Cortes de Cádiz —e incluso desde antes, en la era ilustrada, cuando el patrón galicista imperaba ya en las mentes modernizadoras—, empezó a imponerse, por otra parte, la idea de que todo ello debía estar planeado, ordenado y supervisado desde un centro neurálgico, una capital, sede del gobierno. Este modelo, reafirmado con fuerza tras el éxito inicial de Bonaparte en Francia, acabó dominando entre los planificadores. Es discutible, como veremos, que se llevara realmente a la práctica, pero el mero hecho de proponerse con tanta convicción se convertiría en un factor crucial para el desarrollo posterior de los acontecimientos[48].

El primer terreno en el que se reveló el dominio de este desarrollo político-administrativo a la francesa fue en el de la homogeneización jurídica y territorial, ideal acariciado ya por los liberales gaditanos, aunque no tuvieran tiempo de llevarlo a la práctica[49]. Aunque la homogeneidad territorial se justificaba, según todos, porque con ella se eliminaban desigualdades, había otro objetivo no explícito (y posiblemente inconsciente, de tanto como creían en la realidad de la nación), que era dar una "imagen única" del cuerpo social. La nación debía ser visible, casi tangible, y una de las maneras de lograrlo era dividir el territorio de forma tan regular que fuera percibido como único y "común". Una vez más, anunció esta intención la Constitución de Cádiz ("se hará una división más conveniente del territorio español, luego que las circunstancias lo permitan", art. 11), pero no hubo tiempo para llevarlo a la práctica. Lo que de verdad atraía a la mayoría de los constituyentes era el sistema francés de prefecturas o departamentos, pero ése estaba momentáneamente vetado por ser el adoptado por el gobierno de su enemigo, el denostado *Pepe Botella*. A la larga fue, sin embargo, el que se impuso —formalmente, al menos—, siendo diseñado y decretado expeditivamente en 1833, nada más morir Fernando VII, por el antiguo afrancesado y reformista ilustrado Javier de Burgos[50]. Para que no hubiera ni sombra de galicismo, se decidió usar el viejo término "provincia", con que en el Antiguo Régimen se designaba a los diversos y relativamente autónomos territorios de la monarquía hispánica, tan alejados del esquema napoleónico. La provincia se convirtió, pues, a partir de entonces en la unidad básica de la organización centralizada. Y centralizada no sólo por ser tan semejante a sus demarcaciones hermanas, todas bajo el gobierno central, sino porque a la cabeza de cada una de ellas se situaba un órgano o autoridad unipersonal, el llamado "jefe político" o gobernador civil, no electivo, sino nombrado por el ministro de Gobernación y representante suyo. Subordinada a él existía, desde luego, una corporación elegida, la Diputación Provincial, pero ésta no era, como observa José María Portillo, expresión de ningún "principio federativo", sino mero "freno al despotismo"[51].

No menos importante que la homogeneización territorial fue la jurídica. Consistió ésta en la ordenación y codificación de todo el caótico enjambre de leyes procedentes de la Edad Media, sistema descrito por Miguel Artola como "en parte común y en parte peculiar de cada reino o parte de él, al que el trabajo de los recopiladores había dado una apariencia de unidad". Napoleón, con su extraordinaria autoridad y capacidad organizativa, había conseguido llevar a cabo esta tarea en Francia casi de un plumazo, y era uno de sus logros más admirados. Pero en España jamás hubo un periodo de ímpetu reformador comparable al napoleónico, y la obra se pro-

longó y medio se empantanó en los meandros de la revolución liberal. Iniciado en el propio reinado de Fernando VII, con el Código
Mercantil, el proceso continuó en los años de Isabel II, con el Pe-
nal, y durante el Sexenio Revolucionario, con las Leyes de Enjuicia-
miento Civil y Criminal, para culminar solamente al final del siglo,
durante la Restauración, con el Código Civil de Sagasta y Alonso
Martínez. La lista misma de los padrinos de la idea muestra la continuidad del esfuerzo y la diversidad de los apoyos que tuvo, y de la
solidez de sus resultados da idea el hecho de que se mantuvieron
en pie durante una media de ciento cincuenta años, hasta el final
del franquismo.

Otras áreas se vieron afectadas por la reforma, como el propio
poder central, que fue racionalizado y dividido en ramas, con un
ejecutivo distribuido en ocho ministerios, un legislativo, constituido
en general por dos cámaras, y una organización judicial completamente nueva. En sus líneas básicas, casi todo ello se mantendría in-
tocado hasta la crisis política de los años 1930, y alguno de sus aspectos todavía medio siglo más. En el terreno económico, en 1831 se
creó la Bolsa de Madrid, y a partir de la reforma de Mon en 1845
hubo un sistema fiscal unificado; desde 1856 el banco que había
sido de San Fernando, de San Carlos y de Isabel II, adoptó, por fin,
el nombre de Banco de España, con el monopolio de emisión de moneda a partir de 1874. Desde seis años antes, la Revolución de 1868
había decretado la existencia de una moneda oficial española, a la
que se dio el nombre catalán de peseta. En el momento de escribir estas líneas, 132 años después, su ciclo vital está a punto de extinguirse.

Todo lo dicho parece llevar a la conclusión de que sería injusto
negarle al Estado español del siglo XIX un cierto grado de organización y estabilidad. Si se sigue la Gaceta Oficial, es indudable que
existió un poder único, centralizado y dotado de continuidad. El
problema es que, en la práctica, la estructura político-administrativa fue mucho más fragmentada y menos integradora de lo que las
leyes reflejaban. "Las élites políticas confundieron uniformar y centralizar con nacionalizar", ha escrito Borja de Riquer; y, lo que es
peor, confundieron uniformar y centralizar sobre el papel con hacerlo en la realidad[52]. Se creó, sin duda, un Estado; pero con muchos
límites. Hubo provincias, y a su cabeza gobernadores o "jefes políti-

cos" nombrados por el ministerio de Gobernación, como hubo leyes uniformes para el conjunto del país y edificios públicos, nuevos o rebautizados, en cada capital provincial, expresión visible de la nueva realidad oficial. Pero era dudoso que aquel entramado fuese capaz de representar a la sociedad, de canalizar sus demandas o de influir seriamente sobre ella; tan dudoso que muchos lo consideraban, en parte al menos, ficticio. Y no es preciso remitirse a pensadores radicales o marginados del sistema: un mesurado Ortega y Gasset, con su probada capacidad para acuñar fórmulas precisas y llamativas, consagró la distinción entre la "España real" y la "España oficial", dos mundos entre los que apenas había contactos. Dediquemos unos párrafos a estas carencias, a este carácter ficticio o meramente "oficial" del Estado decimonónico, porque es crucial para dar un diagnóstico sobre el problema de la construcción nacional.

Sobre el tema de la debilidad estatal hay que advertir, antes de entrar en detalles, que no hay unanimidad entre los historiadores. Por el contrario, esta cuestión ha generado una de las raras polémicas abiertas de la historiografía española reciente. La cuestión se remonta a los años 1970, cuando Bartolomé Clavero criticó las tesis defendidas por José Antonio Maravall sobre la existencia de un "Estado moderno" en España desde el Renacimiento. Para Maravall, los monarcas habrían sido capaces, desde los Reyes Católicos y los primeros Habsburgo, de delimitar un territorio, unificar el Derecho, regular la actividad económica e incluso crear una cierta imagen colectiva unitaria. Clavero, por el contrario, discutió que se pudiera aplicar el concepto "Estado" a aquella construcción, tratándose de un conjunto tan variado de reinos y señoríos, en el que no existía el requisito weberiano del monopolio de la violencia legítima, sino que imperaba el "descontrol del Derecho por el Estado". Tomás y Valiente terció en el debate en apoyo de la tesis de Maravall, aunque precisó que, más que "moderno", prefería llamar a aquel Estado "absolutista". Y Lalinde Abadía intervino en favor de Clavero, observando la incongruencia de englobar en el mismo tipo teórico a la "monarquía universal" de los Habsburgo y a la "absoluta" de los Borbones[53].

Centrando el problema en la era contemporánea, Andrés de Blas ha sostenido que en la España del siglo XIX puede hablarse de un

Estado plenamente formado en España, cuya existencia nadie cuestionó en la época. Precisamente por eso, cree este autor, el nacionalismo fue "un recurso relativamente innecesario en la vida española"; "la firmeza [de] un viejo Estado carente de una seria política expansiva y sin importantes desafíos internos [...] es el factor clave para entender el carácter tardío del nacionalismo español". En línea cercana, aunque de forma menos tajante, Juan Pablo Fusi mantuvo, a finales de la década de 1980 —según resume Núñez Seixas—, "que la España del siglo XIX era ya una nación plenamente forjada y madura, que sólo desde la crisis finisecular de 1898 se v[io] parcialmente negada y amenazada por unos emergentes nacionalismos periféricos". A esta tesis replicó Borja de Riquer a comienzos de los noventa, defendiendo, por el contrario, el "predominio de un localismo real" debido al "fracaso relativo del Estado liberal del siglo XIX en forjar una nación a través de una eficaz política nacionalizadora". Fusi ha tendido a reconocer más tarde aquel fracaso nacionalizador, pero manteniendo diferencias de matiz, pues sitúa el origen del problema en la evolución social y la propia pobreza y precariedad del Estado, mientras que De Riquer culpa a "la naturaleza de la élite política española", que dictó normas centralizadoras de difícil cumplimiento. De entre los autores que han escrito sobre este tema, Núñez Seixas u Olábarri insisten igualmente en la debilidad de las élites políticas nacionales, lo que parece situarles en la línea de De Riquer, mientras que De Blas ha ratificado en distintas ocasiones su opinión favorable a la existencia de un Estado plenamente asimilable a otros europeos del momento[54]. Dar un diagnóstico global sobre el asunto no es fácil. Veámoslo por partes.

Había un primer obstáculo con que se enfrentaba la estructura política creada a lo largo del siglo XIX: su discutible legitimidad. Cualquiera que fuese la situación —absolutista, liberal-progresista o moderada, republicana o monárquica, encabezada por una u otra dinastía—, una parte importante de la opinión no la consideraba legítima, no reconocía aquella autoridad como suya. Los gobiernos más conservadores sufrían menos con esta incapacidad para atraer a los ciudadanos, porque no anclaban su legitimidad en la voluntad popular y porque, a la vez, al establecer menos instituciones o leyes nuevas, dependían en menor medida del reconocimiento que les otorgara la sociedad; ello no obstaba para que se vieran, inevitablemente, enfrentados con la hostilidad de una parte significativa —y creciente— de la ciudadanía. En cuanto a los liberales, al moderar o ver bloqueados tan pronto sus proyectos reformistas, y al no disponer de canales de comunicación con la mayoría campesina, tampoco consiguieron que una gran masa de opinión se identificara con el marco político que ofrecían. Ésta es la opinión de Borja de Riquer, por ejemplo, quien ha observado repetidamente que alrededor del régimen liberal había poco "consenso democrático" y "prestigio popular", al no poseer auténtica representatividad los partidos y al no recibir los ciudadanos derechos políticos a cambio de su aceptación del sistema; en conjunto, había "escasa socialización de la vida política". En línea cercana, Núñez Seixas escribe que "los partidos oficiales demostraron ser incapaces de organizarse sobre sólidas bases regionales" y que "los potenciales ciudadanos difícilmente podían sentirse como parte integrante de una nación política, dado que el Estado les era impuesto"[55].

Un segundo problema era de carácter menos doctrinal y seguramente más práctico: aquel Estado que se estaba formando y pretendía ser aceptado como legítimo era incapaz de crear servicios públicos; fundamentalmente, porque carecía de recursos para ello. La crónica indigencia de la monarquía española a lo largo del siglo XIX es, sin duda, una de las primeras causas que explican la debilidad del Estado liberal y, por consiguiente, su aportación, poco menos que nula, al proceso nacionalizador. La monarquía, fuertemente endeudada en los dos últimos reinados del Antiguo Régimen, se vio privada, al iniciarse la era contemporánea, de las remesas americanas; a ello se añadió que el país de cuyos tributos se alimentaba se vio arrasado, al empezar aquel periodo, por la guerra napoleónica, seguida veinte años más tarde por la no menos devastadora guerra carlista. El endeudamiento del tesoro público creció de tal modo que, durante buena parte del siglo, aproximadamente un tercio del presupuesto anual estuvo constantemente comprometido en el pago de los intereses de la deuda. Los gobiernos, cuyos recursos casi únicos eran la venta de tierras amortizadas y el incremento de la deuda nacional, eran impotentes para llevar a cabo sus medidas o para proporcionar servicios a los ciudadanos.

Un régimen de tan escasa estabilidad y legitimidad y tan privado de recursos tenía, necesariamente, que encontrarse con problemas para llevar a la práctica un plan centralizador tan ambicioso como el que habían diseñado sus creadores. Aquel plan, por otra parte, operaba sobre una realidad geográfica y un sistema administrativo previos muy fragmentados. No hay viajero europeo que no califique de pésima la red de comunicaciones entre las diferentes partes de la montañosa península Ibérica durante, al menos, los tres primeros cuartos del siglo, hasta que se completaron las líneas básicas del ferrocarril; todavía en 1910 seguían incomunicados, incluso por carretera, más de 4.000 de los 9.200 pueblos del país. No es de extrañar que los núcleos de poder local resistieran con tanto éxito a las disposiciones legales que decretaban, una y otra vez, su desaparición. El caso más patente fue el de las regiones forales, cuya oposición a la homogeneización jurídica o fiscal fue tan eficaz que obligó a reconocer excepciones legales a las leyes comunes, como fueron los apéndices forales al Código Civil o los conciertos fiscales con las provincias vasco-navarras. Más aún: la tensión entre los intentos centralizadores y quienes seguían defendiendo la permanencia de los tradicionales privilegios y exenciones es uno de los motivos habitualmente señalados para explicar las guerras carlistas y, más tarde, la emergencia de los nacionalismos catalán y vasco. Pero no hace falta recordar ejemplos extremos. Lo normal, y de mayor éxito, fue oponer una resistencia encubierta; es decir, que los poderes locales sobrevivieran de forma solapada, gracias a un pacto tácito con el Estado liberal. Fue lo que se llamó el *caciquismo*, no un residuo de remotos privilegios feudales sino un producto de nuevo cuño, resultado de la confluencia de jerarquías residuales, sí, del Antiguo Régimen, con nuevas élites locales formadas durante la desamortización, ambas acomodadas a la nueva centralización del Estado liberal. Porque este último aspecto también hay que tenerlo en cuenta. No es justo describir el caciquismo, como a veces se hace, como un pacto entre unos poderes locales fácticos y una centralización teórica, pues si aquéllos no podían ignorar las normas que emanaban del gobierno central y se veían obligados a pactar también habrá que reconocerle a éste alguna fuerza fáctica. La misma preeminencia adquirida por las ciudades designadas por Javier

de Burgos como capitales de provincia, en comparación con locali-
dades vecinas de similar tamaño que no fueron elegidas para encabezar una de las cuarenta y nueve demarcaciones, demuestra que
ostentar la delegación del gobierno central no era una bagatela[56].

Había, pues, fragmentación, pero a la vez ésta coexistía con un
poder central que no era mera ficción. Pero además de fragmentación geográfica había otras, que también tendían a convertir la
"administración pública" en un bien patrimonializado, parcelado
por personas o entes privados. Por ejemplo, las divisiones partidistas,
o personalistas, que dominaban la vida política, se reflejaban también en la naturaleza del Estado. El gobernador civil, ejemplo supremo de la presencia estatal en las provincias, "actuaba mucho más
como dirigente del partido del gobierno que como representante
de la administración del Estado", según observa De Riquer; "la centralización fue, en la práctica, mucho más un instrumento político
subordinado a los intereses partidistas que no un principio general y
coherente de organización del Estado y de nacionalización"[57]. Algo
semejante podría decirse de los cuerpos de funcionarios, que fueron
surgiendo también, aunque muy lentamente, a lo largo del siglo XIX.
Su aparición fue paralela a la ocurrida en Francia o Alemania, y
éste debería ser un dato favorable a la tesis de que en la España del
momento existió un Estado equiparable al de los países avanzados.
Pero es dudoso que, en el caso español, aquellos cuerpos consa-
graran sus principales esfuerzos a la creación o el mantenimiento de
servicios para los ciudadanos; más bien parece que la burocracia se
utilizó por las clases medias-altas en servicio propio, como fuente
de rentas e influencias para su entorno familiar y social. Esta última
es la sensación que se desprende de las descripciones novelísticas de
un Pérez Galdós por ejemplo, tan fascinado siempre por los medios
funcionariales. El Estado existía, sí, pero como una especie de pre-
dio común mal vigilado del que algunos obtenían rentas y sinecuras,
llegando incluso a parcelar algún que otro coto privado; mientras
que otros, la gran mayoría, lo percibían como una jungla impenetra-
ble y, sobre todo, ajena, de la que emanaban normas y decisiones arbitrarias, de considerable peligro para su vida diaria.

Hay algo que no puede negarse: que todos los observadores describían la España del siglo XIX, e incluso de comienzos del XX, como

los que el Estado necesitaba apoyarse, como un cojo en unas muletas, hacían cualquier cosa menos homogeneizar culturalmente; por el contrario, cada comarca tenía su "ley".

LA NACIONALIZACIÓN DE LAS MASAS: EDUCACIÓN, SERVICIO MILITAR, SÍMBOLOS Y MONUMENTOS

Ningún mecanismo era tan necesario para la construcción nacional como algo que constituía, además, un servicio público: un sistema educativo estatal, obligatorio y gratuito. Las élites político-intelectuales lo habían sabido ya desde la era ilustrada. La Constitución de 1812, en su "Discurso preliminar", estableció que

> el Estado, no menos que soldados que le defiendan, necesita de ciudadanos que ilustren a la nación y promuevan su felicidad con todo género de luces y conocimientos. Así que uno de los primeros cuidados que deben ocupar a los representantes de un pueblo grande y generoso es la educación pública. Ésta ha de ser general y uniforme [...] Para que el carácter sea nacional, para que el espíritu público pueda dirigirse al grande objeto de formar verdaderos españoles, hombres de bien y amantes de su patria, es preciso que no quede confiada la dirección de la enseñanza pública en manos mercenarias.

A partir de esos principios, la Constitución establecía la obligación estatal de mantener un sistema escolar que llegara a todos los pueblos del reino, lo que llevó al proyecto escrito por el poeta Quintana en 1813, inspirado en el de Condorcet de 1792, que por primera vez preveía la instrucción pública de todos los ciudadanos. No era claridad de ideas lo que faltaba a los diputados gaditanos. Pero, como el resto de su obra, aquello quedó en nada.

Reiteraron sus intenciones, de nuevo sin poder llevarlas a buen fin, los liberales del Trienio, esta vez con un Reglamento General de Instrucción Pública menos ambicioso que el de Quintana, pues no reservaba al Estado un monopolio, sino una acción tutelar, sobre la enseñanza. Un nuevo intento llegó en 1834, con el establecimiento de las Escuelas Normales Femeninas y un proyecto de sistema estatal de enseñanza con un periodo mínimo de escolaridad obligatoria y gratuita. Una vez más, los avatares políticos inmediatos lo convirtieron en papel mojado. Lo propio volvió a ocurrir en 1845, cuando se estabilizó la situación con los moderados y Pedro José Pidal elaboró un nuevo plan de instrucción gratuita, boicoteado esta vez por su mismo partido. Sólo en 1857, por fin, aprobaron las Cortes una Ley General de Instrucción Pública, a propuesta del moderado y neocatólico ministro de Fomento Claudio Moyano. Sus líneas maestras, pese a habérsele dado tantas vueltas a la idea, no diferían mucho, en definitiva, del proyecto presentado por Quintana en Cádiz. La enseñanza pública quedaba unificada, bajo el control compartido de la Iglesia y el Estado, y se desarrollaba en tres niveles, de acuerdo con un esquema de sencillez y rigidez centralista verdaderamente apabullantes: habría una enseñanza primaria, obligatoria para todos los niños de entre seis y nueve años de edad, impartida en escuelas que se establecerían en cada municipio de más de quinientos habitantes; un nivel de secundaria, con institutos de enseñanza media en todas las capitales de provincia; y una serie de universidades, localizadas en las capitales regionales; el doctorado quedaba reservado a la "Universidad Central" madrileña[61].

Parecía que al fin podía hablarse de un plan de "nacionalización de las masas", por usar el término consagrado por Georges Mosse[62]. Había sido laborioso, pero desde 1857 una ley, desarrollada poco después reglamentariamente, establecía un sistema de educación nacional completo y unitario, que incluía un periodo de escolaridad obligatoria común a todos los españoles. Como aquélla fue la década en que se publicaron las primeras *Historias de España* de factura moderna, también hubo muy pronto textos pedagógicos nacionalizadores, de entre los que fueron paradigmáticos los de Fernando de Castro. Por lo demás, la Ley Moyano estaba destinada a perdurar: sus conceptos y niveles básicos se mantendrían vigentes hasta la gran masificación de la enseñanza en los años finales del franquismo. Pero su insatisfactoria aplicación, al menos durante el primer medio siglo, revela cuán teórico había sido aquel triunfo y cuán estrechos los límites en que se movía el Estado español del XIX.

No pudiendo sufragar el gobierno central los gastos del plan educativo, decretó pura y llanamente que los obligados a erigir y sostener las escuelas de enseñanza primaria serían los propios municipios —a los que justamente se acababa de privar de sus rentas más importantes, con la desamortización de los bienes de propios en 1855—, y que las diputaciones provinciales se harían cargo de los institutos de enseñanza media. De esta manera, como escriben Francisco Comín y Carmen García, "el Gobierno central se desentendió de sus compromisos para suministrar determinados servicios públicos a sabiendas de que iban a ser desatendidos por unas corporaciones locales pobres de recursos". El resultado, a largo plazo, no pudo ser más elocuente: en la época de la Guerra de Cuba, cuarenta años después de aprobada la Ley Moyano, casi la mitad de las escuelas previstas por aquella norma seguían sin existir y no estaba escolarizado un 60 por ciento de la población infantil que debía estarlo; más de un 60 por ciento de los españoles continuaban siendo analfabetos (frente a un 50 por ciento en Italia, un 17 en Francia, o un 5 en Alemania o Inglaterra) y la mayoría de quienes sabían leer y escribir habían estudiado en instituciones privadas, casi todas colegios católicos. Donde había escuelas públicas, los maestros cobraban tan tarde y tan mal que su "hambre" era objeto de proverbios y chanzas[63].

Este fracaso educativo no sólo constituye uno de los factores que más negativos efectos hubo de surtir sobre el proceso nacionalizador, sino que revela las dos circunstancias básicas que orientan la conducta de los gobernantes españoles del XIX: la "escasez de recursos", por un lado, y la "falta de voluntad política", por otro. Porque no todo eran apreturas presupuestarias. Algo de dinero sí que tenía el Estado, pero lo gastaba en otras cosas. Lo primero que destaca en un análisis sumario de los presupuestos públicos del XIX español es que se trataba de una administración, en buena medida, militarizada: en 1885, los pagos a militares absorbían el 49 por ciento del capítulo de personal del presupuesto estatal; y entre 1850 y 1890, entre el ejército, la marina y gobernación sumaban más del 60 por ciento del total de los gastos del Estado. Dado que el país apenas entraba en guerras, hay que comprender que la función principal de aquellas fuerzas armadas era interior, según explicó Manuel Ballbé hace algunos años; por supuesto, entre estas fuerzas se incluía a la Guardia Civil, o policía rural, único órgano de la administración de los creados en el siglo XIX que alcanzó un indiscutible grado de eficacia; de hecho, el mantenimiento del orden público era la función que el Estado español garantizaba de verdad, aunque fuera con métodos de un primitivismo que empezaba a ser excesivo para el contexto europeo que se pretendía imitar. Las fuerzas armadas constituían, así, la rama de la administración más visible dentro del país, el símbolo cotidiano de la presencia estatal en la sociedad[64]. Aparte de estas partidas militares, destacaban en el presupuesto las destinadas al mantenimiento del culto y clero, que igualaban, en la simbólica fecha de 1898, las destinadas a obras públicas y eran cinco veces superiores a las de educación. Sólo tras aquella crisis, al crearse el Ministerio de Instrucción Pública y hacerse cargo el gobierno de la enseñanza primaria, empezó a cambiar la situación y los gastos en educación pasaron de ser el 1 al 4 por ciento del presupuesto estatal[65].

¿A qué se debía tanto abandono de la enseñanza pública? Sencillamente a que, como dice Carlos Dardé, durante la Restauración "la intensidad del nacionalismo no parece haber sido muy fuerte"[66]. No hay que dejarse engañar por griterías patrioteras esporádicas, como las del conflicto de las Carolinas en 1885. Ni tampoco por las de la Guerra de África de 1860, pues el problema no se reduce a la época de la Restauración. En los años del moderantismo, cuando se aprobó la Ley Moyano, tampoco había un decidido plan nacionalizador. Fueron dos cuartos de siglo (1843-1868 y 1875-1900) de dominio conservador, y en ambos el timón del gobierno —y en especial la cartera de Fomento, de la que dependía la educación— estuvo en manos de políticos para quienes, en el fondo, la garantía de la subordinación de los súbditos a la autoridad eran las creencias religiosas. De ahí que dejaran la enseñanza en manos de la Iglesia. Hubo, sin duda, entre aquellos gobernantes más de un celoso guardián de las competencias estatales, a quien no pudo agradar tal dejación de funciones; pero, si había presiones irresistibles para él y su gobierno, eran las del clero; y, seguramente, además, participaba en la idea de que formar buenos católicos era tanto o más importante que formar buenos patriotas o buenos ciudadanos. Si nos remontamos al otro cuarto de siglo de dominio de la derecha, al primero y más extremo de todos, es decir, el reinado de Fernando VII, cuando aquellos sectores pudieron desplegar sus ideas educativas sin cortapisas, habrá que recordar que también hubo un plan de enseñanza, el firmado por Calomarde en 1824, cuya redacción encargó el gobierno al obispo de Málaga. Puede imaginarse el resultado: toda la educación quedó bajo control eclesiástico directo. Lo que ni los absolutistas fernandinos, ni los moderados de Narváez, ni los conservadores de Cánovas y más tarde de Maura parecían comprender es que la Iglesia católica, como vimos en el capítulo anterior, tenía una veta, no ya antiliberal, sino antiestatal. Una veta que, al disputar al Estado las competencias educativas, se convertía en "antinacional", en un obstáculo a la nacionalización.

En resumen, el Estado español del XIX no hizo un esfuerzo decidido por crear esas escuelas públicas donde, como dice Pierre Vilar, habían de "fabricarse españoles". Dejó que dominaran los colegios religiosos, cuya cuota de mercado subió de un 10 por ciento en 1860 a un 30 en 1920. Y en ellos se "fabricaban", naturalmente, "católicos". En el plan educativo establecido por la Ley de 1857, por ejemplo, no se incluyó entre las enseñanzas del nivel elemental una historia de España, mientras que sí había "Doctrina Cristiana y nociones de Historia Sagrada"[67]. Y no sólo se despreocupaban de la historia de España y de los valores cívicos, en beneficio del catecismo y la moral cristiana, sino que, cuando la eficacia pedagógica lo exigía, la doctrina se enseñaba en vasco, catalán o gallego, en vez de en la lengua oficial del Estado. Ésta fue la diferencia radical con Francia, un país que había heredado del Antiguo Régimen una diversidad lingüística comparable a la española y que entre finales del siglo XIX y comienzos del XX, en dos o tres generaciones, so pretexto de erradicar el analfabetismo, desarraigó las distintas variedades de *patois* e impuso por doquier el francés parisino. Según ha estudiado Eugen Weber, la enseñanza estatal obligatoria establecida por la Tercera República a partir de 1880 fue la principal herramienta en este proceso; lo cual supuso un duro conflicto con el Vaticano, que acabaría llevando a la denuncia del concordato napoleónico y la ruptura de relaciones diplomáticas. En el curso de aquel enfrentamiento tuvieron que abandonar el territorio de la antigua *fille aînée de l'Église* decenas de miles de religiosos dedicados a la enseñanza, muchos de los cuales se refugiaron, justamente, en España y nutrieron aquella expansión de colegios privados de la Restauración y el maurismo. La comparación entre los dos países es, por tanto, inevitable: "al revés de lo que ocurría en la Francia de la Tercera República", ha escrito Carlos Serrano, en España "la escuela no consiguió desempeñar un papel central como instrumento de integración nacional [...]. La administración fue incapaz de llevar a cabo una política lingüística que convirtiera al castellano en lengua común de todos los españoles. Los catalanes, los gallegos, algunos vascos nunca fueron a escuelas nacionales, no necesitaron comunicarse con las demás partes de España, se expresaban en su propia lengua y apenas manejaban el castellano (que sólo necesitaban conocer si emigraban a la América hispana)"[68]. Es difícil no comprender que en este punto estamos tocando una de las claves explicativas de la situación española del siglo XX, que terminó siendo, sin duda, más diversa o rica lingüísticamente que Francia, por seguir con la comparación, pero también con mayores problemas de integración nacional.

El servicio militar fue otro ejemplo, no menos elocuente que el de la enseñanza, de que no todo era carencia de recursos sino también de voluntad política. Como ha explicado igualmente Eugen Weber, ésta fue una segunda vía crucial para la integración de la población rural francesa en la nueva identidad nacional. Y no es casual que hayan sido, de nuevo, historiadores franceses los de mayor sensibilidad para detectar la ausencia de este instrumento nacionalizador en el caso español. Pierre Vilar ha comparado la España de finales del XIX con la Francia del Segundo Imperio, cuando el servicio militar estaba lleno de exenciones y se permitían las sustituciones de unos reclutas por otros: dado que el sacrificio por la patria se justificaba porque esta última encarnaba un ideal de justicia, o igualdad ante la ley, un servicio militar del que los ricos se zafaban no podía considerarse patriótico: "¿cómo predicar el sacrificio por la patria si todo el mundo no es soldado?". Fue poco antes, en el *Manifiesto comunista,* cuando Marx escribió que el proletariado no tenía patria, que los pobres no podían sentir el patriotismo. Dicho de otro modo, era lo que le servía a Thiers para justificar la exclusión de las clases bajas del sistema electoral: que no tenían "intereses" en la buena marcha de la nación. En España se teorizó menos, pero la literatura supo expresar este sentimiento. Tanto la culta como la popular, como recuerda el propio Vilar. La culta, con aquel amargo cuento de Clarín titulado *El sustituto,* que narra la historia de un señorito que envía a uno de sus colonos para que haga el servicio militar por él; el campesino va a la guerra con resignación, consolándose incluso al pensar que si muere en combate asegurará una pensión a su madre; mientras los reclutas parten, el señorito sustituido escribe, por encargo del ayuntamiento, una oda a los que van a ofrecer su sangre por la patria. La literatura popular también expresó estos sentimientos, como en aquel cuplé, también reproducido por Vilar, no ya amargo, sino corrosivo:

> Hoy, en todo momento,
> los pobres, la gentuza, la morralla
> dan su sangre en los campos de batalla,
> y los ricos su oro, al seis por ciento [...][69].

La Francia posterior a Sedan atribuyó la derrota ante Alemania a aquel discriminatorio sistema de reclutamiento; y la Tercera República terminó con él, estableciendo un servicio militar verdaderamente universal. Eso fue justamente lo que no hicieron gobernantes ni legisladores en España a lo largo de todo el XIX. De nuevo, jugaba aquí el factor de la escasez de recursos —no es barato mantener una red de cuarteles en estado decente, un armamento creíble y unas tropas uniformadas y alimentadas—, pero, de haber existido la voluntad de forzar la integración de todos los estratos sociales en un "servicio a la patria" que superase las jerarquías heredadas, se habría intentado. Tampoco hay que soñar con que, en ese caso, los sentimientos populares se hubieran tornado favorables: sacar a los hijos de casa de sus padres, obligarles a trasladarse a regiones distantes y someterles durante un periodo de tiempo largo a molestias y sacrificios, con serios riesgos, en ocasiones, para su vida, no es algo que se consiga sin coacción. Oposición popular habría habido, como la hubo en otros países. Mas no por ello hubiera dejado de surtir efectos nacionalizadores sobre muchos de los afectados, al romper su aislamiento y hacerles convivir con otras personas a las que empezarían a ver como compatriotas de otras regiones; al practicar un idioma que considerarían común; y al someterles a un baño masivo e intenso de retórica sobre la necesidad de posponer el egoísmo individual ante el bien de la patria. Habría seguido habiendo un elevado número de prófugos y desertores, sobre todo en épocas de guerra, porque ocurría en todos los ejércitos de la época. Pero, al menos, no se hubiera podido decir que las fuerzas armadas no eran "nacionales". Lo específico de la pésima reputación popular del ejército español es que era visto, según una gráfica expresión de la izquierda radical, como una "contribución de sangre" exigida a los pobres. De ahí la conclusión de Núñez Seixas, que es difícil no suscribir: el ejército "nunca cumplió en España el papel unificador que tuvo en otros Estados europeos, donde el servicio militar era obligatorio para todos los ciudadanos". Todo lo relacionado con el ejército —no sólo el sistema de reclutamiento— tenía un aire, dice este autor, "crudamente clasista": desde la función policial de las fuerzas armadas, tan identificada con la defensa del sistema de propiedad existente, hasta el sistema de seguros para redimirse de la quinta, estudiado hace años por Nuria Sales, que recibía el apoyo financiero de los Grandes de España, en principio por caridad y sentimientos patrióticos, pero sin renunciar a obtener por ello una rentabilidad, que llegó al 16 por ciento durante la Guerra de Cuba[70].

Recursos económicos muy inferiores a los que exige un ejército requería la adopción y difusión de un conjunto de símbolos nacionales, condición *sine qua non* para la extensión de los sentimientos nacionalistas. Eric Hobsbawm ha consagrado los términos "invención de la tradición" para referirse al proceso de creación, por parte de los Estados europeos del XIX, de banderas, himnos, ceremonias conmemorativas, festejos, monumentos, lápidas, nombres de calles y tantos otros símbolos y ritos que se pretendían expresión de un ente colectivo de inmemorial antigüedad. Tal proceso culminó en las décadas inmediatamente anteriores a 1900, pero se había iniciado unos cien años antes. En aquel primer momento, España no iba en absoluto a la zaga de otras monarquías de su entorno. Jovellanos o Meléndez Valdés expresaron su deseo de instituir fiestas populares, con ritos y canciones que familiarizaran al pueblo con las gestas de la historia patria. Puede incluso hablarse de precocidad, pues "bandera nacional" fue el término que figura en el decreto por el que Carlos III dispuso la utilización, por parte de la marina de guerra, de una enseña rectangular, apaisada, compuesta por tres franjas horizontales, rojas en los extremos y amarilla, de doble anchura, en el centro. Fue también en ese reinado cuando se escribió y comenzó a tocar el *Himno de Granaderos*, futura marcha real, aunque a nadie se le pasara por las mientes denominarlo "himno nacional". La verdad es que incluso en el decreto sobre la bandera el rey se refería a "mi" armada, posesivo muy revelador de la mentalidad de la época que restaba valor al carácter "nacional" de la enseña. Pero se iniciaba un camino, más o menos a la vez que en otros Estados europeos del momento. Un camino cuyo curso sería desviado, sin embargo, por el proceloso océano político del XIX, en el que, de nuevo, los problemas y vacilaciones volverían a frenar el impulso nacionalizador.

Una bandera es, desde luego, lo primero que diseña todo el que concibe un proyecto nacional. En aquel complejo conjunto de reinos que rigieron los Habsburgo y los primeros Borbones jamás hubo una bandera común, ni menos aún nacional, por mucho que la visión deformada del pasado típica de los siglos XIX y XX haya repetido que España había alcanzado su "unidad nacional" con los Reyes Católicos. Las tropas de Carlos V o Felipe II usaban diversas enseñas nobiliarias o locales y, para reconocerse entre sí, escarapelas rojas o cruces de Borgoña; la escarapela se tornó blanca con los Borbones y la flor de lis se incorporó, de diversas formas, a los símbolos comunes. Pero Carlos III estableció en 1785 la bandera roja y gualda para la marina de guerra, como acabamos de decir, y su sucesor extendió su uso, ocho años más tarde, a las plazas marítimas. En la guerra napoleónica proliferaron los estandartes y banderas, diferentes según los regimientos, pero la bicolor de Carlos III fue adquiriendo preeminencia, precisamente porque Cádiz, como plaza marítima, la convirtió en un símbolo de la resistencia contra los franceses. De ahí pasó a ser la enseña liberal, adoptada por la Milicia Nacional, con lo que Fernando VII evitó difundirla, aunque respetara su uso marítimo. Durante la primera Guerra Carlista fue la enarbolada por el ejército cristino y al poco de terminada esta contienda, en 1843, se promulgó una ley que extendió su uso a todo el ejército de tierra. No significaba eso, aunque también se escriba con frecuencia, que hubiera ya bandera nacional, porque su valor seguía siendo militar y a nadie se le ocurrió coronar con ella los ministerios o edificios públicos de carácter civil. Continuaron, además, los cambios legales y los retrocesos, dentro del mismo reinado de Isabel II. Pero la guerra marroquí de 1860 vio entusiasmarse al país detrás de aquellos colores; y en 1868, por fin, los revolucionarios que derrocaron a aquella reina la usaron ya decididamente como bandera nacional. Era algo tarde. Se oponían a ella, desde luego, los carlistas, que seguían fieles a la blanca con la cruz de Borgoña, pero también la Academia de la Historia, en cuyo nombre elaboró Cánovas un informe desmintiendo —con buen sentido histórico— la antigüedad y el carácter nacional de tal símbolo. Incluso la izquierda había cambiado sus preferencias con el paso del tiempo y los demócratas no se conformaban ya con las franjas roja y amarilla, sino que le añadían una morada, derivada de la conocida mitificación liberal de los Comuneros castellanos. Cambiar la bandera, en efecto, por una tricolor fue lo que propuso Fernández de los Ríos a las Cortes en 1869. No se adoptó la medida oficialmente, pero sí parece que ambas, la tricolor y la rojigualda, se utilizaron durante la breve República de 1873. Con la Restauración se volvió al uso exclusivo de esta última, considerada liberal y monárquica a la vez. Se hizo, sin embargo, con tan poco entusiasmo que hasta 1908 no se dispuso oficialmente que la bandera ondeara en todos los edificios públicos, y hasta 1927 no se ordenó que la enarbolaran también todos los buques mercantes[71]. No hará falta recordar, aunque exceda los límites de este libro, que la Segunda República habría de volver a añadir la franja morada y el franquismo a eliminarla de nuevo. Sólo a partir de 1977, quizás desde aquella memorable aparición de Santiago Carrillo al frente de la plana mayor de un Partido Comunista recién legalizado, arropados todos por la bandera roja y gualda, ha ido siendo ésta aceptada como símbolo común por parte de quienes se consideran "españoles".

De menor implantación que la bandera, aunque casi igual de polémico, ha sido el himno. Desde el siglo XVIII existía el *Himno de Granaderos*, y todo el XIX lo usó en las grandes ocasiones, es decir, en presencia real, pero sin adoptar ninguna decisión sobre su rango. En las situaciones liberales, y desde luego en las dos repúblicas, se tocaba, y se terminó declarando oficial, el *Himno de Riego*. A mitad de camino entre aquellos dos momentos republicanos, durante la gran movilización de la Guerra de Cuba, las tropas se embarcaron al son de distintas músicas, entre las que dominaban los sones de la "Marcha" de la zarzuela *Cádiz;* y las calles se vieron recorridas por muchedumbres patrióticas que, si eran de izquierdas, podían muy bien cantar *La Marsellesa,* composición revolucionaria francesa, para expresar su adhesión a la causa española. En 1908, al fin, la *Marcha Real* se elevó al rango de himno nacional, pero cuando, a principios de 1931, en los meses finales de la monarquía de Alfonso XIII, el músico mayor del real cuerpo de guardias alabarderos Bartolomé Pérez Casas hizo una adaptación de su partitura, lo registró, como creación propia, en la Sociedad General de Autores, y sus herederos han seguido percibiendo derechos por la obra, cada vez que se ha usado, hasta el final del siglo XX. Más privatización sobre un símbolo público, imposible. Peor aún era que, ni en 1908 ni cuando el régimen vencedor en la Guerra Civil ratificó su categoría de himno nacional, se incorporó una letra a aquella música. Existieron distintas versiones oficiales, con una escrita por José María Pemán que alcanzó cierta difusión bajo el franquismo ("Viva España, alzad los brazos hijos del pueblo español, que vuelve a resurgir..."). A finales de los años 1970, al implantarse la democracia, consciente de la dificultad de alcanzar un consenso sobre los valores a ensalzar, se optó de nuevo por dejar el himno sin texto. Es decir, que no sólo siguieron las dudas y zig-zags hasta el último cuarto del siglo XX, igual que con la bandera, sino que en este caso se renunció, aun entonces, a uno de los más eficaces mecanismos de interiorización de la identidad patria, como es un canto colectivo que hace sentir a quienes participan en él integrados en una entidad trascendente, superior a sus vidas individuales[72].

Un tercer símbolo primordial de la nación que faltó también en la España del XIX fue una fiesta nacional. También en este terreno se había dispuesto, desde muy pronto, de una fecha, el Dos de Mayo, suficientemente adecuada, dada su versatilidad política, es decir, su aceptación por todas las fracciones del arco iris ideológico, desde los absolutistas —luego carlistas— hasta los republicanos —cuando surgieron—, pasando por las distintas tendencias liberales. La idea de conmemorar la fecha era antiquísima, además, pues lo habían decretado en plena guerra napoleónica las propias Cortes gaditanas en el primer Dos de Mayo en que tuvieron ocasión, es decir, sólo tres años después de ocurridos los hechos. Pero bastó que fuera del gusto de los doceañistas para que el régimen fernandino no sintiera entusiasmo por aquella celebración y, al igual que con la bandera, durante un par de décadas se puso sordina a la fecha. Cuando se retomó, ya en los años treinta, no consiguió remontar el vuelo. Nunca llegó a ser una gran festividad nacional. No era un problema de recursos, porque fiestas había, y muchas, en el país; una de ellas, el Veinticinco de Julio, tenía incluso un cierto carácter nacional, por ser la dedicada por la Iglesia católica a Santiago, *Patrón de España*. Pero sólo círculos muy limitados tenían conciencia de la necesidad de una celebración patriótica laica. Hacia mediados de siglo, el Dos de Mayo había pasado a ser un festejo madrileño, con un contenido tan religioso como cívico, y sus gastos corrían a cargo del ayuntamiento, que consideraba los hechos conmemorados una gloria local. Al finalizar el reinado de Isabel II, la fecha se convirtió en contenciosa, por su carácter liberal, y llegó incluso a ser prohibida por alguno de los últimos gobiernos isabelinos. Durante la Septembrina tomó nuevo auge, pero empezaba a ser tarde, y su carácter populachero y xenófobo —una de las diversiones del día consistía en apalear a todo transeúnte identificado como francés— hizo que los círculos más avanzados, como los obreros internacionalistas, se pronunciaran contra ella. La Restauración, de nuevo, bajó el tono de la celebración. Al cumplirse el centenario de los hechos, el ejército se había terminado apropiando de la festividad y la había convertido en un homenaje a Daoiz y Velarde, una manera de autoglorificar el comportamiento de las fuerzas armadas frente a la invasión francesa; es difícil imaginar un caso de distorsión histórica más descarada, pues los dos capitanes homenajeados habían sido la excepción frente al grueso de sus compañeros, los militares profesionales del país, que en los primeros momentos de la insurrección popular optaron por no enfrentarse con los franceses[73].

Sólo en la segunda década del siglo XX un gobierno Maura decidiría, por fin, instituir una fiesta nacional con tal nombre. No fue el Dos de Mayo, de significado cívico-liberal, ni el día de Santiago, ligado a la idea de la "unidad católica" de España[74]. Fue el Doce de Octubre, fecha de la llegada de Colón a la isla de Guanahaní, o, como decían los europeos, del "Descubrimiento de América". Podía entenderse que triunfaba un nacionalismo laico y expansivo, de tipo imperial. Pero no. Ese día se celebraba también desde hacía siglos la fiesta del Pilar, el recuerdo de la aparición milagrosa de la Madre de Dios al evangelizador de España. La ambigüedad se mantenía: se ensalzaba la potencia del Estado y de la nación, pero también la del cristianismo, la evangelización de este rincón del mundo.

Igual que hubo dudas y debilidades en la elección y difusión de símbolos nacionales como la bandera, el himno o el día de la patria, tampoco se dio suficiente impulso a la construcción de monumentos que honrasen los valores, héroes o glorias nacionales. Éste es un terreno en el que ni siquiera puede hablarse de un comienzo temprano, pues al morir Fernando VII no había en Madrid ni un solo monumento patriótico. Las construcciones ornamentales, a decir verdad, no eran el fuerte de las ciudades españolas y la corte en especial carecía de ellas. Los reyes habían vivido en Aranjuez o La Granja, más que en la capital, y se habían ocupado poco de ésta. Y tampoco en aquellos reales sitios se veneraba a la nación, pues los símbolos y adornos de sus palacios, jardines y fuentes sólo incluían temas mitológicos o alegóricos, del estilo de los que Luis XIV había hecho poner en Versalles, imitación a su vez de los usados en Italia desde el Renacimiento, que ya Felipe II había tomado como modelo en El Pardo, El Bosque o el propio Aranjuez[75]. Al comenzar el siglo XVIII, en resumen, aparte de múltiples iglesias, había en la corte dos palacios reales —uno de los cuales, por cierto, sufrió un fatal incendio bajo el primer Borbón, lo que obligó a éste y a sus dos sucesores a concentrar sus esfuerzos en hacer otro nuevo—; y en sus jardines, dos únicos monumentos de significado político: las estatuas ecuestres de Felipe III y Felipe IV, sendos regalos de los Médici en el siglo anterior, ensalzaban el poder *real*, no las glorias *nacionales*. Carlos III embelleció la ciudad, como es sabido, de múltiples maneras, entre otras con una monumental iglesia —San Francisco el Grande— cercana al palacio, una gran puerta de entrada por el lado de Alcalá y un paseo del Prado flanqueado por un museo de ciencias y un jardín botánico y coronado, en sus dos extremos, por sendas esculturas de tema mitológico —Cibeles y Neptuno—. Tampoco cantaban esos monumentos las glorias de la nación; no decoraban Madrid como capital del Estado, sino como corte o residencia real. Fernando VII añadió la puerta de Toledo y cambió el destino del edificio de Villanueva, pensado como museo de ciencias naturales, y exhibió en él las colecciones de pintura regias; a la larga, sería un verdadero museo "nacional" de pintura, aunque nunca se le colgara ese adjetivo[76].

A la revolución liberal —como ha escrito Carlos Serrano— correspondía establecer un nuevo orden simbólico en los centros urbanos de "la nación" y, más que en ningún otro, en la capital de esa nación; había que ocupar el espacio público con los modelos de la nueva moral patriótica, es decir, honrando a los "padres de la patria", troquel de sentimientos y conducta para las generaciones venideras. Una vez más, el monumento que pareció imprescindible a la primera hornada de liberales fue el dedicado a los muertos ante los franceses en mayo de 1808, fecha simbólica en que había llegado al mundo España como nación moderna. Lo decidieron así las Cortes en 1811; y el proyecto, una vez más, se vio congelado hasta la muerte de su enemigo, el último rey absoluto, ocurrida veinte años más tarde. Todavía entonces vendrían retrasos, debidos a nuevos cambios políticos, obstáculos burocráticos y penurias del fisco. Al fin, en 1840, un gobierno liberal, espoleado sin duda por la inminente inhumación de los restos de Napoleón en los Inválidos de París, terminó e inauguró el monumento, en un lateral del Prado. Había tardado, pero, al fin, en el paseo más concurrido y respetable de la capital, había un símbolo de indiscutible contenido nacional. Nada tan importante como aquello volvería a hacerse en lo que quedaba de siglo. Pese a todo, la atención que recibiría el lugar fue escasa: sólo durante la fiesta, relativamente devaluada, del Dos de Mayo, y sólo como una parte de los actos; la otra era una misa de *Réquiem*.

Diez años más tarde que el obelisco a los "mártires" de Murat se inauguró en la Carrera de San Jerónimo la nueva sede de las Cortes españolas, en un lugar céntrico, pero en un lateral y sin la elevación ni la perspectiva adecuada para un edificio tan simbólico. Una década más tarde, en 1860, se vivió en ella la emocional escena en que todos los grupos políticos, con rara unanimidad, aprobaron la guerra marroquí propuesta por O'Donnell. Terminada ésta, y en la euforia del triunfo, se decidió añadir dos leones de bronce, a ambos lados de la escalinata de entrada, fundidos con el metal de los cañones capturados al enemigo. Era una costumbre muy de la época, que Georges Mosse ha estudiado para el caso alemán: según este autor, un monumento de este tipo encadena simbólicamente y humilla a perpetuidad al enemigo, al convertir sus armas en estatua duradera en honor de las glorias ajenas; la fuerza de quienes lo erigen se mide por la importancia del enemigo derrotado. Si esto es así, en el caso español el enemigo apresado en aquel monumento, el único derrotado a lo largo de todo un siglo, eran tropas marroquíes que ni siquiera componían un ejército regular, en un conflicto al que sólo de forma muy hinchada se llamaba "Guerra de África". La España del XIX, incapaz de medirse con las grandes potencias, expresaba, en el monumento mismo en que exhibía sus glorias, los límites de su poder y de sus ambiciones[77].

La fiebre monumentalista aumentó en las dos últimas décadas del XIX. En Madrid, no sólo se erigieron estatuas de reyes y caudillos militares, como Isabel la Católica, el marqués del Duero, Espartero o don Álvaro de Bazán, sino que se fueron añadiendo a ellos descubridores y artistas, como Colón, Calderón, Murillo, Goya, Velázquez, en general alrededor del museo del Prado y al calor de los centenarios de los años 1880. Pero el monumento patrio de mayor ambición y significado fue el Panteón de Hombres Ilustres, idea acariciada desde 1839 y aprobada treinta años más tarde, por las Cortes constituyentes de La Gloriosa. Se iba a situar en San Francisco el Grande, donde comenzaría, según el grandioso proyecto propuesto por Fernández de los Ríos en su libro *El futuro Madrid,* una gran avenida que había de abrir en canal el casco antiguo de la capital para desembocar en las Cortes. Sería un monumento, decía don Ángel, "que eduque a la Nación en el ejemplo de sus hombres eminentes, que muestre a los vivos la recompensa de las existencias fecundas y prometa una sucesión de grandes ciudadanos dignos de ser enterrados en aquel recinto". No hay duda sobre las intenciones nacionalizadoras de aquellas élites liberales que, como de costumbre, seguían ejemplos europeos: el francés, con el *Panthéon National* instalado por la Revolución en la iglesia de Sainte Geneviève; el italiano, con la serie de tumbas de grandes nombres de la cultura toscana —convertida ahora en nacional— reunidas en la

Santa Croce florentina; el inglés, con el conjunto de héroes y estadistas enterrados en Westminster. La gran avenida soñada por Fernández de los Ríos no llegó ni a iniciarse, aunque sí dio tiempo, en
los años de La Gloriosa, para exhumar restos que se dijo eran del
Gran Capitán, Garcilaso, Quevedo, Calderón, el duque de Aranda
o Gravina, y llevarlos a San Francisco el Grande, con la pompa y un-
ción propias del caso. Mas la Restauración, ay, cambió de idea y
aquellos pobres huesos volvieron a peregrinar, esta vez ya a hurtadi-
llas, a sus lugares de procedencia. Se pensó entonces en construir
un panteón propiamente dicho, que sería el anexo a una gran basílica que habría de erigirse en Atocha. Se hizo el anexo, "un claustro
neogótico y neobizantino con campanile italiano, [...] un diseño
ecléctico y exótico", al que fueron a reposar, a finales del XIX, los cadáveres de una serie de políticos del siglo que terminaba: Argüelles, Olózaga, Martínez de la Rosa, Cánovas, Ríos Rosas, Sagasta y
algún otro. La construcción de la basílica, sin embargo, se dilataría
aún largo tiempo y sólo terminó después de la Guerra Civil, en los
años cuarenta, cuando no estaban los tiempos para grandes inversiones, y menos aún si se destinaban a honrar a políticos liberales.
Las grandiosas intenciones originales quedaron, una vez más, en
casi nada. Hoy es uno de los rincones más olvidados de Madrid[78].

Ya al girar el siglo se intentaron otros monumentos nacionales,
como el dedicado a los combatientes en la guerra de 1898. Fue un
homenaje al "Desastre" que acabó, como ironizó Carlos Serrano, en
desastre él mismo: derrumbándose y no siendo reconstruido. Más
éxito tuvo, aunque su realización se retrasara también mucho más
de lo previsto, el que recordaba a Alfonso XII junto al estanque del
Retiro; era casi una copia a escala reducida del dedicado a Víctor
Manuel en el Campidoglio de Roma, pero, a diferencia de éste, honraba más al rey que a la nación. En resumen, y aunque éste es un
terreno en el que convendría hacer investigaciones mucho más
detalladas, los monumentos nacionales en la España del XIX no im-
presionan ni por su número ni por su esplendor. No sólo en la capital, sino en el resto de las ciudades del país, que en general construyeron sus monumentos en los últimos veinte años del siglo y
celebrando a los personajes nacidos en el lugar, con una intención
siempre ambigua, entre lo nacionalizador y el mero orgullo local[79].

Es inevitable contrastar estas insuficiencias en la monumentalidad nacionalista con la erección de importantes monumentos católicos, que demuestra una vez más cuál era la personalidad colectiva que rivalizaba con la nacional. No se trataba ya de edificios dedicados a funciones religiosas y construidos con fondos de la Iglesia o aportaciones de los fieles, sino de símbolos, propiamente, públicos: por ejemplo, las estatuas dedicadas al Sagrado Corazón de Jesús, colocadas en lugares estratégicos de alto significado. Esta devoción procedía del siglo XVIII y tras ser la predilecta de los jesuitas había pasado a serlo, en la segunda mitad del XIX, también de Roma, hasta el punto de que Pío IX la declaró "la reina de las devociones" y León XIII consagró el mundo al Corazón de Jesús. A partir del momento en que se le dedicó el *Sacré Coeur* en Montmartre, en la misma colina donde habían estado situados los cañones que doblegaron a la Comuna parisina, se apoyaron en ella muchas de las grandes movilizaciones católico-conservadoras de la época. En España, las dos grandes ciudades tendrían sendos monumentos de este tipo: Barcelona, en el Tibidabo, dominando desde las alturas el conjunto urbano, y Madrid, en el Cerro de los Ángeles, elevación minúscula pero con el valor simbólico añadido de ser considerada el centro geográfico de España. Este último fue inaugurado por Alfonso XIII, en solemne ceremonia durante la cual se consagró el país al Sagrado Corazón. Se construyó, pues, un gran monumento durante su reinado; pero era un símbolo religioso. No se consiguió, en cambio, completar los proyectados homenajes en piedra en honor a las tropas combatientes en Cuba y Filipinas, a los conquistadores del Nuevo Mundo o, una vez más, a los sublevados contra Napoleón, al celebrarse el centenario. Centenarios, ocasiones, y hasta ideas, sobraron. Por fas o por nefas, no se llevaron a la práctica, y la población no fue "nacionalizada" en torno a grandiosos monumentos patrios[80]. Franco, que reconstruyó el monumento del Cerro de los Ángeles tras la guerra y reconsagró el país al Sagrado Corazón, sí haría otra construcción mucho más grandiosa y de un contenido, desde su punto de vista, "nacional": el Valle de los Caídos. Pero era ya una nacionalización del país forzada y parcial, que gran parte de la opinión no consideraba suya.

Más fácil y barato que erigir monumentos era poner nuevos nombres a las calles. Los liberales lo habían comprendido y, desde la primera vez que tomaron el poder, se apresuraron a rebautizar las plazas mayores de pueblos y ciudades como "plaza de la Constitución". Era una idea sencilla y de contenido simbólico similar a la costumbre francesa de plantar "árboles de la libertad". Los absolutistas crearon menos símbolos, pero entendieron que era preciso borrar los del enemigo, y no pasaban veinticuatro horas desde que terminaban las situaciones revolucionarias sin que se hubiesen arrancado las lápidas o borrado los nombres constitucionales. En las largas etapas de dominio "moderado", lo que se prefirió fue no tocar los nombres, para no herir susceptibilidades. Es fácil comprobar que la única oleada de nombres de significado patriótico existente en las calles de Madrid, en general con una orientación liberal, procede de los años 1830, es decir, del momento del enfrentamiento con los carlistas y desamortización y derribo de conventos: en algún caso, hubo que bautizar a calles nuevas, nacidas de aquella reordenación urbana; en otros, se procedió a sustituir nombres ya existentes, que Mesonero Romanos llamó en su día "ridículos", tales como *Salsipuedes, Aunque os pese, Tente tieso* o *Enhoramala vayas*, y que hoy podrían parecernos típicos y divertidos. Por una u otra vía, se incorporaron al callejero madrileño Colón, Hernán Cortés, Pizarro, Cervantes, el Dos de Mayo, Bailén, la Independencia, Daoiz y Velarde o Espoz y Mina[81]. Veinticinco o treinta años después, al tirarse la tapia y expandirse la ciudad por el nuevo barrio de Salamanca, se presentó una nueva ocasión de dar nombre a una gran cantidad de calles nuevas e importantes. Mas, para entonces, habían cambiado los aires. Con raras excepciones, como Padilla, Bravo y Maldonado, el nuevo callejero se dedicó a honrar a los políticos del momento: Serrano, Narváez, Espartero (príncipe de Vergara), Oráa, Diego de León, Hermosilla, O'Donnell, el conde de Peñalver, Sainz de Baranda, el doctor Esquerdo y algún otro. Nada hay tan revelador como comparar en este punto Madrid con Barcelona, referencia siempre útil. El *Eixample* barcelonés, planeado en esos mismos años, se dedicó a enumerar los territorios y glorias del mito catalán en su esplendor medieval: Córcega, Rosellón, Provenza, Mallorca, Valencia, Aragón, Nápoles, Cerdeña, Sicilia, Consejo del Ciento, Diputación, Caspe, Ausías March, Almogávares, Roger de Flor, etcétera. No importa debatir ahora si aquella afirmación de lo catalán era una forma de expresar las glorias de España o si se trataba ya del embrión de un nacionalismo alternativo. De todo hay, como prueba el nombre de Casanova junto al de los Bruchs, Gerona, Bailén, Lepanto, Carlos I o Numancia, y probablemente se estaba en un proceso de tránsito desde lo primero hacia lo segundo; el tema es complicado y, en todo caso, no es objeto de este libro. Lo que importa resaltar aquí es que los planificadores del *Eixample* tenían clara conciencia de que se podía aprovechar el callejero para formar a los ciudadanos en una identidad colectiva; cosa que parecían ignorar los regidores de la capital de aquel Estado que, según Ortega, debía haber sido el "gran truchimán" de la nación.

En conclusión, y pese a haberle dedicado tantas páginas al tema, no es fácil pronunciarse sobre la fuerza o debilidad de este proceso nacionalizador. Los datos parecen dar la razón a quienes se pronuncian por la segunda: el proceso fue escaso, y buena parte de la responsabilidad recayó sobre el Estado, cuyo papel en el mismo fue insuficiente. Pero escaso, insuficiente, débil, son términos relativos. Es fácil acumular datos que prueben esta tesis de forma abrumadora, siempre que sigamos comparando a España con Francia. Pero no lo sería tanto si pensáramos en otros países de la periferia europea, como la propia Portugal —en la que, sin embargo, la nacionalización no fracasó, a juzgar por los resultados—. Y no lo sería en absoluto si la comparación se hiciera con épocas anteriores de la propia historia española, cuando la "conciencia nacional" era inexistente. Es decir, que durante el siglo XIX se hicieron esfuerzos indiscutibles por crear y expandir una nueva imagen, la "nacional", de esa colectividad política que hasta entonces el mundo había conocido como un imperio o una monarquía que agrupaba a territorios diversos. No hay duda de que hubo penuria y dificultades, pero hay que reconocer, con Andrés de Blas, que no todo fueron carencias en aquel Estado decimonónico. Como contrapartida a los problemas con la bandera, el himno o los monumentos, surgieron una serie de "lugares de memoria", según el célebre término de Pierre Nora, es decir, *loci* sacros en que se veneraba la cultura patria. Desde los tempranos tiempos de Fernando VII, hubo un museo de pintura verdaderamente nacional, aunque no tuviera este adjetivo; bajo el reinado de su hija se creó un teatro de la ópera que se llamó "real", como las academias del XVIII, pero cuyo objetivo era —también como en aquellos casos— la creación y cultivo de una música "nacional"; seguía en el trono Isabel cuando se inició la construcción de una biblioteca, "nacional" ya de nombre, y de un teatro, también "español", y cuando se celebraron una serie de exposiciones de pintura, nacionales de nombre e indiscutiblemente de orientación; y hubo, poco después, un archivo histórico y un museo arqueológico, nacionales ambos. Todo se hacía a imitación de otros países, especialmente Francia, y, lógicamente, con retraso respecto de ellos. Pero hacia 1900, toda aquella presentación de la nación estaba en marcha e incluso se tenía la idea de que había estado allí desde siempre. Se había "inventado la tradición". Se había configurado una "imagen oficial" de España, una España tal como la veían los responsables del Estado y como querían que la viesen los demás; una España que se distinguía ya nítidamente de la del monarca reinante, aunque el retrato de éste siguiese presidiendo las oficinas públicas y representando, en muchos sentidos, al país.

El proceso fue débil, pero ¿hasta qué punto? Para llegar a conclusiones más precisas no sólo habría que saber con mayor exactitud el número de monumentos existentes en el conjunto del país, de quién fue la iniciativa, quién sufragó los gastos, cuáles de ellos pueden considerarse de orientación nacional y no meramente local [82]. Habría que analizar, además de los monumentos, otras expresiones simbólicas, como los sellos de correos y las monedas: una primera aproximación parece indicar que se fue pasando de la efigie de los monarcas y el escudo tradicional a la representación de la nación, en forma de figura femenina —paso forzado, en algún caso, como entre 1868 y 1870, cuando el país se encontró sin rey—; en el último cuarto del siglo XIX se fueron añadiendo, en el caso de los billetes, temas alegóricos y culturales. Sería interesante también estudiar la imagen del país presentada por los gobiernos en las exposiciones internacionales celebradas entre 1859 y 1900: por lo que sabemos, predominó lo morisco hasta la de 1878, mientras que a partir de la Exposición de 1889 en París se imprimió un giro hacia lo plateresco, considerado entonces el estilo español; pero habría que conocer más a fondo quién y en virtud de qué razones adoptó uno u otro criterio[83]. También habría que seguir trabajando, y en grandes cifras, sobre la evolución de los nombres de pila de las personas, campo iniciado recientemente por Carlos Serrano y en el que hay claros significados nacionales con frecuencia. Todas éstas son cuestiones de gran interés para la historia político-cultural, apenas comenzadas a desbrozar.

Recoger todos estos datos tampoco sería suficiente. Sería preciso analizarlos en términos comparados y, hay que repetirlo, no sólo con Francia, modelo "ideal" de Estado-nación, pero no "normal", sino de "excepcional" éxito. Sólo comparado con casos de menor éxito y de situación periférica similar a la española podría debatirse a fondo sobre si el caso hispánico fue una anomalía o siguió la "norma" dentro de sus circunstancias. Hoy por hoy, cabe lanzar la hipótesis de que, si bien fue menos nacionalizador que Francia y tampoco registró el enorme entusiasmo reformulador de la cultura en términos nacionales del *Risorgimento* italiano, se hicieron esfuerzos mayores que en Austria o Turquía, por poner ejemplos de unidades políticas que se disgregaron con la I Guerra Mundial. En definitiva, hay que reconocer que sobre este tema no hay más prueba del nueve que el desenlace del proceso: si el Estado, la unidad política, subsistió, es que la nacionalización había logrado algún éxito. Si aquél se fragmentó, es que la construcción de "la nación" fue débil. El razonamiento es circular: para averiguar si la nación se construyó adecuadamente, hay que atender a la supervivencia y buena salud del Estado; pero creemos, a la vez, que el Estado es la causa motora del proceso nacionalizador. De algún modo hay que romper el círculo causal. Como indicio, no es inútil anotar que, en el caso español, el Estado ha subsistido, aunque con problemas a lo largo de todo el siglo XX. Lo que puede apuntar a que el proceso nacionalizador del XIX se llevó a cabo, pero no con la fuerza necesaria como para garantizar un final con éxito.

Capítulo XII

Hacia el "Desastre"

¡Qué país! El "caso Peral" como parábola

En 1811, en plena guerra contra los franceses, un párroco asturiano envió un escrito a las Cortes constitucionales reunidas en Cádiz con una propuesta muy original. Se ofrecía para recorrer a pie los pueblos del país, llevando una imagen de España vestida de luto, arrodillada y con sus manos levantadas hacia el cielo, en cuya base se leería: "La Madre Patria pide a sus amantes hijos la ayuden lo que puedan en el presente conflicto"; las limosnas que de esta forma recogiese irían a engrosar las cajas de los ejércitos que luchaban contra Napoleón. Cincuenta años más tarde, iniciada ya la segunda mitad del XIX, Bernardo López García, poeta jiennense poco conocido hasta el momento, alcanzaría celebridad duradera gracias a un único poema, que durante los cien años siguientes figuraría en todas las antologías y sería recitado y memorizado por las sucesivas generaciones escolares. Se titulaba *Al Dos de Mayo* y sus primeros versos rezaban así:

> Oigo, Patria, tu aflicción
> y escucho el triste concierto
> que forman, tocando a muerto,
> la campana y el cañón...

Son dos de los muchos ejemplos que podrían citarse de un tipo de presentación que se convirtió en muy común entre quienes se consideraban españoles sobre esa nación que era *suya*. En la era de los nacionalismos, cuando aparecen en Europa las representaciones gráficas o literarias de las naciones, cuando en Inglaterra se inventa la orgullosa *Britannia* y en Francia la pura y desafiante *Marianne*, los que piensan en España la imaginan con frecuencia como madre plañidera, en un ambiente enlutado[84]. Es cierto que López García, en ese mismo poema, se dirigía también a la patria en estos términos grandiosos:

> Y tú, soberbia matrona
> que libre de extraño yugo
> no tuviste más verdugo
> que el peso de tu corona...

El autor no pensaba, seguramente, en una "matrona" del estilo de la *Serenissima* Venecia pintada por Tiziano, de formas opulentas, cargada de joyas y reclinada mórbidamente entre tapices y terciopelos. Esa España del pasado había sido siempre una matrona austera, digna, por encima de todo temible. Mas eso era el pasado. En el presente, tal como la veía el poeta —y otros muchos de sus conciudadanos, a juzgar por el eco que halló—, era casi lo contrario: una madre doliente, que vagaba entre ruinas humeantes y banderas enlutadas, desesperada por la muerte de sus hijos, vejada por aquellos mismos a los que un día dominó. No se trataba de algo nuevo en la cultura mediterránea. Era, en definitiva, una transposición de la tradicional *Mater dolorosa* del imaginario católico. Para alguien educado en el catolicismo mediterráneo, nada era más fácil de evocar que la madre anegada en lágrimas al pie de la cruz.

Aparte de herencia católica, la imagen también tenía un peculiar sabor hispánico. Se ha descrito ya en este libro cómo, desde finales del siglo XVI, reinando todavía Felipe II, había dominado entre las élites españolas una sensación doblemente negativa: de decadencia interior y de incomprensión exterior. Recordemos que, durante el siguiente reinado, cuando era aún la potencia hegemónica en Europa y sus ejércitos combatían en múltiples frentes, Quevedo presentaba a España como el humilde y paciente sujeto que sufría agresiones sin cuento de sus insolentes y soberbios enemigos. Ello había generado xenofobia, pero también autoconmiseración. Esta última se detecta en los escritores políticos, obsesionados con la idea de decadencia; pero, como era natural en la época, no pasó a los símbolos gráficos.

Lo que los pintores representaban entonces no era "España", sino la monarquía; y la monarquía nunca dudó de la necesidad de acumular en su derredor el mayor número posible de símbolos de poder: sobre la cabeza, una corona, expresión de majestad; sobre la corona, una cruz, denotando la filiación religiosa y el favor divino que distinguía a aquel trono; a su lado, un león, fiero pero tranquilo, representación de la fuerza natural; a veces, una balanza en manos del monarca, promesa de justicia y equilibrio; y, como complemento, alusiones a los dominios territoriales de la casa más referencias clásicas a las virtudes que adornaban a sus miembros. Estas representaciones de la realeza eran muy semejantes entre sí, casi intercambiables en toda Europa. El taller de un pintor no tenía dificultades para reorientar el destino de un cuadro y dedicar a cantar las glorias de una dinastía la obra que, años antes, había concebido para ensalzar a los rivales. Pocos de los temas de la parafernalia con que los artistas rodean a un monarca idealizado del Antiguo Régimen hacen referencia a cualidades específicas de aquel reino o casa dinástica, y ninguno es significativo en términos nacionales. En el caso español, había alusiones que podían haber sido propias, dado el carácter atlántico del imperio: lo eran, por ejemplo, esos dos globos sobre los que frecuentemente se asienta el trono, en representación de su dominio sobre ambos hemisferios; pero raras veces vemos a indígenas aztecas o mayas, o exuberantes frutas tropicales, que hubieran sido signos más indicativos de su imperio americano. Son constantes, en cambio, las referencias a la religión, en cuya defensa actúa la monarquía, y se observa también una concentración en las glorias bélicas, aunque ello no fuera exclusivo de Habsburgo ni Borbones, sino típico de todos los tronos del momento. Ni siquiera aquellas monarquías que ejercieron de mecenas de las ciencias, como la inglesa al crear la Royal Society o la francesa de las reales academias, incluyen referencias a la nueva visión racionalista del mundo, en forma de telescopios o brújulas, o de aquellos triángulos o plomadas que dio a conocer la masonería. Lo representado, en todo caso, era la monarquía, y no la nación.

Fue con las revoluciones liberales cuando el ser nacional comenzó a adquirir una forma visible. España, como Francia o Inglaterra, pasó a ser un personaje diferenciado ya de la casa real, y casi desde el momento en que apareció se convirtió en instrumento de la propaganda política. Es una figura habitualmente femenina, aunque en alguna ocasión aparezca también un "Juan Español", vestido de baturro. Es una mujer nada sensual: no una Venus, sino una Minerva, de líneas rectas, belicosas y justicieras. Continuando la tradición monárquica, esta España-mujer lleva una corona, aunque rematada con almenas, en referencia a Castilla, núcleo central del ente nacional según la versión canónica, que lo suponía originado en la monarquía astur-leonesa en los albores de la guerra contra el islam. Pero el rasgo realmente típico, peculiar de la España del XIX, es que, a medida que transcurren las décadas y aumentan los problemas políticos, la imaginería gráfica va pasando a representar a esta mujer en situación más precaria. A mediados de siglo es ya habitual verla flaca, con ropas raídas, desangrada por los políticos, desesperada por las peleas entre sus hijos, acosada (por pretendientes al trono, por ejemplo, en la etapa posterior al derrocamiento de Isabel II), decrépita, agonizante, a veces crucificada. El león todavía la acompaña, pero se va convirtiendo en un animal escuálido, domesticado, con frecuencia encadenado, incluso uncido al carro de un político charlatán[85]. En el último tercio del siglo XIX, la España que imaginan los españoles no tiene nada de "soberbia matrona" ni de fiero león. Su fiereza y su soberbia se han vistos sometidas a mezquinos tiranuelos, y sufre por el triste destino de sus hijos.

Esta imagen negativa y doliente parece reflejo de lo dicho sobre los problemas y obstáculos del nacionalismo español en ese siglo. Como escriben de Riquer y Ucelay, "la dificultad de consolidar un proyecto nacional liberal para España en el siglo XIX dio como resultado que, hacia los años 1890, tanto las clases altas como las bajas tendieran a aceptar la identificación de la *Patria* con el Estado, pero esta aceptación era notoriamente crítica, con lamentos irónicos sobre su ineficacia incorporados como parte habitual del lenguaje diario (*¡Qué país!*)"[86]. Esto es justamente lo que destilan los grabados de la prensa satírica: un patriotismo quejumbroso, cargado de lamentos, basado en la idea de que la Madre Patria se encuentra en el lecho del dolor, aquejada de males graves, mortales quizás, y desde él invoca el amor de sus hijos y solicita su ayuda. Frente a la épica imperial de la orgullosa Inglaterra victoriana expresada por un Kipling; frente al patriotismo populista, sentimental y ampuloso, de Victor Hugo; frente al orgullo cultural y la intensidad pasional de los héroes de Verdi o Manzoni, a los niños españoles se les enseñaba a "apiadarse" de España. España era una madre que reclamaba cariño a sus hijos de una manera muy peculiar: o bien desde el lecho donde yacía, afectada por una mortal dolencia y olvidada por sus ingratos vástagos, seducidos por modas extranjeras; o bien desde la picota donde soportaba mansamente el escarnio de insolentes sayones como la "pérfida Albión", el presumido y superficial "Gabacho", el prepotente "Teutón".

Pero no era, o al menos no era sólo, un patriotismo trágico y angustioso. Era también burlón. Para sobrevivir, el españolito aprendía a ironizar y sonreír, resignadamente, ante las propias desgracias. ¡Qué país!, en efecto. Qué lástima, y qué irremediable todo lo que le ocurría. Y, a la vez, qué curioso. Pero, también, ¡qué nuestro! Este "nuestro" significaba que el proceso nacionalizador no había fracasado del todo, ya que el ente nacional suscitaba identificación; pero no, desde luego, orgullo.

No hay que dejar pasar por alto el detalle de que esos malvados que martirizan a la madre España son, casi siempre, los políticos. La imaginería satírica del XIX no duda de que son ellos las sanguijuelas que chupan la sangre de España; son los más traviesos y mezquinos de los hijos, los que causan, con sus peleas, la desesperación de la madre. Así lo cree el propio Pérez Galdós, que en la introducción a su episodio *Gerona* escribe: las "miserias de los partidos" no debilitaban por entonces "el formidable empuje de la nación"; "las discordias de arriba no habían cundido a la masa común del país, que conservaba cierta inocencia salvaje [...] por cuya razón la homogeneidad de sentimientos sobre que se cimentara la nacionalidad era aún poderosa"[87]. La creencia de que los partidos destruyen la unidad de sentimientos y debilitan el país, que dividen a la nación, bien supremo que nunca debería dejar de estar unido, parece ser un rasgo casi constante de la cultura política española de los siglos XIX y XX. Es una incomprensión básica de la función que el mundo político desempeña en un sistema representativo, que consiste precisamente en transferir a un terreno relativamente inocuo, o como mínimo no sangriento, debates y conflictos de intereses que, convertidos en enfrentamientos directos en la vida social diaria, imposibilitarían la convivencia. Da la impresión de que en España la política parlamentaria irrumpió de forma prematura, forzada por la invasión francesa y la ausencia del rey, y que, si bien se aceptó la Constitución durante un corto tiempo como una panacea que podía sustituir al monarca paternal y sanar de forma casi milagrosa los males patrios, defraudó en cuanto se comprobó que los representantes del pueblo se dividían en partidos y peleaban entre sí. Comenzó entonces a verse a los políticos como los causantes de la división y, por tanto, del mal del país.

Frente a ese perverso mundo de la política, del mal *Padre-Estado*, se erguía el sano y potente *Pueblo*, el redentor de la *Madre* España moribunda. Galdós fue también quien mejor expresó esta creencia, con su gran saga de los *Episodios nacionales*, cuyo protagonista es, en definitiva, el pueblo español. Son nada menos que cuarenta y seis novelas sobre la vida colectiva en ese siglo XIX, con varios de los personajes centrales que son clara representación del pueblo o, según el término de la época, de la raza nacional: ese Santiago Ibero, gallardo militar, cristiano y liberal a la vez, peleón pero siempre de frente, no por medio de esas conspiraciones y sociedades secretas a las que detesta; o aquel Jerónimo Ansúrez, vagabundo y agitado "celtíbero", que ha conservado "su prístino vigor de raza", de esa "indómita raza que no consiente yugo de tiranos". Galdós no duda de que existe un pueblo esencial, una identidad constante, ahistórica, global, una "manera de ser" compacta en el tiempo y en el espacio, sin diferencias sustanciales entre las "regiones", aunque éstas expresen matices de ese carácter. En la búsqueda de esta raza y la descripción de sus avatares consiste su tarea mitificadora y por eso se puede atribuir a su saga "indiscutible significación patriótica", como hace Paloma Aguilar[88].

Y, a la vez, sin embargo, como también observa esta autora, y como es propio de ese nacionalismo pesimista de la España del XIX, los *Episodios* son antiépicos. Galdós insiste una y otra vez en que la historia del pueblo que quiere escribir es la de su vida diaria, no las glorias militares ni los fastos políticos. A lo largo de los *Episodios* se suceden las guerras, y no se puede negar que al novelista le interesan estrategias y técnicas militares; su protagonista es la nación, y le apasiona la nación; sin embargo, no escribe épica nacionalista de orientación bélica. A medida que avanza el relato su autor descubre, además, que la historia que está narrando es desastrosa, que es "contraria a la razón": la historia de España es la "historia de la sinrazón", "que ya, ¡vive Dios!, va durando más de la cuenta". Y uno de sus personajes, Santiuste, rebautizado como *Confusio*, termina escribiendo la historia de España, no como fue, sino "como debió ser".

El esquema narrativo de Galdós lleva siempre al desengaño, dice Gilberto Triviños, quien observa cómo todas las series comienzan en el entusiasmo y terminan en una "mediocridad áurea", que siempre incluye la pérdida de entusiasmo por las cosas públicas. La primera se inicia con el emocionante descubrimiento del sentimiento patriótico por parte de Gabriel Araceli en Trafalgar; pero al final de las diez novelas el protagonista acaba detestando la guerra, descubriendo que, detrás las hazañas bélicas, lo que hay es "carnicería". Lo propio le ocurrirá a Salvador Monsalud en la segunda serie, a Fernando Calpena y a Santiago Ibero en la tercera y a Santiuste *Confusio* en la cuarta. En la quinta, toda la agitación política, toda la pasión, todo el dramatismo del siglo XIX, termina varado en la "paz boba" de la Restauración y *Tito* Liviano ejercerá de cronista pillo y escéptico, más interesado en sus aventuras amorosas que en el destino colectivo. Cánovas, cerebro y hombre fuerte de la situación, expresaría con gracia la conmiseración general por España en una conocida frase que Galdós reproduce en su último *Episodio*. Ante la comisión redactora de la Constitución de 1876, en el momento en que se debatía el artículo que especificaba las condiciones para tener la nacionalidad española ("son españoles: primero, todos los nacidos en territorio español; segundo, los hijos de padres españoles", etcétera), el prócer malagueño musitó: "son españoles... los que no pueden ser otra cosa"[89]. Aquella Constitución era el documento que clausuraba la historia del siglo. Cánovas y Galdós expresaban el ambiente.

La más extendida de las versiones literarias sobre el ente nacional alrededor de 1900 presenta, pues, al pueblo español como noble, desinteresado y heroico, sí, pero no "glorioso", en términos tradicionales, sino infeliz, carente de fortuna. Es, sin duda, el buen Pueblo, el protagonista épico que se contrapone a los malos políticos, al mal Padre-Estado, monstruo maléfico que tiene entre sus garras a la Madre España; pero, debido a su falta de organización o a su descontrol pasional, el pueblo va de desastre en desastre. Desearía la redención de la Patria —la *Matria*, habría que decir—, mas fracasa una y otra vez en sus intentos.

Para ilustrar este aspecto del mito, tanto o más revelador que desentrañar el significado de personajes literarios puede ser traer a colación una figura histórica que realmente existió, aunque su percepción por el público sufriera tal deformación que puede ser considerado una creación literaria. Una creación, desde luego, anónima, lo cual aumenta su valor. Se trata de la figura de Isaac Peral, inventor, según se dijo, del submarino, y presentado por la prensa del momento y por la literatura hagiográfica posterior como encarnación por excelencia del "mártir" de la mitología histórico-nacional: el héroe que sufre, se sacrifica y acaba muriendo por la patria. Una de sus biografías resume su carácter ejemplar en dos líneas precisas: "el caso Peral es verdaderamente sintomático en nuestra historia contemporánea y pone de relieve nuestros defectos nacionales y políticos"[90]. Vale la pena dedicar unos párrafos a rememorar aquella historia, tal como la vivió el público.

A finales de 1885, al calor del "celo patriótico", como dice uno de los biógrafos de Peral, provocado por la "alevosa ocupación alemana" de las islas Carolinas, saltó la noticia de que un oficial de la armada española había resuelto el problema de la navegación submarina. No es decisivo dilucidar aquí cuánto había de auténtico y factible en aquel invento. Existiendo los cascos de acero, y descubierto el acumulador eléctrico en 1860, para ningún entendido era un secreto la posibilidad de construir buques que navegasen bajo el agua; de hecho, ingenieros navales de las más dispares procedencias se afanaban por convertir este proyecto en realidad. Los avances fueron parciales y progresivos y, aunque se acabó llegando a sumergibles que cumplían la función deseada, las enciclopedias no atribuyen su paternidad a ningún inventor en exclusiva. En la España de finales del XIX, no obstante, corrió la voz de que "un español había inventado el submarino"[91]

Aunque las relaciones de Peral con la administración quedan bastante borrosas en estos relatos idealizados, y se supone que siempre fueron ingratas para el héroe, parece que al comienzo de la historia no eran tan malas. El Ministerio de Marina, encabezado a la sazón por el almirante Pezuela, aprobó los primeros proyectos presentados por el inventor y le proporcionó el dinero mínimo para comprar algunos acumuladores eléctricos y probarlos bajo el agua. Se tardó, sin embargo, un año y medio —no demasiado, en definitiva, para la administración y la época— en dotarle de los fondos necesarios para construir un prototipo completo de su invento. Por fin, el dos de mayo —precisamente ese día— de 1887 recibió Peral una nota del Ministerio según la cual disponía de 295.500 pesetas para llevar a cabo sus planes. En septiembre de 1888 —otro año y medio más tarde; tampoco demasiado—, se llevó a cabo, por fin, la botadura del submarino, en el arsenal de la Carraca, en Cádiz. A lo largo de los dos años siguientes se repetirían las pruebas, según parece con éxitos parciales: el aparato se mantuvo sumergido a pocos metros de profundidad —un máximo de diez— durante varios minutos, que algún biógrafo llega a prolongar hasta más de una hora[92].

La popularidad del inventor comenzó a dispararse. Era la segunda mitad de los años ochenta, el momento en que la prensa española acababa de introducir las rotativas que hacían posible —y necesario, para amortizar aquella costosa maquinaria— el lanzamiento de grandes tiradas. Llegaba así a España lo que el mundo entero conocería pronto como "prensa amarilla" o sensacionalismo periodístico. El primer caso explotado por aquellos diarios fue el llamado "crimen de la calle Fuencarral", que suministró titulares durante meses. Se trató de una viuda rentista asesinada, según parece, por su criada, Higinia Ruiz. Para la prensa, sin embargo, el sospechoso era un hijo de la asesinada, un señorito de mala vida protegido de Montero Ríos —presidente del Tribunal Supremo por aquel entonces, y último responsable de la sentencia—, que se hallaba en la cárcel en el momento de los hechos por un delito previo, pero cuyas buenas relaciones con Millán Astray, director de la cárcel, le permitían abandonar el recinto en ocasiones. No hace falta añadir que la opinión, dirigida por la prensa sensacionalista, se alineó en favor de Higinia Ruiz.

Dice mucho del ambiente patriotero del momento que el segundo caso célebre fuese el de Peral. El país se dividió en "peralistas" y "anti-peralistas", muy al estilo de lo que ocurriría en Francia pocos años después con el *affaire Dreyfus*. En favor de Peral se alinearon, por ejemplo, José Echegaray, matemático y dramaturgo de éxito, que avalaba al inventor por su saber científico; Joaquín Dicenta, también escritor, futuro autor de *Juan José*, el drama más representado por las sociedades obreras y círculos izquierdistas del fin de siglo; y Felipe Ducazcal, popular empresario teatral, vinculado a la política de acción desde que en tiempos de la Revolución de Septiembre había dirigido la "banda de la porra", con la que se había enfrentado, entre otros altercados, con los obreros de la *Internacional*. La línea divisoria no se trazaba, pues, entre derechas e izquierdas, sino entre patriotas y antipatriotas. Lo que caracterizaba a los peralistas era su ingenua esperanza de que un invento sensacional e inesperado, repusiera a España, de manera casi milagrosa, en su lugar de gran potencia europea y mundial. Como decía una copla del momento,

con cuarenta submarinos
que España pudiese armar,
de nuestra Patria sería
el dominio de la mar.
¡Ojalá llegue ese día,
para que el pueblo español
nunca vea en sus dominios
ponerse la luz del sol!

Y un poema impreso en la época y titulado "A Isaac Peral. España con honra" concluía:

España de su sueño se levanta.
¡Aún no han muerto las glorias nacionales!
¡Aún no está su valor prostituido!
¡Aún hay un español que se alza erguido
para sacarla del pesar profundo! ¡Aún por ella vigila el león despierto!
¡La raza de los héroes aún no ha muerto!
¡Aún puede España conquistar un mundo![93]

De ahí que, como dicen sus biógrafos, "cartas con *chin-chin* patriótico le llegaban a casa de Peral a carros"; que llegaran cartas y telegramas "desde todos los puntos de la Tierra donde hay un español". Incluso empezó a recibir fondos, como los enviados por un hermano del pintor de historia Casado del Alisal, indiano de éxito, que decidió remediar sus apuros presupuestarios, ante tantas quejas como emitía el inventor por la escasez y tardanza de las remesas ministeriales[94]. Sobre este último punto los biógrafos pasan un tanto sobre ascuas y, por el contrario, insisten en que Peral tuvo que aportar dinero de su peculio particular para la empresa.

El bando antiperalista era más etéreo. Los enemigos de la patria tienden a no dejarse identificar con facilidad. Como buen héroe, Peral tenía que luchar contra monstruos que habitaban cuevas; y, en efecto, tras el apoyo inicial del ministro Pezuela, el asunto había quedado "olvidado en algún recoveco de las covachuelas". Se refería aquí el hagiógrafo a esa burocracia "que todo lo dificulta y retarda y a todas las grandes iniciativas pone tropiezos". Esos enemigos se movían en la oscuridad y no eran totalmente inocentes: los antiperalistas "trabajaban en la sombra; y tras ellos, según se dice, el oro de alguna potencia extranjera"[95]. Pero los dardos acusatorios apuntan, en definitiva, a los mismísimos Cánovas y Sagasta. El primero, según parece, creía a Peral un Quijote sugestionado por la novela de Julio Verne sobre el capitán Nemo. Tras ese escepticismo latía el pesimismo íntimo del estadista sobre las virtualidades de la raza: Cánovas era "incapaz de creer que el ingenio español pudiera hacer cosas de provecho fuera de las artes y las letras". En cuanto a Sagasta, la leyenda decía que cuando Peral visitó palacio para explicar su idea a la reina (de quien la *vox populi* decía que era entusiasta partidaria del inventor), el Presidente del Gobierno no asistió. Pese a ser ingeniero, "no tuvo curiosidad"; indolencia y falta de ardor patrio típicos de su "arte de gobernar pueblos y [de] toda su vida política". Ni el dirigente conservador ni el liberal eran personajes malvados o traidores a la patria; no hubo "traición deliberada [...] soborno o corrupción infame"; ellos y los burócratas que les obedecían eran "hombres de honor, hombres inteligentes, hombres probos"; pero "era tal la relajación de las ideas, la subversión del concepto del Estado, la indigencia espiritual...". No comprendían que estaba en juego nada menos que la defensa nacional, el enderezamiento de la historia patria. Desde la política de "aislamiento" de Cánovas, el país había renunciado "a todo empeño, a toda empresa, a toda aventura, a todo ensueño de engrandecimiento". Los dos dirigentes compartían, por otra parte, el miedo a enfrentarse con las grandes potencias: "un instrumento de guerra con el que se pudiera destruir todas las escuadras del mundo [...] provocaría contra España la ira de todas las naciones". Y ambos, en el fondo, estaban convencidos de la "incapacidad nacional" para hacer algo grande en el mundo moderno. De ahí la apatía, tan típica de aquellos gobiernos "que asistía[n], mano sobre mano, a la decadencia y fracaso de nuestro poderío"[96].

En medio de este tira y afloja, el relato añadía que los "gobiernos extranjeros" seguían con toda atención el desarrollo de los acontecimientos, esperando la oportunidad para apoderarse de la genial idea de Peral. Algún intento hubo de robar directamente los planos y memorias de los despachos ministeriales, y a punto estuvo de tener éxito, dada la ingenuidad de los gobernantes y la negligencia de los burócratas. "Revistas científicas extranjeras", tan indeterminadas como los gobiernos, intentaron también apoderarse del preciado secreto por medio del espionaje. Pero la vía más directa fue el intento de compra. Las potencias, y en especial Gran Bretaña, hicieron llegar al marino cartagenero tentadoras ofertas. Y Peral, llevado por su intenso patriotismo, las rechazó con suprema dignidad. "El invento no es mío. Ya se lo he dado a mi patria", es la frase con que replicó a dos británicos, según uno de los biógrafos. "El submarino será para España o para nadie", es la respuesta que reproduce otro. El inventor, en ambos casos, entrega su idea a "la patria". El exaltado patriotismo de Peral se ve ilustrado por uno de los autores con anteriores incidentes de su vida, como un duelo juvenil en La Habana frente a alguien que se permitió insultar a España en su presencia; pese a no saber esgrima, el marino aceptó el lance y, una vez iniciado, "atac[ó] con furia, audazmente, ferozmente", con "una tromba de estocadas", terminando por atravesar a su rival. Peral —el español idealizado— era una curiosa mezcla de racionalidad ingenieril y "furia" racial[97].

Los informes de las juntas técnicas y comisiones ministeriales que dictaminaban sobre el invento no acababan de ser tan entusiastas como la opinión: el sumergible era lento y presentaba problemas. A un observador actual, que ha perdido pasión ante el tema, se le ocurre sospechar que seguramente habría razones. El buque de Peral, aunque capaz de pequeñas inmersiones durante unos minutos, es dudoso que hubiera resuelto todos los escollos que podían convertirlo en útil para la guerra en alta mar. Pero la opinión de la época no dudó en atribuir los recelos a maniobras, envidias y desidia burocrática. Una biografía anota que, ya desde el desarrollo de las primeras pruebas, los miembros de la Comisión se vieron "contrariados" por el éxito del sumergible. Y cuando los problemas fueron innegables, la leyenda tendió a atribuirlos a sabotajes, motivados por la envidia. Horas antes de la primera de las pruebas, por ejemplo, apareció rota una pala de una hélice; "alguna mano criminal [había] trat[ado] de hacer fracasar la hazaña". En otra ocasión, "alguien" —siempre inconcreto— sustituyó el bicromato de potasa de las pilas por tinta roja, una batalla más de Peral "en la guerra que sufrió de envidias y sinsabores". Una tercera vez, "un provocado accidente motivó el que se hubiese de reparar la válvula atmosférica por la que entraba agua"; la había dejado abierta "uno de los antagonistas" del inventor; en aquella ocasión, el buque continuó la maniobra anegado, sin que su comandante, "para dar mayor ejemplo de hombría de bien", ordenase desembarcar a quien había hecho "tal felonía". Todo era vago, como puede verse, pero parecía claro que el mal tenía un doble origen: uno externo, y sencillo de explicar, pues era la sempiterna enemistad extranjera —en especial, la larga mano de la pérfida Albión—; pero había también otro interno, que consistía en la envidia, reconocida como el mayor defecto del carácter nacional, la mancha que, junto con la desunión —su consecuencia—, afeaba la forma de ser española. Los compañeros de Peral "admiraban [su] obra. Pero también había detractores, envidiosos y hasta traidores"; el inventor se había rodeado de una "sorda hostilidad y disimulada enemiga" entre compañeros dolidos de que se saltase las normas burocráticas o celosos de que absorbiese dinero destinado a planes previos de acorazados y torpederos. "La envidia al que se eleva sobre los demás es en España mal endémico", concluye uno de los autores[98].

No parece que Peral fuera muy respetuoso con las normas burocráticas, aunque también es seguro que no era fácil hacer cosas tan
poco rutinarias para la administración española de la época como
viajar al extranjero o abonar horas extraordinarias a los obreros
que trabajaban en el proyecto. En 1889, Peral comenzó a actuar por
su cuenta y se permitió salir con su sumergible a mar abierto, al parecer sin el necesario permiso. La pugna con el ministerio se agra-
vó y, según un biógrafo, se le trató a partir de entonces "como a un
delincuente". Comenzó desde ese momento "una terrible batalla
ante la cual iba a sucumbir todo intento noble". Ese mismo año, interesado por la nueva máquinaria eléctrica presentada en la exposición internacional de París, decidió visitar la capital francesa, al
parecer con permiso verbal, pero no escrito, de sus superiores. Al
regresar, se vio arrestado. La sombra de Cervantes, otra encarnación de la nación, planeaba sobre él. Para salir del *impasse*, Peral intentó varios caminos. Uno que podría haber sido eficaz, aunque
también tenía algo de provocador, fue apelar a la reina. La segunda
idea, en cambio, era lisa y llanamente errónea: pensó en presentarse a diputado por el distrito de El Puerto de Santa María. El ministerio, desde luego, se lo prohibió, como militar en activo que era; pero
puede que tenga razón uno de sus biógrafos al observar malévola-
mente que "otros eran los intereses en juego"; según parece, el ministro Béranger, que pertenecía a la disidencia tetuanista dentro
del partido sagastino, tenía planeado adjudicar a su propio hijo el
acta por aquel distrito. Peral tenía una inmensa popularidad, que
podía aprovechar electoralmente, pero recurrir a la voluntad popular contra el "encasillado" constituía un reto intolerable para aquel
sistema político. A partir de aquel momento, las relaciones debieron romperse. Pasaron los meses y las obras se paralizaron. Peral
viajó a Madrid, dejando su submarino casi desguazado. Un informe de diciembre de 1890 terminó retirando el apoyo oficial a aquel
invento[99].

Su autor inició entonces otro calvario, motivado por sus graves
problemas de salud. Alguna versión los atribuye a sus previos pade-
cimientos por "el vivir agitado del marino", pero hay otros que lo
consideran provocados por el desaire vivido. Se vio obligado a pedir la licencia por enfermedad —aunque, de nuevo, alguna versión

dice que dejó la marina "por dignidad"— y viajó a Madrid para ser tratado por el afamado doctor Federico Rubio. Los biógrafos no lo aclaran, pero debía de ser un cáncer. En sólo dos o tres años, el público se olvidó de él, mostrando así la "ingratitud de las gentes"; ante las contrariedades, el entusiasmo del pueblo por su obra "se disipó como el humo". El malhadado inventor trató todavía de publicar un manifiesto explicando toda la historia del submarino y pidiendo que no se abandonara su proyecto. Pero no encontró ya eco en ningún periódico, ni siquiera en "aquellos mismos que tanto le habían ensalzado y hasta obtenido beneficios con la venta de ejemplares"[100]. Sobrevivió gracias a una empresa donde fabricaba acumuladores eléctricos de invención propia, y también diseñó, se nos dice, una ametralladora eléctrica, de aire comprimido. Mas la enfermedad avanzaba, imparable. Se trasladó finalmente a Berlín, en 1895, donde fue operado, y de nuevo la fatalidad —o la maldad— siguió acechándole: aunque el resultado de la operación había sido feliz, "un descuido en las curas, al serle cambiado un día el apósito" le originó una infección, de la que se derivó una meningitis, y el 22 de mayo de 1895 Isaac Peral moría en la capital germana. Ante su cadáver embalsamado desfiló —sigue la leyenda— el cuerpo diplomático en pleno, prueba del reconocimiento universal de su valía. Al llegar, en cambio, a España, sólo le esperaban los empleados de su empresa electrónica, nueva muestra del carácter desagradecido del país. Ni siquiera fue sepultado en el Panteón de Marinos Ilustres. Trasladado su cuerpo a Cartagena en 1911, la desidia gubernamental siguió cebándose en él, pues quince años más tarde, "para vergüenza de las autoridades", sus restos permanecían todavía en el suelo. En 1927, por fin —bajo un dictador—, se le construyó un mausoleo y en 1965 —bajo otro; y no es casual— fueron llevados también a Cartagena los restos de su barco, que años atrás "un ministro de Marina" —liberal, desde luego— había intentado "vender como chatarra"[101].

Uno de los biógrafos de Peral, Fernández Rúa, aprovecha el caso para lanzar una nueva andanada contra Masson de Morvilliers y reivindicar una larga tradición de inventores españoles, de primera magnitud todos, aunque no sean reconocidos ni aun por sus compatriotas. El tono paranoico del libro es evidente desde la primera línea: hay países que saben procurarse "toda clase de públicos y reconocidos homenajes" en estos terrenos, pero "deliberadamente se calla —y el diablo sabe con qué intención— el nombre de España"; de ahí que él quiera combatir la idea de que "los españoles carecen de poder creador en el orden técnico y científico", un producto del "silencio aliado con la ignorancia" que es "peor que la leyenda negra". Comienza a continuación a enumerar inventos, empezando por los árabes, con un tal El Makkari, que construyó un aparato volador en la Córdoba del siglo IX. Salta desde ahí al siglo XVI, época en la que Blasco de Garay protagonizó nada menos que "los primeros intentos de navegación a vapor". Por entonces también vivió Alonso Barba, minero que descubrió en Potosí el medio de depurar la plata de su escoria y anunció así la "moderna metalurgia". A finales del XVIII, Salvá y Campillo inventó la telegrafía sin hilos, aunque no pudiera difundirla por "las rivalidades y luchas intestinas que dividían a España"; sigue la inconcreción y la atribución a la política de toda la responsabilidad por los fracasos. La pluma estilográfica fue idea del valenciano Francisco de Paula Martí, en 1803, treinta años antes que Parker; pero "no supo industrializarla". En fin, la toxicología experimental, el laringoscopio, la placa fotográfica, el dirigible de Torres Quevedo, el autogiro de La Cierva, todo le sirve para rebatir el "criterio bastante generalizado con arreglo al cual los españoles carecen de poder creador en el orden técnico y científico". El ejemplo más cercano a Peral que menciona es el de Narciso Monturiol, otro precoz inventor de sumergibles: también a él le tocó lidiar con "Madrid", donde se "desesper[ó] en los antedespachos ministeriales"; también a él "los políticos que le habían estimulado a proseguir los trabajos le [volvieron] la espalda"; "las esferas oficiales, con aquella desidia tan propia de la España del XIX, le considera[ro]n un alucinado, un loco"; y no menos dejaron de lado su invento "los periódicos, preocupados de las quisicosas políticas". Él mismo se metió en política, lo que "le rob[ó] el tiempo precioso para la investigación"[102]. El esquema es claro: los fracasos siempre se deben a la desidia de los gobernantes, la mezquindad de la política o la incapacidad racial para aprovechar y comercializar el talento.

El caso de Peral, que recibió tan enorme atención de la prensa de la época, y en el que tanto coinciden las distintas versiones, es muy sintómatico. Fusi lo llama "el catalizador de aquel patriotismo callejero y popular". Fue eso, y también una especie de *affaire Dreyfus* a la española. Como fue una parábola del nacionalismo español, un cuento moralizante, ingenuo, que revelaba esperanzas en un milagro, un invento sensacional e inesperado, producto del saber técnico y de la intensidad de sentimientos patrióticos, que repusiese a España en su lugar de gran potencia europea y mundial. Y fue, por último, una descripción de la España ideal, tal como se veía al finalizar el siglo XIX. Porque Isaac Peral, el "inventor inventado" por la prensa, encarnaba al pueblo español: la bondad, la caballerosidad, el desprendimiento, el sacrificio y, sobre todo, en el terreno de los sentimientos, el patriotismo, un patriotismo visceral, casi furioso; todo un conjunto de valores y pasiones que se añadían a su impecable capacidad técnica: pues Peral era "serio y estudioso", de profesionalidad fuera de toda duda e incluso dotado de abierta genialidad creativa. ¿Qué más quería el pueblo español para triunfar sobre sus enemigos? Incluso si el triunfo se escapaba de sus manos, debido a obstáculos imponderables —las tormentas que dispersaron la Armada Invencible—, ¿qué más quería para tener, al menos, un excelente concepto de sí mismo? Pero "todo se vino abajo por envidias e intrigas políticas". El gobierno "se dejó llevar por los rencores y las envidias, por la estulticia y la estupidez"[103].

Las empresas podían salir mal, pero los culpables eran otros. Más que nadie, el gobierno, los políticos (que "utilizan a la pobre España como una finca propia"), esos mezquinos miembros de las comisiones que regatearon su aprobación al invento de Peral, esos ministros que le negaron fondos, o que pretendieron vender el submarino como chatarra. Es obvia la inquina contra los políticos, y el desprecio general contra el parlamentarismo liberal, representado por Cánovas, Sagasta y la Restauración. Los culpables del fracaso de Peral —y de España, con él—, fueron, según Dionisio Pérez, la "arbitrariedad del poder público [...] la trapacería de los partidos [...] la omnímoda voluntad de los oligarcas". Les faltaba patriotismo y "virilidad". Pero también había que reconocer que no todo había sido culpa de los políticos castradores, de la perversidad extranjera, ni aun de la mala fortuna. Existían esos saboteadores internos, inconcretos, "algunos de ellos muy poderosos": los propios compañeros del marino que le habían puesto pequeñas zanca-dillas; la opinión pública española, que le había dejado abando-nado; los periodistas que le habían olvidado, con la circunstancia agravante de haberse enriquecido antes con su historia. Todo lo cual llevó al "deplorable espectáculo de que correspondiendo legí-timamente a la nación española la gloria del invento, fuera precisa-mente un grupo de españoles los que quisieran arrebatarlo a su país". Había algo maligno en el ente nacional, fagocitador de sus hijos más egregios. Si a todo ello se añadía el infortunio —aquella infección final en Berlín—, no hacía falta más para explicar los ma-les de la historia nacional[104].

El abandono del proyecto Peral explicaba, en particular, como recordarían todos tras el 98, el desastre cubano. Pues, de haberse apoyado aquel invento "tan trascendente para España", el país po-dría haber tenido para entonces una flotilla de submarinos torpe-deando a los acorazados yanquis, que habrían evitado las catástro-fes de Cavite y Santiago[105].

Al apiadarse de Peral, al apiadarse de tanto genio desperdicia-do, España se apiadaba de sí misma. Al indignarse con los políticos que desatendían a estos patriotas y que desaprovechaban tan clamo-rosas ocasiones de convertirse en temible potencia naval, los espa-ñoles se exculpaban a sí mismos —salvo en lo que tenían de envi-diosos, de desunidos— del pobre papel internacional del país. No era la Nación, sino el Estado, el culpable. La Nación ponía cara de dolor ante las brutalidades y la apatía del Estado y miraba a sus hi-jos para que comprendieran cuánto sufría. Era una manera de pe-dir que se movilizaran por el bien de su patria muy propia de la *Ma-ter dolorosa* del imaginario católico.

EL 98. "DESASTRE" Y "REGENERACIÓN"

Si la vida política —si la vida— no fuera tan dura, poco antes de 1898 se podría haber dicho que la construcción de la identidad na-cional llevada a cabo en España en el siglo precedente se había completado con un grado razonable de éxito. Algo acomplejada, sí, ante sus opulentos vecinos y con visibles cicatrices coloniales, la nación, en definitiva, sobrevivía, sin amputaciones en su cuerpo peninsular y hasta reteniendo aún parte de sus posesiones en América y Oceanía, por no hablar del futuro que en momentos de euforia se prometían algunos en África.

Pero la realidad es dura. Un Estado —o una maquinaria política que aspire a convertirse en Estado— no puede sobrevivir en hibernación ni justificarse a partir de glorias pretéritas. Los proyectos nacionales, por mucho que pretendan rendir culto a la historia y ampararse en ella, sólo tienen viabilidad si sirven a metas políticas actuales, es decir, de futuro. Por muy disfrazados que vengan de retorno a un pasado idealizado, es en función de ese objetivo de futuro como dinamizan a la sociedad, y de ahí su necesidad de adaptar o reinventar esa historia sobre la que dicen apoyarse para adecuarla a las necesidades del momento. Si no existe tal programa actualizado, como no existía en el nacionalismo español de finales del XIX, se deja el campo libre para competidores que no le van a hacer la vida fácil; que van a desvelar ante el mundo que esa aparente "nación" es una especie de caminante sonámbulo.

En el caso español, el despertar de aquella somnolencia que había durado casi un siglo llegó en 1898. Los Estados Unidos de América, un país joven, "sin historia" —según insistía la prensa española, escandalizada de que alguien con tal falta de pedigrí pretendiera un hueco en el escenario mundial—, pero que ya por entonces era la primera potencia industrial del mundo, estaba entrando en ebullición debido a la presión de grupos que querían expandir su influencia política por el Caribe y el Pacífico. En ambos lugares, pero sobre todo en el primero, al lado mismo de las costas de Florida, la vieja monarquía española ofrecía un blanco perfecto para esa expansión: no sólo tenía unos territorios coloniales muy alejados de la metrópolis, sobre los que practicaba una política rígida, cortada sobre patrones principalmente militares, pese a lo cual sólo contaba para su defensa con una escuadra escasa y anticuada; estaba, además, aislada diplomáticamente, en un mundo cubierto por densas redes de alianzas; para colmo, su imagen ante el público anglosajón seguía cargada de rasgos negativos, procedentes del estereotipo creado en los tiempos en que había sido "martillo de herejes", lo cual facilitaba la labor de la prensa sensacionalista para hacer creer a la opinión americana cuantas barbaridades quisiese atribuir a aquellos descendientes de la *Spanish Inquisition*. Presionado, pues, el presidente MacKinley por el Congreso, y éste por sus *lobbies* y la prensa, accedió a apoyar a los rebeldes cubanos. Y al gobierno de Sagasta no le quedó más opción que ir a la guerra, a sabiendas de que la perdería. En sólo dos batallas navales, de pocas horas de duración, las escuadras españolas del Caribe y las Filipinas fueron destruidas y el gobierno español tuvo que pedir la paz y acceder a liquidar todo lo que quedaba del antiguo imperio[106].

Las consecuencias políticas o económicas inmediatas de aquella pérdida no fueron catastróficas. Las fortunas coloniales repatriadas a la metrópolis sirvieron para capitalizar la economía y compensaron sobradamente la pérdida de mercados; y la deuda pública acumulada durante la guerra fue rápidamente redimida gracias a la reforma fiscal que un ministro, Fernández Villaverde, pudo imponer al amparo del *shock*. Desde el punto de vista político, el anquilosamiento y las pugnas internas de las oposiciones carlista y republicana, añadidos a la relativa flexibilidad del sistema canovista, hicieron que no hubiera sobresaltos revolucionarios. Ni crisis económica, pues, ni política. Pero sí crisis de conciencia; y gravísima. Para empezar, en el terreno internacional, la valoración de España como potencia descendió a mínimos históricos. A los pocos días de la destrucción de la primera escuadra, en mayo de 1898, lord Salisbury, primer ministro británico, pronunció ante el parlamento un célebre discurso en el que dijo que en el mundo había "grandes naciones, cuyo enorme poder crece de año en año, que aumentan sus riquezas, ensanchan sus territorios, perfeccionan su organización"; pero que había también "sociedades que podemos llamar moribundas *(dying nations)* [donde] el mal gobierno no lleva camino de arreglarse, sino que se agrava cada día"; "eso no puede durar", concluyó, "las naciones vivas han de apoderarse poco a poco de los territorios de las naciones moribundas". No mencionaba a España, pero a nadie le cupieron dudas de que era, junto con Turquía, el ejemplo más patente de *dying nation*.

Más importante aún que la repercusión internacional fue la interna. Puede que no conocieran el discurso del *premier* británico, pero la sensación que tenían las clases medias españolas dotadas de cierta educación —es decir, nacionalizadas— era la misma: la Guerra de Cuba había demostrado el *desastre* en que se hallaba el país. La falta de apoyos internacionales había sido completa; las insuficiencias de dotación y las pésimas condiciones de vida que habían tenido que soportar los reclutas revelaban el mal funcionamiento del Estado; la retórica fantoche de que se había hecho gala antes del conflicto era una muestra del "engaño" en que el gobierno tenía al país; y el hecho de que las masas populares, para colmo, hubieran demostrado tal indiferencia ante el conflicto sólo podía interpretarse como una abulia orgánica de las que preceden a la muerte. Era una curiosa descripción de la situación que exoneraba de culpa, precisamente, a esos intelectuales, periodistas y portavoces de la opinión nacional que la emitían; muchos de los cuales —aunque no todos—, habían atizado el fuego en los meses anteriores al conflicto con un patrioterismo y unas baladronadas que habían dejado al gobierno sin más salida que la declaración de guerra. En cuanto a la indiferencia popular, nada tenía que ver con enfermedades orgánicas; era una prueba de la insuficiente nacionalización, es decir, de que precisamente no se habían visto sometidos al "engaño" sobre las glorias patrias. Al pueblo le faltaban, como sabemos, escuelas, fiestas, ritos, símbolos, monumentos. Y le sobraban caciques, servicio militar discriminatorio, ineficacia y arbitrariedad administrativas diarias. De ahí su reacción de distancia frente al Estado y de escepticismo frente a los reclamos patrióticos.

Pero las élites nacionalizadoras, dominadas por los esquemas raciales del momento, creyeron detectar alguna enfermedad profunda. Aquel humor ácido, aquella autocompasión y carencia popular de orgullo patrio, había comenzado a preocupar a quienes se tomaban en serio el problema desde hacía tiempo. Tan temprano como en 1860, Fernando Garrido había escrito ya un libro titulado *La regeneración de España*. Lucas Mallada publicó su célebre *Los males de la Patria*, expresión que se convertirá en una frase hecha, en 1890, es decir, ocho años antes del "Desastre" cubano. El ambiente que luego se llamaría "del 98" venía preparándose desde mucho antes de esa fecha. Y al llegar ésta, se disparó: *El problema nacional*, de Macías Picavea; *Las desdichas de la Patria*, de Vidal Fité; *Del desastre nacional y sus causas*, de Damián Isern; *Los desastres y la regeneración de Espa-*

ña, de Rodríguez Martínez. Era sólo el comienzo. En los cincuenta años siguientes, todo un género literario se desarrollaría sobre el *problema de España*. No hay duda de que las clases medias educadas se vieron muy afectadas por aquella situación. Y su manera de exaltar los sentimientos nacionalistas fue, también, típica: apoyándose en la idea de que la Madre Patria se hallaba en un trance mortal y ninguno de sus hijos podía negarle la ayuda que reclamaba.

Entre los intelectuales de la Generación del 98 y los regeneracionistas, principales portavoces de aquellos sentimientos, había toda clase de gustos políticos. La consigna de la "regeneración patria", que todos suscribían, escondía programas del más diverso signo. Todos coincidían, sí, en la necesidad de reformas radicales. Y en aquel clima germinaron las profundas transformaciones experimentadas por España a lo largo del siglo XX. Nació allí un nacionalismo más activo y eficaz, desconfiado de glorias retrospectivas y en especial de sueños imperiales, salvo en Marruecos, y concentrado en la modernización interior del país. Aquella sacudida hizo posible la reforma fiscal que liquidó, no sólo la deuda de la guerra, sino, por fin, la que el Estado venía arrastrando desde hacía más de un siglo; y a partir de entonces diversos regímenes, con programas muy diferentes, coincidieron en hacer escuelas, pantanos y carreteras.

La política internacional, por otra parte, se siguió manteniendo "hibernada", lo que también ayudó. En su afán de evitar someter el Estado a tensiones internacionales, los gobernantes eludieron, por ejemplo, entrar en la Gran Guerra. Es lícito imaginar que, en caso de haber entrado, podría haber ocurrido cualquier cosa: o un desgarramiento, si se hubiera perdido, como en Austria o Turquía; o un fortalecimiento decisivo para la identidad nacional, en caso contrario, como ocurrió en Francia o Inglaterra. Esto último es lo que esperaban muchos de los intelectuales del momento, que en general, y precisamente porque consideraban prioritario el fortalecimiento del patriotismo popular, se pronunciaron en favor de participar en el conflicto, del lado de los aliados. Lo cierto es que el gobierno optó por no entrar, y que al amparo de la neutralidad el país vivió, entre 1914 y 1918, una prosperidad sin precedentes. Si a ello se suma que en la década anterior, bajo la relativa estabilidad de la era maurista, se habían dado pasos importantes en la electrificación de la industria y se había reconstruido la escuadra, y si se añade que la siguiente sería el boom de los "felices veinte", con la inyección de dinero público gastado alegremente por Primo de Rivera, se comprenderá que el cambio estaba en marcha: la economía crecía, las ciudades duplicaban sus habitantes en treinta años, el mundo rural y el analfabetismo retrocedían veinte puntos porcentuales en ese mismo periodo y, con la incorporación de la mujer al trabajo y a la vida pública, las costumbres cambiaban rápidamente. La crisis política de los años treinta, en suma, no fue un producto de la miseria y la opresión seculares sino de lo contrario, del crecimiento y el cambio, del desfase entre la nueva sociedad urbana, laica y moderna, y aquella España rural donde seguían imperando las normas caciquiles y el catolicismo tradicional. Hacia 1935, el país se encontraba en un momento de desarrollo equiparable al de veinte años más tarde, cuando el proceso modernizador inició al fin su despegue; de no haberse torcido la situación política, no es descabellado imaginar que aquel salto se hubiera producido dos décadas antes.

La reacción posterior a 1898 incluyó, como punto esencial de su programa, un decidido esfuerzo por llevar a cabo la tan postergada "nacionalización de las masas". Uno de los fenómenos que más habían impresionado a los analistas de la guerra cubana había sido la indiferencia popular al recibir las noticias de los desastres navales. El pueblo sentía poco patriotismo, coincidieron todos. Y se empezó por reforzar ese patriotismo por lo más obvio, como era una intensa política educativa: como escribió Vicente Gay poco después, era preciso "crear la nación, educar españoles"[107]. Y en 1900 se creó el Ministerio de Instrucción Pública, una de las consecuencias más visibles del impulso regeneracionista. De él nacería la Junta para la Ampliación de Estudios, cuyo objetivo declarado —y, en buena medida, logrado— era formar unas élites intelectuales encargadas de poner el país en contacto con la ciencia europea. Otras de sus realizaciones, como el Centro de Estudios Históricos, tenían aparentemente finalidades científicas de corte similar, aunque en el terreno de las humanidades y ciencias sociales, pero su contenido era mucho más ideológico, ya que se trataba de fijar la esencia histórica de la nación. Para dirigirlo se encontró a Ramón Menéndez Pidal, impecable representante de la España ideal: sus apellidos mismos parecían reunir el legado de los Pidal, aquellos dirigentes conservadores que habían sabido conjugar catolicismo y nacionalismo, y el de su maestro Menéndez Pelayo, de quien no había heredado en realidad apellido alguno, pero sí su erudición. A esta conexión con la España conservadora sumaba la raigambre liberal y laica de la Institución Libre de Enseñanza, con la que tenía estrecho contacto desde finales de siglo. Don Ramón, bajo la apariencia de positivismo científico, se dedicó a buscar en la historia la clave del "carácter racial" español; y, naturalmente, la encontró: en la lengua y el "espíritu" castellanos[108].

El Estado se sumó a la tarea nacionalizadora de otras muchas maneras. En 1908, patrocinó la celebración del centenario de lo que ya todos llamaban la "Guerra de la Independencia". No fue éste un evento limitado a Madrid, por fin, ni meramente oficial; por el contrario, lo protagonizaron las élites e instituciones locales, que compitieron por rememorar su contribución a la epopeya nacional. Se decretó ese mismo año que la bandera nacional ondeara en todos los edificios públicos, como vimos páginas más arriba, y en la década siguiente se instituyó la Fiesta de la Raza. Fue por entonces cuando Eduardo Marquina escribió una letra para el himno nacional que comenzaba: "¡Pide, España! Tus hijos te lo damos". Pero si el Estado aportó una parte considerable del esfuerzo nacionalizador, tampoco se quedaron al margen los intelectuales del momento, por críticos que fueran hacia la política en curso. En 1905, todos, jóvenes y viejos, conservadores y radicales, coincidieron en homenajear a Cervantes, al cumplirse el tercer centenario de la aparición de *El Quijote;* Cervantes era el símbolo político perfecto, porque su obra admitía todas las interpretaciones: desde la nacional-católica de Alejandro Pidal a la nietzscheana de Navarro Tomás, pasando por la racionalista de Ramón y Cajal, la antiburguesa de Azorín o la meramente "entretenida" de Valera[109]. En 1909 repitieron su adhesión a las glorias literarias nacionales en el homenaje a Larra y en 1913 se les vio reunidos alrededor de Ortega en la Liga para la Educación Política, que asumía como "misión generacional" educar al pueblo en los valores nacionales.

Fue, en fin, una era de nacionalización intensa, incluso compulsiva, contra el reloj, intentando recuperar el tiempo perdido a lo largo del siglo anterior. La construcción de la nación era una parte esencial del programa regeneracionista, ya que el ideal nacional legitimaba para combatir los "egoísmos locales", y en especial el caciquismo, acusado unánimemente de ser fuente principal de los males del país. Más de uno señaló "la necesidad de acabar con el divorcio existente entre el mundo oficial y la realidad social"[110], es decir, la necesidad de convertir aquel entramado político-administrativo en verdadero cauce de expresión de las demandas sociales, logrando así que la opinión lo sintiera como propio. Era demasiado conflictivo, como demostraría la década de los treinta. De momento, se optó por un camino más llano: el cultivo de un patrioterismo sencillo y optimista, que dejaba de lado las críticas y angustias vitales de los intelectuales del 98. Lo simbolizaron las canciones patrióticas de la nueva guerra en Melilla, al iniciarse ya los años veinte: "Soldadito español, soldadito valiente"; "Banderita, tú eres roja; banderita, tú eres gualda"; un patriotismo cargado de diminutivos, que, esta vez, alcanzó cierta popularidad. Las duras noticias que llegaron del frente no permitieron, sin embargo, abandonar el tono lastimero. Las niñas saltaban a la comba cantando:

> Ni me lavo ni me peino
> ni me pongo la mantilla
> hasta que venga mi novio
> de la guerra de Melilla.
> Ni me lavo ni me peino
> ni me pongo el lazo azul
> hasta que venga mi novio
> del monte del Gurugú.

El monte del Gurugú era, justamente, el lugar de donde los novios no volvían.

Cuando, en 1923, el general Primo de Rivera implantó su dictadura y consiguió acabar victoriosamente aquella guerra, este tipo de casticismo acrítico alcanzó su apogeo. La patria —no el rey— se convirtió bajo Primo en el símbolo de la unidad, contrapuesto, naturalmente, a los "políticos", expresión que para el régimen englobaba por igual a caciques y a parlamentarios liberales. El dictador explotó la idea de que la patria unía tanto como la política dividía, y cuando decidió fundar un partido no es casual que lo llamara la Unión Patriótica. "Unión", desde luego, frente a la "fragmentación" de la política liberal. Y "patriótica", porque la idea de patria era precisamente la goma que unía, frente a la granulosidad de los intereses privados y de las ideologías políticas, que dividía. Bajo el mando de aquel general de ideas sencillas, se potenció la alfabetización, se habló mucho de higiene y mejora racial, se anunció la catalogación de los monumentos nacionales y se emitieron billetes de banco y sellos de correos que llevaban como ilustración reproducciones de los cuadros históricos de 1856-1892. No era sólo el gobierno, pues motivos semejantes figurarían en almanaques, envolturas de turrones o librillos de papel de fumar. Fueron aquéllos también los años del viaje del "Plus Ultra" a la Argentina, de la Exposición Iberoamericana de Sevilla —para la que se reprodujo la carabela "Santa María"—, de la instalación del mausoleo de Peral o de la repatriación del cadáver de Ángel Ganivet. Se construyeron también las plazas de España en Madrid, en Sevilla, en Barcelona y, en esta última ciudad, aprovechando la Exposición Internacional, se hizo un "Pueblo Español" arquetípico. Los intelectuales, por mucho que detestaran —al final, sobre todo— al dictador, se sumaron, a su manera, a la tarea nacionalizadora. Rompiendo con una tradición de siglos, comenzaron a hacer pública su afición al flamenco y los toros: no sólo un andalucista como García Lorca lloraba por Sánchez Mejías, sino que un serio filósofo madrileño como Ortega y Gasset admitía su amistad con su homónimo el diestro Domingo Ortega. Esta aceptación del estereotipo romántico y orientalista de España por parte de las élites del interior era paralela a una reinvención neorromántica desde el exterior, pues fue también en los años veinte cuando llegaron a España Hemingway, Waldo Frank, Havelock Ellis, Gerald Brenan, Robert Graves y algún otro. Los americanos olvidaron los insultos de 1898 y decidieron que en España habían encontrado, frente a la brutalidad de la Gran Guerra, frente a la civilización decadente y corrupta, *the only good people left in Europe*", como dijo Hemingway; el país "virgen", término que usó Waldo Frank; virgen, es decir, impoluto, fiel a sí mismo[111].

"Fiel a sí mismo", o sea, tradicional, igual a como había sido durante siglos, era justamente lo que España estaba dejando de ser por entonces. Estaba cambiando a considerable velocidad, modernizándose, acercándose a los parámetros de la Europa avanzada. Y lo estaba haciendo, en buena medida al menos, a consecuencia de aquella reacción de dignidad ofendida que había seguido a la pobre actuación de 1898. Lo que significa que el nacionalismo español encontrado, por fin, el reemplazo para aquel objetivo que cien años antes se plantearon los liberales gaditanos y que obstáculos posteriores habían obligado a abandonar: la regeneración del país, la europeización, en definitiva la modernización. Sólo había un problema con esta misión al fin hallada: que había llegado tarde. Las generaciones jóvenes, de conciencia política más intensa y radical, empezaban a distanciarse de aquel proyecto secular y se iban embarcando en otros incompatibles con el españolismo: el internacionalismo obrerista, en unos casos; las identidades nacionales que rivalizaban con la española, en otros[112].

A primera vista, podría creerse que el más perentorio y amenazador de estos dos problemas, el que más ocuparía la atención pública durante las décadas siguientes, iba a ser el primero, es decir, el peligro de una revolución social. Ciertamente, fue un problema, y el obrerismo español mantuvo su fe internacionalista hasta época mucho más tardía que otros movimientos similares del entorno europeo. La perspectiva que da el paso del tiempo nos hace comprender hoy, sin embargo, que la amenaza más grave para el españolismo residía en los retos provenientes de los nacionalismos periféricos; y en especial, al menos durante el primer tercio del siglo xx, del catalanismo, creación de la otra gran ciudad del país, Barcelona, rival en tantos aspectos de la capital política.

El nacimiento de identidades que rivalizan con la española

El origen de aquellos nacionalismos periféricos se remontaba a la era romántica, que había redescubierto las diferencias culturales existentes en la Península, como había hecho en tantos otros lugares de Europa. Según escribe Borja de Riquer, fueron las minorías cultas regionales quienes dirigieron aquella "búsqueda de los elementos de etnicidad y de identidad [...] de su región"[113]; fue una "invención de la tradición", semejante a la llevada a cabo por los nacionalismos estatales, siempre que el término "invención" no se tome en sentido literal, como si las lenguas y culturas no castellanas no hubiesen existido previamente en la Península. Las élites de las culturas minoritarias dotadas de suficiente potencia creativa, pero no declaradas oficiales por los Estados, no encontraron otra manera de sobrevivir que contraatacar a los *risorgimenti* estatales con sus *renaixenças* o *rexurdimentos*, puntos de partida de posteriores reivindicaciones de espacios políticos autónomos. Y así como Modesto Lafuente o José Zorrilla teñían de "españoles" ambientes o personajes del pasado de muy dudosa adscripción nacional en su momento, las élites barcelonesas se aplicaron a la creación de unos mitos literarios o históricos que convencieran a los ilerdenses o tortosinos, por ejemplo, de que eran catalanes, y de que la manera correcta de hablar su lengua era la propuesta por Barcelona, centro urbano que abanderaba un proyecto político que competía con el de Madrid.

Aquellos movimientos culturales, sin contenido político al nacer, acabarían por dar paso a los movimientos nacionalistas de épocas posteriores. No es que hubiera una relación causal directa entre el romanticismo y los nacionalismos políticos. Baste recordar que el mismo fenómeno literario se produjo en el Languedoc francés o la británica Gales y no generó automáticamente exigencias de autonomía política. En el caso español, es especialmente elocuente el ejemplo gallego. Si el origen de las tensiones hubiera sido un fenómeno puramente étnico-cultural, elaborado por minorías literarias, el nacionalismo gallego tendría que haber sido tanto o más fuerte que el catalán y el vasco: existía un territorio perfectamente delimitado, una lengua, incluso unos problemas sociales, alrededor de los "foros", que podían haberse presentado como producto de una situación de opresión colonial; y, desde luego, existió un *Rexurdimento* literario gallego comparable a la *Renaixença* catalana. Y, sin embargo, el galleguismo político, aunque nació, fue hasta muy tarde un fenómeno minoritario. A los ingredientes etno-culturales y al romanticismo literario hay que añadir, pues, otros factores[114].

Factores socioeconómicos, para empezar. No un retraso o "fracaso" de la industrialización o de la "revolución burguesa", como tantas veces se ha dicho. Tampoco inexistencia, en el caso español, de un "proceso de modernización social y económico" —otra manera de decir lo mismo— que acompañara al político, lo cual habría hecho imposible asociar la nacionalización o el españolismo con la modernización. Ni creo que baste con referirse, como hace De Riquer, a una mala red de comunicaciones, en comparación con las francesas, inglesas o alemanas, que imposibilitara el desarrollo de un mercado "nacional"[115]. Si estos datos fueran los decisivos, los nacionalismos estatales fuertes serían un fenómeno exclusivo de los países avanzados. Atraso, malas comunicaciones —peores que las españolas—, y fracaso del proceso industrializador hubo, por ejemplo, en Portugal o en Grecia, y ello no generó una identidad nacional conflictiva ni unos problemas secesionistas. Por el contrario, una retórica nacionalista exagerada sirvió para compensar las frustraciones derivadas del inferior grado de desarrollo económico.

El problema específicamente español no fue tanto que el país estuviera atrasado como que se desarrolló de forma desigual; lo que produjo, naturalmente, un proceso de modernización cultural también desequilibrado. Nicolás Sánchez Albornoz describió la situación española del siglo XIX como "una economía dual", en la que convivían zonas donde se había producido el despegue industrial, principalmente en la provincia de Barcelona y la ría de Bilbao, con zonas agrarias, sobre todo del interior, de cultivos extensivos y técnicas atrasadas, lo que dio lugar a muy bajos rendimientos, que sólo podían sobrevivir gracias a un extremado proteccionismo aduanero. Las diferencias de desarrollo económico existentes a comienzos del XIX se acentuaron de manera espectacular en el último cuarto de ese siglo. Las dos zonas industriales que se desarrollaron giraban en torno a dos grandes ciudades, únicas que podían competir con la capital política del Estado: Barcelona y Bilbao. Especialmente la primera, no sólo muy rica sino tan poblada como Madrid y bien conectada, al final del siglo, con París, capital cultural de Europa. En el caso bilbaíno, la gran ciudad fue ella misma producto del desarrollo minero y metalúrgico; la región estaba menos poblada y sus comunicaciones eran peores que las del área barcelonesa, pero la concentración de riqueza fue no menos espectacular y existía una conexión relativamente fácil con Londres, el centro financiero mundial, aunque las redes financieras se integraron bien en las madrileñas. La diferencia fundamental, que convirtió al bizcaitarrismo en menos amenazador que el catalanismo durante muchas décadas, fue la carga rural y carlista de sus ideólogos, lo que hizo que los intelectuales vascos de primera magnitud tendieran a distanciarse del nacionalismo e instalarse en Castilla. En el caso gallego, no sólo faltó el desarrollo industrial que hubiera dado importancia y peso a las reivindicaciones de la región, sino que no hubo una ciudad de indiscutible primacía donde las élites intelectuales se reunieran y organizaran su enfrentamiento con Madrid; las élites descontentas, para colmo, tenían una válvula de escape al alcance de la mano, como era la emigración; con lo que el nacionalismo gallego, además de ser minoritario, nació en Madrid o en Buenos Aires.

Lo que hubo, por tanto, en España fueron unas "tensiones territoriales", en frase de Núñez Seixas, generadas por la "falta de correspondencia entre el origen geográfico del poder económico y el del poder político"[116]. Es decir, lo crucial no fue un bajo o escaso desarrollo industrial, sino el hecho de que las zonas desarrolladas fuesen islotes, y unos islotes que además no coincidían con el centro de decisión política. Madrid no era un gran foco industrial, ni tenía la conexión europea que pudiera convertirla en eje de la vida cultural. Las mismas características tenían las áreas geográficas donde se reclutaban las élites políticas, que eran sobre todo Andalucía y Castilla[117]. Ni la capital del Estado, donde los políticos desarrollaban sus tareas, ni el lugar donde se habían formado, eran las áreas más avanzadas económica o culturalmente en el país.

Según quedó establecido en el capítulo anterior, el esfuerzo nacionalizador llevado a cabo por el Estado fue limitado o insuficiente. Sociólogos como Linz o historiadores como Jover, De Riquer, Núñez Seixas o Fusi señalaban el relativo vacío dejado por la poca presión cultural de aquel Estado español del XIX. Una mera comparación entre la implantación de la identidad francesa en las zonas vascas y catalanas que quedaron al norte de la frontera y la debilidad del españolismo en las que quedaron al sur debería ser suficiente para dar la razón a estos autores[118]. Pero también reconocíamos en aquellas páginas que había habido esfuerzos, que el Estado había conseguido, hasta cierto punto, construirse e implantar sus símbolos. Una serie de instituciones estatales se pusieron en marcha, y estuvieron representadas por edificios que daban cobijo y esplendor a todo un aparato político y administrativo muy visible: el palacio real, los de las Cortes y el Senado, las sedes de la Presidencia del Gobierno y los diversos ministerios, etcétera. Todo ello estaba, sin embargo, en Madrid, y era también en la capital donde se situaban la mayoría de los —pocos— monumentos nacionales existentes. Allí residían igualmente las élites profesionales, artísticas o intelectuales que en esos mismos años "inventaban la tradición" en forma de novelas, libros de historia, cuadros, dramas o zarzuelas. La duda no es, por tanto, si existieron o no construcciones culturales de signo nacional a lo largo del XIX, sino hasta dónde se expandieron. Cabe pensar que se limitaron en exceso a la capital del Estado. Lo que fue suficiente para mantener satisfechas a las élites políticas centrales, y lo fue también para dominar las zonas geográficas menos desarrolladas y más cercanas al centro, que sí quedaron dentro del círculo de influencia madrileño, mientras que fue abiertamente insuficiente para atraerse a las áreas más desarrolladas, y en especial a esas dos ciudades que no se dejaban seducir tan fácilmente por una capital que era tan poca cosa, en comparación con los centros europeos con que ellos se trataban.

Porque el Madrid del XIX, hay que reconocerlo, aquella capital de una burocracia centralizada de la que todo, en teoría, dependía, era poca cosa. Fusi recuerda que a principios de siglo, "para alguien como Alcalá Galiano, que venía de una ciudad aseada y floreciente como Cádiz", Madrid era "una ciudad fea, pobre y sucia, que distaba mucho de ser una verdadera corte"[119]. Unos treinta años más tarde, un catalán tan mesurado y conservador como Balmes vivió un tiempo en Madrid y escribió: "Sin mar, sin un río, en el corazón del desierto, sin industria, sin vida propia, no siendo nada por sí, sino por ser corte, es Madrid una colonia de empleados más bien que un pueblo de importancia". Y es que hacia 1850 Madrid tenía 250.000 habitantes, la cuarta parte que París, diez veces menos que Londres; y "carecía —sigue Fusi— de todo aquello que ya por entonces definía a la gran ciudad moderna: bulevares, plazas ajardinadas, grandes avenidas, comercio de lujo, casas elegantes, iluminación callejera, monumentos, teatros, ópera, transportes urbanos, estaciones, hoteles, centros bancarios"[120]. Sin embargo, los madrileños estaban muy satisfechos de su ciudad: "de Madrid al cielo", diría el saber zarzuelero. Y es que la única "cultura creadora" surgida en Madrid, según Ortega, era el "madrileñismo", el culto a la propia ciudad. Lo que potenció, probablemente, la idea de que eran el centro de un Estado que existía y funcionaba, de una nación fuerte y visible. No parece que fuera ésa la impresión de las élites periféricas; en especial de las barcelonesas, que vivían la *febre de l'or* y el modernismo artístico y que viajaban con tanta facilidad a París. Cuando tenían que ir a Madrid, en vez de sentir entusiasmo o atracción, se les caía el alma a los pies; y pensar que lo hacían obligados, para implorar medidas políticas vitales para ellos, no suscitaba sino indignación.

Las diferencias socioeconómicas, y los desfases culturales derivados de ellas, fueron, pues, importantes como origen del problema nacional finisecular. Pero tampoco bastaron. Siguiendo de nuevo a Núñez Seixas, hay que observar que en Italia había diferencias mayores que en España: "entre Lombardía y Sicilia existían contrastes más profundos que los que había entre Cataluña y Extremadura"[121]. Y aquí entra en juego el papel de las élites y la actividad política del Estado: la *intelligentsia* norditaliana se convirtió en el adalid del Estado nacionalizador, logró la unidad, enfrentándose con Austria y con el Vaticano, fomentó a continuación guerras coloniales y por fin el Estado italiano entró en las europeas, e incluso se las arregló para presentar su intervención en ellas como una victoria. En España, en cambio, las élites periféricas no fueron las inventoras ni adalides del Estado liberal modernizador, ni éste se embarcó en aventuras internacionales que acabaran en éxito. Como ha explicado Juan Linz, "la crisis de la identidad nacional española [...] no hubiera ocurrido si el Estado español hubiese tenido los éxitos internacionales que Francia y si la cultura española hubiera sido tan creativa y dinámica como la de otros países europeos"[122]. Es decir, la debilidad del Estado y la escasa potencia cultural precedieron a la crisis de la nación.

La debilidad del Estado alcanzó su momento crítico en 1898. Porque, pese a todo lo dicho, pese a tantas limitaciones del proceso de construcción del Estado-nación, hay que reconocer, con de Blas y Laborda, que durante el siglo XIX "ninguno de los grandes problemas políticos españoles del momento supuso un serio desafío al Estado"; los carlistas, la verdadera oposición subversiva del siglo, nunca pusieron en duda la identidad nacional o la realidad estatal y hasta después de 1898 la "cuestión catalana" no se convirtió en enfrentamiento político radical[123]. Quizás todo se debiera a la larga existencia de una estructura política que respondía al nombre de "España" y al fuerte impulso recibido por la identidad nacional con aquella guerra contra Napoleón al empezar el siglo, a lo que se añadió la mitificación de la historia y de la cultura llevada a cabo por los liberales —que las élites políticas, al menos, conocían bien— y el éxito internacional del estereotipo andalucista creado por los románticos sobre una identidad española que se suponía eterna. Lo cierto es que el Estado, evitando entrar en tensiones internacionales, había sido capaz de mantenerse en pie sin aparentes problemas. Es cierto que no se hicieron esfuerzos desde instancias oficiales para afianzar la identidad nacional, pero tampoco desde la oposición surgió un movimiento sólido que izase banderas alternativas. Sólo en el último cuarto de siglo, y en aquellas dos metrópolis industriales que superaban a Madrid en desarrollo económico, surgieron élites que se atrevieron a izar esa bandera. Es curioso que, para hacerlo, se utilizasen tantos símbolos y mitos mimetizados de los que habían pertenecido al acervo de la mitología españolista: que el nacionalismo vasco, por ejemplo, se apoyara en la "limpieza de sangre" frente a musulmanes y judíos o en la existencia de una identidad milenaria que había fundado Túbal, nieto de Noé, y que se había afirmado obstinadamente contra sucesivas invasiones[124]; y tanto vasquismo como catalanismo adoptaron muchas de las formas victimistas de la *Mater dolorosa* que antes había patentado el españolismo. En todo caso, la mayoría de edad de aquellas afirmaciones de identidad alternativa a la española, es decir, el momento en que pasaron de ser minoritarias a ser verdaderos movimientos populares, fue a partir de 1898, a partir de la gran demostración de incompetencia internacional a cargo del Estado.

La fecha de 1898 fue crucial para los nacionalismos que rivalizaban con el español, como lo fue para el español mismo, porque una de las versiones del regeneracionismo consistió en poner las esperanzas de purificación y modernización política en las regiones desarrolladas. Macías Picavea lo había dicho: "Las tristes mesetas centrales donde yacen entregadas e inermes ambas Castillas" iban a conducir a España a la muerte si los "miembros vivos" del cuerpo nacional, Cataluña, Valencia, Asturias, el País Vasco, no se revolvían contra la oligarquía madrileña[125]. Ello obligó, sin embargo, a los "regionalismos" hasta entonces existentes a cambiar radicalmente su orientación política. Las historias nacionales siempre tienen mucho de irónico y hasta podría ser divertido si no condujeran con tanta frecuencia a la tragedia. En el caso ibérico, es verdaderamente propia de prestidigitadores la maniobra gracias a la cual los nacionalismos no estatales lograron superar una situación radicalmente contradictoria, derivada del hecho de que habían nacido vinculados a movimientos antimodernizadores (el carlismo, en ambos casos, pero sobre todo en el vasco), como bastiones de resistencia frente al jacobinismo progresista de las élites españolistas, y desde ahí tuvieron que convertirse en los europeizadores o modernizadores del conjunto. Esta situación les mantuvo maniatados durante largo tiempo, enfrentados con sus propias élites modernizadoras internas, seducidas también por el jacobinismo.

El nacionalismo español, por su parte, evolucionó en sentido exactamente inverso: desde sus orígenes laico-progresistas hasta el nacional-catolicismo. Como observan con penetración Ucelay y De Riquer, en todos los casos hubo una reacción contra la tendencia ideológica inicial: "en el caso español, la base liberal originaria que llevaba a un 'nacionalismo institucional' fue rechazada por el nuevo 'nacionalismo identitario' nacido del conflicto colonial. En el caso de los nacionalismos periféricos de Cataluña, el País Vasco y Galicia, la tendencia fue, al contrario, hacia el alejamiento respecto del movimiento fundacional, muy conservador, que trataba de monopolizar la nueva causa"[126]. De ahí muchos de los problemas internos que estos movimientos han tenido que sufrir más tarde, como la dramática opción de los nacionalistas vascos al estallar la Guerra Civil de 1936, momento en que casi tuvieron que echar a cara o cruz su decisión de apoyar a Franco o a la República: de hecho, se escindieron, y mientras los dirigentes del PNV optaban por la República, las bases carlistas de Álava y Navarra ofrecían a los sublevados mayor número de voluntarios que ningún otro rincón de España.

UN ESPAÑOLISMO REACTIVO

Pero no son los nacionalismos periféricos los que aquí interesan, sino el español. Y si se les han dedicado los párrafos que preceden es porque, con ellos, éste encontró un objetivo más para su existencia. No se trataba ya sólo de la "regeneración" o modernización interior, adoptada por todas las fuerzas políticas después del 98; ahora existía también la finalidad del antiseparatismo, la defensa del Estado, contra los nacionalismos disgregadores. Se convirtió, así, en un movimiento reactivo, no creativo ni agresivo —no proactivo, por utilizar términos de los teóricos de la movilización social—. Fue una actitud dolida, de resistencia, muy adecuada a las representaciones de España como *Mater dolorosa*. Fue un objetivo predominantemente conservador que, hasta la muerte de Franco al menos, resultó ser el de más duradero éxito entre los adoptados por el nacionalismo español. Borja de Riquer, en efecto, define este nacionalismo como reactivo, no "integrador", apropiado ya por "los sectores ideológicos más reaccionarios, más antidemocráticos y socialmente más regresivos". Un pequeño matiz convendría añadir: dominaban, es cierto, en aquel españolismo los elementos que provenían del mundo más conservador, pero tampoco hay que olvidar que seguían presentes en él los que provenían del jacobinismo decimonónico y del impulso regeneracionista posterior al 98.

Este nacionalismo conservador puede describirse como "unitario y autoritario, muy preocupado por el peligro separatista y proclive al militarismo"[127]. Los militares, en efecto, llevados por el revanchismo tras la humillación de 1898, se sintieron especialmente atraídos por este patriotismo reactivo, y volvieron a interferirse en la vida política, tras el paréntesis canovista. Comenzaron asaltando redacciones de los periódicos, que, según ellos, cuestionaban la unidad nacional, y acabaron exigiendo una "Ley de Jurisdicciones" que pusiera bajo consejos de guerra las ofensas a la patria y al honor de las fuerzas armadas. En palabras de Núñez Seixas, los militares se identificaron especialmente con este nacionalismo español que, "frustrado en su expansión exterior", se volcó contra un "enemigo interior": los nacionalismos separatistas y las izquierdas revolucionarias, conceptuados ambos como "antiespañoles". El ejército intervino así de nuevo en la política española del siglo XX, como lo había hecho la del XIX, pero ahora ya no en defensa del orden constitucional, sino en defensa de la nación, contra su disgregación. Con lo cual, siguiendo de nuevo a De Riquer, "la dialéctica cada vez más conflictiva e histérica entre este integral ultranacionalismo español y los nacionalismos periféricos [se convirtió en] un elemento clave de la crisis del sistema parlamentario". En efecto, Primo de Rivera tomó el peligro que corría la unidad de la patria como pretexto para sublevarse contra la Constitución de 1876; y lo propio harían posteriores grupos fascistas para declarar caduco el parlamentarismo. No deja de ser aleccionador que los militares, el grupo que en la primera mitad del siglo XIX conspiraba y se sublevaba sin cesar para implantar una constitución, cien años más tarde, llevado por su horror a cualquier disgregación del Estado, conspirase y se sublevase contra regímenes constitucionales para evitar la disolución de la nación. En definitiva, hay cierta coherencia en la evolución, pues en ambos casos se trataba de afirmar al Estado, y en los dos se hacía en nombre de la nación. Una nación que también había cambiado, pues de liberal y modernizadora a comienzos del XIX había pasado a autoritaria, belicosa y puntal supremo del orden social a comienzos del XX.

El conservadurismo, la defensa del orden social existente, se convirtió, por tanto, entre el último tercio del siglo XIX y el primero del XX, en el último de los objetivos que el nacionalismo español hizo suyos, tras haberse estancado en el XIX la revolución liberal y verse cerrado el paso a la expansión colonial. Naturalmente, era el preferido por los grupos católico-conservadores que, tras el giro de mediados de siglo, habían asumido la identidad nacional como dique frente a la revolución. El nacional-catolicismo había funcionado ocasionalmente al servicio de algún otro objetivo más expansivo, como por ejemplo durante la guerra marroquí de 1859-1860, pero, salvando ésta y alguna otra excepción, sus intereses políticos, más que nacionales, eran eclesiásticos. Recordemos las conclusiones de los congresos católicos de los años 1880: rezar el rosario, protestar por la situación del papa, consagrar España al Sagrado Corazón, organizar catequesis y misiones para obreros, asegurar que la enseñanza se ajustara al dogma, etcétera. Objetivos raquíticos para un nacionalista. Ante el mundo moderno, plagado de amenazas según la visión católica, sólo cabían actitudes defensivas. Al principio, tales amenazas parecían dirigirse sólo contra el Altar y el Trono, es decir, contra el poder de la Iglesia y contra las monarquías absolutas o, dicho de otra manera, contra lo que llamaban el "orden divino" de la sociedad, que no era más que el orden del Antiguo Régimen; pero la subversión se extendió y las exigencias de libertades individuales y limitación del poder real pasaron a ser demandas de "democracia", o participación en el gobierno, y luego de "socialismo", o derechos laborales. El mundo conservador acabó sintiendo que *todo* estaba en peligro: la religión, la propiedad, la familia... e incluso la nación, que en el origen del proceso había sido una creación de la revolución liberal frente a los tronos absolutos. "España" comenzó a ser así el conjuro recitado para ahuyentar al genio diabólico que amenazaba el orden social —y que ya no retrocedía ante la cruz.

La nación se oponía ahora a la revolución social, siguiendo la línea esbozada por Ríos Rosas en el debate parlamentario de 1871 o por Bravo Murillo en las columnas de *La Defensa de la Sociedad,* cuando invocaban a España frente al internacionalismo obrero. Fue lo que hizo Cánovas, el gran cerebro del régimen restaurado en 1875, que, según Andrés de Blas, "exagera[ba] de continuo la fuerza de una marea igualitaria dispuesta a llevarse por delante, al menor descuido, los pilares de la convivencia [...]; en este marco de amenazas permanentes, será el Estado, una vez que parece desbordado el dique de la resignación cristiana, el último instrumento capaz [...] de salvar a la sociedad"[128]. El Estado como instrumento, la nación como justificación o ideología. El giro efectuado por "la nación" era completo. De revolucionaria en 1820 había pasado a ser la contrarrevolución cien años después. "El nacionalismo era en primer lugar una respuesta al temor a la fragmentación de la nación en clases sociales", escribe Eric Storm. Pero también reconoce este autor que, de momento, todo fue un proceso lento y en embrión, porque "la ausencia de una amenaza seria de la estabilidad social dentro o fuera del país impedía que el nacionalismo exaltado pudiera lograr una base fuerte en España"[129].

Esas amenazas se convirtieron, sin embargo, en serias en la década de 1930. Las transformaciones sociales y culturales ocurridas en los treinta años anteriores llevaron, al fin, a la gran conmoción política de la República y la Guerra Civil. La urbanización, la industrialización, la secularización, los conflictos obreros, todo ello acumulado y sobrevenido de forma acelerada, eran un conjunto intolerablemente desequilibrador para una sociedad y un marco político tan tradicionales y jerárquicos como aquéllos. Derrocada la monarquía, se implantó una República que levantó, sin duda, excesivas esperanzas. Su inspiración fundamental era el nacionalismo laico-progresista que provenía del XIX y la idea era reforzar el Estado, fomentar la educación, redistribuir cautamente la propiedad. Pero las mejoras tardaron, la propia izquierda revolucionaria se lanzó a demandas maximalistas, y el curso político se vio zarandeado por mil tensiones. De ahí el fulgurante éxito de la CEDA, partido que ganó unas elecciones al año de nacer. Lo hizo con una definición ideológica muy reveladora: enarbolando, por un lado, las banderas del conservadurismo católico tradicional y haciendo suyas, por otro, las consignas del nacionalismo radical: es decir, presentándose como una organización patriótica, que quería defender a España contra su disolución a manos de la "anti-España". Pero "España" era a la vez el catolicismo y el sistema de poder social heredado: orden, propiedad, familia, tradición, autoridad, antiliberalismo, antiilustración; como la "anti-España" era la revolución, pero también la civilización moderna, el mundo urbano, laico, materialista, "sin Dios". Si a tal coherencia ideológica se añade la utilización de las poderosas y arraigadas redes de comunicación y movilización eclesiásticas preexistentes, se entenderá el rápido éxito del partido de Gil Robles.

Frente a la amenaza republicana se alzó, pues, una amplia coalición de todas las fracciones del conservadurismo: el mundo católico, asustado por la secularización moderna; los círculos de poder económico más tradicionales, horrorizados ante la "revolución social"; y el ejército, a quien se apeló como salvaguardia frente a aquel "separatismo" que los militares tanto detestaban. Estos últimos fueron los encargados de ejecutar el golpe contra la República, siguiendo básicamente el formato de los pronunciamientos del siglo anterior. Mas el pronunciamiento, esta vez, no triunfó. Ni fracasó. Quedó en tablas, y dio lugar a una guerra civil, larga y sangrienta, atizada por el ambiente internacional y el apoyo armamentístico proveniente de los dos polos radicalizados del arco político del momento: comunismo y fascismo. Como toda guerra, la de 1936 simplificó las opciones, y toda la gama de los nacionalismos existentes y posibles quedó reducida a dos: el "republicano", heredero del laico-progresista del siglo XIX y de una parte del regeneracionismo noventayochista, y el "nacional" o católico-conservador. Este último perpetuaba, incluso en su consigna más conocida, la vieja escisión de la derecha española entre dos lealtades, a Dios y a la Patria, a la que dedicamos la parte tercera de este libro. Pero su confusión era, en definitiva, menor que la del bando republicano, que en su propaganda añadía a un entusiasmo nacional genuino otros muchos mitos, promesas y valores políticos que formaban parte del variopinto mundo cultural de la izquierda: progreso, libertad, democracia, educación, civismo, igualdad, revolución social, federalismo o su contrario, jacobinismo estatista. Ninguno de los grandes mitos políticos modernos faltaba de la lista. Fue un exceso de dispersión. El lado franquista, en cambio, concentró el esfuerzo propagandístico en lo nacional; no por casualidad los rebeldes se llamaron a sí mismos, y fueron llamados por otros, los "nacionales". Usaron más que sus oponentes el mito de la nación; y el mito demostró, como tantas otras veces, su incomparable fuerza[130].

También entre los vencedores había, sin embargo, una parte del mensaje que no era exclusivamente nacional. Las banderas rojigualdas emergían en medio de las cruces, y los mítines o desfiles militares no empezaban sino después de la misa. Se comprende que a Ledesma Ramos y otros fascistas puros no les hubiera gustado la mezcla, cuando se fundieron con la Falange, y que se opusieran a los tintes confesionales que dirigentes más cercanos al conservadurismo tradicional daban al programa de la derecha. Como nacionalistas, tenían razón. Dios y la Patria podían ir juntos, pero sólo si los mitos se elaboraban de tal forma que estuvieran controlados por el Estado; si la Iglesia se reservaba parte del poder, el fascismo perdía pureza.

Si la nacionalización de la vida política había sido completa en 1931-1939, periodo en el que ni la aldea más remota quedó al margen de los acontecimientos, la nacionalización de masas que vino en los diez años siguientes alcanzó una intensidad que rozaba lo histérico. A aquel trauma, a aquella ruptura con la plácida vida tradicional que habían conservado hasta entonces tantos rincones de la Península, siguió un lavado de cerebro agobiante. Parecía que entre uno y otro fenómeno el nacionalismo español tenía que haberse impuesto, tenía que haber ejercido una presión sobre la sociedad comparable a la de las dos guerras mundiales sobre los principales países europeos. Tenía, en definitiva, que haber compensado sobradamente toda la inactividad y todos los obstáculos y dudas de ese siglo XIX que ha sido objeto de este libro. Pero era una nacionalización forzada, brutal, y basada en la anulación y el aplastamiento de medio país. No hay autor que no esté de acuerdo en este diagnóstico: la política nacionalizadora de los vencedores no se fundó en la integración sino en "la represión y el adoctrinamiento coactivo"; "la nacionalización española que el franquismo quiso imponer [...] era tan agresiva como grosera"; "en ningún momento el franquismo pretendió difundir una idea realmente nueva de España que pudiera atraer a una parte importante de los vencidos en la Guerra Civil"[131].

El régimen, además, duró demasiado. Sobrevivió a sus camaradas fascistas en 1945, en parte gracias a su identificación con el catolicismo y en parte también a la protección recibida de Estados Unidos en pleno ambiente de la Guerra Fría. Pero en los años 1960 y 1970, al final de su trayectoria, en medio de una Europa próspera, democrática y en proceso de unión, la España de Franco resultaba una rareza bochornosa, asociada a atraso económico y cultural, opresión política, clericalismo y omnipresencia militar y policial en el paisaje. El catalanismo y el vasquismo, en cambio, al enfrentarse con el régimen, se vieron ungidos con el óleo santo de la democracia y la modernidad, tan alejados de sus orígenes carlistas y de los métodos brutales que seguía empleando el vasquismo radical. De ahí la doble y ambigua legitimación nacional de la Constitución de 1978, con ese artículo segundo, producto de la transacción —el "consenso"—, que deja el sujeto de la soberanía indefinido entre

esa "nación española" de unidad "indisoluble" y esas "nacionalidades" cuya existencia consagra. Las espadas quedaron en alto. Los dos
nacionalismos pervivieron. Ambos, en cierto modo, como dice
Juan Linz, fracasados, porque al "éxito limitado" del nacionalismo
español en el XIX se corresponden "fracasos y limitaciones de los
nacionalismos periféricos contra el Estado e incluso dentro del Estado"[132]. Fracasados ambos, pero con fuerza suficiente como para hacer difícil la vida del rival. En los últimos años, el españolismo ha intentado asociarse al "patriotismo constitucional", a un ideal cívico y
pluricultural, distanciándose así de sus conexiones con el franquismo. Del éxito de esta asociación depende su supervivencia.

NOTAS

A LA CUARTA PARTE

[1] E. J. Hobsbawm, *La era del imperio (1875-1914)*, Barcelona, Labor, 1989, p. 18; cifras en P. Kennedy, *The Rise and Fall of the Great Powers*, Nueva York, 1987, pp. 148-149.

[2] Véase D. R. Ringrose, *Spain, Europe and the "Spanish Miracle", 1700-1900*, Cambridge University Press, 1996, pp. 65-66 (trad. esp., *España, 1700-1900: el mito del fracaso*, Madrid, Alianza, 1996, pp. 102-104), basándose sobre todo en trabajos de L. Prados de la Escosura; ver resumen de ideas de este autor en *De imperio a nación. Crecimiento y atraso económico en España (1780-1930)*, Madrid, 1988, pp. 95-138, sobre todo pp. 129-131. De todos modos, es difícil hacer cálculos concretos de la producción agraria. Cfr. los datos, algo menos optimistas, de G. Tortella, en *El desarrollo de la España contemporánea. Historia económica de los siglos XIX y XX*, Madrid, Alianza, 1994, pp. 43-63; o de J. Palafox, en J. P. Fusi y J. Palafox, eds., *España, 1808-1996. El desafío de la modernidad*, Madrid, Espasa-Calpe, 1997, pp. 104-114 y 195-211.

[3] Véase M. Artola, *La España de Fernando VII*, Madrid, 1992, pp. 565-578.

[4] B. J. Gallardo, *Alocución patriótica en la solemne función con que los ciudadanos del comercio de Londres celebraron el restablecimiento de la Constitución y la libertad de la patria*, Londres, R. y A. Taylor, 1820, p. 10; J. Canga Argüelles, *Observaciones al tomo II de la Historia de la Guerra de España, que escribió en inglés el Teniente Coronel Napier*, 3 t., Londres, 1830, t. I, pp. 36-37. Cfr. p. 19: frente a Napier, que dice que los españoles tuvieron en la guerra "más crueldad que valor [...] y más odio personal que entusiasmo por la causa", Canga cree que los españoles son universalmente reconocidos como "valientes, heroicos, firmes y generosos", que "el elogio del valor español es tan trivial que no necesita repetirse".

[5] Como observa F.-X. Guerra, *Modernidad e Independencias*, Madrid, 1992, el poeta Quintana, en el momento mismo en que se perdían las colonias, atribuía la corrupción del espíritu público español en los siglos modernos al "poder arbitrario" establecido por los Habsburgo y a "la inmensa acumulación de riqueza, causada por el descubrimiento y la conquista de América" (p. 245); seguía considerando el imperio como inútil y corruptor, aunque aceptaba que no todo imperio tenía que serlo, sino que atribuía a los españoles una incapacidad para explotar sus colonias comercialmente, como sabía hacer Inglaterra. Véase también L. M. Enciso, *La opinión pública española y la independencia latinoamericana*, Valladolid, Universidad de Valladolid, 1967.

[6] "Discurso en el Ateneo", 1882, cit. por C. Dardé, "Cánovas y el nacionalismo liberal español", en G. Gortázar, ed., *Nación y Estado en la España liberal*, Madrid, 1994, p. 219.

[7] Cit. por J. M. Jover, "Restauración y conciencia histórica", en Real Academia de la Historia, *España. Reflexiones sobre el ser de España*, Madrid, 1997, pp. 334-340. Al finalizar el siglo, la obra más célebre sobre la inferioridad de las razas latinas era *A quoi tient la supériorité des Anglo-Saxons*, de E. Demolins, París, Didot, 1890.

[8] B. de Riquer, "Aproximación al nacionalismo español contemporáneo", *Studia Historica*, 12 (1994), p. 10.

[9] F.-X. Guerra, *Modernidad e Independencias...*, p. 362. No olvidar que los militares eran parte de la élite educada, muy integrados en proyectos reformistas de ilustrados (véase p. ej., M. Murphy, *Blanco White. Self-Banished Spaniard*, Yale U. P, 1989, p. 30: la única institución que impartía conocimientos matemáticos y científicos en Sevilla a finales del XVIII era el colegio naval; o p. 38: escuela militar en Madrid, creada en 1806, siguiendo el sistema de Pestalozzi).

[10] R. Solís, *El Cádiz de las Cortes*, Madrid, 1969, en especial cap. 2, 3 y 8; o J. L. López Aranguren, *Moral y sociedad*, Madrid, 1966, pp. 51-52.

[11] I. Castells, "Antonio Alcalá Galiano", en J. Antón y M. Caminal, comps., *Pensamiento político en la España Contemporánea (1800-1850)*, Barcelona, 1992, pp. 123, 125 y 131. Cfr. Las *Memorias* del propio Alcalá Galiano, en *Obras Escogidas*, B.A.E., vol. LXXXIII, 1955, p. 392, en que reconoce: "los acontecimientos que se iban sucediendo nos mantenían en nuestra situación de [...] partidillo poco notado, y al cual su nimia cortedad y escasa fama daban entono, llevándole a considerarse como una grey reducida de escogidos".

[12] Alcalá cit. por I. Castells, "Alcalá Galiano", p. 128. E. de Kosca Vayo, *Historia de la vida y reinado de Fernando VII de España*, Madrid, Impr. Repullés, 2 vols., 1842, vol. I, p. 285.

[13] Cit. ambos por C. Dardé, "Cánovas y el nacionalismo...", p. 232; en p. 233, este autor opina que "la obra de Cánovas como historiador se aparta radicalmente de las principales características de la historiografía nacionalista liberal de la época isabelina"; no hay que olvidar que tanto él como J. Amador de los Ríos o M. Danvila se especializaron en la época de la decadencia. Pero algo semejante hicieron liberales como A. Ferrer del Río o A. de Castro.

[14] B. de Riquer, "Reflexions entorn de la dèbil nacionalització espanyola del segle XIX", *L'Avenç*, 170 (1993), p. 9; y "La faiblesse du processus de construction nationale en Espagne au XIXe siècle ", *Revue d'histoire moderne et contemporaine*, 41-42 (1994), p. 355.

[15] J. M. Jover, "Caracteres del nacionalismo español, 1854-1874", *Zona Abierta*, 31 (1984), p. 22. E. Hobsbawm, *Nations and Nationalism,* cit. Sobre giro del nacionalismo hacia el conservadurismo, véase también B. Neuberger, "National Self-Determination: Dilemmas of a Concept" en *Nationalims in Europe. Past and Present,* Santiago de Compostela, 1994, pp. 277-305.

[16] Citas, de S. Payne, "Nationalism, Regionalism and Micronationalism in Spain", *Journal of Contemporary History,* 26 (1991), p. 479; X. M. Núñez Seixas, "Historia e actualidade dos nacionalismos na España contemporánea: unha perspectiva de conxunto", *Grial,* 128 (1995), p. 506; y J. Linz, "Los nacionalismos en España. Una perspectiva comparada", *Historia y fuente oral,* 7 (1992), p. 130; B. de Riquer y E. Ucelay, "An Analysis of Nationalisms in Spain: A Proposal for an Integrated Historical Model", en J. Beramendi, X. M. Núñez Seixas y R. Maíz, eds., *Nationalism in Europe. Past and Present,* Santiago de Compostela, 1994, vol. II, p. 280. Cfr. P. Vilar, "Estado, nación, patria, en España y en Francia, 1870-1914", *Estudios de Historia Social,* 28-29 (1984), p. 40 (España vivió los siglos XIX y XX sin amenazas en sus fronteras).

[17] J. Linz, "El Estado-nación frente a los Estados plurinacionales", en E. d'Auria y J. Casassas, *El Estado moderno en Italia y España,* Barcelona, 1992, p. 74. J. M. Jover, "Prólogo", en J. M. Jover, dir., *La era isabelina y el Sexenio Democrático (1834-1874),* t. XXXIV de la *Historia de España Menéndez Pidal,* Madrid, 1981, p. XCII.

[18] Sobre estos hechos, en general, véase J. M. Jover, "Prólogo", y J. Tomás Villarroya, "El proceso constitucional (1843-1868)", ambos en

J. M. Jover, dir., *La era isabelina...*, pp. I-CLXII y 315-340; J. Bécker, *Historia de las relaciones exteriores de España durante el siglo XIX*, 3 t., Madrid, impr. Jaime Ratés, 1924-1926, t. II; y J. W. Cortada, *Spain in the Nineteenth-Century World. Essays on Spanish Diplomacy, 1789-1898*, Londres, Greenwood Press, 1994, caps. 2, 5 y 6.

[19] *Las Novedades*, 7-II-1860; *La Iberia*, 11-IX-1859 y 26 y 27-X-1859; y *La Época*, 4-XI-1859. Cfr. *La Iberia* 23-X-1859: "No era el general O'Donnell quien hablaba. A nuestros ojos era el genio de España [...] que iba a [...] demostrar al mundo que España vive, que España siente y que España no tolera insultos". Sobre este tema, véase J. Álvarez Junco, "El nacionalismo español como mito movilizador. Cuatro guerras", en R. Cruz y M. Pérez Ledesma, eds., *Cultura y Movilización en la España contemporánea*, Madrid, 1997, pp. 35-67; y "La nación en duda", en J. Pan-Montojo, coord., *Más se perdió en Cuba*, Madrid, 1998, pp. 405-475.

[20] La Real Academia convocó también un certamen de composiciones poéticas para celebrar el triunfo en Marruecos, algunas de las cuales fueron leídas ante los duques de Montpensier y publicadas por la Imprenta Nacional en 1860. Aunque muchos años después, la guerra de 1859-1860 sería también, como es sabido, el tema del episodio galdosiano *Aita Tettauen*. Sobre la "Guerra de África", véase M. C. Lécuyer y C. Serrano, *La Guerre d'Afrique et ses répercussions en Espagne*, Ruán, 1976; o J. Bécker, *Historia de las relaciones exteriores...*, t. II, pp. 409-457. Sobre popularidad y ganancias de Alarcón, véase J. Altabella, *Corresponsales de guerra. Su historia y su actuación*, Madrid, Febo, 1945, p. 88.

[21] *La Época*, 6 y 16-I-1860.

[22] E. Castelar, *La Discusión*, 18-X-1859 y 6-II-1860.

[23] *La Época*, 2-II-1860; *Las Novedades*, 7 y 8-II-1860; y *La Esperanza*, 7-II-1860.

[24] Véase F. Gaínza, *Campaña de Cochinchina*, Manila, 1859, cit. por J. M. Jover, *La civilización española a mediados del siglo XIX*, Madrid, 1991, p. 169; o J. Bécker, *Historia de las relaciones exteriores...*, t. II, pp. 365-368 y 459-469; o J. W. Cortada, *Spain in the Nineteenth-Century...*, p. 29.

[25] *Carta pastoral* del Arzobispo de Madrid de 2-XI-1859. Sobre la Reconquista como mito fundacional básico de la identidad española, véase J. Juaristi, "El Ruedo Ibérico. Mitos y símbolos de masa en el nacionalismo español", *Cuadernos de Alzate*, 16 (1997), pp. 19-31.

[26] P. A. de Alarcón, *Diario de un testigo de la Guerra de África*, 2 vols., Madrid, 1931, vol. 2, p. 120.

[27] Véase M. van Aken, *Pan-Hispanism. Its Origin and Development to 1866*, Los Ángeles, 1959, pp. 107-115.

[28] J. M. Jover, "Prólogo", en J. M. Jover, dir., *La era isabelina...*, pp. XCII, CXLVIII y CXLV.

[29] Véase H. Driessen, *On the Spanish-Moroccan Frontier*, Nueva York, Berg, 1992, p. 37. Cfr. A. Rodríguez González, "El conflicto de Melilla en 1893", *Hispania*, 171 (1989), pp. 235-266; A. Llanos Alcaraz, *La campaña de Melilla de 1893-1894*, Melilla, UNED, 1994; M. Fernández Rodríguez, *España y Marruecos en los primeros años de la Restauración (1875-1894)*, Madrid, C.S.I.C., 1985.

[30] Como nos muestra un interesante grabado publicado por *La Ilustración Española y Americana*, reproducido en G. Menéndez Pidal, *La España del siglo XIX vista por sus contemporáneos*, Madrid, Centro de Estudios Constitucionales, 1989, p. 77. Sobre estas manifestaciones, J. P. Fusi, *España. Evolución de la identidad nacional*, Madrid, 2000, p. 190.

[31] *El Globo*, 5 a 10-IX-1885; editoriales sobre el conflicto en sí, 27 y 28-VIII-1885 y 11 y 14-IX-1885. *La Iberia*, 28-VIII-1885 y 5 y 7-IX-1885; *El Siglo Futuro*, 5 y 7-IX-1885.

[32] Véase los periódicos denunciados por el gobierno en esos días, todos de izquierda, en *El Globo*, 6-IX-1885, de donde se deduce cuáles eran las fuerzas políticas que apoyaban el belicismo imperialista.

[33] Cit. por A. Rodríguez González, "El conflicto de Melilla...", pp. 246-247. También don Carlos se sumó a la reivindicación española sobre las Carolinas y llegó a autorizar expresamente a sus seguidores a combatir por "el honor y la bandera de España" (carta a Valde-Espina, *El Siglo Futuro*, 10-IX-1885).

[34] B. de Riquer y E. Ucelay, "An Analysis of Nationalisms...", pp. 293-294.

[35] Véase Nuria Sales, *Sobre esclavos, reclutas y mercaderes de quintos*, Barcelona, Ariel, 1974; y "Servei militar i societat: la desigualtat enfront del servei obligatori, segles XVII-XX", *L'Avenç*, 98 (1986), pp. 721-728; C. Serrano, *Le tour du peuple. Crise nationale, mouvements populaires et populisme en Espagne, 1890-1910*, Madrid, 1987, pp. 12-53 y 285-299; y S. Balfour, *The End of the Spanish Empire (1898-1923)*, Oxford University Press, 1997, cap. 4. Una matizada y reciente discusión sobre este tema, en M. Pérez Ledesma, "La sociedad española, la guerra y la derrota", en J. Pan-Montojo, coord., *Más se perdió en Cuba*, Madrid, 1998, pp 91-149.

[36] Véase resumen de cifras en M. Pérez Ledesma, "La sociedad española...", pp. 113-114: la cantidad recaudada por la redención militar, que en años normales ascendía a unos diez millones, se multiplicó por cuatro en

los años de la guerra (lo que da unos 25.000 jóvenes, aproximadamente el 10 por ciento del contingente movilizado); si a ello se suman los exentos por razones sociales y no aptos por razones físicas (un 20 por ciento de los alistados en cada una de estas categorías) y el número de prófugos (cercano al 5 por ciento), se obtiene casi un 55 por ciento, lo que coincide con la conclusión de M. Pérez Ledesma: que "sólo la mitad de los mozos alistados (o incluso menos, como en 1896) fueron declarados soldados".

[37] J. Linz, "Los nacionalismos en España...", p. 130.

[38] Véase R. Bendix, *Nation-Building and Citizenship*, Nueva York, 1964; y C. Tilly, "Cambio social y revolución en Europa: 1492-1992", *Historia Social*, 15 (1993), pp. 71-98.

[39] J. M. Jover, "Federalismo en España. Cara y cruz de una experiencia histórica", en G. Gortázar, ed., *Nación y Estado en la España liberal*, Madrid, 1994, p. 122; o *La civilización española...*, p. 147.

[40] T. Martín Martín, *El iberismo: una herencia de la izquierda decimonónica*, Madrid, 1975; cfr., del mismo autor, "El movimiento iberista en el siglo XIX", en *Homenaje a Antonio Domínguez Ortiz*, Madrid, Ministerio de Educación, 1981, pp. 649-662; y "El movimiento iberista en el siglo XX", *Estudios de historia de España. Homenaje a Manuel Tuñón de Lara*, UIMP, 1981, vol. III, pp. 305-315.

[41] S. de Mas, *La Iberia. Memoria sobre la conveniencia de la unión pacífica y legal de Portugal y España*, 3ª ed., Madrid, imp. Rivadeneyra, 1854. Sobre Almeida Garrett, véase J. A. Rocamora, "Causas do surgimento e do fracaso de nacionalismo ibérico", en *Analise Social*, Lisboa, XXVII, 122 (1993), pp. 631-652. Resto de datos, en T. Martín Martín, *El iberismo...*

[42] Bibliografía adicional sobre iberismo: F. Catroga, "Nacionalistas e iberistas", en J. Mattoso, dir., *Historia de Portugal*, Lisboa, Circulo de Leitores, 1992, vol. 6; L. Moreno, *La federalización de España. Poder político y territorio*, Madrid, Siglo XXI, 1997; J. A. Rocamora, *El nacionalismo ibérico, 1792-1936*, Universidad de Valladolid, 1994; H. de la Torre, "Portugal, un nacionalismo antiespañol", *Revista de Occidente*, 17 (1982), e "Iberismo", en A. de Blas, dir., *Enciclopedia de nacionalismo*, Madrid, 1997. Para la evolución posterior del iberismo, y en especial su conexión con el catalanismo, véase I. de Ribera y Robira, *Iberisme*, Barcelona, L'Avenç, 1907, y *O Génio Peninsular*, Oporto, 1914; el conde de Penella, *Inglaterra y las naciones ibéricas*, Barcelona, 1916; o J. Casas Carbó, *El problema peninsular*, de 1924, para quien la misión de Cataluña era preparar la

unión de España con Portugal. Para la tradición monárquica, alentada por Alfonso XIII en los años de la I Guerra Mundial, véase J. Nido y Segalerva, *La Unión ibérica. Estudio crítico e histórico de este problema*, Madrid, 1914.

[43] I. Sepúlveda Muñoz, "Nacionalismo español y proyección americana: el panhispanismo", en J. Beramendi, X. M. Núñez Seixas y R. Maíz, eds., *Nationalism in Europe. Past and Present*, Santiago de Compostela, 1994, vol. II, pp. 317-336.

[44] I. Sepúlveda Muñoz, "Nacionalismo español...". En general, sobre este tema, véase M. van Aken, *Pan-Hispanism...*; y F. B. Pike, *Hispanismo, 1898-1936. Spanish Conservatisves and Liberals and their Relations with Spanish America*, University of Notre Dame Press, 1971.

[45] J. Linz, "Early State-Building and late Peripheral Nationalisms against the State: The Case of Spain", en S. N. Eisenstadt y S. Rokkan, eds., *Building States and Nations*, Sage, 1973, vol. 2, pp. 32-112; J. M. Jover, "Prólogo", en J. M. Jover, dir., *La era isabelina...*; B. de Riquer, "Reflexions entorn de la dèbil nacionalització...", p. 8.

[46] B. de Riquer, "Reflexiones, problemas y líneas de investigación sobre los movimientos nacionales y regionalistas", p. 6; ponencia presentada en el I Congreso de Historia Contemporánea (Salamanca, abril de 1992), publicada más tarde en extracto como "Aproximación al nacionalismo español contemporáneo", en *Studia Historica*, 12 (1994), pp. 11-29.

[47] B. de Riquer, "Reflexions entorn de la dèbil nacionalització...", p. 9; I. Olábarri, "Un conflicto entre nacionalismos. La "cuestión regional" en España, 1808-1939", en F. Fernández Rodríguez, ed., *La España de las autonomías*, Madrid, 1985, p. 105. El propio De Riquer —junto con E. Ucelay, en "An Analysis of Nationalisms...", p. 277— sostiene y argumenta con fuerza que las guerras civiles son los momentos en que se construyen los grandes mitos nacionales. Ambas cosas son ciertas: algunas guerras civiles destruyen toda posibilidad de símbolos compartidos y otras crean una identidad —crispada, y sobre la victoria de una fracción—; la española del siglo XVI contra los conversos y moriscos podría ser un ejemplo de lo último y las de los siglos XIX y XX de lo primero.

[48] Véase A. Gallego Anabitarte, "España 1812: Cádiz, Estado unitario, en perspectiva histórica", *Ayer*, 1, 1991, p. 143: "se puede calificar de escándalo historiográfico [...] la tesis dominante [de que existió un] *traslado a España del modelo administrativo francés*". Pero sus objeciones, aunque

muy bien argumentadas, versan sobre aspectos relativamente menores del sistema.

[49] Véase *supra*, cap. 2, "¿Reino unido o confederación invertebrada?".

[50] Véase A. M. Calero, "Liberalismo y división provincial", *Revista de Historia Contemporánea*, 3 (1984), pp. 5-31; y A. Nieto, *Los primeros pasos del Estado constitucional*, Barcelona, 1996, pp. 238-294. Sobre las "prefecturas" creadas por José Bonaparte, véase G. Dufour, "Le centralisme des *afrancesados*", en C. Dumas, ed., *Nationalisme et littérature en Espagne et Amérique Latine au XIXe siècle*, Presses Univ. de Lille, 1982, pp. 11-23.

[51] J. M. Portillo, "Nación política y territorio económico. El primer modelo provincial español (1812)", *Historia Contemporánea*, 12 (1995), p. 272; cita de Muñoz Torrero, en pp. 267-268. La división provincial se complementaría más tarde con otras divisiones "especiales", como las militares, de justicia o eclesiásticas. Ambas mantuvieron su estabilidad durante siglo y medio, aunque la tendencia fue acercar las segundas a la primera.

[52] B. de Riquer, "Aproximación al nacionalismo español...", p. 17.

[53] Referencias bibliográficas y resumen de esta polémica, en G. Martínez Dorado, "La formación del Estado y la acción colectiva en España, 1808-1845", *Historia Social*, 15 (1993), pp. 102-103.

[54] X. M. Núñez Seixas, "Los oasis en el desierto. Perspectivas historiográficas sobre el nacionalismo español", *Bulletin d'Histoire Contemporaine de l'Espagne*, 26 (1997), p. 501. De Riquer y Fusi, entre otros textos, B. de Riquer, "Sobre el lugar de los nacionalismos-regionalismos en la historia contemporánea española", y J. P. Fusi, "Revisionismo crítico e historia nacionalista (a propósito de un artículo de Borja de Riquer)", ambos en *Historia Social*, 7 (1990), pp. 105-126 y 127-134, respectivamente (sobre si la nación española estaba o no "plenamente consolidada" hacia 1900, pp. 119 y 131-132). A. de Blas, *Sobre el nacionalismo español*, Madrid, 1989, p. 16; y A. de Blas y J. J. Laborda, "La construcción del Estado en España", en F. Hernández y F. Mercadé, comp., *Estructuras sociales y cuestión nacional en España*, Barcelona, 1986, p. 477.

[55] B. de Riquer, "Reflexions entorn de la dèbil nacionalització...", p. 11 (no eran los gobiernos los que dependían de las Cortes, sino al revés). Cfr., del mismo autor, "Reflexiones, problemas...", p. 12 (ausencia de partidos auténticamente nacionales y escasa representatividad de éstos) y "Aproximación al nacionalismo español...", p. 254 ("escaso consenso democrático" y "reducido prestigio popular" del régimen liberal).

X. M. Núñez Seixas, "Questione nazionale e crisi statale: Spagna, 1898-1936" *Ricerche Storica*, XXIV (1), 1994, p. 99.

[56] Para pueblos incomunicados, véase D. R. Ringrose, *Imperio y península. Ensayos sobre historia económica de España (siglos XVI-XIX)*, Madrid, Siglo XXI; 1987; o J. P. Fusi, *España. Evolución de la identidad...*, p. 169. Sobre resistencias a la centralización, I. Olábarri, "Un conflicto entre nacionalismos...", pp. 90-96; A. Robles Egea, comp., *Política en penumbra. Patronazgo y clientelismo políticos en la España contemporánea*, Madrid, 1996.

[57] B. de Riquer, "Reflexiones, problemas..", p. 10.

[58] I. Olábarri, "Un conflicto entre nacionalismos...", p. 95; B. de Riquer, "Reflexions entorn de la dèbil nacionalització...", p. 11; ; J. P. Fusi, *España. Evolución de la identidad...*, pp. 165 y 169; o en "Centralismo y localismo. La formación del Estado español", en G. Gortázar, ed., *Nación y Estado en la España liberal*, Madrid, 1994, pp. 83-87 (donde insiste en el regionalismo de la producción cultural). J. Ortega y Gasset, en *La redención de las provincias*.

[59] Buena discusión de este tema en X. M. Núñez Seixas, "Questione nazionale e crisi statale...", pp. 93-97, de quien tomo varias ideas. Francia, observa este autor siguiendo a E. Weber, tampoco era tan homogénea culturalmente hasta 1880 y 1914. Menos aún lo era Italia. En Alemania, el particularismo regional era muy fuerte, y se sucedieron las tensiones con Prusia como poder dominante (movimiento separatista renano después de la Gran Guerra, que G. Brunn, cit. por Núñez Seixas, p. 94, compara con Cataluña). Gran Bretaña tampoco era una nación-Estado plenamente integrada; Gales y Escocia vivían como cuerpos separados, y el Estado no desarrollaba la administración ni promovía la enseñanza pública. Austria-Hungría, desde luego, alcanzaba la máxima diversidad, y su fragmentación tras la derrota de 1918 pudo haberse producido también incluso de no haber entrado en la guerra.

[60] Véase R. Cruz, "El más frío de los monstruos fríos". La formación del Estado en la España contemporánea", *Política y Sociedad*, 18 (1995), pp. 81-92.

[61] A los proyectos citados hay que añadir otros varios de menor importancia. La ley Moyano sufrió diversas reformas, básicamente en 1868, en sentido liberalizador de los contenidos de la enseñanza y anulación de privilegios eclesiásticos, aunque la confesionalidad se restableciera en 1875. Las mayores reformas llegaron a comienzos del siglo XX, con la

creación del Ministerio de Instrucción Pública. Sobre todo esto, M. Puelles Benítez, *Educación e ideología en la España contemporánea*, Barcelona, 1980 y C. Boyd, *Historia Patria*, Princeton University Press, 1997.

[62] G. Mosse, *The Nationalization of the Masses. Political Symbolism and Mass Movements in Germany from the Napoleonic Wars through the Third Reich*, Cornell U. P., 1991.

[63] F. Comín y C. García García, "Reforma liberal, centralismo y haciendas municipales en el siglo XIX", *Hacienda Pública Española*, 133 (1995), pp. 91-92. Datos, p. ej., en M. Puelles Benítez, *Educación e ideología...*; y C. Boyd, *Historia Patria. Politics, History, and National Identity in Spain, 1875-1975*, Princeton University Press, 1997, pp. 8-12, 22-24 y 45-46 (y amplia bibliografía citada por esta autora en notas 11-14 de esas páginas). Sobre la figura del maestro y el desprecio "a su función", ver M. de Unamuno, *En torno al casticismo*, Madrid, Ediciones Alcalá, 1971, p. 235. Cifras sobre analfabetismo, en M. Vilanova y X. Moreno, *Atlas de la evolución del analfabetismo en España de 1887 a 1891*, Madrid, CIDE, 1992.

[64] P. Tedde, "Estadistas y burócratas. El gasto público en funcionarios durante la Restauración", *Revista de Occidente*, 83 (1988), cit. por R. Cruz, "The Logic of War: Military, State and Revolution in Contemporary Spain", *Working Paper*, The New School for Social Research, 169 (1993), p. 7; y B. de Riquer, "Reflexions entorn de la dèbil nacionalització...", pp. 10-11. Véase M. Ballbé, *Orden público y militarismo en la España constitucional*, Madrid, Alianza, 1983.

[65] Desde 1887, el Estado se hizo cargo de la enseñanza secundaria. Curiosamente, y como ha explicado C. E. Núñez (*La fuente de la riqueza. Educación y desarrollo económico en la España contemporánea*, Madrid, Alianza, 1992, cap. 8: "El gasto público en educación entre 1860 y 1935"), el único terreno en el que España tenía una tasa de escolarización comparable con los principales países europeos era el de la enseñanza universitaria.

[66] C. Dardé, "Cánovas y el nacionalismo...", p. 231.

[67] P. Vilar, "Estado, nación, patria...", p. 17. Ley Moyano, en J. L. Abellán, *Historia crítica del pensamiento español*, vol. V-I, Madrid, 1987, pp. 400-404; o M. Puelles Benítez, *Educación e ideología...*, pp. 142-157. Inclinación de los gobiernos conservadores hacia la enseñanza religiosa, en C. Boyd, *Historia Patria*, p. 29.

[68] C. Serrano, "The failure of nationalism in contemporary Spain", ponencia inédita presentada en el Seminario de Estudios Ibéricos de la

Universidad de Harvard (abril de 1993), p. 8. Véase también B. de Riquer, "Reflexions entorn de la dèbil nacionalització...", p. 13; C. E. Núñez, *La fuente de la riqueza...*; E. Weber, *Peasants into Frenchmen. The Modernization of Rural France, 1870-1914*, Stanford University Press, 1976, pp. 303-338; y J. Linz, "Politics in a Multi-Lingual Society with a Dominant World Language: The Case of Spain", en J. G. Savard y R. Vergneault, *Les États multilingues: problèmes et solutions*, Quebec, 1975, pp. 367-444. Recuérdese que Azaña, en 1939, escribió que si el catalanismo había subsistido tras doscientos años de centralismo estatal era porque en España "¡... el Estado carecía de tales prestigio y poderío y había pocas escuelas!" (cit. por J. P. Fusi, *España. Evolución de la identidad...*, p. 164).

[69] P. Vilar, "Estado, nación, patria...", pp. 26-30.

[70] B. de Riquer, "Reflexiones, problemas...", p. 18; X. M. Núñez Seixas, "Historia e actualidade dos nacionalismos...", pp. 503-504; Carlos Serrano, "Prófugos y desertores en la guerra de Cuba", *Estudios de Historia Social*, 22-23 (1984), pp. 21-35; N. Sales, *Sobre esclavos, reclutas...*; como estudio global sobre el tema, véase A. Feijóo Gómez, *Quintas y protesta social en el siglo XIX*, Madrid, Ministerio de Defensa, 1996. Cfr. A. Costa Pinto y X. M. Núñez Seixas, "Portugal and Spain", en R. Eatwell, ed., *European Political Cultures. Conflict or Convergence?*, Londres y Nueva York, Routledge, 1997, pp. 174-175 (ejército incapaz de "nacionalizar" al campesinado y funcionarios públicos ligados a las facciones políticas y al *amiguismo*).

[71] Informe de Cánovas en nombre de la Real Academia de la Historia, *La escarapela roja y las banderas y divisas usadas en España*, Madrid, Fortanet, 1912; AA. VV., *Símbolos de España*, Madrid, CEPC, 2000 (pp. 323 y ss., 415 y ss.); y C. Serrano, *El nacimiento de Carmen. Símbolos, mitos y nación*, Madrid, 1999, cap. 3.

[72] C. Serrano, *El nacimiento de Carmen*, cit., caps. 4 (himno) y 5 (zarzuela patriótica). Discusión sobre el origen prusiano de la marcha real, en F. Redondo Díaz, "Leyenda y realidad de la Marcha Real española", *Revista de Historia Militar*, 54 (1983), pp. 63-89. Derechos de autor del himno, en *El País*, 21-XI-1993; y M. A. Aguilar, "Saludos al himno", *ibíd.*, 11-X-1997. Sobre símbolos y monumentos, en general, véase X. M. Núñez Seixas, "Los oasis en el desierto...", pp. 505-507 (con buena bibliografía en notas, sobre todo referida a casos extranjeros); B. de Riquer, "Reflexiones, problemas...", p. 20, y "Reflexions entorn de la dèbil nacionalització...", p. 15; y AA. VV., *Símbolos de España*, Madrid, CEPC, 2000.

[73] Sobre fiesta nacional, Serrano, *El nacimiento de Carmen*, cap. 13. Prohibición del Dos de Mayo, en 1863 (F. J. Orellana, *Historia del general Prim*, Barcelona, Tipogr. J. Jepús, 1872, vol. II, p. 473-474). Enfrentamiento con los obreros internacionalistas, en 1870, narrado por A. Lorenzo en *El proletariado militante*, Madrid, Alianza, 1974, pp. 155 y ss.

[74] Véase, p. ej., *El Siglo Futuro*, 25-VII-1892: necesidad de invocar a Santiago, "nuestro Patrono y protector, y el que fue visitado y animado aquí en esta nación por la Reina de los Ángeles"; él "protegerá la nación en la que se erigió el primer templo en honor de su castísima esposa"; "¡Despertad, pues, españoles!, y al grito de ¡Santiago y cierra España! se estremecerán nuestros enemigos". Debate sobre el patronato de Santiago, T. D. Kendrick, *Saint James in Spain*, Londres, Methuen, 1960, porque el llamado "voto de Santiago" daba un derecho a cobrar un tributo anual pagado por todos los territorios recuperados de los musulmanes, lo cual era discutido por otros centros eclesiásticos peninsulares, encabezados por Toledo. La primacía de Santiago venía disputándose desde que en el siglo XVII se lanzó a santa Teresa como patrona de España; y Carlos III confirió este patronato a la Inmaculada Concepción (un síntoma más de la confusión de símbolos en el siglo XVIII).

[75] J. Brown y J. H. Elliott, *A Palace for a King*, Yale U. P., 1980, pp. 31, 38-41 y 48. Nada de ello se distingue radicalmente del modelo de las fuentes imperiales del siglo XVI, con escudo casa Austria (como en Baeza y Martos, o como la de Granada, bajada de la Alhambra); véase V. Juaristi, *Las fuentes de España*, Madrid, Espasa Calpe, 1944, sobre todo cap. IV.

[76] Véase S. Juliá, D. Ringrose, C. Segura, *Madrid. Historia de una capital*, Madrid, Alianza, 1994.

[77] G. Mosse, *Fallen Soldiers. Reshaping the Memory of the World Wars*, Oxford University Press, 1990; J. Álvarez Junco, "La nación en duda...", p. 448; C. Serrano, *El nacimiento de Carmen*, caps. 7-11.

[78] Archivo del Congreso de los Diputados, Serie Gral., leg. 108, exp. nº 447, Proyecto de ley sobre el Panteón Nacional (1858). Descripción del estilo, de M. Alpuente, "Sic transit gloria mundi", *El País*, 15-VII-2000. Cfr. Luis Carandell, "El Panteón", *ibíd*, 14-III-1999.

[79] Monumento al "Desastre", C. Serrano, *El nacimiento de Carmen...*, cap. 10; Alfonso XII en el Retiro, J. Martínez Bárcena, "Cristóbal Colón, Alfonso XII y la identidad nacional: dos monumentos de Barcelona y Madrid a caballo entre el XIX y el XX", ponencia sin publicar presentada en el

Seminario de Historia de la Fundación Ortega y Gasset el 18-I-2001; sobre monumentos locales, lista de C. Reyero en *La escultura conmemorativa en España. La edad de oro del monumento público, 1820-1914*, Madrid, 1999. Sobre el interesante caso barcelonés, donde el localismo integrado en lo español evoluciona hacia un nacionalismo rival del español, véanse los trabajos de S. Michonneau, especialmente "Un lieu de mémoire barcelonais: le monument au Docteur Robert", *Revue d'Histoire Moderne et Contemporaine*, 41-42 (1994), 269-289.

[80] Sobre el monumento del Cerro de los Angeles, y otros monumentos cívicos alternativos que fracasaron en aquella época, véase C. Serrano, *El nacimiento de Carmen*.... Cfr. J. de la Cueva, "Cultura y movilización en el movimiento católico de la Restauración (1899-1913)", en M. Suárez Cortina, ed., *La cultura española de la Restauración*, Santander, 1999, pp. 169-192.

[81] R. de Mesonero Romanos, *Nuevo manual de Madrid*, Madrid, B.A.E., vol. CCI.

[82] Véase C. Boyd, "Statue-mania in Nineteeenth-Century Spain", ponencia presentada en la reunión de la SSPHS, Minneapolis, abril de 1997; C. Serrano, *El nacimiento de Carmen...*, caps. 7, 8 y 10; y C. Reyero, *La escultura conmemorativa en España...*

[83] La única bibliografía que conocemos al respecto es J. Gállego, "Artistas españoles en medio siglo de Exposiciones Universales", *Revista de Ideas Estéticas*, 86 (1964), pp. 297-312; o R. Gómez López-Egea, "La arquitectura a través de las Exposiciones Universales", *Estudios e Investigación*, 20 (1980), pp. 61-69. Datos fundamentales, tomados de la ponencia, sin publicar, presentada por A. Shubert al congreso sobre nacionalismo español celebrado en Tufts University en octubre de 1996.

[84] G. Lovett, *Napoleon and the Birth of Modern Spain*, New York University Press, 1965, 2 vols.

[85] León escuálido, en *El papagayo*, 1842, p. 26; mujer flaca, en *Gil Blas* de 1864-1865. Éstas y otras ilustraciones, en apéndice gráfico.

[86] B. de Riquer y E. Ucelay, "An Analysis of Nationalisms...", p. 291.

[87] Véase, p. ej., en *Gerona*, Introd. ("Sucedía en Sevilla una cosa que no sorprenderá a mis lectores, si, como creo, son españoles, y era que allí todos querían mandar"). Cfr. *El Grande Oriente*, XVI (Romero Alpuente, "un vejete furibundo [...] de gárrula elocuencia, de vulgares modos"; "no ha dejado de tener herederos en la política española");

Mendizábal, XXXIII (las disensiones de la política, empezando por las peleas de la familia real, "habían convertido a España en una inmensa jaula de locos"); *Narváez,* V-VI (el "celtíbero" Ansúrez, contra "sayones que llamamos jefe político, alcalde, obispo, escribano..."); *Bodas Reales,* V (se execró hacia 1843 a Espartero, y llegaron "nuevos curanderos" que no tenían ideas mejores; "tiraron un ídolo para poner en su peana otros"; hubo una "pléyade funesta" que dominó el país; hombres de brillantez exterior, vacíos de voluntad y rectitud, "laureles que merecen maldiciones, porque nada grande fundaron, ningún antiguo mal destruyeron"); *De Cartago...,* XXI (*Mariclío,* la musa de la Historia, opina que España está gobernada por políticos que "alternan en las poltronas del Estado" y "andan a ciegas sin saber adónde van"); *Amadeo I,* IX (Mari-Clío despotrica de nuevo contra los politicastros).

⁸⁸ P. Aguilar, "Pérez Galdós, Benito", en A. de Blas, dir., *Enciclopedia del Nacionalismo,* Madrid, 1997, pp. 409-411. *Amadeo I,* XXIV: Tito ve a Mari-Clío rodeada de personajes de la historia española: Wamba, S. Ildefonso, Jiménez de Rada, Cisneros, la viuda de Padilla, santa Leocadia, Garcilaso. *Zaragoza,* VI: esa idea es "la idea de nacionalidad, que España defendía contra el derecho de conquista y la usurpación". Cuando otros pueblos sucumbían, España defendió su derecho y lo consagró con su sangre. Luego, sería despreciada en el Congreso de Viena y desacreditada por sus guerras civiles, sus malos gobiernos, sus inmorales partidos; pero nunca, después de 1808, ha visto "puesta en duda la continuación de su nacionalidad"; aun hoy (1874), en el último grado del envilecimiento, nadie se atreve a conquistarla o a intentar repartírsela.

⁸⁹ Historia del "pueblo", p. ej., en *Mendizábal,* II: elogio de la historia anónima, la que "podría y debería escribirse sin personajes, sin figuras célebres, con los solos elementos del protagonista elemental, que es el macizo y santo pueblo, la raza, el Fulano colectivo". P. Aguilar, "Pérez Galdós..."; y Gilberto Triviños, *Benito Pérez Galdós en la jaula de la epopeya,* Barcelona, 1987, p. 193. Frase de Cánovas, reflejada por Galdós en su episodio *Cánovas,* capítulo XI. Sobre el nacionalismo de Cánovas, véase la introducción de A. de Blas al *Discurso sobre la nación,* de 1882, reed. en Madrid, Biblioteca Nueva, 1997.

⁹⁰ E. Pérez de Puig, *Desde mi ventana. Confidencias con Isaac Peral,* Cartagena, Gráf. Gómez, 1984, p. 70. Parece que esta frase procede del propio hijo de Peral, según Dionisio Pérez, *Los hombres de nuestra raza. La tragedia del*

submarino Peral. Madrid, Ediciones Nuestra Raza, s. d. (¿1925?), p. 13 (el caso "pone de relieve nuestros defectos nacionales y los del régimen político parlamentario"). Aunque las fuentes que utilizaremos en estos párrafos son del siglo XX reproducen literalmente los tópicos elaborados en el XIX.

[91] J. L. Fernández Rúa, *Inventores españoles. Isaac Peral*, Madrid, Publicaciones Españolas, 1959, p. 18; "resuelto el problema de la navegación submarina" en Dionisio Pérez, *Los hombres de nuestra raza*, p. 38.

[92] L. Villanúa, *Peral, marino de España*, Madrid, Impr. Galo Sáez, pp. 100-103, 146-148, 157-160, 185; J. Zarco Avellaneda, *Isaac Peral y Caballero*, Alcoy, Gráf. Ciudad, 1986, pp. 24-28. Los datos exactos varían mucho de autor a autor; más de una hora, según Villanúa, p. 185.

[93] "El pueblo español, tan dado a lo maravilloso y fantasmagórico, a creer en milagros, ve en el invento de Peral un próximo renacer del poderío pretérito", reconoce el folleto anónimo *Isaac Peral, un marino fuera de su tiempo*, Eds. España, s. l., s. d., p. 14. Echegaray publicó un folleto, *Examen de varios submarinos comparados con el "Peral"*, Madrid, Impr. Ducazcal (precisamente ésa), 1890, en el que, en términos más técnicos que de exaltación patriótica, concluía que Peral era un inventor original, que "ha hecho algo útil para la ciencia" (p. 104). Los biógrafos de Peral insisten en que, modesto y dotado de "candor de niño", eludió la popularidad. Pero la aprovechó de alguna manera, por ejemplo para intervenir en el crimen de la calle Fuencarral, intercediendo ante la reina —sin éxito— a favor de la conmutación de la pena de muerte. Copla, en J. A. Gil, *El martirio de un sabio marino*, Madrid, Tipogr. Universal, 1908, p. 22; poema, Luis Pérez Barzana, *A Isaac Peral. España con honra*, Madrid, Impr. J. Góngora, 1889, p. 23.

[94] Cartas y telegramas, Villanúa, *Peral, marino de España*, p. 117; *Peral, marino fuera de su tiempo*, p. 13. Dinero propio, en E. Pérez, *Desde mi ventana*, 25.

[95] *Isaac Peral, un marino...*, p. 12; D. Pérez, *Hombres de nuestra raza*, p. 14; y J. L. Fernández Rúa, *Inventores españoles*, p. 19.

[96] Cánovas sobre Peral y Verne, en D. Pérez, *Hombres de nuestra raza*, 50; E. Pérez de Puig, *Desde mi ventana*, 21-22. Indolencia de Sagasta, en D. Pérez, *Hombres de nuestra raza*, 70; resto de citas, excepto última, en esta misma obra, 40, 43, 71, 80, 130. Última cita, en J. L. Fernández Rúa, *Inventores españoles*, p. 20. La única de las obras publicadas que puede considerarse levemente antiperalista es la de Juan de Madariaga, *El submarino Peral*,

Madrid, Tipogr. I. de M., 1889, en la que sólo se dice que el submarino es lento y meramente un arma defensiva, aparte de que existen otros proyectos ideados también por españoles con la misma finalidad. Pero la mayor parte del folleto lo dedica el autor a defenderse de las acusaciones que se le han hecho de falta de españolismo y a explicar que ningún periódico ha querido publicar sus cartas.

[97] Ofertas extranjeras, p. ej. en D. Pérez, *Hombres de nuestra raza*, p. 74. Intentos de robo de la idea, a cargo de un tal *Zaharoff*, agente de *Nordenfelt*, en pp. ss. La otra respuesta de Peral, en *Isaac Peral, un marino...*, p. 16. Duelo, en este último foll., pp. 6-7, o Villanúa, *Peral, marino de España*, pp. 55-58.

[98] "Contrariados", E. Pérez de Puig, *Desde mi ventana*, 54; sabotajes, en J. Zarco, *Isaac Peral*, 22, 16 (misma anécdota en Pérez, *Hombres de nuestra raza*, 100-101) y 31. Envidia, D. Pérez, *Hombres de nuestra raza*, 13-14.

[99] J. L. Fernández-Rúa, *Inventores españoles*, 19-20; Villanúa, *Peral, marino de España*, 154-155; "otros eran los intereses", J. Zarco, *Isaac Peral*, 28; hijo de Béranger, *Isaac Peral, un marino...*, 15, y E. Pérez de Puig, *Desde mi ventana*, 59-60.

[100] "Dignidad", en *Isaac Peral, un marino...*, p. 15. Disipación del entusiasmo, en D. Pérez, *Hombres de nuestra raza*, 13. Periódicos, J. Zarco, *Isaac Peral*, 46.

[101] Ametralladora eléctrica, J. Zarco, *Isaac Peral*, p. 48 (que se vendió hasta en el extranjero, observa; no parece que eso cuestione su patriotismo). Enfermedad, *ibíd.*, 49. Chatarra, *ibíd.* 44. Sobre la conexión entre Franco y Peral, son reveladoras las similitudes entre el guión de *Raza* y el del hijo del inventor, Antonio Isaac Peral y Cencio, *El profundo Isaac. Guión cinematográfico*, Madrid, Artes Gráf. E.M.A., 1955.

[102] J. L. Fernández-Rúa, *Inventores españoles*, pp. 3, 14-16.

[103] J. L. Fernández-Rúa, *Inventores españoles*, 20; E. Pérez Puig, *Desde mi ventana*, 59-60.

[104] Finca propia, D. Pérez, *Hombres de nuestra raza*, 12; trapacería, *ibíd.*, 149; saboteadores poderosos, Fernández Rúa, *Inventores españoles*, 20; deplorable espectáculo, E. Pérez Puig, *Desde mi ventana*, 68

[105] D. Pérez, *Hombres de nuestra raza*, 16 (el lector que conserve "la emoción de la españolidad" se sentirá "estremecido de espanto" al pensar que con el submarino se hubiera evitado "aquel brutal, inicuo, miserable hundimiento del poder naval que quedaba a España en Santiago de Cuba y Cavite"; la campaña contra Peral fue "traición contra la patria"). Observaciones similares en Fernández Rúa, *Inventores*, 21.

[106] La bibliografía sobre el 98 es inmensa, incrementada y renovada por su reciente centenario. Véase, p. ej., J. Pan-Montojo, coord., *Más se perdió en Cuba*, Madrid, 1998; o S. Balfour, *The End of the Spanish Empire...*

[107] *El regionalismo ante el nacionalismo y el imperialismo modernos en la formación de los Estados*, Valladolid, 1908, pp. 23-24, cit. por X. M. Núñez Seixas, "Historia e actualidade dos nacionalismos...", p. 513.

[108] Véase su introducción a la primera edición del segundo volumen de la *Historia de España* por él dirigida, p. XLI: "Partimos de la perduración de caracteres raciales, cosa bien notoria". Sobre R. Menéndez Pidal, véase tesina de Licenciatura de P. García Isasti, U. A. M., 1992; y, sobre todo la excelente introducción de Diego Catalán a *Los españoles en la Historia*, Madrid, Espasa Calpe, 1982.

[109] Véase E. Storm, *La perspectiva del progreso. Pensamiento político en la España de fin de siglo*, Madrid, 2001, pp. 289-303.

[110] B. de Riquer, "Reflexiones, problemas...", p. 23.

[111] Hemingway, cit. por E. F. Stanton, *Hemingway and Spain*, Seattle, Univ.of Washington Press, 1989, p. XIV. De W. Frank, obviamente, *Virgin Spain*, trad. al esp. Madrid, Aguilar, 1950.

[112] Véase J. L. Guereña, "Del anti-Dos de Mayo al Primero de Mayo. Aspectos del internacionalismo en el movimiento obrero español", *Estudios de Historia Social*, 38-39 (1986), pp. 91-103.

[113] B. de Riquer, "Reflexiones, problemas...", p. 29.

[114] J. Pabón, en su clásico libro sobre Cambó, hablaba de cuatro corrientes: proteccionismo económico, federalismo político, tradicionalismo carlista y renaixença cultural (*Cambó*, Barcelona, Alpha, 1952, vol. I, pp. 98-99). Por mucho tiempo que haya pasado, es verdad que esos factores siguen mereciendo atención, e I. Olábarri ("Un conflicto entre nacionalismos...", pp. 110-111) los repite. Sobre Languedoc, Gales, etcétera, véase X. M. Núñez Seixas, "Questione nazionale e crisi statale...", p. 98. En relación con el caso gallego, véanse las observaciones de Linz, en "Early State-building and late Peripheral Nationalisms...", pp. 90-92.

[115] B. de Riquer, "Reflexiones, problemas...", pp. 3 y 8.

[116] X. M. Núñez Seixas, "Questione nazionale e crisi statale...", pp. 99-100; diferencias estructurales, en I. Olábarri, "Un conflicto entre nacionalismos...", pp. 94-100.

[117] A. Costa Pinto y X. M. Núñez Seixas, "Portugal and Spain...", p. 174.

[118] J. M. Fradera, "La política liberal y el descubrimiento de una identidad distintiva en Cataluña (1835-1865)", en *Hispania*, LX/2, 205 (2000), pp. 673-702.

[119] J. P. Fusi, "Centralismo y localismo: la formación del Estado español", en G. Gortázar, *Nación y Estado en la España liberal*, p. 87.

[120] Balmes, *Escritos políticos*, Madrid, B. A. C., 1950, II, p. 380, cit. por M. Puelles Benítez, *Educación e ideología...*, p. 126 ; J. P. Fusi, *España. Evolución de la identidad...*, pp. 170-173.

[121] X. M. Núñez Seixas, "Questione nazionale e crisi statale...", p. 93.

[122] J. Linz, "Los nacionalismos en España...", p. 133.

[123] A. de Blas y J. J. Laborda, "La construcción del Estado en España...", p. 475.

[124] M. Cruz Mina, "Amaya o la salvación de España por los vascos". Completar.

[125] R. Macías Picavea, *El Problema Nacional*, reed. Biblioteca Nueva, 1996 (org. 1899), p. 195.

[126] B. de Riquer y E. Ucelay, "An Analysis of Nationalisms...", p. 295. Sobre utilización mitos del pasado, B. de Riquer, "Reflexiones, problemas...", p. 24. Sobre origen español de mitos catalanes, B. de Riquer y E. Ucelay, *ibíd.*, p. 276; cfr. J. Juaristi, *Vestigios de Babel. Para una arqueología en los nacionalismos españoles*, Madrid, Siglo XXI, 1992. Sobre el apoyo de catalanismo, vasquismo y, más limitadamente, el galleguismo, en poderes locales y en la "residual actitud de oposición frontal al Estado liberal por parte de amplios sectores de la Iglesia católica", véase X. M. Núñez Seixas, "Historia e actualidade dos nacionalismos...", p. 507. Sobre giro del catalanismo hacia un programa "modernizador", alrededor de 1905-1906, asunto *Cu-Cut!* y Ley de Jurisdicciones, véase J. Álvarez Junco, *El Emperador del Paralelo*, Madrid, 1990, cap. 8.

[127] B. de Riquer y E. Ucelay, "An Analysis of Nationalisms...", pp. 295-296; B. de Riquer, "Reflexiones, problemas...", pp. 33-35 (v. allí también referencias a "intervenciones antiseparatistas de los militares desde 1905", "españolismo exaltado de jóvenes oficiales" con "actos de indisciplina y violencia que no serán sancionados", "torpe política anticatalanista del Directorio"); y X. M. Núñez Seixas, "Questione nazionale e crisi statale...", p. 101, e "Historia e actualidade dos nacionalismos...", p. 515. Cfr. B. de Riquer, "Sobre el lugar de los nacionalismos...", p. 121: "El nacionalismo español del siglo XX se distinguió por su carácter nuevo, unitario e inte-

gral y [...] su configuración se debió, más que a otra causa, a la necesidad de enfrentarse a los nacionalismos catalán y vasco".

[128] A. de Blas, "Cánovas del Castillo y el lugar de la nación", en A. Cánovas del Castillo, *Discurso sobre la nación*, reed. Biblioteca Nueva, Madrid, 1997, pp. 37-38.

[129] E. Storm, *La perspectiva del progreso...*, p. 370.

[130] J. Álvarez Junco, "El nacionalismo español como mito movilizador...", en R. Cruz y M. Pérez Ledesma, *Cultura y movilización*, pp. 63-66.

[131] B. de Riquer, "Reflexiones, problemas...", p. 43. Sobre el fracaso de la "neoespañolización" franquista, X. M. Núñez Seixas, "Historia e actualidade dos nacionalismos...", pp. 523 y ss.

[132] J. Linz, "Los nacionalismos en España...", p. 135.

BIBLIOGRAFÍA

AA.VV., *Catecismos políticos españoles, arreglados a las Constituciones del siglo XIX*, Madrid, Consejería de Cultura de la Comunidad de Madrid, 1989.

AA.VV., *La pintura de historia del siglo XIX en España*, Madrid, Museo del Prado, 1992.

AA.VV., *Símbolos de España*, Madrid, Centro de Estudios Políticos y Constitucionales, 2000.

AA.VV., *Nation et nationalités en Espagne*, París, Fondation Signer-Polignac, 1985.

AA.VV., *La crisis de fin de siglo: ideología y literatura. Escritos en memoria de Rafael Pérez de la Dehesa*, Barcelona, Ariel, 1975.

ABELLÁN, José Luis, *Historia crítica del pensamiento español*, vols. 4-5, Madrid, Espasa-Calpe, 1984-1989.

—, *Sociología del 98*, Barcelona, Península, 1973.

AGUIAR DE LUQUE, Luis, "Los fundamentos doctrinales de la Restauración. El proceso constituyente y la Constitución de 1876", en *Historia de España Menéndez Pidal*, vol. XXXVI, *La época de la Restauración (1875-1902)*, I, Madrid, Espasa-Calpe, 2000, pp. 29-70.

AGUILAR, Paloma, "Pérez Galdós, Benito", en Andrés de Blas (dir.), *Enciclopedia del Nacionalismo*, Madrid, Tecnos, 1997, pp. 409-411.

ALARCÓN, Pedro Antonio de, *Diario de un testigo de la Guerra de África*, Madrid, Est. Tip. Suc. de Rivadeneyra, 1931, 2 vols.

ALCALÁ GALIANO, Antonio, *Recuerdos de un anciano*, en *Obras Escogidas*, Madrid, B. A. E., 1955, vols. LXXXIII y LXXXIV.

—, Antonio, *Historia de España, desde los tiempos primitivos hasta la mayoría de edad de Isabel II, con arreglo a la que escribió en inglés el Dr. Dunham y ampliada,* con reseña de los historiadores españoles de más nota por D. Juan Donoso Cortés y un discurso sobre la historia de nuestra Nación por D. Francisco Martínez de la Rosa. Madrid, Sociedad Tipogr., 1844-1846, 7 vols.

ALFARO, Manuel Ibo, *Compendio de la historia de España*, Madrid, Lib. Vda. de Hernando, 1853.

ALIX, Antonio, *Compendio de Historia General*, Madrid, Cabrerizo, 1848-1852, 3 t. en 1 vol.

ALMIRALL, Valentín, *España tal como es*, Barcelona, 1886 (reed., Barcelona, Anthropos, 1983).

ALONSO, Cecilio, *Literatura y poder. España, 1834-1868*, Alicante, Instituto Juan Gil-Albert, 1985.

ALVARADO, Francisco, *Cartas críticas que escribió (...) El Filósofo Rancio*, Madrid, Imp. E. Aguado, 1824-1825, 5 vols.

ÁLVAREZ JUNCO, José, *El Emperador del Paralelo. Lerroux y la demagogia populista*, Madrid, Alianza, 1990.

—, "La invención de la Guerra de la Independencia", *Studia Historica. Historia Contemporánea*, vol. 12 (1994), pp. 75-99.

—, "The Nation-Building Process in Nineteenth-Century Spain", en Clare Mar-Molinero y Angel Smith, eds., *Nationalism and the Nation in the Iberian Peninsula: Competing and Conflicting Identities*, Oxford, Berg, 1996, pp. 89-106.

—, "El nacionalismo español como mito movilizador. Cuatro guerras", en Rafael Cruz y Manuel Pérez Ledesma (eds.), *Cultura y Movilización en la España contemporánea*, Madrid, Alianza, 1997, pp. 35-67.

—, "La nación en duda", en Juan Pan-Montojo (coord.), *Más se perdió en Cuba. España, 1898 y la crisis de fin de siglo*, Madrid, Alianza, 1998, pp. 405-475.

—, "Identidad heredada y construcción nacional. El caso español, del Antiguo Régimen a la revolución liberal", *Historia y Política*, nº 1 (en prensa), 1999.

AMADO, Manuel, *Dios y España: o sea, Ensayo sobre una demostración histórica de lo que debe España a la Religión Católica*, Madrid, Imp. de Eusebio Aguado, 1831, 3 t.

AMADOR DE LOS RÍOS, José, *Historia social, política y religiosa de los judíos en España y Portugal*, Madrid, Fortanet, 1875-76, 2 t.

—, *Historia crítica de la literatura española*, Madrid, J. Rodríguez, 1861-65, 7 vols.

—, *Estudios históricos, políticos y literarios sobre los judíos de España*, Madrid, Imp. D. M. Díaz, 1848.

ANDERSON, Benedict, *Imagined Communities. Reflections on the Origin and Spread of Nationalism*, Nueva York, Verso, 1983 (2ª ed., 1991).

ANDERSON, James, ed., *The Rise of the Modern State*, Nueva York, Harvesterr Wheatsheaf, 1986.

ANGULO, José R., *Nociones generales de la historia de España*, Madrid, R. de la Sota, 1844.

ANTÓN, Joan y Miquel CAMINAL (coords.), *Pensamiento político en la España contemporánea (1800-1850)*, Barcelona, Teide, 1992.

ARCO Y GARAY, Ricardo del, *La idea de Imperio en la política y la literatura españolas*, Madrid, Espasa-Calpe, 1944.

ARNOLDSSON, Sverker, *Leyenda Negra. Estudios sobre sus orígenes*, Göteborg, Statens Humanistiska Forskningsrad, 1960.

ARÓSTEGUI SÁNCHEZ, Julio, "El carlismo y la Guerra Civil", en *Historia de España Menéndez Pidal*, t. XXXIV, Madrid, Espasa, 1978, pp. 71-140.

ARTOLA, Miguel, *Los orígenes de la España contemporánea*, Madrid, I. E. P., 1959, 2 vols.

—, *La burguesía revolucionaria (1808-1874)*, Madrid, Alianza/Alfaguara, 1973.

—, *La España de Fernando VII*, vol. XXXII de la *Historia de España Menéndez Pidal*, Madrid, Espasa-Calpe, 1992.

—, *La Monarquía de España*, Madrid, Alianza, 1999.

ASENSIO, Eugenio, "La lengua compañera del imperio", *Revista de Filología Española*, 43 (3-4), 1960, pp. 398-413.

AYALA, Francisco, *Razón del mundo. La preocupación de España*, México, Universidad Veracruzana, 1960.

—, *España, a la fecha*, Buenos Aires, Sur, 1965 ("El *problema* de España", pp. 99-125).

—, *La imagen de España*, Madrid, Alianza, 1986.

AYMES, Jean-René, *La guerra de España contra la Revolución Francesa (1793-1795)*, Alicante, Instituto Juan Gil-Albert, 1991.

—, *La guerra de la Independencia en España (1808-1814)*, Madrid, Siglo XXI, 1975.

BABIANO MORA, José, "España, 1936-1939: la segunda guerra de la independencia", *Historia 16*, 190 (1992), pp. 25-34.

BALFOUR, Sebastian, "The Lion and the Pig. Nationalism and National Identity in Fin de Siècle Spain", en Clare Mar-Molinero y Jo Labanyi, *An Introduction to Spanish Cultural Studies*, Cambridge, Cambridge University Press, 1996.

—, *The End of the Spanish Empire (1898-1923)*, Oxford, Clarendon Press, 1997.

BALLBÉ, Manuel, *Orden público y militarismo en la España constitucional (1812-1983)*, Madrid, Alianza, 1984.

BATLLORI, Miguel, *La cultura hispano-italiana de los jesuitas expulsos*, Madrid, Gredos, 1966.

BATTANER ARIAS, María Paz, *Vocabulario político-social en España (1868-1873)*, Madrid, Real Academia Española, 1977.

BEINER, Ronald, ed., *Theorizing Nationalism*, Nueva York, State University of New York Press.

BELMAR, Francisco S., *Reflexiones sobre la España, desde la fundación de la monarquía hasta el fin del reinado de San Fernando*, Madrid, Imp. La Esperanza, 1861.

BENDIX, Reinhard, *Nation-Building and Citizenship*, Nueva York, Wiley, 1964.

BENNASSAR, Bartolomé, *Historia de los españoles*, Barcelona, Crítica, 1989, 2 vols.

BERAMENDI, Justo, "Bibliografía sobre nacionalismo y cuestión nacional en la España contemporánea (1939-1983)", *Estudios de Historia Social*, 28-29 (1984), pp. 491-515.

—, "La historiografía de los nacionalismos en España", *Historia Contemporánea*, 7 (1992), pp. 135-154.

—, "Historia y conciencia nacional", *Ayer*, 30 (1998), pp. 125-140.

—, "Identidad nacional e identidad regional en España entre la Guerra del Francés y la Guerra Civil", en AA.VV., *Los 98 ibéricos y el mar*, Lisboa, Pabellón de España EXPO'98-Lisboa y Fundación Tabacalera, 1998, t. III, pp. 187-215.

BERAMENDI, Justo, Xosé M. NÚÑEZ SEIXAS y Ramón MAÍZ (eds.), *Nationalism in Europe. Past and Present*, Santiago de Compostela, 1994, 3 vols.

BILLINGTON, James H., *The Icon and the Axe. An Interpretive History of Russian Culture*, Nueva York, Knopf, 1966.

BLANCO AGUINAGA, Carlos, Iris ZAVALA y Julio RODRÍGUEZ PUÉRTOLAS, *Historia social de la literatura española (en lengua castellana)*, Madrid, Castalia, 1978, 3 vols.

BLAS, Andrés de (dir.), *Enciclopedia del nacionalismo*, Madrid, Tecnos, 1997.

—, *Sobre el nacionalismo español*, Madrid, Centro de Estudios Constitucionales, 1989.

—, *Tradición republicana y nacionalismo español*, Madrid, Tecnos, 1991.

—, dir., *Enciclopedia del nacionalismo*, Madrid, Tecnos, 1997.

BLAS, Andrés de y Juan J. LABORDA, "La construcción del Estado en España", en Francesc Hernández y Francesc Mercadé (comps.), *Estructuras sociales y cuestión nacional en España*, Barcelona, Ariel, 1986, pp. 461-487.

BLINKHORN, Martin, "Spain: The 'Spanish Problem' and the Imperial Myth", *Journal of Contemporary History*, 15 (1980), pp. 5-25.

BOTREL, Jean François, "Nationalisme et consolation dans la littérature populaire espagnole des années 1898", en Claude Dumas (ed.), *Nationalisme et littérature en Espagne et Amérique Latine au XIXᵉ siècle*, Lille, Presses Universitaires de Lille III, 1982, pp. 63-98.

BOTTI, Alfonso, *Cielo y dinero. El nacionalcatolicismo en España (1881-1975)*, Madrid, Alianza, 1992.

BOYD, Carolyn, *Historia Patria. Politics, History, and National Identity in Spain, 1875-1975*, Princeton, NJ, Princeton University Press, 1997.

BREUILLY, John, *Nationalism and the State*, Manchester, Manchester University Press, 1982.

BROWN, Jonathan y John H. ELLIOTT, *A Palace for a King*, New Haven, CN, Yale University Press, 1980.

CABANES, Francisco Xavier, *Historia de la Guerra de España contra Napoleón Bonaparte*, Madrid, D. M. de Burgos, 1818.

CADALSO, José de, *Cartas Marruecas*, Madrid, Cátedra, 1984.

CALLAHAN, William, *Church, Politics, and Society in Spain, 1770-1874*, Cambridge, MA, Harvard University Press, 1984.

CALVO SERRALLER, Francisco, *La imagen romántica de España*, Madrid, Alianza, 1995.

CAMUS, Alfredo Adolfo, *Compendio elemental de Historia Universal*, Madrid, Mellado, 1842.

CANAL, Jordi, *El carlismo. Dos siglos de contrarrevolución en España*, Madrid, Alianza, 2000.

CANGA ARGÜELLES, José, *Observaciones al tomo II de la Historia de la Guerra de España, que escribió en inglés el Teniente Coronel Napier*, Londres, Imp. D. M. Calero, 1830, 3 t.

CANO, José Luis, *El tema de España en la poesía española contemporánea*, Madrid, Revista de Occidente, 1964.

CÁNOVAS DEL CASTILLO, Antonio, *Historia de la decadencia de España, desde Felipe III hasta Carlos II*, Madrid, Biblioteca Universal, 1852-1854.

—, *La nación, su origen y naturaleza*, conferencia en el Ateneo, 1882. Reed. en Madrid, Biblioteca Nueva, 1997 (con introducción de Andrés de Blas).

—, *La escarapela roja y las banderas y divisas usadas en España*, Madrid, Fortanet, 1912.

CÁNOVAS SÁNCHEZ, Francisco, *El Partido Moderado*, Madrid, Centro de Estudios Constitucionales, 1982.

CAPESTANY, Edward J., *Menéndez Pelayo y su obra*, Buenos Aires, Depalma, 1981.

CAPMANY, Antonio de, *Centinela contra franceses*, edición de François Etienvre, Londres, Tamesis Books, 1988.

—, *Teatro histórico-crítico de la elocuencia española*, Madrid, A. Sancha, 1786-1794, 5 vols.

CÁRCEL ORTÍ, Vicente (dir.), *Historia de la Iglesia en España*, vol. 5, *La Iglesia en la España contemporánea (1808-1975)*, Madrid, La Editorial Católica, 1979.

CARNERO, Guillermo (coord.), *Historia de la literatura española. Siglo XIX*, t. 1, Madrid, Espasa-Calpe, 1997.

—, (coord.), *Historia de la literatura española. Siglo XVIII*, Madrid, Espasa-Calpe, 1995, 2 t.

CARO BAROJA, Julio, *El mito del carácter nacional. Meditaciones a contrapelo*, Madrid, Seminarios y Ediciones, 1970.

—, *Los judíos en la España moderna y contemporánea*, Madrid, Istmo, 1978, 3 t.

—, *Las falsificaciones de la historia (en relación con la de España)*, Barcelona, Seix Barral, 1992.

CASARES, Emilio y Celsa ALONSO, *La música española en el siglo XIX*, Oviedo, Universidad de Oviedo, 1995.

CASTELLANOS DE LOSADA, Sebastián, *Memorándum Historial. Nociones de la Historia Universal y participación de España*, Madrid, F. del Castillo, 1858.

CASTELLS, Irene, "Antonio Alcalá Galiano", en J. Antón y M. Caminal, eds., *Pensamiento político en la España contemporánea, 1800-1950*, Barcelona, Teide, 1992, pp. 119-166.

CASTRO, Américo, *La realidad histórica de España*, 1954 (3ª ed., México, Porrúa, 1966).

—, *Origen, ser y existir de los españoles*, Madrid, Taurus, 1959.

—, *Sobre el nombre y el quién de los españoles*, Madrid, Taurus, 1973.

CASTRO, Fernando de, *Historia profana general y particular de España*, Madrid, F. Martínez García, 1853.

CASTRO Y ROSSI, Adolfo de, *Costumbres públicas y privadas de los españoles del siglo XVII, fundado en el estudio de las comedias de Calderón*, Madrid, Gutenberg, 1881.

—, *Examen filosófico sobre las principales causas de la decadencia de España*, Cádiz, Imp. F. Pantoja, 1852.

—, *Historia de los protestantes españoles y de su persecución por Felipe II*, Cádiz, Imp. de la Revista Médica, 1851.

—, *Historia de los judíos en España*, Cádiz, Imp. de la Revista Médica, 1847.

CASTRO, Fernando de, *Resumen de Historia general y de España*, Madrid, F. Martínez García, 1850-63.

CATALÁN, Diego, "España en su historiografía: de objeto a sujeto de la historia", Introducción a Ramón Menéndez Pidal, *Los españoles en la historia*, Madrid, Espasa-Calpe, 1962.

Catecismos políticos españoles, Madrid, Comunidad de Madrid, 1989.

CAVANILLES, Antonio, *Compendio de Historia de España*, Madrid, Imp. J. M. Alegría, 1860, 5 vols.

CEPEDA ADÁN, José, "La Historiografía", en *Historia de España Menéndez Pidal*, vol. XXVI, *El Siglo del Quijote*, I, Madrid, Espasa-Calpe, 1986, pp. 523-643.

CERVILLA SOLER, Miguel, *Compendio de Historia de España*, Toledo, Severiano López Fando, 1853.

CIRUJANO MARÍN, Paloma, Teresa ELORRIAGA PLANES y Juan Sisinio PÉREZ GARZÓN, *Historia y nacionalismo español, 1834-1868*, Madrid, Centro de Estudios Históricos del CSIC, 1985.

CLAVERO, Bartolomé, *El código y el fuero. De la cuestión regional en la España contemporánea*, Madrid, Siglo XXI, 1982.

CLEMENTE, José Carlos, *Bases documentales del carlismo y de las guerras civiles de los siglos XIX y XX*, Madrid, Servicio Histórico Militar, 1985, 2 vols.

COLLEY, Linda, *Britons. Forging the Nation 1707-1837*, New Haven, Yale University Press, 1992.

CONDE, José Antonio, *Historia de la dominación de los árabes en España*, 2ª ed., Barcelona, J. Oliveres, 1844 (1ª ed., 1820-21).

CORCUERA, Javier, "Nacionalismo y clases en la España de la Restauración", *Estudios de Historia Social*, 28-29 (1984), pp. 249-282.

CORTADA, Juan, *Historia de España, dedicada a la juventud*, Barcelona, J. Bastinos, 1845, 2 vols.

COSSÍO, Manuel Bartolomé, *Aproximación a la pintura española*, 1884 (reed. Madrid, Akal, 1985).

COSTES, Adèle, *Compendio de Historia de España*, traducido del francés por Luis Bordas, Barcelona, Verdaguer, 1842.

CRUZ, Rafael, "'El más frío de los monstruos fríos'. La formación del Estado en la España contemporánea", *Política y Sociedad*, 18 (1995), pp. 81-92.

CUEVA, Julio de la, "Cultura y movilización en el movimiento católico de la Restauración (1899-1913)", en Manuel Suárez Cortina (ed.), *La cultura española de la Restauración*, Santander, Sociedad Menéndez Pelayo, 1999, pp. 169-192.

DALMAU CARLES, José, *Enciclopedia de grado medio*, Gerona y Madrid, Dalmau Carles, 1954.

DEL RÍO, Ángel, y María J. BERNADETE, *El concepto contemporáneo de España. Antología de ensayos (1895-1931)*, Buenos Aires, Losada, 1946.

DEMPF, Alois, *La filosofía cristiana del Estado en España*, Madrid, Rialp, 1961.

DÉROZIER, Albert, *Quintana y el nacimiento del liberalismo en España*, Madrid, Turner, 1978.

DÍAZ-ANDREU, Margarita, "Ethnicity and Iberians: The Archaeological Crossroads between Perception and Material Culture", *European Journal of Archaeology*, 1 (2), 1998, pp. 199-218.

—, "Islamic Archaeology and the Origin of the Spanish Nation", en Margarita Díaz-Andreu y Timothy Champion, *Nationalism and Archaeology in Europe*, Los Ángeles, University of California Press, 1996, pp. 68-89.

—, "El pasado en el presente: la búsqueda de las raíces en los nacionalismo culturales. El caso español", en Justo Beramendi, Ramón Maíz y Xosé M. Núñez Seixas (eds.), *Nationalism in Europe. Past and Present*, Santiago de Compostela, 1994, vol. I, pp. 199-218.

—, "Archaeology and Nationalism in Spain", en Philip Kohl y Clare Fawcett (eds.), *Nationalism, Politics and the Practice of Archaeology*, Cambridge, Cambridge University Press, 1991, pp. 39-56.

Díaz de Baeza, Juan, *Historia de la Guerra de España contra el Emperador Napoleón*, Madrid, Imp. Boix, 1843.

Díaz-Plaja, Fernando, *La vida cotidiana en la España romántica*, Madrid, EDAF, 1993.

Díaz-Plaja, Guillermo, *España en su literatura*, Barcelona, Salvat, 1969.

Diccionario Bibliográfico de la Guerra de la Independencia Española (1808-1814), Madrid, Servicio Histórico Militar, 1944-1952, 3 vols.

Díez, José Luis, ed., *La pintura de historia del siglo XIX en España*, Madrid, Minist. de Cultura, 1992.

Díez del Corral, Luis, *La monarquía hispánica en Monstesquieu*, Discurso de ingreso en la Real Academia de la Historia, 1973.

—, "La monarquía hispánica en el pensamiento político europeo. De Maquiavelo a Humboldt", Madrid, *Rev. de Occidente*, 1976.

Domínguez Ortiz, Antonio, *Los judeoconversos en la España moderna*, Madrid, Mapfre, 1991.

—, *El Antiguo Régimen: los Reyes Católicos y los Austrias*, Madrid, Alianza, 1973.

—, *La sociedad española en el siglo XVII*, Madrid, CSIC, 1963, 2 vols.

Donoso Cortés, Juan, *Obras Completas*, edición de Carlos Valverde, Madrid, La Editorial Católica, 1970, 2 vols.

—, *Obras Completas*, edición de Juan Juretschke, Madrid, La Editorial Católica, 1946, 2 vols.

Dumas, Claude (ed.), *Nationalisme et littérature en Espagne et Amérique Latine au XIXe siècle*, Lille, Presses Universitaires de Lille III, 1983.

Elliott, John H., *Imperial Spain, 1469-1716*, Londres, Penguin, 1970.

Etienvre, François, "Introducción" a Antonio de Capmany, *Centinela contra franceses*, Londres, Tamesis Books, 1988.

Ezquerra, Santiago, *¡Los españoles no tenemos patria!*, Madrid, Tipogr. J. Peña, 1869.

Febo, Giuliana di, "Modelli di santità maschili e femminili nella Spagna Franchista", en Luciano Casali (ed.), *Per una definnizione della dittatura franchista*, Milán, Franco Angeli, 1990.

Fernández y González, Manuel, *Martín Gil. Memorias del tiempo de Felipe II*, Madrid, Gaspar y Roig, 1854.

Fernández Sebastián, Javier, "España, monarquía y nación. Cuatro concepciones de la comunidad política española entre el Antiguo Régimen y la Revolución liberal", *Studia Histórica. Historia Contemporánea*, 12 (1994), pp. 45-74.

—, *La génesis del fuerismo. Prensa e ideas políticas en la crisis del Antiguo Régimen (País Vasco, 1750-1840)*, Madrid, Siglo XXI, 1991.

FERRER DE COUTO, José, *Crisol histórico español y restauración de las glorias nacionales*, La Habana, Vda. de Barcina, 1862.

FERRER DEL RÍO, Antonio, *Decadencia de España. Primera parte. Historia del levantamiento de las Comunidades de Castilla*, Madrid, 1850 (reed. en Pamplona, Anacleta Editorial, 1999).

FERRERAS, Juan Ignacio, *El teatro en el siglo XIX*, Madrid, Taurus, 1989.

FLITTER, Derek, *Teoría y crítica del romanticismo español*, Cambridge, Cambridge University Press, 1995.

FLÓREZ, Enrique, *España Sagrada. Teatro geográfico-histórico de la Iglesia de España*, Madrid, A. Marín, 1747-1779, 51 vols.

FLÓREZ ESTRADA, Álvaro, *Introducción para la historia de la revolución de España*, Londres, 1810 (cit. por Biblioteca de Autores Españoles, t. CXII-CXIII, Madrid, 1958).

FOX, E. Inman, *La crisis intelectual de 1898*, Madrid, Edicusa, 1976.

—, *Ideología y política en las letras de fin de siglo (1898)*, Madrid, Espasa-Calpe, 1988.

—, *La invención de España*, Madrid, Cátedra, 1997.

FRADERA, Josep María, *Jaume Balmes. Els fonaments racionals d'una política católica*, Barcelona, Eumo, 1996.

FRANCO, Dolores, *España como preocupación*, Madrid, Alianza, 1988.

FUENTE, Vicente de la, *Historia eclesiástica de España*, 2ª ed. corr. y aum., Madrid, Cía. de Impresores y Libreros, 1873-1875, 5 vols. (1ª ed., 1855-1859, 4 vols.).

FUENTE MONGE, Gregorio de la, *Los revolucionarios de 1868*, Madrid, Marcial Pons, 2000.

FUENTES, Juan Francisco, "La invención del pueblo. El mito del pueblo en el siglo XIX español", *Claves de Razón Práctica*, 103 (1999), pp. 60-64.

—, "Pueblo y élites en la España contemporánea, 1808-1839 (reflexiones sobre un desencuentro)", *Historia Contemporánea*, 8 (1992), pp. 15-34.

—, "Concepto de pueblo en el primer liberalismo español", *Trienio. Ilustración y Liberalismo*, 12 (1988), pp. 176-209.

FUSI, Juan Pablo, *España. Evolución de la identidad nacional*, Madrid, Temas de Hoy, 2000.

—, "Revisionismo crítico e historia nacionalista (a propósito de un artículo de Borja de Riquer)", *Historia Social*, 7 (1990), pp. 127-134.

—, "Center and Periphery, 1900-1936. National integration and Regional Nationalisms Reconsidered", en Francis Lannon y Paul Preston, *Elites and Power in Twentieth-Century Spain*, Oxford, Clarendon Press, 1990, pp. 33-40.

FUSI, Juan Pablo, y Antonio NIÑO, eds., *Vísperas del 98. Orígenes y antecedentes de la crisis del 98*, Madrid, Biblioteca Nueva, 1997.

GALLARDO, Bartolomé José, *Diccionario Crítico-Burlesco. Diccionario razonado manual para inteligencia de ciertos escritores que por equivocación han nacido en España*, Madrid, Libr. Manuel Bueno, 1820.

GALLI, Florencio, *Memorias sobre la Guerra de Cataluña 1822-1823*, Barcelona, A. Bergnes, 1835.

GAMBRA CIUDAD, Rafael, *La primera guerra civil de España (1821-1823)*, Madrid, Escelicer, 1950.

GARCÍA ARENAL, Mercedes, *Los moriscos*, Madrid, Editora Nacional, 1975.

GARCÍA CAMARERO, Ernesto y Enrique GARCÍA CAMARERO, *La polémica de la ciencia española*, Madrid, Alianza, 1970.

GARCÍA CÁRCEL, Ricardo, "La manipulación de la memoria histórica en el nacionalismo español", *Manuscrits*, 12 (1994), pp. 175-181.

—, *La Leyenda Negra. Historia y opinión*, Madrid, Alianza, 1992.

—, "El concepte d'Espanya als segles XVI i XVII", *L'Avenç*, 100 (1987), pp. 38-50.

GARCÍA MELERO, José Enrique, *Arte español de la Ilustración y del siglo XIX*, Madrid, Encuentro, 1998.

GARCÍA MERCADAL, José, *Viajes de extranjeros por España y Portugal*, Madrid, Aguilar, 1962, 3 vols.

GARCÍA PÉREZ, Guillermo, "Covadonga, un mito nacionalista católico de origen griego", *El Basilisco*, 17 (1994), pp. 81-94.

GARMENDIA, Vicente, *La ideología carlista (1868-1876). En los orígenes del nacionalismo vasco*, San Sebastián, Diputación Foral de Guipúzcoa, 1984.

GARRIDO, Fernando, *La España contemporánea. Sus progresos materiales y morales en el siglo XIX*, Barcelona, S. Manero, 1865-1867, 2 vols.

GEBHARDT, Víctor, *Historia general de España y de sus Indias*, Barcelona, Imp. de Luis Tasso, 1860-1873, 7 vols.

GELLNER, Ernest, *Nations and Nationalism*, Ithaca, NY, Cornell University Press, 1983.

—, *Encounters on Nationalism*, Oxford, Blackwell, 1984.

GIDDENS, Anthony, *The Nation-State and Violence*, California, University of California Press, 1987.

GIL NOVALES, Alberto, "Francisco Martínez Marina y Agustín de Argüelles", en J. Antón y M. Caminal, *Pensamiento político en la España contemporánea, 1800-1950*, Barcelona, Teide, pp. 1-18 y 79-118.

GÓMEZ, Santiago, *Compendio de Historia General de España*, Madrid, Imp. y E. de M. Rivadeneyra, 1855.

GÓMEZ ZAMORA, Matías, *Regio patronato español e indiano*, Madrid, Imp. Del Asilo de Huérfanos del S. Compañía de Jesús, 1897.

GONZÁLEZ ANTÓN, Luis, *España y las Españas*, Madrid, Alianza, 1997.

GONZÁLEZ CUEVAS, Pedro C., *Historia de las derechas españolas*, Madrid, Biblioteca Nueva, 2000.

GORTÁZAR, Guillermo (ed.), *Nación y Estado en la España liberal*, Madrid, Noesis, 1994.

GRAHAM, John T., *Donoso Cortés, Utopian Romanticist and Political Realist*, Columbia, University of Missouri Press, 1974.

GREEN, Otis H., *Spain and the Western Tradition. The Castillian Mind in Literature, from El Cid to Calderon*, Madison, University of Wisconsin Press, 1963-1966, 4 vols.

GREENFELD, Liah, *Nationalism. Five Roads to Modernity*, Cambridge, MA, Harvard University Press, 1992.

GUEREÑA, Jean-Louis, "Del anti-Dos de Mayo al Primero de Mayo. Aspectos del internacionalismo en el movimiento obrero español", *Estudios de Historia Social*, 38-39 (1986), pp. 91-103.

GUERRA, François-Xavier, *Modernidad e Independencias*, Madrid, Mapfre, 1992.

GUTIÉRREZ LASANTA, Francisco, *Menéndez Pelayo, apologista de la Iglesia y de España*, Santiago de Compostela, El Noticiero, 1958.

—, *Donoso Cortés, el Profeta de la Hispanidad*, Logroño, Imp. Torroba, 1953.

HALL, John, ed., *The State of the Nation. Ernest Gellner and the Theory of Nationalism*, Cambridge, Cambridge University Press, 1998.

HAYES, Carlton, *Nationalism: A Religion*, Nueva York, MacMillan, 1960.

HERMET, Guy, *Les catholiques dans l'Espagne franquiste*, París, Presses de la Fondation Nationale des Sciences Politiques, 1980-1981, 2 vols.

HERR, Richard, *La Hacienda real y los cambios rurales en la España de finales del Antiguo Régimen*, Madrid, Instituto de Estudios Fiscales, 1991.

—, *The Eighteenth-Century Revolution in Spain*, Princeton, Princeton University Press, 1969.

—, "Good, Evil, and Spain's Rising against Napoleon", en Richard Herr y Harold T. Parker (eds.), *Ideas in History*, Durham, NC, Duke University Press, 1965, pp. 157-181.

HERRERO, Javier, *Los orígenes del pensamiento reaccionario español*, Madrid, Edicusa, 1971.

HERRERO-GARCÍA, Miguel, *Ideas de los españoles del siglo XVII*, Madrid, Voluntad, 1928.

HERVÁS Y PANDURO, Lorenzo, *Las causas de la Revolución de Francia*, 1794, 2 vols. (reed. Madrid, Atlas, 1943).

HOBSBAWM, Eric J., *Nations and Nationalism since 1780*, Cambridge, Cambridge University Press, 1990.

HOBSBAWM, Eric J., y Terence RANGER (eds.), *The Invention of Tradition*, Cambridge, Cambridge University Press, 1983.

HROCH, Miroslav, *Social Pre-Conditions on National Revival in Europe*, Cambridge, Cambridge University Press, 1985.

HUTCHINSON, John, *The Dynamics of Cultural Nationalim*, Londres, Allen & Unwin, 1987.

—, *Modern Nationalism*, Londres, Fontana Press, 1994.

HUTCHINSON, John y Anthony D. SMITH, eds., *Nationalism*, Oxford, Oxford University Press, 1994.

ISAACS, Harold R., *The Idols of the Tribe. Group Identity and Political Change*, Nueva York, Harper and Row, 1975.

ISERN, Damián, *Del Desastre nacional y sus causas*, Madrid, Impr. Minuesa, 1899.

JOVER, José María, "Sobre los conceptos de monarquía y nación en el pensamiento político español del siglo XVII", *Cuadernos de Historia de España*, Buenos Aires, XIII (1950), pp. 101-150.

—, *Política, diplomacia y humanismo popular. Estudios sobre la vida española en el siglo XIX*, Madrid, Turner, 1976.

—, *"Prólogo"* a *La era isabelina y el Sexenio Democrático (1834-1874)*, t. XXXIV de la *Historia de España Menéndez Pidal*, Madrid, Espasa-Calpe, 1981.

—, "Caracteres del nacionalismo español, 1854-1874", *Zona Abierta*, 31 (1984), pp. 1-22.

—, *La civilización española a mediados del siglo XIX*, Madrid, Espasa-Calpe, 1991.

JOVER, José María y María Victoria LÓPEZ-CORDÓN, "La imagen de Europa y el pensamiento político-internacional", *Historia de España Menén-*

dez Pidal, vol. XXVI, *El Siglo del Quijote*, I, Madrid, Espasa-Calpe, 1986, pp. 353-522.

JUARISTI, Jon, *Vestigios de Babel. Para una arqueología de los nacionalismos españoles*, Madrid, Siglo XXI, 1992.

—, "El Ruedo Ibérico. Mitos y símbolos de masa del nacionalismo español", *Cuadernos de Alzate*, 16 (1997), pp. 19-31.

JUSDANIS, Gregory, *Belated Modernity and Aesthetic Culture. Inventing National Literature*, Mineápolis, University of Minnesota Press, 1990.

KAGAN, Richard, *Students and Society in Early Modern Spain*, Baltimore, Johns Hopkins University Press, 1974.

KAMENKA, Eugene, *Nationalism. The Nature and Evolution of an Idea*, Canberra, Australian National University Press, 1973.

KEDOURIE, Elie, *Nationalism*, Londres, Hutchinson.

KENNEDY, Paul, *The Rise and Fall of Great Powers: Economic Change and Military Conflict From 1500 to 2000*. Nueva York, Random House, 1987.

KIRKPATRICK, Susan, *Larra: El laberinto inextricable de un romántico liberal*. Madrid, Gredos, 1987.

KOHN, Hans, *Historia del nacionalismo*, México, Fondo de Cultura Económica, 1949.

LAFAGE, Franck, *L'Espagne de la contre-révolution*, París, L'Harmattan, 1993.

LAFUENTE, Modesto, *Historia General de España, desde los tiempos más remotos hasta nuestros días*, Madrid, Tipogr. Mellado, 1850-1866, 30 vols.

LAITIN, David D., Carlota SOLÉ y Stathis N. KALYVAS, "Language and the Construction of States: The Case of Catalonia in Spain", *Politics and Society*, 22 (1), 1994, pp. 5-29.

LAMPILLAS, Francisco Javier, *Saggio storico-apologetico della Letteratura Spagnuola*, Génova, 1778-1781, 6 vols. (trad. cast.: Zaragoza, 1782-1784).

LAPEYRE, Henri, *Géographie de l'Espagne morisque*, París, SEVPEN, 1959.

LÁZARO TORRES, Rosa María, *El poder de los carlistas. Evolución y declive de un Estado, 1833-1839*, Bilbao, Imp. P. Alcalde, 1993.

LÉCUYER, Marie-Claude y Carlos SERRANO, *La Guerre d'Afrique et ses répercussions en Espagne. Idéologies et colonialisme en Espagne, 1859-1904*, París, Presses Universitaires de France, 1976.

LINZ, Juan J., "Intellectual Roles in Sixteenth and Seventeenth-Century Spain", *Daedalus*, 101 (3), 1972, pp. 59-108.

—, "Five Centuries of Spanish History: Quantification and Comparison", en Val R. Lorwin y Jacob Price (eds.), *The Dimensions of the Past*, New Haven, CN, Yale University Press, 1972, pp. 177-261.

—, "Early State-building and late Peripheral Nationalism against the State: The Case of Spain", en Samuel N. Eisenstadt y Stein Rokkan (eds.), *Building States and Nations*, Londres, Sage, 1973, vol. 2, pp. 32-112.

—, "Politics in a Multi-Lingual Society with a Dominant World Language: The Case of Spain", en J. G. Savard y R. Vergneault (eds.), *Les États multilingues: problèmes et solutions*, Quebec, Université Laval, 1975, pp. 367-444.

—, "La crisis de un Estado unitario. Nacionalismos periféricos y regionalismo", en R. Acosta España *et al.*, *La España de las autonomías. Pasado, presente y futuro*, Madrid, Espasa-Calpe, 1981, t. II, pp. 649-752.

—, "Los nacionalismos en España: una perspectiva comparada", *Historia y fuente oral*, 7 (1992), pp. 127-135.

—, "El Estado-nación frente a los Estados plurinacionales", en Elio D'Auria y Jordi Casassas, *El Estado moderno en Italia y España*, Barcelona, Universitat de Barcelona / Consiglio Nazionale delle Ricerche, 1992, pp. 71-87.

LISKE, Javier, *Viajes de extranjeros por España y Portugal en los siglos XV, XVI y XVII*, Madrid, Imp. Medina, 1878.

LLORÉNS, Vicente, *El romanticismo español*, Madrid, Juan March / Castalia, 1979.

—, *Liberales y románticos*, Madrid, Castalia, 1968.

LLORENTE, Juan Antonio, *Historia Crítica de la Inquisición en España*, París, 1817-1818 (reed. en Madrid, Hiperión, 1980, 4 vols.).

—, *Mémoire historique sur la révolution d'Espagne*, París, Plassan, 1814, 2 vols.

LÓPEZ, Simón, *Despertador Cristiano-Político*, Valencia, 1809 (cit. por *Despertador Christiano-Político*, México, Imp. M. de Zúñiga, 1809).

LÓPEZ ALONSO, Carmen, "El pensamiento conservador español en el siglo XIX. De Cádiz a la Restauración", en Fernando Vallespín (coord.), *Historia de la Teoría Política*, Madrid, Alianza, 1993, t. V, pp. 273-314.

LÓPEZ ALONSO, Carmen y Antonio ELORZA, *El hierro y el oro. Pensamiento político en España, siglos XVI a XVIII*, Madrid, Biblioteca de Historia 16, 1989.

LÓPEZ-ARANGUREN, José Luis, *Moral y Sociedad. Introducción a la moral social española del siglo XIX*, Madrid, Edicusa, 1966.

LOVETT, GABRIEL, *Napoleon and the Birth of Modern Spain*, Nueva York, New York University Press, 1965, 2 vols.

MACÍAS PICAVEA, Ricardo, *El problema nacional. Hechos, causas, remedios*, Madrid, Victoriano Suárez, 1899.

MAINER, José Carlos, *Literatura y pequeña burguesía en España*, Madrid, Edicusa, 1972.

—, "De la historiografía literaria española: el fundamento liberal", en *Estudios sobre Historia de España. Homenaje a Manuel Tuñón de Lara*, Madrid, UIMP, 1981, vol. 2, pp. 439-472.

—, "La doma de la quimera. Ensayos sobre nacionalismo y cultura en España", Bellaterra, Universidad Autónoma de Barcelona, 1988.

—, "La invención de la literatura española", en José María Enguita y José Carlos Mainer (eds.), *Literaturas regionales en España*, Zaragoza, Instituto Fernando el Católico, 1994, pp. 23-45.

MALLADA, Lucas, *Los males de la Patria y la futura revolución española*. Madrid, 1890 (reed., Madrid, Alianza, 1969).

MAR-MOLINERO, Clare, y Angel SMITH, *Nationalism and the Nation in the Iberian Peninsula*, Oxford, Berg, 1996.

MARAVALL, José Antonio, *Teoría del Estado en España en el siglo XVII*, Madrid, Instituto de Estudios Políticos, 1944.

—, *El concepto de España en la Edad Media*, Madrid, Instituto de Estudios Políticos, 1954.

—, "El pensamiento político de España a comienzos del siglo XIX: Martínez Marina", en *Revista de Estudios Políticos*, Madrid, 1955, nº 81.

—, *Carlos V y el pensamiento político del Renacimiento*, Madrid, Instituto de Estudios Políticos, 1960.

—, "Las Comunidades de Castilla. Una primera revolución moderna". Madrid, *Revista de Occidente*, 1963.

—, "De la Ilustración al Romanticismo: el pensamiento político de Cadalso", en AA.VV., *Mélanges à la mémoire de Jean Sarrailh*, París, Centre de Recherches de L'Institut d'Études Hispaniques, 1966, pp. 81-96.

—, "Sobre el sentimiento de nación en el siglo XVIII: la obra de Forner", *La Torre*, Puerto Rico, XV, 57 (1967), pp. 25-56.

—, "Estado moderno y mentalidad social (siglos XV a XVII)", Madrid, *Revista de Occidente*, 1972, 2 vols.

—, *La oposición política bajo los Austrias*, Barcelona, Ariel, 1972.

—, *Estudios de historia del pensamiento español. Siglo XVII*, Madrid, Cultura Hispánica, 1975.

—, *Utopía y reformismo en la España de los Austrias*, Madrid, Siglo XXI, 1982.

—, *Estudios de Historia del pensamiento español (siglo XVIII)*, Madrid, Mondadori, 1991.

MARIANA, Juan de, *Historia general de España*, (versión original, *Historia de Rebus Hispaniae*, 30 libros, 1592-1605), Madrid, Biblioteca de Autores Españoles, 1950, vols. XXX y XXXI.

MARÍAS, Julián, *La España posible en tiempos de Carlos III*, Madrid, Sociedad de Estudios y Publicaciones, 1963.

MARTÍN, Miguel, *El colonialismo español en Marruecos*, París, Ruedo Ibérico, 1973.

MARTÍN GAITE, Carmen, *El proceso de Macanaz. Historia de un empapelamiento*, Madrid, Moneda y Crédito, 1970.

MARTÍN MARTÍN, Teodoro, *El iberismo: una herencia de la izquierda decimonónica*, Madrid, Edicusa, 1975.

MARLIANI, Emanuelle, *Historia política de la España moderna*, Barcelona, A. Bergnes, 1840.

MAS, Sinibaldo de, *La Iberia. Memoria sobre la conveniencia de la unión pacífica y legal de Portugal y España*, 3ª ed., Madrid, Imp. Rivadeneyra, 1854.

MASDEU Y MONTERO, Juan Francisco, *Historia crítica de España y de la cultura española*, Madrid, Antonio de Sancha, 1783-1805, 20 vols. (orig. en italiano, 1781-1787).

MENÉNDEZ PELAYO, Marcelino, *Historia de los heterodoxos españoles*, Madrid, La Editorial Católica, 1986.

—, *Calderón y su teatro*, Buenos Aires, Emecé, 1946.

MENÉNDEZ PIDAL, Ramón, *Los españoles en la historia*, 3.ª ed., Madrid, Espasa-Calpe, 1991.

MERRIMAN, Roger B., *The Rise of the Spanish Empire, in the Old World and the New*, Nueva York, Cooper Sq. Publ., 1962.

MERRY Y COLÓN, Manuel, *Historia de España*, Sevilla, Imp. y Lib. A. Izquierdo y Sobrino, 1876, 2 t. en 1 vol.

—, *Elementos de historia crítica de España*, Sevilla, A. Pérez, 1892, 3 t. en 1 vol.

MERRY Y COLÓN, Manuel y Antonio MERRY Y VILLALBA, *Compendio de Historia de España*, Sevilla, Imp. y Lit. de José Mª Ariza, 1889.

MILHOU, Alain, "La cultura cristiana frente al judaísmo y el islam: identidad hispánica y rechazo del otro (1449-1727)", ponencia inédita presentada al Seminario "Monarquía católica y sociedad hispánica", Soria, Fundación Duques de Soria, 1994.

MINA, M. Cruz, "Navarro Villoslada: *amaya,* o los vascos salvan España". *Historia Contemporánea,* 1988 (1), pp. 145-162.

MONREAL Y ASCASO, Bernardo, *Curso de Historia de España,* Madrid, M. Tello, 1867.

MONTERO, Feliciano, *El movimiento católico en España,* Madrid, Eudema, 1993.

MONTOYA, Pío de, *La intervención del clero vasco en las contiendas civiles (1820-23),* San Sebastián, Gráficas Izarra, 1971.

MORAL RONCAL, Antonio M., *Carlos V de Borbón (1788-1855),* Madrid, Actas, 1999.

MORALES MOYA, Antonio (ed.), *Las bases políticas, económicas y sociales de un régimen en transformación (1759-1834),* vol. XXX de la *Historia de España Menéndez Pidal,* Madrid, Espasa-Calpe, 1998.

MORENO ALONSO, Manuel, *Historiografía romántica española. Introducción al estudio de la historia en el siglo XIX,* Sevilla, Universidad de Sevilla, 1979.

MORGAN, Edmund S., *Inventing the People. The Rise of Popular Sovereignty in England and America,* Nueva York, Norton, 1988.

MOSSE, Georges, *The Nationalization of the Masses. Political Symbolism and Mass Movements in Germany from the Napoleonic Wars through the Third Reich,* Ithaca, NY, Cornell University Press, 1975.

—, *Fallen Soldiers. Reshaping the Memory of the World Wars,* Oxford, Oxford University Press, 1990.

MÜNZER, Jerónimo, *Viaje por España y Portugal (1494-1495),* Madrid, Polifemo, 1991.

MUÑOZ PÉREZ, "Los catecismos políticos: de la Ilustración al primer liberalismo español, 1808-1822", *Gades,* 16 (1987), pp. 191-217.

NETANYAHU, Benzion, *The Origins of the Inquisition in Fifteenth-Century Spain,* Nueva York, Random, 1995.

—, *Los marranos españoles,* Valladolid, Junta de Castilla y León, 1994.

NIDO Y SEGALERVA, Juan, *La Unión Ibérica. Estudio crítico e histórico de este problema,* Madrid, Tip. de P. de Velasco, 1914.

NIETO, Alejandro, *Los primeros pasos del Estado constitucional,* Barcelona, Ariel, 1996.

NIN, Joaquín María, *Secretos de la Inquisición,* Barcelona, J. Bosch, 1855.

NOCEDAL, Cándido, "Discurso preliminar" a las *Obras* de Gaspar Melchor de Jovellanos, Madrid, Biblioteca de Autores Españoles, Rivadeneyra, 1858.

Núñez Ruiz, Diego, *La mentalidad positiva en España: desarrollo y crisis*, Madrid, Tucar, 1975.

Núñez Seixas, Xosé M., "Questione nazionale e crisi statale: Spagna, 1898-1936", *Ricerche Storica*, XXIV (1), 1994, pp. 87-117.

—, "Historia e actualidade dos nacionalismos na España contemporánea: unha perspectiva de conxunto", *Grial*, 128 (1995), pp. 495-540.

—, "Los oasis en el desierto. Perspectivas historiográficas sobre el nacionalismo español", *Bulletin d'Histoire Contemporaine de l'Espagne*, 26 (1997), pp. 483-533.

—, *Los nacionalismos en la España contemporánea (siglos XIX y XX)*, Barcelona, Hipòtesi, 1999.

Olábarri Gortázar, Ignacio, "Un conflicto entre nacionalismos. La 'cuestión regional' en España, 1808-1939", en Fernando Fernández Rodríguez (ed.), *La España de las autonomías*, Madrid, IEAL, 1985, pp. 69-147.

Oliver Sanz de Bremond, Emilio, *Castelar y el periodo revolucionario español (1868-1874)*, Madrid, G. del Toro, 1971.

Orodea e Ibarra, Eduardo, *Curso de Lecciones de Historia de España*, Valladolid, Hijos de Rodríguez, 1867.

Ortega y Frías, Ramón, *La sombra de Felipe II*, Madrid, San Martín, 1892.

Ortega y Gasset, José, "España invertebrada", 1921, reed. en Madrid, *Revista de Occidente*, 1959.

Ortiz y Sanz, José, *Compendio cronológico de la historia de España*, Madrid, 1795-1803, 7 t. en 6 vols.

Ortiz de la Vega, Manuel (seud. de Patxot y Ferrer, Fernando) *Anales de España, desde sus orígenes hasta el tiempo presente*. Madrid, Libr. J. Cuesta, y Barcelona, Impr. Cervantes. 6 vols., 1857-1859.

Paluzie Cantalozella, Esteban, *Resumen de Historia de España*, Barcelona, Litogr. del autor, 1866.

Pan-Montojo, Juan (coord.), *Más se perdió en Cuba. España, 1898 y la crisis de fin de siglo*, Madrid, Alianza, 1998.

Pasamar, Gonzalo e Ignacio Peiró, *Historiografía y práctica social en España*, Zaragoza, Prensas Universitarias, 1987.

Payne, Stanley G., *Politics and the Military in Modern Spain*, Stanford, Stanford University Press, 1967 (trad. esp., París, Ruedo Ibérico, 1973).

—, "Spanish Conservatism, 1834-1923", *Journal of Contemporary History*, 13 (1978), pp. 765-789.

—, "Nationalism, Regionalism and Micronationalism in Spain", *Journal of Contemporary History*, 26 (1991), pp. 479-491.

PEDREGAL Y CAÑEDO, Manuel, *Estudios sobre el engrandecimiento y la decadencia de España*, Madrid, F. Góngora, 1878.

PEERS, Edgar Allison, *Historia del movimiento romántico español*, Madrid, Gredos, 1973, 2 vols.

PÉREZ AGOTE, Alfonso, "Dieciséis tesis sobre la arbitrariedad del ser colectivo nacional", *Revista de Occidente*, 161 (1994), pp. 23-44.

PÉREZ EMBID, Florentino, *Historia de España. Estudios publicados en la revista "Arbor"*, Madrid, CSIC, 1953.

PÉREZ GALDÓS, Benito, *Episodios Nacionales*.

PÉREZ LEDESMA, Manuel, "Las Cortes de Cádiz y la sociedad española", *Ayer*, 1 (1991), pp. 167-206.

—, "La sociedad española, la guerra y la derrota", en Juan Pan-Montojo (coord.), *Más se perdió en Cuba*, Madrid, Alianza, 1998, pp. 91-149.

PÉREZ VEJO, Tomás, *Pintura de historia e identidad nacional en España*, Universidad Complutense de Madrid, Facultad de Geografía e Historia, 1996, Tesis doctoral inédita.

PESET, Mariano y José Luis, *La Universidad española (siglos XVIII y XIX)*, Madrid, Taurus, 1974.

PETSCHEN, Santiago, *Iglesia-Estado. Un cambio político. Las Constituyentes de 1869*, Madrid, Taurus, 1975.

PICATOSTE, Felipe, *Estudios sobre la grandeza y decadencia de España*, Madrid, Librería de la Vda. de Hernando y Cía., 1887, 3 t. en 2 vols.

PIDAL, Alejandro, "Balmes y Donoso Cortés. Orígenes y causas del ultramontanismo", en *La España del Siglo XIX. Colección de conferencias históricas celebradas en el Ateneo Científico, Literario y Artístico de Madrid*, t. 3, Madrid, San Martín,1887.

PIDAL, Pedro J., *La unidad católica de España*, Madrid, Imp. de la Revista de Legislación, 1880.

—, *Historia de las alteraciones de Aragón en el reinado de Felipe II*, Madrid, Imp. de J. M. Alegría, 1862.

PIKE, Frederick B., *Hispanismo, 1898-1936. Spanish Conservatives and Liberals and Their Relations with Spanish America*, Notre Dame, IN, University of Notre Dame Press, 1971.

PORTILLO VALDÉS, José María, "Nación política y territorio económico. El primer modelo provincial español (1812)", *Historia Contemporánea*, 12 (1995), pp. 248-277.

POWELL, Philip, *Tree of Hate. Propaganda and Prejudices Affecting U.S. relations with the Hispanic World*, Nueva York, Basic Books, 1971.

PRADO, Ángeles, *La literatura del casticismo*, Madrid, Moneda y Crédito, 1973.

PRADOS DE LA ESCOSURA, Leandro, *De imperio a nación. Crecimiento y atraso económico en España (1780-1930)*, Madrid, Alianza, 1988.

PUELLES BENÍTEZ, Manuel, *Educación e ideología en la España contemporánea*, Barcelona, Labor, 1980.

PULIDO FERNÁNDEZ, Ángel, *Españoles sin patria y la raza sefardí*, Madrid, Ed. Teodoro, 1905 (ed. facsímil, Universidad de Granada, 1993).

QUINTANA, Manuel José, *Obras Completas*, Madrid, Biblioteca de Autores Españoles, 1946, vol. XIX.

Real Academia de la Historia, *España como nación*, Madrid, Planeta, 2000.

—, *España. Reflexiones sobre el ser de España*, Madrid, 1997.

REDONDO DÍAZ, Fernando, "Leyenda y realidad de la Marcha Real española", *Revista de Historia Militar*, 54 (1983), pp. 63-89.

REGLÁ, Juan, *Estudios sobre los moriscos*, Valencia, Anales de la Universidad, 1964.

RENAN, Ernest, *¿Qué es una nación?*, Madrid, Instituto de Estudios Políticos, 1957.

REVUELTA, Manuel, *La exclaustración, 1833-1840*, Madrid, Edica, 1976.

REYERO, Carlos, *La escultura conmemorativa en España. La edad de oro del monumento público, 1820-1914*, Madrid, Cátedra, 1999.

—, *La época de Carlos V y Felipe II en la pintura de Historia del siglo XIX*, Valladolid, Sociedad Estatal Conmemoración Centenarios de Carlos V y Felipe II, 1999.

—, *La pintura de Historia en España. Esplendor de un género en el siglo XIX*, Madrid, Cátedra, 1989.

—, *Imagen histórica de España (1850-1890)*, Madrid, Espasa-Calpe, 1987.

—, *La escultura conmemorativa en España: La Edad de Oro del monumento público*, Madrid, Cátedra, 1999.

RINGROSE, David R., *Spain, Europe and the "Spanish Miracle", 1700-1900*, Cambridge, Cambridge University Press, 1996.

RIQUER, Borja de, "Sobre el lugar de los nacionalismos-regionalismos en la historia contemporánea española", *Historia Social*, 7 (1990), pp. 105-126.

—, "Reflexions entorn de la débil nacionalització espanyola del segle XIX", *L'Avenç*, 170 (1993), pp. 8-15.

—, "Aproximación al nacionalismo español contemporáneo", *Studia Historica*, 12 (1994), pp. 11-29.

—, "La faiblesse du processus de construction nationale en Espagne au XIXe siècle", *Revue d'histoire moderne et contemporaine*, 41-42 (1994), pp. 353-366.

—, "Reflexiones, problemas y líneas de investigación sobre los movimientos nacionales y regionalistas", ponencia presentada en el I Congreso de Historia Contemporánea (Salamanca, abril de 1992), publicada más tarde en extracto como "Aproximación al nacionalismo español contemporáneo".

RIQUER, Borja de y Enrique UCELAY, "An Analysis of Nationalisms in Spain: A Proposal for an Integrated Historical Model", en Justo Beramendi, Xosé M. Núñez Seixas y Ramón Maíz (eds.), *Nationalism in Europe. Past and Present*, Santiago de Compostela, 1994, vol. II, pp. 275-301.

ROBLES EGEA, Antonio (comp.), *Política en penumbra. Patronazgo y clientelismo políticos en la España contemporánea*, Madrid, Siglo XXI, 1996.

ROCAMORA, José Antonio, *El nacionalismo ibérico, 1792-1936*, Valladolid, Universidad de Valladolid, 1994.

RODRÍGUEZ, Joaquín, *Lecciones de cronología e Historia General de España*, Madrid, Calleja, 1850.

RODRÍGUEZ DE CASTRO, José, *Biblioteca española*, Madrid, Imp. de la Real Gaceta, 1781-1786, 2 vols.

RODRÍGUEZ GONZÁLEZ, Agustín, "El conflicto de Melilla en 1893", *Hispania*, XLIX, 171 (1989), pp. 235-266.

RODRÍGUEZ MOHEDANO, Pedro y Rafael, *Historia literaria de España, desde su primera población hasta nuestros días*, Madrid, A. Pérez de Soto, 1766.

ROMERO TOBAR, Leonardo (coord.), *Historia de la literatura española. Siglo XIX*, t. II, Madrid, Espasa-Calpe, 1998.

ROZEMBERG, Danielle, "La cuestión judía y la idea nacional en España". Ponencia inédita presentada en el Seminario de Estudios Ibéricos de la Universidad de Harvard, Febrero 1997.

RUEDA, Germán, "La desamortización (1766-1834)", en Antonio Morales Moya (dir.), *Las bases políticas, económicas y sociales de un régimen en transformación (1759-1834)*, t. XXX de la *Historia de España Menéndez Pidal*, Madrid, Espasa-Calpe, 1988, pp. 635-714.

SÁEZ MARÍN, Juan, *Datos sobre la Iglesia española contemporánea (1768-1868)*, Madrid, Editora Nacional, 1975.

SAHLINS, Peter, *Boundaries. The Making of France and Spain in the Pyrenees*, California, University of California, 1989.

SÁINZ RODRÍGUEZ, Pedro, *Evolución de las ideas sobre la decadencia de España*, Madrid, Rialp, 1962.

SALAZAR Y HONTIVEROS, J. José, *Glorias de España, plausibles en todos los siglos...*, Madrid, Imp. Vda. Ariztia, 1736.

SALMÓN, (Padre) Maestro, *Resumen histórico de la Revolución de España*, Cádiz, Imp. Real, 1812.

SAN MIGUEL, Evaristo, *Historia de Felipe II, Rey de España*, 2.ª ed. rev., Barcelona, Salvador Maneso, 1867-1868, 2 vols.

SÁNCHEZ ALBORNOZ, Claudio, *España, un enigma histórico*, Buenos Aires, Edhasa, 1960.

SÁNCHEZ Y CASADO, Félix, *Prontuario de Historia de España y de la Civilización Española*, Madrid, 1867 (citado por ed. Hernando, 1900).

SÁNCHEZ MANTERO, Rafael, *Liberales en el exilio. La emigración política en Francia en la crisis del Antiguo Régimen*, Madrid, Rialp, 1975.

SCHMIDT, Bernhard, *El problema español, de Quevedo a Manuel Azaña*, Madrid, Edicusa, 1976.

SECO SERRANO, Carlos, *Militarismo y civilismo en la España contemporánea*, Madrid, Centro de Estudios Económicos, 1984.

SEMPERE Y GUARINOS, Juan, *Considérations sur les causes de la grandeur et de la décadence de la monarchie espagnole*, París, J. Renouard, 1826, 2 vols.

SEOANE, María Cruz, *El primer lenguaje constitucional español (las Cortes de Cádiz)*, Madrid, Moneda y Crédito, 1968.

SERRANO, Carlos, *Final del Imperio. España, 1895-1898*, Madrid, Siglo XXI, 1984.

—, *Le tour du peuple. Crise nationale, mouvements populaires et populisme en Espagne, 1890-1910*, Madrid, Casa de Velázquez, 1987.

—, *El nacimiento de Carmen. Símbolos, mitos y nación*, Madrid, Taurus, 1999.

—, ed., *Nations en quête de passé. La Péninsule ibérique (XIXᵉ-XXᵉ siècles)*, París, Université de Paris-Sorbonne, 2000.

—, ed., *Nations, nationalismes et question nationale*, París, Ibérica, 1994

SETON-WATSON, Hugh, *Nations and States. An Enquiry into the Origins of Nations and the Politics of Nationalism*, Boulder, CO., Westview Press, 1977.

SHUBERT, Adrian, *A Social History of Modern Spain*, Londres, Unwin Hyman, 1990.

SHAW, Donald, *A Literary History of Spain. The Nineteenth Century*, Nueva York, Barnes and Noble, 1972.

SICROFF, Albert A., *Les controverses des statuts de 'pureté de sang' en Espagne du XVe au XVIIe siècle*, París, Didier, 1960.

SMITH, Anthony, *The Ethnic Origins of Nations*, Oxford, Blackwell, 1986.

SOLÍS, Ramón, *El Cádiz de las Cortes. La vida en la ciudad en los años 1810 a 1813*, Madrid, Alianza, 1969.

STORM, Eric, *La perspectiva del progreso. Pensamiento político en la España de fin de siglo*, Madrid, Turner, 2001.

TALMON, J. L., *The Myth of the Nation and the Vision of Revolution*, California, University of California Press, 1980.

TAPIA, Eugenio de, *Historia de la civilización española, desde la invasión de los árabes hasta los tiempos presentes*, Madrid, Yenes, 1840, 4 t. en 2 vols.

TÁRREGA, Juan Carmelo, *Compendio de Historia de España*, 2.ª ed., Toledo, Imp. José de Cea, 1859.

TATE, Robert B., *Ensayos sobre la historiografía peninsular del siglo XV*, Madrid, Gredos, 1970.

TERRADILLOS, Ángel María, *Prontuario de Historia de España*, 2.ª ed., Madrid, Imp. Victoriano Hernando, 1848.

TILLY, Charles, *From Mobilization to Revolution*, Nueva York, McGraw-Hill, 1978.

—, (ed.), *The Formation of National States in Western Europe*, Princeton, Princeton University Press, 1975.

TOMÁS VILLARROYA, Joaquín, "El proceso constitucional (1834-1843)" y "El proceso constitucional (1843-1868)", en José María Jover (dir.), *La era isabelina y el Sexenio Democrático (1834-1874)*, t. XXXIV de la *Historia de España Menéndez Pidal*, Madrid, Espasa-Calpe, 1981, pp. 5-70 y 199-370.

TONE, John, *The Fatal Knot. The Guerrilla War in Navarre and the Defeat of Napoleon in Spain*, Carolina del Norte, University of North Carolina Press, 1994.

TORENO, Conde de, *Historia del levantamiento, guerra y revolución de España*, Madrid, T. Jordán, 1835-1837, 5 vols. (reed. en B. A. E., vol. LXIV, Madrid, 1953).

TRIVIÑOS, Gilberto, *Benito Pérez Galdós en la jaula de la epopeya. Héroes y monstruos en la primera serie de los Episodios Nacionales*, Barcelona, Edicions del Mall, 1987.

TUÑÓN DE LARA, Manuel, *Medio siglo de cultura española*, Madrid, Tecnos, 1970.

UCELAY DA CAL, Enrique, "Prefigurazione e storia: la guerra civile spagnola del 1936-39 come riassunto del passato", en Gabriele Ranzatto (comp.),

Guerre fratricide. Le guerre civili in età contemporanea, Turín, Bollati Boringhieri, 1994.

UNAMUNO, Miguel de, *En torno al casticismo*, 1895, reed. en Madrid, Espasa-Calpe, 1961, 5ª ed.

URIGÜEN, Begoña, *Orígenes y evolución de la derecha española: el neo-catolicismo*, Madrid, CSIC, 1986.

VALERA, Juan, *Obras completas*, vol. I, *Discursos académicos*, Madrid, 1905.

VALLS MONTES, Rafael, *La interpretación de la historia de España y sus orígenes ideológicos en el bachillerato franquista (1938-1953)*, Valencia, Universidad de Valencia, ICE, 1984.

VALVERDE, Carlos, "La filosofía", en *Historia de España Menéndez Pidal*, vol. XXVI, *El Siglo del Quijote (1580-1680)*, I, Madrid, Espasa-Calpe, 1986, pp. 79-155.

VAN AKEN, Mark, *Pan-Hispanism. Its Origin and Development to 1866*, Los Ángeles, University of California Press, 1959.

VARELA, Javier, *La novela de España. Los intelectuales y el problema español*, Madrid, Taurus, 1999.

VARELA ORTEGA, José, *Los amigos políticos*, Madrid, Alianza, 1975.

—, "Aftermath of Splendid Disaster: Spanish Politics before and after the Spanish-American War of 1898", *Journal of Contemporary History*, 15 (1980), pp. 317-344.

VARELA SUANCES, Joaquín, "Estudio preliminar" a Jaime Balmes, *Política y Constitución*, Madrid, Centro de Estudios Constitucionales, 1988.

VÉLEZ, Rafael, *Preservativo contra la irreligión, o los planes de la Filosofía contra la religión y el Estado*, Cádiz, 1812.

VILAR, Pierre, "Estado, nación, patria, en España y en Francia, 1870-1914", *Estudios de Historia Social*, 28-29 (1984), pp. 7-41.

VILLACORTA BAÑOS, Francisco, *Burguesía y cultura. Los intelectuales españoles en la sociedad liberal, 1808-1931*, Madrid, Siglo XXI, 1980.

VIÑAO FRAGO, Antonio, *Política y educación en los orígenes de la España contemporánea*, Madrid, Siglo XXI, 1982.

VIROLLI, Maurizio, *Por amor a la Patria*, Madrid, Acento, 1977.

WEBER, Eugen, *Peasants into Frenchmen. The Modernization of Rural France, 1870-1914*, Stanford, Stanford University Press, 1976.

WILHELMSEN, Alejandra, *La formación del pensamiento político carlista (1810-1875)*, Madrid, Actas, 1995.

Este libro
se terminó de imprimir
en los Talleres Gráficos de Huertas, S. A.
Fuenlabrada, Madrid, España,
en el mes de agosto de 2001